LA POLITIQUE

BIBLIOTHÈQUE DES TEXTES PHILOSOPHIQUES

Fondateur : Henri GOUHIER   Directeur : Emmanuel CATTIN

ARISTOTE

LA POLITIQUE

Nouvelle traduction , introduction, notes et index

par

J. Tricot

Huitième tirage

PARIS

LIBRAIRIE PHILOSOPHIQUE J. VRIN

6, Place de la Sorbonne, V ͤ

2019

τοῖς διαφέρουσιν ἕτερον εἶναι
τό δίκαιον καὶ τὸ κατ᾽ ἀξιαν.

À des hommes différents appartiennent
des droits et des mérites différents.
Politique, III, 12, 1282 b 26.

© *Librairie Philosophique J. VRIN*, 1962, 1995

Imprimé en France

ISSN 0249-7972

ISBN 978-2-7116-1190-4

www.vrin.fr

INTRODUCTION

Le présent travail fait naturellement suite à notre traduction de l'*Éthique à Nicomaque*, parue en 1959, et son mode de présentation est le même. C'est dire que nous n'avons pris avec le texte d'autre liberté que celle qui nous a paru nécessaire pour assurer à la pensée de l'auteur son maximum de clarté. Nous espérons n'avoir trahi cette pensée à aucun moment.

La nature de cet ouvrage ne comporte pas un exposé de la doctrine politique d'Aristote. Il nous paraît suffisant de renvoyer le lecteur aux nombreuses études dont elle a été l'objet, et dont plusieurs sont excellentes. En revanche, les notes qui accompagnent la traduction sont relativement importantes et ne se bornent pas toujours à des indications grammaticales ou philologiques : elles contiennent des explications et des développements d'une portée plus générale, et traitent, parfois assez longuement, soit de passages controversés soit même de certains points de doctrine. Plusieurs suggèrent des rapprochements entre les institutions ou les réformes que l'esprit réaliste d'Aristote recommande aux hommes politiques du temps, et les principes qui régissent de nos jours les États démocratiques. Nous n'avons pas abusé de ce genre de comparaisons qu'il eût été aisé de multiplier. Nous souhaitons seulement que l'intelligence critique du lecteur soit tenue en éveil, et tire à l'occasion les conclusions qui s'imposent, même si elles s'écartent du conformisme qui est de règle aujourd'hui.

Nous avons, d'autre part, respecté l'ordre traditionnel des livres, tel qu'il est admis par Bekker, persuadé qu'il en valait bien un autre, aucun interprète n'étant parvenu à imposer ses conceptions particulières et à faire admettre un enchaînement soi-disant plus rationnel. Au demeurant, il est difficile, dans l'état d'inachèvement où le traité nous est parvenu, d'en dégager le plan et de marquer la position centrale autour de laquelle tout le reste se distribuerait. La *Politique*, on l'a reconnu depuis longtemps, n'a rien de

systématique. Son unité est celle d'un recueil de disser-
tations séparées, réunies après coup par les soins de l'auteur,
auquel le temps a fait défaut pour opérer la fusion des
différents morceaux. L'intention didactique de l'œuvre
et les exigences d'un enseignement qui a dû s'étendre sur
plusieurs années, accentuent encore ce caractère de libre
composition, qui est d'ailleurs celui de plusieurs autres
parties du *Corpus*.

Au problème de l'ordre des livres se rattache le problème
chronologique, posé en 1923 par W. JAEGER, mis au point
par A. MANSION en 1927, et repris sous diverses formes par
E. BIGNONE, H. VON ARNIM, F. NUYENS, P. MORAUX,
E. BARKER, et beaucoup d'autres érudits. Nous en dirons
quelques mots seulement. Les solutions les plus contraires
ont été proposées, sans qu'aucune ait réussi à emporter
une adhésion unanime. Ce qui semble acquis, c'est que la
rédaction de la *Politique* s'est étalée sur une période prolongée de l'activité philosophique d'ARISTOTE, depuis le
séjour à Assos jusqu'à la fin de son enseignement au Lycée.
Mais les critiques sont en désaccord sur la date des différents livres. Selon H. von ARNIM, les trois premiers livres
sont les plus anciens et les livres VII et VIII les plus récents,
les livres IV, V et VI s'intercalant, comme dans l'ordre
traditionnel, dans une période intermédiaire. E. BARKER,
au contraire, considère comme formant l'assise primitive
du traité, les livres VII et VIII, suivis par les livres I et
III, et rejette les livres II, IV, V et VI aux dernières
années. Pour W. JAEGER, enfin, dont les conclusions sont
en grande partie retenues par A. MANSION et par F. NUYENS
(qui fait, dans ce domaine comme dans les autres, application de son critère noologique), le livre I serait le plus
récent, avec les livres IV, V et VI, la partie la plus ancienne
étant constituée par les livres II, III, VII et VIII. Les
divergences, on le voit, sont considérables, et l'emploi
de la méthode génétique, en laissant de côté les exagérations
de J. ZÜRCHER, n'a pas abouti à des résultats décisifs.
L'intérêt que peut présenter de telles recherches ne saurait
de toute manière faire oublier leur caractère subjectif.
En admettant même, comme cela paraît certain, que la
Politique soit formée de morceaux remontant à des époques
différentes, il est sûr qu'elle a subi des remaniements
de dernière heure, destinés à lui conférer cette unité qui
était dans l'intention de l'auteur. Ce travail de révision et
de coordination, qui n'a pu être mené à son terme, n'est
sans doute pas antérieur aux années 325-323, qui ont
immédiatement précédé la mort d'ARISTOTE.

Les travaux auxquels a donné lieu la *Politique* ne se comptent plus, et beaucoup sont d'un secours précieux. Les principaux sont signalés ci-après dans la Bibliographie. Parmi les commentaires modernes, celui de W. L. Newman mérite une mention spéciale.

Notre texte est celui de O. Immisch (1929), à l'exception de quelques variantes indiquées en note, et où le sens est rarement intéressé.

J. T.

BIBLIOGRAPHIE

Textes principaux

Aristotelis Politicorum libri octo, ad codicum fidem et adnotationes adj. C. Goettling, Iéna, 1824.

Aristotelis graece, ex recensione Immanuelis Bekkeri, *ed. Acad. reg. Borussica,* 5 vol. in-quarto, Berlin, 1831-1870. — Les deux premiers volumes contiennent le texte grec du *Corpus,* et la *Politique* occupe, au tome II, les pages 1252 *a* à 1342 *b* 34. Le tome III *(Aristoteles latine interpretibus variis)* contient, p. 627 à 689 *(de Re publica),* la traduction latine de D. Lambin, publiée pour la première fois en 1567. Le tome V (1870), outre les *Fragmenta Aristotelis* de V. Rose, renferme l'*Index aristotelicus* de H. Bonitz, instrument de travail de premier ordre (Suivant l'usage, les références à la pagination de Bekker figurent en marge de la présente traduction).

Aristoteles' Politik (I-III), *ed.* I. Bernays, Berlin, 1872.

Aristotelis Politica, ed. F. Susemihl, Leipzig, 1872 (avec la trad. latine de G. de Moerbeke) ; 1879, 2 vol. (avec trad. allemande et commentaire).

Aristotelis Politica tertium ed. F. Susemihl, Leipzig, 1882, 1894, 1909 et 1929 (texte grec seul). Les dernières éditions ont été reprises et revues par O. Immisch. — C'est cette édition Susemihl-Immisch qui a servi de texte de base pour notre travail (1929).

The Politics of Aristotle, with an Introduction, two prefatory essays and notes critical and explanatory, by W. L. Newman, 4 vol., Oxford, 1887-1902 ; 2e éd., 1953.

The Politics of Aristotle, by E. Susemihl *and* R. D. Hicks, livres I-V [= I-III, VII, VIII], Londres, 1894.

Aristotle Politics, by H. Rackham, Londres et Cambridge-Massach., 1932, 1944, 1950 (texte et trad. anglaise).

Aristotelis Politica, ed. W. D. Ross, Oxford, 1957 (texte seul).

Aristote. Politique, livres I et II, texte et trad. française de J. AUBONNET, Paris, 1960 (en cours de publication. L'Introduction, 206 pages, est importante).

D'autres œuvres d'ARISTOTE, traitant surtout de questions morales, politiques ou sociales, ont d'étroits rapports avec la *Politique*, et doivent être mentionnées à cette place dans leurs principales éditions.

I. *Constitution d'Athènes*. — La première édition, publiée par F. G. KENYON, à Londres et à Oxford, en 1891, a été suivie de plusieurs autres, lesquelles ont été sans cesse réimprimées. La dernière est de 1950 : *Aristotelis Atheniensium Republica recogn. br. adn. crit. instr.* F. G. KENYON.

Parmi les autres éditions, citons :

Aristotelis Π.Α., ed. F. BLASS, Leipzig, 1892, 1895, 1898, 1903 ; ed. T. THALHEIM, 1909, 1914. — Autres éditions : G. KAIBEL et U. WILAMOWITZ-MOELLENDORF (Berlin, 1891 ; 3e éd., 1898) ; VAN HERWERDEN et VAN LEEUWEN, Leyde, 1891 ; J. E. SANDYS, Londres, 1893, 1912 (avec commentaire latin).

Aristote. Constitution d'Athènes, texte et trad. fr. de G. MATHIEU et B. HAUSSOULIER, Paris, 1922 ; 2e éd., 1930.

Aristotle. The Athenian constitution...by H. RACKHAM, Londres et Cambridge-Massach., 1935, 1938, 1952.

II. *Éthique à Nicomaque*. — Nous avons indiqué les principales éditions de ce traité dans la Bibliographie se trouvant en tête de notre traduction, p. 13 et 14. Retenons : *the Ethics of Aristotle*, ed. J. BURNET, Londres, 1900 (texte, préface et notes) ; *Aristotelis Ethica Nicomachea*, ed. F. SUSEMIHL et O. APELT, Leipzig, 1912.

III. *Éthique à Eudème*. — Plusieurs éditions : *Aristotelis Ethica Eudemia. Eudemii Rhodii Ethica, adjecto de Virtutibus et Vitiis libello, recogn.* F. SUSEMIHL, Leipzig, 1884 ; *Aristotle...The Eudemian Ethics. On Virtues and Vices, by* H. RACKHAM, Londres et Cambridge-Mass., 1935, 1938, 1952 (texte et trad. anglaise).

IV. *Magna Moralia*. — *Aristotelis quae feruntur Magna Moralia, recogn.* F. SUSEMIHL, Leipzig, 1883 ; *Aristotle...*

Magna Moralia, by G. C. ARMSTRONG, Londres et Cambr., 1935, 1936, 1947.

V. *Les Économiques*. — Nous renvoyons à la trad. que nous avons donnée de ce traité en 1958, et qui contient les renseignements bibliographiques indispensables. La meilleure édition reste celle de F. SUSEMIHL (*Aristotelis quae feruntur Œconomica*, Leipzig, 1887).

VI. Il convient enfin de ne pas négliger les *Fragments* qui nous restent des premiers écrits d'Aristote, et qui permettent de reconstituer la genèse de sa pensée politique. Le peu qui a survécu du *Protrepticus*, des dialogues sur *la Politique, le Sophiste* et *la Justice*, des brèves études sur *l'Éducation, l'Amitié* et *la Noblesse*, nous révèle l'existence d'une *Urpolitik*, et nous met en mesure de marquer les étapes de l'évolution historique d'une doctrine qu'on avait, jusqu'à W. JAEGER et A. MANSION, considérée comme s'étant constituée d'une seule pièce, indépendamment de l'action du temps. Les dialogues et autres fragments ont fait l'objet de plusieurs éditions :

Aristotelis qui ferebantur librorum Fragmenta, coll. V. ROSE, tome V de l'édition BEKKER, Berlin, 1870, p. 1474 à 1584 (contient 629 fragments).

Aristotelis qui ferebantur librorum Fragmenta, coll. V. ROSE, Leipzig, 1886 (contient, outre divers compléments, 680 fragments).

Aristotelis'*dialogorum Fragmenta, in usum scholarum, coll.* R. WALZER, Florence, 1934.

Aristotelis Fragmenta selecta recogn. brevique adnot. instr. W. D. Ross, Oxford, 1955.

La *Politique* se réfère constamment, explicitement ou implicitement (voir la liste de ces *loci* dans NEWMAN, III, app. D, p. 584 et suivantes), aux dialogues platoniciens, particulièrement au *Politique*, à la *République* et aux *Lois*. Principales éditions :

I. Pour le *Politique :*

L. CAMPBELL, *The Sophistes and Politicus of Plato with a revised text and english notes*, Oxford, 1867.

A. DIÈS, *Platon. Le Politique*, Introduction, texte et trad., Paris, 1935.

II. La *République :*

Éditions de B. Jowett et L. Campbell, 3 vol. Oxford, 1894 (I Texte, II Essais, III Comm.), et surtout de J. Adam, texte et comm., 2 vol., Londres, 1902.

Platon. La République, texte établi et traduit par E. Chambry, avec introd. de A. Diès, 3 vol., Paris, 1932-1934.

III. Les *Lois :*

Édition de R. G. Bury (texte et tr. angl.), 2 vol., Londres et Cambr.-Mass., 1926.

Platon. Les Lois, texte établi et traduit par E. des Places, introd. de A. Diès et L. Gernet, 4 vol., Paris, 1951-1956.

Commentaires et traductions

St Thomas d'Aquin. — *In libros Politicorum Aristotelis expositio,* ed. R. M. Spiazzi, Turin, 1951 (I à III-8. Le reste du commentaire est de Pierre d'Auvergne).

Sepulveda (G. de). — *Interpretatio latina et enarratio,* Paris, 1548.

Victorius (P. Vettori). — *Commentarius...,* Florence, 1552 ; 2e éd., 1576.

Maurus (Sylv.). — *Aristotelis Opera quae extant omnia, brevi paraphrasi ac litterae perpetuo inherente explanatione illustrata,* Rome, 1668. — Ce commentaire a été réédité par F. Ehrle, B. Felchlin et Fr. Beringer, Paris, 1885-1887, et la *Politique* figure au tome II de cette édition (p. 486 à 749), qui est celle que nous avons utilisée.

Il existe, en toutes langues, de nombreuses traductions de la Politique. Nous ne citons que les principales.

I. Parmi les anciennes traductions *latines,* signalons seulement la *Versio antiqua* de Guillaume de Moerbeke (reproduite en tête du commentaire de St Thomas dans l'édition Spiazzi ci-dessus mentionnée), et celle de D. Lambin, Paris, 1567, reprise au tome III de l'édition Bekker, et en tête du commentaire de S. Maurus dans l'édition F. Ehrle.

II. Traductions *françaises* de :

F. Thurot, *la Morale et la Politique d'Aristote*, 2 vol., Paris, 1823-1824.

J. Barthélemy Saint-Hilaire, *la Politique d'Aristote*, 2 vol., Paris, 1837, 1874.

M. Hoefer, *la Politique... l'Économique...*, Paris, 1843.

M. Prélot, *la Politique d'Aristote*, Paris, 1950.

J. Aubonnet (en cours de publication. V. *supra* à la rubrique « Textes »).

III. Traductions *anglaises:*

E. Barker, *the Politics of Aristotle*, avec intr., notes et appendices, Oxford, 1941, 1946, 1948 (édition abrégée).

Dans *the Works of Aristotle*, d'Oxford, tome X : *Politica*, par B. Jowett, 1921 ; nouvelle édition, révisée par W. D. Ross, en 1946. — La première édition de B. Jowett remonte à 1885.

Aristotle's Politics and Poetics, translated by B. Jowett *and* Th. Twining, *with an introd. of* L. Diamant, New-York, 1957.

Aristotle. Politics and the Athenian Constitution, transl. by J. Warrington, Londres et New-York, 1959.

IV. Nombreuses traductions *allemandes*, notamment :

G. Kaibel et A. Kiessling, Strasbourg, 1891 ; G. Schneider, Vienne, 1912 ; 2ᵉ éd., 1920 ; E. Rolfes, Leipzig, 3ᵉ éd., 1922 (II, 3, des *Ar. Philosophische Werke*) ; O. Gigon, *Aristoteles, Politik und Staat der Athener (Band IV der Werke des Aristoteles)*, Zurich, 1955.

Signalons enfin une traduction *espagnole* de J. Marias et M. Aranjo, Madrid, 1951.

A ces traductions on ajoutera celles qui accompagnent, dans plusieurs éditions, le texte grec, et que nous avons citées plus haut.

Principaux ouvrages a consulter

Nous avons eu le souci de ne pas gonfler démesurément cette bibliographie.

Pour les ouvrages de fond, histoires de la philosophie, exposés généraux du système d'ARISTOTE, répertoires divers, etc... nous avons jugé inutile de les comprendre dans notre liste. Nous renvoyons le lecteur à nos précédentes publications, et notamment à notre récente édition de l'*Éthique à Nicomaque* (p. 17 à 27), qui contient une bibliographie générale suffisamment étendue.

Nous nous bornerons donc à l'indication des principales études et travaux qui présentent un intérêt direct pour l'exposé et la critique des idées politiques d'Aristote. Même dans ces limites, il est à craindre que notre énumération ne soit jugée fort incomplète. Mais il fallait bien opérer un triage et écarter tout ce qui n'était pas indispensable à l'intelligence du texte de la *Politique*. Ainsi, à l'exception de quelques titres qui s'imposaient, nous n'avons pas fait mention des innombrables ouvrages en toutes langues qui, se plaçant sur le terrain de l'histoire ou de l'économie politique, ont étudié les institutions de la Grèce, leur fonctionnement et leur évolution. Pour les mêmes raisons, les travaux consacrés à la doctrine politique de PLATON (dont les rapports avec celle d'Aristote sont cependant des plus étroits) n'ont pas été pour la plupart retenus et ne figurent pas dans notre bibliographie. Enfin, nous avons rejeté dans les notes qui accompagnent notre traduction la mention d'un certain nombre d'ouvrages se rapportant plus spécialement à la matière traitée.

ARNIM (H. von) — *Die Politischen Theorien des Altertums*, Vienne, 1910.

— *Zur Entstehungsgeschichte der aristotelischen Politik*, Vienne et Leipzig, 1924.

BARKER (E.) — *The political thought of Plato and Aristotle*, Londres, 1906.

— *Greek political theory, Plato and his predecessors*, Londres, 1921 (2e éd.).

— *The life of Aristotle and the composition and structure of the Politics*, dans *Class. Rev.*, XLV, 1931, p. 162-171.

BEAUCHET (L.). — *Histoire du droit privé de la République athénienne*, 4 vol., Paris, 1877.

BEONIO-BROCCHIERI (V.). — *Trattato di storia della*

dottrina politiche. Parte prima: la dottrina dello stato nella cultura allenica, Milan, 1934.

BIDEZ (J.) — *Un singulier naufrage littéraire dans l'Antiquité. A la recherche des épaves de l'Aristote perdu*, Bruxelles, 1943 (pour l'étude du *Protrepticus*).

BORNEMANN (E.) — *Aristoteles' Urteil uber Platons politische Theorie*, dans *Philologus*, LXXIX, 1923, p. 70-157, et 234-257.

BOUTROUX (E.) — *Questions de morale et d'éducation*, Paris, 1895.

BOYANCÉ (P.) — *Le culte des Muses chez les philosophes grecs. Étude d'histoire et de psychogie religieuses*, Paris 1937.

CAIRNS (H.) — *Legal philosophy from Plato to Hegel*, Baltimore, 1949 ; 2e éd., 1953.

CAVAIGNAC (E.) — *Histoire de l'Antiquité*, 4 vol., Paris, 1913-1919.

CHERNISS (H.) — *Aristotle's criticism of Plato and the Academy*, I, Baltimore, 1944.

CROISET (A.) — *Les démocraties antiques*, Paris, 1909.

CROISSANT (J.) — *Aristote et les mystères*, Liège et Paris, 1932 (*Biblioth. de la Faculté de Philos. et des lettres de Liège*, fasc. 51).

DEFOURNY (M.) — *Aristote. Études sur la Politique*, Paris, 1932 (*Arch. de philos.*). — Réunion remaniée d'articles antérieurement publiés, et notamment : *Aristote. Théorie économique et politique sociale*, Louvain, 1914 ; *Aristote et l'éducation*, Louvain, 1919 ; *Aristote et l'évolution sociale*, Louvain, 1924.

DENIS (J.) — *Histoire des théories et des idées morales dans l'Antiquité*, 2 vol., Paris, 1852-1879.

DOGNIN (P. D.) — *Aristote, St Thomas et Karl Marx*, dans *Rev. des sc. philos. et theolog.*, tome XLII, 1958, p. 726-735.

DURING (I.) — *Problems in Aristotle's Protrepticus*, dans *Eranos*, tome LII (1954), p. 139-171.

— *Aristotle in the Protrepticus*, dans *Autour d'Aristote*, *Mélanges Mansion*, Louvain, 1955, étude n° 6, p. 81-98.

EFFENTERRE (H. van) — *La Crète et le monde grec de Platon à Polybe*, Paris, 1948.

FRANCOTTE (H.) — *La Polis grecque. Recherches sur la formation et l'organisation des cités, des ligues et des confédérations dans la Grèce ancienne* (*Studien zur Geschichte und Kultur des Altertums*, t. I, fasc. 3 et 4), Paderborn, 1907.

— *Mélanges de droit public grec*, Liège et Paris, 1910.

FUSTEL DE COULANGES (N. D.) — *La Cité antique*, Paris, 1864 (nous avons utilisé la 5e édition, 1874, dont la pagination est différente).

GIRARD (P.) — *L'éducation athénienne au Ve et au IVe siècle avant J.-C.*, Paris, 2e éd., 1891.

GLOTZ (G.) — *Études sociales et juridiques sur l'Antiquité grecque*, Paris, 1906.

— *Le travail dans la Grèce ancienne. Histoire économique de la Grèce depuis la période homérique jusqu'à la conquête romaine*, Paris, 1893 ; 2e éd., 1920.

— *Histoire grecque*, I, Paris, 1925.

— *La Cité grecque*, Paris, 1928.

GOEDECKMEYER (A.) — *Aristoteles' praktische Philosophie*, Leipzig, 1922.

GUIRAUD (P.) — *La propriété foncière en Grèce jusqu'à la conquête romaine*, Paris, 1893.

HAMBERGER (M.) — *Morals and Law. The growth of Aristotle's legal theory*, New-Haven, Yale Univ. press, 1951.

JAEGER (W.) — *Aristoteles. Grundelung einer Geschichte seiner Entwicklung*, Berlin, 1923 ; nouvelle édition (sans modifications), 1955. — Cet ouvrage capital a été traduit en anglais par R. ROBINSON, *Aristotle, fundamentals of the history of his development*, Oxford, 1934. Nous avons utilisé la seconde édition de cette traduction, revue et corrigée par l'auteur, et enrichie de deux appendices, 1948. (Sur le *Protrepticus*, p. 54 à 101 ; sur la chronologie des différents livres de la *Politique*, p. 259 à 292). — Traduction italienne de G. CALOGERO, Florence, 1935.

— ΠΑΙΔΕΙΑ. *Die Formung der Griechischen Menschen*, 3 vol., Berlin et New York, 1936 et 1944. Trad. anglaise par G. HIGHET, 3 vol., Oxford, 1943-1945. — Nouvelle édition allemande, 1955.

JANET (P.) — *Histoire de la science politique dans ses rapports avec les idées morales*, 2 vol., Paris, 1872.

LACHANCE (L.) — *Le concept du droit selon Aristote et St Thomas*, Ottawa, 1948.

LÉONARD (J.) — *Le bonheur chez Aristote*, Bruxelles, 1948 (*Mémoire de l'Acad. royale de Belgique*, XLIV, fasc. I).

LUCCIONI (J.) — *La pensée politique de Platon*, Paris, 1958.

MARROU (H. I.) — *Histoire de l'éducation dans l'Antiquité*, Paris, 1948.

MONIER (R.), CARDASCIA (G.) et IMBERT (J.) — *Histoire des institutions et des faits sociaux depuis les origines jusqu'à l'aube du Moyen-Age*, Paris, 1955.

MORAUX (P.) — *A la recherche de l'Aristote perdu. Le dialogue « Sur la Justice »*, Louvain et Paris, 1957 (de la collection : *Aristote. Traductions et études*).

MOSCA (G.) — *Histoire des doctrines politiques depuis l'Antiquité jusqu'à nos jours*, Paris, 1936.

MUEHL (P. v. der) — *Isokrates und der Protreptikos des Aristoteles*, Leipzig, 1939.

ONCKEN (W.) — *Die Staatslehre des Aristoteles in historisch-politischen Umrissen*...Leipzig, 1875, 2 vol.

PRÉLOT (M.) — *Histoire des idées politiques*, Paris, 1959.

RABINOWITZ (R.) — *Aristotle's Protrepticus and the sources of its reconstruction*, Berkeley et Los Angeles, 1957.

ROBIN (L.) — *La morale antique*, Paris, 1938.

ROMILLY (J. de) — *Le classement des constitutions, d'Hérodote à Aristote*, dans *Revue des Études gr.*, tome LXXII, 1959, p. 81-99.

SABINE (G. H.) — *A history of political theory*, New-York, 1947.

SINCLAIR (T. A.) — *A history of greek political thought*, Londres, 1951. Trad. française, Paris, 1953.

SPENGEL (L.) — *Aristotelische Studien*, Munich, 1864-1868.

THUROT (Ch.) — *Études sur Aristote. Politique, dialectique, rhétorique*, Paris, 1860 (p. 1-117).

TOUTAIN (J.) — *L'économie antique*, Paris, 1927.

TRUDE (P.) — *Der Begriff der Gerechtigkeit in der aristotelischen Rechts- und Staatsphilosophie*, Berlin, 1955.

VANHOUTTE (M.) — *La philosophie politique de Platon dans les « Lois »*, Louvain, 1954.

WEIL (R.) — *Aristote et l'histoire. Essai sur la « Politique »*, Paris, 1960.

WILAMOWITZ-MOELLENDORF (U. von) — *Aristoteles und Athen*, 2 vol., Berlin, 1893.

BIBLIOGRAPHIE COMPLÉMENTAIRE
SUR LA POLITIQUE D'ARISTOTE

EDITIONS, COMMENTAIRES ET TRADUCTIONS

Aristoteles' Politica eingeleitet, kritisch herausgegeben und mit Indices versehen von A. DRIEZEHNTER, Munich, W. Fink, 1970.

Aristote, La Politique, texte critique et traduction française par J. Aubonnet, 5 volumes, Paris, Belles-Lettres, 1960-1989.

Aristoteles, Politik, übersetzt und kommentiert von O. GIGON, Zurich, Artemis, 1971.

Aristotle, The Politics, translated with an introduction, notes and glossary by C. LORD, Chicago et Londres, University of Chicago Press, 1984.

Aristote, Les Politiques, traduction, introduction, notes et bibliographie par P. PELLEGRIN, Paris, GF., 1990.

OUVRAGES ET ETUDES A CONSULTER

AUBENQUE P., « Théorie et pratique politiques chez Aristote », in *La Politique d'Aristote,* Entretiens sur l'Antiquité Classique, t.XI, Vandœuvres-Genève, Fondation Hardt, 1965, pp. 97-123.

—, « La loi selon Aristote », *Archives de Philosophie du Droit,* t.25 (1980), pp. 147-157.

BETBEDER P., « Ethique et politique selon Aristote », *Revue des Sciences Philosophiques et Théologiques* 54 (1970), pp. 453-488.

BERTHOUD A., *Aristote et l'argent,* Paris, Maspero, 1981.

BIEN G., *Die Grundlegung der politischen Philosophie bei Aristoteles,* Fribourg-Munich, Alber, 1973.

BODÉÜS R., *Le philosophe et la cité. Recherches sur les rapports entre morale et politique dans la pensée d'Aristote,* Namur, Société des Etudes Classiques, 1991.

—, *Politique et philosophie chez Aristote,* Namur, Société des Etudes classiques, 1991.

BORDES J., *Politeia dans la pensée grecque jusqu'à Aristote,* Paris, Belles-Lettres, 1982.

BRAGUE R., *Aristote et la question du monde,* Paris, Puf, 1988.

BRAUN E., *Das dritte Buch der aristotelischen Politik,* Sitzungzber. der Österr. Akad. der Wiss., Phil.-hist. Klasse, 247 (4), Vienne, 1965.

—, « Aristokratie und aristokratische Verfassungsform in der aristotelischen Politik », in P. Steinmetz (éd.), *Politeia und res publica. Beiträge zum Verständnis von Politik, Recht und Staat in der Antike,* Wiesbaden, 1969.

BRUNSCHWIG J., « Du mouvement et de l'immobilité de la loi », in *Revue internationale de Philosophie* ('La méthodologie d'Aristote'), n° 133-134 (1980), pp. 512-540.

IRWIN T. H., « Moral science and political theory in Aristotle », in *History of Political Thought*, 6 (1985), pp. 150-168.

KAMP A., *Die politische Philosophie des Aristoteles und ihre metaphysischen Grundlagen. Wesenstheorie und Polisordnung*, Munich, Alber, 1985.

KULLMANN W., « Der Mensch als politisches Lebewesen bei Aristoteles », *Hermes* 108 (1980), pp. 419-443.

KULLMANN W., « L'image de l'homme dans la pensée politique d'Aristote », *Les Etudes Philosophiques*, 1989, n° 1, pp. 1-20.

LABARRIÈRE J.-L., « Aristote : vers une poétique de la politique ? », *Philosophie* 11 (1986), pp. 25-46.

PELLEGRIN P., « La théorie aristotélicienne de l'esclavage : tendances actuelles de l'interprétation », *Revue Philosophique*, 1982, pp. 345-357.

RIEDEL M., *Metaphysik und Metapolitik, Studien zu Aristoteles und zur politischen Sprache der neuzeitlichen Philosophie*, Francfort, Suhrkamp, 1975.

RITTER J., *Metaphysik und Politik. Studien zu Aristoteles und Hegel*, Francfort, Suhrkamp, 1969.

RODRIGO P., « D'une excellente constitution. Notes sur *politeia* chez Aristote », *Revue de philosophie ancienne*, V, n°1 (1987), pp. 71-93.

SCHÜTRUMPF E., *Die Analyse der Polis durch Aristoteles*, Amsterdam, 1980.

STRAUSS L., *La Cité et l'homme*, trad. fr. O. Berrichon-Seyden, Paris, Plon, 1987.

WOLFF F., « Justice et pouvoir (Aristote, *Politique* III, 9-13) », *Phronesis*, 20 (1988), pp. 273-296.

—, « Aristote démocrate », *Philosophie,* n°18 (1988), pp. 53-87.

—, *Aristote et la politique,* Paris, Puf, 1991.

OUVRAGES COLLECTIFS

La Politique *d'Aristote,* Entretiens sur l'Antiquité classique, Fondation Hardt, O. REVERDIN (éd.), tome XI, Vandœuvres-Genève, 1965.

Schriften zu den Politika des Aristoteles, P. STEINMETZ (éd.), Hildesheim, G. Olms, 1973.

BARNES J. (éd.), *Articles on Aristotle,* tome 2 : Ethics and Politics, Londres, Duckworth, 1977.

« Autour de la *Politique* d'Aristote », in *Ktèma, Civilisations de l'Orient, de la Grèce et de Rome antique,* n°5, 1980, Strasbourg.

Aristoteles'Politik, G. PATZIG (éd.), Akten des XI Symposium Aristotelicum, Göttingen, Vandenhoeck & Ruprecht, 1990.

Aristote politique. Etudes sur la Politique *d'Aristote,* P. AUBENQUE et A. TORDESILLAS (éds), Paris, Puf, 1993.

LA POLITIQUE

LIVRE I

1

<Communauté et Cité.
Question de méthode. >

Nous voyons que toute cité est une sorte de commu- nauté[1], et que toute communauté est constituée en vue d'un certain bien (car c'est en vue d'obtenir ce qui leur apparaît comme un bien[2] que tous les hommes accomplissent toujours leurs actes) : il en

---

1. Sur la structure et les caractères de la πόλις grecque, son étroitesse d'horizon et l'esprit municipal et particulariste qui l'anime et la limite, on lira (avec FUSTEL DE COULANGES, *la Cité antique*, 5ᵉ éd., Paris, 1874, p. 239 et ss.), l'*Introduction* de G. GLOTZ, à la *Cité Grecque*, Paris, 1928, p. 1-38.

La cité est une commune indépendante et autonome, ayant pour centre une ville souvent fortifiée et située au milieu d'un territoire de faible étendue. Elle est formée par l'ensemble des citoyens participant au même culte, aux mêmes droits, aux mêmes charges, et vivant sous la même constitution. Les Grecs, et AR. plus que tout autre, ont toujours considéré la πόλις comme la perfection de l'organisation politique, et ne se sont jamais élevés à la conception d'une société panhellénique plus large, d'une nation constituée en État. A peine ont-ils reconnu la nécessité d'alliances temporaires et précaires entre les cités pour faire face à un adversaire commun. L'unification n'a pu être opérée, pour un temps, que du dehors et sous l'action des monarques macédoniens.

La κοινωνία (*association, société, communauté*) est le *genre* de la πόλις (κοινωνίαν τινά, l. 1252 *a* 1). Reçoit la désignation de κοινωνία tout groupement, temporaire ou permanent, naturel ou artificiel, nécessaire ou accidentel, poursuivant un intérêt commun, et donnant naissance à des *rapports juridiques* (δίκαιον) et à des liens de *solidarité* (des « amitiés », φιλίαι) correspondants : cf. *Eth. Nic.*, VIII, 11, 1159 *b* 25 et s. (p. 407 et ss. de notre trad.).

2. Bien apparent ou bien réel, peu importe (Cf. *Eth. Nic.*, III, 6, 1113 *a* 15 et ss., p. 138 de la trad.).

résulte clairement que si toutes les communautés visent un bien déterminé, celle qui est la plus haute
5 de toutes et englobe toutes les autres[1], vise aussi, plus que les autres, un bien qui est le plus haut de tous[2]. Cette communauté est celle qui est appelée *cité*, c'est la communauté politique.

Ceux donc qui croient[3] que *chef politique, chef royal, chef de famille* et *maître* d'esclaves sont une seule et même notion s'expriment d'une manière inexacte (ils s'imaginent, en effet, que ces diverses formes d'autorité ne diffèrent que par le nombre plus ou moins grand des individus qui y sont assujettis, mais qu'il n'existe entre elles aucune différence
10 spécifique : par exemple, si ces assujettis sont en petit nombre, on a affaire à un maître ; s'ils sont plus nombreux, c'est un chef de famille ; s'ils sont plus nombreux encore, un chef politique ou un roi, — comme s'il n'y avait aucune différence entre une grande famille et une petite cité ! Quant à *politique* et *royal*, la distinction serait celle-ci : si un seul homme est personnellement à la tête des affaires, c'est un gouvernement royal[4] ; si, au contraire,

---

1. Toutes les communautés inférieures n'étant que des fractions de la communauté politique (*Eth. Nic.*, VIII, 11, 1160 *a* 9, p. 408 et ss. de la trad.).

2. C'est le *Souverain Bien* (τὸ ἄριστον) de l'*Eth. Nic.*, I, 1, 1194 *a* 27. La Politique est, en effet, une science architectonique, qui embrasse toutes les autres sciences et notamment l'Éthique. Cf. St Thomas, n° 11, p. 6 : *si omnis communitas ordinatur ad bonum, necesse est quod illa communitas quae est maxime principalis, maxime sit conjectatrix boni quod est inter omnia humana bona principalissimum... Bonum commune quod est melius et divinius quam bonum unius (Eth. Nic.*, I, 1, 1094 *b* 8). Voir aussi Sylv. Maurus, 489[1].

L. 5, κυριωτάτου, κυριωτάτη : le terme κυρίος, souvent associé (soit lui-même, soit son adverbe κυρίως) avec πρῶτος, signifie *décisif, principal, déterminant, causa praecipua et quasi praepotens* (Trendel., *de Anima*, 310 ; cf. aussi *Ind. arist.*, 415 *b* 34 et 416 *a*,56).

3. Socrate (Xénoph., *Mem.*, III, 4, 12) et Platon, *Polit.*, 258 *e*-259 *d*. — La πόλις appartient au genre κοινωνία, mais sa différence spécifique ne consiste pas dans le champ plus ou moins étendu de son activité. Il faudra la chercher dans l'analyse des éléments qui ont contribué à former la πόλις.

4. *Gubernatio regia est, cum unus qui praesidit habet plenam potestatem* (Sylv. Maurus, 489[1]).

Pour Ar. la distinction entre un gouvernement de *citoyens libres*,

conformément aux règles de cette sorte de science[1], 15
le citoyen est tour à tour gouvernant et gouverné,
c'est un pouvoir proprement politique. En fait, ces
distinctions n'ont aucune réalité.)

On s'apercevra clairement de la méprise en exami-
nant la matière à traiter selon la méthode qui nous
a guidé jusqu'ici[2]. De même, en effet, que, dans les
autres domaines, il est nécessaire de poursuivre la
division du composé jusqu'en ses éléments incomposés
(qui sont les plus petites parties du tout), de même
aussi, pour la cité, en considérant les éléments dont 20
elle se compose, nous apercevrons mieux en quoi les
diverses formes d'autorité diffèrent les unes des
autres, et verrons s'il est possible d'obtenir quelque
résultat positif[3] pour tout ce que nous venons de
dire.

---

vivant sous un régime légal et « constitutionnel » (πολιτικοί, πολιτεία : cf. la note suivante, et III, 6, 1278 *b* 10, note), et le régime *monarchique* (βασιλικόν) ne réside pas dans l'unité ou la pluralité des gouvernants, ni même dans la permanence ou l'alternance (κατὰ μέρος ἄρχων
καὶ ἀρχόμενος, l. 15). Elle est plus profonde : nous verrons que le
βασιλεύς n'est pas l'égal de ses sujets et diffère en nature de ceux
qu'il gouverne (*infra*, 12, 1259 *b* 14).

1. L. 15, τοιαύτης c'est-à-dire πολιτικῆς (Cf. Ch. Thurot,
Études..., p. 3). Aux yeux d'Ar., la πολιτεία au sens strict, c'est-à-
dire le *gouvernement constitutionnel* proprement dit, la *démocratie
sage et limitée*, est la forme la plus parfaite de l'organisation politique,
celle qui répond le mieux aux *enseignements* (τοὺς λόγους, l. 15) de
la science politique.

2. Cette *via resolutionis*, qui part des données complexes des
réalités sociales (en l'espèce, la πόλις), pour s'élever par induction
aux éléments indécomposables dont elles dépendent, est une application de la méthode expérimentale et *a posteriori*, aux problèmes
de la politique. Ar. en a donné la théorie *Eth. Nic.*, I, 2, 1095 *a* 30
et ss. (p. 41-42, et notes, de notre trad.). Les natures simples (la
famille et le village) auxquelles l'analyse de la πόλις aboutira, ont
par rapport au tout une antériorité à la fois logique et chronologique.

Les considérations méthodologiques d'Ar. dans ce passage, sont
à rapprocher des seconde et troisième règles de la méthode cartésienne
(Cf. l'éd. E. Gilson du *Discours*, p. 205-209).

3. Lambin traduit exactement : *quippiam, quod sub artem cadat*,
autrement dit avoir de ces différents problèmes une exacte connaissance.

2.

*< Théorie génétique de l'État.
Couple, famille, village. >*

Dans ces conditions, si on considérait les choses
à partir de leur origine, dans leur développement
25 naturel[1], comme on le fait dans les autres domaines,
nos présentes investigations elles-mêmes apparaî-
traient ainsi aux regards sous l'angle le plus favorable.

La première union nécessaire est celle de deux
êtres qui sont incapables d'exister l'un sans l'autre[2] :

---

1. Dans ce chapitre, d'une portée considérable pour l'établissement de sa philosophie politique, AR. a donné une expression en
quelque sorte définitive à l'idée que l'État n'est pas une formation
artificielle et conventionnelle, comme le soutenaient à la fois certains
Sophistes du temps de PLATON (Cf. *infra*, III, 9, 1280 *b* 10) et les
disciples d'ANTISTHÈNE (dont ROUSSEAU et les partisans du contrat
sont les héritiers directs), mais qu'il a son origine dans les exigences
de la nature humaine. L'État est un fait de nature, une création
spontanée et nécessaire. Si la civilisation a passé par les stades intermédiaires de la famille et du village, il n'en est pas moins vrai que
l'homme n'a jamais vécu à l'état isolé et que, jusque dans ces formes
inférieures de l'existence communautaire, il demeure un être essentiellement social. Toutefois c'est dans la cité pleinement constituée
qu'il trouve l'épanouissement de sa personnalité et l'accomplissement
de sa destinée. Le bonheur, qui est la fin suprême de l'individu
vertueux, est aussi la fin de l'État, et l'homme n'atteint sa propre
félicité qu'au sein d'une vie sociale elle-même parfaite. La thèse
artificialiste méconnaît, aux yeux d'AR., la réalité irréductible de
l'ordre politique, que manifestent à la fois les tendances profondes de
l'individu, les lois du développement organique des sociétés humaines
et les constantes les plus générales de l'évolution des peuples.

La conception aristotélicienne de la genèse de l'État s'oppose avec
la même fermeté aux conclusions de l'École sociologique moderne,
qui, dans une direction contraire à celle de l'École individualiste,
mais obéissant aux préjugés aprioristiques qui caractérisent l'hypothèse transformiste, voit aux origines de la civilisation la *horde*
indifférenciée dont, au cours d'une lente évolution, sont sorties tout
d'abord la société politique, puis la famille et en dernier lieu la
personne humaine.

2. Première communauté : celle de deux êtres, soit en vue d'assurer la perpétuité de l'espèce (l'homme et la femme, l. 27), soit en vue
de leur conservation réciproque (le maître et l'esclave, l. 30).

c'est le cas pour le mâle et la femelle en vue de la procréation (et cette union n'a rien d'arbitraire, mais comme dans les autres espèces animales et chez les plantes, il s'agit d'une tendance naturelle à laisser après soi un autre être semblable à soi) ; c'est encore l'union de celui dont la nature est de 30 commander avec celui dont la nature est d'être commandé, en vue de leur conservation commune. En effet, pour ce dernier cas, l'être qui, par son intelligence, a la faculté de prévoir, est par nature un chef et un maître, tandis que celui qui, au moyen de son corps, est seulement capable d'exécuter les ordres de l'autre[1], est par sa nature même un subordonné et un esclave : de là vient que l'intérêt du maître et celui de l'esclave se confondent. Ainsi, c'est la nature qui a distingué la femelle et l'esclave 1252 b (la nature n'agit nullement à la façon mesquine des fabricants de couteaux de Delphes[2], mais elle affecte une seule chose à un seul usage ; car ainsi chaque instrument atteindra sa plus grande efficacité, s'il sert à une seule tâche et non à plusieurs). Cependant, chez les Barbares, la femme et l'esclave sont mis au 5 même rang : la cause en est qu'il n'existe pas chez eux de chefs naturels, mais la société conjugale qui se forme entre eux est celle d'un esclave mâle et d'une esclave femelle[3]. D'où la parole des poètes :

Il est normal que les Grecs commandent aux barbares[4],

dans l'idée qu'il y a identité de nature entre barbare et esclave.
      Les deux communautés que nous venons de voir[5]

---

1. Tel est le sens de ταῦτα, l. 33. GOMPERZ a proposé τῷ σώματι διαπονεῖν, qui donne un sens plus acceptable.
      2. Couteaux qui servaient à une foule d'usages.
      3. La nature distingue soigneusement homme et femme, maître et esclave. La femme a une tâche différente (elle est destinée à la procréation) de celle de l'esclave (voué au travail). Comment se fait-il alors que les Barbares les confondent ? C'est que, faute de chefs naturels, l'union d'un homme et d'une femme ne peut être chez eux que l'union d'un esclave mâle et d'une esclave femelle. Rien d'étonnant dès lors que l'homme traite sa femme comme une esclave qu'elle est naturellement.
      4. EURIPIDE, *Iph. in Aul.*, 1400.
      5. Homme et femme, maître et esclave.

constituent donc la famille à son premier stade,
10 et c'est à bon droit que le poète Hésiode a écrit :

> *Une maison en premier lieu, ainsi qu'une femme*
> *et un bœuf de labour*[1],

car le bœuf tient lieu d'esclave aux pauvres. Ainsi,
la communauté constituée par la nature pour la
satisfaction des besoins de chaque jour est la famille,
dont les membres sont appelés par Charondas[2],
compagnons de huche, et par Épiménide de Crète[3],
15 *compagnons de table*.

D'autre part, la première communauté formée de
plusieurs familles en vue de la satisfaction de besoins
qui ne sont plus purement quotidiens[4], c'est le village[5].
Par sa forme la plus naturelle, le village paraît être
une extension de la famille[6] : ses membres ont,
suivant l'expression de certains auteurs, *sucé le*
même lait, et comprennent enfants et petits-enfants.
Et c'est ce qui fait qu'à l'origine les cités étaient
gouvernées par des rois et que les nations[7] le sont
encore de nos jours, car cités et nations ont été formées
20 par la réunion d'éléments soumis au régime monarchique. Toute famille, en effet, est régie dans la
forme monarchique par le mâle le plus âgé, de sorte
qu'il en est de même pour les extensions de la famille,

---

1. *Trav. et J.*, 405. Cité aussi *Econom.*, I, 2, 1343 *a* 21 (p. 99 de notre trad.).

2. Charondas de Catane, législateur des colonies de Chalcis en Italie et en Sicile (vie siècle).

3. Devin crétois. — L. 15, au lieu de ὁμοκάπους, peut-être faut-il lire, avec certains manuscrits, ὁμοκάπνους, *respirant la même fumée*. Le sens est le même.

4. Mais intermittents.

5. Ou la bourgade. — Nouvelle étape de la civilisation.

6. Textuellement une *colonie*, une formation dérivée de la famille. (Cf. *Lois*, VI, 776 *a*).

7. Le terme ἔθνος désigne chez Ar. une κοινωνία plus large et moins évoluée que la πόλις. Un ἔθνος peut avoir des lois et des sacrifices, mais en raison de l'étendue de son territoire et du grand nombre de ses ressortissants, il ne possède pas de constitution propre-ment dite, et n'a pas atteint à l'unité et à l'organisation parfaite de la cité grecque. Les peuples étrangers, la Macédoine notamment, sont des ἔθνη. Cf. *infra*, VII, 4, 1326 *b* 3 ; 7, 1327 *b* 20-33, etc., et les notes de Newman, I, 39, et III, 346-347. Voir aussi *Ind. arist.*, 216 *b* 51.

en raison de la parenté de leurs membres. Et c'est ce que dit Homère :

Chacun dicte la loi à ses enfants et à ses femmes[1],

car <ses Cyclopes> vivaient en famille dispersées ; et tel était anciennement le mode d'habitation. Et la raison pour laquelle les hommes admettent unanimement que les dieux sont gouvernés par un roi, c'est qu'eux-mêmes sont encore aujourd'hui gouvernés parfois de cette manière, ou l'étaient 25 autrefois : et de même que les hommes attribuent aux dieux une figure semblable à la leur, ils leur attribuent aussi leur façon de vivre[2].

Enfin, la communauté formée de plusieurs villages est la cité, au plein sens du mot ; elle atteint dès lors, pour ainsi parler, la limite de l'indépendance économique[3] : ainsi, formée au début pour satisfaire les seuls besoins vitaux, elle existe pour permettre de bien vivre[4].

C'est pourquoi toute cité est un fait de nature, s'il 30 est vrai que les premières communautés le sont elles-mêmes. Car la cité est la fin de celles-ci, et la nature d'une chose est sa fin, puisque ce qu'est chaque chose une fois qu'elle a atteint son complet développement, nous disons que c'est là la nature de la chose[5], aussi bien pour un homme, un cheval ou une

---

1. *Od.*, IX, 114. Il s'agit des Cyclopes. Vers déjà cité *Eth. Nic.* X, 10, 1180 *a* 28 (p. 526, et note de notre trad.). Cf. aussi *Lois*, III 680 *b*.

2. Cf. les critiques de Xénophane contre l'anthropomorphisme (fgmt 14 Diels).

3. L'αὐτάρκεια, *suffisance, inconditionnalité* (l'ἱκανόν de Platon), est, dans le langage de la *Politique, l'indépendance économique* du groupe qui, par suite de la division du travail, vit sur lui-même et suffit à assurer tous ses besoins.

L. 28, ἤδη πάσης ἔχουσα πέρας τῆς αὐταρκείας, *omnis copiae bonis omnibus cumulatae nihilque praeterea requirentis culmen pervasit* (Lambin).

4. Non seulement *ad vivendum*, mais *ad bene vivendum*, pour le bonheur de l'existence. L'expression τὸ εὖ ζῆν a le sens de εὐδαιμονία. On remarquera l'opposition de γιγνομένη, l. 29 (= γενομένη) et de οὖσα, l. 30.

5. Sur les divers sens de φύσις, cf. *Phys.*, II, 1, et, notamment sur la nature au sens de forme, 193 *a* 28-193 *b* 5, avec le comm. de Hamelin, *Phys.-II*, p. 46-48. La nature d'une chose, son essence,

famille. En outre, la cause finale[1], la fin d'une chose,
1253 a est son bien le meilleur, et la pleine suffisance est
à la fois une fin et un bien par excellence.

Ces considérations montrent donc que la cité est
au nombre des réalités qui existent naturellement,
et que l'homme est par nature un animal politique[2].
Et celui qui est sans cité, naturellement et non par
suite des circonstances[3], est ou un être dégradé
ou au-dessus de l'humanité. Il est comparable à
l'homme traité ignominieusement par HOMÈRE de :

5   *Sans famille, sans loi, sans foyer*[4],

car, en même temps que naturellement apatride,

sa cause formelle, se confond avec sa fin, qui est aussi son bien et sa
perfection propre, car la fin est la forme qui n'est pas encore réalisée
et qui n'est atteinte que lorsque le développement de l'être est
achevé. Cf. St THOMAS, 32-33, p. 10 : *Et sic cum civitas generetur
ex praemissis communitatibus, quae sunt naturales, ipsa erit naturalis.*

1. Sur l'expression τὸ οὗ ἕνεκα, l. 34, cf. TRENDEL., *de An.*, 290. —
τὸ οὗ ἕν., *id cujus aliquid fit*, c'est le *ce pourquoi une chose est*, la
cause finale (καί, même l.), a le sens de *c'est-à-d.*), la *causalité téléolo-
gique*, à laquelle s'oppose, dans la terminologie aristotélicienne, la
causalité nécessaire, τὸ ἐξ ἀνάγκης. La cause finale est la *cause des
causes*, AR. assimilant à maintes reprises l'ordre de la nature à la
fabrication de l'industrie humaine.

Le raisonnement d'AR., l. 34-1253 a 1 (ἔτι ... βέλτιστον) est celui-ci.
Le bien suprême d'une chose est sa fin. Or la pleine suffisance est
pour une communauté le bien par excellence. Et comme la cité
réalise seule la pleine suffisance, elle est par suite la fin de la famille
et du village. Famille et village sont ainsi ordonnés à la cité et n'existent qu'en vue de celle-ci.

2. L'homme est un animal πολιτικόν en ce sens qu'il appartient
naturellement à une πόλις, la plus parfaite des communautés. S'il
est aussi, suivant la terminologie de l'*Eth. Eud.*, VII, 10, 1242 a
23-26, un animal *social* (κοινωνικόν) et un animal *familial* (οἰκονο-
μικόν), c'est suivant l'ordre chronologique de l'évolution des sociétés
humaines, qui ne sont pleinement constituées et ne trouvent leur
fin que dans la πόλις. Le terme πολιτικόν doit donc être pris au sens
précis de *civique, rattaché à une cité*, et non au sens trop compréhensif
de *social*. Cf. sur ce point les remarquables analyses de DEFOURNY,
Études, p. 383 et ss.

3. L'ἄπολις véritable est celui qui n'appartient à aucune cité par
une propension naturelle et par son libre choix. Il en va autrement
de celui que la cité a rejeté ou qui doit s'expatrier pour vivre (διὰ
τύχην, l. 3).

4. *Il.*, IX, 63.

il est aussi un brandon de discorde, et on peut le
comparer à une pièce isolée au jeu de trictrac[1].

Mais que l'homme soit un animal politique à un
plus haut degré qu'une abeille quelconque ou tout
autre animal vivant à l'état grégaire, cela est évident.
La nature, en effet, selon nous, ne fait rien en vain[2] ;
et l'homme, seul de tous les animaux, possède la
parole. Or, tandis que la voix[3] ne sert qu'à indiquer 10
la joie et la peine, et appartient pour ce motif aux
autres animaux également (car leur nature va jusqu'à
éprouver les sensations de plaisir et de douleur, et
à se les signifier les uns aux autres), le discours sert
à exprimer l'utile et le nuisible, et, par suite aussi,
le juste et l'injuste : car c'est le caractère propre de 15
l'homme par rapport aux autres animaux, d'être
le seul à avoir le sentiment du bien et du mal, du
juste et de l'injuste, et des autres notions morales,
et c'est la communauté de ces sentiments qui engendre famille et cité[4].

1. L. 7, le texte est incertain. Nous lisons, avec H. RACKHAM,
ἅτε ὢν ὥσπερ ἄζυξ ἐν πεττοῖς. Sur les difficultés de ce passage et les
interprétations divergentes des commentateurs, cf. NEWMAN, II,
64, et 121-122.

2. Célèbre formule d'AR. La nature est de l'art immanent (le
médecin qui se guérirait lui-même), et tous deux sont téléologiques.
Cf. infra, 8, 1256 b 21 et note.

3. Le terme φωνή signifie son, voix, sons ou ensemble de sons
produits par la voix. La φωνή peut être émise par un ἔμψυχον. Elle
est le genre, la matière de la διάλεκτος, sermo, parole, langage parlé
(ou écrit) articulé. Dans le présent passage, λόγος est à peu près
synonyme de διάλεκτος. Sur ces notions, cf. de Gen. anim., V, 7,
786 b 21, et surtout de An., II, 8, 420 b 5-421 a 6, avec la note de
R. D. HICKS dans son comm. du de An., 306.

4. Le raisonnement d'AR., l. 7-18, peut se résumer ainsi. Le
sentiment de la justice et la plupart des notions morales n'ont aucun
sens en dehors de la vie sociale, puisqu'elles intéressent les rapports
de l'homme avec ses semblables. Or, si la nature, qui ne fait rien sans
dessein, nous a donné ces sentiments et une faculté spéciale pour les
communiquer, c'est que, bien plus encore que certains animaux,
comme les abeilles ou les fourmis, nous sommes créés en vue de la
vie en société. Et c'est la mise en commun (κοινωνία, l. 18) de ces
sentiments sociaux qui est à l'origine de la famille et de la cité.
(Cf. le bon exposé de SYLV. MAURUS, 492 [1] et [2].). — Sur le sens de
l'expression ἡ δὲ τούτων κοινωνία, l. 18, cf. NEWMAN, II, 124, dont
nous adoptons l'interprétation.

En outre, la cité est par nature antérieure à la
famille et à chacun de nous pris individuellement.
20 Le tout, en effet, est nécessairement antérieur à la
partie, puisque, le corps entier une fois détruit[1],
il n'y aura ni pied, ni main, sinon par simple homo-
nymie[2] et au sens où l'on parle d'une main de pierre :
une main de ce genre sera une main morte[3]. Or les
choses se définissent toujours par leur fonction et leur
potentialité ; quand par suite elles ne sont plus en
état d'accomplir leur travail, il ne faut pas dire que
ce sont les mêmes choses, mais seulement qu'elles
25 ont le même nom. Que dans ces conditions la cité
soit aussi antérieure naturellement à l'individu,
cela est évident : si, en effet, l'individu pris isolément
est incapable de se suffire à lui-même, il sera par
rapport à la cité comme, dans nos autres exemples,
les parties sont par rapport au tout[4]. Mais l'homme
qui est dans l'incapacité d'être membre d'une communauté, ou qui n'en éprouve nullement le besoin parce
qu'il se suffit à lui-même, ne fait en rien partie d'une
cité, et par conséquent est ou une brute ou un dieu.
      Est certes un fait naturel la tendance que nous
30 avons tous à former une communauté de ce genre,

---

1. L. 21, il faut sous-entendre σώματος après τοῦ ὅλου.

2. Cf. *Ind. arist.*, 514 *a* 56-61, avec les références, et notamment
de *Gener. anim.*, I, 19, 726 *b* 24 ; *Metaph.*, Z, 10, 1035 *b* 4 et ss. (I,
p. 404-406, et les notes de notre trad.).

3. Sens difficile. Il faut comprendre : une main *ainsi séparée* du
corps (τοιαύτη) sera une main de pierre, autrement dit ne sera *plus
une main du tout* (διαφθαρεῖσα).

   La distinction du terme ὁμώνυμος (-ως) et du terme συνώνυμος
(-ως) a une grande importance dans le vocabulaire d'Ar. Les *syno-
nymes* (les termes *univoques* de la Scolastique) sont les choses qui sont
identiques en nature et en nom et sont contenues dans le même
genre, par opposition aux ὁμώνυμα (les termes *équivoques*) qui n'ont
de commun que le nom, sans aucun caractère essentiel commun :
par exemple κλείς, qui veut dire *clef* et *clavicule* (*Eth. Nic.*, V, 1,
1179 *a* 30) ; c'est ainsi encore qu'une main vivante et une main séparée
du corps sont seulement des homonymes. — Sur cette distinction,
cf. *Categ.*, 1, 1 *a* 1 ; *Ind. arist.*, 514 *a* 40 ; L. Robin, *la Th. platon.
des Idées et des Nombres*, p. 606, n. 26, et p. 125, note 150-vii.

4. *Sicut manus aut pes non potest esse sine homine, ita nec unus
homo est per se sibi sufficiens ad vivendum* (St Thomas, 39, p. 12).

mais celui qui, le premier, réalisa cette communauté[1] fut cause des plus grands biens. Car de même qu'un homme, quand il est accompli, est le plus excellent des animaux, de même aussi, séparé de la loi et de la justice, il est le pire de tous. L'injustice armée est, en effet, la plus dangereuse ; et la nature a donné à l'homme des armes qui doivent servir à la prudence et à la vertu, mais qui peuvent être employées aussi à des fins exactement contraires[2]. C'est pourquoi l'homme est la plus impie et la plus sauvage des créatures quand il est sans vertu, et le plus grossière de toutes en ce qui regarde les plaisirs de l'amour et ceux du ventre[3]. Mais la vertu de justice est de l'essence de la société civile, car l'administration de la justice est l'ordre même de la communauté politique, elle est une discrimination de ce qui est juste[4].

35

1. Qui la fit passer de la puissance à l'acte. La vertu, en effet, consiste essentiellement dans l'ἐνεργεία (Cf. *Eth. Nic.*, I, 6, 1098 *a* 4 et ss., p. 58 et notes de notre trad.).

2. Cf. Thurot, p. 4. — L. 34, l'emploi du datif *(dativus finalis?)* est assez difficile à justifier, mais la traduction latine de Lambin *(armis instructus nascitur, prudentia et virtute)* est inacceptable.

L. 34, nous traduisons, conformément à l'usage, ἀρετή par *vertu*. Mais une ἀρετή est bien autre chose, et d'une application plus universelle. Ce terme désigne, pour tout être, son *excellence*, sa *perfection*, une disposition naturelle ou acquise à remplir sa fonction propre. Il y a ἀρετή de l'œil qui voit bien, du cheval rapide à la course, etc... (*Eth. Nicom.*, II, 5, 1106 *a* 15-21 ; cf. *Republ.*, I, 353 *b*). Quand il s'agit de l'homme, agent intelligent et moral, sa *vertu* sera la disposition par laquelle son œuvre propre sera bonne, par laquelle il réalisera sa nature d'homme. Le sens moral du terme englobe ainsi la notion de *mérite* et de *valeur*.

3. Voir *Hist. Anim.*, VI, 22, 575 *b* 30 (II, p. 435 de notre trad.).

4. Cf. *Eth. Nic.*, V, 10, 1134 *a* 31 (p. 249 de notre trad.). — La cité est le milieu naturel où se développe le sentiment de la justice. On remarquera la distinction δικαιοσύνη - δίκη. L. 38, Richards propose de remplacer ἡ γὰρ δίκη par τὸ γὰρ δίκαιον. Le sens y gagnerait. Il faudrait alors comprendre : la *vertu de justice* (δικαιοσύνη) est la vertu du citoyen, car le *juste* (le droit) est le principe de l'ordre de la communauté politique, et le *jugement (judicatio, judicium)* est discrimination de ce qui est juste. Ch. Thurot, *Études...*, p. 5, propose une autre interprétation, en substituant δικαιοσύνη à δίκη dans la dernière proposition. On a alors le syllogisme suivant (la première proposition étant la conclusion) : le droit est l'ordre de la société civile ; or la justice décide de ce qui est conforme au droit ; donc la justice est de l'essence de la société civile.

3.

<L'administration domestique et ses
parties. — Théorie de l'esclavage.>

1253 *b*   Maintenant que nous connaissons clairement de
quelles parties la cité est constituée, il nous faut d'a-
bord parler de l'économie domestique, puisque toute
cité est composée de familles. Or l'économie domestique se divise en autant de branches qu'il y a de
personnes dont une famille est à son tour constituée,
et une famille, quand elle est complète, comprend des
esclaves et des hommes libres. Et puisque toute
5 recherche doit porter en premier lieu sur les éléments
les plus petits[1], et que les parties premières et les
plus petites d'une famille sont maître et esclave,
époux et épouse, père et enfants, nous devons examiner la nature de chacune de ces trois relations et
dire quel caractère elle doit revêtir : j'entends la
relation de maître à esclave, les rapports entre époux
(il n'y a pas de terme particulier pour désigner la
10 relation unissant mari et femme)[2], et en troisième
lieu, la relation de père à enfant (qui n'a pas non plus
de terme propre pour la désigner)[3]. Admettons donc
ces trois relations que nous venons d'indiquer.
Il y a aussi un autre élément, qui, selon certains,
se confond avec l'économie domestique elle-même,
et, selon d'autres, en est la partie la plus importante,
et dont nous aurons à étudier le rôle, je veux parler
de ce qu'on nomme l'*art d'acquérir des richesses*[4].

---

1. Cf. *supra*, 1, 1252 *a* 18 et ss.

2. Cf. NEWMAN, II, 132. AR. a le sentiment que l'adjectif γαμική,
l. 9, ne décrit pas la nature de l'ἀρχή du mari sur sa femme aussi
clairement que δεσποτική décrit la *dominica potestas*.

3. L. 10, πατρική est ici syn. de τεκνοποιητική (*Ind. arist.*,
573 *a* 13), lecture qu'adoptent, à la suite des mss., la plupart des
éditeurs. Nous conservons la leçon de SUSEMIHL-IMMISCH.

4. AR. emploie le terme χρηματιστική (sous-ent. τέχνη) en des
sens bien distincts. En un premier sens, qui est celui du présent texte,
la *chrématistique* est cette partie de l'économie familiale qui étudie
les rapports existant entre la famille et les biens destinés à assurer sa
subsistance. La chrématistique est encore, en un sens plus large,

Pour commencer, traitons du maître et de 15
l'esclave[1], afin d'observer ce qui intéresse les besoins
indispensables de l'existence, et de voir en même
temps si, pour atteindre à la connaissance de ces
matières, nous serions en mesure d'apporter quelque
conception plus exacte que celles qui sont actuellement reçues[2]. Certains auteurs, en effet, estiment
que l'autorité du maître constitue une science déterminée et que économie domestique, pouvoir sur
l'esclave, pouvoir politique et pouvoir royal sont une
seule et même chose, ainsi que nous l'avons dit au
début[3] ; d'autres, au contraire, pensent que la 20
puissance du maître sur l'esclave est contre nature[4],

l'art d'acquérir des richesses quelles qu'elles soient, la technique
des affaires, la science financière, le mode d'exploitation capitaliste
avec tous ses abus, aboutissant à une accumulation désordonnée de
l'argent, en dehors des besoins de la famille. Alors que l'acquisition
chrématistique familiale, simple perfectionnement du troc, est, aux
yeux d'Ar., un mode d'acquérir légitime, il n'en est plus de même
de l'autre forme de la chrématistique, qui est la source des plus graves
désordres dans les cités. — Sur la différence entre l'acquisition économique et l'acquisition chrématistique, on se reportera aux belles
analyses de Defourny, *Études*, p. 5 et ss.

1. La théorie de l'esclavage, dont Ar. commence ici l'exposé, se
continuera dans les chapitres suivants (jusqu'au ch. 7 inclus). —
Pour l'intelligence et l'interprétation de cette célèbre théorie, on se
reportera à Newman, I, 139-158 ; Defourny, *op. cit.*, 27-38, et
L. Gernet, Introd. aux *Lois* de Platon, éd. des Belles-Lettres,
Paris, 1951, I, p. cxix-cxxxii (Cette dernière étude expose la situation
juridique de l'esclave aux ve et ive siècles).

2. Donc, *à la fois* (τε), un but *pratique* (πρὸς τὴν ἀναγκαίαν
χρείαν, l. 16) et un but scientifique et *théorique* (πρὸς τὸ εἰδέναι).

3. 1, 1252 *a* 7-16, où Ar. attaque la conception de Socrate et de
Platon.

4. Ar. fait ici allusion à certains Sophistes (Thrasymaque,
Antiphon, Lycophron, et autres), qui, dans leurs δισσοὶ λόγοι,
suivant un mécanisme décrit *de Soph. elench.*, 12, 173 *a* 7-16, démon-
traient leurs thèses outrancières en s'appuyant sur l'antique opposition de la *convention* (ou de la *loi*, νόμος) et de la *nature* (φύσις).
La distinction νόμος-φύσις, qui se rencontre chez Ar. lui-même
(*Ind. arist.*, 488 *b* 41 et ss.), et qui a eu sa répercussion dans la tragédie
grecque, revient fréquemment dans les Dialogues platoniciens où les
Sophistes sont combattus ; voir notamment les deux premiers livres
de la *République*, *Gorgias*, 482 *e* et ss., *Protag.*, 377 *c*, etc. Voir aussi
infra, III, 9, 1280 *b* 10 ; Xénoph., *Memor.*, IV, 4, 5 et ss. Un texte

parce que c'est seulement la convention qui fait l'un esclave et l'autre libre[1], mais que selon la nature il n'y a entre eux aucune différence ; et c'est ce qui rend aussi cette distinction injuste, car elle repose sur la force.

4.

< Théorie de l'esclavage, suite. >

La propriété[2] est une partie de la famille, et l'art d'acquérir, une partie de l'économie domestique (car sans les choses de première nécessité, il est
25 impossible et de vivre et de bien vivre). Et de même que, dans un art bien défini[3], l'artisan sera néces-

d'ANTIPHON (H. DIELS, *Vorsokr.*, 87 B 44, recueilli dans C. J. DE VOGEL, *Gr. philos.*, I, p. 103) est très caractéristique du procédé sophistique. On lira aussi avec intérêt l'exposé de L. ROBIN, *la Morale ant.*, p. 10-11 et 24.

1. Le terme ἐλεύθερος ne présente pas toujours, dans la *Politique*, la même signification. Il désigne parfois, comme dans le présent passage (cf. encore, *infra*, 5, 1255 *a* 1 ; 6, 1255 *a* 40 ; etc.), l'*homme de condition libre*, par opposition à l'esclave. Mais plus souvent, c'est l'homme qui, dans une πολιτεία proprement dite, jouit de la liberté civile et de la liberté politique, et peut se considérer comme un citoyen à part entière (par exemple, III, 4, 1277 *b* 8, 15 ; 5, 1277 *a* 10 ; IV, 4, 1290 *b* 1, 10 ; etc., etc.), gouverné πολιτικῶς et non δεσποτικῶς. Enfin, beaucoup plus rarement (comme VII, 3, 1325 *a* 19), l'homme libre est celui qui se libère volontiers de toute activité politique pour mener la vie d'un simple particulier étranger aux affaires de la cité (il est défini VII, 3, 1325 *a* 19).

2. Les biens, destinés à assurer la subsistance de la famille, sont une partie de l'οἰκία, et l'art de les acquérir et de les conserver est une branche de l'administration domestique. Cf. *Econom.*, I, 2, 1343 *a* 17 et ss. (p. 19 de notre trad.).

Sur la distinction entre κτῆσις et κτῆμα, cf. XÉNOPH., *Econom.*, I, 7. Le κτῆμα est *une* propriété, et la κτῆσις le *droit de propriété*, portant sur les κτήματα dans leur ensemble, une fois acquis. La distinction entre ces deux termes est souvent peu marquée.

3. Travaillant pour un but déterminé, ayant une sphère délimitée. L. 25, la τέχνη, *art* en général (« ensemble de procédés servant à produire un certain résultat », *Vocab. de Phil.*, V° *Art*, p. 65), *industrie, technique, métier*, est la *vertu* de l'intelligence *pratique*, et se distingue de l'ἐπιστήμη, *science* de l'intelligence *théorique*. Elle est

sairement en possession des instruments propres à
l'accomplissement de l'œuvre qu'il se propose,
ainsi en est-il pour celui qui est à la tête d'une famille[1],
et les instruments dont il dispose sont, les uns inanimés
et les autres animés (par exemple pour le pilote, la
barre est un être inanimé, et le timonier un être
animé : car dans les divers métiers, celui qui aide
rentre dans le genre instrument). De même également,   30
la chose dont on est propriétaire est un instrument
en vue d'assurer la vie, et la propriété dans son ensemble, une multiplicité d'instruments ; l'esclave lui-
même est une sorte de propriété animée, et tout
homme au service d'autrui est comme un instrument
qui tient lieu d'instruments[2]. Si, en effet, chaque
instrument était capable, sur une simple injonction,
ou même pressentant ce qu'on va lui demander,
d'accomplir le travail qui lui est propre, comme
on le raconte des statues de Dédale ou des trépieds   35
d'Héphaïstos, lesquels, dit le poète,

Se rendaient d'eux-mêmes à l'assemblée des dieux[3],

si, de la même manière, les navettes tissaient d'elles-
mêmes, et les plectres pinçaient tout seuls la cithare,
alors, ni les chefs d'artisans n'auraient besoin d'ouvriers, ni les maîtres d'esclaves..   **1254** a
Quoiqu'il en soit[4], ce qu'on appelle les instruments

définie *Eth. Nicom.*, VI, 4, 1140 *a* 7, et Aspasius, *in Eth. Nicom.*,
2, 25, Heylbut, la compare à l'instinct. L'art adapte aux cas particuliers les données générales de l'intelligence théorique ; il tend à la
réalisation d'une ποίησις, œuvre *extérieure* à l'*artiste* ou artisan
(τεχνίτης). Cf. aussi *Ind. arist.*, 758 *b* 34 et ss.

Sur la distinction de la τέχνη et de l'ἐμπειρία, voir *infra*, III,
11, 1282 *a* 1, note.

1. L. 27, nous maintenons οὕτω καὶ τῷ οἰκονομικῷ, et supprimons
τῷ οἰκονομικῷ, l. 31 (B. Jowett). — Sur la construction des l. 23-
33, cf. C. Thurot, p. 5-7. La phrase est embarrassée, mais le sens
général est clair.

2. Ou, peut-être, qui doit être placé *avant* les autres instruments,
qui n'auraient sans lui aucune utilité : sur le sens de πρό, l. 33, cf.
Ind. arist., 633 *a* 46 *(praeferri alteri alterum)*, et Newman, II, 138.

3. *Il.*, XVIII, 376.

4. Ar. précise que l'esclave n'est pas un instrument de *production*
comme la navette, mais un instrument d'*action*, une propriété,
destiné à l'usage général de la vie.

Dans ce passage, et bien souvent ailleurs, Ar. oppose πρᾶξις et

sont des instruments de production, tandis qu'une
propriété est un instrument d'action : c'est ainsi que
de la navette on obtient quelque chose d'autre que
son simple usage, alors que du vêtement ou du lit
5 on ne tire que l'usage. De plus, comme la production
diffère spécifiquement de l'action, et que l'une et
l'autre ont besoin d'instruments, ces instruments
aussi doivent nécessairement présenter la même
différence[1]. Or la vie est action, et non production,
et par suite aussi l'esclave est un aide à ranger parmi
les instruments destinés à l'action. Ajoutons que le
terme *propriété* s'emploie de la même façon que le
terme *partie :* la partie n'est pas seulement partie
d'une autre chose, mais encore elle appartient entiè-
10 rement à une autre chose ; et il en est aussi de même
pour la propriété. C'est pourquoi, tandis que le
maître est seulement maître de l'esclave et n'appartient pas à ce dernier, l'esclave, au contraire, n'est
pas seulement esclave d'un maître mais encore lui
appartient entièrement[2].

Ces considérations montrent clairement quelle
est la nature de l'esclave et quelle est sa potentialité[3] :

ποίησις (Cf. par exemple, *Eth. Nicom.*, VI, 5, 1140 *b* 6 ; *Metaph.*,
Θ, 6, 1048 *b* 18-35 [II, p. 501-503, et note, de notre trad.], etc.).
La πρᾶξις est une *activité immanente*, qui ne produit aucune œuvre
distincte de l'*agent*, et qui n'a d'autre fin que l'*eupraxie*. La ποίησις,
au contraire, est l'*action transitive*, distincte de l'acte qui la produit,
et qui se réalise dans une œuvre extérieure à l'*artiste* (ou à l'artisan).

1. Une différence spécifique.

2. En d'autres termes, et conformément à la théorie de la relation,
contenue *Categ.*, 7, 6 *a* 36-8 *b* 24 (p. 29-42 et notes de notre trad.),
le rapport maître-esclave n'est pas une véritable relation, dont tout
l'être consiste dans la relation même *(relatio secundum esse)*, mais une
relation *secundum dici*, comme dans le cas de la relation de la partie
au tout, la partie ayant une essence propre et déterminable indépendamment de sa relation avec le tout. Si le maître est bien maître de
l'esclave, comme le double est double de la moitié, l'esclave, par
contre, n'est pas seulement esclave du maître, mais sa propriété et
sa chose. Cf. Sᵗ Thomas, 54, p. 16 : *res possessa, puta vestis, non
solum dicitur quod sit possessio hominis, sed quod simpliciter est hujusmodi hominis*. Et de même pour l'esclave à l'égard du maître.

L. 10 et 13, ὅλως est syn. de ἁπλῶς *(simpliciter, absolute et omnino,*
Lambin).

3. Sur le sens particulier de δύναμις, l. 14, cf. *Ind. arist.*, 206 *b* 12
et ss. : *ipsa natura et qualitas rei significatur.* C'est la potentialité,
la *fonction*.

celui qui, par nature, ne s'appartient pas à lui-même,
tout en étant un homme, mais est la chose d'un autre,
celui-là est esclave par nature[1] ; et est la chose d'un
autre, tout homme qui, malgré sa qualité d'homme,
est une propriété, une propriété n'étant rien d'autre
qu'un instrument d'action et séparé du propriétaire.   15

5.

< Théorie de l'esclavage, suite :
l'esclavage est de droit naturel. >

Mais est-ce qu'il existe des hommes présentant
naturellement pareil caractère[2], ou bien n'y en a-t-il
pas ? Et y a-t-il quelqu'être pour lequel il soit préférable et juste d'être esclave, ou si au contraire il n'en
est rien et si l'esclavage est toujours contre nature ?
Voilà ce que nous avons maintenant à examiner.
La réponse n'est pas difficile : le raisonnement nous   20
la montre, en même temps que les faits nous l'ensei-
gnent. L'autorité et la subordination sont non
seulement des choses nécessaires, mais encore des
choses utiles ; et c'est immédiatement après la naissance qu'une séparation s'établit entre certaines
réalités[3], les unes étant destinées au commandement,
et les autres à l'obéissance. Et il existe de nombreuses
espèces d'êtres qui commandent et d'êtres qui sont
commandés (et toujours est plus parfaite l'autorité
qui s'exerce sur des subordonnés dont la nature est   25
elle-même plus parfaite : par exemple, il est préférable
de commander à un homme qu'à une brute : le travail,
en effet, est d'autant plus parfait qu'il est accompli
par de meilleurs ouvriers ; et partout où il y a le
facteur dominateur et le facteur subordonné, leur

---

1. Le mot essentiel est φύσει, l. 14. Sur l'esclave κατὰ νόμον, cf.
infra, 6, 1255 *a* 5. — Nous mettons une virgule avant ἄνθρωπος, l. 15.
Cf. Newman, II, 66-67.

2. Le caractère d'esclave.

3. L'âme et le corps, l'homme et l'animal, le mâle et la femelle,
ainsi qu'Ar. va le dire.

rencontre aboutit à une œuvre déterminée)[1], car
dans toutes les choses où plusieurs parties se combinent pour produire quelque réalité possédant unité
de composition[2], que ces parties soient continues ou
30 discontinues, dans tous ces cas se manifeste clairement la dualité de ce qui commande et de ce qui
est commandé ; et cette distinction, qui est présente
dans les êtres animés, relève d'une loi universelle
de la nature[3], puisque même dans les êtres qui n'ont
pas la vie en partage, on rencontre une sorte d'autorité, comme c'est le cas par exemple, d'une harmonie[4]. — Mais ces dernières considérations relèvent

---

1. *Ubi autem aliud imperat, aliud imperio paret, aliquod horum
opus exstat* (Lambin).

Le terme ἔργον signifie *œuvre, ouvrage, tâche*, et aussi *fonction*.
La notion de *fonction propre* a une grande importance dans l'éthique
et la politique d'Ar. On trouvera dans H. Joachim, *the Nicomach.
Ethics*, Oxford, 1955, p. 48-49, un bon exposé de la notion d'ἔργον
chez Platon (*Republ.*, I, 352 *d*-354 *a*) et chez Ar.

2. L'expression ἕν τι κοινόν, l. 29, signifie le *tout organique*,
formé d'éléments hiérarchisés qui, par leur rôle différent, concourent
à la constitution d'un être unique, mais composé. C'est le cas du
corps humain, formé de parties *continues* (ἐκ συνεχῶν, l. 29), à savoir
les membres, et de la cité, formé des parties *discontinues* que sont les
citoyens (ἐκ διηρημένων).

L. 29, κοινόν est syn. de σύνθετον. C'est la σύνθετος οὐσία (cf.
Ind. arist., 399 *a* 28). — Pour la notion de *continuité* (τὸ συνεχές),
cf. *Phys.*, V, 3, 220 *a* 10-17 [= *Metaph.*, K, 12, 1069 *a* 5, et le tableau
des notions qui s'y rattachent ou s'en distinguent, dans Ross, *Metaph.*,
II, p. 345].

3. Textuellement : « provient de la nature entière », de l'ensemble
de la nature. Réminiscence probable du *Philèbe*, 30 *a* : « Où notre
corps aurait-il pris son âme, si le corps de l'Univers n'était animé et
ne possédait pas les mêmes dons que le nôtre ? » (trad. A. Diès).

4. Dans cet exemple, Ar. a probablement en vue le *consensus
sonorum*, et, plus précisément, l'un des huit *modes musicaux* que
distinguait la musique grecque (dorien, phrygien, lydien, hypodorien
hypophrygien, hypolydien, mixolydien et syntono-lydien : cf.
F. A. Gevaert, *Hist. et th. de la Musique dans l'Antiquité*, Gand,
1875, I, p. 191 et ss.). Toutes les gammes prenant le nom et la note
par laquelle elles commencent, un morceau est une sorte de tout
organique dans lequel il est aisé de distinguer toute une hiérarchie
d'éléments dominateurs et d'éléments subordonnés.

Telle est la première interprétation qu'on a soutenue et qui est
celle qu'on admet généralement aujourd'hui.

Mais il n'est pas impossible de voir dans l'exemple choisi par Ar.

sans doute d'un examen par trop étranger à notre
sujet. Pour nous en tenir à l'être vivant, rappelons
d'abord qu'il est composé d'une âme et d'un corps,
et que de ces deux facteurs le premier est par nature
celui qui commande, et l'autre celui qui est
commandé[1]. Mais nous devons examiner ce qui est 35
par nature, de préférence chez les êtres qui sont dans
leur état normal, et non chez ceux atteints de corruption. Et par suite, c'est l'homme se trouvant dans la
meilleure condition possible sous le rapport à la fois
du corps et de l'âme qui doit faire l'objet de notre
étude, et c'est en lui que se manifeste le mieux le jeu
de ces deux facteurs : chez les gens vicieux, en effet,
ou se trouvant dans une disposition perverse, le
corps semblera souvent commander à l'âme, en raison **1254** *b*
de l'état défectueux et dénaturé du sujet. Ainsi donc,
c'est en premier lieu dans l'être vivant, disons-nous,
qu'il est possible d'observer l'autorité du maître
et celle du chef politique : l'âme, en effet, gouverne
le corps avec une autorité de maître, et l'intellect
règle le désir avec une autorité de chef politique et 5
de roi[2]. Ces exemples montrent avec évidence le

une réminiscence de la théorie pythagoricienne suivant laquelle tout
dans l'Univers est harmonie et nombre (cf. *Metaph.*, A, 5, 986 *a* 3,
t. I, p. 42-43, et notes, de notre comm.). Ar. voudrait dire alors que
dans les choses inanimées composées de parties (les *mixtes*), il existe
un principe régulateur qui contient et conserve l'harmonie des
parties élémentaires. Bonitz (*Ind. arist.*, 106 *b* 38) semble incliner
vers cette façon de voir.

1. La conception de l'âme gouvernant le corps est celle de deux
entités plus ou moins indépendantes, conformément aux données
de l'anthropologie platonicienne. Cette survivance de l'enseignement
de l'Académie autorise F. Nuyens à reporter le premier livre de la
Politique (que W. Jaeger range parmi les écrits de la dernière
période) à une époque notablement antérieure à la composition du
de Anima, caractérisé par la théorie de l'âme-entéléchie (Cf.
F. Nuyens, *l'Évolution de la Psych. d'Ar.*, 1948, p. 197).

2. Sur le gouvernement du νοῦς dans l'âme humaine, cf. *Eth.
Nicom.*, VI, 2, 1139 *a* 17 et ss. (p. 276 et 277, et notes, de notre trad.).

Le parallélisme établi par Ar. entre la subordination des parties
de l'âme et la subordination des citoyens dans l'État est un emprunt
manifeste à la méthode platonicienne utilisée dans la *République*.
Avant d'étudier et de définir la justice dans l'individu, Platon la
montre d'abord réalisable dans la cité, par la hiérarchie des différentes
classes dont la cité se compose, exposant ainsi à la fois comment se

caractère naturel et l'utilité de la subordination du
corps à l'âme, ainsi que de la subordination de la
partie affective à l'intellect et à la partie rationnelle,
tandis que l'égalité des deux facteurs ou le renversement de leurs rôles respectifs est nuisible dans tous
10 les cas. — Envisage-t-on à leur tour les rapports entre
l'homme et les autres animaux, on aboutit à la même
constatation : les animaux domestiques sont d'un
naturel meilleur que les animaux sauvages, et il est
toujours plus expédient pour eux d'être gouvernés
par l'homme, car leur conservation se trouve ainsi
assurée. — En outre, dans les rapports du mâle
et de la femelle, le mâle est par nature supérieur,
et la femelle inférieure, et le premier est l'élément
dominateur et la seconde l'élément subordonné[1]. —
15 C'est nécessairement la même règle qu'il convient
d'appliquer à l'ensemble de l'espèce humaine[2] ;
par suite, quand des hommes diffèrent entre eux
autant qu'une âme diffère d'un corps et un homme
d'une brute (et cette condition inférieure est celle
de ceux chez qui tout travail consiste dans l'emploi
de la force corporelle, et c'est là d'ailleurs le meilleur
parti qu'on peut tirer d'eux), ceux-là sont par nature
des esclaves pour qui il est préférable de subir l'autorité d'un maître, si l'on en croit les exemples que
20 nous avons cités plus haut[3]. Est, en effet, esclave
par nature celui qui est apte à être la chose d'un
autre (et c'est pourquoi il l'est en fait)[4], et qui a la
raison en partage dans la mesure seulement où elle

forment et ce que deviennent la timocratie et l'homme timocratique,
l'oligarchie et l'homme oligarchique, la démocratie et l'homme démocratique, la tyrannie enfin et l'homme tyrannique. Justice sociale et
justice individuelle sont ainsi une seule et même expression d'un
certain ordre, existant, d'une part, entre les dispositions intérieures
de l'individu, et, d'autre part, entre les éléments ou individus composant la cité.

1. Sur la supériorité du principe mâle en biologie, cf. de *Gen.
anim.*, I, 2, 716 a 5 ; II, 1, 732 a 2 ; et *passim*.

2. Sans distinguer le sexe, la situation sociale...

3. L. 16-17 : le corps, l'animal.

4. *Ille est naturaliter servus qui habet aptitudinem naturalem ut
sit alterius* (S[t] TH., 68, p. 20).

est impliquée dans la sensation[1], mais sans la posséder
pleinement ; car les animaux autres que l'homme ne
sont même pas capables de participer à cette forme
sensitive de la raison, mais ils obéissent passivement
à leurs impressions. Et effectivement l'usage que nous
faisons des esclaves ne s'écarte que peu de l'usage
que nous faisons des animaux : le secours que nous
attendons de la force corporelle pour la satisfaction   25
de nos besoins indispensables[2] provient indifféremment des uns et des autres, aussi bien des esclaves
que des animaux domestiques. La nature tend assurément aussi à faire les corps d'esclaves différents de
ceux des hommes libres, accordant aux uns la vigueur
requise pour les gros travaux, et donnant aux autres
la station droite[3] et les rendant impropres aux besognes de ce genre, mais utilement adaptés à la vie de   30
citoyen (qui se partage elle-même entre les occupations
de la guerre et celles de la paix) ; pourtant le contraire
arrive fréquemment aussi : des esclaves ont des
corps d'hommes libres, et des hommes libres des
âmes d'esclaves[4]. Une chose, du moins, est claire[5] :
si les hommes libres, à s'en tenir à la seule beauté

1. La sensation chez l'homme n'a pas pour objet véritable le
particulier, mais l'élément intelligible qui s'y trouve contenu. Elle
est donc déjà un commencement de connaissance. Ce n'est pas Callias
que je perçois, mais l'homme qui est dans Callias, c'est un τοίονδε
(quale quid sit) et non un τοδέ τι *(hoc aliquid)*. Cf. *Anal. post.*, I,
31, 87 b 30, p. 147 de notre trad. ; *de An.*, II, 12, 424 a 23, p. 139-
140 de la trad. Pour plus de développements, voir notre commentaire de la *Métaph.*, I, 440.

L. 23, avec B. Jowett, nous lisons λόγου au lieu de λόγῳ.

2. L. 25, τῷ σώματι doit accompagner βοήθεια (B. Jowett,
Newman, II, 147), et non τἀναγκαῖα (H. Rackham).

3. Sur la station droite, cf. *de Part. anim.*, II, 10, 656 a 12 ; IV,
10, 686 a 28 : « Il est le seul des animaux à se tenir droit, parce que sa
nature et son essence sont divines » (trad. P. Louis).

4. Les l. 33-34 (τοὺς μέν... ψυχάς) sont difficiles, et les interprétations nombreuses. Malgré les objections de Newman, II, 148-
149, nous adoptons l'interprétation des anciens commentateurs
(S¹ Th., 70, p. 21 ; Victorius ; Sylv. Maurus, 498²) reprise par
Defourny, p. 36 ; elle nous semble exprimer la véritable pensée
d'Ar., et elle est la plus naturelle.

5. Pour prouver que la nature omet parfois de faire différents les
corps des esclaves et ceux des hommes libres.

35 corporelle, l'emportaient sur les autres aussi indiscu-
tablement que les statues des dieux, tout le monde
admettrait[1] que ceux qui leur sont inférieurs méritent
d'être leurs esclaves. Et si cela est vrai du corps,
bien plus justement encore pareille distinction doit-
elle s'appliquer à l'âme : seulement, il n'est pas aussi
facile de constater la beauté de l'âme que celle du
corps.

1255 a Il est donc manifeste qu'il y a des cas où par nature
certains hommes sont libres et d'autres esclaves,
et que pour ces derniers demeurer dans l'esclavage
est à la fois bienfaisant et juste.

6.

<*L'esclavage, état naturel*, suite.>

D'un autre côté, que ceux qui professent l'opinion
contraire[2] aient raison aussi d'une certaine façon, c'est
là une chose qu'il n'est pas difficile d'apercevoir. En
effet, les termes *être esclave* et *esclave* sont pris en deux
5 sens : car il existe aussi[3] un esclave et un esclavage
relevant d'une loi positive ; cette loi est une sorte
d'accord général d'après lequel on admet que les
biens conquis à la guerre sont la propriété du vainqueur. Or c'est là une conception du droit à laquelle

---

1. Sans discussion possible sur la justice ou l'injustice de l'esclavage. — Si la supériorité du corps ou celle (plus difficile à discerner)
de l'âme était toujours manifeste, on n'aurait aucune hésitation à
déclarer les uns des maîtres, et les autres des esclaves. Il n'en est pas
toujours ainsi, sans doute, surtout pour l'âme. On n'en doit pas moins
maintenir que, *dans certains cas* (τινές, l. 2), ce partage peut s'effectuer et est fondé en nature.

2. A savoir, que l'esclavage est παρὰ φύσιν. — La position d'AR.,
en ce qui concerne la légitimité de l'esclavage, est nuancée. Il admet
en principe que des hommes sont par nature les uns libres, et les
autres esclaves, et que dans ce cas l'esclavage est légitime et salutaire.
Il admet aussi que ceux qui contestent la légitimité de l'esclavage
résultant du droit de guerre n'ont pas complètement tort, et que nul
homme libre ne peut être réduit en esclavage, même après une guerre,
par le vainqueur.

3. Outre l'esclavage naturel.

de nombreux juristes opposent, comme ils le feraient pour un orateur, une *exception d'illégalité*[1] : il est, à leur avis, monstrueux qu'un homme, parce qu'il a le pouvoir d'employer la violence et possède la supériorité de la force brutale, puisse réduire en esclavage et ranger sous son autorité la victime de 10 sa violence. — Cette opinion a ses partisans comme la première a les siens, jusque dans les milieux cultivés. Et la cause de ce débat, et qui fait que les deux théories se recouvrent partiellement[2], c'est que,

1. Tout Athénien avait le droit, à l'Assemblée, de déposer une *plainte d'illégalité* (γραφὴ παρανόμων) contre l'auteur d'une proposition contraire aux lois existantes. Cf. G. Glotz, *la Cité grecque*, p. 209-212.

2. Tout le passage (l. 12-21) est très difficile, et a exercé la sagacité des commentateurs. On se reportera à Thurot, *Études...*, p. 7-9, et surtout à Newman, II, 150 et ss.

Sur le sens du verbe ἐπαλλάττειν, l. 13, qu'il convient de déterminer d'abord, cf. *Ind. arist.*, 265 *b* 51 et 'ss. : *èπ. ea quae inter duo genera ita sunt interposita ut cum utroque cohaerent.* Les deux doctrines (celle de l'esclavage naturel et celle de l'esclavage légal) ont entre elles un *élément commun*, un principe accepté par l'une et par l'autre, et cet *empiètement de l'une sur l'autre* limite leur antagonisme. Ce principe, dont elles tirent des conséquences opposées, est que la force est toujours accompagnée d'une excellence quelconque : si on est le plus fort, c'est qu'on le mérite en quelque façon.

La vertu, sinon toujours, du moins *accidentellement* (τρόπον τινα, l. 13), peut, quand les *moyens extérieurs* lui en sont fournis (τυγχάνουσα χορηγίας, l. 14 ; sur le sens métaphorique de χορηγία, cf. J. Burnet, *Eth. Nicom.*, p. 44, sous I, 9, 1099 *a* 33), *employer la force*, qui est alors portée à son *maximum* (Βιάζεσθαι ... μάλιστα). C'est là une vue conforme à la conception platonicienne de la vertu-science, qui donne au chef possédant la technique difficile du gouvernement des hommes, toute puissance et toute licence, dans une illégalité idéale, en vue d'imposer le bien (cf. *Gorgias*, 482 *c*-505 *b* ; *Polit.*, 294 *a* et ss., et la notice de A. Diès, p. L à LVI ; *Lois*, IX, 875 *b-d* ; etc.).

La vertu est ainsi accompagnée de la force, toute « vertu » au surplus (c'est-à-dire, conformément au sens véritable du terme ἀρετή, toute *excellence*, en quelque domaine que ce soit) impliquant une certaine *supériorité* en laquelle elle consiste (ἐν ὑπεροχῇ ἀγαθοῦ τινος, l. 15). Sur ce principe que toute supériorité de force implique supériorité de vertu, les deux opinions antagonistes sont d'accord (autrement dit, il y a entre elles ἐπάλλαξις). Il reste à savoir si, comme dans le droit de la guerre, le vainqueur a le *droit* (περὶ τοῦ δικαίου, l. 16) de réduire dans tous les cas le vaincu en esclavage, que celui-ci le

d'une certaine façon, la vertu, quand elle est pourvue
de moyens extérieurs suffisants, possède aussi au plus
haut point le pouvoir d'employer la force, et que
15 le parti vainqueur l'emporte toujours par quelque
supériorité morale ; il semble, par conséquent, que
la force ne va pas sans vertu, et que le débat roule
uniquement sur la notion de justice (car en raison
du caractère inséparable de la force et de la vertu, les
uns pensent que la justice consiste dans la bienveillance mutuelle, tandis que pour les autres, ce qui
20 est juste en soi c'est la loi du plus fort) : si, en effet,
ces deux conceptions se présentent radicalement
séparées l'une de l'autre, les autres théories perdent
toute leur force et toute leur valeur persuasive,
quand elles prétendent que ce qui est supérieur en
vertu n'a aucun titre à commander et à exercer le
pouvoir absolu du maître[1]. — Mais certains autres

veuille, (l. 17, εὔνοια, *bon vouloir mutuel, modération, bienveillance*)
ou ne le veuille pas. C'est à partir de ce point que les deux doctrines
diffèrent. La première soutient que si force et vertu sont inséparables,
la loi du plus fort doit toujours l'emporter : la légalité est ainsi la
justice même, et l'esclavage κατὰ νόμον est inattaquable en soi.
L'autre théorie prétend, au contraire, que si vertu et force vont de
pair, et si la vertu est bienveillance mutuelle et modération (cf. *Eth.
Nicom.*, IX, 5, en entier, où l'alliance εὔνοια-ἀρετή est établie), la
justice sera essentiellement εὔνοια, et le droit de la guerre, par sa
négation même de toute modération envers le vaincu, est ainsi
souverainement injuste. L'esclavage ne peut donc, d'après les partisans de cette théorie, reposer que sur le sentiment de bon vouloir et
de bienveillance réciproque du maître et de l'esclave, ce qui exclut
la servitude de guerre.

L. 17, διὰ γὰρ τοῦτο : à savoir, le caractère inséparable de la force
et de la vertu, admis à titre de principe par les deux opinions opposées.

1. Les l. 19-21 (ἐπεί ... δεσπόζειν) soulèvent aussi de graves
difficultés d'interprétation. Aʀ. veut dire ceci. En supposant que ces
deux théories abandonnent leur principe commun de l'inséparabilité
de la vertu et de la force (en d'autres termes, s'il n'y a plus ἐπαλλάττειν, terme auquel le verbe διιστάναι, l. 19, est directement opposé),
il ne reste qu'une ressource, à l'une comme à l'autre, c'est de demeurer
dans un antagonisme stérile, qui supprime toute discussion, et de
soutenir, l'une que le plus fort a toujours le droit de réduire le plus
faible en esclavage, l'autre qu'il ne l'a jamais. Position intenable, en
face de la doctrine du juste milieu qui veut que celui qui est supérieur
en vertu ait droit de commander.

L. 20, ἅτεροι λόγοι sont, croyons-nous, les doctrines (nouvelles,

s'attachant, croient-ils, à une sorte de droit en général[1] (car la loi est une forme de justice), posent en
principe que l'esclavage résultant de la guerre est
juste, mais dans le même moment ils se contre-
disent : en effet, il peut se faire que la cause originaire
d'une guerre soit injuste, et en outre on ne saurait
reconnaître d'aucune manière que l'homme qui ne 25
mérite pas d'être esclave soit esclave. Et si on refuse
d'admettre cela, il en résultera que les personnes
considérées comme appartenant à la plus haute
noblesse sont des esclaves et des descendants d'esclaves, si eux ou leurs parents ont eu le malheur d'avoir
été faits prisonniers et vendus ensuite comme esclaves.
Aussi[2], les partisans de l'opinion dont nous parlons
n'entendent pas appeler les Grecs[3] eux-mêmes des
esclaves, mais ils réservent ce nom aux barbares.
Mais alors, en s'exprimant ainsi, ils n'ont en vue rien
d'autre que l'esclavage naturel, dont nous avons 30
précisément traité au début[4] : car ils sont dans la
nécessité d'avouer qu'il y a certains individus qui
sont partout esclaves, et d'autres qui ne le sont nulle
part. Le même principe s'applique encore à la noblesse
de naissance[5] : les Grecs se regardent eux-mêmes
comme nobles, non seulement dans leur pays, mais
encore n'importe où, les barbares au contraire
n'étant nobles que chez eux, ce qui signifie qu'il
existe deux sortes de noblesse et de liberté, l'une qui 35

en quelque sorte) adoptées par chacune des deux parties quand elles
cessent de faire appel au principe force-vertu.

1. Autre opinion, bien distincte des précédentes, et qui relève
plutôt du sens commun : tout ce qui est autorisé par la loi est juste
ipso facto, et l'esclavage de guerre est juste parce que légal.

2. Se contredisant eux-mêmes sur le droit de la guerre.

3. Faits prisonniers.

4. Ch. 5. — Quand l'opinion en question refuse de considérer les
Grecs faits prisonniers comme des esclaves, elle revient en réalité
à la conception du φύσει δοῦλος, qui apparaît ainsi comme la seule
justification possible de l'esclavage.

5. Étroitement unie, dans l'esprit grec, à l'idée de liberté : il n'y a
pas grande différence entre noble et homme libre. Cf. les attaques
du sophiste LYCOPHRON contre la noblesse, relevées *Fragm. Arist.*,
n° 91 (éd. V. ROSE, Leipzig, 1886). Voir aussi *infra*, III, 13, 1283 *a*
33 et ss.

est absolue, et l'autre qui ne l'est pas, suivant la parole de l'*Helena* de THÉODECTE[1] :

Moi, rejeton d'une double lignée de dieux,
Qui aurait la prétention de me donner le nom de
servante ?

Mais parler ainsi revient à faire de la vertu et du vice le principe de la distinction entre les termes
40 *esclave* et *libre*, et entre l'homme de haute naissance et l'homme de basse extraction[2] ; car on estime que,
1255 b tout comme un homme naît d'un homme, et une bête d'une bête, ainsi également un homme de bien est issu de gens de bien. Mais s'il est vrai que la nature tend souvent à réaliser ce vœu, elle n'en est cependant pas toujours capable[3].

On voit ainsi que le débat dont nous parlons[4] a quelque raison d'être, et que le principe suivant lequel
5 il y a, d'une part, les esclaves par nature, et, d'autre part, les hommes libres par nature, n'est pas absolu. On voit encore qu'une pareille distinction existe dans des cas déterminés où il est avantageux et juste pour l'un de demeurer dans l'esclavage et pour l'autre d'exercer l'autorité du maître, et où l'un doit obéir et l'autre commander, suivant le type d'autorité auquel ils sont naturellement destinés, et par suite suivant l'autorité absolue du maître, tandis que

---

1. *Helena*, fgmt 3 NAUCK. — THÉODECTE de Phasélis, disciple d'ISOCRATE et ami d'AR., était célèbre comme auteur de tragédies et de discours fictifs. Il est cité encore *Rhetor.*, II, 23, 1397 *b* 2, 1398 *b* 6, etc.

2. Descendre des dieux est l'équivalent d'être soi-même bon, puisque les dieux sont bons et que le semblable est engendré par le semblable. La distinction homme libre et esclave, noble et roturier, est ainsi naturelle et dépend le plus souvent des lois de l'hérédité.

3. Restriction importante. Tout en faisant la plus large part aux lois de l'hérédité et de la génération, AR. admet que les hommes libres par nature et les esclaves par nature ne sont pas toujours par leur naissance dans la condition où ils doivent être. C'est reconnaître en même temps que l'esclavage naturel est susceptible d'être corrigé dans des cas particuliers, par l'octroi de la liberté.

4. 1255 *a* 12. — Sur ce texte et ses difficultés, cf. THUROT, p. 10-11. La phrase οὐκ εἰσιν... ἐλεύθεροι, l. 5, a donné lieu à plusieurs interprétations. La correction de H. RACKHAM, οὐκ εἰσί τινες, est heureuse et rend la pensée d'AR. plus claire.

l'exercice abusif de cette autorité est désavantageux pour les deux à la fois (car l'intérêt est le même pour la partie et pour le tout, pour le corps et pour l'âme, 10 et l'esclave est une partie de son maître, il est en quelque sorte une partie vivante du corps de ce dernier, mais une partie séparée[1] ; de là vient qu'il existe une certaine communauté d'intérêt et d'amitié entre maître et esclave, quand leur position respective est due à la volonté de la nature ; mais s'il n'en a pas été ainsi, et que leurs rapports reposent sur la loi et la violence, c'est tout le contraire qui a lieu)[2]. 15

7

<*Théorie de l'esclavage*, fin.>

Il résulte clairement aussi de ces considérations qu'il n'y a pas identité entre pouvoir du maître sur l'esclave et pouvoir du chef politique, et que toutes les diverses formes d'autorité ne sont pas non plus les mêmes les unes que les autres, comme certains auteurs le prétendent[3]. En effet, l'une de ces autorités s'adresse à des hommes naturellement libres, et l'autre à des hommes naturellement esclaves ; et l'administration d'une maison est une monarchie (une famille étant toujours sous l'autorité d'un seul), tandis que le pouvoir politique proprement dit est 20 un gouvernement d'hommes libres et égaux. Le maître

1. Cf. *supra*, 4, 1254 *a* 9 et ss.

2. Et il n'y a ni intérêt commun, ni amitié. — Sur le genre d'amitié qui peut exister entre maître et esclave, cf. *Eth. Nicom.*, VIII, 13, 1161 *a* 33 et ss. (p. 416-417, et notes, de notre trad.).

Les obligations du maître et de l'esclave sont réciproques. Un lien commun les attache l'un à l'autre, quoique par des devoirs différents. On peut appliquer aux relations du maître et de l'esclave en droit grec (plus humain que le droit romain, qui insiste davantage sur le caractère de *res* de l'esclave) ce que le droit féodal disait de la solidarité qui unissait le seigneur et le vassal : ils étaient *conjuges et consortes*, et leurs droits et devoirs respectifs avaient même puissance et même force : *aequalis est fidei inter dominum et vassalum relatio*.

3. XÉNOPHON et surtout PLATON (*Polit.*, 258 *e*-259 *d*) : cf. *supra*, 1, 1252 *a* 7-16 et note.

n'est donc pas appelé de ce nom en vertu d'une
connaissance scientifique dont il serait détenteur,
mais par le fait d'être naturellement tel[1], et on peut
en dire autant de l'esclave et de l'homme libre.
Cependant il peut exister une science du maître et
une science de l'esclave : la science de l'esclave serait
exactement de même sorte que celle qu'on cultivait
à Syracuse, où, moyennant salaire, on enseignait
25 aux esclaves l'ensemble de leurs devoirs domestiques.
On pourrait même étendre l'étude des matières de
cette sorte, tel que l'art de la cuisine et autres branches
analogues du service : des serviteurs différents ont,
en effet, des tâches différentes, les unes plus honorables, et les autres plus nécessaires, et, comme dit le
proverbe,

> Esclave avant esclave, maître avant maître[2].

30   Toutes les connaissances de ce genre sont donc des
sciences de l'esclave. Quant à la science du maître,
c'est celle de l'utilisation des esclaves : car le rôle
du maître ne consiste pas dans l'acquisition des
esclaves, mais dans l'usage qu'il en fait. Cette science
n'a rien de grand, ni de vénérable[3] : le maître doit
seulement savoir prescrire les tâches que l'esclave
35 doit savoir éxécuter. C'est pourquoi ceux qui ont la
possibilité de s'épargner les tracas domestiques ont un
préposé qui remplit cet office, tandis qu'eux-mêmes
s'occupent de politique ou de philosophie. — La
science d'acquérir les esclaves, à son tour, diffère
de ces deux sciences[4] : je veux parler de la science

---

1. Ar. revient à sa théorie de l'esclavage naturel. On est maître
ou esclave en vertu de sa nature. Cf. St Thomas, 91, p. 27 : *despotes
non dicitur secundum scientiam...sed ex eo quod est sic dispositus
secundum naturam vel legem.* Ce qui n'empêche pas (l. 22) l'existence
d'une science du maître et d'une science de l'esclave.

2. Sans doute de Philémon, poète de la nouvelle comédie
(*Pancratiastes*, fr. 2, A. Meineke et H. Bothe, *Fragm. Com. gr.*,
Paris, 1855). Ar. veut dire qu'il existe une hiérarchie entre les esclaves,
comme il en existe une entre les maîtres (*Servus praefertur servo,
sicut dominus domino*, St Thomas, 92, p. 27). Sur le sens préférentiel
de πρό, cf. *supra*, 4, 1253 *b* 33, note et références de l'*Ind. arist.*

3. Contrairement à ce que soutient Xénophon, *Econom.*, XIII, 5,
qui fait de l'agriculture l'école des hommes d'État.

4. La science du maître et la science de l'esclave.

de leur juste acquisition, qui tient de l'art de la
guerre ou de l'art de la chasse[1].

Arrêtons là notre distinction de maître et d'esclave.   40

8

< La propriété et les modes d'acquérir.
L'économie domestique. >

En ce qui concerne toute propriété en général,   **1256** *a*
ainsi que l'art d'acquérir des richesses[2], appliquons
à leur étude la méthode suivie jusqu'ici, puisque
enfin l'esclave est, avons-nous dit[3], une partie déterminée de la propriété. Tout d'abord, on peut soulever
la question de savoir si l'art d'acquérir des biens se
confond avec l'économie domestique, ou s'il en est
une partie, ou si enfin il lui est subordonné ; et dans
l'hypothèse où il lui est subordonné, on peut se   5
demander si c'est de la façon dont l'art de faire des
navettes est subordonné à l'art du tisserand, ou de la
façon dont l'art du fondeur est subordonné à l'art
du statuaire (car le genre de subordination de ces
deux arts n'est pas le même, mais le premier fournit
des instruments, et le second la matière, et j'entends
par matière le substrat[4] à partir duquel une certaine

---

1. Cf. VII, 14, 1133 *b* 38. Le moyen naturel et juste d'acquérir des
esclaves est la guerre et la razzia.

2. Sur le sens de κτῆσις et de κτῆμα, cf. *supra*, 3, 1253 *b* 23, note.
Ajoutons ici que κτῆσις a aussi le sens d'*acquisition* et de *possession*.
    Sur les diverses significations de χρηματιστική, cf. 3, 1253 *b* 14
note.

3. Sur le sens de ἦν, l. 3, cf. *Ind. arist.*, 220 *a* 45. — AR. veut dire
que, conformément à sa méthode constante, il va de la partie (esclave)
au tout (acquisition, propriété en général).

4. Ainsi que le remarque ALEXANDRE, *in Metaph.*, 22, 2-3, HAYD.,
le terme ὕλη n'est pas synonyme de ὑποκείμενον. Le *sujet* ou *substrat*
est soit *matière* (ὕλη), soit *forme* (μορφή, εἶδος), soit *composé* (σύνο-
λον) : il a donc plus d'extension que ὕλη (Cf. *Ind. arist.*, 798 *a* 24-33). —
Sur l'histoire du terme ὕλη, cf. A. RIVAUD, *le Probl. du Devenir...*,
p. 369-373, § 261-264.

œuvre est exécutée : par exemple, pour un tisserand
ce sera de la laine, et pour un statuaire, du bronze[1]).
10 Or que l'art d'acquérir des richesses ne soit pas
identique à l'art d'administrer une maison, c'est là
une chose évidente (en effet, le premier a pour objet
de se procurer des ressources, et le second de les
employer : quel pourrait être l'art de faire usage
des ressources familiales si on ne veut pas que ce
soit l'économie domestique ?). Quant à savoir si
l'art d'acquérir les richesses est une branche de
l'économie domestique, ou si c'est un art d'une
espèce toute différente, le débat reste ouvert. Si le
15 rôle de l'acquéreur de richesses est bien, en effet,
de considérer les sources d'où proviennent richesses et
propriété, mais si la propriété embrasse de multiples
formes, et la richesse également, dans ces conditions
la première question qui se pose est d'examiner si
l'agriculture est une branche déterminée de l'art
d'acquérir des richesses, ou si c'est un art d'un genre
tout différent. Et, d'une façon générale, le problème
est le même pour la gestion et l'acquisition portant
sur les subsistances[2]. — Bien plus, il existe de nombreux modes d'alimentation[3] qui déterminent de

---

1. Question traitée *infra*, 10, 1258 *a* 20 et ss.

2. Les l. 15-19 sont d'une interprétation très difficile. Peut-être
le texte est-il incomplet, et faut-il supposer une lacune après ἔσται,
l. 16 (H. RACKHAM). Toutefois, à l'exemple de NEWMAN, II, 166-167,
et de B. JOWETT, nous croyons préférable de mettre une virgule après
ἔσται, et de considérer qu'à la protase εἰ γάρ, l. 15, correspond
l'apodose ὥστε, l. 17 (sur l'emploi de ὥστε pour marquer une apodose,
cf. *Ind. arist.*, 873 *a* 31-44). D'autre part, conformément aux manuscrits, nous lisons, l. 17, τῆς χρηματιστικῆς au lieu de τῆς οἰκονο-
μικῆς. Ces diverses corrections permettent de donner à ce passage
un sens acceptable. L'*incertitude* (διαμφισβήτησιν, l. 14) dont parle
AR., tient à la multiplicité des formes de l'acquisition des richesses
et des richesses elles-mêmes. Ainsi, on peut se demander si l'agriculture, qui est un des moyens de s'enrichir, est une partie de la
chrématistique ou un art distinct, et, d'une façon plus générale, si la
surveillance (ἐπιμέλεια, l. 19) et l'acquisition des subsistances sont
des branches de la chrématistique ou des arts entièrement distincts.

L. 17, avant πρῶτον, il faut sous-entendre σκεπτέον, ou un terme
analogue (NEWMAN, II, 167).

3. Et non plus seulement beaucoup de modes d'acquisition (ou de
propriété).

multiples genres de vie, à la fois chez les animaux et 20
chez les hommes ; comme, en effet, il ne leur est pas
possible de vivre sans nourriture, il en résulte que les
différentes façons de se nourrir ont produit, chez les
animaux, des différences correspondantes dans leur
genre d'existence[1]. Ainsi, parmi les animaux sauvages,
les uns vivent en groupes, et les autres à l'état isolé :
dans les deux cas, c'est de la façon la mieux adaptée
à leur mode d'alimentation, du fait que certains
d'entre eux sont carnivores, d'autres herbivores, et 25
d'autres omnivores[2] ; de sorte que c'est d'après leur
facilité à se procurer la nourriture de leur choix que
la nature a déterminé leur genre de vie. Et comme le
même mode d'alimentation n'est pas naturellement
agréable à toutes les espèces animales indistinctement,
mais que l'une préfère telle nourriture, et l'autre
telle autre, il en résulte que même à l'intérieur du
groupe des carnivores et du groupe des herbivores,
les genres de vie diffèrent l'un de l'autre. Il en est de
même aussi chez les hommes, car il existe entre eux
de grandes différences dans leurs façons de vivre.
Les plus paresseux sont pasteurs (car la nourriture 30
que leur fournissent les animaux domestiques leur
arrive sans peine et sans effort ; mais les troupeaux
devant nécessairement changer de place à cause des
pâturages, les hommes sont eux-mêmes obligés de les
accompagner, comme s'ils cultivaient en quelque
sorte une terre douée de vie)[3]. D'autres hommes
vivent de la chasse, les uns préférant tel genre de 35
chasse, les autres tel autre : certains, par exemple,
vivent de brigandage[4] ; d'autres vivent de pêche :

---

1. Même idée *Hist. anim.*, VIII, 1, 588 *a* 17 ; 2, 590 *a* 13, etc...
Ar. attache une grande importance à la nourriture, au genre de vie
et à l'habitat des animaux.

2. Les animaux carnivores étant généralement solitaires, tandis
que les herbivores vivent plutôt en troupeaux.

3. *Tanquam si colerent quemdam agrum qui viveret et moveretur*
(St Thomas, 104, p. 32).

4. Certains peuples (les Crétois, par exemple) se livraient tradi-
tionnellement à la piraterie, qui était un mode naturel d'acquisition,
et qu'Ar. assimile lui-même à une forme de la chasse : cf. déjà *Lois*,
VII, 823 *b*. On se reportera à l'intéressante note de Newman, II,
170.

ce sont tous ceux qui habitent près des étangs, des
marais, des rivières, ou d'une mer poissonneuse ;
d'autres encore se nourrissent d'oiseaux ou de bêtes
sauvages. Mais, dans sa généralité, la race humaine
vit surtout de la terre et de la culture de ses produits.
40   Voilà donc l'énumération à peu près complète
des différentes sortes de vie, celles du moins dont
l'activité productrice est autonome[1], et qui ne font
pas appel au troc ni au commerce de détail pour se
1256 *b* procurer la nourriture : tel est le genre de vie du
pasteur, de l'agriculteur, du brigand, du pêcheur,
du chasseur. D'autres hommes cumulent plusieurs
de ces occupations, et se créent ainsi une existence
confortable, complétant le gain insuffisant qu'ils
retirent de l'occupation moins lucrative, en tant
que celle-ci se montre impuissante à leur assurer les
moyens de se suffire à eux-mêmes : par exemple,
les uns mènent à la fois une vie de pasteur et une vie
5 de brigand, d'autres une vie d'agriculteur et une vie
de chasseur, et ainsi de suite pour les autres : dans
la mesure où le besoin les y oblige, tous passent leur
temps de cette façon-là[2].

Quoiqu'il en soit, la propriété au sens dont nous
parlons[3] est manifestement un don accordé par la
nature elle-même à tous les êtres animés, aussi bien
dès le premier instant de leur naissance qu'à leur
10 pleine maturité. En effet, au moment même où ils
mettent au monde leur progéniture, certains animaux
produisent en même temps une quantité de nourriture
qui suffira jusqu'au jour où les petits seront capables
de s'en procurer pour eux-mêmes : tel est le cas des

---

1. L. 41, l'ἐργασία αὐτόφυτος est l'*activité* économique qui *ne dépend que d'elle-même*, sans recourir à l'aide d'autrui. C'est la forme immédiate et la plus naturelle de la richesse, celle qui ne connaît ni le *troc* (ἀλλαγή), ni le *petit commerce* (καπηλεία), et s'étend à peine au delà du groupe familial.

2. En exerçant plusieurs activités à la fois.

3. C'est-à-dire l'ἐργασία αὐτόφυτος (l. 41, *supra*) : celle qui est strictement nécessaire à la vie, et qui est, comme telle, naturelle et légitime.

L. 9, sur le sens de εὐθύς, cf. *Ind. arist.*, 296 *a* 13 et ss. : *ad significandum id quod suapte natura* ὑπάρχει, *non intercedente alia causa.* Ce terme a donc le sens de *immédiatement, sans intermédiaire, d'emblée.*

animaux larvipares ou ovipares[1]. Et les animaux vivipares possèdent en eux-mêmes pour leurs petits une provision de nourriture destinée à les alimenter jusqu'à une époque déterminée, c'est la substance appelée *lait*[2]. Par voie de conséquence, nous devons évidemment supposer que la nature agit pareillement pour les animaux quand ils sont devenus adultes, et admettre qu'à la fois les plantes existent en vue des animaux, et les animaux pour le bien de l'homme : les animaux domestiques sont destinés à son usage et à sa nourriture, et, parmi les animaux sauvages, la plupart du moins, sinon tous, servent à lui procurer sa nourriture et d'autres secours, et ont pour fin de lui fournir vêtements et autres choses dont on se sert. Si donc la nature ne fait rien d'inachevé[3], ni rien en vain, c'est nécessairement en vue de l'homme que la nature a fait tous les êtres vivants[4]. Et c'est

1. Sur les σκωληκοτόκα *(qui engendrent une larve*, ce sont les insectes), et les ᾠοτόκα *(qui pondent des œufs)*, cf. *Hist. Anim.*, I, 5, 489 *a* 34-489 *b* 18 (I, p. 74-76, et notes, de notre trad.). A la différence de l'œuf, dont une fraction seulement donne naissance à l'animal, le reste servant à sa nourriture, la larve n'a aucune partie d'elle-même destinée à son alimentation, mais vit de provisions constituées par la mère. Les *vivipares* (ζῳοτόκα), dont AR. parle ensuite, sont tous les animaux qui donnent naissance à un ou plusieurs petits déjà constitués, sans passer par le stade de la larve ou de l'œuf.

2. Sur le sens pléonastique de φύσιν, l. 15, cf. *Ind. arist.*, 838 *a* 8, et les textes rassemblés par WAITZ, *Organon*, I, 283.

3. C'est-à-d. ne manque jamais la fin qu'elle poursuit. Cf. *Ind. arist.*, 119 *a* 48 : ἀτελές, *i. e.* οὐχ ἔχον τέλος *sive* οὗ ἕνεκα. C'est la téléologie universelle, qui est l'une des pièces capitales de l'Aristotélisme. AR. répète à satiété que la nature ne fait rien *en vain* (μάτην) : par exemple, *de Coelo*, I, 4, 271 *a* 33 (sur ce texte, cf. C. J. de VOGEL, *Greek phil.*, II, 502, p. 91) ; *de An.*, III, 9, 432 *b* 21-22 ; 12, 434 *a* 31 ; etc. La définition de τὸ μάτην est donnée *Phys.*, II, 6, 197 *b* 26 (Voir HAMELIN, *Physique II*, 134-136). Cf. aussi *Ind. arist.*, 447 *b* 5 et ss., et 836 *a* 51 et ss., et L. ROBIN, *Arist.*, p. 158 et ss.

4. L. 22, αὐτὰ πάντα désigne, croyons-nous, l'ensemble des plantes et des animaux. Mais voir les observations de NEWMAN, II, 175. — La finalité universelle se révèle dans le souci de la nature d'assurer l'existence de la progéniture au moment de la naissance, et ensuite pendant tout le cours de la vie individuelle. Mais cette finalité s'étend à l'ensemble des relations des êtres entre eux : ce que le lait est à l'enfant, les plantes le sont pour les animaux, et les animaux pour l'homme (finalité externe).

pourquoi[1], même l'art de la guerre sera, en un sens,
un mode naturel d'acquisition (car l'art de la chasse
n'est qu'une branche de l'art de la guerre), art dont
nous devons faire usage contre les bêtes féroces, et
même aussi contre les hommes qui, destinés par la
25 nature à l'obéissance, refusent de s'y plier, étant
donné qu'une guerre de ce genre est naturellement
juste.

Ainsi, il existe une espèce de l'art d'acquérir qui
par nature est une branche de l'économie domestique[2],
dans la mesure où celle-ci doit, ou bien avoir sous la
main, ou bien procurer, de façon à les rendre dispo-
nibles, les richesses dont il est possible de constituer
des approvisionnements, quand elles sont nécessaires
à la vie et utiles à la communauté politique ou fami-
30 liale. Et il semble bien que ce soient là les éléments
constitutifs de la véritable richesse[3]. Car un droit de
propriété de ce genre suffisant par lui-même à assurer
une existence heureuse n'est pas illimité[4], contrairement à ce que prétend SOLON dans un de ses vers :

---

1. Parce que l'animal est en vue de l'homme.

Pour l'interprétation des l. 23-26 (διὸ καί ... πόλεμον), qui soulèvent
de graves difficultés, cf. NEWMAN, II, 177-178. Nous croyons que
αὐτῆς, l. 24, se rapporte à πολεμική, ainsi que le relatif ἥ qui suit.
Mais on obtient aussi un sens acceptable en rapportant ἥ à θηρευ-
τική. — L. 23, πως, en un sens, car l'art de la guerre n'est pas seulement une forme de κτητική.

2. L'art d'acquérir, quand il se borne aux subsistances nécessaires
ou utiles à la famille ou à la cité, soit pour les utiliser hic et nunc
(ὑπάρχειν, l. 28), soit même pour les acheter et les mettre en réserve
(προΐζειν), est donc l'affaire de l'οἰκονομική, et par suite, dans
l'esprit d'AR., seul légitime et naturel.

Le texte est très difficile. Nous rapportons αὐτήν, l. 28, à οἰκονο-
μικῆς, mais le sens est respecté si, comme certains commentateurs,
on rapporte αὐτήν à εἶδος κτητικῆς, l. 26. Nous pensons aussi que
αὐτήν est sujet de πορίζειν, et que ὑπάρχῃ a pour sujet sous-
entendu χρήματα.

3. Verae divitiae sunt ex hujusmodi rebus quibus subvenitur neces-
sitati naturae (Sᵗ THOMAS, 108, p. 33).

4. La vraie richesse n'est pas illimitée en quantité, et la richesse
dont nous parlons (ἡ τῆς τοιαύτης κτήσεως, l. 31), à savoir la richesse
relative à l'utilité de la famille et de la cité, n'est pas non plus indéfiniment extensible : l'ἐργασία αὐτόφυτος (supra, 1256 a 40) se limite
d'elle-même dès que sa fin (la vie heureuse, πρὸς ἀγαθὴν ζωήν, l. 32)
est atteinte.

Pour la richesse, aucune borne n'a été révélée aux hommes[1],

car une limite a bien été fixée, comme dans le cas des autres arts, puisque aucun instrument, de quelque 35 art que ce soit, n'est illimité, ni en nombre, ni en grandeur[2], et que la richesse n'est autre chose qu'une pluralité d'instruments utilisés dans l'administration domestique ou politique.

On voit donc qu'il existe un certain art naturel d'acquérir, pour les chefs de famille et pour les chefs politiques, et on aperçoit aussi la raison de ce fait[3].

9

< *La chrématistique proprement dite. — La monnaie.* >

Mais il existe un autre genre de l'art d'acquérir, 40 qui est spécialement appelé, et appelé à bon droit, *chrématistique*[4] ; c'est à ce mode d'acquisition qu'est due l'opinion qu'il n'y a aucune limite à la richesse et **1257** *a* à la propriété. Beaucoup, en raison de son affinité avec l'art d'acquérir décrit précédemment[5], croient qu'il ne fait qu'un avec lui et les identifient. En réalité, il n'est pas le même que celui dont nous avons parlé, mais il n'en est pas non plus très éloigné[6]. Seulement, l'un d'eux est naturel, l'autre n'est pas naturel mais a plutôt pour origine une certaine expérience et un certain savoir-faire.

1. Cf. Th. Bergk, *Poet. lyr.*, 3ᵉ éd., Leipzig, 1866 ; Solon, 13, 71. — Le participe parfait passif πεφασμένον, l. 33, est, croyons-nous, celui du verbe φαίνειν, et non celui du verbe φάναι.

2. *Ars enim fabrilis non habet infinitos martellos, neque etiam unum aliquem martellum infinitum* (Sᵗ Thomas, 109, p. 33).

3. A savoir, les nécessités naturelles de la vie familiale ou politique.

4. Sur les deux formes de la chrématistique, cf. *supra*, 3, 1253 *b* 14, note. Ar. entreprend ici l'étude de la forme capitaliste, qui se confond avec la technique des affaires, et constitue à ses yeux une économie artificielle et déréglée.

5. Et qui est une branche de l'οἰκονομική.

6. *Quia per denarium etiam necessaria vitae haberi possunt* (Sᵗ Thomas, 111, p. 35).

5   Prenons comme point de départ, pour étudier la
présente variété, les considérations suivantes.

Chacune des choses dont nous sommes propriétaires
est susceptible de deux usages différents : l'un comme
l'autre appartiennent à la chose en tant que telle,
mais ne lui appartiennent pas en tant que telle de la
même manière[1]. L'un est l'usage propre de la chose,
et l'autre est étranger à son usage propre. Par exemple, une chaussure a deux usages : l'un consiste à la
porter[2] et l'autre à en faire un objet d'échange :
l'un et l'autre sont bien des modes d'utilisation de la
10   chaussure, car même celui qui échange une chaussure
avec un acheteur qui en a besoin, contre de la monnaie ou de la nourriture, utilise la chaussure en tant
que chaussure, mais il ne s'agit pas là toutefois de
l'usage propre, car ce n'est pas en vue d'un échange
que la chaussure a été faite. Il en est de même encore
pour les autres objets dont on est propriétaire, car la
faculté de les échanger s'étend à eux tous, et elle a
15   son principe et son origine dans l'ordre naturel, en
ce que les hommes ont certaines choses en trop grande
quantité et d'autres en quantité insuffisante. Pris
en ce sens-là, il est clair aussi que le petit négoce n'est
pas par nature une partie de la chrématistique, puisque, dans la mesure exigée pour la satisfaction de
leurs besoins, les hommes étaient dans la nécessité
de pratiquer l'échange[3]. Certes, dans la première

---

1. Sur les attributs καθ' αὐτό, et leurs différentes espèces, cf.
Anal. post., I, 4, 73 a 33-73 b 5 (p. 23-24 de notre trad.), et les textes
réunis par WAITZ, *Organ.*, I, 295 ; la note de notre comm. de la
Métaphysique, I, p. 358 (sur Z, 4, 1029 b 14), avec les références
indiquées.

On notera que, dans l'*Eth. Eud.*, IV, 4, 1232 a 1-4, l'usage d'une
chose considérée comme pouvant faire l'objet d'une vente, par exemple, ou d'un louage, est présenté comme étant non καθ' αὐτό, mais
κατὰ συμβεβηκός.

2. *Calceatio.*

3. L. 17, φύσει modifie ἔστι, qui précède, et non τῆς χρηματιστικῆς, qui suit. Cf. la note de M. DEFOURNY, 10, qui est une
excellente mise au point de la pensée d'AR. — Le *commerce*, pratiqué
sur une *petite échelle* (ἡ καπηλική, l. 18), est ainsi légitime et de droit
naturel, tant qu'il se borne à assurer la subsistance familiale. AR.
ne condamne donc pas, comme on le croit souvent, tout commerce,

forme de communauté (c'est-à-dire la famille), il 20
est manifeste que la faculté d'échange ne joue aucun
rôle, son utilité se montre seulement quand la communauté s'élargit. En effet, les membres de l'association
primitive possédaient toutes choses en commun ;
puis, une fois divisés en familles distinctes, ils main-
tinrent la possession commune pour de nombreux
biens, et en répartirent d'autres, qui durent, selon les
besoins, faire l'objet d'échanges réciproques[1], comme
cela se pratique encore chez un grand nombre de
nations barbares, qui se servent du troc pour échanger 25
l'une contre l'autre les choses utiles à la vie, mais rien
de plus : on donne, par exemple, et on reçoit du vin
contre du blé, et ainsi de suite pour toutes les autres
denrées analogues. Un tel mode d'échange n'est ni
contre nature, ni une forme quelconque de chrématistique proprement dite (puisqu'il est, avons-nous dit,
destiné à suffire à la satisfaction de nos besoins natu- 30
rels). Cependant c'est de lui que dérive logiquement[2]
la forme élargie de l'échange. En effet, quand se
développa l'aide que se prêtent les divers pays par
l'importation des produits déficitaires et l'expor-
tation des produits en excédent, l'usage de la monnaie
s'introduisit comme une nécessité[3]. Car les différentes

---

mais seulement la revente à bénéfice, qui multiplie la monnaie.
A la différence de l'ἐμπορία, qui est le *commerce maritime* ou *international*, la καπηλική a son champ d'action resserré dans les limites
d'un État.

1. Les l. 22 et ss. sont d'une interprétation fort délicate, et le
texte lui-même n'est pas sûr. Le sens varie naturellement suivant les
modifications proposées. En ce qui nous concerne, nous adoptons
la leçon de SUSEMIHL-IMMISCH, sauf que nous lisons, l. 22, οἱ δὲ
κεχωρισμένοι (et non κεχωρισμένων), et l. 23, καὶ ἕτεροι ἑτέρων.
Dans l'ensemble, notre traduction est celle de B. JOWETT. Pour une
interprétation différente, cf. M. DEFOURNY, p. 442-443. De toute façon
AR. veut dire que les familles une fois dispersées et distribuées par
villages, à la suite d'une évolution dont il a été question plus haut,
la communauté des biens ne pouvait être maintenue, et on dut avoir
recours, tout au moins exceptionnellement, à l'échange.

2. L. 31, κατὰ λόγον, *convenienter rationi* (LAMBIN) = εὔλογον
(*Ind. arist.*, 368 b 50).

3. Cf. l'élégante traduction de D. LAMBIN : *cum enim subsidium
fieret magis ac magis externum ac longinquum, partim supportandis*

choses nécessaires à nos besoins naturels n'étant pas
toujours d'un transport facile, on se mit par suite
35 mutuellement d'accord, en vue des échanges, pour
donner et recevoir une matière de nature telle que,
tout en gardant une utilité intrinsèque[1], elle offrît
l'avantage de se transmettre aisément de la main à la
main pour assurer les besoins vitaux ; on prit, par
exemple, le fer, l'argent, ou tout autre métal de ce
genre, dont au début on détermina la valeur simplement par la grandeur et le poids, mais finalement on y
40 apposa une empreinte, pour échapper à la peine de
le mesurer, l'empreinte étant mise comme signe de
la quantité de métal[2].

1257 b Une fois la monnaie inventée à cause de la nécessité
de l'échange, une autre forme de la chrématistique
vit le jour, le petit négoce, qui tout d'abord se fit
probablement d'une manière toute simple[3], mais prit

---

*iis quibus egebant, partim exportandis quibus abundabant, necessario
numi usus comparatus est.*

Sur la théorie de la monnaie, considérée comme mesure universelle
des valeurs, on se reportera aussi à l'*Eth. Nicom.*, V, 8, 1133 *a* 19 et
ss. (p. 241-242, et notes de notre trad.) ; IX, 1, 1163 *b* 36-1164 *a* 2
(p. 431-433 de la trad.). Il existe d'excellentes études sur les monnaies
grecques. Signalons seulement les ouvrages classiques de E. BABELON,
les Monnaies grecques, Paris, 1921 ; G. GLOTZ, *le Travail dans la
Grèce ancienne*, Paris, 1920 ; E. CAVAIGNAC, *Études sur l'histoire
financière d'Athènes au V*ᵉ *siècle*, Paris, 1908 ; les pages consacrées
à la monnaie par J. TOUTAIN, *l'Économie antique*, Paris, 1927, p. 91-
98, ainsi que les brèves remarques de M. DEFOURNY, *op. cit.*,
p. 17-19.

1. La matière dont est faite la monnaie est soumise, comme toute
marchandise, à la loi de l'offre et de la demande, et ne conserve pas
toujours le même pouvoir d'achat (Cf. *Eth. Nicom.*, V, 8, 1133 *b*
13).

2. Au simple examen de l'empreinte, on connaît la valeur de la
pièce. Cf. NEWMAN, II, 185, qui cite l'exemple des monnaies syracu-
saines.

3. *Et quasi a casu : puta quod aliquibus terris in alias aliqui dena-
rios transferentes carius eos expenderint quam acceperint* (Sᵗ THOMAS,
117, p. 36).

L. 4, τεχνικώτερον ; le καπηλικόν devient *technique des affaires,
science financière, exploitation capitaliste*.

Sur les difficultés de construction des l. 4-5 (πόθεν ... κέρδος),
cf. NEWMAN, II, 186. Le sens cependant reste clair.

ensuite, sous l'action de l'expérience, une allure plus
savante, en cherchant les sources et les méthodes
d'échange destinées à procurer le maximum de profit.
De là vient l'idée que la chrématistique a principa- 5
lement rapport à la monnaie, et que son rôle est d'être
capable d'étudier les sources où l'on trouvera de
l'argent en abondance[1], car cet art-là semble être
créateur de richesse et de biens. Et, en effet, on pose
souvent en fait la richesse comme n'étant rien d'autre
qu'une abondance de numéraire, parce que c'est à la
monnaie qu'ont rapport la chrématistique et sa
forme mercantile. A d'autres moments, en revanche, 10
on est d'avis que la monnaie est une pure niaiserie,
une chose entièrement conventionnelle et sans rien
de naturel[2], parce que, ceux qui s'en servent venant
à lui substituer un autre étalon[3], elle perd toute valeur,
et aussi parce qu'elle n'est d'aucune utilité pour les
diverses nécessités de la vie, et que, tout en disposant
de moyens monétaires considérables, on pourra
souvent manquer de la nourriture la plus indispensable. C'est cependant une étrange richesse que celle
dont l'abondante possession n'empêche pas de 15
mourir de faim, comme cela arriva au fameux Midas
de la Fable, dont la prière, cupide au delà de toute

1. L. 7, on peut conserver χρημάτων (que certains commentateurs
veulent supprimer), en lui donnant le sens d'*argent monnayé*.
    Le sens de χρήματα est, en effet, difficile à déterminer. Il signifie
souvent les *affaires d'argent* en général *(pecuniae)*, et il faut entendre
par là (ainsi qu'Ar. le précise lui-même *Eth. Nicom.*, IV, 1, 1119 *b* 26)
non pas seulement le *numéraire* (νόμισμα), mais tout ce qui a une
valeur appréciable en argent ou en monnaie, ce qui est évidemment le
cas de n'importe quel objet mobilier ou immobilier.

2. Et telle est bien l'opinion d'Ar. lui-même, qui, dans l'*Eth.
Nicom.*, V, 8, 1133 *a* 28, fait dériver νόμισμα de νόμος. La monnaie
est pour lui une création de la loi, et comme telle une simple convention, puisque la loi est une συνθήκη (*Rhetor.*, I, 15, 1376 *b* 9). L'opposition de la nature et de la loi était déjà un lieu commun de la Sophistique, et le caractère artificiel de toute législation en général est
reconnu à la fois par Platon et Xénophon. Sur la distinction νόμος-
φύσις, cf. notre note, *Eth. Nicom.*, I, 1, 1094 *b* 15 (p. 36 et 37 de la
trad.). Voir aussi *supra*, 3, 1253 *b* 21, note.

3. Les altérations de la monnaie étaient fréquentes au temps d'Ar.
Cf. les divers *stratagemata* financiers rapportés dans les *Économiques*,
II, 2, 1347 *a* 8-11 (p. 38 de notre trad.) ; 1348 *b* 22-30 ; etc.

mesure, avait pour effet de changer en or tout ce qu'on lui présentait !

Aussi cherche-t-on à établir une notion toute différente de la richesse et de l'art de l'acquérir, et cette recherche se justifie. En effet, l'art naturel d'acquérir des richesses et la richesse naturelle sont tout autre chose que ce que nous venons de voir. La chréma-
20 tistique naturelle relève de l'économie domestique, tandis que le commerce[1] est l'art de créer des richesses, non pas de toute façon, mais seulement par le moyen d'échange de biens. Et c'est cette dernière forme qui, semble-t-il, a rapport à la monnaie, car la monnaie est dans ce cas principe et fin[2] de l'échange. Dès lors cette sorte de richesse qui provient de la chrématistique ainsi définie est véritablement sans limites.
25 De même que l'art médical poursuit sans limitation la santé et que chacun des autres arts poursuit aussi sa fin sans limitation (car ils veulent la réaliser au plus haut point possible), alors que les moyens d'atteindre la fin ne sont pas, eux, illimités (puisque la fin est dans tous les arts une limite)[3], ainsi également-

---

1. Ar. parle ici du *petit commerce* (ἡ καπηλική, l. 20), mais il est clair que sa remarque a une portée générale et qu'elle s'applique *a fortiori* à l'ἐμπορία.

2. Textuellement l'*élément* (στοιχεῖον) et la *limite* (πέρας).

Sur le terme στοιχεῖον, qui signifie proprement *élément*, mais qui est souvent (comme dans le présent passage) synonyme de ἀρχή, cf. *Métaph.*, Δ, 3, tout entier (I, 252-254 de notre commentaire, et les notes, surtout la note 1 de la p. 252). Même pluralité de sens pour πέρας, qui signifie *point de départ* ou *point d'arrivée* (ou *cause finale:* cf. la parenthèse de la l. 28 ci-dessous, et *Métaphys.*, Δ, 17, 1022 *a* 6-8).

La *vente commerciale* (τὸ καπηλικόν, ἡ καπηλική) est ainsi l'opération propre de la chrématistique sous sa forme capitaliste, car elle a pour effet de multiplier la monnaie : c'est la revente à bénéfice. La monnaie est détournée de son rôle normal, qui est de favoriser l'échange direct, le troc, entre producteur et consommateur, sans l'intermédiaire du commerçant, et pour les seuls besoins de la cellule familiale.

3. La fin entraîne la limitation des moyens destinés à la réaliser. — La médecine ayant pour fin la santé, nous désirons la santé à son maximum ; par contre, les moyens d'atteindre la santé, à savoir les médicaments, nous ne les désirons que dans la mesure où ils conduisent à la santé (Voir les bons développements de Sylv. Maurus, 508[1]).

ment, pour cette forme de chrématistique il n'y a pas de limite à sa fin, et sa fin est la richesse et l'acquisition des biens au sens mercantile. Au contraire, 30 l'art d'acquérir des richesses pour l'administration de sa maison, tout différent de la chrématistique proprement dite, a une limite, car l'acquisition illimitée de monnaie n'est pas l'affaire de l'économie domestique. De là vient que, à un certain point de vue, il apparaît que toute richesse[1] a nécessairement une limite, et pourtant, d'un autre côté, l'expérience de chaque jour nous montre que c'est le contraire qui a lieu : car tous les trafiquants accroissent indéfiniment leur réserve monétaire. La cause de ce contraste réside dans l'étroite connexion des deux espèces de chrématistique[2] : elles se recouvrent 35 l'une l'autre[3] en ce que la chose dont chacune fait usage est la même : c'est bien de la même chose possédée qu'il y a usage, mais l'usage n'a pas lieu de la même manière dans les deux cas : la forme domestique de la chrématistique a en vue une fin autre que l'accumulation de l'argent, tandis que la seconde forme a pour fin l'accumulation même[4]. Par suite[5], certains pensent que cette accumulation est aussi le rôle de l'administration domestique, et ils vivent continuellement dans l'idée que leur devoir est de conserver intacte leur réserve de mon-

1. Toute richesse véritable.

2. Cf. *supra*, 1257 *a* 6 : διττὴ ἡ χρῆσις.

3. Sur ἐπαλλάττει, l. 35, cf. 6, 1255 *a* 13, note.

Le passage (l. 35-38) est assez difficile, mais le sens est clair. Les deux modes d'acquisition ont un fondement commun, *acquisitio pecuniarum*, mais cette acquisition n'a pas lieu de la même manière ni aux mêmes fins. Ce fondement commun permet de *passer* subrepticement *d'un sens à l'autre* (ἐπαλλάττει).

4. Tandis que la forme légitime de la chrématistique a pour limite et pour fin d'assurer l'existence de la famille, la chrématistique dans sa forme mercantile a pour fin l'accumulation indéfinie de la richesse, le capital pour le capital : c'est une pure technique financière, qui a sa fin en elle-même.

5. Par suite de la confusion des deux sortes de chrématistique, qui ont un *fondement commun* (ἐπαλλ., l. 35), on a tendance à traiter l'économie domestique comme un simple art de s'enrichir. Aʀ. donne une autre *raison*, l. 40 (αἴτιον) : c'est l'erreur consistant à confondre τὸ ζῆν et τὸ εὖ ζῆν.

40 naie ou même de l'accroître indéfiniment. La raison
de cette attitude, c'est qu'ils s'appliquent uniquement
1258 a à vivre, et non à bien vivre[1], et comme l'appétit de
vivre est illimité[2], ils désirent des moyens de le
satisfaire également illimités. Et même ceux qui
s'efforcent de bien vivre[3] recherchent les moyens de
se livrer aux jouissances corporelles, de sorte que,
comme ces moyens paraissent aussi consister dans la
5 possession de la richesse, tout leur temps se passe à
amasser de l'argent, et c'est ainsi qu'on en est arrivé
à la seconde forme de la chrématistique. Toute
jouissance, en effet, résidant dans un excès[4], ils se
mettent en quête de l'art capable de produire cet
excès dans la jouissance, et s'ils sont incapables de
se le procurer par le jeu ordinaire de la chrématistique,
ils tentent d'y parvenir par d'autres moyens, employant toutes leurs facultés d'une façon que réprouve
10 la nature[5]. Le rôle du courage n'est pas, en effet,
de gagner de l'argent, mais de donner de la résolution[6];
pas davantage ce n'est le rôle de l'art stratégique ou
de l'art médical, mais ces arts doivent nous apporter
victoire ou santé. Cependant on fait de toutes ces
activités une affaire d'argent, dans l'idée que gagner
de l'argent est leur fin et que tout doit conspirer
pour atteindre ce but.

1. L'expression τὸ εὖ ζῆν a, nous le savons (2, 1252 *b* 30 et note),
le sens de εὐδαιμονία. Or toute l'*Éthique à Nicomaque* a eu pour objet
de montrer que le bonheur consiste dans la vertu. La vie heureuse
n'est donc rien d'autre que la vertu, dont la plupart des hommes ne
se soucient pas.

2. L'ἐπιθυμία est l'*appétit irrationnel*, le *désir aveugle*, la plus
basse espèce de l'ὄρεξις (Cf. *infra*, notre note sous III, 4, 1277 a 7).

3. Ils ne sont pas sans prêter eux-mêmes à la critique, car, selon
eux, le τὸ εὖ ζῆν ne va pas sans la jouissance des plaisirs du corps,
ce qui les pousse également à amasser de l'argent (Cf. St THOMAS,
126, p. 39).

4. Cf. *Eth. Nicom.*, *passim*, et notamment II, 8, 1108 *b* 12 : le
vice est un excès ou un défaut, et la vertu un juste milieu.

5. Sur tout ce passage, cf. M. DEFOURNY, 97-98. Déjà PLATON
ne pensait aucun bien du commerce (*Lois*, XI, 918 *a* -919 *d*).

6. *Facere hominem audacem ad aggrediendum et sustinendum*
(St THOMAS, 28, p. 40). On se reportera à l'analyse du courage et de
ses différents types, dans *Eth. Nicom.*, II, 9-12, et notamment 10,
1115 *b* 10-18.

Nous avons ainsi parlé de la forme non nécessaire de la chrématistique, indiqué sa nature et la raison pour laquelle nous en avons besoin[1] ; nous avons encore traité de sa forme nécessaire, et montré qu'elle est différente de la première, et que l'économie domestique est conforme à la nature (j'entends celle qui a rapport aux subsistances)[2]. Elle n'est pas, comme l'autre, illimitée, mais elle a des bornes.

15

10

< L'art naturel d'acquérir. — Le prêt à intérêt. >

On voit aussi quelle réponse peut recevoir le problème posé au début[3], à savoir si l'art d'acquérir

---

1. Cf. *supra*, 1257 *b* 40 et ss.

2. Texte difficile. Cf. Thurot, 14. — L'art d'amasser des subsistances pour les besoins familiaux, qui constitue la « forme nécessaire » de la chrématistique, n'est évidemment qu'une partie de l'οἰκονομική, laquelle comprend bien d'autres fonctions.

3. L. 19-34, Ar. reprend la question posée *au début de la discussion* (ἐξ ἀρχῆς, l. 20), c'est-à-dire discutée déjà 8, 1256 *a* 3-20. La chrématistique se confond-elle avec l'économie domestique ? Doit-on soutenir, au contraire, que ce sont des activités indépendantes, et que l'acquisition des richesses n'a rien de commun avec l'administration de l'οἰκία, puisque l'économie domestique n'a pas à créer des ressources qui *se présentent d'elles-mêmes* (ὑπάρχει, l. 21), et que la nature tient à sa disposition, comme elle le fait pour tous les êtres qu'elle a formés et qu'elle nourrit (cette idée sera développée l. 35-38), le rôle du chef de famille se limitant ainsi à utiliser ces revenus naturels et à en assurer la *dispensation équitable* (ὡς δεῖ ταῦτα διαθεῖναι, l. 24) ? Il n'y a donc aucune raison pour que la chrématistique soit comprise dans la sphère d'activité de l'économie domestique, ou alors il faudrait dire que la médecine (l. 27 et ss.) fait aussi partie de l'économie domestique, puisque le maître de maison doit veiller aussi sur la santé des membres de la famille. Cependant, *d'un certain point de vue* (ἐστι μὲν ὡς, l. 33), il en est comme pour la médecine : de même que l'οἰκονομικός doit se préoccuper de la santé des siens, de même il doit se préoccuper de leur assurer la subsistance, et, dans cette mesure seulement, on doit admettre une intervention de la chrématistique, à titre d'*art subordonné* (τῆς ὑπηρετικῆς, l. 34), au service de l'οἰκονομική, tout comme la médecine. La pensée définitive d'Ar., qui est la solution de la question soulevée, est ainsi que l'art

des richesses rentre dans la sphère d'activité du
20 chef de famille et de l'homme politique, ou s'il n'en
est rien, mais si, au contraire, on doit admettre que
les richesses sont déjà à notre disposition (de même,
en effet, que l'art politique ne crée pas des hommes,
mais les reçoit des mains de la nature pour les utiliser
ensuite, ainsi également c'est à la nature qu'il appartient de fournir aux hommes de la nourriture en
mettant à leur disposition terre, mer, ou autre
milieu)[1], la tâche du chef de famille se bornant ainsi,
en partant des biens préalablement fournis par la
25 nature[2], à les dispenser de façon équitable. Ce n'est
pas, en effet, l'affaire de l'art du tisserand de fabri-
quer de la laine, son affaire est seulement de s'en
servir, et de connaître quelle sorte de laine est de
bonne qualité et utilisable, ou de mauvaise qualité
et inutilisable. — S'il n'en était pas ainsi[3], on pourrait
se demander pourquoi l'art d'acquérir des richesses
est une partie de l'économie domestique, alors que
l'art médical n'en est pas une partie ; et cependant
les membres de la famille doivent posséder la santé
30 aussi bien que la vie ou tout autre bien de première
nécessité. La réponse à faire, c'est que, si, d'un certain
point de vue, il appartient bien au chef de famille ou
au gouvernement de veiller à la santé de leurs subordonnés, d'un autre point de vue ce n'est pas leur
affaire, mais celle du médecin ; il en est de même
aussi en ce qui regarde les richesses : d'un certain
point de vue, c'est la fonction du chef de famille

---

d'acquérir (de bien répartir) les richesses naturelles destinées à la
subsistance de la famille, est une activité qui reste, dans cette mesure,
subordonnée à l'économie domestique.

Pour le rôle limité de la chrématistique familiale, on comparera
Lois, X, 889 *a-d*.

L. 21, τοῦτο = χρήματα.

1. Dont les hommes tireront parti pour subsister. La nature ne
leur donne pas une nourriture toute faite.

2. Plus précisément : en partant des subsistances proprement
dites, et non de la terre ou de la mer destinées à les produire, car l'art
du chef de famille a pour objet l'utilisation des subsistances elles-
mêmes.

3. Si on n'admettait pas la distinction entre l'économique et
la chrématistique.

d'assurer la subsistance des siens, mais d'un autre point de vue ce n'est pas son affaire, mais l'affaire de l'art qui est à son service[1]. Mais, par-dessus tout, comme nous l'avons dit plus haut[2], ces biens doivent être déjà mis à notre disposition par la nature : car le travail de la nature est de fournir de la nourri- 35 ture à l'être qu'elle a engendré, puisque toute créature a pour aliment ce qui reste de la substance d'où elle provient[3]. Voilà pourquoi l'art d'acquérir des biens en provenance des fruits de la terre et des animaux est pour tous les hommes un art naturel[4].

Mais, comme nous l'avons dit, l'art d'acquérir la richesse est de deux espèces : l'une est sa forme mercantile, et l'autre une dépendance de l'économie domestique ; cette dernière forme est nécessaire et 40 louable, tandis que l'autre repose sur l'échange et donne prise à de justes critiques (car elle n'a rien de **1258 b** naturel, elle est le résultat d'échanges réciproques)[5] : dans ces conditions, ce qu'on déteste avec le plus de raison, c'est la pratique du prêt à intérêt, parce que le gain qu'on en retire provient de la monnaie elle-même et ne répond plus à la fin qui a présidé à sa création[6]. Car la monnaie a été inventée en vue de

---

1. C'est-à-dire la chrématistique.

2. L. 23.

3. Elle le reçoit donc bien des mains de la nature. — Même idée, *de Gen. et Corr.*, II, 8, 335 *a* 10 : « Tous les composés se nourrissent de substances identiques à leurs éléments constitutifs » (p. 133 de notre trad.). Les animaux, faits de terre et d'eau, se nourrissent des produits de la terre et de l'eau. Voir aussi *Économ.*, I, 2, 1343 *a* 30.

4. *Natura, quae generat homines, ipsa etiam praebet alimenta a terra et mari et ex animalibus : ergo facultas acquirendi debet praesertim incumbere in hoc ut acquirat a natura per agriculturam, pastoritiam*, etc. (SYLV. MAURUS, 510 [1]).

5. Elle produit des bénéfices provenant, non de la terre ou de l'eau (comme la chrématistique naturelle de l'οἰκία), mais de l'échange, du travail des hommes eux-mêmes. Cf. *Économ.*, I, 2, 1343 *a* 27.

6. Le profit résultant du prêt à intérêt (ou de l'usure : pour AR. c'est tout un) est un bénéfice engendré par la seule monnaie, et ne provient pas de l'échange réel des marchandises, qui a rendu nécessaire sa création. L'argent fait ainsi des *petits* (τόκος), et l'intérêt ressemble au principal dont il provient, comme l'enfant ressemble à ses parents. Mais c'est là, aux yeux d'AR., un mode de prolifération contraire à la nature de la monnaie.

l'échange, tandis que l'intérêt multiplie la quantité
5 de monnaie elle-même. C'est même là l'origine du
terme *intérêt*[1] : car les êtres engendrés ressemblent
à leurs parents, et l'intérêt est une monnaie née d'une
monnaie. Par conséquent, cette dernière façon de
gagner de l'argent est de toutes la plus contraire
à la nature.

11

<*Examen de questions pratiques relatives aux subsis-
tances. — Les différentes espèces de la chrématistique.
— Le monopole comme moyen d'enrichissement.*>

Nous avons déterminé suffisamment ce qui a
rapport à la connaissance théorique de notre sujet ;
nous devons maintenant tourner nos explications
10 vers le côté pratique. Mais si l'étude théorique de toutes
les disciplines de ce genre convient à un homme
libre, leur application pratique relève d'un esprit
asservi aux nécessités matérielles[2].
Les parties utiles de l'art d'acquérir des richesses
sont, tout d'abord, une connaissance de première
main du cheptel[3] : quelles races sont de plus de profit
et en quels lieux et sous quelles conditions, comme,

1. τόκος signifiant à la fois *enfant, petit (partus)*, et *revenu* de
l'argent *(foenus, usura)*.
2. Le sens de cette dernière phrase (πάντα ... ἀναγκαίαν, l. 11-12)
est très contesté. Nous adoptons l'interprétation de Victorius et de
Lambin *(Omnia haec hujusmodi cognitionem quidem et contempla-
tionem habent liberalem, usum vero atque experientiam necessariam)*.
B. Jowett et H. Rackham traduisent de même. Par contre,
M. Defourny, à la suite de Bernays, comprend : « C'est le propre de
telles sciences d'avoir une partie théorique où l'esprit peut se livrer
à la libre discussion, et une partie pratique où il faut avant tout
s'inspirer de l'expérience » (p. 42, note).
3. Tel est ici le sens de κτήματα, bien marqué par le développement
qui suit. Cf. P. Chantraine, *Sur l'emploi de KTHMATA au sens de
« bétail », cheptel*, dans *Revue de Philol.*, 1946, 1, p. 5-11.

par exemple, quelles règles suivre dans l'acquisition[1]
de chevaux, de bœufs ou de brebis, et pareillement
pour les autres animaux (on doit être particuliè- 15
rement avisé pour savoir lesquels de ces animaux
comparés les uns aux autres sont de plus de profit,
et quelles races conviennent à des terres de telle
nature, car les unes prospèrent dans telles régions,
les autres dans telles autres) ; ensuite vient l'agriculture, qui comprend à son tour la culture du sol et
le soin des plantations[2], ainsi que l'apiculture et
l'élevage des autres animaux aquatiques ou ailés[3]
dont il est possible de tirer parti. — Telles sont donc 20
les parties et les premiers éléments de l'art d'acquérir
des richesses en son sens le plus propre[4].

Quant à l'autre forme de chrématistique, qui a pour
objet l'échange, sa branche la plus importante est le
commerce extérieur[5] (dont il y a trois parties :
l'armement naval, le transport des marchandises et
leur vente à l'entrepôt ; ces trois branches diffèrent
l'une de l'autre, en ce que les unes offrent plus de
sûreté et que les autres procurent un bénéfice plus
considérable) ; la seconde branche est le prêt à 25
intérêt, et la troisième le travail salarié (ce dernier
comprenant le travail des métiers manuels[6], et le

---

1. Pour savoir la quantité, la race, etc.. des animaux à se procurer.

2. Ar. oppose ici les *terrains non plantés* (ψιλὴ γῆ), destinés à la
culture des céréales (surtout l'orge et le blé) ou à l'élevage, et les
cultures arborescentes (πεφυτευμένης, l. 18) pour les vignes, les oliviers,
les figuiers, etc... Cf. J. Toutain, *l'Économie ant.*, p. 44-46.

3. L'aviculture et la pisciculture.

4. Et le plus naturel, le mode familial.

5. L'εὐπορία (cf., 9, 1257 a 19, note) étant surtout, en fait, le
commerce maritime et international, ses trois divisions doivent être
définies en conséquence : la ναυκληρία est l'*approvisionnement du
navire ;* la φορτηγία *(oneraria)* est le *transport* par cargo d'un point
à un autre, et la παράστασις, l'*exposition des marchandises* à l'arrivée,
dans un comptoir commercial, en vue de la vente. Cette dernière
branche donnait sans doute des bénéfices moindres que les deux
autres, mais présentait plus de sécurité et moins de risques.

6. βάναυσος est l'*ouvrier* dominé par son travail. Par suite βαναυσία a signifié le *caractère bas et vulgaire* d'un artisan adonné à un
métier mécanique, indigne d'un citoyen.

travail des ouvriers non qualifiés, qui se servent
uniquement de leur force physique)[1].

Il y a encore une troisième espèce de chrématistique, qui tient le milieu entre la dernière espèce
et la première (puisqu'elle participe en quelque chose
à la fois de l'art d'acquérir naturel et de l'art qui
repose sur l'échange)[2] : ce sont toutes les industries
qui tirent leur profit du sein de la terre ainsi que des
produits du sol, produits qui, tout en ne portant pas
30 eux-mêmes de fruits, n'en ont pas moins une utilité
certaine : par exemple, l'abattage des arbres[3] et
l'exploitation minière en général, cette dernière
industrie comprenant à son tour plusieurs classes,
répondant aux diverses sortes de métaux qu'on extrait
de la terre.

De toutes ces diverses branches nous n'avons
donné jusqu'à maintenant que des indications
générales[4] ; une étude particulière plus détaillée peut
être utile pour la pratique de ces différentes industries,
35 mais il serait fastidieux d'y consacrer son temps.

Parmi les métiers dont nous parlons[5] ceux où
l'habileté technique se déploie le plus sont aussi
ceux où l'élément hasard intervient le moins ; les
plus mécaniques sont ceux dans lesquels le corps de

---

1. C'est ce qui caractérise le θής, l'*homme de peine*, qui vient
immédiatement avant l'esclave. — Sur l'organisation du travail et
de la main-d'œuvre, cf. J. Toutain, *op. cit.*, 73-77, et M. Defourny,
66-71.

2. Cf. St Thomas, 142, p. 44.

3. L. 31, peut-être faut-il lire λατομία *(extraction de la pierre)*,
au lieu de ὑλοτομία. — Les produits ἀπὸ γῆς sont, par exemple, le
marbre et la pierre, et les produits ἀπὸ τῶν ἀπὸ γῆς γιγνομένων,
par exemple le bois de construction.

4. Les l. 33-35 (περὶ ἑκάστου ... ἐνδιατρίβειν) sont rejetées par
plusieurs éditeurs après προσδεῖ ἀρετῆς, l. 39. Nous suivons strictement Susemihl-Immisch. — Ar. n'édicte que des règles générales,
valables pour toutes les formes de richesses, et laisse aux spécialistes
le soin d'initier aux connaissances pratiques.

5. Cette hiérarchie des métiers est une sorte de hors-d'œuvre,
qui se rattache mal au contexte. — Sur les rapports de l'art et de la
fortune (l. 35-36), cf. la citation d'Agathon dans l'*Eth. Nicom.*,
IV, 4, 1140 *a* 19, ainsi que *Eth. Eud.*, VII, 14, 1247 *a* 5, où Ar. signale
la part importante du hasard dans des arts comme la stratégie
et la navigation.

l'ouvrier subit la plus forte détérioration ; les plus
serviles, ceux où la force corporelle joue le principal
rôle[1] ; les plus ignobles, enfin, ceux où est requis en
sus le minimum de valeur morale[2].

Certains auteurs ont écrit sur ces questions de
pratique[3] : par exemple CHARÈS de Paros et APOLLO-   40
DORE de Lemnos, sur l'agriculture, les soins à donner   **1259** *a*
au sol et aux plantations ; et pareillement d'autres
auteurs ont traité d'autres branches : dans ces
conditions, tout homme s'intéressant à ces matières
n'a qu'à les étudier en s'aidant de leurs écrits. On
devrait bien aussi former un recueil des renseignements que nous possédons à l'état dispersé sur les
moyens grâce auxquels certains particuliers ont
réussi à faire fortune, car tous ces moyens sont utiles   5
à ceux qui tiennent en honneur la chrématistique[4].
Citons l'exemple de THALÈS de Milet. Il s'agit d'une
combinaison financière qui, tout en lui étant personnellement attribuée en raison de la sagesse de son
auteur, se trouve cependant recevoir une application
universelle. Comme on lui faisait des reproches
de sa pauvreté, qu'on regardait comme une preuve
de l'inutilité de la philosophie, l'histoire raconte qu'à   10
l'aide d'observations astronomiques[5] et, l'hiver

---

1. Cf. *supra*, 2, 1252 *a* 33.

2. *Ad quas (operationes) requiritur minimum de virtute vel animi,
vel corporis* (St THOMAS, 144, p. 44). Le terme ἀρετή indique souvent
l'*excellence* d'une chose en général plus que la *vertu* proprement dite.
(Cf. *supra*, 2, 1253 a 34).

3. Le catalogue d'HÉSYCHIUS (l'*Anonyme de* MÉNAGE), n° 190,
attribue des γεωργικά à AR., mais l'ouvrage étant classé, dans le
catalogue, parmi les ψευδεπίγραφα, on est d'accord pour le considérer
comme dépourvu de toute authenticité.

Suivant NEWMAN, II, 204, Charès de Paros serait le même que
Chartodras, dont parle THÉOPHR., *Hist. Plant.*, II, 7, 4, et dont le
nom n'est d'ailleurs pas sûr. Apollodore est cité par VARRON et
PLINE.

4. Le second livre des *Économiques*, peut-être inauthentique
(voir la notice de notre trad., p. 9-11), a tenté de réaliser ce vœu,
en collectionnant un certain nombre de *stratagemata* financiers
(1, 1346 *a* 26, et 2, tout entier, p. 34 et ss. de notre trad.).

5. Sur les connaissances astronomiques de THALÈS, cf. l'intéressante étude de P. TANNERY, *Pour l'hist. de la sc. hell.*, 2e éd.
(A. DIÈS), Paris, 1930, p. 66 et ss.

durant encore, il avait prévu une abondante récolte
d'olives. Disposant d'une petite somme d'argent, il
avait alors versé des arrhes pour utiliser tous les
pressoirs à huile de Milet et de Chio, dont la location
lui fut consentie à bas prix, personne ne se portant
enchérisseur. Quand le moment favorable fut arrivé,
15 il se produisit une demande soudaine et massive de
nombreux pressoirs, et il les sous-loua aux conditions
qu'il voulut. Ayant ainsi amassé une somme considérable, il prouva par là qu'il est facile aux philosophes de s'enrichir quand ils le veulent, bien que ce
ne soit pas l'objet de leur ambition. THALÈS, donc,
à ce qu'on rapporte, donna de cette façon un exemple
frappant de sa sagesse, mais, comme nous l'avons
indiqué, le procédé qu'il adopta pour faire fortune
20 a une portée générale, et vaut pour quiconque est
en mesure de s'assurer à soi-même un monopole.
C'est même ce qui explique[1] que certaines cités
emploient cet expédient quand elles sont à court
d'argent : elles établissent un monopole pour les
marchandises. Autre exemple : en Sicile, un particulier, avec des fonds déposés chez lui, acheta la
totalité du fer provenant de l'exploitation des mines.
25 Après quoi, quand les négociants en gros arrivèrent
de leurs comptoirs[2] pour acheter, il se présentait
comme seul vendeur et, sans pratiquer une hausse
des prix excessive, il n'en réalisa pas moins un
bénéfice de cent talents pour une mise de fonds de
cinquante[3]. DENYS[4], ayant eu connaissance de ces
faits, fit savoir à l'intéressé qu'il pouvait emporter
son argent avec lui mais avec défense en tout cas de
30 demeurer un jour de plus à Syracuse, pour avoir

---

1. A savoir que la création d'un monopole pour s'enrichir est un
principal d'ordre général, qui peut aussi bien servir aux États qu'aux
particuliers. — Le ch. 2 du second livre des *Économiques*, dont nous
avons parlé plus haut, contient plusieurs exemples de constitutions
de monopoles au profit des cités.

2. Les grandes places de commerce se trouvaient généralement sur
les côtes (le Pirée, Naucratis, etc.).

3. Soit un bénéfice de 200 % (et non de 100 %, comme l'écrit
DEFOURNY, p. 22). — Le *talent* valait environ 5560 francs-or.

4. Denys l'Ancien (voir une autre de ses prouesses *infra*, V, 5,
1305 *a* 26).

découvert un moyen de s'enrichir nuisible aux propres intérêts du prince. Pourtant cette dernière spéculation est identique à celle de THALÈS : tous deux avaient eu l'art de se constituer à eux-mêmes un monopole. Il est utile, même pour les hommes d'État, de connaître ces expédients, car un grand nombre de cités doivent recourir à des moyens de ce genre pour améliorer leurs finances, autant qu'une famille, et même davantage. De là vient que même certains 35 hommes d'État se consacrent exclusivement à cette partie de l'administration.

12

<Puissance paternelle et puissance maritale.>

Il y a, avons-nous vu[1], trois parties de l'économie domestique : l'une intéresse le pouvoir du maître sur l'esclave, dont nous en avons parlé plus haut[2], la seconde la puissance paternelle, et la troisième la puissance maritale : <ces deux dernières parties ne se confondent pas>, car gouverner une femme et des enfants, c'est assurément, dans les deux cas, gouverner des êtres libres, mais l'autorité ne s'exerce pas cependant de la même manière : pour la femme, 40

---

1. Sur les difficultés des l. 37 et ss., cf. THUROT, 14-16.

A ἐπεί, l. 37, ne paraît répondre aucune apodose, et il est probable qu'il existe une lacune avant καὶ γὰρ γυναικός, l. 39. Nous avons essayé de la combler, et avons ajouté les mots entre crochets. — Une explication, qui remonte à SCHNEIDER et que THUROT a développée, rejette l'apodose jusqu'au début du chapitre 13, φανερὸν τοίνυν, 1259 *b* 18, et traite comme une simple parenthèse la plus grande partie du présent chapitre, depuis καὶ γὰρ γυναικός. Malgré l'autorité de NEWMAN, II, 212, qui se rallie à cette hypothèse, elle nous paraît difficilement acceptable, et il est, à notre avis, plus simple de supposer une lacune, l. 39.

Sur ἦν, l. 37, cf. *supra*, 8, 1256 *a* 3, note.

2. 3, 1253 *b* 4 à 7, 1255 *b* 39.

1259 *b* c'est un pouvoir de type politique[1], et pour les enfants un pouvoir de type royal. En effet[2], le mâle est par nature plus apte à être un guide que la femelle, excepté dans les cas où leur union a eu lieu contrairement à la nature[3], et d'autre part, l'être plus âgé et pleinement développé est destiné à commander à l'être plus jeune et imparfait. Il est vrai que[4], dans la plupart des gouvernements libres,

5 le citoyen est tour à tour gouvernant et gouverné (car on y tend à une égalité naturelle et à la suppression de toute distinction), ce qui n'empêche d'ailleurs pas[5] que, durant la période où l'un gouverne et l'autre est gouverné, on cherche à les distinguer par l'aspect extérieur, par des titres et des honneurs, ce qui rappelle le discours tenu par AMASIS au sujet du bassin à laver les pieds[6]. Or le mâle et la femelle sont entre eux dans un rapport analogue ; seulement, leur

10 inégalité est permanente[7]. — La puissance du père sur ses enfants est d'essence royale, car l'autorité du générateur repose à la fois sur l'affection et sur la prééminence de l'âge, ce qui est bien la nature

---

1. Reposant sur l'égalité des personnes, comme dans la πολιτεία au sens strict, c'est-à-dire le gouvernement *libre, constitutionnel,* la forme modérée de la démocratie qui a les préférences d'AR. (Cf. 1, 1252 *a* 15, note). Il en résulte que *pater habet plenariam potestatem super filios, sicut et rex in regno; sed vir non habet plenariam potestatem super uxorem quantum ad omnia sed secundum quod exigit lex matrimonii, sicut et rector civitatis habet potestatem super cives secundum statuta* (St THOMAS, 152, p. 48).

2. Justification de l'existence de ces deux pouvoirs.

3. *Sicut in hominibus effeminatis* (St THOMAS, 152, p. 48).

4. Différence marquée avec la puissance du mari.

5. Contrairement au principe égalitaire. — L. 7, NEWMAN, II, 211, donne τὸ ἄρχον pour sujet à ζητεῖ. Nous croyons plutôt que le sujet est impersonnel.

6. Cf. HÉRODOTE, II, 172. — AMASIS, roi d'Égypte, était méprisé de ses sujets à cause de son origine modeste. Voulant leur montrer qu'on peut s'élever d'une condition inférieure à une situation plus haute (passer du rang d'ἀρχομένου au rang d'ἄρχον, c'est le sens de l'anecdote), il fit fondre un bassin d'or, destiné aux usages les plus vulgaires, pour le transformer en la statue d'une divinité, à laquelle les Égyptiens ne manquèrent pas de rendre les plus grands honneurs.

7. La nature s'oppose à ce que les deux époux soient tour à tour gouvernant et gouverné.

spécifique du pouvoir royal[1]. Et c'est pourquoi
HOMÈRE a désigné avec raison Jupiter du nom de

Père à la fois des hommes et des dieux[2],

comme étant le roi d'eux tous. En effet, c'est par
nature que le roi doit différer de ses sujets, tout en   15
étant de même race qu'eux : telle est précisément la
relation du plus âgé au plus jeune, et celle du père
à l'enfant.

13

<Hommes libres et esclaves.
L'esclave et la vertu.>

On voit donc clairement que, dans l'administration
domestique, on porte un plus grand intérêt aux
personnes qu'à la possession des biens inanimés[3],
plus d'intérêt aussi à l'excellence des personnes qu'à
celle des choses dont on est propriétaire et qu'on   20
appelle richesses, plus d'intérêt enfin aux personnes
libres qu'aux esclaves.

Une première question, donc, peut se poser au
sujet des esclaves : est-ce qu'il existe pour un esclave
quelque vertu en dehors des qualités qu'il possède
à titre d'instrument et de serviteur, une vertu qui en
serait toute différente et d'un plus grand prix que
ces dernières, telle que modération, courage, justice
et autres états de ce genre[4], ou bien n'y a-t-il pour   25

1. Cf. *Eth. Nicom.*, VIII, 12, 1160 *b* 24-27.
2. *Il.*, I, 544.
3. Contrairement à XÉNOPHON (*Économ.*, VI, 4), pour lequel le
but principal de l'οἰκονομία est l'accroissement du patrimoine de la
famille. AR. rejoint ainsi PLATON, qui, dans le *Politique*, 261 *c*, fait
dire à l'Étranger d'Élée que « la science royale ne commande point,
comme l'architecture, à des choses sans vie : son rôle est plus noble,
c'est parmi les vivants qu'elle règne » (trad. A. DIÈS). Cf., dans le
même sens, *Lois*, V, 743 *e*.
4. A savoir les vertus morales. — Sur la σωφροσύνη, *modération,
tempérance*, voir les analyses de l'*Eth. Nicom.*, III, 13 et 14 en entier
(p. 160-166 de notre commentaire, avec les notes). Est σώφρων celui
qui a pris l'habitude du bien sans effort, et qui est naturellement bon,

lui aucune vertu en dehors des services matériels qu'il rend ?

La réponse dans un sens ou dans l'autre est embarrassante : si l'esclave possède la vertu morale, en quoi différera-t-il de l'homme libre ? S'il ne l'a pas, comme les esclaves sont tout de même des êtres humains et qu'ils ont la raison en partage, l'absurdité est flagrante. C'est une question sensiblement la même qu'on se pose également au sujet de la femme et de l'enfant : ont-ils eux aussi des vertus ? La 30 femme a-t-elle le devoir d'être modérée, courageuse et juste, et l'enfant peut-il être indifféremment déréglé ou modéré, oui ou non ? Et généralisant dès lors le problème, il faut examiner si l'être, quel qu'il soit, que la nature a destiné à commander, et l'être qu'elle a destiné à obéir, possèdent la même vertu ou une vertu différente. Si on doit admettre, en effet, que l'un comme l'autre ont en partage la vertu par-

ne ressentant plus ou ressentant à peine la concupiscence. Au σώφρων est opposé l'ἀκόλαστος, le *déréglé*, le *débauché*, à qui le vice est une seconde nature. La σωφροσύνη ne se confond pas avec l'ἐγκρατεία, la *force de caractère* : l'ἐγκρατής est l'homme qui agit bien après avoir vaincu en lui les mauvais instincts, et l'ἀκρατής est celui qui agit mal, vaincu dans la lutte contre les désirs. L'ἀκρασία, dont AR. fait une analyse détaillée, *Eth. Nicom.*, VII, 1 à 11 (p. 315-362 de notre trad.) est ainsi l'*incontinence*, l'*intempérance*, caractérisée par la faiblesse de la volonté à l'égard des passions ; à ce titre, elle est moralement supérieure à l'ἀκολασία.

Nous avons donc les couples :

$$\sigma\omega\phi\rho\sigma\sigma\acute{\nu}\nu\eta\text{-}\acute{\alpha}\kappa\sigma\lambda\alpha\sigma\acute{\iota}\alpha$$
$$\text{et } \acute{\epsilon}\gamma\kappa\rho\alpha\tau\epsilon\acute{\iota}\alpha\text{-}\acute{\alpha}\kappa\rho\alpha\sigma\acute{\iota}\alpha.$$

D'autre part, la notion d'ἕξις (τῶν τοιούτων ἕξεων, l. 25) a, dans l'éthique aristotélicienne, une particulière importance. L'ἕξις est la *manière d'être*, l'*habitus* (et non pas *habitude*, qui est plutôt ἦθος), la *disposition permanente*, la *possession* : ainsi, dans la sphère de la moralité, le bonheur et la vertu sont des ἕξεις. Ce terme est souvent, mais non toujours, distingué de διάθεσις, *disposition passagère* (maladie, santé, chaleur, refroidissement), et de πάθος, simple *affection* superficielle. Cf. sur ces notions, *Categ.*, 8, 8 *b* 27-9 *a* 13. Voir aussi TRENDEL., *de An.*, p. 299 (éd. BELGER), et surtout L. ROBIN, *Aristote*, p. 34 et 83. Une définition de l'ἕξις comme disposition morale est donnée dans l'*Eth. Eud.*, II, 2, 1220 *b* 2 et ss.

faite[1], pourquoi l'un devrait-il toujours commander 35
et l'autre toujours obéir ? (Il n'est pas possible non
plus que leur différence se fonde sur une participation plus ou moins grande à la vertu : commander
et obéir, en effet, sont des notions qui diffèrent spécifiquement, ce que ne fait jamais la simple différence
du plus au moins)[2]. Dirons-nous, au contraire, que
l'un doit, et que l'autre ne doit pas, posséder la
vertu ? Solution bien surprenante ! Si, en effet,
celui qui commande n'est ni modéré, ni juste, comment
son commandement sera-t-il bon ? Si c'est au contraire 40
celui qui obéit, comment son obéissance sera-t-elle
bonne, puisque, étant déréglé et lâche, il ne remplira 1260 a
aucun des devoirs de sa position ? Manifestement,
il est donc de toute nécessité, d'une part que l'un
et l'autre aient la vertu en partage, mais que, d'autre
part, leur vertu présente des différences, de même
qu'il existe également des différences entre les êtres
faits naturellement pour obéir[3]. Sur ce point, la

1. Vertu parfaite, dont les femmes, les enfants et les esclaves sont
en fait fort éloignés.

Le καλοκάγαθος (καλοκάγαθία, l. 35) est l'*honnête homme* au plein
sens du mot, le parfait « gentleman ».

2. On pourrait être tenté de dire que le supérieur et l'inférieur
participent tous deux à la vertu parfaite, mais dans des proportions
diverses, l'un plus et l'autre moins, et que cette différence de degré
suffit à légitimer l'autorité du premier sur le second. Cette explication
est inopérante, répond Ar., car il y a une différence essentielle, spécifique, entre le fait de commander et le fait d'obéir, et pareille différence n'a rien de commun avec une simple différence du plus au
moins (Sur ce dernier point, voir aussi *supra*, 1, 1252 a 9). Par conséquent, le fait que l'un ait plus de vertu que l'autre, ne suffit pas à
fonder son droit au commandement. La traduction de D. Lambin
exprime clairement la pensée d'Ar. : *Neque enim fieri potest ut eo
inter se differant quod magis et minus probitatis sint participes. Parere
enim imperio et imperare specie differunt, magis et minus autem nihil
specie differunt.*

3. On peut se demander pourquoi Ar. ne parle pas aussi des
différences qui ne peuvent manquer d'exister entre les êtres faits
naturellement pour commander. Certains commentateurs, frappés
de l'évidence de cette remarque, ont voulu compléter le texte, et
lire, l. 3-4, ὥσπερ καὶ τῶν φύσει ἀρχόντων καὶ ἀρχομένων. Sur cette
difficulté on consultera Newman, II, 215-216, et surtout Thurot,
17-18. Ce dernier fait observer que la vertu de celui qui commande

nature de l'âme nous a incontinent mis sur la voie[1] :
5 en l'âme, en effet, la nature a distingué la partie qui
commande et la partie qui est commandée, parties
auxquelles nous assignons des vertus différentes,
l'une étant la vertu de la partie rationnelle, et l'autre
celle de la partie irrationnelle[2]. Il est donc clair qu'il

est complète (cf. III, 4, 1276 *b* 32), et que les différentes vertus
tiennent aux différences de ceux qui obéissent. La pensée d'Ar.,
tout entière exprimée, est dès lors celle-ci : la vertu de celui qui
commande n'est pas la même que la vertu de celui qui obéit, et les
vertus de ceux qui obéissent sont différentes entre elles.

1. Quoiqu'en dise Newman, II, 217, la correction de Schütz,
adoptée par B. Jowett dans sa traduction anglaise, et qui, l. 4,
propose de lire τὰ περὶ τὴν ψύχην, améliore considérablement le sens.

La conception, d'origine platonicienne, développée dans les
lignes qui suivent, et selon laquelle l'âme est composée de parties et
doit être considérée comme une entité distincte et séparée du corps,
appartient à cette phase intermédiaire de la pensée d'Ar., caractérisée
par une dépendance encore très grande à l'égard des principales
thèses du Platonisme. Ce n'est que tardivement, à la fin de la carrière
philosophique d'Ar. et au moment de la rédaction du traité *de
l'Ame*, que la notion de l'âme entéléchie du corps organisé devait
définitivement remplacer la théorie des deux substances indépendantes. Si l'évolution de la noétique d'Ar., telle que l'a exposée
F. Nuyens dans son ouvrage, est exactement celle qui a eu lieu en
fait (et tout permet de le penser), le livre I de la *Politique*, que
W. Jaeger estime le plus récent de tous, doit être de toute façon
(comme d'ailleurs l'*Éthique à Nicomaque* dont la doctrine est identique) quelque peu antérieur au *de Anima* et aux écrits qui s'y rattachent (Sur la chronologie des différents livres de la *Politique*, on
trouvera de précieuses indications dans l'étude de F. Nuyens, p.194-
197). — Voir aussi *supra* 5, 1254 *a* 36, note.

2. Pour la conception aristotélicienne de l'âme et de ses différentes
parties, telle qu'elle s'exprime dans le présent passage, et *infra*
l. 12 et ss., il convient de se reporter aux analyses de l'*Eth. Nicom.*,
I, 13, 1102 *a* 26-1103 *a* 10 (p. 82-86 de notre édition), et surtout
VI, 2, 1139 *a* 3 et ss. (p. 275-276). A l'époque de la rédaction du
1er livre de la *Politique* et de l'*Eth. Nicom.*, Ar., encore pénétré de
l'enseignement de Platon, admet l'existence dans l'âme d'une
partie irrationnelle (τὸ ἄλογον) et d'une *partie rationnelle* (τὸ λόγον
ἔχον). Cette dernière se subdivise en faculté intuitive de la *connaissance des principes* (τὸ ἐπιστημονικόν) et en faculté *calculative* ou
opinative (τὸ λογιστικόν, τὸ δοξαστικόν), laquelle est identique à la
faculté *délibérative* (τὸ βουλευτικόν) dont il est question *infra*, l. 12,
puisque, selon l'*Eth. Nicom.*, VI, 2, 1139 *a* 12, τὸ βουλεύεσθαι καὶ
λογίζεσθαι ταὐτόν.

en est de même aussi pour toutes les autres choses[1].
Par conséquent, c'est par nature que la plupart
des êtres commandent ou obéissent[2]. Car c'est d'une
façon différente que l'homme libre commande à
l'esclave, le mâle à la femelle, et le père à l'enfant. 10
Et bien que les parties de l'âme soient présentes en
tous ces êtres, elles y sont cependant présentes d'une
manière différente : l'esclave est totalement privé de
la partie délibérative ; la femelle la possède, mais
démunie d'autorité ; quant à l'enfant, il la possède
bien, mais elle n'est pas développée. Nous devons
donc nécessairement supposer qu'il en est de même
en ce qui concerne les vertus morales[3] : tous doivent 15
y avoir part, mais non de la même manière, chacun
les possède seulement dans la mesure exigée pour
remplir la tâche qui lui est personnellement assignée.
C'est pourquoi, tandis que celui qui commande doit
posséder la vertu éthique dans sa plénitude[4] (car sa

---

1. Dans lesquelles la distinction entre chef et subordonné intervient.

2. La correction de Thurot, p. 18 (ὥστε πλείω τὰ φύσει, au lieu
de ὥστε φύσει τὰ πλείω), acceptée par H. Rackham, ne s'impose pas.
Le texte traditionnel se rattache bien à ce qui précède et dont il est
la conclusion. Par contre, le γάρ de la phrase suivante (ἄλλον γὰρ
τρόπον) est plus difficile à justifier, et on serait tenté de le remplacer
par δέ. Mais la suite des idées est suffisamment marquée : la plupart
des êtres sont destinés par la nature les uns au commandement, les
autres à l'obéissance, ce qui ne veut pas dire que cette règle ne
comporte pas, dans l'application, des nuances conforme à la diversité
voulue par la nature, car, etc... St Thomas, 158, p. 49, a bien saisi le
raisonnement : *unde manifestum est quod eodem modo se habet etiam
in aliis quae principantur et subjiciuntur secundum naturam. Et
quia natura diversificatur in diversis, ideo secundum naturam sunt
diversa quae principantur et subjiciuntur. Alio enim modo,* etc.

3. Pour la construction de la phrase ὁμοίως ... ὑποληπτέον,
l. 14-15, cf. Newman, II, 219.

4. Thurot, 18-19, suivi par H. Rackham, remplace, l. 17, ἠθικήν
par διανοητικήν. Cette modification est assurément conforme aux
indications de l'*Eth. Nicom.*, I, 13, 1103 a 4-7, où les vertus intellectuelles (ou dianoétiques) sont présentées comme étant celles de la
partie rationnelle de l'âme. Sur la distinction des vertus éthiques et
des vertus intellectuelles, cf. aussi *Eth. Nicom.*, VI, 2, 1138 b 35
et ss.

Les l. 17 et ss. ont fait l'objet, de la part de plusieurs éditeurs,

tâche, prise au sens absolu, est celle du maître qui
dirige souverainement, et la raison est une telle
directrice), il suffit que les autres aient seulement la
somme de vertu appropriée au rôle de chacun d'eux.
20 Il est donc manifeste qu'une vertu morale appartient
à tous les êtres dont nous avons parlé, mais aussi
que la modération n'est pas la même vertu chez
l'homme et chez la femme, ni non plus le courage
et la justice, comme le croyait Socrate[1] : en réalité,
chez l'homme le courage est une vertu de commandement, et chez la femme une vertu de subordination,
et on peut en dire autant des autres vertus[2]. Cette
diversité apparaît aussi dans toute sa clarté quand on
examine les choses plus en détail[3], car ceux-là se
trompent du tout au tout qui soutiennent d'une
25 façon générale que la vertu consiste dans le bon état
de l'âme[4], ou dans l'action droite, ou quelque chose
d'analogue : il est bien préférable d'énumérer, à
l'exemple de Gorgias[5], les différentes vertus particulières, que de définir la vertu de cette façon-là.

de transpositions qui ne paraissent pas indispensables. Nous conservons le texte de Susem.-Imm.

Sur le sens général du passage, cf. St Thomas, 160, p. 49 : *ille qui
principatur sive civitati, sive servis, sive mulieri, sive filiis, oportet
quod habeat perfectam virtutem moralem, quia opus ejus est simpliciter
opus architectoris, idest principalis artificis.* Par contre, il suffit que ses
subordonnés (τῶν δ' ἄλλων ἕκαστον, l. 19) suivent *directionem princi-
pantis implendo mandata ipsius.*

Sur ἁπλῶς, l. 18 : le rôle de *maître de l'œuvre*, de directeur (ἀρχιτέκτων) est ἁπλῶς, tandis que celui des exécutants est πως.

1. Cf. *Ménon*, 72 a-73 c. C'est la fameuse querelle de l'unité essentielle de la vertu, nécessaire, selon Socrate, pour en établir une bonne
définition. — Sur ce passage, et le procédé de discussion d'Ar.,
cf. H. Cherniss, *Aristotle's criticism of presocratic philosophy*,
Baltimore, 1935, p. 342.

2. La modération et la justice.

3. Séparément et successivement pour la femme, l'enfant et
l'esclave.

4. Cf. *Républ.*, IV, 444 d-e, qui définit la vertu comme étant la
santé, la beauté, le *bon état de l'âme* (εὐεξία ψυχῆς), par opposition
au vice, qui en est la maladie (νόσος). Pour τὸ ὀρθοπραγεῖν, Newman,
II, 220, donne comme référence *Charmide*, 172 a., et *Ménon*, 97,
mais ces textes ne sont pas formels.

5. *Ménon*, 71 e-72 a. — Dans tout ce développement Ar. s'oppose
nettement à Platon.

Aussi devons-nous penser que toutes les classes ont leur vertu propre[1], comme le poète l'a dit des femmes :

A une femme le silence est un facteur de beauté[2],   30

affirmation, qui n'est plus du tout vraie d'un homme.

Et puisque l'enfant est insuffisamment développé, il est évident que sa vertu, elle aussi, ne se rapporte pas à lui-même[3], mais qu'elle est ordonnée à la fin même de l'enfant, autrement dit à celui qui dirige sa conduite[4]. Et pareillement la vertu d'un esclave est relative à son maître.

Nous avons posé en fait[5] que l'esclave n'est utile que pour les nécessités de la vie ; il en résulte évidemment qu'il a seulement besoin d'une faible dose de   35 vertu, juste assez pour ne pas se montrer inférieur, par son inconduite ou sa couardise, aux tâches qui lui sont confiées. — On pourrait à ce propos, étant admis la vérité de ce que nous venons de dire[6], se poser la question de savoir si, en fin de compte, les artisans devront aussi posséder de la vertu, car souvent par leur inconduite ils sont au-dessous de leur besogne. Ou bien, au contraire, leur cas n'est-il pas tout à fait différent ? L'esclave est, en effet, associé à la vie de son maître, tandis que l'artisan y est moins étroitement attaché, et il n'accède à la   40 vertu que dans la mesure de sa dépendance à l'égard d'autrui[7]. En effet, l'ouvrier qui exerce un métier

---

1. A savoir les femmes, les enfants et les esclaves.

2. SOPHOCLE, dans *Ajax*, 293.

3. *Hujus virtus non in ipso ad ipsum relata cernitur* (LAMBIN).

4. Même pensée *Eth. Eud.*, VII, 15, 1249 *b* 6. La vertu de l'esclave ou de l'enfant ne s'épanouit que par rapport au maître ou au père, qui représentent tous deux le type à réaliser, la *fin* à laquelle ils tendent (πρὸς τὸ τέλος, l. 32) : cf. St THOMAS, 161, p. 50 : la vertu de l'enfant *non est ad seipsum, idest ut secundum suum sensum regatur, sed est disponatur secundum quod est conveniens ad finem debitum et ad obediendum ductori, scilicet paedagogo.*

5. 5, 1254 *b* 16-39.

6. Au sujet de la vertu de l'esclave. — Les l. 36-1260 *b* 2 (ἀπορήσειε ... τεχνιτῶν) ont le caractère d'une parenthèse. Le développement reprend ensuite.

7. Le maître de l'ouvrage n'a besoin que de la vertu nécessaire à la bonne exécution du travail qu'il a confié à l'artisan.

1260 *b* mécanique subit une sorte d'esclavage limité[1], et
tandis que l'esclave appartient à la classe naturelle
des esclaves, aucun cordonnier ni aucun autre artisan
n'appartient par nature à son métier. — On aperçoit
ainsi clairement que c'est le maître qui doit être
pour l'esclave la cause de la vertu propre à ce dernier,
mais non pas comme possédant la science du maître
qui enseigne à l'esclave ce qu'il doit faire[2]. C'est
5   pourquoi commettent une erreur ceux qui refusent
aux esclaves tout raisonnement, et prétendent qu'on
doit se borner à leur donner des ordres[3] : les répri-
mandes doivent même plutôt s'adresser aux esclaves
qu'aux enfants[4].

Mais sur ces différents points concluons de la façon
que nous venons d'indiquer. Au contraire, en ce qui
concerne l'homme et la femme, le père et les enfants,
10   la question de la vertu propre à chacun d'eux et
celle de leurs relations mutuelles, ce qu'il est bon
pour eux de faire dans ce domaine et ce qui ne l'est
pas, par quels moyens ils doivent rechercher le bien
et éviter le mal, tout cela doit nécessairement venir
en discussion dans la partie du traité consacrée aux
différentes formes de gouvernement[5]. En effet,

1. Limité à l'œuvre qu'il accomplit et pendant le temps qu'il
l'accomplit.

2. Cf. *supra*, 7, 1255 *b* 20 et ss. Le maître est maître par nature
(comme l'esclave est esclave par nature), et non pas comme possédant
la τέχνη δεσποτική. En d'autres termes, la science du maître n'est
pas de l'essence du maître. Sur ce point encore, AR. est en pleine
opposition avec PLATON et XÉNOPHON.

3. Et encore πρὸς τὰ ἀναγκαῖα seulement (Cf. *supra*, 7, 1255 *b*
33). C'est là une vue platonicienne : dans les *Lois*, VI, 777 *e*, il est
défendu de faire appel à la raison de l'esclave, et le maître doit se
contenter de lui donner des ordres sans se permettre de plaisanter avec
lui. Cf. SYLV. MAURUS, 516 ² : *errant igitur qui dicunt cum servis
utendum non ratione sed solo imperio.*

4. Car les enfants *nondum sunt ita capaces monitionis* (Sᵗ THOMAS,
165, 52). De plus, la seule chance qui demeure à l'esc ave de participer
à la raison, c'est de la recevoir de l'extérieur, de son maître. Il ne
possède la raison que dans la mesure où il est apte à comprendre les
indications qu'il reçoit.

5. Sur ce texte, cf. W. JAEGER, *Aristotle* (2ᵉ éd. par ROBINSON,
trad. angl., p. 272, note). — Mais, en fait, AR. n'a traité nulle part
ex professo la question de la famille. L'auteur des *Économiques*
(soit AR. lui-même, soit un autre rédacteur : sur ce point, cf. l'*Intro-*

puisque chaque famille est une partie de la cité, et que les diverses relations dont nous parlons sont des éléments de l'existence familiale, que, d'autre part, la vertu de la partie doit être considérée par rapport à celle du tout, il est nécessaire de pourvoir à l'éducation des enfants et des femmes en tenant [15] le regard fixé sur la constitution de la cité, s'il importe en quelque manière pour le bien de l'État que les enfants et les femmes soient les uns et les autres pleins d'ardeur pour le bien. Or cette importance est indéniable : car les femmes forment une moitié de la population libre[1], et les enfants seront plus tard des citoyens participant au gouvernement de la cité.

Conclusion[2] : étant donné que ces questions ont [20] été, les unes déjà traitées et les autres reportées à un autre endroit, nous n'avons plus qu'à abandonner notre présente discussion comme terminée et à poursuivre notre étude en prenant un nouveau point de départ. Et pour commencer, nous aurons à examiner les doctrines qui ont été professées sur la meilleure forme de constitution.

---

duction à notre édition des *Économ.*, p. 7 et ss.) a voulu combler en partie cette lacune en ce qui regarde les relations du mari et de la femme et le rôle de celle-ci dans l'administration domestique (I, 3 et 4, 1343 *b* 7 à 1344 *a* 21, p. 19-24 de notre trad.). En tout cas, dans le passage qui suit immédiatement (l. 13 et ss.), AR. rejette avec décision dans la politique proprement dite le problème des relations entre parents et enfants, et celui de l'éducation. Comme le remarque très justement M. DEFOURNY, *op. cit.*, 166, « le rôle formidable qu'AR. attribue aux pouvoirs publics dans la formation de la jeunesse, montre qu'il n'y a pas de politique indépendante de la pédagogie, ni de pédagogie indépendante de la politique. » AR. exposera son système d'éducation *infra*, VII, 13 à 17, et VIII tout entier (1 à 7).

1. Même remarque *Lois*, VI, 781 *a*.

2. Ces dernières lignes sont suspectes aux yeux de plusieurs critiques. Mais rien ne s'oppose ce à qu'elles aient AR. pour auteur. (Cf. NEWMAN, II, 225-226).

1

<*Question de méthode. — Le communisme de* PLATON.

Mais puisque nous nous proposons d'étudier quelle
forme de communauté politique est la plus parfaite
de toutes pour un peuple apte à réaliser le genre de
vie conforme le plus possible à ses vœux, nous devons
examiner aussi[1] les autres sortes de constitutions,
à la fois celles qui sont en vigueur dans plusieurs cités 30
ayant la réputation d'être soumises à de bonnes lois,
et certaines autres qui ont pu être décrites par des
théoriciens et qu'on tient en haute estime. Nous
montrerons par là ce qu'elles ont de correct et d'utile.
Au surplus, qu'on ne croie pas qu'en cherchant une
nouvelle forme de constitution, distincte de celles
dont nous venons de parler, notre désir soit de nous
livrer à tout prix à un stérile jeu dialectique : c'est
parce que les diverses constitutions déjà existantes
ne sont pas sans défauts que nous nous engageons, 35
on peut le penser, dans cette enquête.
Nous devons tout d'abord prendre pour point de
départ celui qui se présente tout naturellement au
début de notre examen[2]. Il faut nécessairement, en
effet : ou bien que tous les citoyens possèdent tous les
biens en commun ; ou bien qu'ils n'aient rien en
commun ; ou enfin qu'ils aient en commun certains
biens à l'exclusion de certains autres. Ceci posé, ne
rien posséder en commun est une impossibilité mani-

1. En dehors de la forme idéale de l'État qu'AR. se propose de
faire connaître, conformément aux dernières lignes du livre Ier.
2. Cette ἀρχή est d'établir jusqu'où doit s'étendre la communauté
politique qui fait l'objet de notre étude.

40 feste (puisque la constitution[1] est une sorte de propriété commune, et qu'à la base il doit exister un
1261 a territoire commun à tous : car un seul territoire est
affecté à une seule cité, et les citoyens sont ceux qui
possèdent en commun cette cité une). Mais si nous
passons à toutes les choses qui sont susceptibles
d'une possession en commun, vaut-il mieux pour la
cité appelée à être bien administrée, que cette
possession commune s'étende à tous les biens, ou
qu'elle se limite à certains biens, à l'exclusion de
certains autres ? Car on peut concevoir que femmes,
enfants et biens appartiennent en commun à tous
5 les citoyens entre eux, comme dans la *République*
de Platon[2], où Socrate déclare qu'il doit y avoir
communauté des femmes, des enfants et des
propriétés. Qu'est-ce qui est dès lors préférable,
notre présent état social, ou celui qui serait conforme
à la réglementation décrite dans la *République* ?

2

<*Critique du communisme de* Platon.

La communauté des femmes entre tous les citoyens
10 soulève beaucoup de difficultés, entre autres celles-ci.
La raison[3] pour laquelle, au dire de Socrate, ce mode

---

1. *Civitatis forma et ordo* (*Ind. arist.*, 612 *b* 15).

2. Cf. *Républ.*, IV, 423 *e*, et surtout V, 457 *a* à 466 *d*. — On se
reportera, de préférence, pour le texte et l'interprétation de la *République*, à l'édition J. Adam, texte et comm., 2 vol., Londres, 1902,
et surtout à l'édition Diès-Chambry, en 3 vol., parus dans la coll.
G. Budé, 1932-1934, avec une belle introd. de A. Diès (notamment
p. xlv-xlix). Sur les critiques adressées par Ar. aux conceptions
politiques et sociales de Platon, on consultera le livre de H. Cherniss,
Aristotle's criticism of Plato and the Academy, Baltimore, 1944.

Socrate, dont il est et sera question, n'est naturellement pas le
Socrate historique, mais le porte-parole de Platon.

3. Cette raison, comme nous allons le voir, est le renforcement à
l'extrême de l'unité de l'État. C'est là le *principe fondamental*, la
position de base (l. 15, ὑπόθεσις signifie ainsi la même chose que
αἰτία, l. 11).

La première de ces deux allégations se trouve développée au cours
de ce chapitre, et la seconde (ἔτι, l. 13) au chapitre 3.

de vie doit être établi par voie législative n'apparaît
pas comme une conséquence découlant de ses arguments. De plus, pour atteindre la fin qui, selon lui,
doit être attribuée à la cité, son plan, tel qu'il résulte
présentement du dialogue, est inapplicable ; et
quant à la façon dont nous devons l'interpréter[1],
elle n'a été nulle part bien déterminée. Je veux parler
de la proposition suivant laquelle « l'unité la plus 15
parfaite possible est, pour toute cité, le plus grand
des biens », que Socrate prend comme position de
base[2].

Cependant il est évident que, le processus d'unification se poursuivant avec trop de rigueur, il n'y
aura plus d'État : car la cité est par nature une
pluralité, et son unification étant par trop poussée,
de cité elle deviendra famille, et de famille individu :
en effet, nous pouvons affirmer que la famille est plus 20
une que la cité, et l'individu plus un que la famille[3].
Par conséquent, en supposant même qu'on soit en
mesure d'opérer cette unification, on doit se garder
de le faire, car ce serait conduire la cité à sa ruine.
La cité est composée non seulement d'une pluralité
d'individus, mais encore d'éléments spécifiquement
distincts : une cité n'est pas formée de parties semblables, car autre est une *symmachie*[4] et autre une cité.
En effet, l'utilité de la première tient au nombre 25

---

1. L. 14, διελεῖν (διαιρεῖν) exprime une *notio disputandi,
explorandi, explicandi*. Ar. veut dire que le texte de la *République*
n'apporte aucune lumière sur les modifications ou les limitations
qu'il conviendrait d'apporter au communisme de Pl. pour le rendre
praticable.

2. Sur ὑπόθεσις et les notions voisines αἴτημα, ἀξίωμα, θέσις,
ὁρισμός, cf. notre éd. de la *Métaphysique*, I, p. 129 (sur B, 2, 996 b 30).
L'ὑπ. est une θέσις, qui pose à la fois le sens d'un mot et l'existence
de la chose, c'est une *position de base. In doctrina politica*, dit Bonitz
(*Ind. arist.*, 796 b 45 et ss.), ὑπόθεσις *non multum differt a notionibus*
τέλους et ὅρου.

3. Ce passage est dirigé contre un texte de la *Républ.*, V, 462 c d,
où Socrate assure que l'État le mieux gouverné est celui qui se
rapproche le plus de l'unité de l'individu.

4. La συμμαχία, une des formes de la συμπολιτεία, est une *alliance
défensive et offensive*, conclue suivant des formes religieuses entre
plusieurs cités, pour un temps déterminé ou une durée illimitée.
Cf. G. Glotz, *la Cité gr.*, p. 335-344, qui donne des exemples.

de ses membres, même s'il n'y a entre eux aucune
diversité spécifique (puisque c'est en vue de l'assistance mutuelle[1] que la symmachie est naturellement
formée) : il en est comme d'un poids plus lourd, qui
pèse davantage (c'est par un tel caractère également
qu'une cité différera d'une nation, dont la population
n'est pas distribuée en villages, mais vit à la façon
des Arcadiens)[2]. Mais les éléments dont une unité
30 est constituée doivent différer spécifiquement (c'est
pourquoi l'égalité réciproque est la sauvegarde des
États, ainsi que nous l'avons antérieurement indiqué
dans l'*Éthique*)[3].

Et, même dans les cités fondées sur la liberté et
l'égalité des citoyens, il est nécessaire que cette
différenciation existe, puisque tous ne peuvent pas
gouverner en même temps, mais seulement pour une
année, ou selon quelque autre ordre de succession[4],
ou quelque période de temps. Et il arrive dès lors que
de cette façon tous les citoyens sont appelés à gou-

1. Où le nombre est seul pris en considération.

2. Sur ἔθνος, *nation*, et la différence avec la πόλις, cf. *supra*,
I, 2, 1252 *b* 21, note. — Ar. veut dire que, chez les Arcadiens et autres
peuples restés au stade moins évolué de l'ἔθνος, la population n'est
pas groupée en villages dispersés, mais disséminée sur un territoire
étendu *(Arcadum more dispersa*, Lambin). Mais ce passage est difficile
et contesté. Cf. Newman, II, 231-233. Nous adoptons le sens traditionnel, qui est celui de M. Defourny, 439.

L. 27 et ss., certaines phrases ont été transposées par plusieurs
éditeurs. Nous respectons l'ordre de Sus.-Imm.

3. Renvoi à *Eth. Nicom.*, V, 8, 1132 *b* 32 et ss. (p. 239-240 de notre
éd.), où il est établi que la réciprocité, considérée non pas à la façon
des Pythagoriciens comme une simple réaction identique à l'action,
mais comme une égalité de proportion, calculée en fonction du mérite
des copartageants, joue un rôle important dans la cité au point de
vue politique et économique : elle assure la cohésion des citoyens entre
eux, et elle est le principe fondamental de tout échange de services
ou de marchandises. Cette notion d'*aequale contrapassum* montre
bien que la cité est composée d'éléments spécifiquement différents
(par exemple les corps de métiers), dont les échanges réciproques,
de nature variée, mais de valeur égale, contribuent à l'unité et à
l'harmonie de l'ensemble.

Contrairement à ce que pense H. Rackham, *Addit. note*, p. 170-
171, il n'y a pas lieu de supprimer τὸ ἴσον : l'égalité peut être qualitative.

4. Le tirage au sort, par exemple.

verner : c'est comme si les cordonniers et les charpen- 35
tiers échangeaient leurs emplois, et si les mêmes
individus ne restaient pas perpétuellement cordonniers ou charpentiers. (Et puisqu'il est préférable[1]
que la permanence des rôles soit assurée, même en ce
qui a trait à la communauté politique, il vaut mieux
évidemment que ce soient les mêmes qui exercent
toujours le commandement, si c'est possible ; mais
dans les endroits où cela n'est pas possible en raison
de l'égalité naturelle de tous les citoyens et où en
même temps il est juste dès lors que tous participent **1261 b**
aux fonctions publiques (que l'exercice du commandement soit, pour ceux qui gouvernent, un bien ou
un mal)[2], une imitation de cette permanence idéale
est obtenue quand les citoyens égaux se passent le
pouvoir à tour de rôle, et retombent sous le niveau
commun à leur sortie de charge). Ainsi, les uns gouvernent et les autres sont gouvernés tour à tour, comme
s'il était intervenu un changement dans leur personnalité. Et c'est dès lors de la même façon que, pendant 5
le temps où les magistrats sont en charge, les uns
remplissent une fonction, et les autres une autre.[3]

On voit donc clairement par ces considérations
que la cité ne possède pas par nature cette unité
absolue que certains lui attribuent, et que ce qu'on a

---

1. Sur les l. 37-1261 b 4 (ἐπεὶ δέ ... ἀρχῆς), cf. Thurot, 21-24,
et Newman, 234-235. Tout le passage constitue un *locus desperatis-
simus*. L'établissement du texte laisse à désirer et il existe de nombreuses variantes. Et pour un même texte, les interprétations sont
divergentes. En dépit des embûches qui attendent le traducteur à
chaque pas, nous trouvons la pensée d'Ar. suffisamment claire.
A la suite de B. Jowett, nous conservons la collation de Sus.-Imm.,
avec cette seule différence que nous n'admettons pas de lacune après
ἐπεὶ δέ, l. 37. Nous continuons à lire, l. 3, ὡς ὁμοίους εἶναι, qui
donne, selon nous, un sens satisfaisant.

2. Cf. *Republ.*, I, 346 e, où Pl. établit que le gouvernant ne gouverne que pour le bien de ses sujets. Il ne fait pas ce qui est utile pour
lui, mais pour le sujet commandé. C'est pour cette raison qu'il a droit
à des avantages pécuniaires ou honorifiques. — Thurot, 22, a une
interprétation différente, qui paraît forcée.

3. Le principe de l'alternance s'applique même entre magistrats,
et règle la distinction des charges entre eux. Cf. St Thomas, 183,
p. 58 : *Et ita etiam quaedam diversitas est inter eos quod simul principantur, dum diversi in civitate diversos principatus vel officia gerunt.*

indiqué[1] comme étant le plus grand des biens pour les
cités est en réalité ce qui les conduit à la ruine ;
et pourtant il est sûr que le bien de chaque chose
est ce qui la conserve[2]. A un autre point de vue[3],
10 chercher à unifier la cité d'une façon excessive, n'est
certainement pas ce qu'il y a de meilleur : car une
famille se suffit davantage à elle-même qu'un individu,
et une cité qu'une famille, et une cité n'est pas loin
d'être réalisée quand la communauté devient assez
nombreuse pour se suffire à elle-même. Si donc nous
devons préférer ce qui possède une plus grande indépendance économique, un degré plus faible d'unité
15 est aussi préférable à un plus élevé.

3

<Critique du communisme de PLATON, suite.>

Mais même en admettant que le véritable idéal
soit pour la communauté de posséder la plus forte
unité possible, la preuve de cette unité ne paraît
nullement établie par la façon de s'exprimer de tous
les citoyens, quand ils disent : *Ceci est à moi*, et,
en même temps : *Ceci n'est pas à moi*, ce qui, au
sentiment de Socrate[4], est un signe de la parfaite
20 unité de la cité. En effet, le mot *tous* présente une
ambiguïté. S'il signifie chaque individu pris distribu-

---

1. *Républ.*, V, 462 *a* et *b*.
2. *Républ.*, I, 353.
3. Ce qu'il faut réaliser, selon AR., ce n'est pas l'unité absolue de
la cité, mais son αὐταρκεία (sur cette notion, cf. I, 2, 1252 *b* 29,
note), et cette *indépendance* économique ne peut être assurée que
par la diversité des éléments constitutifs de la cité. C'est un des
effets incontestables de la division du travail, laquelle est évidemment plus poussée dans l'État que dans la famille.
4. Cf. *Républ.*, V, 462 *c :* « Lorsque la plupart des citoyens disent
de la même chose sous le même rapport : ceci est à moi, ceci n'est
pas à moi, n'est-ce pas la marque du meilleur gouvernement ? »
(trad. CHAMBRY). L'unité parfaite est obtenue quand tous les citoyens
disent du même objet : cet objet m'appartient et appartient également
à n'importe quel autre.

tivement, alors l'état de choses que Socrate souhaite
de créer aurait peut-être plus de chance de se trouver
réalisé[1] (car dans ce cas chaque citoyen appellera
le même enfant son propre fils, et la même femme sa
propre épouse, et il en fera autant pour son bien et
pour tout ce qui lui arrive)[2]. Mais, en réalité, ce n'est
pas en ce sens que s'exprimeront les citoyens jouissant   25
de la possession commune des femmes et des enfants :
le mot *tous* les désignera tous collectivement, et
non au sens de chacun d'eux, et, pareillement, pour
la possession des biens, c'est à tous collectivement
que ces biens appartiendront, et non à chacun d'eux
individuellement. Qu'ainsi donc il y ait dans le terme
tous une certaine équivoque, c'est une chose manifeste
(en effet, les mots *tous, l'un et l'autre, impairs, pairs*[3],
en raison de leur ambiguïté, deviennent, même dans
les argumentations[4], une source de raisonnements

---

1. La critique d'Ar. ne manque pas de pertinence, ni aussi de
subtilité. L'édification de la cité socialiste, destinée, dans l'esprit
de Platon, à réaliser l'unité absolue de l'État, suppose que chaque
membre de la communauté *pris à titre individuel* (ὡς ἕκαστος, l. 21,
distributive) puisse dire par exemple du même enfant : cet enfant
appartient à la fois à moi et à chacun des autres citoyens, conformément à la *formule* de la *République* rapportée l. 18 (κατὰ τὸν λόγον).
Seulement, si *beau* que soit cet idéal (ὡδὶ μὲν καλόν, l. 31), il est
impraticable (ἀλλ' οὐ δυνατόν), car il est contradictoire qu'une même
chose appartienne à la fois à deux propriétaires différents, ce qui est
propre à l'un ne pouvant être propre à l'autre. Mais *en réalité*, dans
l'hypothèse platonicienne (νῦν δέ, l. 24), quand tous les citoyens
disent du même enfant : cet enfant est mon enfant, ils veulent dire
seulement : c'est mon enfant au sens collectif, et non : c'est mon
propre enfant. Autrement dit, *tous* est pris ici, non plus au sens
distributif et individuel (qui seul permet de dire en toute vérité :
mon), mais au sens collectif de la totalité des individus. On ne peut
plus soutenir que l'accord des citoyens se réalise dans l'affirmation
du mien et du non-mien, puisqu'il n'y a plus de mien et que personne
ne peut dire de tel enfant qu'il lui appartient en propre (οὐδὲν
ὁμονοητικόν, l. 32).

2. D'heureux ou de malheureux (cf. le texte de la *Republ.*, cité
supra).

3. Sur l'ambiguïté par exemple de pair et impair, cf. *de Soph. el.*,
4, 166 *a* 33-40 (p. 12 et note de notre trad.).

4. Et non seulement dans la vie pratique. — Sur les raisonnements
éristiques et en quoi ils diffèrent des raisonnements sophistiques,
cf. *Top.*, VIII, 11, 162 *a* 16, et surtout *de Soph. el.*, 11, 171 *b* 8 et
ss. (p. 49 et ss. de notre trad.).

30 éristiques ; c'est pourquoi le fait que tous les citoyens
appellent le même objet *mien*, est dans le premier
sens[1] fort beau, quoique irréalisable, mais dans
l'autre sens ce n'est nullement un signe d'accord
entre les esprits).

En outre, la doctrine que nous combattons présente
un autre inconvénient. On prend, en effet, très peu
de soin de ce qui appartient en commun au plus
grand nombre[2] : chacun se soucie au plus haut point
de ce qui lui appartient en propre, mais quand il
s'agit de ce qui appartient à tout le monde, on s'y
intéresse bien moins, ou seulement dans la mesure
35 de son intérêt personnel. — Aux autres arguments
on peut encore ajouter celui-ci : c'est que, dès qu'on
pense qu'un autre s'occupe d'une chose, on est
soi-même porté à la négliger davantage, comme cela
se produit dans le service domestique où de nombreux
serviteurs assurent parfois plus mal leur besogne
qu'un personnel plus réduit[3]. Chaque citoyen en
arrive à posséder un millier d'enfants, et ces enfants
ne seront pas exclusivement à lui, mais n'importe
quel enfant est indifféremment fils de n'importe
quel père, de telle sorte que tous les pères regarderont
1262 a tous les enfants avec une égale insouciance[4]. — En
outre, dans cette idée-là[5], chaque citoyen dira de
l'enfant heureux ou malheureux : *C'est le mien*,
mais seulement dans la mesure où il se trouve être
lui-même une fraction du nombre total ; il dira :
Il est mon fils ou celui d'un tel, entendant par *un tel*
chacun des mille citoyens, ou de tous ceux, quel qu'en
soit le nombre, qui composent la cité, et même ce
5 point reste pour lui incertain, puisqu'on ne peut

---

1. ὡδὶ μεν = ὡς ἕκαστος, et ὡδὶ δ', l. 32 = πάντες, οὐχ ὡς ἕκαστος.
2. Cf. les remarques de l'*Eth. Nic.*, X, 10, 1180 *b* 12 et ss., sur les
avantages de l'éducation individuelle des enfants.
3. Chaque serviteur compte sur les autres pour faire le travail.
4. L'incertitude de la paternité entraînera la négligence à l'égard
de tous les enfants.
5. Dans l'idée où on se considère comme une fraction du nombre
total. — L. 2, il faut construire ἕκαστος τῶν πολιτῶν. Sur le sens,
cf. *Républ.*, V, 463 *e:* « ... tous les citoyens diront ensemble, quand il
arrivera du bien ou du mal à quelqu'un : mes affaires vont bien ou
mes affaires vont mal. »

pas savoir celui que le sort a gratifié d'un enfant,
ou si une fois né l'enfant a survécu. Cependant, quelle
est la meilleure façon d'employer le terme *mien*?
Est-ce celle qui consiste pour chacun des deux mille
ou dix mille citoyens à désigner par ce mot la même
chose ? Ne faut-il pas plutôt employer le terme *mien*
au sens où on le prend actuellement dans les cités[1] ?
En effet, en ce dernier sens, la même personne qu'un
homme appelle son fils, un autre l'appelle son frère,
un autre son cousin, ou d'un autre nom d'après le   10
lien de parenté, toutes relations qui tiennent soit
au sang, soit à l'affinité et à l'alliance contractée
par soi-même d'abord ou par ses proches[2], et, en
plus de ces différents liens, une autre personne lui
donnera encore le nom de compagnon de phratrie
ou de compagnon de tribu : il vaut mieux, en fait,
être propre cousin de quelqu'un, que son fils à la
mode platonicienne[3].

En outre, il n'est pas non plus possible d'éviter
que certains ne soupçonnent telles personnes d'être
leurs propres frères ou leurs propres enfants, ou   15
leurs propres pères et mères, car les ressemblances
qui existent entre les enfants et leurs parents
fournissent nécessairement des indices justifiant la
croyance à une parenté réciproque. C'est là un fait
reconnu par certains auteurs de récits de voyages
autour du monde : ils assurent que chez quelques
peuplades de la haute Libye qui pratiquent la
communauté des femmes, on se partage néanmoins   20
les enfants à leur naissance d'après les ressemblances[4].

---

1. C'est-à-d. dans son sens ordinaire et privatif. — Le texte de
cette phrase est peu sûr (Cf. THUROT, 24). L. 7 et ss., nous lisons,
avec H. RACKHAM, ... χρεῖττον τὸ ἐμὸν λέγειν, ἕκαστον τὸ αὐτὸ
ἐμὸν προσαγορεύοντα...

2. Par exemple sa belle-sœur, femme de son frère.

3. Les liens de parenté et d'alliance ainsi entrecroisés sur la tête
d'un même individu, sont, par leur caractère personnel, plus efficaces
à tous points de vue, que l'incertaine parenté platonicienne.

4. Sur la portée limitée de cette constatation, cf. DEFOURNY,
393. — Il est probable qu'AR. se réfère à HÉROD., IV, 180.

AR. a reconnu l'intérêt des relations de voyages pour la législation,
et les recherches de ce genre relèvent de la politique (*Rhétor.*, I, 4,
1360 *a* 33).

Et, dans l'espèce humaine et dans les autres espèces animales, les chevaux et les bœufs par exemple, il se rencontre parfois des femelles qui ont une tendance prononcée à donner le jour à une progéniture ressemblant aux parents, telle à Pharsale la jument qui reçut le nom de *Juste*[1].

4

<Autres objections contre la communauté des femmes et des enfants.>

Voici encore des inconvénients difficiles à éviter
25 quand on institue pareille communauté : il y aura, par exemple, des coups, des meurtres (involontaires et même volontaires), des rixes, des injures, toutes actions qui sont des violations de la piété[2] quand elles sont commises envers des pères, des mères, ou des proches parents qu'on traite comme les étrangers. Il est même inévitable que ces délits se produisent
30 plus fréquemment quand les relations de parenté

1. Cf. *Hist. anim.*, VII, 6, 586 *a* 13 (II, 480 et note, de notre trad.).

2. L. 28, οὐδὲν ὅσιον est l'équivalent de ἀνόσιον. — Par la suppression de la famille (cf. *Républ.*, V, 461 *d*), PLATON pensait assurer, en même temps que l'unité de l'État, la disparition des délits d'impiété que constituent les crimes domestiques : délits d'impiété, car tout meurtre de ce genre compromet la sécurité religieuse de la cité et entraîne une souillure, qui ne peut être lavée qu'à la suite d'une cérémonie d'*expiation* (λύσις, l. 32). Or, dans la cité socialiste, personne ne connaissant plus son père, sa mère, ses enfants, ses frères, chacun des citoyens sera porté, selon PLATON, à respecter à titre égal tous les autres, dans la crainte de porter atteinte, sans le savoir, aux liens sacrés du sang. AR. répond que c'est l'opposé qui aura lieu : il n'y aura plus que des *étrangers* (τοὺς ἄποθεν, l. 29), et nul ne sera arrêté par l'idée d'une parenté à ses yeux irréelle et incertaine. Les violences pourront tomber au hasard sur un père ou un fils véritable, de sorte que le nombre et la gravité des fautes domestiques n'en seront nullement diminués, bien au contraire.

La traduction de LAMBIN : *quorum aliquid fieri in patres ... nefarium est, non item in eos qui longius remoti sunt*, dont le sens est adopté par B. JOWETT, ne nous semble pas acceptable. Mais, à l'exemple de H. RACKHAM, nous pensons qu'il faut supprimer la virgule avant ὥσπερ, l. 29.

sont ignorées que lorsqu'elles sont connues ; et, une
fois consommés, la possibilité de recourir aux expia-
tions légales ne joue que si la parenté est connue,
tandis que si la parenté est inconnue, aucune
expiation n'est plus possible[1]. — Il est absurde
encore[2] qu'après avoir établi la communauté des
enfants, on se contente de priver les amants de tout
commerce charnel, sans prohiber l'amour ni les
autres familiarités, qui, entre père et fils ou entre 35
frère et frère, sont tout ce qu'il y a de plus choquant,
puisque dans leur cas le simple amour est déjà
condamnable. Il est également absurde de leur
interdire le commerce charnel pour l'unique raison
qu'il procure un plaisir trop violent, sans attacher
la moindre importance au fait qu'il s'agit de relations
entre père et fils ou entre frères !

En outre, il semble que la communauté des femmes 40
et des enfants convienne mieux à la classe des
laboureurs qu'à celle des gardiens[3] : il y aura moins **1262 b**

---

1. Par exemple, en cas de meurtre involontaire, une *transaction*
(αἴδεσις) peut intervenir entre le meurtrier et la famille de la victime,
transaction qui doit être suivie d'une λύσις (l. 32) dont le rite est
fixé par les ἐξηγηταὶ τῶν ὁσίων. Il est clair que si la famille est
inconnue, ni l'αἴδεσις, ni la λύσις ne sont possibles.

Sur la question du meurtre en général et de ses modalités, cf.
Lois, IX, 865 c d, où PLATON s'inspire de la législation athénienne de
son temps. Voir aussi L. GERNET, *Introd.* aux *Lois*, I, p. cxcv et ss.,
ainsi que sa traduction avec commentaire du livre IX, Paris, 1917.

2. Cf. *Répubł.*, III, 403 a-c. Pour éviter les incestes, PL. bannit
entre les gardiens toute volupté sensuelle, mais laisse subsister (avec
tous leurs dangers, sur lesquels AR. insiste avec raison) l'amour chaste,
les baisers et même les caresses de caractère paternel. Il est certain
que les limites risquent d'être vite franchies.

3. On sait que le communisme est réservé à la classe des *gardiens*.

PLATON entend par φύλακες à la fois les *soldats* et les *gouvernants*
(*Répubł.*, II, 374 d et ss.), et c'est la terminologie employée par AR.
dans le présent passage et ailleurs (*infra*, 4, 1262 b 1 ; 5, 1264 a 10,
etc.). Mais PL. distingue expressément les deux classes, et il appelle
les premiers ἐπίκουροι *(auxiliaires, défenseurs)*, et les seconds
φύλακες proprement dits (φ. παντελεῖς ou τέλειοι ou ἄρχοντες, par
exemple, *Répubł.*, III, 412 b et ss.). Sur la condition des gardiens dans
l'État platonicien, cf. A. DIÈS, *Intr.* à la *République*, p. XXXIII.

Sur le sens très large de φιλία *(amitié, lien social, solidarité* quelconque), l. 1262 b 1, cf. notre édition de l'*Eth. Nicom.*, p. 381 (note sous
VIII, 1, 1155 a 1).

L. 2, τοιούτους = ἥττον φίλους.

d'amitié entre ses membres si les enfants et les
femmes sont en commun, et il est tout indiqué qu'il
en soit ainsi chez les individus de la classe inférieure
pour qu'ils demeurent obéissants et ennemis des
innovations.

Enfin, d'une manière générale, la législation
platonicienne aboutit nécessairement à des résultats
de tout point opposés à l'état de choses que des lois
5 correctement établies devraient normalement engendrer et à cause duquel Socrate pense qu'il faut régler
comme il le fait ce qui a rapport aux enfants et aux
femmes[1]. Nous estimons, en effet, que l'amitié est
le plus grand des biens pour les cités[2] (car c'est par
elle que les risques de discorde sont réduits au
minimum), et Socrate loue par-dessus tout l'unité
10 de l'État, unité qui paraît bien être, comme il le
déclare lui-même, une création de l'amitié, et qui est
comparable à celle que, dans les discours sur l'amour,
nous voyons Aristophane décrire[3], quand il dit que
les amants, dans l'excès de leur tendresse, désirent
ardemment de se fondre ensemble, et de deux qu'ils
étaient, devenir l'un et l'autre un seul être. Dans
ce dernier cas, il arrive nécessairement que les deux
individualités disparaissent, ou du moins l'une d'entre
elles ; au contraire, dans la cité platonicienne, sous
15 l'effet de la communauté dont on veut nous gratifier,
il est inévitable que l'amitié se dilue et que le père
ne puisse plus dire du tout : *mon fils*, ou le fils :
mon père[4]. De même, en effet, qu'une faible quantité

---

1. Pour le Socrate de la *République*, c'est la hantise de l'unité de
l'État (fin excellente en soi, et admise par Ar. lui-même, οἰόμεθα,
l. 7, mais à la condition, nous le savons, que cette unité ne soit pas
poussée trop loin), qui l'a incité à établir une législation communiste.
Mais, en réalité, cette unité parfaite (qui est celle des amants, au dire
de l'Aristophane du *Banquet*, 191 *a* et 191 *c*) n'est pas obtenue dans la
cité socialiste, où la φιλία existant entre ses membres est au contraire
des plus relâchées. Le but cherché par Socrate n'est donc pas atteint.

2. Cf. *Eth. Nicom.*, VIII, 1, 1155 *a* 22.

3. Sur la portée du discours d'Aristophane dans le *Banquet*, cf.
l'Introduction de L. Robin à son édition de ce dialogue (Paris, 1929),
p. LVII-LXIII.

4. L'unité absolue de l'État platonicien n'est nullement réalisée,
comme dans le cas des amants d'Aristophane. La φιλία entre les

de vin doux mêlée à une grande quantité d'eau est
imperceptible dans le mélange, ainsi arrive-t-il
que les relations mutuelles de parenté, qui prennent
leur point d'appui sur ces noms[1], ne manqueront
pas de s'effacer : il n'est plus du tout nécessaire, dans 20
la république qu'on nous présente, de se soucier les
uns des autres, comme un père se soucie de ses
enfants, ou un fils de son père, ou un frère de son
frère[2]. Car il y a, dans l'homme, deux mobiles pré-
dominants de sollicitude et d'amour : le sentiment
de la propriété et l'affection exclusive[3] ; or aucun
de ces mobiles ne peut trouver place dans un État
ainsi constitué.

Voyons maintenant la question du transfert
des enfants à leur naissance[4], les uns passant de la 25
classe des laboureurs et des artisans à celle des
gardiens, et les autres inversement de la classe des
gardiens à celle des laboureurs et des artisans :
c'est là un grand sujet d'anxiété : comment s'y
prendra-t-on ? Les parents qui remettent leurs
enfants, ainsi que les autorités qui opèrent le transfert,
ne peuvent pas ne pas savoir quels enfants ils

citoyens se *dilue* (ὑδαρῇ γίνεσθαι, l. 15), comme une *goutte de vin
doux* (μικρὸν γλυκύ, l. 17) mêlée à beaucoup d'eau (l'eau étant ici
la κοινωνία πολιτική) perd toute sa saveur : ainsi que le dit *de Gen.
et Corr.*, I, 10, 328 *a* 27, « sa forme est dissoute et elle est transformée
en la totalité de l'eau » (p. 90, et note, de notre trad.).

1. Les noms de père, de fils, de frère. (l. 16-17).

2. L. 20, nous lisons τούτων, διαφροντίζειν ἥκιστα ἀναγκαῖον ὂν
ἐν τῇ πολιτείᾳ, au lieu du texte de Immisch. Nous considérons
ἥκ. ἀναγκ. ὄν comme un accusatif absolu, et joignons ἥκ. à ἀναγκ. (Cf.
Newman, II, 243).

3. Cf. Sᵗ Thomas, 193, p. 64 : *specialis amor quem quis habet ad
aliquem: qui quidem amor magis fit ad eum quem aliquis singulariter
diligit quam ad eum quem simul cum multis aliis diligit.*

4. Cf. *Republ.*, III, 415 *b* (et un bref rappel, IV, 423 *c*). Les trois
classes de la cité platonicienne (laboureurs, artisans, gardiens)
ne sont pas des castes fermées, mais on prend en considération la
valeur personnelle des individus, le « métal » suivant l'expression de
Platon, qui entre dans la composition de leur âme (fer, airain, argent
ou or). Le législateur n'hésitera donc pas à faire passer les enfants
d'une classe à une autre, soit en les reléguant dans une classe inférieure
soit en les élevant au rang de gardiens (cf. la notice de A. Diès,
en tête de son éd. de la *République*, Paris, 1932, p. xxxiii-xxxiv).

donnent et à qui[1]. De plus, les inconvénients dont
30　nous avons parlé plus haut[2], coups, amours coupables,
meurtres, se produiront nécessairement avec plus
de fréquence encore, à l'égard de ces enfants ainsi
transférés : les enfants des gardiens n'appelleront
plus ceux-ci frères, enfants, pères ou mères, une fois
qu'ils auront été confiés aux citoyens des autres
classes, et à leur tour les enfants placés chez les
gardiens cesseront de désigner par ces appellations
les autres citoyens d'où ils sortent, appellations qui,
dans un cas comme dans l'autre, avaient pour effet
de les mettre en garde contre quelque crime de ce
genre en raison des liens de parenté[3].
35　　Voilà donc de quelle façon nous devions régler la
question de la communauté des enfants et des
femmes.

5

<Critique du communisme des biens.>

A la suite de ces considérations, nous avons à
examiner ce qui a rapport à la propriété[4] : de quelle
façon doit-elle être organisée par ceux qui sont
appelés à administrer la cité idéale ? La propriété
doit-elle être commune, ou non ? Ce problème
40　peut effectivement être considéré indépendamment
des dispositions légales concernant les femmes et
les enfants. Je veux dire ceci[5] : même en admettant

1. De sorte que la communauté absolue des enfants est inapplicable.
2. Au début du chapitre. — L. 29, τὰ πάλαι λεχθέντα *refertur
ad ea quae antea in eodem libro exposita sunt* (*Ind. arist.*, 559 a 19-21).
3. Ces crimes domestiques se commettront plus aisément dans
l'ignorance des liens de parenté consécutive au brassage des classes.
4. Dans la république platonicienne.
5. Texte difficile, peut-être corrompu et incomplet. Il y a, suivant
la plupart des éditeurs, après τὰς χρήσεις, l. 3, une lacune que l'on
a tenté de combler de différentes façons (voir l'app. critique de l'éd.
Immisch). Nous croyons cependant que la pensée d'Ar. est suffisamment claire avec le texte tel qu'il nous est parvenu, et sans qu'il soit

l'existence de familles séparées, comme c'est
actuellement le cas dans toutes les cités, est-ce qu'il   **1263** *a*
est préférable que la possession des biens soit
commune, ainsi que leur usage ? On peut supposer
trois cas : ou bien les fonds de terre restent propriété
séparée, tandis que les fruits sont mis en commun
pour la consommation (suivant la pratique de
quelques nations)[1] ; ou, au contraire, la terre est   5
commune et cultivée en commun, tandis que les
fruits sont partagés entre les individus pour leur
usage propre (on dit que cette forme de propriété
commune existe aussi dans certaines nations barbares) ; ou, enfin, les fonds de terre et les fruits sont
également communs.

Quand la classe de ceux qui cultivent la terre
est autre que la classe des propriétaires du sol[2],
la manière de traiter le problème sera différente et
relativement aisée ; mais quand les laboureurs   10
travaillent pour eux-mêmes[3], les questions de
propriété soulèveront une foule de difficultés :
si, en effet, la jouissance et le travail ne sont pas
répartis selon la règle de l'égalité, mais d'une façon
inégale, des récriminations s'élèveront inévitablement,
à l'encontre de ceux qui jouissent ou reçoivent
beaucoup en échange d'un faible travail, de la part

nécessaire de le compléter. D'autre part, avec Susemihl, nous considérons les mots τὰ περὶ τὴν κτῆσιν, l. 1263 *a* 1, comme une glose
marginale, et nous ne l'avons pas retenue. Quant aux modifications
proposées par Thurot, p. 27-28, elles sont trop importantes pour être
acceptées.

L. 1263 *a* 1, ἐκεῖνα : les femmes et les enfants.

1. Nations barbares. — Sur ἔθνος, cf. *supra*, 1, 2, 1252 *b* 20,
note.

2. Plutôt que « autre que les citoyens » (Cf. Newman, II, 246). —
C'est ce qui se passe dans la république de Platon. Ar. veut dire que,
dans le cas où le sol est cultivé *ab externis*, toutes les difficultés ne
sont pas pour autant aplanies, mais la distribution des biens et de
leur usage ne soulève plus de conflits insolubles entre citoyens :
les propriétaires et les laboureurs n'étant pas les mêmes ne peuvent
comparer leur travail et leur profit et contester l'équité de la répartition.

3. L. 10, αὐτῶν sont les laboureurs (*Ind. arist.*, 187 *a* 57), et non
les citoyens (Newman, II, 247), mais les deux interprétations sont
défendables.

de ceux qui reçoivent moins et travaillent davantage.
15 Et, en général, partager la vie d'autrui, mettre tout
en commun, est pour l'homme une entreprise difficile
entre toutes, surtout dans un pareil domaine. Les
sociétés[1] qui se forment entre compagnons de voyage
en sont un exemple frappant : on peut dire que ces
gens se chamaillent la plupart du temps pour la
première chose venue, et qu'ils entrent en conflit
les uns avec les autres[2] pour des niaiseries ; et
nous-mêmes, dans nos rapports avec nos serviteurs,
nous nous entendons mal principalement avec ceux
20 que nous employons le plus fréquemment pour les
besognes quotidiennes.

La propriété en commun entraîne donc tous
les inconvénients que nous venons d'indiquer en
même temps que d'autres de même nature, et le
régime social actuel, sanctionné au surplus par
les mœurs et par les prescriptions d'une saine
législation, ne saurait que montrer une supériorité
écrasante. Il cumulera, en effet, les avantages des
25 deux systèmes, je veux dire l'avantage de la propriété
possédée en commun et celui de la propriété privée.
Car les propriétés doivent en un sens[3] être communes,
mais d'une façon générale être possédées à titre
privé. D'une part, les intérêts étant distincts ne
donneront plus lieu à des plaintes réciproques et
permettront de constants progrès, du fait que chacun
s'appliquera à ce qui est proprement à lui ; et, d'autre
part, le sentiment désintéressé sera satisfait si
l'usage des fruits est rendu commun, conformément
30 au proverbe que *entre amis tout est commun*[4]. Même

---

1. Sur le sens très étendu du terme κοινωνία, cf. I, 1, 1252 *a* 1,
note.

2. L. 18, διαφέρονται, proposé par CORAI, serait grammaticalement plus correct que διαφέρομενοι, mais le sens reste le même.

3. *Quoad usum*, ainsi que nous allons le voir. — La position personnelle d'AR., en ce qui concerne le problème de la propriété, est modérée,
et beaucoup plus rapprochée de la doctrine des Pères de l'Église et
de St THOMAS que du droit romain. Pour la conception thomiste,
cf. *Sum. Theol.*, II, II*ae*, qu. LXVI, 1, *ad Respondeo*, et 2, *ad Secundum*.
Voir aussi E. GILSON, *le Thomisme*, 4e éd., Paris, 1942, p. 429-430.

4. Proverbe cité *Républ.*, IV, 424 *a*, ainsi que par AR. lui-même
Eth. Nic., VIII, 11, 1159 *b* 31, et IX, 8, 1168 *b* 7. Il est probablement
d'origine pythagoricienne. Cf. *infra*, VII, 10, 1330 *a* 1 et ss.

de nos jours, dans certaines cités[1], cette façon de
comprendre la propriété se rencontre à l'état
d'ébauche, ce qui montre qu'elle n'a rien d'impraticable ; et particulièrement dans les villes bien
administrées ce système est déjà réalisé en partie,
et le reste pourrait l'être. En effet, chaque citoyen,
tout en conservant la pleine propriété de ses biens,
met certains d'entre eux au service de ses amis,
et jouit des autres en commun avec eux[2]. C'est
ainsi, par exemple, qu'à Lacédémone, les citoyens 35
se servent des esclaves les uns des autres comme s'ils
leur appartenaient en propre, ainsi que des chevaux
et des chiens, et quand en voyage ils ont besoin
de vivres, ils prennent ce qu'ils trouvent dans les
champs à travers la campagne. On voit donc que
la propriété privée est préférable, mais qu'on doit
en rendre l'usage commun. Quant à la façon de créer
l'état d'esprit correspondant[3], c'est là l'œuvre propre
du législateur.

De plus, regarder une chose comme étant à soi, 40
quelle supériorité, impossible à exprimer, cela donne
à son plaisir[4] ! Sans doute[5] n'est-ce pas en vain que
tout homme possède en lui l'amour de soi-même, **1263 b**
mais c'est un instinct qui provient de la nature[6].
D'un autre côté, l'égoïsme est réprouvé à bon droit[7] ;
mais ce sentiment n'est pas simplement l'amour de

1. Tarente, Carthage, Lacédémone, et autres villes, dont Ar.
parlera plus loin. — Le terme ὑπογεγραμμένον, l. 31, est synonyme de
l'expression ἐν τύπῳ, et signifie *d'une façon sommaire, dans les grandes
lignes* : sur ἐν τύπῳ, cf. *infra*, III, 4, 1276 *b* 19, note.

2. *Partim ea commendat amicis, partim iis utitur ut communibus*
(Lambin). H. Rackham comprend : *put their own possessions at the
service of their friends and make use of their friends' possessions as
common property.* Ce dernier sens est assurément séduisant, mais il
est grammaticalement difficile à justifier.

3. L. 39, τοιοῦτοι = ὥστε τῇ χρήσει ποιεῖν κοινὰς τὰς κτήσεις.

4. Cf. St Thomas, 202, p. 67 : *non potest de facili enarrari quantum
sit delectabile reputare aliquid esse sibi proprium.*

5. Sur le sens de μή, l. 41, cf. *Ind. arist.*, 464 *b* 44.

6. Nouvelle application de la maxime que la nature ne fait rien
en vain.

7. La φιλαυτία joue un grand rôle dans la genèse de l'amitié.
Cf. notamment *Eth. Nic.*, IX, 4 et 8, et nos notes (spécialement,
p. 441-442, et p. 455).

soi, mais un amour de soi dépassant la mesure
convenable, semblable à l'amour de l'avare pour son
argent, puisque tous les hommes, pour ainsi dire,
ressentent l'un ou l'autre de ces sentiments[1]. —
5 En outre, être agréable et porter secours à des amis,
des hôtes ou des compagnons, c'est là le plus grand
des plaisirs, qui ne peut être goûté que si on possède
privativement des biens.

Ces diverses satisfactions dès lors ne se produisent
pas quand on pousse trop loin l'unification de la
cité ; ajoutons à cela qu'on réduit ainsi à néant, et
cela de toute évidence, l'exercice de deux vertus,
d'abord la modération en ce qui concerne les femmes
10 (car c'est noblement agir que de se détourner par
tempérance d'une femme qui appartient à un autre)[2],
et ensuite la libéralité dans l'emploi des biens : on
ne sera capable ni de manifester sa générosité, ni
d'accomplir aucune action libérale, puisque c'est
dans l'usage des biens possédés que consiste l'exercice
de la libéralité[3].

15 Quoiqu'il en soit, la législation platonicienne
est d'aspect séduisant, et peut sembler inspirée par
l'amour du genre humain. En effet, celui qui l'entend
exposer l'accueille avec satisfaction (pensant qu'il
en résultera une merveilleuse amitié de tous envers
tous), surtout quand il entend attribuer[4] les maux
existant actuellement dans les États au fait que les
biens n'y sont pas mis en communauté : j'entends
20 procès réciproques au sujet de contrats, jugements
pour faux témoignages, flatteries à l'égard des riches.
En réalité ces maux n'ont jamais pour cause le défaut
de communauté des biens, mais la perversité
humaine : car nous constatons que les possesseurs
de biens en commun ou en indivision ont entre eux
des conflits beaucoup plus fréquents que les citoyens

1. L'amour de soi, l'amour de l'argent, et autres sentiments de
ce genre, dont il faut reconnaître le caractère naturel et qui ne sont
blâmables que dans leurs excès.

2. *Quod non habebit locum si omnes mulieres sunt communes*
(St Thomas, 204, p. 68).

3. Sur la libéralité et ses rapports avec la possession des biens,
cf. *Eth. Nic.*, IV, 1, 1119 *b* 22 et ss.

4. *Républ.*, V, 464 *d*-465 *e*.

dont les intérêts sont séparés ; seulement, si le 25
nombre de ceux qui sont en désaccord à cause de
propriétés possédées en commun paraît à nos yeux
négligeable, c'est parce que nous les comparons
à l'immense majorité des détenteurs de propriétés
privées[1].

De plus, il serait juste d'indiquer non seulement
les maux dont les hommes seront affranchis en
adoptant la communauté des biens, mais aussi les
avantages dont ils seront privés ; or il est manifeste
que le genre de vie qu'ils devraient mener est absolument intolérable.

La cause de l'erreur de Socrate doit être attribuée 30
à la position qui lui sert de base[2] et qui n'est pas
exacte. Il faut assurément qu'en un certain sens
la famille forme une unité, et la cité également, mais
cette unité ne doit pas être absolue. Car il y a, dans
la marche vers l'unité[3], un point passé lequel il n'y
aura plus de cité, ou passé lequel la cité, tout en
continuant d'exister, mais se trouvant à deux doigts
de sa disparition, deviendra un État de condition
inférieure : c'est exactement comme si d'une symphonie on voulait faire un unisson, ou réduire un 35
rythme à un seul pied[4]. Mais la cité est, comme nous
l'avons dit plus haut[5], une pluralité, qui, par le
moyen de l'éducation, doit être ramenée à une
communauté et à une unité ; et il est en tout cas
étrange que le législateur, qui se propose d'introduire
un système d'éducation destiné dans sa pensée à
rendre la cité vertueuse, s'imagine amender les
citoyens par des mesures du genre dont nous parlons,

---

1. *Tamen si omnes haberent communes*, conclut St Thomas (206,
p. 68), *multo plura litigia essent*.

2. Cette ὑπόθεσις (sur le sens de ce terme, cf. *supra*, 2, 1261 *a* 16),
c'est sa conception de l'unité, critiquée au ch. 2.

3. Cf. 2, 1261 *a* 17. La traduction de Lambin est excellente :
*futurum enim est aliquo modo ut longius progressa non sit civitas;
aliquo modo erit illa quidem civitas sed cum parum ab eo abfuerit ut
non sit civitas, deterior erit civitas.*

4. L'unité du rythme, son élément constitutif est la βάσις, le
pied, la syllabe. Réduire un rythme à sa syllabe, c'est réduire le tout
à l'un de ses éléments (Cf. aussi *Métaph.*, N, 1, 1087 *b* 36).

5. 2, 1261 *a* 18.

40 et non par les usages, la philosophie[1] et les lois,
procédant à la façon dont, à Lacédémone et en Crète,
le législateur a établi la communauté dans les choses
relatives à la propriété par l'institution des repas
1264 a publics[2]. Mais voici encore une chose à ne pas
ignorer : il convient de réfléchir à la longueur du
temps écoulé et aux nombreuses années pendant
lesquelles ces mesures réformatrices ne fussent pas
demeurées sous le boisseau, si l'affaire en avait
vraiment valu la peine. Car tout, ou peu s'en faut,
a été découvert dans ce domaine, bien que certains
de ces plans n'aient pas été recueillis[3], et que d'autres
ne soient pas mis en pratique, alors qu'on les connaît[4].
5 L'impossibilité de les réaliser recevrait une confirmation éclatante[5], si on pouvait observer une pareille
constitution politique en plein travail d'édification :
on verrait alors qu'il n'est pas possible de fonder une
cité sans diviser et séparer la communauté totale[6],
d'une part en associations pour repas publics, et
d'autre part en phratries et en tribus. — Toute
la législation platonicienne n'aura donc abouti à
rien d'autre qu'à exempter la classe des gardiens des
travaux agricoles, ce qui est précisément une mesure
10 que même aujourd'hui les Lacédémoniens tentent
d'introduire[7].

Mais on ne voit pas non plus quelle sera, à l'égard
des membres de la communauté, la forme de la

---

1. La culture intellectuelle en général (NEWMAN, II, 255).

2. Sur les *syssities*, en usage à Lacédémone (et dont le fameux
brouet noir constituait le « plat de résistance »), cf. surtout
DEFOURNY, p. 329 et ss.

3. Pour en permettre l'étude. Ils sont donc perdus pour la science
politique.

4. *Men do not use the knowledge which they have* (B. JOWETT).

5. Sur ce texte difficile, cf. THUROT, 28, dont nous adoptons
l'interprétation.

6. En vue de la distribution des biens communs, qu'il faut bien
assurer d'une façon ou d'une autre. — Sur le sens de αὐτά, l. 7, cf.
NEWMAN, II, 257 : ce terme signifie soit les citoyens (SUSEMIHL),
soit plutôt l'ensemble de la cité. Voir aussi l'app. crit. de IMMISCH,
et les références à *Poet.*, 3, 1448 a 29, et 4, 1448 b 22.

7. Et qui n'a donc même pas le mérite de la nouveauté. PLATON
n'a réussi qu'à séparer les gardiens du corps de la nation, et à les
soustraire au travail du reste de la population.

constitution politique prise dans son ensemble[1].
Socrate n'en a pas parlé, et ce n'est pas non plus
facile à dire. Pourtant on peut avancer que la grande
majorité des habitants de la cité est composée de
la masse des citoyens des autres classes, pour lesquels
aucun statut n'a été fixé : la communauté des biens
doit-elle s'appliquer aussi aux laboureurs, ou encore   15
sera-ce la propriété individuelle ? Leurs femmes et
leurs enfants resteront-ils propres à chacun d'eux,
ou tomberont-ils en communauté ? Si, en effet[2],
les laboureurs possèdent tout en commun de la
même façon que les gardiens, en quoi différeront-ils
de ces derniers ? Ou quel avantage, dans ce cas,
retireront-ils en étant soumis[3] à leur autorité ?
Ou quelle considération les fera se soumettre à la
classe des gouvernants, à moins que celle-ci n'adopte
l'habile politique des Crétois[4] ? Ceux-ci ont concédé   20
à leurs esclaves tous les droits des hommes libres et
ne leur ont interdit que deux choses : les exercices
de gymnastique et le droit de porter les armes. —
Si l'on veut, au contraire[5], que les droits de la famille

---

1. C'est-à-dire eu égard à toutes les classes de la population (gardiens, artisans, laboureurs), dont chacune doit posséder son statut.

2. Première hypothèse relative aux laboureurs : communisme intégral des femmes, des enfants et des biens, comme pour les gardiens.

3. L. 19, au lieu de τοῖς ὑπομένουσι, nous lisons, avec H. RACKHAM, αὐτοῖς ὑπ.

4. Les esclaves dont parle AR. sont plutôt les *périèques* (περίοικοι), citoyens d'un rang inférieur, dont les lois de Gortyne font mention, et qui effectivement jouissaient d'un statut assez libéral, lequel, dans la pensée de son auteur, devait mettre obstacle aux revendications politiques et sociales.

En ce qui concerne le droit de porter les armes et de participer aux exercices de gymnastique, qui préparaient au service militaire, il convient de noter que les plus anciennes constitutions des cités grecques réservaient les droits politiques à ceux qui possédaient au moins l'armement complet, défensif et offensif, des hoplites. Le *corps des hoplites* (τὸ ὁπλιτικόν) constituait la grosse infanterie, pesamment armée, par opposition aux troupes armées à la légère, et à la *cavalerie* (τὸ ἱππικόν), ouverte seulement aux premières classes censitaires. A cette époque, il paraissait naturel que ceux qui défendaient l'État au péril de leur vie eussent seuls la qualité de citoyen.

5. Deuxième hypothèse : régime intégral de la propriété privée pour les laboureurs.

et le régime de la propriété chez les laboureurs
soient semblables à ce qu'ils sont dans les autres cités,
quelle sera la forme de la communauté[1] ? En une
25 seule cité on aura nécessairement deux cités[2], qui
s'opposeront l'une à l'autre. Car Socrate fait des
gardiens une sorte de troupe de garnison[3], tandis
que les laboureurs, les artisans et le reste de la
population sont les citoyens. Mais plaintes, procès et
autres maux que Socrate déclare[4] exister dans les
autres cités, tout cela existera aussi parmi ses
citoyens. Cependant il assure que, grâce à l'éducation,
30 les citoyens n'auront pas besoin de beaucoup de
règlements, tels que les règlements relatifs à la police
de la voirie urbaine et des marchés[5] et autres de cette
sorte, bien qu'il réserve l'éducation aux seuls
gardiens. De plus, il laisse les laboureurs maîtres de
leurs propriétés sous condition de payer une
redevance. Mais alors il est vraisemblable[6] qu'ils
seront beaucoup plus indisciplinés et arrogants que
35 ne l'est, chez certains peuples, la classe des ilotes,
des pénestes[7] ou des esclaves en général. — Cependant,
que cette communauté des femmes et des biens soit
nécessaire au même titre pour les laboureurs que pour
les gardiens, ou qu'au contraire elle ne le soit pas,
toujours est-il qu'en fait ce point n'a été nullement
déterminé, pas plus que les problèmes qui s'y rattachent, comme de savoir quel rôle politique sera
réservé à la classe des laboureurs, quelle éducation
et quelles lois leur seront données. Mais il n'est
facile ni de répondre à ces questions, ni cependant
de minimiser l'importance des qualités distinctives
de la classe inférieure, si l'on veut sauvegarder la
40 communauté des gardiens.

---

1. Comment la constitution générale de la cité assurera-t-elle
la liaison et la conciliation de ces diverses classes ? Cf. τρόπος τῆς ὅλης
πολιτείας de l. 11, ci-dessus.

2. *Républ.*, IV, 422 *e*.

3. Campée chez l'habitant, et ne faisant pas partie de la communauté nationale.

4. *Républ.*, V, 464-465.

5. *Républ.*, IV, 425 *d*.

6. Étant donné qu'ils seront propriétaires.

7. Les pénestes jouaient en Thessalie le rôle des ilotes à Sparte.

Supposons enfin que Socrate veuille à la fois
établir chez les laboureurs la communauté des **1264 b**
femmes et laisser subsister la propriété privée des
biens[1] : qui alors s'occupera des soins du ménage,
comme les hommes s'emploient aux travaux des
champs ? Et si les propriétés en même temps que
les femmes appartiennent en commun aux laboureurs,
à qui reviendront les soins du ménage[2] ?

Il est absurde également[3] d'employer la comparaison tirée des animaux sauvages pour montrer
que les femmes doivent avoir les mêmes occupations
que les hommes[4], attendu que les animaux n'ont,   5
eux, aucun ménage à tenir. — D'autre part, il est
dangereux d'établir les magistratures comme le fait
Socrate[5]. Car c'est toujours aux membres de la
même classe qu'il confère l'autorité ; mais si pareil
exclusivisme devient une cause de sédition même
chez les gens dépourvus de toute valeur, à plus
forte raison[6] en sera-t-il ainsi pour des hommes d'un
caractère résolu et belliqueux ! Mais que ce soit pour   10
lui une nécessité de maintenir l'autorité entre les
mains des mêmes individus c'est là une chose évidente,
puisque ce n'est pas tantôt chez les uns et tantôt chez
les autres que l'or donné par le dieu est mêlé à leurs
âmes, mais c'est toujours chez les mêmes ; et Socrate

---

1. Troisième hypothèse relative à la situation des laboureurs :
communisme des femmes et des enfants, mais propriété privée des
biens.

2. Il est inutile de supposer, avec Thurot, 29, une lacune après
γυναῖκες, l. 4. Les mots τίς οἰκονομήσει, l. 2, gouvernent l'ensemble
de la phrase (cf. Newman, II, 262).

3. Examen d'arguments secondaires.

4. Cf. *Républ.*, V, 451 c à 457 b, où Pl. décide que les femmes
auront mêmes fonctions et même éducation que les hommes, la
différence des sexes n'entraînant pas celle des aptitudes. La réponse
d'Ar. est de simple bon sens. — L. 5 et 6, nous supprimons la parenthèse.

5. *Républ.*, III, 412 c-e. — L. 7 : τοὺς αὐτοὺς ἄρχοντας : les magistrats sont toujours pris dans la *même classe*, celle des gardiens. Ils
ne sont pas forcément les mêmes individuellement.

6. L. 9, le terme ἤπουθέν est mal attesté, et de nombreuses variantes ont été proposées (voir l'app. crit. d'Immisch). La lecture ἢ που
δῆθεν aurait nos préférences.

dit[1] que, dès le moment de la naissance, les uns reçoivent un mélange d'or, d'autres d'argent, et ceux qui sont appelés à être des artisans et des 15 laboureurs, un mélange d'airain ou de fer. — De plus, tout en ôtant jusqu'au bonheur aux gardiens, il déclare que c'est le devoir du législateur d'assurer le bonheur à la cité tout entière[2]. Or il est impossible qu'elle soit heureuse tout entière si la plupart de ses éléments à défaut de tous, ou du moins certains d'entre eux, ne possèdent pas le bonheur. Le bonheur, en effet, n'est pas une chose comparable au pair, 20 lequel peut très bien appartenir au nombre total sans appartenir à aucune de ses parties[3] : pour le bonheur c'est une impossibilité. Mais si les gardiens ne sont pas heureux, quels autres le seront ? Sûrement pas les artisans et la classe ouvrière.

Ainsi donc, la *République*[4] que Socrate a décrite présente toutes les difficultés ci-dessus, ainsi que 25 d'autres non moins graves.

6

<*Critique des* Lois *de* PLATON.

Des objections à peu près semblables s'adressent également aux *Lois*, dont la rédaction est postérieure[5],

---

1. *Républ.*, III, 415 *a*.

2. *Républ.*, IV, 419-420. — Cf. *infra*, VII, 13, 1322 *a* 7, note.

3. Quand, par exemple, on pose 10 = 1+3+5+1.

4. L. 24, πολιτεία désigne le titre même de l'ouvrage de PLATON, tout comme les *Lois* sont nommées dans le chapitre suivant (NEWMAN, II, 264).

5. On sait que les *Lois*, le dernier ouvrage sorti de la main de Platon (et publié, sous la forme inachevée qui nous est parvenue, par son disciple PHILIPPE D'OPONTE), ne décrivent plus la cité idéale et sans doute irréalisable de la *République*. Assagi par les déceptions qu'il a éprouvées à la cour de Denys, PLATON renonce décidément au communisme intégral, et se contente de réformes partielles et limitées. Sans rejeter les principes qui l'ont guidé dans la *République*, il imagine un régime politique et social plus près de la réalité et inspiré par une exacte connaissance de la législation athénienne

et c'est pourquoi il vaut mieux examiner brièvement aussi la forme de gouvernement qui y est décrite. Dans la *République*, en effet, Socrate n'a déterminé d'une manière complète qu'un petit nombre de points, tels que la réglementation à appliquer à la communauté des femmes et des enfants et à celle des biens, ainsi que la structure de la constitution (car l'ensemble de la population est divisée en deux classes, l'une est celle des laboureurs et l'autre le corps des combattants[1] ; une troisième classe, recrutée au sein de cette dernière, forme le corps délibérant et gouverne la cité[2]) ; mais au sujet des laboureurs et des artisans, la question de savoir s'ils sont complètement exclus des fonctions publiques ou s'ils y ont part dans une certaine mesure, et en même temps si ces classes doivent porter les armes et participer ou non à la guerre, sur tous ces points Socrate n'a fourni aucune précision. En revanche, il estime que les femmes doivent faire la guerre aux côtés des gardiens et recevoir la même éducation qu'eux. Quant au reste du traité, il est rempli de digressions étrangères au sujet[3], et de discussions portant sur le genre d'éducation qui convient aux gardiens. D'un autre côté, les *Lois* ne sont, en fait, dans leur majeure partie, qu'une collection de dispositions législatives, et l'auteur a dit peu de choses de la forme du gouvernement ; et, tout en voulant faire

passée et présente ; il espère ainsi assurer dans la pratique la stabilité de l'État et le bonheur des citoyens.

Pour suivre la discussion qu'entreprend Ar., il convient d'avoir constamment sous les yeux le texte même des *Lois*. Nous indiquerons au fur et à mesure les principales références, en utilisant surtout la récente édition des *Lois*, en 4 volumes, publiée aux « Belles-Lettres » par A. Diès, L. Gernet et E. des Places (1951-1956), avec les deux importantes préfaces du premier volume. Par ailleurs, le résumé de A. Rivaud (*Hist. de la Phil.*, I, p. 203-209) donne une idée suffisante de l'ensemble de l'ouvrage de Platon.

1. L'expression τὸ προπολεμοῦν, l. 33, désigne plus précisément l'ensemble des guerriers qui combattent *pour* les autres et assurent leur sécurité. — Cf. aussi *Républ.*, II, 373 e-374 d.

2. *Républ.*, III, 412 d e.

3. Celles qui traitent, par exemple, de notions relevant de l'Éthique, ou celles concernant l'immortalité de l'âme (X, 608 c-621 d) : cf. Newman, II, 265.

une constitution d'un type mieux adapté aux diverses
cités[1], il revient peu à peu à son autre constitution
idéale. En effet, à l'exception de la communauté des
5 femmes et des biens, pour tout le reste il assigne
les mêmes dispositions aux deux constitutions :
l'éducation y est la même, la vie des citoyens reste
affranchie des œuvres serviles, et on y prévoit
pareillement des repas en commun. Une seule
différence : dans les *Lois* il est indiqué[2] qu'il doit y
avoir des repas communs même de femmes, et le
nombre des citoyens appelés à porter les armes, qui
10 était de mille dans la *République*, passe ici à cinq
mille[3].

Les discours de Socrate ont toujours, il est vrai,
quelque chose d'incomparable[4] ; ils sont pleins de
grâce, d'originalité et d'ardeur dans la recherche.
Mais la perfection en toutes choses est sans doute
difficile à atteindre : par exemple, en ce qui regarde
le chiffre de la population que nous venons de citer,
il ne faut pas se dissimuler que pareille multitude
nécessitera un territoire aussi grand que celui de
Babylone, ou quelque autre emplacement d'étendue
15 illimitée, d'où tireront leur nourriture ces cinq mille
hommes qui ne sont pas astreints au travail, et
auxquels on doit ajouter la masse beaucoup plus
considérable des femmes et des gens de service qui
gravitent autour. Sans doute devons-nous nous
proposer un idéal conforme à nos vœux : encore faut-il
qu'il ne soit pas irréalisable.

On nous dit que le législateur, en établissant ses
lois, doit avoir son regard fixé sur deux points :
20 sur le territoire et sur les hommes[5]. Mais il est bon

---

1. Sur le sens de κοινοτέρον, *plus commune, plus courante*, l. 3,
cf. *Ind. arist.*, 399 *b* 15 : κοιν. syn. ἡ μάλιστα πάσαις ταῖς πόλεσιν
ἁρμόττουσα.

2. VI, 780 *e*.

3. Cf. *Républ.*, IV, 423 *a* ; *Lois*, V, 737 *e*. — Le chiffre des *Lois*
est exactement 5040, chiffre qui admet le plus grand nombre de
diviseurs (cf. A. Diès, Introd. au *Lois*, p. lxv).

4. L. 11, τὸ περιττόν a le sens de *eximium* (D. Lambin), et non
de *superfluum*, comme le croit la *Vetus translatio* suivie par
St Thomas, 228, p. 76. — L. suivante, l'adjectif ζητητικός = *cupidus
indagandi* (E. F. Leopold).

5. *Lois*, IV, 704-709 ; V, 747 *d*.

d'ajouter encore qu'il doit faire entrer en ligne de
compte les pays voisins, si tout d'abord la cité doit
vivre d'une vie politique et non d'une vie repliée
sur elle-même[1] (car il est indispensable que l'État
dispose d'une force militaire suffisante pour l'utiliser
en vue de la guerre, non seulement à l'intérieur de
son propre territoire, mais encore contre les pays
étrangers)[2]. Et si on n'accepte pas l'idée d'une vie
active de ce genre[3], soit pour l'individu, soit pour 25
la communauté politique, il n'en faut pas moins que
les citoyens soient redoutables à leurs ennemis,
non seulement quand ceux-ci envahissent le
territoire, mais encore quand ils battent en retraite[4].

L'étendue de la propriété familiale mérite aussi
considération : ne vaudrait-il pas mieux fixer cette
étendue différemment, d'une façon plus claire ?
L'auteur nous dit[5] que cette propriété doit être assez
grande pour qu'on puisse *vivre avec tempérance*, 30
comme s'il disait *pour vivre bien*[6] : c'est là une
indication trop générale, et de plus on peut vivre
d'une vie tempérante et cependant misérable. Mais
une meilleure norme serait : *Pour vivre avec tempérance
et libéralement* (car si on sépare ces deux notions,
la dernière ne manquera pas d'être associée à la vie
de jouissance[7], et l'autre à la vie de labeur), puisque
tempérance et libéralité sont les seules dispositions

---

1. L. 22, πολιτικόν, c'est-à-dire en relations avec les États voisins
(*vitam non solitariam, sed politicam, idest communem cum multis
aliis civitatibus*, St THOMAS, 229, p. 77). — Le remplacement de πολ.
par πολεμικόν (M. A. MURET) paraît bien inutile, ainsi que les modifications proposées par THUROT, p. 29-31 ; le texte traditionnel
est suffisamment clair.

2. En vue de l'offensive et des représailles, et non seulement de la
défensive.

3. La vie active étant inférieure à la vie contemplative.

4. Pour les poursuivre.

5. *Lois*, V, 737 d.

6. Sur τὸ εὖ ζῆν, cf. I, 2, 1252 *b* 30 ; 9, 1258 *a* 1.

7. L. 34, le verbe ἀκολουθεῖν a le sens de *obéir, correspondre à,
être la suite de, être la conséquence de.* Cf. BONITZ, *in Metaph.*, 42 :
par ἀκολ. *pariter ac verbo* ἕπεσθαι, Ar. *denotat praedicari aliquem
notionem de altera, ita ut posita, illa etiam ponenda sit* (Cf. aussi *Ind.
arist.*, 26 *b* 1 ; 267 *a* 61).

désirables se rapportant à l'usage des biens[1] : par
exemple, on ne peut pas user des richesses avec
35 douceur ou avec courage, mais avec tempérance et
libéralité, et par suite ces dispositions ont un lien
nécessaire avec la propriété.

Il est absurde aussi qu'en égalisant les propriétés
l'auteur s'abstienne de statuer sur le nombre des
citoyens[2], mais laisse la procréation des enfants
sans contrôle, dans la pensée qu'elle sera suffisamment
40 ramenée au même total par l'effet des unions stériles,
si nombreux que soient par ailleurs les enfants
engendrés, sous prétexte que les choses, semble-t-il,
1265 *b* se passent actuellement ainsi dans les cités[3]. Mais
le nombre des citoyens demande à être fixé avec une
exactitude incomparablement plus grande dans la
cité platonicienne qu'actuellement dans nos cités :
à l'heure qu'il est, personne n'est dans le dénuement,
du fait que les biens sont répartis parmi tous les
citoyens, quel que soit le nombre de ceux-ci,
tandis que dans le système préconisé, les biens étant
indivisés il arrivera fatalement que les enfants en
5 surnombre ne posséderont rien du tout, qu'ils soient
en petit nombre ou en grand nombre[4]. On peut même
penser qu'il est plus indiqué d'imposer des restrictions

---

1. L. 35, nous lisons ἕξεις αἱρεταί, avec B. JOWETT, plus satisfaisant que ἀρεταί, car alors on est obligé de supprimer ἕξεις. — Sur
la notion de ἕξις, *habitus*, *disposition* permanente (la vertu est une
ἕξις), cf. *supra*, I, 13, 1259 *b* 25.

2. Sur la stabilité du chiffre de la population, cf. *Lois*, V, 740 *b*-
741 *a*. — Le terme τεχνοποιία, l. 30 et dans la suite, désigne ici la
procréation, la reproduction proprement dite. Il signifie aussi (nous
le verrons dans les derniers ch. du l. VII, consacrés à l'éducation)
le premier degré de la παιδεία au sens large, et concerne les soins à
donner à la mère et à l'enfant jusqu'à la naissance.

3. Phrase difficile, élégamment traduite par D. LAMBIN : ...*perinde
quasi futurum sit ut satis exaequetur cum eadem multitudine quae
initio fuerit, propter orbitates aut propter liberos non susceptos, quan-
tumvis multi nascantur*, etc...

4. Cf. *Lois*, IX, 929 *a* : « En dehors de nos 5040 familles il ne peut
y en avoir aucune autre » (trad. A. DIÈS), et l'expatriation est une
nécessité résultant de l'excès de population. Dans le régime actuel de
la propriété privée, au contraire, chaque citoyen prend à sa charge
ses enfants et s'arrange pour leur procurer la part de biens qui leur
est indispensable (cf. SYLV. MAURUS, 532 [1]).

à la procréation que d'assigner une limite à la
propriété, pour faire en sorte que les naissances ne
dépassent pas un chiffre déterminé. Ce maximum
serait fixé en calculant les chances de mortalité chez
les enfants mis au monde, et de stérilité chez les
autres couples[1]. La liberté de la procréation, à la   10
façon dont elle existe dans la plupart des États, est
une cause infaillible de misère pour les citoyens,
et la misère engendre les séditions et la criminalité.
En fait, PHIDON de Corinthe[2], l'un des plus anciens
législateurs, était d'avis que le nombre des familles
et des citoyens devait rester immuable, quand bien
même originairement tous eussent reçu des lots de   15
grandeur inégale. Or dans les *Lois* dont nous parlons,
c'est tout le contraire qu'on fait. Mais sur ces différents
sujets, nous dirons plus loin quelle meilleure solution
nous envisagerions[3].

Nos *Lois* laissent encore de côté la question de
savoir, en ce qui regarde les gouvernants, comment
ils se différencieront des gouvernés. Socrate, en effet,
dit seulement que la relation devant exister entre
les gouvernants et les gouvernés doit être semblable
à celle de la chaîne à la trame, qui sont faites de   20
laines différentes[4]. — Et puisqu'il permet que la
totalité des biens d'un citoyen s'accroisse jusqu'au
quintuple de sa valeur initiale[5], pour quelle raison la

---

1. Les autres couples sans enfants.

2. Personnage inconnu. — PHIDON fait exactement le contraire
des *Lois* : il s'occupe du problème de la population sans s'intéresser
au partage égal de la terre, tandis que PLATON veut le partage égal
des biens et se détourne du problème, infiniment plus important,
de la densité de la population.

3. AR. ne semble pas avoir rempli complètement sa promesse.
Voir cependant *infra*, VII, 4, 1326 *b* 26 et ss., et 16, 1335 *b* 19 (le
problème de la limitation des naissances).

4. La tâche du « royal tisserand » du *Politique*, 308 *d*-309 *c*, consiste
à associer les tendances opposées de la chaîne (qui représente les
gouvernants) et de la trame (les gouvernés). Cf. *Lois*, V, 734 *e* et 735 *a*.
En fait, PL., comme le remarque SUSEMIHL, ne s'est pas désintéressé
de la question autant que le dit AR. Il a indiqué et développé les
qualités naturelles et acquises qui doivent distinguer les chefs (par
exemple, I, 632 *c ;* VII, 818 *a ;* XII, 951 *c-e*, 961 *a* et ss.).

5. *Lois*, V, 744 *e*, parle seulement du *quadruple* (μέχρι τετραπ-
λασίου), mais on peut concilier les deux chiffres en admettant que

propriété immobilière de chacun ne pourrait-elle
pas s'accroître jusqu'à une certaine limite ? On doit
aussi examiner si la division des domaines familiaux
n'est pas, en fin de compte, nuisible à une bonne
25 administration domestique, car l'auteur assigne à
chaque citoyen deux domaines distincts et séparés[1],
alors qu'il est difficile de tenir un double ménage.

Le système de gouvernement tout entier qui nous
est présenté[2] tend, il est vrai, à n'être ni une
démocratie, ni une oligarchie, mais un milieu entre
les deux, qu'on nomme d'ordinaire république
proprement dite, le gouvernement étant recruté

l'accroissement du quadruple s'ajoute au lot initial pour donner le
coefficient 5.

PLATON prend pour base l'οἰκόπεδον (l. 24 et plus loin), *domaine
rural, bien de famille*, analogue au *homestead* que les législations
modernes en France, en Angleterre et en Allemagne, se sont efforcé
de protéger en le déclarant incessible et insaisissable. D'après les *Lois*,
V, 745 *c*, le fondateur de la cité, après avoir divisé le territoire en
douze parties égales en valeur (et non forcément en superficie) et
avoir formé 5040 lots, nombre égal à celui des citoyens (cf. *supra*,
1265 *a* 10), coupe chacun de ces lots en deux fractions (l. 25-26,
infra), l'une rapprochée et l'autre éloignée du centre, comprenant
maison de ville et maison de campagne. Cette διαίρεσις, qu'AR.
reproche à PLATON (l. 26), avait pour objet de permettre au fils aîné
quand il se marie d'avoir un foyer séparé de ses parents (*Lois*, VI,
776 *a*).

Quoiqu'il en soit, ce lot initial (fonds de terre avec la maison de
famille) ne peut être ni diminué, ni augmenté, de façon à éviter la
pauvreté et la richesse excessives. Le citoyen peut légitimement
accroître le rendement de son lot jusqu'au quadruple (ou le quintuple
selon le compte d'AR.) de sa valeur de base, mais il ne peut annexer
d'autres lots, autrement dit s'étendre en superficie. AR. demande,
l. 23, la raison de cette distinction, qu'il estime irrationnelle. PL.
pourrait répondre que l'accroissement en superficie ne peut se faire
qu'au détriment des lots voisins, dont le minimum admis par la loi
se trouverait réduit, ce qui ne manquerait pas d'engendrer la misère
avec toutes ses conséquences sociales.

1. Voir la note précédente.

2. La constitution *mixte* (μέση τούτων, l. 28), formée d'éléments
empruntés aux régimes purs, est, aux yeux de PLATON (comme
d'ailleurs d'AR. lui-même), la constitution *qui se rapproche le plus
de la constitution idéale* (μετὰ τὴν πρώτην πολιτείαν, l. 31) ; c'est elle
qui est la πολιτεία proprement dite, le régime constitutionnel,
normal (sur ce sens de πολιτεία, cf. I, 1, 1252 *a* 15). Sur ce point,
PL. a donc raison. Mais si on doit admettre qu'une constitution est

parmi ceux qui servent dans les hoplites[1]. Assurément si Socrate élabore cette forme de constitution dans l'idée qu'elle est celle qui de toutes s'adapte le plus aisément à nos cités[2], il a eu probablement raison ; mais s'il la conçoit comme étant la plus parfaite, prenant rang immédiatement après sa constitution idéale[3], c'est là une erreur de sa part. Peut-être, en effet, la constitution de Lacédémone recevrait-elle davantage notre approbation, ou même n'importe quelle autre plus aristocratique. En fait, certains prétendent que la constitution idéale doit être une combinaison de toutes les formes existantes (et c'est la raison de la faveur dont jouit auprès d'eux celle de Lacédémone, car elle est un mélange, disent-ils, d'oligarchie, de monarchie et de démocratie, voulant signifier par là qu'elle est une monarchie par ses rois[4], une oligarchie par la magistrature des gérontes[5], et que l'élément démocratique y est représenté par la magistrature des éphores, les éphores étant pris dans la classe populaire[6]. Selon d'autres, au contraire,

d'autant meilleure qu'elle est un mixte plus parfait (l. 34-35), la πολιτεία par excellence sera celle qui est une combinaison non pas seulement de deux facteurs, comme celle des *Lois*, mais de trois, comme la constitution aristocratique de Lacédémone. .

L. 27, βούλεται : le verbe βούλεσθαι, *vouloir, tendre à*, exprime le *cours naturel* des choses, *facere solet* (*Ind. arist.*, 140 b 41) ; cf. encore *Ind. arist.*, 140 b 21 : *ita saepe per* βούλεται εἶναι *significatur quo quid per naturam suam tendit, sive id assequitur quo tendit, sive non plene et perfecte assequitur.* Voir aussi TRENDEL., *Elementa log. arist.*, 119.

1. Les *Lois*, en effet, divisant la population en deux classes, celle des guerriers-gardiens et celle des laboureurs-artisans, et cette dernière classe étant obligée de rester aux champs, les citoyens actifs proprement dits sont pratiquement les guerriers. Le pouvoir n'est donc pas aux mains de la multitude, comme dans la démocratie pure. Cf. *Lois*, VI, 753 b, et les explications de St THOMAS, 243, p. 80.

2. Sur le sens de κοινοτάτην, l. 29, cf. *supra*, 1265 a 3, note.

3. Celle de la *République*, utopique et abandonnée par PLATON.

4. A la tête de l'État spartiate, il y avait deux rois, dont les attributions étaient purement religieuses et militaires.

5. La *Gerousia* de 28 membres, choisis parmi les familles nobles par l'Assemblée du peuple *(Apella)*.

6. Les cinq *éphores* étaient élus pour un an, et pouvaient être pris parmi tous les citoyens. Leurs pouvoirs étaient considérables. — Sur la constitution aristocratique de Sparte, cf. G. GLOTZ, *la Cité grecque*, p. 96-100.

40 l'Éphorat est une tyrannie[1], et. le facteur démocratique
est représenté par les repas en commun et les autres
1266 *a* usages de la vie journalière). D'autre part, dans les
Lois en question[2], on nous dit que la constitution
idéale doit être un composé de démocratie et de
tyrannie : or ce sont là deux régimes ou bien qui ne
sauraient d'aucune façon être comptés au nombre
des gouvernements légaux, ou bien qui sont les pires
de tous. Est ainsi préférable la théorie de ceux qui
combinent un plus grand nombre de formes, car
la constitution est d'autant meilleure qu'elle est
composée d'éléments plus nombreux.

5   Ensuite[3], la constitution que nous propose Socrate
ne contient de toute évidence aucun facteur
monarchique, mais elle est de type oligarchique et
de type démocratique, avec une tendance plus
prononcée à l'oligarchie. Cette tendance résulte
clairement du mode de nomination des magistrats[4] :
leur désignation par voie de tirage au sort sur une
liste de candidats choisis par l'élection est assurément
une procédure commune à la fois à l'oligarchie et
à la démocratie, mais l'obligation imposée aux
10 citoyens plus riches d'assister à l'Assemblée[5] et
de participer à l'élection des magistrats ou de remplir
quelque autre devoir civique, alors que le reste de

---

1. En raison des pouvoirs étendus accordés aux éphores.

2. III, 693 *d*, 701 *e* ; IV, 710 ; VI, 756 *a*. — Autre objection d'Ar.
La meilleure constitution ne peut être un mélange de démocratie
et de tyrannie (en fait, Pl. parle seulement de μοναρχία), qui sont
l'une et l'autre, aux yeux d'Ar., des παρεκϐάσεις *(déviations)*,
et les pires des gouvernements. *Quo pacto igitur respublica optima
vel propinqua optimae componitur ex politiis pessimis, vel quae nullo
modo sunt politiae?* (Sylv. Maurus, 533[2]).

3. Ar. met Platon en contradiction avec lui-même. Platon
vient de poser en principe (l. 1266 *a* 1-2) que la meilleure constitution
est un composé de démocratie et de tyrannie (ou de monarchie).
Mais en fait celle qu'il nous présente, si l'on en juge par le mode de
nomination des magistrats et le fonctionnement du système électoral,
est un mélange de démocratie et d'oligarchie, avec prépondérance
de l'élément oligarchique.

4. Cf. *Lois*, VI, 756 *b-e* (élection des bouleutes), 763 *c-e* (astynomes),
765 *b-d* (juges des concours).

5. L'assistance à l'Assemblée est obligatoire pour les deux premières classes du cens (*Lois*, VI, 764 *a*).

la population est laissé entièrement libre, est un
caractère du régime oligarchique, comme l'est
également l'effort déployé pour s'assurer une majorité
de gouvernants prise dans la classe des riches, et pour
choisir les titulaires des plus hautes charges parmi
les citoyens payant le cens le plus élevé[1]. Le même
caractère oligarchique est apporté à l'élection du
Conseil[2] : le vote est, en effet, obligatoire pour tous
les citoyens, mais leur choix doit se porter sur des   15
candidats appartenant à la première classe censitaire,
puis, en nombre égal[3], sur des candidats de la
seconde classe, et ensuite de la troisième, avec cette
exception dans ce dernier cas que l'obligation de voter
n'existe pas pour tous les citoyens, mais seulement
pour ceux des trois premières classes[4] ; et l'élection
des candidats de la quatrième classe est seulement
obligatoire pour les citoyens de la première et de
la seconde classe. Ensuite, au sein de ceux qui sont
ainsi choisis, Socrate dit qu'il convient de désigner
un nombre égal pour chacune des classes censitaires[5].

1. Cf. *Lois*, VI, 753 *b*, 763 *d-e*, 766 *b*, 767 *c-d* ; XII, 951 *d-e*.

2. *Lois*, VI, 756 *b-e*.

3. L. 16, nous lisons ἴσους, avec NEWMAN et les manuscrits.
Si, avec IMMISCH, on accepte ἴσως, on devra donner à ce terme le
sens de *pari numero* (*iterum* πάντες) : cf. app. critique de l'édition
que nous suivons. Mais la lecture ἴσους, qu'en définitive nous adoptons, est plus conforme au texte des *Lois*, qui déclare que le Conseil
est élu par portions égales dans les quatre classes.

4. Texte difficile, dont on trouvera la discussion dans NEWMAN,
II, 279-280, lequel a entièrement raison de dissocier πᾶσιν de τοῖς ἐκ
τῶν τρίτων, l. 17. Pour obtenir un sens conforme aux *Lois*, VI, 756 *c*,
nous n'hésitons pas à adopter l'ingénieuse conjecture de B. JOWETT,
et à lire, l. 17, τοῖς δ' ἐκ τῶν τριῶν.

L. 18, il faut exclure τῶν τετάρτων, qui est une autre lecture de
τοῦ τετάρτου qui précède.

5. Dans le système préconisé par les *Lois* (VI, 756 *e*), les élections
une fois terminées, les noms des élus sont exposés à l'Agora, et tous
les citoyens votent sur cette liste. On retient pour chaque classe 180
noms, dont on garde la moitié (90) par tirage au sort. La βουλή se
compose ainsi de 360 bouleutes nommés pour l'année, soit 90 bouleutes pour chacune des classes censitaires, ce qui assure aux deux
premières classes une représentation proportionnelle plus forte
et la prépondérance de l'élément oligarchique (Sur les vices et la
quasi-impossibilité du fonctionnement du système, cf. les remarques
pleines de sens de L. GERNET, dans son *Introduction* aux *Lois*, I,
p. CX, note 1).

20 Dès lors, les électeurs appartenant aux classes
censitaires les plus élevées seront plus nombreux et
seront favorisés, parce que un certain nombre de
citoyens des classes populaires s'abstiendront de
voter, dégagés qu'ils sont de toute obligation à cet
égard. — Qu'ainsi donc la constitution parfaite dont
nous avons parlé ne doive pas consister dans une
combinaison de démocratie et de monarchie[1], cela
résulte clairement des considérations qui précèdent
et de ce que nous dirons par la suite, quand le moment
25 viendra d'examiner cette sorte de gouvernement[2].
Ajoutons que ce mode d'élection des magistrats,
consistant à les choisir sur une liste de candidats
élus, présente aussi des risques[3] : il suffit que quelques
citoyens, même en petit nombre, veuillent faire bloc,
pour qu'ils disposent constamment, à leur volonté,
des élections.

Ce qui a trait à la constitution décrite dans les
30 *Lois*[4] se présente donc comme nous l'avons exposé.

7

<*Examen de la constitution de* PHALÉAS.

Il existe encore plusieurs autres plans de constitution, les uns émanant de simples particuliers, les
autres de philosophes et d'hommes versés dans
la politique[5] ; mais tous ces plans se rapprochent
davantage des régimes actuellement établis et d'après

1. La constitution la meilleure dont nous sommes en quête (τὴν
τοιαύτην πολιτείαν, l. 23, = τὴν ἀρίστην πολιτείαν, l. 2, *supra*)
ne saurait donc être ce mélange de démocratie et de tyrannie (monarchie), comme le soutient PLATON, lequel au surplus, nous venons de
le voir, est le premier à être infidèle à son propre programme (Cf.
NEWMAN, II, 280-281).

2. Renvoi à IV, 7 à 9, et 12.

3. Cf. G. GLOTZ, *op. cit.*, 246.

4. A l'exclusion des prescriptions législatives de détail (cf. *supra*,
1261 *a* 1), dont AR. ne s'occupe pas.

5. Le terme πολιτικός signifie à la fois l'homme d'État et le
doctrinaire.

lesquels sont administrées nos cités, que des deux constitutions que nous venons d'examiner[1]. Personne d'autre que PLATON, en effet, n'a introduit des innovations telles que la communauté des femmes et 35 des enfants ou les repas publics pour les femmes, mais tous prennent plutôt pour point de départ les nécessités pratiques[2].

Dans l'opinion de certains, la distribution équitable des propriétés est l'article le plus important, car c'est la question de propriété qui, d'après eux, est à l'origine de tous les bouleversements. PHALÉAS de Chalcédoine[3] a été, en conséquence, le premier à introduire un plan de réforme et à déclarer que les propriétés[4] 40 des citoyens doivent être égales. Il pensait qu'au début même de la fondation des cités cette égalité **1266** *b* n'était pas difficile à réaliser, mais que dans les États déjà constitués, c'était une œuvre plus laborieuse ; que toutefois on parviendrait en très peu de temps au nivellement souhaité, par une réglementation des apports matrimoniaux : les riches donneraient des dots sans en recevoir, et les pauvres en recevraient sans en donner[5].

PLATON, en écrivant les *Lois*[6], estimait que dans 5 une certaine mesure la tolérance s'imposait, mais qu'en aucun cas on n'aurait la faculté de posséder plus du quintuple du minimum alloué, ainsi que nous l'avons dit plus haut[7].

Mais ceux qui établissent une législation de ce genre ne doivent pas perdre de vue un point qu'on passe de nos jours sous silence[8] : c'est que, en fixant

---

1. Celles de la *République* et des *Lois*.
2. Il s'agit de légiférer pour des besoins pratiques et journaliers. *Incipiunt ordinare civitatem ab iis quae sunt magis necessaria* (S* THOMAS, 254, p. 83).
3. On ignore tout de ce personnage.
4. En fait, seulement les terres (*infra*, 1267 *b* 9).
5. Les riches, mariant leurs filles, leur donneraient une dot ; en revanche, mariant leurs fils, ils ne devraient rien accepter des parents de la fiancée. La situation est l'inverse pour les pauvres. PLATON interdisait complètement les dots (*Lois*, V, 742 *c*).
6. V, 744 *e*.
7. 6, 1265 *b* 22, et la note.
8. Cf. 6, 1265 *a* 38 et ss.

l'étendue plus ou moins grande de la propriété,
10 le législateur a le devoir de fixer aussi le nombre des
enfants ; car si le chiffre des enfants devient trop
élevé pour l'étendue de la propriété, l'abrogation
de la loi doit nécessairement s'ensuivre, et en dehors
même de cette abrogation, il est démoralisant qu'un
grand nombre de citoyens passent de la richesse à la
pauvreté, car dans cette situation il leur sera bien
difficile de ne pas être des fauteurs de révolution.
Que le nivellement des propriétés, à coup sûr, exerce
15 une certaine influence sur la communauté politique,
c'est là un fait que même plusieurs législateurs
anciens ont clairement reconnu : on peut citer en
exemple les lois de Solon, ainsi que celles provenant
d'autres législateurs, qui interdisent d'acquérir de
la terre en aussi grande quantité qu'on voudrait ;
pareillement il y a d'autres législations[1] qui prohibent
l'aliénation des propriétés : chez les Locriens, par
exemple, une loi défend de vendre son bien, à moins
20 d'apporter la preuve indubitable qu'on a subi un
revers de fortune. Signalons aussi les lois destinées
à préserver les lots anciennement attribués[2] (et
l'abrogation de cette disposition restrictive, dans l'île
de Leucade[3] par exemple, rendit démocratique à
l'excès la constitution, car il en est résulté que la
nomination aux magistratures ne dépendit plus d'un
montant déterminé du cens)[4]. Mais il peut se faire
que l'égalité des propriétés une fois posée, leur
25 étendue soit fixée ou bien d'une façon trop large,
ce qui est une source de mollesse, ou bien d'une façon
trop resserrée, ce qui oblige à mener une vie mesquine.
On voit ainsi que le législateur ne doit pas se
contenter de niveler les propriétés, mais qu'il doit
encore viser à leur fixer une étendue de grandeur

1. Comme à Thurium.
2. A Lacédémone, par exemple.
3. L'une des îles Ioniennes.
4. Le régime oligarchique repose sur l'existence de classes censitaires. A partir du moment où l'aliénation des domaines familiaux
devint libre, il en résulta une confusion des classes, qui facilita l'accès
à la propriété et au pouvoir des masses populaires. Voir sur cette
idée, Fustel de Coulanges, la Cité antique, 5ᵉ éd., 1874, passim,
et notamment p. 75 et 328.

moyenne. J'ajoute que même si on assignait une
propriété de moyenne étendue à tous les citoyens,
cela ne servirait à rien : ce qu'il faut égaliser, ce sont
les appétits plutôt que les biens[1], et ce résultat ne 30
peut être atteint que par une éducation adéquate
dispensée par les lois. Mais sans doute PHALÉAS
répliquerait-il que c'est là, en fait, ce que lui-même
veut dire, et que, dans sa pensée, l'égalité qui doit
régner dans les cités s'applique à la fois aux deux
choses, à la propriété et à l'éducation. Mais la nature
de ce qu'il entend par éducation a besoin d'être
précisée, et il ne sert de rien que l'éducation soit
une et la même pour tous, si, restant une et la même, 35
elle est d'une nature telle qu'elle prédispose les
citoyens à l'amour abusif[2] des richesses ou des
honneurs, ou des deux à la fois. En outre, les séditions
ont pour origine non seulement l'inégalité des
propriétés, mais encore celle des honneurs, bien que
ces deux causes agissent de façon opposée : les masses
populaires sont mécontentes de l'inégalité dans 40
la répartition des propriétés, et les classes cultivées,
de l'égalité dans la répartition des honneurs. D'où **1267 a**
le vers :

Dans un même honneur sont tenus le lâche et le brave[3].

D'autre part[4], les hommes ne commettent pas
seulement des injustices pour subvenir aux nécessités
vitales (de ces injustices qui, dans la pensée de
PHALÉAS, trouvent leur remède dans l'égalisation
des fortunes, laquelle aura pour effet qu'on ne
dépouillera plus son voisin pour se préserver soi-même
du froid ou de la faim), mais encore pour se procurer 5

---

1. Cf. 5, 1263 *b* 22.
2. La πλεονεξία (πλεονεκτεῖν, l. 37) est le désir immodéré
d'avoir *plus que sa part* (= τὸ πλέον ἔχειν, cf. *Ind. arist.*, 600 *b* 37),
au détriment des autres. Il est question à plusieurs reprises de la
πλ. dans l'*Eth. Nicom.*, V, 3, 1129 *b* 9 ; 12, 1136 *b* 22 et 1137 *a* 1 ;
IX, 6, 1167 *b* 12.
3. *Il.*, IX, 319.
4. AR. passe de l'examen des discordes civiles à celui des injustices,
et il délimite avec soin celles qui ont pour cause une mauvaise répartition des richesses. — L. 3, ὦν a pour antécédent sous-entendu
ἀδικημάτων, impliqué dans ἀδικοῦσιν.

des plaisirs et satisfaire leurs appétits : si, en effet[1], ils ressentent des appétits qui vont au delà des nécessités vitales, ils pratiqueront l'injustice comme un moyen curatif pour les apaiser. Enfin, ils peuvent avoir en vue non seulement ce dernier motif, mais encore celui de jouir de plaisirs non accompagnés de souffrance[2].

Quel remède y a-t-il donc à ces trois formes d'injustice[3] ? Pour la première sorte, ce sera une fortune médiocre et du travail ; pour la seconde,
10 de la tempérance ; quant à la troisième, tout homme qui souhaite des plaisirs ne dépendant que de lui-même ne saurait chercher à les satisfaire en dehors de la philosophie, car les autres requièrent l'aide de nos semblables. Et étant donné que les plus grands crimes viennent de nos désirs pour des objets dépassant les nécessités vitales et non pour satisfaire ces dernières (par exemple, on ne devient pas tyran pour se préserver du froid, et c'est pourquoi aussi les plus
15 grands honneurs sont décernés à celui qui tue, non pas un voleur, mais un tyran)[4], il en résulte que les institutions politiques de Phaléas n'offrent de

---

1. Les l. 5-9 sont difficiles (cf. Newman, II, 288). — L. 8, nous supprimons ἂν ἐπιθυμοῖεν.

Ar. établit trois classes d'injustices : celles qui ont pour objet de satisfaire les nécessités vitales, et qui sont supprimées ou réduites par une bonne législation égalitaire de la propriété ; celles qui ont pour but de satisfaire les passions ; enfin celles qui sont commises pour jouir de plaisirs sans peines. Le plan de réforme de Phaléas s'applique donc uniquement à la première classe, en fait la moins importante des trois.

2. Ce sont les plaisirs de l'esprit, qui sont indépendants des biens extérieurs (δι' αὐτῶν, l. 12), et que seule la contemplation solitaire peut satisfaire. Ces plaisirs sont étudiés *Eth. Nicom.*, X, 2, 1173 *b* 16. On peut aussi supposer une réminiscence du *Philèbe* (51 *b*).

Sur le sens de τοίνυν, l. 7, cf. *Ind. arist.*, 765 *a* 55 : *traducendo ad novam cogitationem*.

3. Avec Newman, II, 289, nous pensons que, l. 9, τούτων = ἀδικη-μάτων.

4. Il y a parallélisme rigoureux entre le crime et la récompense accordée au justicier : *quia maxima injuria* (cf. τὰ μέγιστα, l. 13) *est invasio tyrannidis...maxima praemia* (αἱ τιμαὶ μεγάλαι, l. 15) *proponuntur...iis qui tyrannum interficiunt* (S. Maurus, 537[1]).

secours que contre les injustices de peu d'importance[1].

En outre, il veut établir une constitution dont la plupart des dispositions auront pour effet une bonne réglementation des rapports des citoyens entre eux. Or le législateur doit avoir aussi égard aux peuples voisins et à toutes les nations étrangères. Il faut donc nécessairement que la constitution telle qu'elle est 20 organisée, prévoie la création d'une force armée, sujet dont PHALÉAS n'a pas dit un mot. Même remarque aussi en ce qui concerne la propriété : on doit en posséder une quantité suffisante non seulement pour subvenir aux besoins internes de l'État, mais encore pour parer aux dangers du dehors. Telle est la raison pour laquelle les citoyens ne doivent posséder ni une quantité de richesses assez grande pour exciter l'envie des États voisins et plus puissants, 25 alors que leurs détenteurs sont eux-mêmes dans l'incapacité de repousser les agresseurs, ni une quantité tellement faible qu'elle ôte toute possibilité de soutenir une guerre contre des États de force égale et de même ordre. PHALÉAS, il est vrai, n'a posé aucune régle à ce sujet, mais nous ne devons pas perdre de vue que l'abondance de la richesse constitue en soi un avantage[2]. Peut-être la limitation idéale à apporter à la propriété consiste-t-elle à faire en sorte qu'un voisin plus puissant ne trouve aucun profit à faire la guerre pour s'emparer des richesses 30 excessives de son ennemi, mais n'agisse pas à cet égard d'une autre façon que si cet ennemi ne possédait pas des biens aussi considérables[3]. C'est ainsi que EUBULUS[4], au moment où AUTOPHRADATE s'apprê-

1. Et sont inefficaces pour les deux dernières catégories, bien plus importantes.

2. Nous adoptons l'interprétation de NEWMAN, II, 291, et conservons ὅτι, l. 28.

3. En d'autres termes, la richesse de l'État ne doit pas être assez grande pour tenter un voisin d'engager des hostilités uniquement pour s'enrichir.

4. EUBULUS était tyran d'Atarnée, en Asie mineure, et il eut pour successeur Hermias, dont AR. épousa la nièce (DIOG. L., V, 3). AUTOPHRADATE, général perse, vivait du temps d'Artaxercès Mnémon. — L'anecdote (qui est sûrement exacte, car AR. était en mesure d'avoir sur Eubulus des renseignements de première main) a pour

tait à mettre le siège devant Atarnée, l'invita à considérer combien de temps il lui faudrait pour s'emparer de la place, et à faire le compte de la somme qu'il dépenserait pendant cette période ; car pour lui, il consentait, moyennant une indemnité inférieure au montant de la dépense, à lui abandonner
35 sur-le-champ Atarnée. Ces propos firent réfléchir AUTOPHRADATE, qui leva le siège.

Quoiqu'il en soit, l'égalité des propriétés pour les citoyens est un des facteurs qui contribuent à prévenir les luttes intestines, mais ce facteur, disons-le, n'a rien de décisif. En effet, les classes cultivées suppor-
40 teront impatiemment cette égalité, dans la conviction qu'elles méritent un traitement privilégié, et c'est pourquoi elles se montrent souvent en état d'hostilité et de rébellion. Ajoutons que la perversité humaine
1267 b est quelque chose d'insatiable : au début on se contente de deux oboles[1], mais une fois cette allocation passée à l'état de coutume, les exigences ne cessent de s'accroître jusqu'à dépasser toute limite : car l'appétit est infini de sa nature, et c'est à l'assouvir que la plupart des hommes passent leur vie.
5 Par suite, dans les réformes du genre dont nous parlons, le principe n'est pas tant de niveler les fortunes que de faire en sorte que les citoyens naturellement honnêtes ne veuillent pas s'enrichir abusivement, et que les méchants ne le puissent[2], ce qu'on réalisera en maintenant ces derniers dans leur état de sujétion, sans pour autant les traiter injustement.

En outre, l'égalisation de la propriété dont a parlé PHALÉAS est critiquable : il égalise seulement la
10 propriété terrienne, alors qu'il existe aussi une richesse en esclaves, en troupeaux et en monnaie,

objet de prouver que, sur le plan des relations extérieures, la richesse d'un État ne doit pas excéder ce qui est nécessaire pour résister à l'ennemi.

1. Sur la *diobélie* et les abus financiers de la démocratie athénienne, cf. G. GLOTZ, *op. cit.*, p. 397-399, qui cite le présent texte à l'appui.

2. *Homines pravos sic debet tractare ut non possint aliena tollere etiam si velint* (St THOMAS, 273, p. 87). — Pour AR. comme pour beaucoup d'économistes modernes, « la question sociale est une question morale ».

sans compter qu'on peut être abondamment pourvu
de ce qu'on nomme la richesse mobilière. Dans ces
conditions, il faut ou bien chercher à étendre l'égalisation à toutes ces formes de richesses, ou du moins
assigner à toutes une limite modérée, ou alors abandonner toute idée de réglementation. — Et il résulte
manifestement de la législation que nous étudions
que PHALÉAS construit son État sur une petite
échelle[1], si, comme il le suppose, les artisans doivent   15
être tous des esclaves publics et ne sont pas appelés
à former une sorte de complément au corps des
citoyens. Mais s'il est bon qu'il existe des esclaves
publics[2], ne doivent posséder ce caractère que ceux
qui effectuent des travaux d'intérêt général (comme
cela se pratique à Epidamne[3], ou comme DIOPHANTE[4]
a tenté, à un moment donné, de l'instituer à
Athènes).

Ces considérations permettront de porter un jugement sommaire sur la constitution de PHALÉAS,   20
et sur les avantages ou les défauts qu'elle est susceptible de présenter.

1. Traduction de NEWMAN, II, 293. On consultera aussi ce commentaire sur les raisons pour lesquelles Phaléas paraît avoir voulu
tenir les artisans à l'écart de la cité. Il est probable qu'il voulait
préserver les institutions aristocratiques des ambitions politiques
d'une classe qui finissait par accumuler les richesses entre ses mains.
Le petit nombre des citoyens restants montre que Phaléas légiférait
pour une cité de faible étendue.

2. Sur le sens de cette phrase délicate (ἀλλ' εἴπερ ... τὸν τρόπον,
l. 16-20), cf. NEWMAN, II, 294. Nous conservons dans son entier,
y compris la parenthèse, le texte d'IMMISCH, qui nous semble suffisamment clair. Il faut comprendre, avec St THOMAS, 275, p. 87 :
*oportet tamen esse in civitate aliquos publicos operarios qui operentur
opera communia civitatis.*

3. Ville d'Illyrie.

4. Il n'est pas sûr que ce Diophante soit l'homme d'État athénien
contemporain de Démosthène.

8

<*Examen de la constitution d'*Hippodamos *de* Milet. >

Hippodamos, fils d'Euryphon, était milésien[1]
(c'est lui qui inventa de diviser les villes en quartiers
et découpa le Pirée en rues[2] ; il mena par ailleurs une
vie passablement originale par amour de la gloriole,
25 au point de donner à certains l'impression de vivre
avec trop d'affectation, en raison à la fois de sa
chevelure abondante et de ses somptueux bijoux ;
portant avec cela des vêtements simples mais chauds[3],
non seulement en hiver mais encore pendant la
période d'été, et ayant enfin la prétention d'être
capable de raisonner sur la nature entière). Il est
le premier qui, tout en demeurant étranger aux
affaires publiques, entreprit de tracer un plan de
constitution idéale.
30   Il composait sa cité d'une population totale de
dix mille habitants, divisée en trois classes : une
première classe était formée d'artisans, une seconde
de laboureurs, et une troisième de ceux qui combattent pour le pays et portent les armes. Il divisait
aussi le territoire en trois parts, l'une sacrée, la
seconde publique, et la troisième privée : le domaine

1. Sur Hippodamos, cf. aussi *infra*, VII, 11, 1330 *b* 24. — Celui
que A. Diès (Introd. à la *République*, I, p. xxxvi) appelle plaisam-
ment « le Haussmann du siècle de Périclès, grand aligneur de rues et
logicien de l'urbanisme » est une figure originale. On lui attribuait
la fondation de Rhodes, et, comme théoricien politique, un περὶ
Πολιτείας. Sa prédilection pour le nombre trois a fait présumer une
influence pythagoricienne qui se serait exercée sur lui par l'intermédiaire de Ion de Chio. Il est possible, d'autre part, que Platon se
soit inspiré d'Hipp. dans sa division tripartite des facultés de l'âme
en accord avec sa distinction des trois classes dans la cité. —
Newman, I, 380-384, a consacré quelques pages intéressantes à ce
personnage.

2. La traduction paraphrasée de D. Lambin *(Pireum muro ab
urbe sejunxit)* n'est pas sur ce point exacte.

3. L. 26, il faut, croyons-nous, sous-entendre χρήσει après ἐσθῆτος.

sacré était destiné à assurer les traditionnelles offran- 35
des aux dieux ; le domaine public servait à l'entretien
des guerriers ; le domaine privé, enfin, était laissé
en propre aux laboureurs. Il pensait qu'il n'y a
également que trois sortes de lois, parce que les
faits délictuels qui donnent lieu aux actions en
justice sont eux-mêmes au nombre de trois : outrage,
dommage et meurtre[1].

Il instituait en outre, une Cour suprême, unique,
à laquelle devaient être déférées toutes les causes 40
paraissant avoir été mal jugées, et qui était composée
d'un certain nombre de vieillards élus à cet effet. —
Il estimait de plus que les décisions des tribunaux **1268 a**
ne devaient pas être rendues au moyen de bulletins
de vote, mais que chacun des juges devrait apporter
une tablette, sur laquelle il inscrirait, en cas de
simple condamnation, sa sentence, et qu'il laisserait
en blanc en cas de simple acquittement ; mais si le
juge condamnait sur un chef et acquittait sur un
autre, il devait y consigner cette discrimination.
La législation actuellement en vigueur, en effet, 5
était, de l'avis d'Hippodamos, critiquable à cet
égard, car elle oblige les juges à manquer à leur
serment, puisqu'ils ne peuvent rendre leur verdict
qu'obligatoirement dans un sens ou dans l'autre[2].

---

1. Sur le délit d'*outrage*, cf. *Rhetor.*, I, 13, 1374 a 13 et ss. Sur le
dommage (βλάϐη) et ses différents degrés, cf. *Eth. Nicom.*, V, 10,
1135 b 10-25. — Sur le sens de ὕϐρις, qui est *violence, démesure*,
cf. *infra*, IV, 11, 1295 b 10, note.

2. Les Grecs ignoraient le juge unique, et le principe de la collé-
gialité était universellement appliqué. Chacun des juges composant
l'un des tribunaux athéniens (juges qui, plus ou moins nombreux,
étaient toujours un nombre impair, pour permettre de dégager une
majorité) recevait, pour une affaire déterminée, deux bulletins de
vote, consistant pratiquement en deux rondelles de bronze, l'une
donnant gain de cause au demandeur, et l'autre au défendeur. Le
juge devait choisir obligatoirement entre les deux bulletins et rendre
son verdict par oui ou par non. Ainsi, selon le droit athénien (approuvé
du reste par Ar., comme on le verra plus loin), un procès était une
discussion entre deux parties, dont l'une doit nécessairement l'emporter en totalité, et l'autre perdre en totalité (condamnation ou
acquittement qualifiés d'ἁπλῶς, 1268 a 3 et 4, et *infra*). L'interdiction
de toute délibération entre les juges et l'institution du vote secret
sanctionnait en fait et renforçait cette façon de procéder. Le juge

Il proposait encore une loi disposant que les auteurs de quelque découverte utile à la cité reçussent une récompense honorifique, et que, d'autre part, les enfants des citoyens morts à la guerre fussent élevés aux frais de l'État, disposition qui, croyait-il, n'avait encore jamais été édictée dans d'autres États, alors qu'en réalité cette loi existe de nos jours aussi
10 bien à Athènes[1] que dans d'autres cités.

D'autre part, tous les magistrats étaient soumis à l'élection par le peuple ; et Hippodamos entendait par peuple l'ensemble des trois classes de la cité. Et ceux qui étaient élus devaient prendre soin des intérêts de la communauté, ainsi que des intérêts des étrangers et des orphelins.

Voilà donc, pour la plus grande partie, les articles particulièrement dignes d'attention du système poli-
15 tique d'Hippodamos[2].

On peut soulever tout d'abord des objections à la division de l'ensemble des citoyens. Les artisans, les laboureurs et la classe de ceux qui portent les armes, tous ont part au gouvernement. Or les laboureurs n'ont pas d'armes et les artisans n'ont ni terre ni armes, ce qui met les uns et les autres presque à la
20 merci de la classe qui possède les armes. Ainsi, la participation à toutes les charges est pour eux une

---

n'avait donc pas la possibilité d'adopter une opinion intermédiaire entre les prétentions des parties, en condamnant par exemple sur un chef et en acquittant sur un autre, ou en condamnant partiellement sur un chef unique (l'expression εἰ δὲ τὸ μὲν τὸ δὲ μή, l. 4, présente à la fois ces deux sens), en réduisant par exemple le montant des *dommages-intérêts* (τίμημα) réclamés par le demandeur.

C'est pour réserver au juge un plus large pouvoir d'appréciation qu'Hippodamos voulait remplacer les bulletins de vote par une tablette de cire, ce qui aurait permis de nuancer, au moyen de *discriminations* consignées par écrit (τοῦτο διορίζειν, l. 4), la condamnation ou l'acquittement. Les réformes proposées par Platon dans les *Lois* (notamment IX, 876 *a-d*) sont dictées par des motifs analogues.

L. 5-6, Hippod. ajoute cet argument que l'option imposée au juge oblige celui-ci à *violer le serment* (ἐπιορκεῖν) qu'il a prêté à son entrée en charge, en lui faisant rendre souvent des décisions *contra mentem*.

1. Cf. Thucydide, II, 46 (péroraison du discours de Périclès en l'honneur des morts de la guerre).

2. L'exposé du plan de constitution d'Hipp. est terminé. Ar. passe à la critique.

impossibilité (puisqu'il faut nécessairement que stratèges, gardiens des citoyens, et, peut-on dire, les principaux magistrats, soient recrutés parmi ceux qui portent les armes). Mais alors, faute de participer à la direction de l'État, comment ces deux classes peuvent-elles montrer de l'attachement pour les institutions ? — Cependant, dira-t-on[1], il faut bien 25 que la classe qui possède les armes soit plus forte que les deux autres classes réunies. — Mais, répondrons-nous[2], cela n'est pas si facile pour elle, à moins qu'elle ne soit nombreuse ; et si elle l'est, à quoi bon faire participer les autres au gouvernement et leur reconnaître le pouvoir suprême de désigner les magistrats ?

En outre quelle est l'utilité des laboureurs dans cette cité idéale[3] ? Pour les artisans, leur rôle est indispensable (toute cité a besoin d'artisans), et ils 30 peuvent vivre, comme dans les autres États, de la pratique de leur art. Mais les laboureurs, eux, ce n'est qu'en assurant la subsistance de ceux qui possèdent les armes qu'ils pourraient raisonnablement constituer une des parties de l'État : or, en fait, ils possèdent, dans le système, une terre qui leur est laissée en pleine propriété et qu'ils ont à cultiver pour leur profit personnel.

De plus, en ce qui concerne les terres publiques 35 dont les défenseurs de l'État tireront leur subsistance,

---

1. Pour défendre la conception d'Hippodamos.

2. Réplique d'Ar. — Les guerriers, pour maintenir l'ordre intérieur et assurer au dehors la défense de la cité, doivent être en nombre suffisant. Mais en ce cas leur influence risque d'être prépondérante et même exclusive dans l'élection des magistrats. A quoi bon alors accorder des droits politiques aux membres des autres classes ? La conclusion sous-entendue est que Hipp. a tort de séparer la classe des guerriers des autres classes (Cf. St Thomas, 283 § 2, p. 92). — Sur le droit de porter les armes et d'accomplir le service militaire, cf. *supra*, II, 5, 1264 *a* 20, note.

3. L. 29-35 : Si l'utilité des artisans n'est pas contestable, on ne voit pas bien par contre à quoi serviront les laboureurs dans la cité d'Hippod., alors qu'ils sont une des classes de l'État, auquel ils ne rendent aucun service. Si encore ils nourrissaient les guerriers par leur travail ! Mais nous savons que les guerriers tirent leur subsistance du domaine public et non des terres appartenant aux laboureurs à titre de propriété privée, terres qui ne servent qu'à leur entretien personnel.

si ce sont ces derniers qui sont appelés à les cultiver,
la classe militaire ne sera pas différente de celle des
laboureurs, contrairement à l'intention du législateur. Si au contraire la culture des terres publiques
doit être assurée par une classe différente à la fois de
la classe des laboureurs, qui possèdent en propre
leurs terres, et de la classe des guerriers, nous aurons
là une quatrième portion de l'État, n'ayant aucune
40 participation au gouvernement et lui étant complètement étrangère. Si enfin on suppose que les mêmes
citoyens[1] cultiveront à la fois les terres privées et les
terres publiques, les fruits produits par les terres
que chacun cultivera seront en quantité insuffisante
1268 b pour nourrir deux familles[2] ; et pourquoi alors
les laboureurs ne tireraient-ils pas d'emblée, de la
même terre et des mêmes lots, à la fois leur propre
subsistance et celle qu'ils sont appelés à fournir aux
guerriers ? On relève en tout cela une grande confusion.

---

1. A savoir les laboureurs, qui cultiveront à la fois leurs propriétés
et les terres publiques.
2. Celle du laboureur lui-même et celle du guerrier qu'il devra
nourrir.

La phrase (l. 40-1268 b 3 : ἀλλὰ μὴν ... παρέξουσιν) est remplie
de difficultés, bien que son sens général soit suffisamment clair. —
L. 42, nous prenons ἄπορον au sens de *insuffisant* (*Ind. arist.*, 85 b
20, et H. RACKHAM), et non au sens plus fréquent de *difficile, embar-
rassant* (NEWMAN, II, 303 ; B. JOWETT). — L. 1268 b 1, nous adoptons
la lecture de CAMERARIUS, suivie par B. JOWETT et H. RACKHAM,
δυσὶν οἰκίαις (ou, avec BERNAYS, εἰς δύο οἰκίας). — Même l.,
εὐθύς, que nous rendons par *d'emblée*, veut dire : *sans distinguer
préalablement entre terres publiques et terres privées* (NEWMAN, II,
303). — Sur la signification de ἀπὸ τῆς γῆς, l. 2, cf. *Ind. arist.*, 154
a 39 : = ἀπο τοῦ γηπέδου. Bien que cette interprétation soit très
acceptable, nous préférons cependant lire, avec BOECKER et
B. JOWETT, ἀπὸ τῆς αὐτῆς γῆς, qui nous semble confirmé par αὐτῶν,
qui suit, et qui s'accorde mieux avec le sens général du passage. Ce
sens est bien rendu par St THOMAS : *si iste tertius modus ponatur,*
(c'est-à-dire la culture des terres publiques et des terres privées faite
par les laboureurs), *videtur fuisse superflua possessionum divisio
in tres partes: potuisset enim fieri ut a principio* (= εὐθύς, l. 1) *tota
terra daretur agricolis: ut scilicet unusquisque agricola ex terra, quae
ei veniret in sortem* (= ἀπὸ τῆς γῆς καὶ τῶν αὐτῶν κλήρων) *sumeret
cibum suae familiae et aliquibus viris bellatoribus.*

La loi sur les décisions judiciaires n'est pas non plus sans prêter à la critique : ne prescrit-elle pas au juge de rendre une sentence discriminative, alors 5 que l'acte introductif d'instance a été rédigé en termes absolus[1], et n'est-ce pas là transformer le juge en arbitre ? Une sentence de cette sorte se conçoit dans l'arbitrage, même en cas de pluralité d'arbitres (car ils délibèrent en commun sur la décision à rendre) ; mais, dans les tribunaux, c'est là une chose impossible, et c'est même une pratique toute contraire que la plupart des législateurs ont imposée, de façon à empêcher les juges de commu- 10 niquer entre eux[2]. — Ensuite, quelle ne sera pas la perplexité du juge pour rendre son jugement, s'il estime que des dommages-intérêts sont bien dus sans toutefois atteindre le montant réclamé par le demandeur ? Le demandeur par exemple conclut à vingt mines : l'un des juges condamnera à dix mines (ou, plus généralement, le demandeur réclame une somme trop élevée, et le juge lui accorde moins)[3], un autre à cinq, un autre encore à quatre (c'est de cette façon qu'ils fractionneront l'indemnité), alors 15 que d'autres juges condamneront à la totalité de la demande, et d'autres à rien du tout. Comment alors s'y prendre pour faire le compte des votes ?[4] — De plus, n'est jamais forcé de manquer à son serment

---

1. Sans dire τὸ μὲν τόδε μή (1. 1268 *a* 4, *supra*).

L. 6, l'*arbitre* est distingué du *juge*. Et, en effet, selon *Rhetor.*, I, 13, 1374 *b* 20, alors que le juge ne voit que la loi, l'arbitre décide en équité (la notion d'*équité*, ἐπιείκεια, et ses rapports avec la justice, ont été étudiés *Eth. Nicom.*, V, 14, en entier [p. 265-268 de notre trad., et les notes]).

Sur la procédure d'arbitrage, exercée à Athènes par les *diaitètes*, cf. R. J. BONNER, *the Juridiction of the athen. arbitrators*, Chicago, 1907.

2. Dans le but de préserver le secret de vote et d'empêcher l'influence d'un juge sur ses collègues. — Dans toute cette critique, AR. ne sort pas du cadre de la législation athénienne, telle que nous l'avons exposée plus haut.

3. Parenthèse de signification douteuse : cf. NEWMAN, II, 305. Nous acceptons l'interprétation de B. JOWETT.

4. *Quo pacto poterunt tot discrepantes sententiae conciliari ?* (SYLV. MAURUS, 541 [2]).

le juge qui, sur une plainte rédigée en termes absolus,
rend un verdict pur et simple d'acquittement ou de
condamnation, quand ce verdict est juste[1]. Le juge,
en effet, qui a prononcé un acquittement ne décide
20 pas que le défendeur ne doit rien, mais qu'il ne
doit pas les vingt mines réclamées ; mais celui-là
seul est dès lors coupable de parjure qui a condamné
le défendeur à payer les vingt mines tout en croyant
qu'il ne les doit pas.

En ce qui concerne l'idée que les auteurs d'une
découverte utile à la cité doivent bénéficier d'une
récompense honorifique, la législation proposée à
cet effet n'est pas sans danger, mais elle jette de la
poudre aux yeux de ceux qui veulent bien s'y prêter :
elle est, en effet, susceptible de provoquer de fausses
25 accusations, et même, le cas échéant, des commo-
tions politiques[2].

Mais on tombe ici dans un autre problème[3] et
dans un sujet d'enquête tout différent. On se demande,
en effet, avec certains, si c'est une chose utile ou

---

1. Conformément à une suggestion de l'app. critique de l'éd.
IMMISCH, nous joignons δικαίως, l. 19, à τὸν ἁπλῶς ἀποδικάσαντα
ἢ καταδ. Mais on peut le rattacher aussi à γέγραπται, qui précède,
ou même à la phrase qui suit (en ce dernier sens, B. JOWETT).

Nous avons vu (l. 1268 *a* 5-6) l'objection d'HIPPODAMOS sur la
violation de leur serment par les juges qui, dans l'obligation de voter
par oui ou par non, rendaient souvent des décisions contraires à leur
sentiment intime. AR. réfute ici cette opinion (l. 17-22) : le juge qui est
convaincu par exemple que le défendeur doit 10 mines sur une demande
de 20, ne commet nullement un déni de justice en rendant un verdict
d'acquittement, car il est bien obligé de constater que le défendeur
ne doit réellement pas les 20 mines demandées. Il n'y aurait de sa
part déni de justice que si, persuadé que le défendeur ne doit pas
réellement les 20 mines, il le condamnait néanmoins à les payer
(ou si, inversement, il l'acquittait, convaincu qu'il les doit).

Dans toute cette polémique AR. se montre d'un conservatisme
un peu étroit, et n'admet guère de réformes dans l'administration
de la justice de son époque.

2. *Talis lex aperit aditum calumniis et dissensionibus, siquidem
cum quis invenit aliquid quod putat utile civitati, multi calumniantur
ac dicunt id non esse utile* (SYLV. MAURUS, 542[1]). On connaît le rôle
néfaste des sycophantes à Athènes (cf. GLOTZ, *la Cité gr.*, 268-269).

3. Sur le sens de ἐμπίπτει, l. 25, cf. *Ind. arist.*, 242 *b* 59 : ἐμπ.
ea dicuntur quae ambitu generis alicujus continentur.

nuisible pour les intérêts de la cité que d'apporter
des changements aux lois traditionnelles, en supposant
qu'une autre loi soit meilleure. C'est pourquoi nous
pouvons difficilement acquiescer sans hésitation
au projet en question, si réellement il n'y a aucun
avantage à modifier les lois, car il peut arriver que
certains veuillent introduire des mesures tendant au 30
renversement des lois ou de la constitution, sous le
couvert de l'intérêt général. Et puisque nous avons
fait mention de ce problème, il est préférable de
donner à son sujet un petit nombre de précisions
supplémentaires, car, comme nous l'avons dit, il
subsiste un doute, et on est en droit de penser qu'il
est plus avantageux d'apporter des modifications
à l'état de choses existant. Dans les autres branches
du savoir, en tout cas, les changements se sont révélés
profitables : par exemple, la médecine a subi des 35
modifications par rapport à ses pratiques traditionnelles, ainsi que la gymnastique, et, d'une manière
générale, tous les arts et toutes les potentialités[1] ;
et puisque la politique doit être comptée aussi comme
l'une de ces disciplines, on en conclut qu'il faut
évidemment adopter à son égard la même attitude[2].
Une preuve de l'utilité de modifier la législation
peut d'ailleurs être tirée des faits eux-mêmes, car les
anciennes coutumes étaient d'une simplicité et
d'une barbarie excessives[3] : ainsi, les Hellènes ne 40
quittaient jamais leurs armes[4] et s'achetaient mutuel-

---

1. Le terme δύναμις a dans ce passage le sens de *aptitude, capacité* ou *habileté technique*. Dans *Metaph.*, Θ, 2, 1046 *b* 2, AR. explique
que toutes les τέχναι, toutes les sciences poétiques [l. 3, καί a le sens
de *c'est-à-dire*] sont des δυνάμεις, parce qu'elles sont des *principes
de changement* (ἀρχαὶ μεταβλητικαί) dans un autre être, ou dans
l'artiste lui-même en tant qu'autre. Comment cela ? Ps. ALEX.,
in Metaph., 569, 6-8 Hayduck, indique que la science μεταβάλλει
τὴν ψυχὴν καὶ κινεῖ εἰς θεωρήματά τινα καὶ ζητήσεις. Ces puissances
μετὰ λόγου sont puissances des contraires, la médecine, par exemple,
étant puissance à la fois de la santé et de la maladie.
2. Et ne pas redouter les changements.
3. AR. avait écrit un *Recueil des coutumes barbares*, qui n'a pas
été conservé et dont le titre nous est connu par le catalogue
d'HÉSYCHIUS (*Fragm. arist.*, de V. ROSE, 2ᵉ éd., 1886, nᵒ 187 du
catal.).
4. En raison du manque de sécurité (cf. THUCYD., I, 5 et 6).

lement leurs femmes[1] ; et tout ce qui subsiste quelque
part des usages anciens est d'une sottise absolue :
1269 a par exemple, à Cumes[2], il existe une loi sur le meurtre
aux termes de laquelle si l'accusateur produit un
nombre déterminé de témoins[3] pris dans sa propre
parenté, l'accusé est reconnu coupable du meurtre. —
Mais, d'une manière générale, ce que tout homme
cherche ce n'est pas tant de suivre la tradition que
de faire ce qui lui est personnellement avantageux,
et il est vraisemblable que les premiers hommes,
5   qu'ils soient nés de la terre[4] ou qu'ils soient les survi-
vants de quelque cataclysme[5], ne différaient guère
de n'importe lesquels de nos contemporains ou même
des moins intelligents d'entre nous, comme d'ailleurs
on le rapporte des hommes nés de la terre, de telle
sorte qu'il serait pour nous absurde de demeurer
fidèles à leurs opinions. Outre cela, même quand il
s'agit des lois écrites, la meilleure solution n'est pas
toujours de les conserver immuables. Comme dans
les autres arts, en effet, dans l'ordre politique aussi
10   il est impossible de préciser par écrit tous les détails,
car la loi écrite a forcément pour objet le général,
tandis que les actions ont rapport aux cas particuliers[6]. Ces considérations montrent donc avec
évidence que des changements sont opportuns pour
certaines lois et dans certains cas.
Mais si on considère les choses sous un autre angle[7],

1. En fait, leurs fiancées, et non leurs épouses.
2. Plusieurs cités portent ce nom. Peut-être s'agit-il de la cité
d'Éolie, dont parle Hésiode, *Trav. et J.*, 636.
3. Sur les règles du témoignage en général, cf. *Rhetor.*, I, 15,
1375 *b* 26 - 1376 *a* 32.
4. Cf. Hésiode, *Trav. et J.*, 59 et ss., et surtout 70. La mythologie
parle souvent des « fils de la Terre » ; l'homme était né de la terre
échauffée par le soleil. Voir aussi Platon, *Menex.*, 237 *d*.
5. Platon parle à plusieurs reprises de crises cosmiques et de
destructions périodiques de l'humanité : voir notamment *Timée*,
22 *c*-23 *d* ; *Critias*, 109 *d* ; *Lois*, III, 676 et ss. (Cf. A. J. Festugière,
la Révélation d'Hermès Trismégiste, II, *le dieu cosmique*, Paris, 1949,
p. 99).
6. Cf. *infra*, III, 15, 1286 *a* 10. — Ar. est revenu sur cette idée
à plusieurs reprises, notamment *Eth. Nicom.*, I, 2, 1104 *a* 2 ; V, 14,
1137 *b* 12-33 (définition de l'équité).
7. Examen des inconvénients qui résultent des changements dans
la législation.

une grande circonspection paraîtra s'imposer dans ce
domaine. Quand, en effet, l'avantage qu'on retire
du changement apporté est de faible intérêt, et 15
comme, en revanche, il est dangereux d'habituer
les hommes à abroger les lois à la légère, mieux vaut
manifestement fermer les yeux sur quelques erreurs
des législateurs ou des magistrats, car le profit qu'on
pourra retirer d'une modification de la loi sera loin
de compenser le dommage qui sera causé par l'habitude de désobéir à ceux qui gouvernent. Au surplus,
l'exemple tiré de ce qui se passe dans le cas des arts
est fallacieux, car il n'existe aucune ressemblance
entre modifier la pratique d'un art et modifier une 20
loi : la loi n'a aucun pouvoir de contraindre à l'obéissance en dehors de la force de la coutume, et celle-ci
ne s'établit qu'après un laps de temps considérable,
de sorte que passer facilement des lois existantes
à de nouvelles lois toutes différentes, c'est affaiblir
l'autorité de la loi[1]. — Autre problème : en admettant
même l'opportunité de modifier les lois, ce changement doit-il ou non affecter la totalité de la législation
et s'appliquer dans n'importe quelle constitution[2] ? 25
Et, sera-ce l'œuvre du premier venu, ou de certains
citoyens ? Les réponses qu'on apportera à ces questions présentent entre elles de grandes différences.
Aussi, pour le moment, arrêtons là notre enquête
et renvoyons-la à d'autres temps favorables[3].

9

<Examen de la constitution de Lacédémone.>

En ce qui concerne la constitution de Lacédémone
et celle de la Crète, ainsi que presque toutes les 30

1. Dans les arts et les sciences en général, les modifications qu'on
y apporte sont indépendantes du temps et de la coutume, car leur
efficacité vient *ex ratione*. La loi, au contraire, ne s'impose qu'à la
longue, par l'effet de l'habitude ; aussi, une facilité trop grande
accordée pour changer la loi existante affaiblit-elle l'autorité de la loi,
qui ne peut plus s'appuyer sur la durée.

2. Même dans les constitutions qui sont les meilleures.

3. Ar. n'a repris cette discussion nulle part dans la *Politique*.

autres constitutions, les questions à examiner sont
au nombre de deux : la première, c'est de savoir si
l'économie de leurs dispositions offre quelque trait
caractéristique bon ou mauvais par comparaison
avec la constitution idéale ; la seconde, si telle
disposition est en désaccord avec le principe fondamental et le caractère de la constitution que le
législateur s'est proposé d'établir[1].

35   Qu'une constitution appelée à assurer une bonne
administration des affaires publiques, doive affranchir
les citoyens de toute préoccupation concernant leurs
besoins matériels, c'est là une chose dont on convient
généralement ; mais la façon d'atteindre ce résultat
soulève un difficile problème[2]. En effet, en Thessalie,
la classe des pénestes s'est à maintes reprises
révoltée contre les Thessaliens, et il en a été de même
pour les ilotes à Sparte (où ils sont comme des

1. Sur les caractères de la constitution spartiate, cf. déjà *supra*,
6, 1265 *b* 31-1266 *a* 1. — Voir la note du début du chapitre 10, *infra*.

L. 32, ὑπόθεσις, *position de base* (Cf. 2, 1261 *a* 16, note), est ici
l'*idée directrice*, qui a servi de guide au législateur : en l'espèce, c'est
le caractère aristocratique et militaire qu'il a voulu conférer à sa
constitution (en dépit des éléments démocratiques qui s'y mêlent).
*Puta si aliquis intendat instituere statum popularem et ponat leges
convenientes politicae potentioris, quae est contraria* (St THOMAS,
297, p. 99).

2. Pour assurer la σχολή des citoyens, seule digne des hommes
libres, on devra organiser le travail des classes inférieures, composées,
soit des anciens habitants asservis par les conquérants de race
dorienne, soit, plus probablement, de serfs attachés à la terre de leur
maître par des liens personnels, et qui, comme en Europe occidentale
à l'époque de la féodalité, obtenaient aide et protection en échange
de redevances et de corvées. En Thessalie, on nomme ces travailleurs
πενέσται, à Sparte εἵλωτες, en Crète μνωῖται et κληρῶται, en
Argolide γυμνήσιοι, en Messénie et en Laconie περίοικοι, en Attique
πελάται et ἐκτήμοριοι. Tous restent de condition libre et possèdent
les droits civils, à l'exclusion des droits politiques ; ils sont astreints
aux obligations militaires et au paiement de lourds impôts.

Ce régime social, qui semble avoir été introduit en Grèce au
VIIIe siècle, fut rendu sans doute nécessaire par les mauvaises conditions économiques, et de patriarcal qu'il était au début devint rapidement oppressif. A l'époque historique, ces serfs, qui fournissaient
la main-d'œuvre concurremment avec les esclaves, étaient traités
avec dureté (qu'on songe à la κρυπτεία de Sparte), et les révoltes
étaient fréquentes.

ennemis constamment à l'affût des malheurs publics).
En Crète, toutefois, pareil événement ne s'est pas
encore produit : la raison en est sans doute[1] que les   40
cités voisines, même quand elles |sont en guerre   **1269** *b*
l'une avec l'autre, ne font jamais alliance avec les
révoltés : possédant elles-mêmes leurs périèques, elles
n'y trouveraient aucun profit. Au contraire, les
Spartiates étaient[2] entièrement entourés par des
voisins hostiles, Argiens, Messéniens et Arcadiens.
En Thessalie également, le soulèvement des classes   5
laborieuses eut comme origine la guerre que les
Thessaliens soutenaient encore contre les peuples
limitrophes, Achéens, Perrhèbes et Magnésiens. Il
semble bien au surplus que, même en l'absence de
toute autre difficulté[3], le seul souci de la conduite à
tenir envers ces êtres deshérités soit un rude travail :
si on leur abandonne la bride sur le cou, ils se montrent insolents et prétendent s'égaler eux-mêmes à
leurs maîtres, et si on leur mène la vie dure, ils   10
complotent contre vous et vous détestent. Il est
clair, par conséquent, qu'on est loin d'avoir trouvé
la meilleure solution du problème[4], quand on aboutit
à de pareils résultats avec les ilotes.
    De plus, l'excessive liberté dont jouissent les
femmes spartiates va à l'encontre du but que se
propose la constitution et nuit au bonheur de la
cité. De même, en effet, qu'un homme et une femme
sont l'un et l'autre partie composante d'une famille,
il est évident que la cité aussi doit être considérée   15
comme divisée en deux parties sensiblement égales,
à savoir la population masculine et la population
féminine, de sorte que dans toutes les constitutions
où la condition de la femme est définie de façon
vicieuse, on est en droit de penser que la moitié de la
cité vit en dehors de toute loi. C'est là précisément

    1. Indépendamment de la position insulaire de la Crète (*infra*,
10, 1272 *b* 18).
    2. Au moment du soulèvement des ilotes.
    3. Telle que le souci de se défendre en cas de révolte.
    4. Le problème de l'organisation du travail, de façon à assurer le
loisir des citoyens ; ou, plus généralement, *non reperisse optimam
rei publicae administrandae formam* (LAMBIN).

ce qui s'est produit à Lacédémone : la volonté du
20 législateur était de donner de l'endurance à la cité
tout entière[1] ; or si dans le cas des hommes ses
intentions à cet égard ne sont pas douteuses, en ce qui
concerne les femmes, au contraire, il s'est complètement désintéressé de leur condition, car elles
vivent sans aucune contrainte dans toutes sortes de
déréglements et dans la mollesse[2]. Il en résulte
forcément que, dans un État constitué sur ces données,
la richesse est en grand honneur, principalement
quand il arrive aux citoyens de se laisser dominer
25 par les femmes, comme c'est le cas, la plupart du
temps, pour les civilisations à base de militarisme
et de bellicisme, à l'exception toutefois des Celtes,
et, le cas échéant, de tous autres peuples où les
hommes montrent ostensiblement leur préférence
pour les rapports homosexuels. Il apparaît bien,
en effet, que ce n'est pas sans raison que la mythologie
primitive a apparié Arès et Aphrodite, car les gens
30 de guerre se révèlent tous fortement enclins à faire
l'amour, soit avec les hommes, soit avec les femmes.
C'est la raison pour laquelle cette dernière sorte
d'amour[3] existait chez les Spartiates, et, au temps
de leur domination, beaucoup d'affaires étaient traitées par les femmes : car enfin, quelle différence
y a-t-il pratiquement entre un gouvernement exercé
par des femmes ou un gouvernement exercé par des
hommes gouvernés eux-mêmes par leurs femmes ?
Le résultat est identique[4]. Et, quoique le courage[5]
35 ne joue aucun rôle dans les actes de la vie journalière,
mais que s'il doit servir, ce ne peut être qu'à la
guerre, eh bien ! même dans ce domaine, l'influence
des femmes spartiates a été des plus néfastes. Elles
le firent bien voir au moment de l'invasion des

---

1. *Ad tolerandos et perferendos labores esse fortem ac robustam*
(Lambin).

2. Cf. *Eth. Eud.*, III, 2, 1231 *a* 19.

3. Pour les femmes (et non pour les hommes).

4. Et les inconvénients les mêmes.

5. L. 35, le terme θρασύτης, qui signifie le plus souvent *témérité*
(par exemple, *Eth. Nicom.*, II, 8, 1109 *a* 2 ; *Rhetor.*, II, 14, 1390 *a* 31),
est ici synonyme de ἀνδρεία.

Thébains[1] : à la différence de ce qui se passait dans
d'autres cités, elles ne rendaient aucun service, mais
semaient le désordre plus que les ennemis eux-mêmes.
Il est probable, d'ailleurs, que la licence accordée dès
l'origine aux femmes spartiates tient à de bonnes 40
raisons. En effet, les expéditions militaires retinrent
pendant longtemps les hommes à l'étranger, loin de **1270** a
leurs foyers, en train de guerroyer d'abord contre les
Argiens, et ensuite[2] contre les Arcadiens et les Messéniens coalisés ; au retour de la paix, ils s'en remirent
à la seule volonté du législateur[3], disposés d'avance
à lui obéir par les habitudes de la vie militaire (qui 5
contient en elle bien des formes de vertu)[4]. En
revanche, en ce qui concerne les femmes, on raconte
que Lycurgue essaya bien de les soumettre à ses
lois, mais qu'il se heurta à une résistance telle qu'il
renonça à son entreprise[5]. Les femmes spartiates
sont donc responsables de tout ce qui est arrivé
à ce moment, et par conséquent le vice que nous
relevons dans la constitution[6] doit évidemment aussi
leur être imputé. En tout cas, le point qui nous
intéresse personnellement ici, ce n'est pas d'examiner 10
en quoi elles sont ou non excusables, mais de voir
ce qui est correct ou défectueux. Et, comme nous
l'avons indiqué aussi plus haut[7], il est vraisemblable
que les erreurs commises au sujet de la condition des
femmes, non seulement sont la cause d'un certain
défaut d'harmonie de la constitution considérée en
elle-même[8], mais encore contribuent dans une
certaine mesure à entretenir l'amour désordonné
de l'argent : car, après les considérations que nous 15
venons d'exposer, on ne saurait que censurer les

1. Cf. Xénoph., *Hellen.*, VI, 5, 28.
2. Sur le sens temporel de πάλιν, l. 3, cf. *Ind. arist.*, 559 *b* 5.
3. Lycurgue.
4. *Requirit enim maximam obedientiam et abstinentiam a deliciis
et perseverantiam in laboribus et rebus dolorosis* (Sᵗ Thomas, 304,
p. 100).
5. *Ab incepto destitisse* (Lambin).
6. A savoir la fâcheuse influence des femmes.
7. 1269 *b* 12, 23.
8. Dont l'ὑπόθεσις, le *principe fondamental* (cf. *supra*, 1269 *a*
32), n'est pas respecté.

institutions de Sparte sur la distribution inégale de la propriété.

Le fait est que, parmi les Spartiates, les uns possèdent des biens d'une importance démesurée, tandis que les autres sont réduits à une portion infime, ce qui a eu pour résultant de faire tomber la terre en un petit nombre de mains[1]. Cette inégalité est due, elle aussi, à une réglementation légale vicieuse. Le législateur, en effet, a bien attaché une note défavo-
20 rable à l'achat ou à la vente de la terre dont on est en possession[2], en quoi il a eu raison, mais il a accordé toute liberté de la donner ou de la léguer à volonté. Cependant le résultat est nécessairement le même dans un cas comme dans l'autre[3]. — Ajoutons qu'à peu de chose près, les deux cinquièmes de la superficie totale des terres appartiennent aux femmes[4] : cela

1. La création de *latifundia* est la conséquence fâcheuse de la concentration des *biens* en général (οὐσίαν, l. 17).

2. L. 20, τὴν ὑπάρχουσαν, sous-ent. γῆν (NEWMAN, II, 325) : il s'agit du *bien de famille*, de caractère foncier, lot de terre primitivement attribué à chaque citoyen. Cf. *Lois*, V, 741 *b*.

3. La vente aussi bien que la cession à titre gratuit (διδόναι, *donation entre vifs*; καταλείπειν, *legs testamentaire*, l. 21) ont pour conséquence identique de favoriser l'appauvrissement des familles et l'enrichissement corrélatif des acquéreurs.

4. Non seulement les terres sont concentrées aux mains de quelques gros capitalistes, mais encore elles sont tombées aux mains des femmes. AR. décrit avec précision le mécanisme de ce transfert des propriétés des hommes aux femmes.

Quand le *de cujus* laisse seulement une fille, c'est le plus proche parent qui recueille la succession, mais à la condition d'épouser la fille, qui prend le nom de ἐπίκληρος. L'épiclérat est une institution qui semble bien panhellénique. A Sparte, par une disposition étrangère au droit proprement athénien et qu'AR. critique dans ce passage (l. 27-29), si le père meurt laissant une *épiclère* et sans avoir disposé de sa main (s'il meurt *ab intestat*, ou si son testament est muet sur ce point), la personne qui *hérite de la fille* (tel est, croyons-nous, le sens de l'énigmatique κληρονόμον de la l. 28), en d'autres termes le plus proche parent mâle du *de cujus*, n'est pas tenu de l'épouser, mais peut la marier à qui il lui plaît, même à un *extraneus*, lequel sera la plupart du temps lui-même un homme riche.

D'autre part, l'usage des constitutions de dots, dont le montant était souvent considérable, est une nouvelle cause de concentration des capitaux, car la dot de la fille ira grossir la fortune du mari. Pour remédier à cet inconvénient, AR. adopte l'idée d'une limitation

tient au grand nombre d'*épiclères* existantes, et à la
coutume de constituer des dots considérables. Il
aurait été sûrement préférable d'interdire complè- 25
tement les dots, ou de les fixer à un chiffre très bas
ou du moins modéré[1]. ... Dans la législation actuelle,
au contraire, le père a la possibilité de donner en
mariage l'épiclère à qui il lui plaît, et s'il meurt sans
avoir disposé d'elle par testament, c'est celui qu'il a
laissé pour héritier qui donne la fille à qui il veut.
Voilà pourquoi, dans un pays capable d'entretenir
quinze cent cavaliers et trente mille hoplites, le 30
nombre des citoyens[2] n'atteignait pas même un
millier ! Les faits se sont chargés d'eux-mêmes
de montrer les défauts de la législation spartiate
relativement à l'organisation de la propriété foncière :
la cité n'a pu supporter même un seul revers[3], mais
elle s'est effondrée par la pénurie d'hommes. Suivant
une tradition[4], au temps de leurs premiers rois
les Spartiates communiquaient à des étrangers 35
le droit de cité, de sorte que le manque d'hommes
ne se faisait pas sentir alors, en dépit des guerres

légale, inspirée peut-être par une loi de Solon (Cf. PLUTARQUE,
Solon, 20), et que PLATON avait fait sienne dans les *Lois* (V, 742 *c ;*
VI, 774 *b* et ss.).

Sur la signification exacte du terme ἐπίϰληρος, il convient de
retenir une remarque de FUSTEL DE COULANGES (*la Cité antique*,
5e éd., p. 83) : l'*épiclère* n'est pas à proprement parler *héritière* (la
fille n'était jamais héritière), mais *ce qui est à côté de l'héritage, ce
qui passe avec l'héritage*, que l'on prend avec lui.

1. Il y a ici très probablement une lacune (BÜCHELER et autres
commentateurs). H. RACKHAM propose d'ajouter : *Also it would
have been better to regulate by law the marriage of heiresses*. Contrairement à ce que prétend NEWMAN, II, 328-329 (suivi, semble-t-il,
par B. JOWETT), cette addition est indispensable au sens.

2. Au temps de l'invasion thébaine. Le paupérisme croissant
empêche le plus grand nombre des citoyens d'entretenir une monture
(ἱππεῖς) ou d'acheter des armes lourdes (les hoplites) pour aller à la
guerre. De même, quand les terres sont aux mains des femmes, le
nombre des combattants se trouve singulièrement réduit. Cf. aussi
supra, II, 5, 1264 *a* 20 note.

3. La défaite de Leuctres en 371.

4. L. 4, à μέν ne répond aucun δέ. Il faut sous-entendre, après
tradition: « mais qui n'est plus suivie aujourd'hui » (Cf. THUROT,
31, et NEWMAN, II, 331).

de longue durée, et on assure qu'à cette époque ils
n'étaient pas moins de dix mille. Que le fait soit vrai
ou non, il vaut cependant mieux que la cité atteigne
le plein de sa population mâle par le jeu de l'égalisation de la propriété.

40   La loi sur la procréation s'oppose aussi à toute
tentative de corriger cette déficience. Le législateur,
1270 b en effet, dans le désir que la population spartiate
soit aussi dense que possible, incite les citoyens à
avoir le plus possible d'enfants : ainsi, il existe chez
eux une loi qui exempte le père de trois enfants du
service de garde[1], et le père de quatre enfants, de
tout impôt. Pourtant il est manifeste que s'il naît
5 beaucoup d'enfants, la terre continuant è être
divisée comme elle l'est[2], fatalement un grand
nombre d'entre eux tomberont dans la misère.
Mais l'institution de l'Ephorat est également critiquable. Ce corps de magistrats[3], en effet, qui exerce
un contrôle absolu sur les plus importantes affaires
de l'État spartiate, voit cependant ses membres
recrutés au sein du peuple tout entier, de sorte que
bien souvent cette haute charge tombe aux mains
10 d'hommes d'une pauvreté extrême, que l'indigence
rendait accessibles à la corruption. Cette vénalité
s'est à maintes reprises manifestée à Sparte au temps
passé, et récemment encore dans l'affaire survenue
à Andros[4], où certains éphores s'étant laissé corrompre à prix d'or firent tout ce qui dépendait d'eux
pour amener l'effondrement total de l'État. Et
l'autorité de ces magistrats est si grande et si semblable à celle d'un tyran[5] que les rois eux-mêmes étaient
15 obligés de cultiver la faveur populaire, de sorte que,
en même temps que la dignité royale, la constitution
tout entière subissait un grave préjudice[6], car de

---

1. Autrement dit du service militaire, φρουρά étant à Sparte
synonyme de στρατεία.

2. C'est-à-dire très inégalement répartie.

3. L. 8, nous lisons αὕτη, et non αὐτή.

4. L'une des Cyclades. — On ignore tout de l'affaire à laquelle
AR. fait allusion. L'hypothèse de NEWMAN, II, 333-334 ne repose
sur rien.

5. Cf. *Lois*, IV, 712 d.

6. Double scandale : vénalité des éphores, avilissement de la
royauté.

l'aristocratie on tombait dans la démocratie. Cette
magistrature, il est vrai[1], assure la cohésion de l'État
(car le peuple se tient en paix à cause de sa participation au pouvoir suprême, et pareil résultat, qu'il
soit dû au législateur ou le simple effet du hasard,
est avantageux pour la conduite des affaires. Pour 20
que la constitution, en effet, soit appelée à durer,
il faut que toutes les parties de l'État aient d'elles-
mêmes[2] la volonté d'assurer son existence et sa
permanence : ainsi, <à Sparte>, les rois ont cette
volonté à cause de l'honneur qu'ils en retirent eux-
mêmes, les classes dirigeantes à cause de la *Gérousia*,
puisque cette dignité est une récompense de la vertu,
et le peuple enfin, à cause de l'Éphorat dont les 25
membres sont pris parmi tous les citoyens)[3] ; mais
si l'on devait rendre cette magistrature accessible
à tous, du moins son mode d'élection ne devrait pas
être ce qu'il est de nos jours (et qui est par trop
puéril)[4]. — En outre, les éphores décident souverainement dans les procès importants, alors qu'ils
sont choisis au petit bonheur[5] : aussi serait-il préférable qu'ils ne rendissent pas leurs décisions en
s'appuyant sur leurs propres lumières, mais en se
conformant à des règles écrites et aux lois — La 30
façon de vivre des éphores n'est pas non plus en
harmonie avec les tendances de l'État spartiate,
car elle est trop relâchée, alors que pour le reste de
la population l'excès de sévérité est poussé à un tel
point que les gens sont incapables de l'endurer et
s'évadent de la légalité pour se livrer en cachette
aux jouissances matérielles[6].   35

---

1. A μὲν οὖν, l. 17, répond ἀλλ', après une longue parenthèse
explicative.

2. L. 22, avec IMMISCH nous lisons αὐτά, avec le sens de *sponte,*
indiqué dans l'apparat. Il y a de nombreuses variantes (Cf. NEWMAN,
II, 334-335).

3. LAMBIN compare l'Éphorat à la puissance tribunitienne des
Romains *(quasi tribunatum plebis apud Romanos).*

4. Selon PLUTARQUE (*Lyc.*, 26), les élections se faisaient à l'*Apella*
par acclamation, et on choisissait le candidat qui soulevait le plus
d'applaudissements. Peut-être même la désignation définitive des
éphores s'effectuait-elle en prenant les auspices.

5. *Et nihil ab aliis differentes* (LAMBIN).

6. Même indication *Républ.*, VIII, 548 *b.*

L'organisation de la magistrature des gérontes n'est pas non plus sans défauts chez les Spartiates. Si ces gérontes étaient des gens d'élite et formés suffisamment par leur éducation à la pratique de la vertu, on pourrait peut-être soutenir que l'institution est profitable à l'État ; pourtant, qu'ils soient nommés à vie juges souverains des causes importantes

40 est une mesure contestable (car il y a, comme pour le corps, une vieillesse de l'esprit). Mais comme leur

1271 *a* genre d'éducation est de nature à détourner le législateur lui-même de se confier à eux comme à des hommes vertueux, il y a là un réel manque de sécurité. Il est notoire que ceux qui ont été investis de cette dignité se laissent corrompre par des cadeaux, et sacrifient souvent au favoritisme l'intérêt public.

5 C'est pourquoi il aurait mieux valu ne pas les dispenser de rendre des comptes, comme ils en sont dispensés en réalité[1]. On peut objecter que l'autorité des éphores s'étend à la vérification des comptes de tous les fonctionnaires publics[2]. Sans doute, mais ce privilège accordé à l'Éphorat est pour lui une charge trop lourde, et la façon dont la reddition des comptes devrait s'effectuer n'est pas, disons-le, celle qu'on emploie[3]. — De plus, la procédure en usage pour l'élection des gérontes est tant que moyen de sélection

10 est quelque chose d'enfantin[4], et en outre il est choquant que le citoyen qui sera jugé digne de cette fonction fasse lui-même acte de candidature : c'est le citoyen le plus digne qui devrait occuper cette charge, qu'il le veuille ou ne le veuille pas. Mais, en fait, on s'aperçoit que l'action du législateur se fait sentir sur ce point particulier exactement de la même manière que dans le reste de la constitution :

15 s'arrangeant de façon à exciter l'ambition de ses citoyens, il s'est servi de ce sentiment pour l'élection

---

1. Ce qui se conçoit facilement, puisqu'ils sont nommés à vie.

2. Et par conséquent des gérontes eux-mêmes.

3. Cette εὔθυνα devrait être réglementée par la loi. Mais, au fond, pour Ar. la seule sanction valable est la destitution (cf. St Thomas, 314, p. 104).

4. L'élection par l'*Apella* se faisant βοῇ, comme pour les éphores (*supra*, 1271 *b* 28).

des gérontes, car on ne solliciterait jamais cette
charge si on n'était ambitieux[1]. Et pourtant la
plupart des injustices commises volontairement se
produisent presque toujours par ambition et par
amour de l'argent[2].

En ce qui concerne la royauté, la question de
savoir s'il est avantageux ou non pour les États de
vivre sous ce régime doit faire l'objet d'une autre
discussion[3]. Mais il serait certainement préférable 20
que les rois ne fussent pas choisis comme ils le sont
actuellement[4], mais d'après le genre de vie que
chacun d'eux mène personnellement[5]. Il est d'ailleurs
évident que le législateur s'estime lui-même incapable
de les rendre bons et vertueux[6] : en tout cas, il se
méfie d'eux comme de gens de valeur morale insuffisante. Pour cette raison, dans les ambassades on leur
donnait pour collègues leurs propres adversaires[7],
et on pensait que le salut de l'État était lié aux 25
dissentiments des rois entre eux.

On ne saurait approuver non plus la réglementation
des repas en commun, appelés *phidities*, édictée par
celui qui les établit à l'origine. Il aurait mieux valu,
en effet, mettre ces réunions à la charge du trésor
public, comme en Crète[8] ; au contraire, chez les

1. L'acte de *poser sa candidature* à cette fonction (αἰτεῖσθαι,
l. 10) est pour Ar. une marque d'ambition particulièrement avilissante.

2. Ce ne sont donc pas des sentiments à cultiver par le législateur.
Cf. aussi *Lois*, IX, 870 *a-e*. — Sur les actions volontaires et involontaires, se reporter à *Eth. Nic.*, V, 10, 1135 *a* 16 et ss. (p. 253 de notre
trad.).

St Thomas, 315, p. 104, marque ainsi le rattachement de la présente
phrase à ce qui précède : *Et hoc* (cette ambition générale) *est valde
periculosum civitati, quia major pars injusticiarum*, etc.

3. III, 14-17.

4. A Sparte. Les deux rois étaient pris exclusivement dans deux
familles nobles. La royauté était héréditaire par ordre de primogé-
niture.

5. *Non propter genus, sed propter virtutem* (Sylv. Maurus, 548[1]).

6. L'éducation n'a pas de prise sur des natures ingrates imposées
en dehors de tout choix, par les hasards de la naissance.

7. A savoir les éphores, dont deux accompagnent le roi envoyé
en ambassade.

8. Cf. *infra*, 10, 1272 *a* 13-21.

Spartiates, chaque convive doit apporter sa contri-
30 bution, et comme certains sont dans une misère
extrême et incapables de supporter cette dépense,
on aboutit à un résultat tout opposé à l'intention du
législateur. Ce dernier, en effet, entend bien donner
un caractère démocratique à l'institution des repas
en commun, mais leur organisation actuelle en arrive
à être tout ce qu'il y a de moins démocratique, car
les gens trop pauvres peuvent difficilement y parti-
35 ciper, alors qu'une disposition traditionnelle de la
constitution spartiate prive celui qui n'est pas en
mesure d'acquitter cette cotisation, de toute participation au droit de cité.

La loi sur les commandants de la flotte a été critiquée aussi par quelques autres auteurs[1], et leur
critique est pertinente. Cette loi devient, en effet,
une cause de dissensions : venant s'ajouter à l'autorité
des rois, qui sont stratèges à perpétuité, la charge de
40 commandant de la flotte se dresse en royauté rivale.

Voici encore une autre critique qu'on peut adresser
au principe qui a servi de base au législateur, et
1271 b c'est celle que PLATON a formulée dans les *Lois*[2].
Le système de la législation spartiate est tout entier
orienté vers une partie seulement de la vertu, à
savoir la valeur militaire, en raison de l'utilité de
cette dernière pour s'assurer la suprématie. Et c'est
pourquoi les Spartiates ne voyaient de salut que
dans la guerre, et ils allèrent à la ruine dès qu'ils
eurent acquis l'empire[3], à cause de leur incapacité à
5 savoir jouir de la paix et faute d'avoir jamais pratiqué
d'autre exercice plus important que l'art de la
guerre[4].

Ils ont commis une autre erreur non moins grave

1. Selon BONITZ (*Ind. arist.*, 822 a 40), AR. viserait ici un ouvrage
de CRITIAS (l'un des Trente tyrans en 404-403) intitulé Λακεδαιμονίων
πολιτεία, dont il reste quelques vers.
2. I, 630 d, 631 c, 635 c et ss., et *passim*.
La constitution de Sparte (comme celle de la Crète) a eu le grave
tort d'isoler le courage, qui n'est pas toute la vertu, et qui même,
selon PLATON (631 c), ne vient qu'au quatrième rang des vertus
cardinales. On doit tendre à la vertu totale.
3. Cf. VII, 14, 1334 a 6.
4. *Aliam artem praestabiliorem et dominantiorem* (LAMBIN).

que la précédente. Ils croient, en effet que les biens que les hommes se disputent[1] s'obtiennent plutôt par la vertu que par le vice, et en cela ils ont raison ; mais ils se trompent en mettant ces biens au-dessus de la vertu qui les acquiert[2].

Même tare en ce qui concerne les finances publiques 10 chez les Spartiates. Non seulement le trésor de l'État est vide, alors qu'ils sont forcés de soutenir des guerres sur une grande échelle, mais aussi les impôts établis à cet effet rentrent mal, car étant propriétaires de la plus grande partie des terres, les citoyens ne surveillent pas de près leurs versements mutuels[3]. Le résultat obtenu ainsi par le législateur est tout à l'opposé d'une mesure profitable à la cité : 15 il a rendu l'État indigent, et les particuliers assoiffés de richesses.

Nous avons assez parlé de la constitution de Lacédémone, car ce sont là les points qui prêtent principalement à la critique.

10

<Examen de la constitution crétoise.>

La constitution de la Crète se rapproche de celle 20 de Sparte[4], et si pour un petit nombre de disposi-

---

1. Classés par *Rhetor.*, I, 6, 1363 *a* 7-9, dans la catégorie des biens contestables (richesses, honneurs, plaisirs physiques...). Cf. aussi *Eth. Nicom.*, IX, 8, 1168 *b* 15 et ss., et *Eth. Eud.*, VII, 15, 1248 *b* 37.

2. Même idée exprimée *infra*, VII, 15, 1334 *a* 40-1334 *b* 3.

3. L'εἰσφορά étant un impôt territorial.

4. La parenté des deux constitutions était un lieu commun. La Crète et Sparte fournissaient aux théoriciens politiques, par l'antiquité et la sagesse de leurs institutions qui remontent au légendaire Minos et à Lycurgue, des modèles de type timocratique, que les cercles laconisants, héritiers de l'esprit socratique (Cf. Xénoph., *Memor.*, III, 5, 15 ; Aristoph., *Aves*, 1281 et ss.), aiment à opposer à la constitution démocratique d'Athènes. Dans les *Lois*, dont l'action se déroule près de Cnossos, le crétois Clinias et le lacédémonien Mégillos sont les deux protagonistes du dialogue. La faveur dont jouissent les constitutions aristocratiques de Sparte et de la Crète remonte à la

tions[1] elle ne lui est pas inférieure, sur la plupart des
points elle est d'une forme moins achevée[2]. Il est vraisemblable, en effet, comme on le prétend[3], que la constitution spartiate a été en majeure partie calquée sur
la constitution crétoise ; or la plupart du temps les
institutions anciennes sont moins soigneusement
élaborées[4] que les institutions plus récentes. Suivant
25 une tradition, LYCURGUE, quand il eut abandonné
la tutelle du roi CHARILLOS[5] et entreprit ses voyages,
passa la plus grande partie de son temps en Crète,
en raison des liens de parenté entre la Crète et
Sparte : car les Lyctiens[6] étaient une colonie de
Sparte, et quand ils vinrent s'établir dans le pays ils
adoptèrent le système de législation en vigueur chez
30 ceux qui l'habitaient alors. Et c'est pourquoi encore

défaite d'Aegos-Potamos, en 405, où la flotte athénienne, mal commandée et indisciplinée, fut battue par Lysandre. — Pour les textes
platoniciens, on se reportera principalement à *Républ.*, VIII, 544 *c*
et 547 *a* et ss. ; *Lois*, I, 631 *b* ; VI, 780 *a* et ss., etc.

AR., dans tout le chapitre et au cours du traité, parle de la constitution crétoise comme si elle était unique. En réalité, les différentes
cités crétoises, au nombre d'une cinquantaine environ à l'époque
historique, possédaient chacune une constitution particulière, dont
le type était d'ailleurs uniforme (on connaît notamment les lois de
Gortyne, dont le texte a été retrouvé en 1884, et qui sont un monu-
ment précieux pour l'histoire du droit grec au viie siècle).

Sur l'histoire de la Crète, cf. G. GLOTZ, *Histoire grecque*, I, Paris,
1925, p. 301 et ss. ; H. VAN EFFENTERRE, *la Crète et le monde grec
de Platon à Polybe*, Paris, 1948.

Sur les sources de la documentation d'AR. (EPHORUS, notamment,
dans STRABON), voir NEWMAN, II, 347-348.

1. Par exemple, l'organisation des syssities.

2. *Minus exculta minusque expolita*, paraphrase LAMBIN.

3. Cf. HÉROD., I, 65. — Lycurgue est le « législateur d'Apollon »,
et Minos, le « législateur de Zeus » (Cf. *Lois*, I, 634 *a*). Lycurgue
vivait au ixe siècle.

4. Le verbe διαρθροῦν a le sens de *articuler nettement, détailler
une explication.* Cf. BONITZ, *in Metaph.*, 82-83 : διαρ. *est rem aliquam
quasi per membra et artus distinguere, et certum in ordinem redigere,
ut unius corporis referant similitudinem.* A ce terme s'oppose parfois
βούλεσθαι, *tendre à*, sans le dire expressément.

5. Nom mal attesté. Charillos est peut-être le même que Charileus
de V, 12, 1316 a 34.

6. Lyctus, ville de l'est de la Crète, non loin de Cnossos.

aujourd'hui les périèques[1] continuent de vivre sous le régime de ces mêmes lois, dans l'idée que c'est Minos[2] qui le premier a organisé leur système de législation.

L'île de Crète semble aussi avoir été désignée par la nature et par sa position privilégiée pour exercer l'hégémonie sur la Grèce entière, car elle commande toutes les routes maritimes dans une mer[3] autour de laquelle sont fixés presque tous les établissements des Grecs ; par l'une de ses extrémités elle est à une courte distance du Péloponnèse, et par l'autre elle touche presque au continent asiatique, dans le secteur de Triopium[4] et de Rhodes. Grâce à cette position, Minos posséda l'empire de la mer[5] ; il soumit plusieurs îles, et dans d'autres fonda des colonies ; finalement, s'étant attaqué à la Sicile il y trouva la mort près de Camicos[6].

Les institutions crétoises présentent de l'analogie avec celles de Sparte. A Sparte, la terre est cultivée par les ilotes, et en Crète par les périèques. Dans les deux États existent pareillement des repas en commun qu'anciennement les Spartiates appelaient, non pas *phidities*, mais *andries*[7], comme les Crétois, ce qui montre bien que cette institution est venue de la Crète. Même analogie pour le système de gouvernement : les éphores ont le même pouvoir que les magistrats appelés en Crète des *cosmes*, avec cette

1. Sur la classe agricole serve des *périèques*, cf. *supra*, 9, 1269 *a* 36, note.

2. Roi légendaire de Cnossos, et, après sa mort, juge aux Enfers ; il apparaît dans la *Nékyia* à Ulysse (*Odys.*, XI, 568). — On sait qu'à la suite des fouilles de A. Evans (à partir de 1900), les archéologues et les historiens du monde égéen rattachent l'ensemble de la civilisation crétoise, à partir de la fin du néolithique jusqu'à 1200 environ, au légendaire roi de Crète, et la désignent du nom de civilisation *minoenne*. Le beau livre de G. Glotz, *la Civilisation égéenne*, Paris, 1924 (nouvelle édition de Ch. Picard, 1937) est fondamental.

3. La mer Égée.

4. Promontoire de Carie, près de Cnide.

5. Les fouilles de A. Evans ont révélé l'existence d'une puissante thalassocratie aux époques minoennes. Cf. le livre de G. Glotz cité plus haut.

6. Cf. Hérod., VII, 70.

7. Repas réservés aux hommes (Cf. *Lois*, VI, 780 *e*).

différence que les éphores sont au nombre de cinq
et les cosmes au nombre de dix ; et les gérontes de
Sparte correspondent aux gérontes qui forment ce
qu'on appelle en Crète la *Boulè ;* de même la royauté
existait précédemment en Crète, ensuite elle fut
abolie, et ce sont les cosmes qui ont la direction des
10 opérations de guerre ; enfin, toutes les classes ont
accès à l'Assemblée, mais celle-ci n'a d'autre pouvoir
que de ratifier par son vote les décisions déjà prises
par les gérontes et les cosmes.

Les repas en commun sont, en vérité, mieux ordonnés chez les Crétois que chez les Spartiates. A Lacédémone, en effet, chaque citoyen doit payer une cotisation fixée à tant par tête, faute de quoi une loi
15 lui interdit de bénéficier du droit de cité, comme
nous l'avons indiqué plus haut[1]. En Crète, au
contraire, l'ordre des repas revêt davantage un
caractère public : sur la totalité, à la fois des fruits
et des bestiaux provenant du domaine public, ainsi
que des tributs versés par les périèques, une partie
est affectée au culte des dieux et aux différents
20 services publics[2], et l'autre aux repas en commun,
de sorte que tous, hommes, femmes et enfants, sont
nourris aux dépens du Trésor[3]. Et le législateur a
conçu plusieurs sages dispositions[4] pour assurer
la modération dans le boire et le manger, dont
l'utilité ne lui échappe pas ; il cherche également
à séparer les femmes des hommes, pour les empêcher

---

1. 9, 1271 *a* 35.

2. L. 20, les λειτουργίαι, *liturgies,* que nous traduisons d'une
manière générale par *services publics,* consistaient dans des prestations
imposées aux citoyens possédant une certaine fortune, et qui étaient
très onéreuses : il y avait la *triérarchie* (sur la τριηραρχία, cf. *Const.
ath.,* LXI), ou équipement d'une flotte, la *phularquie,* ou équipement
d'un corps de cavalerie, la *chorégie,* ou équipement d'un chœur avec
ses chorèges et ses choreutes. Enfin l'άρχιθεωρία consistait dans
l'équipement d'une θεωρία pour Délos, Olympie et autres villes
(Cf. le début du *Phédon,* et *Const. ath.,* LXI).

3. Les femmes et les enfants ne participent pas aux syssities,
mais l'abondance des repas est telle que les hommes peuvent nourrir
leur famille à la maison.

4. Sur ce sens large du verbe φιλοσοφεῖν, l. 22, cf. *Ind. arist.,*
820 *b* 25. Lambin traduit : *sapienter et acute excogitavit.*

d'avoir beaucoup d'enfants, favorisant[1] dans cet
esprit chez les hommes les relations homosexuelles :
cette dernière mesure est-elle un bien ou un mal, 25
c'est là une question que nous aurons à examiner dans
une autre occasion[2]. Que dès lors les repas en commun
soient mieux organisés en Crète qu'à Sparte, cela
n'est pas douteux.

En revanche[3], les cosmes sont une institution plus
critiquable encore que celle des éphores. Car les
vices inhérents à la fonction des éphores se retrouvent
chez les cosmes (puisque le premier venu peut le
devenir), mais les avantages politiques qu'on retire 30
à Sparte de cette institution[4] font ici complètement
défaut. A Sparte, en effet, par l'éligibilité accordée
à tous les citoyens, le peuple, participant au pouvoir
suprême, souhaite le maintien de la constitution[5] ;
en Crète, au contraire, les cosmes sont recrutés non
pas parmi tous les citoyens, mais seulement au sein
de certaines familles, et les gérontes à leur tour sont
pris parmi ceux qui ont rempli la charge de cosme, 35
et à leur sujet[6] on peut soulever les mêmes critiques
que pour les gérontes de Lacédémone[7] (la dispense
de rendre des comptes et leur nomination à vie
constituent pour eux un privilège au-dessus de leur
mérite, et l'autorité dont ils disposent, affranchie
de règles écrites et livrée à leur propre appréciation,
est un danger certain). Et le fait que le peuple tolère
sans bouger son exclusion du pouvoir ne prouve
nullement l'excellence de l'ordre établi : au vrai,
c'est qu'il n'y a pour les cosmes aucun profit matériel 40
à tirer de leurs fonctions, à la différence de ce qui a

---

1. Le terme ποιεῖν (ποιήσας, l. 24) a ici le sens de *constituere,
sancire legibus* (NEWMAN, II, 356).

2. AR. n'a pas tenu sa promesse, mais son opinion apparaît
clairement.

3. L. 28, δέ répond à μέν οὖν, l. 12.

4. A savoir, que le peuple βούλεται μένειν τὴν πολιτείαν (l. 33).

5. Cf. 9, 1270 *b* 25.

6. L. 35, ὧν se rapporte, semble-t-il, aux gérontes seulement.
Mais c'est peut-être un relatif neutre, comme paraît le croire
H. RACKHAM, qui comprend *about which regulations*.

7. 9, 1270 *b* 35 et ss.

lieu pour les éphores, du fait que les cosmes vivent
dans une île, à l'écart des agents de corruption.

1272 b   Mais le remède employé pour corriger le vice
dont nous parlons,[1] est absurde ; il caractérise
moins un régime reposant sur la légalité qu'un
régime d'autorité personnelle[2]. Souvent, en effet,
les cosmes sont chassés du pouvoir par une coalition
de plusieurs de leurs propres collègues ou de simples
particuliers, et ils ont aussi la faculté de se démettre
5 de leur charge en cours d'exercice. Il serait certes
préférable que toutes ces matières fussent réglemen-
tées par une loi au lieu d'être laissées à la discrétion
des individus, car la règle n'est pas sûre. Mais le
pire de tous les expédients, c'est la vacance de la
charge de cosme[3], souvent déclarée par les membres
des familles puissantes qui veulent se soustraire à
des décisions de justice : par où l'on voit que si le
système crétois retient quelque chose d'un régime
reposant sur la légalité, il n'est cependant pas un
10 régime légal au sens propre, mais plutôt un régime de
domination personnelle. Les privilégiés ont aussi

---

1. A savoir le mode d'élection des gérontes et des cosmes.

2. Le terme δυναστεία (δυναστευτική, l. 3) désigne, dans PLATON
notamment (*Républ.*, VIII, 544 *d* ; *Lois*, III, 680 *b* ; IV, 711 *d* ;
VI, 777 *e* ; etc.), un *pouvoir personnel*, une *souveraineté héréditaire*,
sans contrôle et purement arbitraire, qui se transmet à l'intérieur
d'une *famille* ou d'un *groupe restreint* d'oligarques. C'est en somme le
régime du *patriarcat*, l'autorité absolue du *paterfamilias*, telle qu'elle
s'exerçait dans les temps primitifs, chez les Cyclopes de l'*Odyssée*
par exemple (IX, 112-115 : cf. supra, I, 2, 1252 *b* 22, avec la note et
les références). Le caractère de la δυναστεία apparaît clairement
dans un passage de THUCYDIDE (III, 62), où les Thébains, pour se
laver de l'accusation d'avoir « collaboré » avec les Perses (μεδισμός),
allèguent que leur cité était soumise à un régime sans constitution
et sans lois, et que *les affaires publiques étaient aux mains d'un petit
nombre d'hommes* qui ne rendaient compte à personne (δυναστεία
ὀλίγων ἀνδρῶν εἶχε τὰ πράγματα). Dans la langue d'AR., δυναστεία
est toujours prise en mauvaise part : comme dans le présent passage
(l. 3 et 10), c'est la *domination sans frein* d'un petit groupe, exclusive
de l'idée d'une πολιτεία quelconque. Elle est la *tyrannie d'un petit
nombre*, comme la τυραννίς est la tyrannie d'un *seul*, et la δημοκρατία
la tyrannie de la *foule*. (Cf. *infra*, IV, 14, 1298 *a* 30).

3. Textuellement l'*acosmie* (ἀκοσμία), comme plus loin, l. 12,
ἀναρχία.

l'habitude de former des coteries au sein du peuple
et parmi leurs amis, et d'engendrer ainsi l'anarchie[1],
le règne des factions et les luttes intestines. Quelle
différence alors y a-t-il entre un pareil état de choses
et l'anéantissement temporaire de l'État ainsi
conduit ? Et n'est-ce pas là une dissolution de la
communauté politique ? Et c'est une situation 15
dangereuse pour un État, quand ceux qui ont la
volonté de l'attaquer en ont aussi le pouvoir. Mais,
comme nous l'avons dit[2], la Crète doit son salut
à sa position insulaire : l'éloignement a produit
l'effet d'une loi bannissant les étrangers[3]. C'est aussi
la raison pour laquelle la classe des périèques se
tient tranquille en Crète, alors que les ilotes se
révoltent fréquemment : car les Crétois n'ont reçu
en partage aucun empire au delà des mers[4], et de 20
plus c'est seulement à une date récente qu'une armée
venant de l'extérieur a passé dans leur île[5], faisant
au surplus éclater aux yeux la faiblesse de leurs
institutions.

Nous avons suffisamment traité de cette constitution.

11

<Examen de la constitution carthaginoise.>

Les Carthaginois[6] ont aussi la réputation de
posséder une bonne constitution ; elle renferme de

1. La correction de BERNAYS, ἀναρχίαν au lieu de μοναρχίαν est
trop naturelle pour ne pas être acceptée. Cependant NEWMAN et
B. JOWETT la rejettent comme n'étant pas conforme aux manuscrits.
2. 1272 *a* 41 et ss.
3. Le bannissement des étrangers était fréquent à Sparte.
4. Et nous savons que les guerres lointaines favorisent les révoltes
des classes inférieures (9, 1269 *b* 5).
5. Allusion, soit à l'invasion de Phalaecus et de ses mercenaires,
en 345 (W. JAEGER, *Arist.*, éd. ROBINSON, p. 286), soit à la conquête
de l'île par Agis, en 333 (VON ARNIM). Cf. H. VAN EFFENTERRE,
la Crète et le monde grec de Platon à Polybe, Paris, 1948, p. 80 et ss.
6. Colonie phénicienne fondée au IXe siècle, Carthage était à
l'époque d'AR. en pleine expansion. Grâce à une flotte militaire et
marchande nombreuse et active, grâce aussi à ses armées de merce-

25 nombreuses dispositions sortant de l'ordinaire par
comparaison avec celles des autres pays, et sur
certains points c'est elle qui se rapproche le plus de
la constitution spartiate. Ces trois constitutions, en

naires (la « Guerre inexpiable » devait · éclater après la première
Guerre punique, moins de cent ans après la mort d'Ar.), elle rivalisait
avec les grands États méditerranéens pour la puissance politique et la
prospérité commerciale. Elle demeura en étroites relations avec Tyr,
sa métropole, jusqu'à la destruction de cette dernière par Alexandre
en 332, et ne cessa d'entretenir un trafic important avec la Grèce et
avec tous les pays compris dans sa zone d'influence. Son impérialisme
mercantile allait bientôt rencontrer l'impérialisme militaire de Rome
et s'y briser définitivement en 146.

Les écrivains grecs et latins ont abondamment parlé de la Carthage
punique, mais, à l'exception d'Ar., ne nous ont laissé que peu de
renseignements sur ses institutions. Des fouilles récentes ont révélé
l'importance de la civilisation carthaginoise, ses côtés brillants et
ses tares.

Les divers rouages du gouvernement de Carthage, tels qu'ils sont
décrits dans le présent chapitre, sont les suivants :

Les deux rois ou *suffètes*, élus pour un an (on ignore leur mode
d'élection). Ils se confondaient peut-être avec les *stratèges* qu'Ar.
mentionne comme une magistrature distincte.

Le Sénat (ou *Gérousia*), composé de 300 membres élus à vie dans
l'aristocratie.

Les *Cent-Quatre* (ou par abréviation, les *Cent*), qui étaient à la
fois « un corps de juges et un comité de sûreté générale » (S. Gsell),
élus par des collèges de cinq membres *(Pentarchies)* se recrutant
par cooptation.

L'*Assemblée du peuple*, à pouvoirs restreints, et qui décide seulement sur les affaires qui lui sont soumises par les suffètes et le Sénat.

Les *Hétairies*, corps de métiers, qui se concertaient en vue des
Assemblées et célébraient des syssities.

Il semble qu'à partir du IVe siècle, le caractère aristocratique
des institutions se soit tempéré et que l'Assemblée populaire fût
plus souvent consultée. Néanmoins Carthage demeura jusqu'à sa
ruine une aristocratie mercantile.

On pourra consulter sur l'ancienne Carthage, outre l'ouvrage
monumental de S. Gsell, *Histoire ancienne de l'Afrique du Nord*,
Paris, 1913 et années suivantes ; R. P. Lapeyre et A. Pellegrin,
la Carthage punique, Paris, 1942 (surtout p. 163 et ss.) ; Newman,
II, *Appendix* B, p. 401-408. L'ouvrage récent de G. et C. Charles-
Picard, *la vie quotidienne à Carthage au temps d'Hannibal, IIIe siècle
avant J.-C.*, Paris, 1958, est une bonne mise au point des résultats
de l'érudition contemporaine. On peut en dire autant du livre de
B. H. Warmington, *Histoire et civilisation de Carthage*, trad. fr.,
Paris, 1960.

effet, à savoir celle de Crète, celle de Sparte et en troisième lieu celle de Carthage, présentent à la fois une certaine parenté entre elles et des différences considérables avec les autres constitutions. Un grand nombre de dispositions de celle de Carthage sont excellentes ; et une preuve de la sage ordonnance 30 du gouvernement carthaginois, c'est le fait que l'élément populaire demeure de son plein gré fidèle au système constitutionnel établi, et qu'il n'y a jamais eu, en ce qui vaut la peine d'être signalé,[1] ni sédition ni tyrannie.

Les points sur lesquels il y a ressemblance avec la constitution spartiate sont les suivants : les repas en commun des hétairies[2] correspondent aux *phidities*, et la magistrature des Cent-Quatre aux éphores (avec cette supériorité que, tandis que les 35 éphores sont recrutés dans n'importe quelle classe, les magistrats carthaginois sont choisis au mérite) ; Carthage a aussi ses rois[3] et sa *Gérousia*, qui sont analogues aux rois et aux gérontes de Sparte, et, autre trait de supériorité, les rois ne sont pas toujours pris dans la même famille ni dans une famille quelconque, mais s'il y en a une qui se distingue des autres, c'est dans son sein qu'ils sont choisis au moyen de 40 l'élection plutôt que d'après l'âge[4] : comme ils sont placés à la tête d'affaires importantes, si ce ne sont pas des hommes de valeur, ils causent de grands

---

1. *Memoratu quidem certe digna* (LAMBIN).

2. L'ἑταιρεία est, suivant *Rhetor.*, II, 4, 1381 *b* 4, l'une des espèces de l'amitié. Au temps d'AR., c'était une sorte d'association qui groupait les personnes professant des goûts communs et mettant une partie de leurs ressources à la disposition des coassociés. Cette institution, qui semble avoir existé dans toute la Grèce et même ailleurs, avait un caractère aristocratique assez marqué. A Carthage, les hétairies étaient des corporations de métiers, dont le rôle politique paraît avoir été plus important qu'à Athènes, et qui délibéraient sur les affaires de l'État et se concertaient en vue des Assemblées populaires.

3. Les *suffètes (sufetes)*, que TITE-LIVE compare aux consuls de Rome.

4. Texte douteux. Peut-être y a-t-il une lacune après διαφέρον, l. 40. Nous traduisons vaille que vaille, comme si le texte était complet, le sens obtenu étant malgré tout acceptable.

1273 *a* dommages, et ils en ont déjà causé à la cité des Lacédémoniens.

La plupart des points[1] du système carthaginois sur lesquels on peut faire porter la critique en raison de ses déviations[2], sont en fait communs à toutes les constitutions dont nous avons parlé. Mais parmi ces déviations du principe[3] qui sert de base à tout gouvernement aristocratique ou à toute république 5 tempérée, les unes penchent dans un sens populaire plus prononcé, et les autres dans un sens oligarchique. D'une part[4], en effet, la décision de soumettre à l'Assemblée du peuple certaines affaires et d'en exclure certaines autres dépend souverainement des rois et des gérontes réunis, mais à la condition que les deux autorités soient pleinement d'accord, et si cet accord fait défaut, c'est le peuple qui statue aussi sur ces affaires[5]. Et pour toutes les motions introduites à l'Assemblée, le peuple n'est pas seulement 10 admis à entendre les résolutions arrêtées par ses magistrats[6], mais la décision définitive lui appartient et il est loisible à tout citoyen qui le désire de porter la parole contre les mesures soumises à l'Assemblée, et c'est là un droit qui n'existe pas dans les autres constitutions que nous avons analysées[7]. D'un autre côté, que les Pentarchies qui possèdent le contrôle absolu de nombreuses affaires importantes se recrutent par cooptation ; qu'elles élisent la 15 suprême magistrature des Cent ; que, de plus, elles demeurent en fonctions plus longtemps que les autres magistratures (car même après leur sortie de charge

---

1. Ar. passe de l'exposé à la critique.

2. Déviations du principe aristocratique, comme il est expliqué à la ligne suivante.

3. Ou idéal aristocratique. — Sur ὑπόθεσις, cf. *supra*, 2, 1261 *a* 16, note ; 9, 1269 *a* 34, note.

4. Penchant εἰς δῆμον. A τοῦ μέν, l. 6, répond τὸ δέ , l. 13. — L. 8, ἂν ὁμογνωμονῶσι πάντες ne signifie pas qu'il doit y avoir unanimité des voix des suffètes et des sénateurs réunis, mais accord entre les suffètes, d'une part, et le Sénat, d'autre part (Cf. Tite-Live, XXI, 3 et ss., et *aliis*).

5. Comme sur les autres qui lui sont soumises.

6. Cf. *Eth. Nicom.*, III, 5, 1113 *a* 7.

7. Celles de Sparte et de la Crète.

et avant leur entrée, ses membres détiennent pratiquement le pouvoir) : ce sont là les caractères d'un régime oligarchique. En revanche, la gratuité des fonctions de pentarque et l'absence de toute désignation par le sort doivent être regardées comme des mesures de nature aristocratique[1], ainsi que toute autre particularité de ce genre, telle que la compétence reconnue aux pentarques de juger tous les procès[2] (au lieu d'attribuer la connaissance de telles causes à tels juges et de telles autres causes à tels autres 20 juges, comme à Lacédémone)[3]. Mais où le système carthaginois s'écarte décidément de l'aristocratie pour verser dans l'oligarchie, c'est principalement sur une certaine façon d'envisager les choses, qui reçoit d'ailleurs la sanction de l'opinion publique : on estime, en effet, que non seulement le mérite, mais encore la richesse doivent être pris en considération pour le choix des magistrats, dans l'idée que l'homme sans fortune est incapable de gouverner comme il faut et de disposer du temps nécessaire à 25 cet effet[4]. Si donc le choix des magistrats qui se fonde sur la richesse est oligarchique, et celui qui se fonde sur la vertu, aristocratique, ce sera là un troisième système de gouvernement; sous lequel se rangent, entre autres, les institutions de Carthage, puisque c'est en ayant égard à la fois au mérite et à la richesse qu'on choisit les magistrats, et c'est notamment le cas pour les charges les plus importantes, à savoir les rois et les stratèges. 30
Mais on doit reconnaître que cette dernière déviation du régime aristocratique est une erreur du législateur[5] : car l'une des tâches les plus essentielles qui, dès le début, doivent attirer son attention, c'est de faire en sorte que les grands puissent disposer de loisirs et ne se livrent pas à des travaux avilissants, non seulement quand ils exercent une magistrature,

---

1. Et non comme des déviations dans un sens oligarchique.
2. III, 1, 1275 *b* 8 et ss.
3. Où les procès civils sont de la compétence des éphores, et les procès criminels de la compétence de la *Gérousia*.
4. L. 25, καλῶς qualifie à la fois ἄρχειν et σχολάζειν.
5. Dans le plan d'un régime aristocratique, bien entendu.

mais encore quand ils vivent en simples particuliers.
35 Et si l'on doit prendre aussi[1] l'aisance en considération
à cause du loisir qu'elle procure, il est immoral que
les dignités les plus élevées, telles que la royauté
et la charge de stratège, soient vénales. La loi qui
sanctionne cet abus accorde en effet à la richesse plus
de prix qu'à la vertu, et donne à la cité entière un
amour désordonné de l'argent. Or quelle que soit
la chose que l'autorité souveraine juge bon d'offrir
40 à la vénération des citoyens, il est fatal que ceux-ci
suivent l'opinion de leurs dirigeants. Et là où la
1273 b vertu n'est pas honorée avant toutes choses, il n'est
pas possible d'assurer la stabilité de ce gouvernement
aristocratique. Autre inconvénient : il est normal
que les acquéreurs d'offices à prix d'argent
s'accoutument à l'idée de trafiquer de leurs fonctions,
quand ils remplissent une charge qui leur a coûté
cher : car il est absurde de supposer qu'un citoyen
pauvre mais honnête veuille gagner de l'argent, et
qu'un autre, de valeur morale moindre, ne le voudrait
5 pas, après avoir engagé de lourdes dépenses[2] ! C'est
pourquoi ce sont ceux qui sont les plus capables
de commander qu'il faudrait appeler à commander[3].
Et même si le législateur négligeait d'assurer l'aisance
des citoyens de la classe dirigeante[4], il serait bon que,
de toute façon, il eût soin de leur procurer des loisirs
quand ils remplissent des fonctions publiques[5].

On peut penser aussi qu'il est abusif que la même
personne soit titulaire de plusieurs charges à la fois[6],
ce qui est une pratique en faveur chez les Carthaginois.
Une seule tâche, en effet, n'est vraiment bien remplie
10 que par un seul. Le législateur devra veiller à faire

---

1. En même temps que le mérite.
2. ...*si dicatur quod ille qui est pauper et virtuosus velit lucrari in officio constitutus, ille autem qui est deterior non velit lucrari, postquam multa expenderit ad principatum acquirendum* (St THOMAS, 338, p. 113).
3. Qu'ils soient riches ou pauvres.
4. L. 6, τῶν ἐπιεικῶν désigne, selon nous, les mêmes individus que οἱ βέλτιστοι, *supra*, 1272 a 33 : nous sommes dans la perspective d'un régime aristocratique.
5. 9, 1269 a 34.
6. Cf. *Republ.*, II, 374 a.

respecter cette règle, et à ce que le même individu ne soit pas affecté en même temps au métier de joueur de flûte et à celui de cordonnier. Par conséquent, toutes les fois qu'il s'agit d'une cité d'une certaine étendue[1], il est plus conforme à un régime reposant sur la légalité[2] d'admettre un plus grand nombre de citoyens à participer à l'exercice du pouvoir, et c'est aussi une mesure plus démocratique. Car, ainsi que nous l'avons indiqué[3], il est plus conforme à l'intérêt général, et aussi d'un meilleur et plus rapide rendement, qu'une tâche, quelle qu'elle soit, soit toujours accomplie par les mêmes personnes[4]. On aperçoit clairement les 15 avantages de cette pratique dans tout ce qui a rapport à l'armée et à la marine : en ce double domaine, les notions de commandement et de subordination pénètrent pour ainsi dire à travers tous les échelons[5].

La constitution des Carthaginois est de type oligarchique, mais ils échappent le plus aisément aux dangers qui en résultent, en favorisant l'enrichissement successif d'une portion des citoyens puis d'une autre, qu'ils expédient à cet effet dans les cités <soumises à leur influence>[6] : cette façon 20 de procéder est pour eux un remède qui assure la stabilité des institutions. Mais c'est là un moyen de fortune, et il faut que ce soit le législateur lui-même qui mette l'État à l'abri des discordes civiles. En

---

1. IV, 15, 1299 *a* 34.

2. Sur le sens de πολιτικώτερον, l. 12, cf. NEWMAN, II, 369, dont nous rejetons toutefois l'interprétation. Nous avons préféré adopter la signification, plus courante chez AR., de πολιτικός et de πολιτεία, *(gouvernement légal, constitutionnel)* : cf. I, 1, 1252 *a* 15, note.

3. 2, 1261 *b* 1.

4. Les l. 13-15 (κοινότερόν τε ... θᾶττον) sont difficiles, et le texte n'est pas sûr. BERNAYS remplace τῶν αὐτῶν, l. 15, par τῶν ἔργων, ce qui donne un sens acceptable. Nous préférons lire, avec la *Vetus translatio*, ὑπὸ τῶν αὐτῶν.

5. Dans l'armée, chaque officier obéit à ses chefs et commande à ses inférieurs.

6. Nous ajoutons les mots entre crochets. On envoyait les citoyens de la classe dirigeante gouverner les cités soumises et s'enrichir, et cela *à tour de rôle* (ἀεί). La consigne « Enrichissez vous » était une soupape de sûreté.

fait, si quelque événement fâcheux survient et que
la masse des gouvernés se révolte, il n'existe aucun
remède légal de ramener la tranquillité.

Tel est donc le caractère des constitutions de
25 Lacédémone, de la Crète et de Carthage, constitutions
qui sont à bon droit renommées.

.   12

<Solon, *et quelques autres législateurs.*>

De tous ceux qui ont exposé quelque façon de
penser sur la forme du gouvernement, certains n'ont
participé à aucune activité politique quelconque,
mais ont vécu en simples particuliers : en ce qui
concerne la plupart d'entre eux, nous avons déjà
indiqué ce qui valait la peine d'être rapporté[1].
30 D'autres, au contraire, sont devenus législateurs,
pour le compte soit de leur propre cité soit de certains
peuples étrangers, après avoir eux-mêmes rempli
un rôle d'homme d'État : parmi ces derniers, les
uns sont devenus de simples artisans de lois, et
d'autres ont en outre élaboré des constitutions[2],
comme Lycurgue et Solon, lesquels ont établi à la
fois des lois et des constitutions. — La constitution
35 de Lacédémone a déjà été étudiée[3] ; quant à Solon[4],
certains pensent qu'il a été un excellent législateur
qui mit fin à une oligarchie sans frein, affranchit
le peuple de l'esclavage, et fonda la démocratie de
nos pères, avec un heureux mélange des différents
pouvoirs[5] : le Conseil de l'Aréopage est, en effet,

1. 1 à 8.
2. *Non solum tradiderunt leges, sed etiam respublicas condiderunt*
(Sylv. Maurus, 556[1]).
3. 9.
4. Sur la constitution ᴜe Solon, cf. aussi *Constit. athen.*, VI-IX. —
L. 35, ἔνιοι désigne peut-être Isocrate (cf. *Antidosis*, 232).
5. La paraphrase de Lambin rend bien la pensée d'Ar. : *apte
collocatis atque inter se ordine permistis variis rei publicae administrandae generibus.*

de type oligarchique, l'élection aux magistratures[1], 40
de type aristocratique, et l'organisation des
tribunaux, de type démocratique[2]. SOLON, semble-
t-il[3], tout en se gardant d'abolir les institutions qui **1274 a**
existaient auparavant, telles que le Conseil et
l'élection des magistrats, a réellement fondé la
démocratie en composant les tribunaux de juges pris
parmi tous les citoyens. Aussi lui adresse-t-on parfois
de vives critiques, comme ayant détruit l'élément
non démocratique du gouvernement, en attribuant
l'autorité suprême aux tribunaux dont les membres
sont tirés au sort. Quand, en effet, le pouvoir judiciaire 5
eut pris de l'importance, les citoyens cherchèrent
à plaire au peuple comme à un tyran, et trans-
formèrent ainsi la constitution établie en notre
démocratie actuelle : EPHIALTE et PÉRICLÈS[4]
restreignirent les pouvoirs du Conseil de l'Aréopage,
et de son côté PÉRICLÈS fit attribuer un salaire
aux tribunaux, et c'est finalement en procédant
ainsi que les démagogues, chacun renchérissant sur
le précédent, amenèrent la démocratie au point où 10
on la voit aujourd'hui. Toutefois il apparaît bien que
cette transformation n'a pas été expressément voulue
par SOLON, mais qu'elle est plutôt le fait des
circonstances (car le peuple, devenu la cause
déterminante de la suprématie acquise sur mer[5]
pendant les guerres Médiques, s'abandonna à
l'orgueil et suivit des démagogues sans scrupules,
en dépit de l'opposition des citoyens éclairés) :
en effet, SOLON lui-même n'a vraisemblablement 15
attribué au peuple que le pouvoir strictement

1. Et non la désignation des magistrats par le sort, mode essentiellement démocratique.

2. Ce sont les ἡλιαία, le tribunal des *Héliastes*, composé de 6.000
membres tirés au sort : c'était la source de la souveraineté populaire,
qui donnait au peuple le droit de juger en dernier ressort.

3. Dans l'opinion d'AR. lui-même, qui se montre très favorable
à Solon.

4. Sur les réformes démocratiques d'Ephialte, cf. *Const. athen.*,
XXV, XXVI, XXVIII, XLI ; et sur celles de Périclès, XXVI,
XXVII, XXVIII.

5. A la suite de la victoire de Salamine (480). Cf. V, 4, 1304 *a* 20 ;
VIII, 6, 1341 *a* 29.

nécessaire, celui d'élire les magistrats et de vérifier
leur gestion[1] (car si le peuple ne possède même pas
sur ce point un contrôle absolu, il ne peut être
qu'esclave et ennemi de la chose publique), et,
d'autre part[2], il décida que tous les magistrats
seraient recrutés parmi les notables et les gens aisés,
à savoir dans la classe des *Pentacosiomédimnes*[3],
20 dans celle des *Zeugites*, et enfin dans une troisième
appelée classe des *Chevaliers*; quant à la quatrième
classe, celle des *Thètes*, elle n'avait aucune part à la
vie publique.

   Parmi les législateurs, citons encore ZALEUCUS,
qui donna des lois aux habitants de Locres près du
promontoire Zéphyrion[4], et CHARONDAS de Catane[5],
qui fut le législateur de ses propres concitoyens,
ainsi que des autres cités de la Chalcidique[6] sur les
25 côtes d'Italie et de Sicile. Certains auteurs tentent
d'associer les noms de ces deux législateurs[7] :

---

   1. III, 11, 1281 *b* 32.
   2. Ce qui montre bien que Solon n'était pas un pur démocrate.
   3. Sur les différentes classes censitaires, cf. *Const. ath.*, VII ;
et sur l'élection des magistrats, VIII.
   Les citoyens étaient répartis en classes suivant le revenu impo-
sable.
   La première classe, dite des πεντακοσιομέδιμνοι comprend ceux
qui récoltent sur leurs terres 500 médimnes au moins, en sec et en
liquide (le médimne, de 192 cotyles, équivalait à 52 litres environ).
   La seconde classe, celle des *Chevaliers* (qu'AR. place en troisième
lieu), suppose un revenu de 300 médimnes.
   La troisième, celle des ζευγῖται : 200 médimnes.
   Enfin sont rangés dans la dernière classe, celle des θῆτες *(hommes
de peine)*, ceux qui retirent de leurs terres un revenu inférieur à
200 médimnes.
   4. Au Sud de l'Italie. — Zaleucus est du VIIe siècle.
   5. *Supra*, I, 2, 1252 *b* 14.
   6. Colonies de Chalcis en Eubée.
   7. Le sens de συνάγειν, l. 25, est très discuté. Nous adoptons
l'interprétation de H. RACKHAM, qui nous semble la plus naturelle.
On peut comprendre aussi avec BERNAYS : « tentent d'établir une
chaîne continue de grands législateurs, avec Onomacrite en tête ».
La traduction de LAMBIN : *multis argumentis collectis demonstrare*
ne nous paraît pas recevable.

ONOMACRITE[1], racontent-ils, fut le premier à devenir habile dans la législation ; originaire de Locres, il se forma en Crète et y séjourna en pratiquant l'art divinatoire ; THALÈS[2] serait devenu son compagnon, et LYCURGUE et ZALEUCUS auraient été eux-mêmes élèves de THALÈS, comme CHARONDAS l'était de ZALEUCUS. Mais tous ces racontars font 30 trop peu de cas de la chronologie.

Il y eut aussi PHILOLAÜS[3] de Corinthe, qui fut le législateur des Thébains. PHILOLAÜS était de la famille des Bacchiades et s'éprit de DIOCLÈS, le vainqueur aux Jeux OLYMPIQUES ; mais quand DIOCLÈS quitta Corinthe par horreur de l'incestueuse passion de sa mère ALCYONE, c'est à Thèbes qu'il se 35 retira, et les deux amis y terminèrent leurs jours. Et aujourd'hui encore on montre leurs tombeaux, placés bien en vue l'un de l'autre[4], mais l'un regarde dans la direction du territoire de Corinthe, et l'autre du côté opposé. Selon la légende, telle fut en effet l'orientation que les deux amis donnèrent à leurs tombeaux, l'un, DIOCLÈS, par haine de la passion 40 qu'il avait inspirée, pour éviter que Corinthe fût visible de son tertre, et l'autre, PHILOLAÜS, pour qu'on pût au contraire apercevoir la ville. Telle est donc la raison qui les fit s'établir chez les Thébains ; PHILOLAÜS devint leur législateur, et entre plusieurs **1274 b** autres mesures fit des règlements sur la procréation des enfants, règlements que les Thébains appellent *Lois d'adoption*. Ces matières ont fait l'objet d'une églislation particulière de la part de PHILOLAÜS dans le but de maintenir invariable le nombre des lots de terre. 5

La législation de CHARONDAS ne contient rien de

1. Peut-être s'agit-il du même personnage que le devin Onoma-crite, qui fut chargé par le fils du tyran Pisistrate de recueillir les oracles orphiques, et qui, pris en flagrant délit de falsification, dut quitter Athènes (VIe siècle).

2. Thalès (ou Thalétas) le Crétois, différent de Thalès de Milet (Cf. NEWMAN, II, 379).

3. Rien de commun avec le philosophe pythagoricien du même nom. — Le but de l'histoire racontée par AR. est d'expliquer comment un habitant de Corinthe a pu devenir législateur de Thèbes.

4. *Ita posita ut alterum quidem ex altero facile conspici possit* (LAMBIN).

spécial, à l'exception des poursuites en faux
témoignage (il fut le premier à introduire la
procédure de prise à partie d'un témoin)[1], mais par
leur précision ses lois sont d'un art plus achevé
que même celles de nos modernes législateurs. (Une
mesure propre à PHALÉAS[2], c'est l'inégalité des
fortunes ; ce qui caractérise PLATON, c'est la
10 communauté à la fois des femmes, des enfants et des
biens, et les repas communs des femmes, ainsi que
la loi sur l'ivresse qui donne aux hommes sobres
la présidence des banquets[3], et enfin l'entraînement
prescrit aux soldats pour acquérir une habileté
égale des deux mains par l'exercice, dans l'idée qu'il
ne faut pas que l'une des deux mains soit utile, et
que l'autre ne serve à rien)[4].

15   DRACON[5] a laissé aussi des lois, mais il a adapté
sa législation à une constitution déjà existante, et
il n'y a dans ses lois rien de particulier qui soit même
digne d'être mentionné, sinon leur sévérité, résultant
de la gravité des châtiments.

PITTACOS[6], aussi, était un simple artisan de lois,
et non un auteur de constitution. Une loi lui est
particulière : elle décide que l'homme en état d'ébriété
qui commet quelque délit paiera une amende plus
20 élevée que l'homme sobre[7]. Et, du fait qu'il y a

1. Sur l'ἐπίσκηψις, l. 7, cf. *Const. ath.*, LXVIII, 4. Cette procédure
devait intervenir avant le vote des juges, et pouvait entraîner exceptionnellement la révision du procès principal (ἀνάδικος δίκη). Le
droit athénien frappait d'atimie totale le faux témoin trois fois
condamné.

2. Cf. *supra*, 7. — Les l. 9-15 (Φαλέου [ou peut-être Φιλολάου]
...ἄχρηστον) sont suspectes. On s'explique mal le rappel de Phaléas
et de Platon (Cf. NEWMAN, II, 377). Tous les éditeurs mettent ces
lignes entre parenthèses.

3. *Lois*, I, 640 *d* ; II, 671 *d*-672 *a*.

4. *Eth. Nicom.*, V, 10, 1134 *b* 33 ; cf. aussi *Lois*, VII, 794 *d*.

5. *Const. ath.*, IV, 1 et 2 ; VII, 1.

6. L'un des sept Sages, et législateur du Mytilène (VIe siècle).
AR. parle de lui à plusieurs reprises, et avec sympathie (Cf. *Ind.
arist.*, 596 *a* 32-37).

7. Cf. *Eth. Nicom.*, III, 7, 1113 *b* 31 ; IX, 6, 1167 *a* 32 ; *Rhetor.*,
II, 25, 1402 *b* 10. — L. 20, τι πταίσωσι est la bonne lecture (et non
τυπτήσωσι, reçu par H. RACKHAM). Le verbe πταίω est synonyme de
ἁμαρτάνω (employé *Rhetor.*, II, dans le texte cité ci-dessus). Cf.
NEWMAN, II, 95.

davantage de gens ivres que de gens sobres à
commettre des actes de violence, il n'a pas eu égard
à l'indulgence plus grande que doit[1] leur valoir
l'ivresse, mais il a visé l'utilité générale.

ANDRODAMAS de Rhégium[2] devint aussi législateur
des Chalcidiens de Thrace, et il est l'auteur de
dispositions relatives au meurtre et aux *épiclères;*
cependant on ne peut citer aucune mesure qui puisse   25
lui être attribuée en propre.

Terminons ainsi nos observations sur les différentes
constitutions, à la fois celles qui régissent actuellement
les États et celles qui ont été proposées par certains
auteurs[3].

1. Sur le sens de ὅτι, l. 22, voir NEWMAN, II, 384.
2. Personnage dont on ne sait rien. HÉROD. parle à deux reprises,
incidemment d'ailleurs, d'un personnage portant ce nom (VIII, 85 ;
IX, 90). Rhégium était une colonie de Chalcis, au sud de l'Italie. —
Sur les *épiclères*, cf. *supra*, 9, 1270 *a* 23, note.
3. Qui n'étaient pas des hommes d'État.

LIVRE III

1

<Définition du citoyen.>

Pour qui examine, en ce qui concerne la constitution, quelle est la nature et quels sont les caractères de chacune de ses formes, la première question, en quelque sorte, qu'il doit considérer a rapport à la cité, à l'État : quelle est, en fin de compte, la nature de l'État ? En fait[1], c'est là un sujet controversé, les uns prétendant que la cité a fait tel acte, d'autres au contraire disant que ce n'est pas la cité, mais l'oligarchie ou le tyran[2] ; ensuite, nous voyons l'activité de l'homme d'État et du législateur tout entière rapportée à une cité ; enfin, la constitution n'est rien d'autre qu'une certaine manière d'organiser ceux qui vivent dans la cité. Mais, puisque à son tour la cité appartient à la classe des choses composées, semblable en cela à n'importe quelle autre de ces réalités qui sont des

1. La marche du raisonnement d'AR. sera la suivante. Son objet dernier est l'étude de la πολιτεία en général, sous ses différentes formes, ainsi que de la constitution idéale. Mais l'étude de la πολιτεία suppose celle de la πόλις (État, cité), dans laquelle la πολιτεία se réalise ; et à son tour l'étude de la πόλις repose sur l'analyse de la notion de πολίτης, puisque le citoyen est l'élément constitutif de la πόλις.

Dans les l. 34 et ss., AR. donne trois raisons pour accorder la priorité à l'étude de la πόλις : νῦν γάρ, l. 34 ; τοῦ δέ πολιτικοῦ, l. 36 ; ἡ δὲ πολιτεία, l. 38.

2. Si bien qu'on ne sait pas si l'acte en question émane de l'État, ou d'un petit nombre d'hommes, ou même d'un seul, qui ne suffisent pas à le représenter. On peut se demander si la cité est réduite à ce clan, dont les membres seraient seuls à être des citoyens. AR. reviendra sur ce problème au chapitre 3.

touts[1], mais des touts formés d'une pluralité
40 de parties, il est évident que c'est le citoyen qui doit
d'abord être l'objet de notre enquête, la cité étant
une collectivité déterminée de citoyens[2]. Par
1275 a conséquent, nous devons examiner qui a droit à
l'appellation de citoyen, et quelle est la nature du
citoyen. C'est qu'en effet, sur la question du citoyen,
les avis sont partagés, et le même individu n'est
pas reconnu par tous les États comme étant un
citoyen : ainsi celui qui est citoyen dans une
démocratie, souvent n'est pas citoyen dans une
oligarchie.

5   Laissant de côté ceux qui acquièrent le titre de
citoyen de quelque façon exceptionnelle[3], par
exemple les citoyens naturalisés, nous dirons d'abord
que le citoyen n'est pas citoyen par le seul fait
d'habiter un certain territoire (puisque métèques
et esclaves ont en commun avec les citoyens le droit
à domicile) ; ne sont pas non plus citoyens[4] ceux qui
participent aux seuls droits politiques leur permettant
de jouer le rôle de défenseur ou de demandeur
dans les procès (car ce droit appartient aussi aux
10 bénéficiaires de traités de commerce[5], auxquels on
le reconnaît également ; bien plus, en beaucoup
d'endroits, les métèques ne participent même pas

---

1. Sur la notion de *tout*, cf. *Metaph.*, Δ, 26, 1023 *b* 26-1024 *a* 10
(tome I, p. 312-314 de notre comm.), et surtout Z, 17, 1041 *b* 10,
où l'élément unificateur d'un tout composé de parties apparaît être
quelque chose de plus que les éléments additionnés et manifester la
« vertu de groupement ». Ce facteur d'unification est la cause formelle. — Sur la méthode de réduction aux éléments constitutifs,
cf. *supra*, I, 1, 1252 *a* 17, et note.

2. Une précision essentielle sera apportée *infra*, 1275 *b* 20.

3. Et non pas par le mode ordinaire de la naissance. — Le ποιητὸς
πολίτης (cf. LAMBIN : *ut cives insiticii aut facticii*) jouit à Athènes
de la plénitude des droits civils et politiques, mais ne peut être ni
archonte, ni prêtre.

4. Sur les l. 10-18 (τοῦτο γάρ ... ἕτερον), dont la construction est
irrégulière et le sens embarrassé, cf. THUROT, p. 34-36.

5. L. 10, ἀπὸ συμβόλων κοινωνεῖν : quand deux États passent un
traité destiné à régler et à faciliter les échanges, ainsi qu'à établir la
procédure à suivre dans les affaires commerciales. Les ressortissants
de l'État étranger, protégés par ce traité, ont le droit de s'adresser
aux tribunaux de la cité comme demandeurs ou comme défendeurs.

complètement à ces avantages, puisqu'ils sont obligés
de se choisir un patron, de sorte qu'ils n'ont part
que d'une manière en quelque sorte incomplète
à cette ébauche de communauté)[1], mais ils sont
citoyens à la façon des enfants qui, en raison de leur
âge, n'ont pas encore été inscrits[2], ou des vieillards   15
qui ont été déchargés de leurs devoirs civiques[3],
et dont on doit dire qu'ils sont des citoyens en
un certain sens seulement : ce ne sont pas des citoyens
au sens tout à fait complet du terme[4], mais on
spécifiera que les premiers sont des citoyens encore
imparfaits et les seconds des citoyens ayant passé
l'âge de la maturité, ou quelque autre désignation
analogue (peu importe laquelle, ce que nous disons
là étant suffisamment clair). Nous cherchons, en
effet, à définir le citoyen au sens plein, qui ne donne
prise à aucune disqualification du genre que nous
venons de voir, nécessitant l'addition d'un terme   20
rectificatif : car des difficultés de même ordre peuvent
aussi être soulevées et résolues de la même façon
au sujet des citoyens frappés d'*atimie* ou de peines
d'exil[5]. Un citoyen au sens absolu ne se définit par
aucun autre caractère plus adéquat que par la
participation aux fonctions judiciaires et aux
fonctions publiques en général[6]. Or, parmi les
fonctions publiques, les unes sont discontinues
sous le rapport du temps, de sorte que certaines ne
peuvent absolument pas être remplies deux fois
par le même titulaire, et que d'autres ne peuvent   25
l'être qu'après certains intervalles de temps

---

1. Participation d'ordre juridique permettant d'ester en justice.

2. Inscrits sur le registre de la phratrie, et plus tard, à leur majorité, sur le registre du dème (Cf. L. BEAUCHET, *Hist. du droit privé de la Rép. athen.*, Paris, 1877, t. I, p. 343 et ss).

3. L'assistance à l'Assemblée et le service militaire.

4. L. 16, λίαν qualifie ἁπλῶς.

5. Qui sont, eux aussi, des citoyens *secundum quid*. — L'ἀτιμία est la *dégradation civique* totale ou partielle pour certains crimes ou certaines fautes graves. Elle s'accompagne parfois de la confiscation des biens.

6. Le terme ἀρχή englobant κρίσις.

déterminés[1] ; d'autres, au contraire, peuvent être
remplies sans limitation de durée : par exemple celles
de juge ou de membre de l'Assemblée[2]. On pourrait
peut-être objecter que juges et membres de l'Assemblée ne sont nullement des magistrats, et que leurs
fonctions ne les font pas participer au gouvernement ;
cependant il est ridicule de refuser le titre de
magistrat à ceux qui détiennent l'autorité suprême !
Mais n'insistons pas sur la différence alléguée[3],
car c'est une pure question d'appellation, du fait
30 qu'il n'existe pour un juge et un membre de
l'Assemblée aucun terme commun qu'on puisse
appliquer à l'un et à l'autre. Désignons donc, pour
marquer la différence, ces deux fonctions du nom
global de *fonction à durée indéfinie*. Dès lors, nous
pouvons poser que sont des citoyens ceux qui
participent aux fonctions publiques de la façon que
nous venons d'indiquer[4]. Telle est donc à peu près
la définition de citoyen[5], susceptible de s'ajuster
avec le plus d'exactitude à tous ceux qu'on désigne
du nom de citoyens[6].

35   Mais on ne doit pas perdre de vue[7] que les choses

1. Par exemple, pour le *premier cas* (ἐνίας μέν, l. 24), à Sparte le
commandement de la flotte (ναυαρχία) ne pouvait pas être exercé deux
fois par le même ; pour le *second cas* (ἤ, l. 25, = ἐνίας), à Thurium il
fallait un intervalle de six ans pour remplir de nouveau la charge de
stratège.

2. On peut être réélu juge indéfiniment, et on conserve toute sa
vie le droit d'assister à l'Assemblée du peuple.

3. La différence entre magistrats proprement dits d'une part,
et juges et membres de l'Assemblée d'autre part. Si on tient à toute
force à cette *distinction* (διορισμοῦ χάριν, l. 31), rien n'empêche
d'appeler ce dernier couple des ἀόριστοι ἄρχοντες.

4. A savoir, comme ἀόριστοι ἄρχοντες.

5. L. 33, πολίτης = διορισμὸς τοῦ πολίτου (NEWMAN, III,
137).

6. AR. va donner les raisons de l'application imparfaite de la
qualité de citoyen.

7. Les l. 35 et suivantes sont difficiles. L'objet d'AR. est de démontrer que la notion de πολίτης n'admet pas de définition commune
(ὥστε, l. 1275 *b* 3), et que l'essence de citoyen diffère suivant les
diverses formes de gouvernement. Il fait pour cela appel à une
argumentation abstraite et générale reposant sur les notions d'*avant*
et d'*après* (πρότερον, ὕστερον).

Pour les essences hiérarchiquement subordonnées dans lesquelles pour lesquelles leurs sujets d'inhérence diffèrent spécifiquement, l'un d'eux étant premier, l'autre second, et ainsi de suite, ou bien ne contiennent absolument pas, en tant que telles, le genre commun, ou bien ne le contiennent qu'imparfaitement. Or nous voyons que les constitutions diffèrent les unes des autres en espèce, et que les unes sont antérieures

il entre de l'*antérieur* et du *postérieur*, il ne peut y avoir de genre commun, au sens de quiddité commune, distinct des espèces subordonnées. Par exemple, les nombres et les figures mathématiques, qui admettent le plus évidemment l'avant et l'après, n'ont pas de genre commun, qui serait le Nombre en général et la Figure en général (Sur les raisons de cette impossibilité, qui n'intéresse pas au surplus la politique, cf. notre note, tome I, p. 143, de la trad. de la *Métaphysique*, B, 3, 999 *a* 5). Le caractère d'antériorité naturelle et de succession se retrouve en matière de constitution politique, puisqu'il existe de bonnes et de mauvaises constitutions, et que les bonnes sont nécessairement antérieures aux mauvaises, lesquelles ne sont que des déviations des précédentes.

Ceci posé, le présent passage de la *Politique* devra être compris de la manière suivante. L. 35, τῶν πραγμάτων, c'est-à-dire τοῦ πολίτου, et τὰ ὑποκείμενα, c'est-à-dire les diverses πολιτεῖαι, car τὸ ὑποκείμενον, τὰ ὑποκείμενα *significat eas res singulas ad quas notio* (= πολίτης) *refertur et a quibus suspensa est* (*Ind. arist.*, |798 *b* 57 et ss.). Le restant du texte ne présente pas de difficulté réelle. Disons seulement que ᾗ τοιαῦτα, l. 37, signifie, en l'espèce, *en tant que citoyens* (et non en tant qu'hommes ou animaux, points où les citoyens peuvent tomber sous un genre commun). L. 38, γλίσχρως = *vix et obscure* (Sᵗ Thomas, 334, p. 125), *tenuiter et anguste* (Lambin).

La conclusion d'Ar. (l. 1275 *b* 3) est qu'il n'y a pas un genre un, une notion une, ni par conséquent une définition une de citoyen (pas plus qu'il n'existe une définition commune de l'âme, qui se trouve dans le même cas : cf. *de An.*, I, 1, 402 *b* 5-8 ; II, 3, 414 *b* 19-33), et la définition donnée 1275 *a* 32 (ὁ λεχθείς, l. 5) vaut seulement pour le citoyen d'une démocratie.

L'argumentation tirée du πρότερον-ὕστερον est utilisée à plusieurs reprises par Ar. Les principaux textes sont les suivants : *Categ.*, 12, en entier (notamment 14 *b* 3-8) ; les passages du *de An.* indiqués *supra* ; *Metaph.*, B, 3, 999 *a* 6-13 (t. I, p. 143-144 et notes de notre comm.) ; Δ, en entier ; Z, 1, 1028 *a* 32 ; M, 2, 1077 *a* 36-*b* 11 ; *Eth. Nicom.*, I, 4, 1096 *a* 17 (p. 46-47, et notes, de notre trad.) ; *Eth. Eud.*, I, 8, 1218 *a* 1-10 ; etc... L'étude la plus complète sur la doctrine générale de l'avant et de l'après chez Ar. reste celle de L. Robin, *la Th. platon. des Idées et des Nombres*, p. 131 et ss., et surtout p. 612-618. On se reportera aussi à l'*Ind. arist.*, déjà cité (en y ajoutant 799 *a* 15-18, qui vise expressément le présent texte).

1275 *b* et les autres postérieures, puisque celles qui
renferment des erreurs ou des déviations sont
nécessairement postérieures à celles qui sont exemptes
de défauts (quel sens nous donnons au terme *déviation*
appliqué aux constitutions, nous l'expliquerons plus
loin)[1]. Par conséquent, le citoyen, de toute nécessité,
diffère suivant chaque forme de constitution, et telle
5 est la raison pour laquelle la définition du citoyen
que nous avons donnée est surtout celle de citoyen
dans une démocratie. Au citoyen d'autres régimes
elle est susceptible assurément de s'appliquer, mais
pas forcément. En effet, dans certaines cités, le
peuple n'est rien[2], on n'y tient pas d'Assemblée
régulière, mais seulement des Conseils spécialement
convoqués[3], et, d'autre part, les procès y sont jugés
par sections[4] : par exemple, à Lacédémone, les
éphores jugent les procès nés des contrats, l'un
10 prenant telle affaire et l'autre telle autre, tandis que
les gérontes connaissent des affaires de meurtre,
et quelque autre autorité[5], sans doute, d'autres
causes encore. La même façon d'opérer est suivie
aussi à Carthage[6], où certains magistrats sont
juges de tous les procès. — Mais notre définition
du citoyen peut supporter une rectification[7]. Dans

1. 6, 1279 *a* 19.

2. Textuellement : *il n'y a pas de peuple* (οὐκ ἔστι δῆμος), autrement dit : le peuple *(populus, plebs)* ne joue aucun rôle.

3. Ar. marque le contraste qui existe entre l'ἐκκλησία démocratique, qui se tient à intervalles réguliers et n'attend pas la convocation des magistrats, et une σύγκλητος, Sénat restreint, qui ne se réunit que sur convocation (comme à Athènes en 411, pendant les quelques mois que dura le gouvernement oligarchique des Quatre-Cents).

4. Alors que dans les démocraties comme à Athènes, les *tribunaux populaires* (les ἡλιαίαι), pris parmi tous les citoyens, possèdent la juridiction suprême et sont appelés à juger en dernier ressort toutes les causes indistinctement (Cf. *infra*, IV, 16, 1301 *a* 1). — L. 8, κατὰ μέρος : on peut comprendre aussi, avec Bonitz (*Ind. arist.*, 455 *b* 7) : *aliam alius magistratus.*

5. Par exemple, les rois.

6. Cf. II, 11, 1273 *a* 19. — *Omnes sententiae judicantur per aliquos principes, et sic populares cives non participant judicio* (St Thomas, 354, p. 123).

7. Pour l'adapter, dans la mesure du possible, à toutes les formes de gouvernement.

les autres constitutions[1], en effet, ce n'est pas le
magistrat à durée indéfinie qui est membre de
l'Assemblée et juge, mais bien le magistrat spécialisé 15
dans sa fonction ; et c'est à tous ces magistrats
spécialisés, ou seulement à certains d'entre eux[2],
qu'est remis le droit de délibérer et de juger, soit en
toutes matières, soit en des matières déterminées.
La nature du citoyen résulte ainsi clairement de
ces précisions : l'homme, en effet, qui a la possibilité
d'accéder au Conseil ou aux fonctions judiciaires dans
un État, nous disons dès lors qu'il est un citoyen
de cet État[3] ; et nous appelons État la collectivité
des citoyens ayant la jouissance de ce droit, et en
nombre suffisant pour assurer à la cité, si l'on peut 20
dire, une pleine indépendance[4].

2

<Définition du citoyen, suite.>

Mais, selon l'usage courant[5], un citoyen se définit

---

1. Les constitutions autres que la démocratie, pour laquelle
notre définition a été établie. Les régimes oligarchiques ou aristocratiques ont toujours ôté le pouvoir législatif et le pouvoir judiciaire
aux Assemblées et aux magistrats populaires pour les remettre à
des fonctionnaires spécialisés et compétents. — L. 14, nous pensons,
avec B. Jowett (dont la traduction est très suggestive), que ἐκκλη-
σιαστής a le sens général de *législateur*, celui qui exerce le pouvoir
législatif. On doit donc comprendre, l. 14-15 : ce n'est pas le magistrat
à durée indéfinie qui légifère et qui juge, etc...

2. Lorsqu'une partie du pouvoir est laissée à l'Assemblée.

3. Telle est la vraie définition du citoyen, applicable (dans la
mesure du possible) à tous les régimes : c'est celui qui a la *vocation*,
la *possibilité* (ἐξουσία, l. 18) d'accéder aux fonctions publiques
(pouvoir législatif et pouvoir judiciaire). Comme le dit bien St Thomas,
355, p. 123 : [le citoyen] *non enim ille qni participat judicio et concione,
sed ille qui potest constitui in principatu consiliativo vel judicativo.*
Les autres ne sont pas des citoyens.

4. Sur αὐτάρκεια, cf. *supra*, I, 2, 1252 *b* 29, note.

5. Qu'Ar. va critiquer pour maintenir en définitive la définition
qu'il a proposée au ch. précédent, 1275 *b* 17-19.

l'enfant né de parents tous deux eitoyens[1], à l'exclusion du cas où l'un des deux parents seulement, père ou mère, est citoyen ; il en est même qui exigent davantage et veulent remonter jusqu'à la seconde ou la troisième génération ou même plus haut.

25 Une pareille définition du citoyen est, dans sa brièveté, politiquement acceptable[2] ; on y oppose cependant parfois la difficulté suivante : ce troisième ou quatrième aïeul, comment sera-t-il citoyen ? GORGIAS de Léontium, en partie sans doute embarrassé pour de bon, en partie avec ironie, répondait : « De même que sont des mortiers les mortiers faits par les fabricants de mortiers, ainsi sont des Larissiens les citoyens faits par les *démiurges*, puisque certains de ces derniers fabriquent

30 des Larissiens »[3]. En réalité, la chose est bien simple : si, conformément à la définition que nous avons donnée, ces ancêtres participaient au pouvoir ils étaient citoyens, car il n'est même pas possible d'appliquer le critère « né d'un père citoyen ou d'une mère citoyenne » aux premiers habitants ou aux fondateurs de la cité.

---

1. A Athènes notamment le droit de cité s'acquiert principalement par la naissance. De même à Byzance (*Econom.*, II, 2, 1346 *b* 26), et dans beaucoup d'autres États.

2. Définir le citoyen par la naissance est ce qu'il y a de plus simple et de plus conforme à la paix sociale (πολιτικῶς, l. 25), car on évite ainsi toute discussion. Contrairement à NEWMAN, III, 142, nous croyons que πολιτικῶς signifie davantage que *nude*, *sine arte*. — L'objection signalée par AR., l. 25 (ἀποροῦσί τινες), a fort bien pu être formulée par ANTISTHÈNE, qui était νόθος et avait suivi en outre les leçons de GORGIAS.

3. La réponse de GORGIAS renferme deux plaisanteries. En premier lieu, le terme δημιουργός signifie *artisan*, mais c'est aussi le nom porté par les *magistrats* de plusieurs cités oligarchiques (Cf. G. GLOTZ, *la Cité gr.*, p. 104-105), d'où jeu de mots difficilement traduisible. Deuxièmement, λαρισοποιούς, l. 30, veut dire non seulement *fabricants de Larissiens*, mais encore *fabricants de vases de Larisse*. La ville de Larissa, ou Larisa, en Thessalie, à laquelle GORGIAS avait donné une constitution, s'était spécialisée dans la fabrication de vases qu'on appelait des *larissiens*.

Cette idée de citoyens fabriqués en série par l'État est bien dans la ligne sophistique ; elle est conforme à l'opposition que les Sophistes se plaisaient à établir entre la nature et la loi (ou la convention), l'État étant, dans cette conception, une création artificielle, sans rien de nécessaire et de spontané (Cf. *supra*, I, 2, 1252 *a* 24, note.).

Mais peut-être une difficulté plus sérieuse se pose-t-elle à propos de ceux qui ont acquis le droit de cité à la suite d'un changement de constitution : 35 telle la création de citoyens effectuée à Athènes par CLISTHÈNE après l'expulsion des Tyrans[1], car il enrôla dans ses tribus un grand nombre de métèques, aussi bien étrangers qu'esclaves. La contestation soulevée à leur sujet ne porte pas sur le fait de leur qualité de citoyen, mais s'ils l'ont reçue justement ou injustement[2].

Et pourtant, en admettant même cette difficulté résolue, on peut encore se poser une question supplémentaire : ne peut-on pas soutenir que si un homme n'est pas citoyen justement, il n'est pas **1276 a** citoyen du tout, attendu que les termes *injuste* et *faux* ont la même signification ? Mais puisque nous voyons aussi[3] le pouvoir injustement détenu par certains personnages dont nous ne mettrons pas en doute qu'ils gouvernent mais dont nous disons seulement qu'ils ne gouvernent pas justement ; que, d'autre part, le citoyen se définit par une certaine fonction gouvernementale[4] (car, avons-nous dit, celui qui participe à une fonction de ce genre est un citoyen) : dans ces conditions, il est clair que nous 5 devons reconnaître pour citoyens même ceux qui le sont injustement.

---

1. Les Pisistratides. — Sur les μέτοικοι ξένοι et les μετ. δοῦλοι, cf. NEWMAN, I, 231, note 1. On a proposé de lire, l. 37, ξένους καὶ δούλους καὶ μετοίκους, ce qui améliorerait le sens.

2. En d'autres termes, ce n'est pas une question de fait mais de justice : *quia ex quo facti cives, cives sunt ; sed est dubitatio utrum sint juste vel injuste* (St THOMAS, 357, p. 125).

3. Réponse d'AR., qui s'appuie sur sa définition.

4. A savoir, le pouvoir législatif et le pouvoir judiciaire (1, 1275 *a* 22 et 1275 *b* 18). — L'argumentation d'AR. consiste à dire qu'on doit appliquer le même traitement aux magistrats et aux citoyens. Les uns et les autres peuvent avoir reçu une investiture contraire à la justice, ils n'en sont pas moins magistrats ou citoyens. Toute la question est de savoir si le citoyen exerce *en fait* le pouvoir législatif et judiciaire, conformément à la définition donnée par AR. : *Cum aliqui qui principantur injuste principes tamen habeantur, eadem ratione et illi qui sunt injuste cives dicendi sunt cives* (St THOMAS, 358, p. 125).

L. 6, nous mettons un point après τούτους, pour assurer la coupure (tout artificielle d'ailleurs) avec le chapitre suivant.

3

<Définition de l'État.>

La question de savoir si le droit de cité est concédé justement ou non justement se rattache à la controverse dont nous avons parlé plus haut[1]. Certains, en effet, se demandent quand c'est la cité qui agit et quand ce n'est pas la cité, lorsque, par exemple, d'une oligarchie ou d'une tyrannie on passe à une
10 démocratie. En pareille circonstance, certains ne veulent pas que le nouveau gouvernement acquitte les obligations contractées par le précédent, sous prétexte que ce n'est pas l'État mais le tyran qui a reçu ces engagements[2], et ils répudient de même beaucoup d'autres conventions de même nature, en alléguant que certaines constitutions reposent sur la volonté de domination et n'ont pas pour objet l'utilité commune[3]. Par conséquent, si certaines

1. 1274 *b* 34. Les citoyens dont on conteste la promotion δικαίως ont-ils été faits citoyens par l'État légal (qu'Aʀ. identifie, sans le dire d'une façon expresse, à la démocratie tempérée), ou par une simple coterie (oligarchie) ou individu (tyrannie), en possession d'un simple pouvoir de fait reposant sur la violence, et n'ayant aucune qualité pour représenter l'État ?

2. Les συμβόλαια en question seront par exemple des emprunts contractés par l'ancien régime (oligarchie ou tyrannie), qui a reçu l'argent (λαβόντος, l. 11) : le nouveau gouvernement doit-il répudier l'obligation de remboursement ?

3. Ce qui, pour Aʀ., différencie essentiellement les constitutions normales de leurs *formes aberrantes* (παρεκβάσεις : monarchie qui dégénère en tyrannie, aristocratie en oligarchie, πολιτεία, au sens étroit, en démocratie), c'est que les premières ont le souci du bien public, de l'*utilité générale* (τὸ κοινῇ συμφέρον, l. 13), tandis que les autres n'ont en vue que les intérêts égoïstes soit d'un seul, soit de la classe riche, soit de l'ensemble des indigents. Aʀ. reviendra sur ces idées, mais on remarquera dès maintenant que, dans le présent chapitre, le terme δημοκρατία est synonyme de πολιτεία au sens strict : c'est le *gouvernement constitutionnel* proprement dit, la démocratie saine et limitée, laquelle constitue aux yeux d'Aʀ. la forme la plus parfaite de l'organisation politique. Il y a là un flottement dans la terminologie, car, nous le verrons, δημοκρασία désigne souvent et surtout la *déviation* de la πολιτεία, la *démagogie* (que Poʟʏʙᴇ appellera, plus justement peut-être, ὀχλοκρατία.)

démocraties suivent ces mêmes procédés[1], les actes
accomplis par l'autorité publique d'un État de ce
genre doivent être qualifiés de la même façon que 15
les actes émanant du gouvernement oligarchique
ou tyrannique. Cette question est d'ailleurs,
semble-t-il, apparentée à la difficulté suivante :
à quel principe, en fin de compte, devons-nous faire
appel pour affirmer que l'État est le même
qu'auparavant, ou que ce n'est pas le même État
mais un autre ? Assurément la façon d'examiner
le problème qui se présente la première à l'esprit[2],
ce serait de s'attacher uniquement au territoire et
à ses habitants : car il peut se faire que le territoire 20
et la population aient été dissociés[3], et qu'un
certain nombre d'habitants vivent en un endroit,
et d'autres en un autre. Sous cette forme cependant,
on doit considérer la difficulté comme assez légère
(le terme *cité* étant pris en plusieurs acceptions,
la question envisagée sous cet angle est en un sens
aisée à résoudre)[4]. Mais voici encore une difficulté

---

1. L. 14, κατὰ τὸν τρόπον τοῦτον, c'est-à-dire τῷ κρατεῖν.
PLATON (*Polit.*, 291 *a*) envisageait déjà l'hypothèse où, dans une
démocratie, la foule commande *de force* (βιαίως) à ceux qui possèdent.
Dans ce cas évidemment, il n'y a aucune raison de ne pas appliquer
à la démocratie *la même solution* (ὁμοίως, l. 14) que pour l'oligarchie
ou la tyrannie. Mais, nous allons le voir, AR. n'admet pas que les
actes d'un régime reposant sur la violence cessent pour autant d'être
des actes de l'État ; par conséquent, les citoyens créés illégalement
par une démocratie déchaînée et reposant sur la force (celle de
Clisthène, par exemple) sont valablement citoyens, et il en est de
même pour ceux qui sont créés par un gouvernement oligarchique
ou tyrannique.

2. Sur le sens de ἐπιπολαιοτάτη, l. 19, cf. *Rhetor.*, III, 10, 1410 *b*
21 (= τὰ παντὶ δῆλα καὶ ἃ μηδὲν δεῖ ζητῆσαι.)

3. Il est possible que, pour une raison quelconque (émigration,
par exemple), les citoyens n'habitent plus, en tout ou en partie,
le territoire de la cité. L'identité de l'État est-elle pour autant
détruite ? Ainsi, après les Thermopyles, en 480, l'armée de Xerxès
ayant pénétré en Béotie et dévasté l'Attique, Athènes fut évacuée,
et ses habitants se réfugièrent à Salamine, à Égine et dans le
Péloponnèse.

4. Le terme πόλις *(cité, ville, État)* peut être pris soit au sens de
la collectivité des citoyens, soit au sens de toute agglomération,

de même genre : dans l'hypothèse d'une collectivité
25 habitant le même territoire, quand doit-on considérer
que la cité est une ? L'unité d'une ville ne tient
certainement pas à ses remparts, car on pourrait
entourer tout le Péloponnèse d'une seule muraille[1].
Tel est peut-être le cas pour Babylone[2], et pour
toute cité possédant le périmètre d'une nation
plutôt que d'une cité : du moins raconte-t-on que
trois jours après la prise de Babylone[3], tout un
30 quartier de la ville ignorait encore l'événement.
Mais l'examen de la présente difficulté peut être
utilement renvoyé à une autre occasion[4] (car, en ce
qui concerne les dimensions de la cité, l'homme
politique ne doit pas perdre de vue quelle étendue est
pour elle la plus avantageuse ; il examinera en
même temps s'il est utile que la population soit
composée d'une ou de plusieurs nations)[5].

Mais[6] quand la même population habite le même
territoire, devons-nous admettre qu'aussi longtemps
que la race des habitants reste la même, la cité est
35 aussi la même, malgré le roulement ininterrompu

---

tout assemblage d'individus, occupant un territoire déterminé.
Dans le premier sens, la dispersion des citoyens n'empêche pas la
cité d'exister, alors que, dans le second cas, la cité est liée au sol
et disparaît (Cf. Newman, III, 150).

1. Cf. Lysias, *Disc. funèbre*, 194, 45 (éd. C. Hude).

2. Sur l'étendue démesurée de Babylone, cf. *supra*, II, 6, 1265 *a*
14. — Sur ἔθνος, l. 29, cf. I, 2, 1252 *b* 20.

3. Par Cyrus, en 538 (Cf. Hérod., I, 191). En raison de son
étendue, Babylone n'est pas une πόλις, mais un ἔθνος.

4. Cf. VII, 4, 1326 *a* 8, et ss.

5. Ce dernier cas est celui du Péloponnèse (si on le considère comme
une seule πόλις, l. 27 *supra*), qui était formé, selon Hérod., VIII,
73, de sept nations différentes. Souvent, dans la fondation d'une ville,
on faisait appel à des colons de toute origine. L'exemple le plus
célèbre est celui de la fondation de Thurium, près de Sybaris, en 444,
pour laquelle Périclès recruta dans toute la Grèce (Cf. sur l'origine
composite des colons, *Lois*, IV, 707 *e*-708 *d*).

L. 32, après τό τε πόσον, il faut sous-entendre συμφέρει.

Sur l'ensemble du passage, cf. Defourny, 470-471.

6. Problème de l'identité de l'État, qui demeure le même, malgré
la diversité des générations, à la façon de l'individu qui subsiste au
sein du renouvellement constant des éléments qui le composent
(Cf. le *Banquet*, 207 *d*).

des naissances et des décès, tout comme nous disons
communément que les fleuves sont toujours les mêmes
et les fontaines toujours les mêmes[1], en dépit du
perpétuel écoulement de leurs eaux qui viennent
et qui s'en vont ? Ou dirons-nous que, bien que les
hommes restent les mêmes pour la raison que nous 40
avons indiquée[2], la cité n'en est pas moins une cité
différente ? Car, puisque l'État est une communauté **1276 b**
d'un certain genre, et qu'il est une participation de
citoyens à un gouvernement[3], quand la forme du
gouvernement devient autre et différente de ce qu'elle
était, on peut penser que, par une conséquence
inévitable, la cité aussi n'est plus la même : il en
est à cet égard comme d'un chœur, qui, suivant qu'il
est comique ou tragique, est pour nous un chœur 5
tout différent, bien qu'il soit souvent formé des
mêmes exécutants. Nous en agissons de même
envers n'importe quelle autre communauté ou unité
de composition, et la déclarons différente si la forme
de sa composition est elle-même différente : par
exemple, nous disons qu'un accord musical composé
des mêmes sons est différent suivant qu'on a affaire
au mode dorien ou au mode phrygien[4]. Si, dès lors,
c'est bien de cette façon que les choses se passent,
il est manifeste que nous devons définir l'identité 10
de l'État, en ayant principalement égard à sa
constitution[5] ; et on pourra l'appeler du même nom

---

1. Cf. la célèbre comparaison d'Héraclite (fgmt 12, Diels).
2. La permanence de la race (Cf. St Thomas, 364, p. 126).
3. C'est l'unité de souveraineté qui seule fait la cité. Tant que la
forme du gouvernement subsiste, la cité se maintient identique,
malgré les modifications territoriales, les variations de la population,
etc... Si au contraire la *constitution* (πολιτεία) vient à changer,
ce n'est plus la même cité : la vie collective perd son unité politique
qui en était le couronnement. *Forma dat esse rei :* ce principe général
de la métaphysique aristotélicienne est rappelé l. 6 et ss. Et l'εἶδος
τῆς συνθέσεως, en matière politique, est la πολιτεία (Cf. les passages
très suggestifs des *Top.*, VI, 13, 150 *b* 22-26 ; 14, 151 *a* 20-31 (II,
p. 125 de notre trad. des *Top.*).
4. Sur l'harmonie musicale et les modes, cf. *supra*, I, 5, 1254 *a* 33,
note, et *infra*, VIII *in fine*.
5. En d'autres termes, l'identité de l'État réside dans l'identité
de sa constitution.

ou d'un nom différent, que ses habitants soient les
mêmes ou qu'ils soient entièrement différents[1]. —
Quant à savoir si l'État est tenu ou n'est pas tenu
en toute justice de remplir ses engagements quand
il a changé sa constitution pour une autre, c'est là
15 une question toute différente[2].

4

<*La vertu du bon citoyen et
la vertu de l'homme de bien.*>

A la suite des remarques qui précèdent[3], nous
avons à examiner si la vertu d'un homme de bien
doit être tenue pour identique à celle d'un bon
citoyen, ou comme n'étant pas la même. Mais si
ce point doit réellement trouver place dans nos
recherches, nous devons préalablement nous faire
quelque idée sommaire[4] de ce qui constitue la vertu

---

1. Ainsi, en 393, le nom de Corinthe fut remplacé par celui
d'Argos, à la suite de l'arrivée au pouvoir d'une nouvelle équipe.
(Cf. Xén., *Hellen.*, IV, 4, 6). La question du nom n'a ainsi pas d'importance.

2. Et qui ne se rattache donc pas à celle de l'identité de l'État.

3. Sur l'argumentation générale du chapitre, et ses difficultés,
cf. les remarques de Thurot, p. 105 à 109. — Après avoir défini
l'essence du citoyen, Ar. passe à l'examen de la nature de sa vertu.
Socrate avait soutenu l'unité de la vertu, et l'identité de la vertu
de l'honnête homme avec celle du bon citoyen (Cf. notamment
Xénoph., *Memor.*, IV, 2, 11 : οὐχ οἶόν τέ γε ἄνευ δικαιοσύνης
ἀγαθὸν πολίτην γενέσθαι). Le *Protagoras* et le *Ménon* adoptaient une
position analogue. Ar. s'oppose expressément à cette doctrine ;
il essaie d'établir que la vertu du citoyen n'est pas absolue ni τελεία,
mais qu'elle est variable avec les différentes constitutions, tout
comme la notion de πολίτης n'admet pas de définition une en raison
de la hiérarchie des formes de gouvernement (Cf. *supra*, 1, 1275 *a*
35 et ss., et la note). La vertu du bon citoyen ne coïncide même pas
avec celle de l'homme de bien dans l'État idéal : c'est seulement
chez le chef, le dirigeant, l'ἄρχων, que, nous le verrons, cette coïncidence se manifestera.

4. L. 19, ἐν τύπῳ, *dans les grandes lignes*, a le même sens que
ὑπογεγραμμένος que nous avons rencontré II, 5, 1263 *a* 31. L'expression est opposée à ἀκρίβεια (Cf. l. 25, ἀκριβέστατος). Voir aussi
Trendel., *Elementa log. arist.*, p. 49.

du citoyen. Or, de même que le marin est une 20
certaine unité parmi ses compagnons de navigation[1],
ainsi en est-il, selon nous, du citoyen. Et, bien que
les marins diffèrent les uns des autres par la fonction
(l'un est rameur, un autre pilote, un troisième
timonier, un quatrième reçoit quelque autre désignation de ce genre), il est évident que la définition[2]
la plus précise de l'excellence[3] de chaque marin
s'appliquera exclusivement à lui, mais que, également, 25
il y a aussi une certaine définition du marin en
général qui s'adaptera à tous : car la sécurité de leur
navigation est entre leurs mains à tous, puisque
chacun des marins aspire à ce résultat. Il en est par
suite de même avec les citoyens : bien qu'ils soient
différents les uns des autres, leur œuvre à tous
est le salut de la communauté, communauté qui
n'est autre que la constitution[4] ; c'est pourquoi la
vertu du citoyen doit nécessairement être relative 30
à la constitution[5]. Si donc il y a plusieurs espèces
de constitutions, il est clair qu'il ne peut y avoir pour
le bon citoyen une seule et unique vertu, qui est la

1. Chaque marin fait partie d'une κοινωνία formée par l'ensemble
de l'équipage et des passagers. — Sur le sens très général de κοινωνία,
cf. I, 1, 1252 a 1, note.

2. La signification du terme λόγος dans la langue d'ARISTOTE
mériterait une longue étude, dont on trouvera les éléments dans
plusieurs notes de notre édition de la *Métaphysique :* I, p. 24-25,
sous A, 3, 983 a 28 ; p. 317, sous Δ, 29, 1024 b 27 ; p. 365, Z, 4, 1030 a
7. Bornons-nous à rappeler que le λόγος est la *notion,* le *concept,*
l'*essence* d'une chose dans l'esprit, et par suite la *définition* qui l'exprime (ὁρισμός). Ce terme présente à la fois un sens logique et un sens
ontologique : c'est l'objet même de la pensée, l'ordonnance intime,
la structure de la chose quelle qu'elle soit (substance, attribut, ou
même ensemble complexe, événement, etc.), et c'est aussi son expression intelligible, ramassée dans un mot.

3. De la « vertu », de la qualité technique, le mot ἀρετή ayant ces
diverses significations.

4. *Cum sint diversi cives habentes ... status dissimiles per quos
exercent proprias operationes ... opus commune omnium est salus
communitatis* (St THOMAS, 366, p. 129). Cette κοινωνία est la πολιτεία, la *constitution,* le régime établi, *rei publicae administrandae
forma et ratio* (LAMBIN).

5. La vertu civique est relative à la constitution comme la vertu
de l'enfant est relative au père, et celle de l'esclave au maître.

vertu parfaite, alors que pour l'homme de bien nous
disons au contraire qu'il est bon d'après une seule et
unique vertu, la vertu parfaite[1]. — Qu'ainsi donc
il soit possible d'être un bon citoyen sans posséder
la vertu qui nous rend homme de bien, c'est là une
35 chose manifeste.

Cependant il est possible, par une autre voie
encore, de reprendre l'argument qui précède[2] en se
plaçant sur le terrain de la constitution idéale, avec
les raisons pour et contre. S'il est, en effet, impossible
qu'une cité soit entièrement composée de gens de
bien[3], et s'il faut néanmoins que chaque citoyen

---

1. A la différence de la vertu civique, qui se divise en autant
d'espèces qu'il existe de formes de gouvernement à protéger et à
servir, la vertu de l'homme de bien est une, car elle est la vertu
achevée, accomplie (τελεία), et on ne peut la supposer variant avec
les circonstances ou avec ceux qui la possèdent. Cette vertu n'a
qu'une seule forme (sous réserve de la précision apportée plus loin
1277 *b* 18-20).

2. Pour montrer l'hétérogénéité de la vertu civique et de la
vertu de l'homme privé, Ar. emploie maintenant *une autre méthode*
(κατ' ἄλλον τρόπον, l. 36), et se tourne du côté de la constitution
la meilleure, notion à laquelle il n'avait pas encore fait appel.

Le texte est difficile, et nous adoptons l'interprétation de Newman,
III, 156, notamment en ce qui concerne le sens de διαποροῦντας.
Le verbe διαπορεῖν garde dans ce passage sa signification ordinaire
de *développer une aporie, la retourner en tous sens, chercher son chemin*
parmi les difficultés, *présenter les raisons pro et contra* (διέρχεσθαι
τὰς ἀπορίας, *Ind. arist.*, 187 *b* 11). Rappelons que, dans la terminologie d'Ar., ἀπορία (ou plus rarement ἀπόρημα) a le sens de *difficulté,
problème* : cf. Waitz, *Organon*, II, 381-382, et O. Hamelin, *le Syst.
d'Ar.*, p. 233. Le verbe ἀπορεῖν veut dire *soulever une difficulté*,
et εὐπορεῖν, la *résoudre*, et la solution d'une aporie exprime la vérité
même. La méthode *diaporématique*, qui ressortit à la dialectique, est
amplement utilisée par Ar., notamment au livre B de la *Métaphysique* (voir notre note, en tête du livre B, dans notre comm., I, p. 119-
120).

3. L'argument tiré de la cité idéale (εἰ γάρ ... πολίτας, l. 37-
1277 *a* 5) est très complexe. Il est le suivant. Un État, même s'il
s'agit de l'État idéal, ne peut pas comprendre uniquement des
hommes de bien (la même idée est exprimée, l. 40, où il est dit qu'il
est impossible que tous les citoyens soient semblables). Mais, dans
l'État idéal, tous doivent néanmoins posséder (sinon, ce n'est plus
l'État idéal) la vertu du bon citoyen telle que nous l'avons décrite,
variable suivant la fonction, et permettant à chacun d'effectuer sa
tâche propre. Il résulte de ces considérations que la vertu de l'honnête

accomplisse correctement la tâche qui lui est dévolue, ce qui ne peut être que l'effet de sa vertu, alors, étant donné qu'il est impossible que tous les citoyens 40 soient semblables, il ne saurait y avoir une seule vertu pour le bon citoyen et l'homme de bien : car la vertu **1277 a** du bon citoyen doit appartenir à tous (c'est nécessairement de cette façon-là seulement que l'État sera l'État idéal) ; or il est impossible que tous possèdent la vertu de l'homme de bien, à moins d'admettre que dans le bon État dont nous parlons tous les citoyens sont nécessairement vertueux.

Autre argument[1]. Puisque l'État est formé 5 d'éléments dissemblables (de même qu'un être vivant est composé en première analyse d'une âme et d'un corps, et l'âme à son tour de raison et d'impulsion[2], qu'une famille est formée d'un homme

---

homme et celle de bon citoyen ne sauraient coïncider même dans la cité idéale. Cette coïncidence ne pourrait exister que si tous les citoyens étaient des gens vertueux, ce qui est contraire à ce que nous avons posé plus haut.

Une difficulté considérable, que tous les commentateurs soulignent, réside dans l'affirmation répétée que, dans l'État idéal, tous les citoyens ne peuvent être vertueux. Or Ar. soutient plus loin à plusieurs reprises, une thèse diamétralement opposée (*infra*, 18, 1288 *a* 37 ; IV, 7, 1293 *b* 5 ; VII, 13, 1332 *a* 32), qui semble bien exprimer sa pensée définitive. Pareille contradiction est malaisément explicable. Peut-être le présent texte est-il altéré, et faut-il supposer, avec Thurot, 108, une lacune après πολίτας, l. 5. Peut-être aussi ne doit-on reconnaître à l'argumentation qu'une valeur purement dialectique (Cf. Newman, III, 158, où le problème est bien étudié).

1. Tiré également de la notion de cité parfaite. Cet argument complète le précédent. Nous venons de voir que les citoyens de l'État idéal ne sont pas tous forcément des gens de bien et qu'ils ont seulement la vertu du citoyen. Ar. ajoute ici que cette vertu est elle-même variable selon chaque citoyen en raison de sa fonction propre. Par conséquent, si les différentes vertus des citoyens ne sont pas les mêmes entre elles, elles ne seront pas non plus identiques à la vertu de l'homme de bien.

Les l. 5-10 (ἔτι ἐπεί ...εἰδῶν) constituent une sorte de parenthèse. L'apodose est l. 10, ἀνάγκη.

2. L. 7, ὄρεξις est le *désir*, genre dont l'ἐπιθυμία, le θύμος et la βούλησις sont les espèces. L'ἐπιθυμία est l'*appétit irrationnel*, le *désir aveugle*, la concupiscence; le θύμος est le *courage*, l'*impulsion*, l'*humeur*, l'*emportement*, qui méconnaît la raison par son impétuosité, tout en s'y conformant dans une certaine mesure ; la βούλησις, enfin,

et d'une femme, et que le droit de propriété suppose
un maître et un esclave, c'est de la même façon
aussi qu'un État est composé de tous ces divers
facteurs, en y ajoutant encore d'autres éléments
constitutifs qui sont d'espèces différentes[1]), dans ces
10 conditions, il s'ensuit nécessairement que la vertu
de tous les citoyens n'est pas la même, tout comme
dans un chœur l'excellence d'un coryphée n'est pas
la même que celle d'un des choreutes qui l'assistent[2].

Qu'ainsi donc, il n'y ait pas, d'une façon générale,
identité des deux vertus dont nous parlons[3], cela
résulte manifestement de ce que nous venons de
dire. Mais enfin, ne pourra-t-il pas se faire que la
vertu d'un bon citoyen déterminé soit la même que
celle d'un homme de bien[4] ? Nous répondons que
15 le gouvernant qui est bon est vertueux et prudent,
alors que le simple citoyen n'est pas nécessairement
un homme prudent[5]. Et on prétend même parfois
que l'éducation d'un gouvernant doit être, dès le

---

est le *désir volontaire*, rationnel et raisonné (cette dernière notion est,
en fait, souvent rattachée à la partie rationnelle de l'âme : cf., par
ex., *de An.*, III, 9, 432 *b* 5). L'ὄρεξις a un caractère irréfléchi : cf.
Rhet., I, 10, 1369 *a* 4 : ἄλογοι δ' ὀρέξεις ὀργὴ καὶ ἐπιθυμία.

1. Par exemple, les gouvernants et les gouvernés, les hommes
des différents métiers, etc...

2. Dans les évolutions du chœur, les deux παραστάται assistaient
le κορυφαῖος (Cf. O. NAVARRE, *le Théâtre grec*, Paris, 1925, p. 170).

3. A savoir celle du citoyen et celle de l'homme de bien. AR.
répond ainsi, en conclusion des arguments qui précèdent, à la question
posée au début du chapitre, 1276 *b* 16-18.

4. Ne peut-il pas arriver que, dans tel citoyen déterminé, par
exception à la conclusion *générale* (ἁπλῶς, l. 12) que nous venons de
tirer, la vertu civique et la vertu de l'homme de bien se confondent ?
Oui, répond AR., dans le cas du chef, lequel doit avoir la vertu de
l'honnête homme, à savoir la *prudence* (Voir la note qui suit).

5. Texte incertain. Peut-être faut-il supposer une lacune. Certains
manuscrits, dont la lecture est acceptée par plusieurs commentateurs
(notamment B. JOWETT et H. RACKHAM), ont, l. 15, τὸν δὲ πολιτικὸν
ἀναγκαῖον εἶναι, au lieu de τὸν δὲ πολίτην οὐκ ἀναγκαῖον, texte
d'IMMISCH que nous conservons en donnant à πολίτης le sens d'ἀρχόμενος, c'est-à-dire le *simple citoyen*.

Pour la pensée, on se reportera aussi *infra*, 1277 *b* 25. — La φρόνησις, vertu du φρόνιμος (l. 15) est la *sagesse pratique* (ou *prudence*),
par opposition à σοφία, *sagesse théorique*. Dans l'*Eth. Nicom.* (VI, 5,
en entier, p. 284-287 de notre trad., et notes), AR. a donné une
analyse approfondie de la φρόνησις, qui porte sur les vérités univer-

début[1], différente de celle d'un citoyen, comme effectivement nous voyons les fils des rois instruits dans l'équitation et les exercices militaires. On connaît le mot d'EURIPIDE[2] :

Loin de moi les arts de pur agrément ; mais seulement ceux dont l'État a besoin,

voulant dire qu'il existe une éducation particulière pour un gouvernant. Et si la vertu d'un bon 20 gouvernant est la même que celle d'un homme de bien, et si le gouverné est un citoyen aussi bien que le gouvernant, la vertu d'un citoyen en général ne saurait être la même que celle d'un homme de bien, quoique celle d'un citoyen déterminé puisse l'être, puisque la vertu d'un gouvernant n'est pas la même que celle d'un simple citoyen. C'est sans doute cette différence qui faisait dire à JASON[3] qu'il souffrait de

---

selles de la moralité et a pour objet d'établir un ὀρθὸς λόγος, de portée générale, qui sera la règle de la conduite et constituera la majeure du syllogisme de l'action. D'autre part, AR. a insisté (*Eth. Nicom.*, VI, 8 et 9, p. 294-297 de la trad.) sur les rapports existant entre la prudence et la politique. La sagesse politique est une application de la φρόνησις : celle-ci intéresse au premier chef l'homme privé et sa conduite personnelle mais, en raison de la nature sociale de l'homme, il n'est pas possible de séparer le bien de l'individu du bien de la famille et de celui de la cité. Ainsi donc, dans sa plus haute réalisation, la sagesse pratique coïncide (dans le gouvernant) avec la sagesse politique. L'une et l'autre renferment un facteur intellectuel essentiel, et dans les deux cas c'est la pensée qui détermine le but à atteindre.

1. Dès l'enfance.

2. *Aeolus*, fgmt 16, NAUCK (2ᵉ éd.), d'après STOBÉE, *Flor.*, IV, 4, 13. — Sur le sens de τὰ κόμψα, l. 19, cf. NEWMAN, III, 161-162.

3. Tyran de Phères, en Thessalie, assassiné en 375. Sur Jason, cf. aussi *Rhetor.*, I, 12, 1373 *a* 25.

L'argument des l. 20-25 (εἰ δέ ... εἶναι) est celui-ci. La notion de citoyen comprend à la fois celle d'ἄρχων et celle d'ἀρχόμενος. Or la vertu du gouvernant est la même que celle de l'homme de bien, tandis que la vertu du gouverné n'est pas la même. Par suite, *tout* citoyen (ἁπλῶς, l. 22) n'a pas la vertu de l'homme de bien, mais seulement *quelque* citoyen (τινός, l. 23), à savoir le gouvernant. Or, il existe une telle différence entre le chef et le subordonné que Jason s'estimait incapable de gagner sa vie s'il descendait au rang de simple particulier (Si, avec RICHARDS, on ajoutait ἄν à πεινῆν, l. 24, on donnerait au propos de Jason un sens conditionnel bien préférable).

la faim toutes les fois qu'il n'était pas tyran,
signifiant par là qu'il ignorait l'art de vivre en simple[1]
25 particulier. — Mais, d'un autre côté, on loue[1]
l'aptitude à la fois à gouverner et à être gouverné,
et il semble en quelque manière que la vertu d'un
citoyen consiste dans la capacité et de bien gouverner
et de bien obéir. Si donc nous posons en principe
que la vertu de l'homme de bien est celle qui s'exerce
dans le commandement, et celle du citoyen à la
fois dans le commandement et l'obéissance, les deux
capacités ne sauraient recevoir l'une et l'autre un
éloge égal[2]. — Puis donc qu'on est parfois d'avis que
30 le gouvernant et le gouverné doivent l'un comme
l'autre apprendre des choses différentes et non pas
les mêmes[3], et que le citoyen doit savoir à la fois
les unes et les autres et participer à ces deux ordres
de connaissance, on peut apercevoir d'un coup
d'œil la conséquence à en tirer[4]. Il y a, en effet,

1. Autrement dit, on considère comme une vertu. — Un grand
nombre de passages de l'*Eth. Nicom.* et de la *Polit.* montrent l'importance de l'opinion dans la morale grecque en général et dans celle
d'Ar. en particulier. La valeur d'une action dépend de la manière
dont le groupe social réagit. La louange et le blâme constituent ainsi
des critères assurés du bien et du mal. Cette intervention du facteur
social s'exprime par l'identité du *bon* et du *beau :* un acte est bon
s'il paraît beau, et s'il est par conséquent généralement approuvé ;
un acte est mauvais s'il est laid et blâmé.

2. L'une sera d'un mérite supérieur à l'autre : *sequitur...esse
bonum civem sit multo melius* (St Thomas, 371, p. 130). Les deux vertus
ne seront donc pas les mêmes. Nous retombons toujours sur la thèse
de la différence entre la vertu civique et la vertu de l'honnête homme.

3. Cf. I, 7, 1255 *b* 30-37.

4. Pour établir plus fermement sa thèse, Ar. s'appuie sur la
différence de l'*éducation* reçue par le chef et le subordonné. Le gouvernant apprend l'art du commandement, et le gouverné l'art à la fois du
commandement et de l'obéissance. Mais cette analyse montre tout de
suite que s'il existe une opposition entre les deux sortes d'éducation,
cette opposition n'a rien d'absolu : dans les deux cas, il reste un
élément commun, à savoir l'apprentissage du commandement.
A cet égard, l'ἀρχὴ πολιτικὴ diffère essentiellement de l'ἀρχὴ δεσποτική, et tout ἀρχόμενος n'est pas citoyen. Ainsi, l. 33, ἔστι γάρ
marque l'introduction d'une nouvelle idée destinée à mettre en
valeur, par voie de contraste, la thèse principale.

L. 32, Susemihl, suivi par H. Rackham, croit à une lacune après
ἀμφοῖν. Cette opinion ne s'impose pas, et le texte, tel qu'il est établi,
est suffisamment clair.

l'autorité exercée par un maître, et nous entendons
par là celle qui a rapport aux besognes matérielles
indispensables, besognes que le maître n'est nullement
tenu de savoir exécuter, mais pour lesquelles il doit
plutôt savoir utiliser les services de ses esclaves[1] ;
toute autre capacité est indigne de l'homme libre,   35
et j'entends par *autre* la capacité de remplir jusqu'aux
tâches domestiques. Mais nous distinguons plusieurs
espèces d'esclaves, correspondant aux différents
travaux à exécuter[2] : de ces travaux une première
part est effectuée par les manœuvres, qui, comme
l'indique d'ailleurs leur nom, vivent du travail de
leurs mains, et qui comptent dans leurs rangs l'ouvrier   **1277 b**
exerçant un métier mécanique. C'est ce qui explique[3]
que chez certains peuples les artisans ne participaient
pas au pouvoir politique, tout au moins à une époque
ancienne et avant que la démocratie se soit
développée sous sa forme extrême. Assurément, les
travaux de ceux qui sont dans un pareil état de

---

1. Idée déjà exprimée, I, 7, 1255 *b* 31-33. Dans notre passage,
χρῆσθαι, l. 35, a, en conséquence, le sens de χρῆσθαι δούλοις, et
nous l'avons ainsi traduit. — On aperçoit l'intention d'Ar., qui
oppose l'ἀρχὴ πολιτική à l'ἀρχὴ δεσποτική, pour écarter l'assimi-
lation qu'on serait tenté d'établir entre ces deux sortes d'autorité :
alors que le maître n'a pas besoin de savoir ni d'apprendre à exécuter
ce qu'il commande, le citoyen ne peut bien commander que s'il a
appris à obéir.

2. De telle sorte que si certains travaux manuels, qui devraient
être normalement exécutés par des esclaves, sont en fait accomplis
par des travailleurs libres, ces derniers en demeurent marqués d'une
sorte d'atimie, que plusieurs États ont sanctionnée, avant le triomphe
des idées démocratiques, par l'exclusion de toute participation à la
souveraineté (Cf. *supra*, I, 13, 1260 *a* 40 et ss.). Ar. ajoute ensuite
(τὰ μὲν οὖν ἔργα, l. 1277 *b* 3) qu'il ne saurait être question pour
l'homme libre, pris en sa qualité d'*honnête homme* (τὸν ἀγαθόν), ou
de *dirigeant* (πολιτικόν) ou de *simple citoyen* (πολίτην, l. 5), d'apprendre à effectuer ces besognes réservées aux plus *basses classes* (τῶν
ἀρχομένων οὕτως, l. 3).

L. 38, ὧν est pour ἐργασιῶν (*Ind. arist.*, 377 *a* 7). — L. 1277 *a* 3,
μὲν οὖν a pour corrélatif ἀλλ', l. 7.

3. L. 1277 *b* 1, διό : parce que les travailleurs libres exécutent
des travaux serviles, et se classent ainsi au bas de la hiérarchie des
fonctions. — Sur la situation des artisans à Athènes après Solon,
cf. *Const. ath.*, XIII.

sujétion ne doivent pas trouver place dans l'éducation reçue par l'homme de bien, l'homme politique ou
5 le bon citoyen (sinon occasionnellement, en vue de leurs besoins strictement personnels), car autrement il en résulterait l'absence de toute distinction entre le maître et l'esclave[1].

Mais il existe[2] une forme d'autorité qui s'exerce sur des personnes de même race et des hommes libres : c'est celle, en effet, que nous désignons du nom d'autorité politique, et que celui qui gouverne doit apprendre en pratiquant lui-même l'obéissance, comme on apprend à commander la cavalerie, ou
10 une armée, ou une division, ou une compagnie, après avoir servi dans la cavalerie ou l'armée, ou dans une division ou une compagnie[3]. Aussi a-t-on raison de dire ceci encore, qu'on ne peut pas bien commander quand on n'a pas soi-même obéi[4]. Et tandis que la vertu d'un gouvernant est différente de celle d'un gouverné, il faut que le bon citoyen ait la science et l'aptitude[5] à la fois de commander et d'obéir, et
15 la vertu d'un citoyen consiste à avoir la science du gouvernement des hommes libres, dans un sens comme dans l'autre[6]. Et dès lors ces deux aptitudes sont le propre d'un homme de bien[7] ; et si la modération

---

1. Pour ces derniers mots (οὐ γὰρ ἔτι ... δοῦλον, l. 6-7), nous acceptons l'interprétation de RICHARDS et de B. JOWETT, qui était déjà celle de St THOMAS (373, p. 130) et de LAMBIN *(non enim jam inter dominum et servum interesset, neque alius dominus alius servus esset)*. Une autre interprétation, proposée par SEPULVEDA, a été soutenue par NEWMAN, III, 168, et reprise par H. RACKHAM. Sur la pensée exprimée, cf. aussi *Rhetor.*, I, 9, 1367 a 31.

2. AR. revient à l'ἀρχὴ πολιτική, qui exige une éducation toute différente de celle de l'ἀρχὴ δεσποτική. — L. 8, ὁμοίων τῷ γένει : les citoyens sont les mêmes par la naissance.

3. La τάξις est un corps de troupes fourni par chaque tribu ; le λόχος est l'unité tactique, comprenant 100 ou 200 soldats selon les États.

4. Maxime attribuée à SOLON (DIOG. L., I, 60).

5. L. 14, δύνασθαι enferme dans sa compréhension ἐπίστασθαι, la science étant une potentialité (Cf. II, 8, 1268 b 36, note).

6. L. 16, ἐπ' ἀμφότερα : le citoyen doit savoir également commander à des hommes libres et obéir en homme libre.

7. Les l. 16-20 (καὶ ἀνδρός ... ἄρξεται) sont très difficiles, et le texte est mal assuré. AR. commence par marquer fortement la différence

et la justice sont d'une espèce différente quand elles
résident dans un gouvernant, car la modération et
la justice d'un citoyen gouverné mais libre sont
aussi d'une espèce différente, il est évident que la
vertu de l'homme de bien, par exemple sa justice,
ne saurait être une, mais qu'elle revêt des formes
différentes qui le rendront propre tantôt à commander
et tantôt à obéir, de la même façon que modération 20
et courage sont autres dans un homme et dans une
femme[1] (car on jugerait lâche un homme qui ne
serait courageux que comme une femme courageuse,
et bavarde[2] une femme qui n'aurait dans sa
conversation que la réserve de l'homme de bien,
puisque même dans l'administration domestique
les rôles de l'homme et de la femme sont différents,
l'affaire de l'un étant d'acquérir, et celle de l'autre
de conserver)[3]. Or la prudence est de toutes les vertus 25
la seule qui soit propre à un gouvernant[4], car les
autres vertus, semble-t-il, doivent nécessairement
appartenir en commun et aux gouvernants et aux
gouvernés ; mais pour un gouverné, en tout cas,

---

spécifique que revêt la vertu du citoyen (en l'espèce la modération
et la justice : sur le sens de σωφροσύνη, cf. I, 13, 1259 *b* 25, note),
suivant qu'elle réside dans le gouvernant ou dans le gouverné (citoyen
gouverné, mais libre, précise Ar., pour éviter toute confusion avec
l'ἀρχὴ δεσποτική). Il ajoute, *par voie de conséquence* (δῆλον ὅτι,
l. 18), que la vertu de l'homme de bien sera de deux espèces comme
celle du citoyen (contrairement à sa précédente affirmation, 1276 *b*
33, qui a peut-être un caractère purement diaporématique), puisque
l'homme de bien doit être en possession de la vertu qui rend apte à
commander et de la vertu qui rend apte à obéir (Cf. Newman,
III, 170-171).

L. 18, avec καὶ γὰρ ἀρχομένου μὲν ἐλευθέρου δέ, il faut sous-
entendre ἕτερόν ἐστιν εἶδος σωφροσύνης καὶ δικαιοσύνης, sans qu'il
soit nécessaire de supposer une lacune après γάρ.

1. Cf. I, 13, 1260 *a* 20 et ss.

2. Susemihl a proposé de remplacer λάλος, l. 23, par ἀκόλαστος :
le sens y gagnerait assurément.

3. Cf. *Econ.*, I, 3, 1343 *b* 26 et ss. (p. 22-23 de notre édition).
Voir aussi *Ménon*, 71 *e*.

4. Et n'a donc pas deux espèces. Cf. *supra*, 1277 *a* 14-16, et la
note sur φρόνησις. Voir aussi *Républ.*, IV, 428 *a*-429 *a* : Platon
appelle la sagesse politique indifféremment σοφία ou φρόνησις (IV,
433 *b c*) et la présente aussi comme la vertu propre du chef.

sa vertu n'est pas prudence, mais opinion vraie[1] :
car le gouverné ressemble à un fabricant de flûtes,
et le gouvernant à celui qui en joue et se sert de cet
instrument[2].

30   La question de savoir si la vertu est la même
pour un homme de bien et pour un bon citoyen, ou
si elle est différente, et de quelle façon elle est la
même et de quelle façon elle est différente, cette
question trouve clairement sa réponse dans les
considérations qui précèdent.

5

<Les artisans dans la cité idéale.>

Mais au sujet du citoyen, il reste encore une
difficulté. Est-ce que, en vérité, un citoyen est
seulement celui qui a le droit de participer au
35   pouvoir[3], ou bien doit-on admettre même les
travailleurs manuels comme citoyens ? Si on doit
ranger au nombre des citoyens même ceux qui n'ont
aucun accès à des fonctions publiques, il n'est pas
possible que tout citoyen possède la vertu que nous
avons définie comme celle du citoyen[4] (puisque

1. *Opinionem veram de his quae ei mandantur* (S‍ᵗ Thomas, 376,
p. 131). — On sait quelle place tient dans la doctrine platonicienne
l'opposition entre l'*opinion* (δόξα), d'une part, et, d'autre part, la
science (ἐπιστήμη), l'*intellection*, la *pensée rationnelle* (νοῦς, νόησις) :
cf. notamment *Menon*, 97 *c* et ss. ; *Républ.*, V, 476 *c; Timée*, 51 *d* ; etc.

2. Voir *Républ.*, 601 *d e:* « Le joueur de flûte renseigne le fabricant
sur les flûtes qui lui servent à jouer, et c'est lui qui dira comment il
faut les faire, et le fabricant lui obéira » (trad. Chambry).

3. Ar. pose ici comme un principe indubitable de sa cité idéale,
que le βάναυσος, l'*ouvrier*, l'*homme de métier mécanique*, ne peut
avoir accès, faute de loisirs et de connaissances, aux fonctions
publiques. Il ne peut jouer que le rôle d'ἀρχόμενος, et ne répond donc
plus à la définition complète du citoyen, dont la vertu, nous le savons
par les conclusions du chapitre précédent, est l'aptitude à jouer indifféremment le rôle de gouvernant et celui de gouverné.

4. L. 37, τὴν τοιαύτην ἀρετήν, c'est-à-dire la capacité d'être
ἄρχων et ἀρχόμενος.

le travailleur manuel est un citoyen)[1]. Si, d'un autre
côté, on refuse à tous les gens de métier la qualité
de citoyen, dans quelle classe chacun d'eux doit-il
trouver place ? Car ils ne sont ni métèques, ni
étrangers. Ne pouvons-nous pas répliquer que cette
dernière objection du moins n'entraîne pour notre
thèse aucune absurdité ? Les esclaves non plus ne   **1278** *a*
figurent pas dans les classes dont nous venons de
parler, et les affranchis pas davantage[2]. La vérité,
c'est qu'on ne doit pas forcément reconnaître la
qualité de citoyen à tous ceux qui sont indispensables
à l'existence de l'État, puisque même les enfants
de citoyens[3] ne sont pas citoyens de la même façon
que les adultes : ces derniers sont citoyens au sens
plein, tandis que les enfants ne le sont que
conditionnellement[4], ce sont des citoyens, mais des   5
citoyens imparfaits. Certes, aux temps anciens et
chez certains peuples, les gens de métier étaient
des esclaves ou des étrangers, ce qui explique que

---

1. Le sens de cette parenthèse est contesté. Nous avons suivi
l'interprétation de Newman, III, 174, et de B. Jowett, et nous
rapportons οὗτος à *celui qui* μὴ μέτεστιν ἀρχῶν, c'est-à-dire à βάναυσος. Thurot, 39, objecte que ces mots sont alors une pure répétition
qui n'ajoute rien à l'idée. Mais on sait qu'Ar. n'hésite pas à reprendre
souvent sous une nouvelle forme ce qu'il vient de dire. Thurot
et H. Rackham (voir la note explicative de ce dernier, p. 271 de son
édition) préfèrent comprendre οὗτος γὰρ πολίτης ἀγαθὸς ὁ δυνάμενος
ἄρχειν *(car le vrai citoyen est l'homme capable de gouverner)*.

2. L'exclusion des gens de métier prononcée par Ar. soulève une
objection (εἰ δὲ μηδείς, l. 38) : dans quelle catégorie faut-il alors les
ranger, puisqu'ils ne sont ni métèques, ni étrangers ? Mais cette
objection, répond Ar. (ἢ διά γε, l. 39) ne porte pas : il n'est pas plus
absurde d'exclure les βάναυσοι que les esclaves et les affranchis,
qui n'appartiennent pas davantage à la classe des métèques ou à celle
des étrangers (τῶν εἰρημένων, 1278 *a* 2). L'objection ne serait valable
que si on devait admettre qu'est citoyen tout individu qui n'est ni
métèque, ni étranger.

3. Qui ont cependant plus de titre à être citoyens que les βάναυσοι.

4. L. 5, ἐξ ὑποθέσεως : dans la *supposition* qu'ils grandiront et
deviendront des citoyens ἁπλῶς. — La correction de Casaubon
(ἐκ προσθέσεως), toute séduisante qu'elle soit, n'est cependant pas
nécessaire, car, dans la langue d'Ar., ἐξ ὑπ. s'oppose constamment à
ἁπλῶς (Cf. *Ind. arist.*, 797 *a* 35 et ss.). Lambin précise : *ex conditione
et cum adjectione.*

la plupart des travailleurs manuels le sont encore
à présent ; mais l'État idéal[1] se gardera de faire
d'un homme de métier un citoyen. Si, au contraire,
il fait de ce dernier aussi un citoyen, alors notre
définition de la vertu de citoyen[2] ne devra pas
s'appliquer à tout citoyen, ni à l'homme libre en
10 cette seule qualité, mais uniquement à ceux qui
ne sont pas astreints aux travaux indispensables
à l'existence. Mais de tous ceux qui se livrent à ces
travaux indispensables[3], les uns rendent des services
de ce genre à un particulier, et sont des esclaves,
les autres, qui sont au service de la communauté,
sont des ouvriers et des hommes de peine. On voit,
en partant de là et en poussant notre examen un peu
plus avant, quelle est la position des gens de métier :
car notre analyse précédente[4] suffit par elle-même,
une fois connue, à rendre claire toute cette question.
15 Puisque, en effet, il y a plusieurs formes de
gouvernement, il doit y avoir nécessairement aussi
plusieurs espèces de citoyens, et spécialement des
citoyens pris en tant que gouvernés[5] ; il en résulte
que, dans telle forme déterminée de gouvernement,
la classe des ouvriers et celle des hommes de peine

1. Sans aller jusqu'à faire de lui un esclave.

2. Si, contrairement à ce qui est souhaitable, la Cité idéale admettait les βάναυσοι parmi les citoyens, la définition qu'AR. a donnée de
la vertu civique et qu'il a rappelée (savoir bien commander et bien
obéir : τὴν τοιαύτην ἀρετήν, l. 37) ne pourrait pas s'appliquer à tous
les citoyens (puisque le βάναυσος en fait partie, et qu'il n'a ni les
loisirs ni le savoir requis pour bien commander), ni à tous les hommes
libres, mais uniquement aux hommes libres dispensés des travaux
manuels. L'existence de la Cité idéale en demeure ainsi compromise.

3. Texte peu sûr. Il y a peut-être une lacune après τῶν δ', l. 11.
Quoiqu'il en soit, nous adoptons la traduction de LAMBIN : eorum
autem qui operibus et muneribus necessariis funguntur. — Sur le
sens de θῆτες, l. 13, cf. I, 11, 1258 b 27, note.

4. Renvoi à 1, 1275 a 38, où AR., en appliquant sa doctrine de
l'Avant et de l'Après, a montré l'impossibilité d'une définition
commune du πολίτης. — Il n'y a aucune raison de suspecter la
dernière phrase αὐτὸ γάρ ... δῆλον, comme le fait H. RACKHAM.
AR. veut dire qu'à la rigueur, étant donné sa démonstration de 1275
a 38, il pourrait se dispenser de tout nouveau commentaire.

5. Car, remarque St THOMAS, 381, p. 133, illi qui praesidunt in
qualibet politia principantur.

jouiront nécessairement du droit de citoyenneté,
alors que sous d'autres régimes c'est une impossibilité,
comme dans le cas de toute constitution de forme
dite aristocratique et dans laquelle les honneurs sont
accordés suivant la vertu et le mérite : car il n'est 20
pas possible de se livrer à la pratique de la vertu[1]
quand on mène une vie d'ouvrier ou d'homme de
peine. D'autre part, dans les oligarchies, tandis
qu'un homme de peine ne peut pas être citoyen
(puisque la participation aux fonctions publiques est
subordonnée au paiement d'un cens très élevé),
un homme de métier en a, au contraire, la possibilité,
la plupart des artisans étant en fait des gens riches.
A Thèbes, il y avait une loi selon laquelle celui qui 25
n'était pas retiré des affaires depuis dix ans était
exclu des fonctions publiques. Mais, en revanche,
dans de nombreuses constitutions, la loi va jusqu'à
recruter un complément de citoyens dans certaines
classes d'étrangers[2] : ainsi dans quelques démocraties
il suffit d'une mère citoyenne pour être citoyen, et
la même règle s'applique encore aux enfants illégitimes
en beaucoup d'endroits. Néanmoins, du fait que
c'est en raison de l'insuffisance numérique des 30
citoyens de naissance légitime qu'on admet au bénéfice
du droit de cité les individus dont nous parlons
(car c'est à cause d'une pénurie d'hommes qu'on
recourt à une législation de ce genre), dès lors quand
la population atteint de nouveau son plein, on
retranche graduellement du nombre des citoyens,
d'abord ceux qui sont nés d'un père ou d'une mère
esclave, puis ceux dont les mères seulement étaient
citoyennes[3], et on finit par n'accorder la qualité
de citoyen qu'à ceux qui sont nés d'un père et d'une
mère tous deux citoyens.

Qu'ainsi donc il y ait plusieurs espèces de citoyens,

1. Autrement dit, à montrer toute l'*excellence* de sa nature
d'homme.

2. Et non pas parmi tous les étrangers indifféremment (τῶν
ξένων, l. 27, est un génitif partitif). Dans les exemples qui suivent
(enfants de mères citoyennes, bâtards), les intéressés ne sont qu'à
demi-étrangers (Cf. NEWMAN, III, 179, qui donne des exemples pris
dans l'histoire des cités grecques).

3. Et les pères étrangers (et non esclaves).

35 cela résulte clairement de ce que nous venons de
dire ; il est évident aussi que l'appellation de citoyen
au sens fort est réservée à celui qui a part aux
honneurs de la cité. C'est ce que dit HOMÈRE dans
ce vers[1] :

   Semblable à quelque exilé sans honneur.

Et, en effet, est pareil à un simple étranger domi-
cilié celui qui n'a pas part aux honneurs de la cité.
Mais là où cet état de choses[2] n'est pas avoué ouvertement, c'est qu'on veut en imposer à toute une
partie des habitants.

40   Quant à la question de savoir[3] si l'on doit poser en
principe que la vertu qui fait un honnête homme est
1278 b identique à celle qui fait un bon citoyen, ou si elle
en diffère, la réponse à y apporter résulte clairement
des considérations qui précèdent : on peut dire que
dans certains États l'homme de bien et le bon citoyen
ne font qu'un, et que dans d'autres ils sont différents ;
mais, dans le premier cas, ce n'est pas tout citoyen
indistinctement, mais l'homme d'État[4], celui qui
dirige ou est apte à prendre en mains, soit par lui-
même soit à l'aide de collègues, l'administration des
5 affaires publiques.

---

1. *Il.*, IX, 648 ; XVI, 59. C'est Achille qui se plaint en ces termes
du traitement que lui fait subir Agamemnon. Il y a une sorte de jeu
de mots dans le terme ἀτίμητον, qui veut dire à la fois *déshonoré,
sans honneur*, et n'*ayant pas accès aux honneurs, aux charges honorifiques* de la cité, deux sens d'ailleurs voisins.

2. L'exclusion de toute participation au pouvoir. Cf. B. JOWETT :
the object is that the privileged class may deceive their fellow inhabitants.

3. Sur les difficultés de cette conclusion, cf. THUROT, 39-42.
La présente conclusion est plutôt celle du chapitre 4 que du chapitre 5. Mais ces deux chapitres forment un tout (Cf. NEWMAN, III,
182).

4. Celui qui est capable de εὖ ἄρχειν, le citoyen envisagé sous son
aspect actif.

6

<De la pluralité des constitutions et des formes de l'autorité. La fin de l'État.>

Puisque nous avons déterminé ces points, la question qui se présente ensuite à notre examen c'est de savoir si on doit reconnaître une seule forme de gouvernement ou plusieurs, et, s'il y en a plusieurs[1], ce qu'elles sont et quel est leur nombre, et quelles différences enfin les séparent.

Une constitution est l'ordre des diverses magistratures d'un État, et spécialement de celle qui a la suprême autorité sur toutes les affaires[2]. Partout, en effet, l'autorité suprême dans la cité est l'organe souverain, et la constitution est en fait l'autorité suprême. J'entends que, par exemple, dans les États démocratiques le peuple est souverain, tandis que c'est au contraire le petit nombre dans les oligarchies :

10

1. L. 7, κἂν εἰ = καὶ εἰ.

2. Une *constitution,* autrement dit un *régime politique,* une *forme de gouvernement* (πολιτεία au sens large) est l'ordre (τάξις = *ordo, ordinatio, arrangement, organisation,* nous dirions aujourd'hui *l'ensemble des lois constitutionnelles ou organiques)* qui distribue et règle les diverses fonctions d'autorité, et particulièrement la plus élevée, l'ἀρχὴ κυρία πάντων (l. 10, πάντων est neutre), celle de qui tout dépend et qui a le dernier mot : on peut appeler cette dernière le *gouvernement* proprement dit ou le *souverain* (ce sera l'Assemblée du peuple dans une démocratie, un Conseil restreint dans une oligarchie, ou un seul individu dans une tyrannie). Ce « souverain » reçoit le nom de πολίτευμα, et du fait que la constitution a pour objet principal l'*ordo* de cette suprême magistrature, les notions de πολιτεία et de πολίτευμα sont pratiquement équivalentes : c'est ce que dit Ar. l. 11 (contrairement à Newman, III, 185, nous prenons ἡ πολιτεία comme sujet, et πολίτευμα comme attribut). La πολιτεία subit donc toutes les variations du πολίτευμα, et, comme le précise Ar. (l. 13 et 14), si le πολίτευμα de la démocratie et celui de l'oligarchie sont différents, leur πολιτεία sera aussi différente. On notera qu'Ar. attribue parfois le même sens à πολιτεία et à πολίτευμα (Cf., par exemple, *infra,* 7, 1279 *a* 25).

La *Rhetor.,* I, 8, en entier, donne de brèves indications sur les constitutions.

et nous disons que la constitution aussi de ces deux
sortes d'États est différente ; et nous emploierons
le même langage pour les autres formes de gouvernement également.

15   Nous avons d'abord à déterminer les points
fondamentaux : en vue de quelle fin un État est-il
constitué, et combien y a-t-il d'espèces de l'autorité
ayant pour objet l'homme et sa vie en société[1].

Dans la première partie de ce traité[2] où se trouve
défini ce qui a rapport à l'économie domestique et
à l'autorité absolue du maître, nous avons indiqué
entre autres choses[3] que l'homme est par nature
un animal politique (et de là vient que, même quand
20   ils n'ont pas besoin de l'aide les uns des autres, les
hommes n'en désirent pas moins vivre en société),
ce qui n'empêche pas que l'utilité commune ne
contribue aussi à les réunir, en proportion de la
part de bonheur qui en rejaillit sur chaque individu.
C'est même certainement cette vie heureuse qui est
la fin principale d'une société, à la fois pour tous ses
membres pris collectivement et pour chacun d'eux
en particulier[4]. Mais c'est aussi dans le simple but de
vivre[5] que les hommes se réunissent et maintiennent
25   la communauté politique : car sans doute y a-t-il
déjà quelque chose de moralement louable dans le
seul fait de vivre pris en lui-même, aussi longtemps
du moins que les difficultés de l'existence n'excèdent
pas par trop la mesure. On voit d'ailleurs la majorité

---

1. Cf. la traduction de LAMBIN : *quot sunt imperii genera ad hominem* (les modes d'autorité relative à l'homme, et non aux animaux)
et ad vitae societatem (restriction nouvelle : il s'agit seulement de
l'homme vivant en société, quelle que soit d'ailleurs cette société :
famille, village, État) *pertinentis*. — Ces deux questions préalables
sont traitées successivement 1278 *b* 17-30 (Εἴρηται ... φυσικῆς) et
1278 *b* 30 *ad finem* (ἀλλὰ μήν).

2. I, 2, 1253 *a* 2.

3. L. 19, καί : parmi d'autres caractères (certains éditeurs suppriment καί). — Même l., μέν a pour corrélatif οὐ μὴν ἀλλά, l. 21.

4. L'État a pour fin de procurer le « bien vivre » général et le
« bien vivre » de chacun de ses membres : *et communiter quantum
ad omnes et sigillatim quantum ad unumquemque* (St THOMAS, 387,
p. 137). — L. 23, τοῦτο, à savoir τὸ ζῆν καλῶς, qui précède.

5. τοῦ ζῆν ἕνεκεν purement et simplement, et non plus τοῦ εὖ ζῆν.

des hommes endurer bien des souffrances dans leur
amour passionné de la vie, comme si cette dernière
renfermait en elle une certaine sérénité et une certaine
douceur tenant à sa nature même.

Mais assurément il est facile de distinguer les 30
différentes formes d'autorité dont nous parlons[1] :
et, effectivement, dans les discours exotériques[2]
nous avons souvent donné des explications détaillées
à leur sujet : l'autorité absolue du maître, bien que
l'esclave par nature et le maître par nature aient
en toute vérité les mêmes intérêts[3], ne s'en exerce pas
moins principalement dans l'intérêt du maître, mais 35
accidentellement elle envisage aussi l'intérêt de
l'esclave (puisqu'il est impossible, si l'esclave vient
à périr, que l'autorité du maître survive). D'autre
part[4], l'autorité du père sur les enfants et la femme,
ainsi que sur la maison tout entière, et que nous
appelons dès lors domestique, cette autorité s'exerce

---

1. Celles qui s'exercent sur des hommes vivant en société et dont
il a été question l. 16. Ar. va les passer en revue, l. 32 et ss.

2. Le sens de l'expression ἐν τοῖς ἐξωτερικοῖς λόγοις, l. 31,
qui revient à plusieurs reprises dans les écrits d'Ar., et notamment
infra, VII, 1, 1323 *a* 22 (Cf. *Ind. arist.*, 104 *b* 44 - 105 *a* 27), a donné
lieu à de longues discussions, dont on trouvera un résumé suffisant
dans W. D. Ross, *Métaph*, II, 408-410 (Voir aussi la note de notre
trad. de la *Métaph.*, II, 716-717). Malgré les arguments présentés par
W. Jaeger, *Aristotle* (éd. Robinson), p. 246 et ss., on admet généralement qu'Ar. désigne par cette expression (ou par l'expression
équivalente ἐν τοῖς ἐγκυκλίοις, comme dans *Eth. Nicom.*, I, 3,
1096 *a* 3) les écrits *répandus dans le public* et étrangers à l'École
péripatéticienne (ἐν κοινῷ, *de An.*, I, 4, 407 *b* 29). Dans le présent
passage, l'emploi de la première personne (διοριζόμεθα, l. 32) peut
faire hésiter sur le bien-fondé de l'interprétation courante. Peut-être
Ar. a-t-il en vue deux dialogues de jeunesse dont les titres figurent
au catalogue de Diogène (nᵒˢ 5 et 18) : le περὶ Πολιτικοῦ, en 2
livres (Sur ce dialogue, cf. E. Bignone, *l'Arist. perd.*, II, 97-102),
et le περὶ Βασιλείας, en 1 livre (Cf. P. Moraux, *les Listes anciennes
des ouvr. d'Ar.*, p. 38-39).

3. Sur l'esclave et le maître φύσει, et la conformité de leurs
intérêts, cf. I, 1, 1252 *a* 32 et ss.

4. Ar. passe de la *dominica potestas*, qui n'a en vue que l'intérêt
du maître, à la *potestas* qui s'exerce sur des personnes de condition
libre (*patria potestas*, *potestas* de certains arts...). C'est sous cette
dernière forme que sera rangée la *potestas* du chef politique : dans les
deux cas l'autorité a pour fin essentielle le bien des gouvernés.

soit dans l'intérêt exclusif des personnes qui y sont
soumises, soit en vue de quelque bien commun à la
fois aux deux parties, mais dans ce cas c'est en vertu
de son essence propre[1] qu'elle a pour objet le bien
40 des subordonnés, comme nous le voyons dans les
1279 a autres arts aussi, tels que la médecine et la gymnastique, où c'est seulement par accident que l'intérêt
de ceux qui les professent peut aussi entrer en ligne
de compte[2]. Rien n'empêche, en effet, le pédotribe
d'être à l'occasion lui-même l'un de ceux qui s'entraînent à la gymnastique, semblable en cela au
pilote, qui est toujours l'un des membres de l'équipage.
Assurément le pédotribe ou le pilote considère le
5 bien de ceux qui sont sous ses ordres, mais quand
il est devenu lui-même l'un d'eux, c'est seulement
par accident qu'il a part aux avantages de son art :
car le pilote est un marin, et le pédotribe devient
l'un de ceux qui s'entraînent à la gymnastique,
tout en étant un pédotribe. De là vient[3] qu'en ce

---

1. Sur l'opposition de καθ' αὐτό et κατὰ συμβεβηκός, cf. *Ind.
arist.*, 714 b 5-25 (nombreux exemples). Voir par exemple *Métaph.*,
Δ, 7, 1017 a 10-12 : quand nous disons que le musicien bâtit une
maison, c'est parce qu'il se rencontre, qu'il arrive accidentellement,
que le musicien est architecte.

2. Cf. *Phys.*, II, 1, 192 b 23 et ss. (avec le comm. d'HAMELIN,
Arist. Phys. II, p. 39). Cf. aussi *Républ.*, I, 341 d.

3. A savoir, parce que l'autorité du père de famille et celle qui
s'exerce dans les arts sont (à la différence de l'autorité du maître
sur l'esclave) essentiellement pour l'avantage des subordonnés, et
accidentellement seulement pour l'avantage du supérieur. A ces
deux formes de l'autorité AR. rattache ainsi l'autorité politique.
Et pour prouver que c'est bien dans l'intérêt général, et non dans
celle des gouvernants, qu'elle s'exerce, il s'appuie sur le fait (l. 9 et
ss.) que dans une constitution normalement fondée sur l'égalité
absolue de tous les citoyens, ceux-ci prétendent au droit de *gouverner*
tour à tour (κατὰ μέρος ἄρχειν, l. 10) et, en contre-partie, d'*assumer*
à tour de rôle les charges de l'État (λειτουργεῖν, l. 11), sans en tirer
d'autre bénéfice que celui qu'on peut retirer n'importe quel citoyen.
Cette interversion perpétuelle de rôle entre gouvernants et gouvernés
est le signe que l'État est vraiment constitué en vue de l'intérêt
général. Il en était bien ainsi autrefois (πρότερον, l. 12), mais il en
est tout différemment aujourd'hui (νῦν δέ, l. 13) : à cause des avantages de toutes sortes que procure l'exercice du pouvoir, on veut
rester en charge le plus longtemps possible.
Sur cette argumentation, cf. le bon exposé de NEWMAN, I, 244-
245.

qui regarde aussi les fonctions d'ordre politique,
quand l'État est fondé sur l'égalité des citoyens et
leur parfaite similitude, ceux-ci prétendent au droit
de gouverner à tour de rôle : à une époque plus 10
ancienne[1], chacun, comme il est normal, prétendait
ainsi assumer les charges à son tour et demandait
qu'en revanche quelqu'autre veillât à ses propres
intérêts, de la même façon que précédemment
lui-même, quand il était en fonctions, avait veillé
aux intérêts d'autrui[2]. Mais de nos jours, en raison
des avantages matériels qu'on retire des biens de
l'État et de ceux qu'on retire de l'exercice de l'autorité, on souhaite demeurer continuellement en
fonctions : tout se passe comme si le pouvoir conser- 15
vait toujours en bonne santé ceux qui le détiennent,
si malingres fussent-ils, auquel cas on doit s'attendre
à une belle ruée vers les emplois publics[3].

On voit par suite que toutes ces constitutions qui
ont pour but l'intérêt commun, sont, en fait, des
formes correctes, en accord avec les stricts principes
de la justice[4] ; celles, au contraire, qui n'ont en vue
que l'intérêt personnel des dirigeants sont défectueuses et sont toutes des déviations des constitutions 20
normales, car elles ont un caractère despotique[5]
tandis que l État n'est autre qu'une communauté
d'hommes libres[6].

1. Cf. Isocrate, *Aréop.*, 24 (à savoir au temps de la toute-puissance de l'Aréopage). — L. 11, ἦ πέφυκε = ὡς πεφ. (*Ind. arist.*,
833 *a* 36-37).

2. Voir *supra*, II, 2, 1261 *a* 37-*b* 6. — Lambin a traduit élégamment ce difficile passage : ... *aequum esse existimantes, se pro sua
virili parte, munus publicum obire et sustinere, et contra aliquem alium
ipsius bonum procurare, quemadmodum ipse antea magistratum gerens
illius utilitati consulebat.*

3. *Sicut infirmi appetunt sanitatem* (Sᵗ Thomas, 389, p. 137).

4. Cf. *infra*, 12, 1287 *b* 17, où la justice est identifiée à l'intérêt
général.

5. Qui les apparente fâcheusement à l'ἀρχὴ δεσποτική, qu'Ar.
a écartée plus haut.

6. Cf. *infra*, IV, 11, 1295 *b* 21-22.

7

*<Les différentes sortes de constitutions. Les
constitutions correctes et leurs déviations.>*

Ces points une fois déterminés, nous avons ensuite
à examiner quel est le nombre des différentes sortes
de constitutions et ce qu'elles sont, et tout d'abord
à étudier leurs formes correctes, les déviations devant
apparaître d'elles-mêmes quand les premières auront
été définies[1].

25   Les termes *constitution* et *gouvernement* ont la
même signification[2], et le gouvernement est l'autorité
souveraine des États, autorité souveraine qui est
nécessairement aux mains soit d'un seul, soit d'un
petit nombre, soit de la masse des citoyens. Quand

---

1. Dans le *Politique* (297 c à 303 b ; cf. A. Diès, *Introd.* à l'éd.
G. Budé, 1935, p. LVIII-LIX) et surtout au livre VIII de la *République*
(544 c et ss. ; cf. A. Diès, *Introd.* à l'éd. G. Budé, 1932, I, p. LXXXIX-
CVIII), PLATON, s'inspirant sans doute de travaux antérieurs (voir
par exemple HÉROD., III, 80-82), s'était appliqué à une étude comparée des diverses sortes de constitutions en vue de l'établissement de
sa cité idéale. AR., dans sa propre classification des πολιτεῖαι,
tout en s'écartant des vues platoniciennes, s'est manifestement
inspiré de la division adoptée par son prédécesseur.
      La question des constitutions est traitée *ex professo* dans le présent
livre de la *Politique*, et le ch. 7 est le texte essentiel. Il faut y ajouter
IV, 1-10 ; VI, 1-8, ainsi que *Eth. Nicom.*, VIII, 12, 1160 b 31-1161 a
9 (p. 410-414 de notre traduction). Un bref passage de *Rhetor.*, I, 8,
1365 b 29-1366 a 8, de portée restreinte, retient quatre formes de
constitution : démocratie, oligarchie, aristocratie, monarchie. AR.
y qualifie de régime *censitaire* ou *timocratique* (1365 b 33 ; cf. aussi
Eth. Nicom., 1160 a 33) non plus la πολιτεία, mais l'oligarchie.
      Sur la classification aristotélicienne des constitutions, on consul-
tera les importants commentaires de NEWMAN, I, 214-225 ; II, 385-
401 ; III, XXVII-XVIII. On verra aussi les exposés substantiels de
L. ROBIN, *la Pensée gr.*, 329-331 ; *Arist.*, 282-283 ; de H. JOACHIM,
The Nicom. Ethics, Oxford, 1951, 251-253 ; de T. A. SINCLAIR,
Hist. de la pensée pol. gr., trad. fr., p. 231 et suivantes.

2. Parce que la πολιτεία a pour principal objet d'organiser le
πολίτευμα, organe suprême de l'État : cf. *supra*, 6, 1278 b 10 et ss.,
et la note.

le détenteur unique de l'autorité, ou le petit nombre, ou la masse, gouvernent en vue de l'intérêt commun, ces constitutions sont nécessairement des constitutions correctes[1], tandis que les gouvernements qui ont en vue l'intérêt particulier soit d'un seul, soit du petit nombre, soit de la masse, sont des déviations des types précédents. Ou bien, en effet, ceux qui font partie de l'État ne doivent pas être appelés des citoyens ou bien ils doivent participer aux avantages de la communauté[2].

Parmi les formes de gouvernement de type monarchique, nous avons coutume de désigner du nom de *royauté* celle qui prend en considération l'intérêt commun ; quand l'autorité est exercée par un petit nombre, dépassant toutefois l'unité, c'est une *aristocratie* (appelée ainsi, soit parce que ce sont les meilleurs qui gouvernent, soit parce qu'on y a en vue le plus grand bien pour la cité et ses membres). Quand, enfin, c'est la multitude qui administre l'État en vue de l'utilité commune, le gouvernement est appelé du nom commun à toutes les constitutions, à savoir une *république* proprement dite[3], et c'est là un fait bien naturel[4] : car s'il est possible qu'un seul

---

1 Car elles sont seules conformes à la notion *d'utilité générale*, impliquée dans la notion d'État.

2. En d'autres termes : tous les membres de l'État, s'ils sont vraiment citoyens, doivent avoir part à ses avantages.

3. Sur le sens de πολιτεία au sens strict, qui signifie *gouvernement constitutionnel* et *légal*, *république modérée*, gouvernement en fait des *classes moyennes*, et qui a toutes les préférences d'Ar., cf. *supra*, I, 1, 1252 *a* 15.

4. Cette absence de désignation particulière pour le gouvernement populaire est pour Ar. *un fait normal* (συμβαίνει δ᾽ εὐλόγως, l. 39). Mais cette expression a soulevé de graves difficultés. A l'exception de Thurot, 42-44 (qui suppose même une lacune dans le texte) et de Bernays, lesquels rapportent ces mots à ce qui suit, mais dont l'interprétation est forcée, on admet généralement que συμβ. δ᾽ εὐλ. a pour but de préciser ce qui précède. Nous adoptons pour notre compte cette explication, qui remonte au moins à Gifanius (ou Giphanius, Hubert von Giffen, commentateur dont l'œuvre fut éditée en 1608). Il est normal, veut dire Ar., qu'à la différence du régime monarchique ou aristocratique, la « république » n'ait pas de dénomination spéciale. Si rares sont, en effet, les démocraties véritables, celles où la vertu règne (Cf. IV, 7, 1293 *a* 39), qu'on n'a pas

40 individu ou un petit nombre d'individus l'emportent
en vertu, par contre il est dès lors difficile qu'un
nombre d'hommes plus considérable atteigne la
1279 b perfection en toute espèce de vertu (perfection qui
cependant est atteinte dans la valeur militaire,
puisque celle-ci surgit au sein des masses ; et par
suite c'est dans cette dernière forme de gouvernement
que la classe combattante détient le pouvoir suprême
et que ceux qui portent les armes ont part au
pouvoir)[1].

  Les formes dont nous venons de parler subissent
5 des déviations : la tyrannie est une déviation de la
royauté, l'oligarchie, de l'aristocratie, et la démocratie, de la république proprement dite. La tyrannie
en effet, est une monarchie ayant en vue le seul
intérêt du monarque, l'oligarchie a en vue l'intérêt
des riches, et la démocratie celui des indigents[2],
et aucune de ces formes de gouvernement n'a égard
10 à l'utilité commune.

cru utile de marquer, par un nom approprié, la valeur morale des
gouvernants, comme on l'a fait pour la royauté et l'aristocratie,
où les ἄριστοι sont à la tête de l'État. Sylv. Maurus, 572[1], a compris
également le passage de cette façon. Voici au surplus le texte de
Giphanius (dans Newman, III, 193-194, qui approuve son interprétation) : *cur autem huic reipublicae potius acciderit id quam aliis,
ut suo vacans nomine dicatur communi, rationem reddit* Ar. ; *quia vix
accidat ut multi virtute praediti bonum spectent publicum: facilius
unus aut pauci reperiuntur tales, multi difficillime. Quare factum est
ut regnum et aristocratia essent nota vocabula, multorum respublica
vix esset nota et proinde nomine vacans.*

  1. Tous les combattants valides (en excluant bien entendu les
enfants et les vieillards) sont citoyens, et tous les citoyens sont
combattants. — Sur τὸ προπολεμοῦν, l. 3, cf. *supra*, II, 6, 1264 b 33,
note.

  2. Nous traduisons, pour simplifier, εὔπορος par *riche*, et ἄπορος par
pauvre (ou *indigent*), et nous continuerons ainsi par la suite. Mais, d'une
façon plus précise, εὔπορος est *celui qui est dans l'aisance*, et ἄπορος
celui qui est dans la gêne, qui ne peut pas, comme on dit, « joindre les
deux bouts ». Le sens de ces termes est donc moins fort que celui de
πλούσιος et de πένης. Il n'est pas sans intérêt de signaler cette
nuance pour apprécier la position sociale du personnel dirigeant
dans les divers régimes politiques.

8

<Nature véritable de l'oligarchie et de la démocratie.>

Mais nous devons nous étendre un peu davantage sur la nature de chacune de ces constitutions, car il se pose certaines difficultés à leur sujet. Et celui qui, dans chaque ordre de recherche, adopte une attitude philosophique et ne se borne pas à considérer le côté pratique des choses, a pour caractère distinctif de ne rien négliger ni omettre, mais au contraire de 15 mettre en évidence la vérité en chaque cas[1].

Une tyrannie est, comme nous l'avons dit[2], une monarchie, dont le pouvoir sur la communauté politique est de type despotique[3] ; il y a oligarchie quand les détenteurs de la fortune ont la haute main sur le gouvernement, et démocratie quand, au contraire, ce ne sont pas ceux qui possèdent de grands biens qui gouvernent, mais ceux qui sont dans la gêne[4]. Or une première difficulté se rapporte à la 20 distinction que nous proposons[5]. Supposons, en effet, que la majorité soit composée de gens riches et détienne le pouvoir dans la cité, alors qu'il y a démocratie quand le pouvoir appartient au grand nombre ; pareillement, prenons le cas opposé, et supposons qu'en un endroit quelconque les indigents, tout en étant moins nombreux que les riches, soient plus forts qu'eux et maîtres de l'État, alors que là où un petit nombre est au pouvoir on dit que c'est une 25

1. Même idée *de Coelo*, II, 5, 287 *b* 28 (p. 80-81 de notre trad.). — Le terme μέθοδος, qui signifie souvent *via et ratio inquirendi, recherche, enquête, marche régulière, discipline, méthode* (*Ind. arist.*, 449 *b* 43), a, dans le présent passage, le sens de *disputatio ac disquisitio* ; il équivaut à *disciplina*, et il est synonyme de πραγματεία (*Ind. arist.*, 449 *b* 60 et 450 *a* 5 ; cf. aussi Bonitz, *in Métaphys.*, 58).
2. 7, 1279 *b* 6.
3. C'est-à-dire analogue à la *dominica potestas*, telle qu'elle a été analysée *supra*, 6, 1278 *b* 32 et ss.
4. Cf. la note sous 7, 1279 *b* 9.
5. Entre les diverses constitutions.

oligarchie : dans ces conditions, il peut sembler que
notre définition des différentes formes de gouvernement ne soit pas exacte[1]. Mais on peut lier à la
notion de richesse celle de petit nombre[2], et à la
notion d'indigence celle de grand nombre, et donner
aux constitutions des dénominations répondant à
ces deux caractéristiques à la fois, appelant oligarchie
le régime dans lequel la minorité riche exerce le
pouvoir, et démocratie celui dans lequel c'est au
30 contraire la majorité pauvre qui gouverne. Une
autre difficulté surgit alors : quels noms, en effet,
donnerons-nous aux deux constitutions que nous
venons de décrire, dans lesquelles les riches tout en
étant en majorité ou les pauvres en minorité, n'en
sont pas moins les uns et les autres à la tête de leurs
États respectifs, s'il n'existe aucune autre forme de
gouvernement en dehors de celles que nous avons
indiquées ? L'argument, par suite, semble montrer
35 que le nombre de ceux qui gouvernent, soit le petit
nombre comme dans les oligarchies, soit le grand
nombre comme dans les démocraties, est un simple
accident, dû au fait que partout les riches sont en
minorité, et les pauvres en majorité (et c'est pourquoi,

1. En ce sens que l'oligarchie ne sera pas forcément le gouvernement du petit nombre, ni la démocratie le gouvernement du grand
nombre.

2. Nous venons de voir que la définition de l'oligarchie et de la
démocratie d'après une simple différence numérique, *ne répond pas
à la réalité* (οὐκ ἂν καλῶς δόξειεν, l. 25). Mais pourquoi alors ne pas
adopter une définition reposant à la fois sur les notions de majorité
ou de minorité, et de pauvreté ou de richesse (la démocratie étant une
majorité pauvre, et l'oligarchie une minorité riche) ? Nous avons
ainsi deux caractères au lieu d'un seul pour définir l'oligarchie ou la
démocratie. Ar. va montrer que toute difficulté n'est pas pour cela
écartée (ἄλλην ἀπορίαν ἔχει, l. 30) : où et comment classer ces
constitutions que nous avons décrites (ἄρτι λεχθείσας, l. 31), où les
pauvres sont en minorité et gouvernent, et où les riches gouvernent
et sont en majorité ? La *conclusion* du raisonnement (ἔοικε τοίνυν,
l. 34) sera que la différence vraiment essentielle entre oligarchie et
démocratie n'est pas de nature numérique, mais qualitative : c'est
la richesse et l'indigence qui caractérisent ces régimes, indépendamment du nombre grand ou petit de ceux qui exercent le pouvoir,
lequel nombre est un simple *accident* (συμβεβηκός, l. 36) et non une
différence proprement dite.

en fait, ce ne sont pas les causes que nous avons assi-
gnées qui sont à l'origine des différences entre ces
deux types de constitution)[1], mais que la différence
véritable qui sépare la démocratie et l'oligarchie   40
l'une de l'autre, c'est la pauvreté et la richesse ;
et il en résulte nécessairement que partout où les   **1280 a**
dirigeants doivent leur pouvoir à la richesse, qu'ils
soient une minorité ou une majorité, nous sommes en
présence d'une oligarchie, et que là où ce sont les
pauvres qui gouvernent, c'est une démocratie :
mais c'est là un simple accident[2], ainsi que nous
l'avons dit, que les riches soient en minorité et les
pauvres en majorité : c'est qu'effectivement il n'y a
qu'un nombre restreint de gens riches, tandis que la
liberté est le partage de tous ; et la richesse et la   5
liberté sont les raisons invoquées par les uns et les
autres pour réclamer le pouvoir[3].

9

<*La vertu, fin véritable de l'État.*>

Il nous faut d'abord bien connaître quelles normes[4]
sont généralement données de l'oligarchie et de la
démocratie, et ce qu'on entend par *juste* à la fois
dans l'hypothèse oligarchique et dans l'hypothèse
démocratique.

Les partisans de ces deux systèmes s'attachent,

---

1. Parenthèse difficile : cf. NEWMAN, III, 197. — L 38, διό :
à savoir, parce que le grand nombre et le petit nombre sont de purs
accidents ; l. 39, αἰτίας = le grand nombre et le petit nombre.

2. L. 3, ἀλλά répond à μέν, l. 1280 a 1.

3. *Pauci volunt praeesse propter excessum divitiarum, et multi
volunt praevalere paucis, quasi aequivalentes eis propter libertatem*
(Sᵗ THOMAS, 398, p. 140).

4. Ou quelles définitions : cf. *Ind. arist.*, 529 b 44, qui définit
ὅρος : *id quo alicujus rei natura constituitur et definitur.*

Le ch. 9, par la pénétration et la sûreté de l'analyse, est un des
plus importants de tout le traité. On en trouvera un bref mais fidèle
résumé dans W. D. Ross, *Aristote* (trad. fr.), p. 350-352.

en effet, les uns et les autres[1] à une certaine notion
du juste, mais ils s'arrêtent en chemin et n'expriment
10 pas dans sa totalité ce qui est juste au sens absolu[2].
Par exemple, il apparaît <aux tenants de la démo-
cratie> que le juste est quelque chose d'égal, et il
l'est en réalité, non pas cependant pour tous, mais
pour ceux qui sont égaux[3] ; et l'inégal semble <aux
tenants de l'oligarchie> être quelque chose de juste,
et il l'est en effet, seulement il ne l'est pas pour tous,
mais pour ceux qui sont inégaux : or les partisans
de la démocratie, comme ceux de l'oligarchie,
suppriment ce qui a rapport aux personnes, et portent
ainsi un jugement erroné. La raison en est qu'ils
15 sont ici juges de leur propre cause, et on peut dire
que la plupart des hommes sont mauvais juges
quand leurs intérêts personnels sont en jeu. Et
ainsi, étant donné que ce qui est juste l'est à l'égard
de certaines personnes, et que, dans la distribution,
la proportion doit être la même à la fois pour les
choses et pour les personnes, ainsi que nous l'avons
indiqué antérieurement dans l'*Éthique*[4], les deux

1. A la suite de Susemihl et de Newman (III, 198), nous donnons
à πάντες, l. 9, le sens de ἀμφότεροι (cf. aussi *Ind. arist.*, 571 *b* 50),
et nous traduisons en conséquence.

2. Partisans du régime oligarchique et partisans du régime démocratique ne considèrent pas la justice *simpliciter*, mais une certaine
justice, *secundum quid* (cf. les développements du Ps.-Thomas
[= Pierre d'Auvergne], 399 et 400, p. 142). — L. 11 et 13 les mots
entre crochets ont été ajoutés pour préciser la pensée d'Ar.

3. En d'autres termes, l'égalité semble être juste et l'est en effet,
mais entre égaux, non entre tous.

4. Dans l'*Éthique à Nicom.*, V, 6, 1131 *a* 15 à 1131 *b* 8 (p. 227-
230, et notes, de notre trad.), Ar. explique le mécanisme de la justice
distributive, et son exposé s'harmonise sans peine avec le présent texte.
La justice distributive est pour Ar. une médiété proportionnelle
entre deux inégalités, et cette médiété est l'*égal* (τὸ ἴσον). Si les
personnes entre lesquelles le partage s'effectue sont *égales* (τοῖς
ἴσοις, l. 12), les parts devront être égales, et si les personnes sont
inégales (τοῖς ἀνίσοις, l. 13) les parts devront être inégales, le
juste consistant à traiter inégalement des facteurs inégaux ; et la
proportion, la *ratio*, qui existe entre les *choses à partager* (ἐπὶ τῶν
πραγμάτων, en l'espèce les avantages du pouvoir) est aussi celle
(τὸν αὐτὸν τρόπον, l. 13) qui existe entre les *copartageants* (οἷς,
l. 17). Le juste est ainsi une sorte de proportion qui suppose *quatre*

parties sont bien d'accord sur l'égalité de la chose, mais ne s'entendent plus sur celle des personnes, principalement pour la raison que nous venons de donner, à savoir qu'on est mauvais juge de ses propres intérêts ; une seconde raison, c'est que les adversaires parlent l'un et l'autre de ce qui est juste jusqu'à un certain point, tout en s'imaginant parler de ce qui est juste au sens absolu. Les uns[1],

20

termes, *deux* attributaires et *deux* parts à assigner, et on obtient les équations suivantes, où A et B désignent les personnes, et Γ et Δ les choses :

$$\frac{A}{B} = \frac{\Gamma}{\Delta}, \text{ d'où } \frac{A}{\Gamma} = \frac{B}{\Delta}, \text{ d'où enfin } \frac{A+\Gamma}{B+\Delta} = \frac{A}{B}.$$

Cette σύνθεσις signifie qu'on donnera à A la part Γ, et à B la part Δ ; A et B recevront ainsi une juste part, qui est le moyen terme entre les mérites des deux copartageants. Les parts étant ainsi proportionnées aux personnes, celles-ci, après les avoir reçues (A+Γ, B+Δ), restent dans la même relation qu'auparavant $\left(\frac{A}{B}\right)$, ce qui satisfait la justice ἁπλῶς.

Or, ceci posé, que demandent, poussés par leur *intérêt personnel* (περὶ αὐτῶν, l. 15 ; περὶ τῶν οἰκείων, l. 16) les avocats du régime démocratique et ceux du régime oligarchique (οἱ δέ, l. 13, c'est-à-d. ἀμφότεροι) ? Ils considèrent seulement les *choses* à partager (les avantages du pouvoir), et *laissent de côté* (ἀφαιροῦσι, l. 13) les diversités entre copartageants. Ainsi les démocrates, en proclamant que la justice consiste dans l'égalité, aboutissent à une égalité purement matérielle, destructive de toute égalité et de toute justice véritables : c'est une justice à leur point de vue *(secundum quid)* et non la justice *simpliciter*. De même les partisans de l'oligarchie, en désirant que les avantages du pouvoir demeurent réservés à ceux qui surpassent les autres en richesses, raisonnent dans l'hypothèse d'une justice *secundum quid :* ils oublient qu'il existe d'autres sources d'inégalité que la richesse, et qu'au surplus subsiste un facteur commun d'égalité, à savoir l'*état d'homme libre* (ἐλευθερία), qui est l'apanage de tous.

On se reportera aussi à V, 1, 1301 *a* 25 et ss., et les notes.

1. Cf. V, 1, 1301 *a* 28 et ss. — L. 22, οἱ μέν désigne les partisans de l'oligarchie, et οἱ δέ, l. 24, ceux de la démocratie. Les uns et les autres prennent en quelque sorte la partie pour le tout, en confondant politique et économique. Ce n'est pas parce qu'on l'emporte en richesses qu'on l'emporte dans tout le reste ; et ce n'est pas parce que tous les citoyens sont libres et égaux au sens politique qu'ils doivent se partager également les biens.

Sur le sens de ἐλευθερία, l. 24, cf. NEWMAN, I, 248, dont les arguments ne nous paraissent pas convaincants : nous pensons qu'il s'agit ici de la *liberté politique*, et non de la naissance libre.

en effet, s'ils sont inégaux sur un point déterminé,
par exemple en richesses, se croient inégaux en tout ;
et les autres, s'ils sont égaux sur un point déterminé,
par exemple en liberté, se croient égaux en tout.
Mais ils passent sous silence ce qu'il y a de plus
25 important[1]. Si, en effet, les hommes s'associaient
et se réunissaient en vue seulement de la prospérité
matérielle, leur participation au gouvernement de
la cité devrait être exactement proportionnée à leur
part dans la propriété, de sorte que l'argument des
champions de l'oligarchie apparaîtrait d'une grande
force (car il n'est pas juste que l'associé qui, sur un
capital de cent mines, a fait un apport d'une mine,
obtienne une part égale à celle de l'associé qui a
30 versé tout le reste du capital, que   la répartition
porte sur le capital initial ou sur les profits qui s'y
ajoutent). Mais les hommes[2] ne s'associent pas en
vue de la seule existence matérielle, mais plutôt
en vue de la vie heureuse[3] (car autrement une collectivité d'esclaves ou d'animaux serait un État, alors
qu'en réalité c'est là une chose impossible, parce que
ces êtres n'ont aucune participation au bonheur ni
à la vie fondée sur une volonté libre)[4], et ils ne
s'associent pas non plus pour former une simple
35 alliance défensive contre toute injustice, et pas

---

1. A savoir, la fin, d'ordre moral, qui a déterminé la fondation
de la cité.

2. L. 31, la protase εἰ δέ n'est suivie d'aucune apodose, et tout le
développement qui suit, jusqu'aux dernières lignes du chapitre,
entremêlé de digressions et de parenthèses, est grammaticalement
incohérent. Thurot, 44, et les commentateurs à sa suite estiment
que, en ce qui concerne le sens, il faut chercher l'apodose l. 1281 a
4 : διόπερ ὅσοι. En tout cas, après ἀλλήλους, l. 36, le discours est
brusquement interrompu. Mais, en dépit des défectuosités de la
construction, la pensée d'Ar. est relativement facile à dégager.
Pour donner une traduction intelligible, nous avons dû remplacer
la proposition conditionnelle du début par une simple affirmative,
et nous avons pris des libertés avec la ponctuation de Immisch.

3. Ou, en fin de compte, vertueuse (Cf. I, 2, 1252 b 30 ; 9, 1258 a 1).

4. Cf. Eth. Nicom., X, 6, 1177 a 8 (p. 508, et note 2, de notre
trad.) : l'esclave n'est qu'un instrument animé (cf. aussi VIII, 13,
1161 b 4), et n'a pas de vie propre, mais seulement une vie dépendant
de celle de son maître et soustraite à toute προαίρεσις (Cf. supra,
I, 13, 1260 a 12).

davantage en vue seulement d'échanges commerciaux et de relations d'affaires les uns avec les autres[1] : car à ce compte les Tyrrhéniens et les Carthaginois[2], ainsi que tous les peuples liés entre eux par des traités de commerce, seraient comme des citoyens d'un seul État. Or, il existe bien, en vérité, chez eux des conventions réglementant les importations, des traités interdisant les injustices réciproques, et des alliances constatées par écrit. Mais il n'y a pas de 40 magistratures communes à toutes les parties contractantes, établies pour faire respecter ces engagements[3], et chaque pays conserve ses propres magistrats. **1280 b** Aucun des États signataires non plus ne se soucie de la moralité des citoyens de l'autre État, ni ne prend soin d'empêcher qu'aucun de ceux qui tombent sous les termes des traités se montre injuste ou vicieux de quelque façon : le seul objet de ces accords est d'éviter que les citoyens d'un pays ne fassent tort à ceux de l'autre. Tous les États qui, au contraire, se préoccupent d'une bonne législation[4], portent une attention sérieuse à ce qui touche la vertu et le 5 vice chez leurs citoyens. Par où l'on voit aussi que la vertu doit être l'objet du soin vigilant de l'État véritablement digne de ce nom et qui ne soit pas un État purement nominal, sans quoi la communauté devient une simple alliance, qui ne diffère des autres alliances conclues entre États vivant à part les uns des autres que par la position géographique[5] ; et la loi n'est alors qu'une convention, elle est, suivant 10 l'expression du sophiste Lycophron[6], une simple

---

1. Comme le prétend Platon, dans *Républ.*, II, 369 *a* et ss.

2. Carthage avait conclu des traités de commerce avec plusieurs villes des côtes d'Etrurie (les Tyrrhéniens sont les Étrusques). — Sur les σύμβολα, l. 37, cf. *supra*, III, 1, 1275 *a* 10, note.

3. Sur le sens de ἐπὶ τούτοις, l. 40, cf. Newman, III, 204. Nous adoptons l'interprétation de Susemihl, suivie par B. Jowett et H. Rackham, de préférence à celle de Bonitz (*Ind. arist.*, 268 *b* 8).

4. L'εὐνομία (l. 6) étant la fin de l'art politique (*Eth. Nicom.*, III, 5, 1112 *b* 14).

5. L'unité de territoire.

6. Sur la position artificialiste des Sophistes, cf. notre note sous I, 2, 1252 *a* 24. Voir aussi III, 2, 1275 *b* 26 et ss. — Lycophron, élève de Gorgias, est encore mentionné *de Soph. El.*, 15, 174 *b* 32 ; *Phys.*,

caution garantissant les rapports de justice entre les hommes, mais elle est impuissante à rendre les citoyens bons et justes.

Que les choses se passent réellement de cette façon[1], cela est manifeste. Supposons, en effet, qu'on réunisse en un seul les territoires de deux cités, Mégare et Corinthe par exemple, de façon que leurs murailles forment une enceinte continue :
15 il n'y aurait pas pour autant une seule cité, même si les habitants s'alliaient entre eux par des mariages, ce qui est pourtant l'un des actes de communauté caractérisant particulièrement les États. Pas davantage on ne serait en présence d'un État véritable, si des hommes habitaient à l'écart les uns des autres, non pas toutefois assez loin pour n'avoir entre eux aucune relation, mais qu'ils fussent soumis à des lois les empêchant de se causer mutuellement du tort
20 dans leurs transactions. Supposons, par exemple, l'un d'entre eux charpentier, un autre laboureur, un autre cordonnier, un autre enfin exerçant un métier analogue ; leur nombre atteignît-il dix mille[2], s'ils n'ont néanmoins d'autres rapports entre eux que ceux qui résultent d'opérations telles que le troc ou une alliance défensive, ce ne sera pas encore là un État. Quelle en est donc la cause ? Ce n'est sûrement pas parce que leur communauté est dispersée :
25 car même en admettant qu'une communauté de cette sorte[3] fût concentrée en un seul endroit (chacun

---

I, 2, 185 *b* 18 ; *Métaph.*, H, 6, 1045 *b* 10. Sur ce personnage, cf. ZELLER, *Ph. d. Gr.*, I⁵, 1069, 3 (= 476, 2, trad. E. BOUTROUX) ; F. UEBERWEG, *Grundr.*, I³, 118.

1. A savoir, que la cité ne mérite ce nom que si elle a pour objet le bonheur et la vertu des citoyens. La cité a une fin morale, et elle est elle-même un être moral (cf. NEWMAN, I, 249).

2. PLATON (*Républ.*, II, 369 *b* et ss.) fondait la société humaine sur le besoin qu'ont les hommes les uns des autres et sur la nécessité d'une division du travail. AR., pour montrer l'insuffisance de cette conception purement économique, suppose une nombreuse population assurant une division lus parfaite du travail et une prospérité matérielle accrue : même dans ce cas, l'absence de tout facteur moral s'oppose à la constitution d'un État.

3. C'est-à-dire, formée en vue des échanges et de la défense commune.

néanmoins faisant jouer à sa propre maison le rôle
d'un État)[1] et que ses membres se portassent mutuellement secours en vertu d'une sorte d'alliance limitée
à la défense contre d'injustes agresseurs, eh bien !
même alors, des yeux pénétrants ne sauraient reconnaître à cette agglomération le caractère d'un État,
si du moins les relations entretenues par les intéressés
après leur concentration étaient de même nature
qu'au temps où ils vivaient dispersés[2]. On voit donc
que la cité n'est pas une simple communauté de lieu,
établie en vue d'empêcher les injustices réciproques
et de favoriser les échanges[3]. Sans doute, ce sont
là les conditions qui doivent être nécessairement
réalisées si l'on veut qu'un État existe ; néanmoins,
en supposant même présentement réunies toutes
ces conditions, on n'a pas pour autant un État.
Mais l'État, c'est la communauté du bien-vivre et
pour les familles et pour les groupements de familles[4],
en vue d'une vie parfaite et qui se suffise à elle-même.
Pourtant pareille communauté ne se réalisera que
parmi ceux qui habitent un seul et même territoire
et contractent mariage entre eux. De là sont nés
dans les cités, à la fois relations de parenté, phratries,
sacrifices en commun et délassements de société.

1. Chaque famille conserve son indépendance dans l'alliance
qu'elle contracte, pour les besoins de la défense commune, avec les
autres familles, tout comme, sur une plus grande échelle, un État
s'allie avec un autre État.

2. Cf. Lambin : *si quidem similiter una inter se communicarent
et congrederentur congregati atque disparati.* — La traduction proposée
par M. Defourny (472, note) n'est pas exacte.

3. Cf. *Protag.*, 322 *b*. — L. 31, χάριν gouverne τοῦ μὴ ἀδικεῖν et
τῆς μεταδόσεως.

4. Une πόλις est une κοινωνία à laquelle participent les foyers
et les familles (et non les individus en tant que tels : cf. *supra*, l. 25).
Un État n'est donc pas, comme dans la conception révolutionnaire
moderne, une collectivité d'individus isolés, mais une communauté
de familles et de villages (car γένη, l. 34, a pratiquement le sens de
κῶμαι).

Sur la notion de γένος, cf. Fustel de Coulanges, la *Cité ant.*,
p. 113 et ss. Comme la *gens* romaine, le γένος est une *famille* (οἰκία)
plus étendue : c'est l'association naturelle de toutes les familles possédant un ancêtre commun agnatique. Plusieurs γένη forment une
φρατρία.

Or ces diverses formes de sociabilité sont l'œuvre de
l'amitié, car le choix délibéré de vivre ensemble
n'est autre chose que de l'amitié[1]. Aussi, tandis que
la fin de l'État est la vie de bonheur, ces diverses
40 associations existent en vue de la fin[2]. Et un État
est la communauté des familles et des villages dans
1281 a une vie parfaite et indépendante[3], c'est-à-dire,
selon nous, dans le fait de vivre conformément au
bonheur et à la vertu. Nous devons donc poser en
principe que la communauté politique existe en
vue de l'accomplissement du bien, et non pas seulement en vue de la vie en société. C'est précisément
pourquoi ceux qui apportent la contribution la plus
5 importante à une société fondée sur ces bases ont
dans l'État une part plus grande que ceux qui,
tout en leur étant égaux ou même supérieurs en
liberté et en naissance, leur sont inégaux en vertu
civique, ou que ceux qui, tout en les dépassant en
richesses, leur sont inférieurs en vertu[4].

Ainsi donc, en ce qui concerne les différentes

---

1. Le συζῆν est le caractère principal de l'amitié (*Eth. Nicom.*,
VIII, 7, 1157 b 18). — On n'oubliera pas que, dans la terminologie
d'Ar., le terme φιλία exprime, d'une façon générale, tout sentiment
d'affection et d'attachement pour les autres, qu'il soit spontané ou
réfléchi, dû aux circonstances ou au libre choix : amitié proprement
dite, amour, bienveillance, bienfaisance, philanthropie. C'est en
somme l'*altruisme*, la *sociabilité*. La φιλία est le *lien social* par
excellence, qui maintient l'unité entre les citoyens d'une cité, ou
entre les camarades d'un groupe, ou les associés d'une affaire. On
sait qu'Ar. a consacré le livre VIII tout entier de l'*Eth. Nicom.*
à l'étude de l'*amitié*.

2. La fin de l'État est τὸ εὖ ζῆν, lequel suppose τὸ ζῆν. Mais la
vie en commun est le *résultat* (ἔργον, l. 38) de la φιλία, de l'attirance
mutuelle. Les diverses formes de sociabilité (ταῦτα, l. 40, est τὸ
τοιοῦτον, l. 38) sont des *moyens* (τοῦ τέλους χάριν, l. 40) pour réaliser
l'amitié, et sont par suite ordonnées à la cité elle-même.

3. On omet χάριν, l. 1281 a 1. — Sur la pensée, cf. *supra*, I, 2,
1252 b 27 ; *Eth. Nicom.*, I, 5, 1097 b 6.

4. La conclusion d'Ar. est donc que l'État, ayant une fin morale,
ne doit être aux mains ni des hommes libres en raison de la seule
ἐλευθερία, ni des nobles, ni des riches, ni des commerçants : seuls
les hommes bons et vertueux doivent être appelés à commander
aux autres. « Aucun idéal de l'État plus élevé ni plus |positif que
celui-là n'a jamais été formulé » (W. D. Ross).

formes de gouvernement, tous les adversaires[1] en présence parlent seulement d'une partie de ce qui est juste : cela résulte clairement des explications 10 qui précèdent.

10

<Oligarchie et Démocratie, dans leurs rapports avec la justice.>

Mais un problème se pose : qui sera le pouvoir souverain de l'État[2] ? C'est assurément soit la multitude, soit la classe des riches, soit celle des gens de valeur, soit un seul homme, le plus vertueux de tous, soit enfin un tyran[3]. Mais chacune de ces solutions entraîne des difficultés manifestes. Quoi donc ? Si les pauvres, parce qu'ils ont le nombre pour eux, se partagent les biens des riches, n'est-ce pas là 15 une chose injuste ? — Non, par Zeus ! <dira-t-on>, puisqu'il en a été ainsi décidé par l'autorité souveraine, ce qui ne saurait être que juste[4]. — Que devons-nous alors appeler le suprême degré de

---

1. Partisans de l'oligarchie et partisans de la démocratie.

2. Le κύριον étant la pièce essentielle de la constitution, et qui détermine son caractère (Cf. *supra*, 6, 1278 *b* 11).

3. Ar. distingue ainsi successivement la « république » ou démocratie, l'oligarchie, l'aristocratie, la royauté (*unus optimus omnium*, cf. Ps.-Thomas, 414, p. 147), et la tyrannie *(unus pessimus omnium)*. Ces diverses formes de gouvernement sont étudiées à la suite : l. 14, οἱ πένητες ... ; l. 24, ἀλλ᾽ ἄρα... ; l. 28, ἀλλὰ τοὺς ἐπιεικεῖς ... ; l. 33, ἀλλ᾽ ἕνα...

4. L. 16, δικαίως : tout ce que décide l'autorité souveraine est *ipso facto* juste, le salut de l'État (qui se confond, dans l'esprit des dirigeants, avec celui du régime) étant la loi suprême. La justice en question n'est pas la justice ἁπλῶς (et Ar. le déclare, l. 15 : τοῦτ᾽ οὐκ ἄδικόν ἐστιν;), mais seulement cette *justice partielle* qu'envisage la démocratie (μέρος τι τοῦ δικαίου, 9, 1281 *a* 9), justice qui, selon Platon (*Lois*, IV, 714 *c* et ss.), se ramène à l'intérêt du plus fort. Cf. aussi la paraphrase de Lambin : *decretum est enim scilicet ab ea civitatis parte, quae auctoritatem et dominatum in civitate obtinet, juste hoc fieri.*

l'injustice[1] ! — Prenons maintenant la population
dans sa totalité[2], et supposons que la majorité se
partage les biens de la minorité : il est clair que c'est
là consommer la ruine de l'État ; or il est sûr que
ce n'est pas la vertu qui détruit ce en quoi elle réside,
et la justice n'est pas non plus un facteur destructif
20 de la cité ; on voit, par conséquent, que la loi du
nombre aussi ne peut être juste[3]. Ajoutons que si
elle l'est, tous les actes accomplis par le tyran seront
eux-mêmes nécessairement justes, puisque son recours
à la violence est fondé sur le droit du plus fort, ce
qui est exactement le cas de la multitude quand elle
s'attaque aux riches.

Mais alors, il est juste que le pouvoir soit au
mains du petit nombre et des riches[4] ? Supposons
25 donc que ceux-ci aussi fassent ce qu'ont fait les
précédents, et se mettent à piller les biens de la
multitude et à l'en dépouiller : cela est-il juste ?
Dans l'affirmative, il faut admettre qu'il en est de
même dans l'autre cas. — Concluons que ces solutions

1. *But if this is not injustice* (injustice, contraire à la justice
ἁπλῶς ; voir note précédente), *pray what is?* (B. JOWETT)

2. Autre hypothèse (πάλιν, l. 17), toujours dans la cadre du régime
populaire. Laissons de côté la lutte des riches et des pauvres, et
prenons l'ensemble de la population : supposons que la majorité
décide de se partager les biens de la minorité (riche ou pauvre, peu
importe). La justice est encore ouvertement violée, et un État sans
justice, ainsi qu'Ar. va le démontrer dans les l. suivantes, se détruit
lui-même. Toute cité doit ainsi reposer sur la justice ἁπλῶς.

3. Sur les bons effets qui découlent nécessairement de la vertu,
cf. *Eth. Nicom.*, II, 5, 1106 *a* 15. — La justice (ἁπλῶς) est la vertu
essentielle de l'État, qui le conserve et le renforce. Or le fait de
s'emparer des biens des riches ou de la minorité est une atteinte à la
justice absolue et par conséquent une mesure destructive de l'État.
Par suite, le *principe démocratique*, la loi du nombre (τὸν νόμον
τοῦτον, l. 21), qui donne le pouvoir aux indigents ou à la majorité
n'est pas conforme à la justice et doit être rejeté. Cf. Ps.-THOMAS
416, p. 147 : *manifestum est quod, illa lex quae praecipit multitudinem
dominari non est justa; non igitur expedit multitudinem dominari*
(Mais nous verrons au ch. suivant que la condamnation de la démocratie est plus nuancée et admet des restrictions.) — Il est impossible
de suivre l'opinion de B. JOWETT, qui entend par τὸν νόμον τοῦτον,
this law of confiscation, et qui fait perdre à l'argumentation d'AR.
une partie de son énergie.

4. AR. passe à l'oligarchie.

sont toutes condamnables et injustes : cela saute aux
yeux.

Mais alors, faut-il confier aux gens de valeur[1]
l'autorité et le pouvoir souverain sur tous ? Il s'ensui-
vra nécessairement que tous les autres seront privés
des droits civiques[2], écartés qu'ils sont de l'honneur   30
d'exercer les charges publiques : car nous appelons
honneurs les fonctions officielles, et quand ce sont
toujours les mêmes qui sont au pouvoir, il en résulte
forcément que le reste de la population est frappé
d'indignité.

Vaut-il mieux alors confier le pouvoir à un seul
individu, le plus vertueux de tous[3] ? Mais cette
solution est de type encore plus oligarchique que la
précédente, puisque les individus exclus des honneurs[4]
sont en plus grand nombre. On objectera peut-être
que de toute façon c'est un mal de remettre le pouvoir
suprême, non pas à la loi, mais à un homme, quel   35
qu'il soit, ayant une âme sujette à tous les accidents
des passions. Soit. Mais si c'est la loi qui gouverne
et qu'elle soit de tendance oligarchique ou démocratique, qu'y aurons-nous gagné en ce qui concerne les
difficultés qui nous ont arrêté[5] ? Les conséquences
que nous avons signalées se reproduiront.

---

1. Solution aristocratique.

2. Ils subiront une *capitis deminutio*, résultant d'une *atimie* au
moins partielle (sur l'ἀτιμία, cf. *supra*, 1, 1275 *a* 21, note). En raison
d'une commune étymologie, il y a une sorte de jeu de mots sur
« écartés des honneurs » et « frappés d'atimie », deux sanctions qui
d'ailleurs n'en font qu'une.

3. Solution royale (Ar., ne parlera même pas du régime de la
tyrannie, tant la réponse à faire est évidente).

4. Ou frappés de dégradation civique.

5. Cf. *infra*, 11, 1282 *b* 6. — Le règne de la loi n'est pas tout :
encore faut-il que la loi soit bonne et ne reproduise pas les erreurs et
les fautes des régimes démocratique ou oligarchique. La difficulté
reste donc entière.

11

<Le gouvernement démocratique: ses mérites,
ses conditions, ses limites.>

A l'exception de celle qui suit, les autres questions
doivent être renvoyées à une discussion différente[1].
Mais la conception suivant laquelle on doit confier
40 le pouvoir souverain à la multitude plutôt qu'à une
élite restreinte, peut sembler apporter une solution,
défendable dans une certaine mesure et sans doute
même répondant à la vérité[2]. La multitude, en effet,

---

1. Ch. 12-17 ; livres IV et VI.

2. Texte difficile (cf. THUROT, 44, et NEWMAN, III, 213-214),
qui comporte des variantes. Le sens de λύεσθαι, l. 41, est discuté.
Nous maintenons dans son ensemble le texte d'IMMISCH, qui lit
ἀπολογίαν, l. 41, d'après WILAMOWITZ, et non ἀπορίαν. Mais, quelle
que soit la leçon adoptée, la pensée demeure claire.

Dans tout le présent chapitre, AR. se montre en désaccord avec
PLATON sur la capacité politique des masses populaires. Alors que
le *Gorgias* (455 *b*) posait en principe la compétence technique des
individus spécialisés, AR., poussé par des raisons d'ordre pratique,
admet assez volontiers que la multitude, prise en corps, est apte à
former un avis réfléchi, même dans le domaine de la poésie et de la
musique (1281 *b* 8 : on comparera avec *Lois*, III, 701 *a* et ss.). Il
croit qu'une foule assemblée est capable de manifester une sagesse
qu'aucun de ses membres n'est en mesure d'atteindre. Mais c'est là
une vue optimiste que l'histoire dément à chaque pas. L'expérience
nous a appris que les progrès de l'espèce humaine dépendent de la
qualité et de l'influence de ses élites, et que les foules, par leur impul-
sivité, leur manque de raisonnement et leur facilité à se laisser conduire, ne peuvent exercer qu'un rôle destructeur. AR. en a le sentiment : il limite avec précision le rôle de la multitude, et il exige
qu'appelée à trancher des questions importantes, elle soit déjà
débarrassée de ses éléments les plus inférieurs et parvenue à un
certain niveau moral et social (1281 *b* 18 et ss.). Ce niveau était
relativement élevé, à Athènes notamment, où les citoyens, en nombre
restreint, abandonnaient aux esclaves les travaux qu'ils considéraient
comme avilissants. L'optimisme d'AR. s'explique donc par les contin-
gences historiques, et le souci de « faire la part du feu » à des tendances
irrésistibles de l'opinion. La démocratie athénienne n'a de commun
que le nom avec nos démocraties modernes, où des législations et
des mœurs insensées accordent, dans la gestion des affaires publiques,

composée d'individus qui, pris séparément, sont des gens sans valeur, est néanmoins susceptible, prise **1281 b** en corps, de se montrer supérieure à l'élite de tout à l'heure, non pas à titre individuel, mais à titre collectif : c'est ainsi que les repas où les convives apportent leur écot sont meilleurs que ceux dont les frais sont supportés par un seul. Dans une collectivité d'individus, en effet, chacun dispose d'une fraction de vertu et de sagesse pratique[1], et une fois réunis en corps, de même qu'ils deviennent en quelque manière 5 un seul homme pourvu d'une grande quantité de pieds, de mains et de sens, ils acquièrent aussi la même unité en ce qui regarde les facultés morales et intellectuelles. C'est la raison encore pour laquelle la multitude est meilleur juge des œuvres des musiciens et de celles des poètes[2] : car l'un juge une partie de l'œuvre, l'autre une autre, et tous jugent le tout. Au surplus[3], ce n'est pas autrement que les hommes 10 d'une vertu éprouvée diffèrent de chacun des individus composant une foule ; cette différence est de même sorte que celle qu'on reconnaît entre les beaux

une égale participation à des millions d'individus, hommes et femmes, sans vouloir faire entrer en ligne de compte les différences de toute nature qui les séparent.

1. Ajoutons : mais aussi d'une fraction pour le moins égale de vices, de défauts et de préjugés, qui s'additionneront et risqueront fort de submerger le reste. On aimerait qu'Ar. se montrât moins étranger à l'âme des foules (Voir les remarques pleines de sens de Newman, I, 256-257).

2. Platon était loin d'être de cet avis : dans les *Lois*, III, 701 *a*, il fustige vigoureusement ce qu'il appelle la *théâtrocratie*, qui, par les progrès de la licence, se substitue à une *aristocratie* musicale.

3. La supériorité (ou plutôt la différence : sur le sens de διαφέρουσιν, l. 10, cf. Newman, III, 216) d'une collectivité sur chacun des individus qui la composent, en matière de critique musicale ou littéraire, est de même nature que celle d'un σπουδαῖος sur les individus de moralité médiocre : l'homme vertueux, dit Ar., *réunit sur sa tête des qualités qui se trouvent disséminées* dans la foule (τῷ συνῆχθαι τὰ διεσπαρμένα χωρὶς εἰς ἕν, l. 13), comme un peintre choisit, entre plusieurs modèles, les traits les plus beaux pour en composer une figure unique, quoiqu'il puisse arriver que tel trait séparé soit plus beau dans un individu déterminé. Pour le δῆμος, il en est de même : la collectivité ramasse en elle et additionne des qualités et des vertus éparses dans les individus dont elle est composée.

hommes et les hommes sans beauté, et entre les
peintures faites par art et leurs modèles originaux :
elle consiste en ce que les éléments disséminés çà et
là ont été réunis sur une seule tête, puisque, considérés
du moins à part, l'œil d'une personne en chair et
15 en os, ou quelque autre organe d'une autre personne,
sont plus beaux que l'œil ou l'organe dessiné. Certes,
la question de savoir si à toute démocratie et à toute
multitude il est possible de reconnaître cette supériorité de la foule sur le petit nombre de gens de bien,
demeure irrésolue, et peut-être, par Zeus ! est-ce une
impossibilité manifeste de l'admettre pour certaines
sortes de multitudes[1] (car le même argument s'appli-
querait aussi aux animaux sauvages ; et cependant
en quoi certaines foules diffèrent-elles pour ainsi
20 dire des brutes ?)[2] ; mais pour telle multitude déterminée rien n'empêche la vérité de ce que nous avons
soutenu. C'est pourquoi ces considérations peuvent
nous aider à résoudre la difficulté que nous avons
posée antérieurement[3], et en outre celle-ci qui lui
fait suite, à savoir en quelles matières doit s'exercer
le pouvoir souverain des hommes de condition libre
et des citoyens du commun, entendant par là ceux
25 qui n'ont ni richesses, ni aucun mérite personnel à
faire valoir. Si, en effet, admettre leur participation
aux plus importantes fonctions publiques n'est
pas sans danger (leur manque de probité peut les
entraîner à des actes injustes, et leur irréflexion à des
erreurs), leur refuser, d'autre part, tout accès et
toute participation au pouvoir, c'est créer un risque
redoutable (quand, dans un État, existent un grand
nombre d'individus privés des droits civiques et
30 vivant dans la pauvreté, cet État fourmille inévitablement d'ennemis). Il ne reste dès lors qu'à les faire

---

1. Composées, par exemple, de βάναυσοι et de θῆτες, qui, nous le
savons (4, 1277 *a* 37) sont rangés socialement avec les esclaves ;
et les esclaves sont à peine supérieurs aux animaux (I, 5, 1254 *b*
24).

2. *Hoc est enim quaedam multitudo bestialis, cujus homines incli-
nantur ad actus bestiales* (Ps.-Thomas, 426, p. 149).

3. Ch. 10, 1281 *a* 11 : à qui confier le pouvoir ?

participer aux fonctions délibérative et judiciaire[1].
C'est précisément pour cette raison que Solon[2]
et certains autres législateurs les préposent à l'élection
des magistrats[3] et au redressement des comptes de
ces derniers, mais ils ne les laissent pas exercer isolément le pouvoir. Tous, en effet, possèdent un discernement suffisant une fois réunis en corps, et, mêlés   35
aux citoyens de la classe supérieure, ils ne sont pas
sans utilité pour l'État, de la même façon qu'un
aliment impur mélangé à un aliment pur[4] rend le
tout plus nourrissant qu'une faible quantité d'aliment
entièrement pur ; alors que chaque individu à part
manque de maturité dans le jugement. Mais cette
organisation politique[5] soulève des difficultés :
la première[6], c'est qu'on peut estimer que l'homme
qualifié pour juger quel médecin a prescrit le traite-   40
ment adéquat est précisément celui qui est lui-même
capable de traiter et de guérir le patient présentement
malade, en d'autres termes, c'est un médecin ; et
cela a lieu pareillement dans les autres activités
pratiques et les autres arts[7]. De même donc qu'un   **1282** *a*

1. Cf. I, 1275 *b* 18, et la note. Le pouvoir législatif et le pouvoir
judiciaire appartiennent, dans la cité grecque, à tous les citoyens,
mais le pouvoir exécutif est réservé aux ἐπιεικεῖς (quel que soit
d'ailleurs le mode de désignation de ces derniers).

2. Pour Solon, cf. II, 12, 1274 *a* 15, et *Const. ath.*, VII. « Certains
autres législateurs », parmi lesquels il faut ranger Hippodamos, dont
les rouages de la cité idéale sont décrits II, 8, 1268 *a* 11.

3. Wilamowitz a sans doute raison de sous-entendre après ἐπί τε,
l. 33, les mots ταῦτα αὐτοὺς καὶ ἐπί, car l'élection des magistrats
est autre chose que l'exercice du pouvoir délibératif et judiciaire.

4. Le son, par exemple, mélangé à la farine.

5. L'octroi du pouvoir au peuple, même avec les limitations qu'on
y apporte.

6. Cette *première difficulté* (πρώτην μέν, l. 38) est longuement
examinée, jusqu'à 1282 *a* 23, où elle est déclarée résolue. Une *seconde*
difficulté est annoncée 1282 *a* 24 (ἄλλη δ᾽ ἐστιν).

7. La pensée d'Ar. est exactement rendue par S. Maurus, 580[1] :
*qui possunt facere opera artis possunt etiam bene judicare de operibus
factis, ideoque medicus debet reddere rationem aliis medicis.*

L. 1282 *a* 1, Ar. distingue ἐμπειρία et τέχνη. Le terme ἐμπειρία
désigne ici une *profession* ou un métier reposant sur la *pratique* et la
routine (ἐμπ. est joint à τριβή dans les *Lois*, XI, 938 *a*), à la différence

médecin ne doit rendre des comptes qu'à des médecins, ainsi également dans tous les autres ordres
d'activité ne devrait-on répondre de sa conduite
qu'à ses pairs. Aussi bien[1], nous entendons par
médecin, à la fois le simple praticien, le « prince de la
science », et, en troisième lieu, l'amateur cultivé dans
5 cet art (il existe des amateurs de ce genre dans tous
les arts pour ainsi dire) ; et nous attribuons le droit
de juger aussi bien aux amateurs cultivés qu'aux
professionnels. — Ensuite, on pourrait, semble-t-il,
appliquer aussi le même procédé en matière
d'élections[2]. En effet, le choix judicieux est aussi
l'affaire des gens de savoir : par exemple le choix
d'un géomètre appartient à ceux qui sont versés
dans la géométrie, et le choix d'un pilote à ceux qui
10 connaissent l'art de gouverner un navire. Car, en
admettant même que, dans certains travaux et
certains arts, des profanes aient voix au chapitre[3],

de la τέχνη au sens large, qui a rapport au général et à l'universel.
(Sur τέχνη, cf. *supra*, I, 4, 1253 *b* 25, note. Cf. aussi *Metaph.*, A, 1,
980 *b* 21 (I, p. 3 à 5 de notre trad. avec les références, notamment
G. COLLE, *Metaph.*, livre A, p. 10-13)

1. Le droit de juger, en matière de médecine (et, par extension,
pour tous les autres arts), doit être attribué très largement, non
seulement à *ceux qui savent* (τοῖς εἰδόσιν, l. 7), c'est-à-dire aux
professionnels, mais encore à ceux qui, sans être médecins, s'intéressent
à l'art médical et l'ont étudié. (Cf. *Protag.*, 312 *b* : ἐπὶ παιδείᾳ, ὡς τὸ
ἰδιώτην καὶ τὸν ἐλεύθερον πρέπει).

Sur les différentes sortes de médecins, cf. HIPPOCRATE, *l'Ancienne
médecine* (Littré, I, 570 ; et l'édition de ce traité par A. J. FESTU-
GIÈRE, Paris, 1948, p. 1, et note 7, p. 28 ; *Introd.*, p. XVII-XVIII), où
se trouve posée la distinction, reproduite ici par AR., entre *empiristes*
(= ὁ δημιουργός) et *dogmatiques*, qui s'intéressent surtout à la
théorie (ὁ ἀρχιτεκτονικός, que A. J. FEST. rend par *chef de labora-
toire*). LAMBIN, dans sa paraphrase, a bien compris la distinction de
δημιουργός et ἀρχιτ. : *is qui alio praescribente medicinam facit,
et is qui docet ac praescribit quomodo medicina sit facienda;* par contre,
il est impossible d'accepter sa traduction de πεπαιδευμένος : *qui a
puero experiendo artem didicit.*

2. Aussi bien qu'au fait de juger correctement. AR. vise ici toute
élection, soit celle des magistrats de la cité, soit celle des maîtres et
des dirigeants dans n'importe quel ordre d'activité.

3. Et choisissent bien. Après μετέχουσι, l. 11, il faut sous-
entendre τοῦ ἑλέσθαι ὀρθῶς. — Même l., ἰδιωτῶν désigne les simples
particuliers, qui ne possèdent pas la science en question (*idiotae et
imperiti*, LAMBIN), par opposition aux εἰδότες, les *gens compétents*.

leur choix en tout cas n'est pas meilleur que celui
des hommes compétents[1]. Par conséquent, en vertu
de ce raisonnement[2], on ne devrait pas abandonner
à la masse des citoyens la haute main sur les élections
de magistrats, pas plus que sur les redressements de
comptes de ceux-ci. — Mais peut-être cette conclusion
n'est-elle pas de tout point pertinente, d'abord pour
la raison exposée au début[3], si la multitude à laquelle
on a affaire n'est pas d'un niveau par trop bas[4]   15
(car, bien que chaque individu pris séparément puisse
être plus mauvais juge que les gens de savoir, tous,
une fois réunis en corps, ne laisseront pas d'être de
meilleurs juges que ces derniers, ou du moins pas
plus mauvais), et aussi parce que il y a certaines
réalisations pour lesquelles leur auteur ne saurait
être seul juge ni même le meilleur juge : nous voulons
parler de ces arts dont les productions peuvent être
appréciées en connaissance de cause même par des
personnes étrangères à l'art en question : ainsi, la
connaissance d'une maison n'appartient pas seulement
à celui qui l'a construite ; mais meilleur juge encore   20
sera celui qui l'utilise (en d'autres termes, le maître
de maison)[5], et un pilote portera sur un gouvernail[6]
une meilleure appréciation qu'un charpentier, et
l'invité jugera mieux un bon repas que le cuisinier.
   On pensera donc peut-être que cette difficulté[7]
est suffisamment résolue par ce que nous venons de
dire. Mais il y en a une autre, qui se rattache immé-

1. *Quia si recte eligant vel judicent, hoc est a casu ; non sic autem
sapientes* (Ps.-THOMAS, 433, p. 152).
   2. Ou de cette objection, commencée l. 39 *supra*.
   3. 1281 *a* 40 et ss., où AR. déclare qu'il est préférable d'attribuer
la souveraineté au peuple, à la condition de le considérer dans sa
collectivité. — Sur le sens de τὸν πάλαι λόγον, l. 15 (et *infra*, 1282 *b*
7), cf. *supra*, II, 4, 1262 *b* 29, note.
   4. Cf. la critique des *Lois* (II, 659 *b*, et III, 701 *a*) sur la « théâtrocratie » en matière musicale et littéraire.
   5. Cf. *Republ.*, X, 601 *d e*.
   6. Sur le sens précis de πηδάλιον, l. 22, cf. *Hist. Anim.*, IV, 7,
532 *a* 28 (note de notre édition, I, 251).
   7. Posée 1281 *b* 39 (voir la note). — L. 25, AR. passe à la seconde
difficulté, qui n'est que la suite de la première.

diatement à la précédente : il est absurde, pense-t-on[1],
25 que les gens de peu décident souverainement en des
matières plus importantes que les hommes de valeur,
et les redressements de comptes ainsi que les élections
des magistrats sont des choses capitales entre toutes ;
or certaines constitutions, nous l'avons dit[2], en
attribuent la connaissance au peuple, puisque
l'Assemblée est souveraine en toutes les matières de
ce genre. Pourtant[3] ont accès à l'Assemblée pour y
30 délibérer et y juger, des personnes payant un cens
modique et d'âge indifférent, alors que les charges
de trésorier et de stratège, ainsi que les postes les
plus élevés sont aux mains des gros propriétaires[4].
On peut dès lors résoudre cette difficulté de la même
façon que la première. Peut-être, en effet, est-il
correct aussi de procéder comme le font les démocraties[5] : car ce n'est pas le juge ni le membre du
Conseil ou de l'Assemblée, pris individuellement,
35 qui détient l'autorité, mais bien le Tribunal tout
entier, le Conseil et le Peuple, dont chacun de ceux
que nous avons nommés n'est qu'une fraction (et
j'entends par *fraction* celui qui fait partie du Conseil,
ou de l'Assemblée, ou du Tribunal). Par conséquent,
c'est à bon droit que la multitude détient l'autorité
suprême en des matières plus importantes, puisque
c'est d'un grand nombre d'individus que sont composés le Peuple, le Conseil et le Tribunal, et qu'en outre

1. C'est notamment l'opinion de PLATON, *Lois*, XII, 945 *b* et
ss., où les *censeurs* et *redresseurs* de comptes (les *euthynes*) sont
choisis avec un soin tout particulier, et leur désignation est « considérée comme un prix de vertu » (L. GERNET, Introd. aux *Lois*,
p. CV).

2. 1281 *b* 32.

3. Ce qui montre bien que des φαῦλοι font partie de l'Assemblée
du peuple.

4. AR. parle d'une manière générale, et vise en gros l'ensemble du
monde panhellénique, avec ses diversités. En ce qui concerne la
situation à Athènes, du temps de Solon et à l'époque d'AR., on doit
compléter ces indications générales, et au besoin les corriger, par
l'exposé de *Constit. athén.*, VII (organisation des classes censitaires)
et VIII.

5. A savoir, donner un pouvoir plus grand aux classes indi-
gentes.

le revenu de tous ces individus réunis dépasse celui
des magistrats qui exercent, individuellement ou en 40
collèges restreints, les grandes charges de l'État.

Voilà donc la façon dont ces points doivent être
déterminés. Mais la discussion de la difficulté men- **1282 *b***
tionnée en premier lieu[1] montre, avec une clarté qui
ne le cède à aucune autre, que c'est dans les lois que
doit résider l'autorité souveraine, dans les lois
correctement établies[2], tandis que le magistrat
(soit magistrat unique, soit collège) ne statue sans
appel que dans les matières où les lois sont radicalement impuissantes à se prononcer avec précision, 5
en raison de la difficulté de déterminer une règle
générale embrassant tous les cas particuliers[3].

Cependant, la question de savoir quels caractères
doivent revêtir les lois correctement établies n'a
encore fait l'objet d'aucun éclaircissement de notre
part, et l'ancienne difficulté[4] subsiste toujours.
Car nécessairement[5] les lois sont bonnes ou mauvaises,
justes ou injustes, en même temps et de la même
façon que les constitutions elles-mêmes (sous cette
réserve, cependant, que les lois doivent être évidem- 10
ment réglées sur la constitution)[6]. Mais s'il en est

---

1. Ch. 10, *initium*.

2. Le règne des lois, destiné à empêcher le peuple ou les riches de
commettre l'injustice, suppose que les lois soient elles-mêmes sages
et justes.

3. Ar. a exprimé cette idée à plusieurs reprises : cf., par exemple,
ci-dessus, II, 8, 1269 *a* 9 et ss. (avec notes et références).

4. Se reporter à 10, 1281 *a* 36.

5. Thurot, 46, résume ainsi la suite des idées : « Les lois doivent
être en harmonie avec la constitution de l'État ; les lois sont nécessairement semblables à la constitution de l'État ; les lois d'un bon
gouvernement sont justes, celles d'un mauvais gouvernement
injustes. » — Sur l'harmonie nécessaire des lois avec la forme de
gouvernement, cf. *Lois*, IV, 714 *b* et ss., et notamment : « Ce n'est pas
à la guerre ou à la vertu totale que les lois doivent avoir égard, mais,
quel que soit le régime établi, il faut envisager son intérêt, assurer le
maintien de son autorité et le préserver d'un renversement » (trad.
des Places). On se reportera aussi à 10, 1281 *a* 15, et la note, et à
IV, 1, 1289 *a* 13.

6. Et non la constitution sur les lois. — L. 8, nous lisons, avec
Bernays et Immisch, ἅμα γάρ et non ἀλλὰ γάρ (comme Newman,
III, 224-225).

ainsi, il est clair que les lois, sous des constitutions
correctes sont nécessairement justes, et sous des
constitutions à formes aberrantes, nécessairement
injustes.

12

<Des conditions d'égalité et d'inégalité dans la
distribution des magistratures.>

Puisque dans toutes les sciences et les arts la fin
15 est un bien[1], que le bien le plus grand et le plus élevé
réside dans la science qui règne sur toutes les autres,
je veux dire la potentialité politique[2], et que, en
politique, le bien n'est autre que le juste, autrement
dit l'intérêt général : dans ces conditions, tous les
hommes sont d'avis que le juste consiste dans une
certaine égalité, et, du moins jusqu'à un certain
point[3], c'est là une opinion qui s'accorde avec les
distinctions d'ordre philosophique que nous avons
20 établies dans l'*Éthique*[4]: car c'est affirmer que le
juste est à la fois une chose et qu'il a rapport à des
personnes[5], et que pour les personnes égales la chose

1. Vue déjà exprimée I, 1, 1252 *a* 2 ; voir aussi *Eth. Nicom.*,
I, 1, 1094 *a* 1 et ss. — L'idée qui se dégage de ce chapitre, consacré
à l'étude de la nature de la justice politique, c'est que la supériorité
dans le domaine de la vertu, contrairement à ce que soutenait PLATON
(*Républ.*, VII, 540 *d ; Lois*, VI, 757 *c*), ne constitue pas, à elle seule,
un titre suffisant pour obtenir la suprématie politique.
L. 14, à ἐπεί répond, croyons-nous, l'apodose δοχεῖ δή, l. 18.
2. En d'autres termes, la *science* ou l'*art* politique. — Sur ce sens
de δύναμις, l. 16, cf. *supra*, II, 8, 1268 *b* 36, note.
3. 9, 1280 *a* 9.
4. V, 6, 1131 *a* 9 et ss. (p. 226-227 de notre trad.). — AR. constate
ici l'accord de l'*opinion vulgaire* (δοχεῖ πᾶσιν, l. 18) avec les affirma-
tions raisonnées d'*ordre scientifique* (τοῖς κατὰ φιλοσοφίαν λόγοις,
l. 19).
5. Cf. *supra*, 9, 1280 *a* 11 et ss. (avec la note sous la l. 17). —
La justice consiste donc, aux yeux du vulgaire comme de l'opinion
raisonnée des sages, dans la répartition égale d'une chose entre des
personnes égales, ou une répartition inégale entre des personnes
inégales. Mais, demande AR., *quelle sorte d'égalité* ou *quelle sorte*

doit être égale. Mais des personnes égales en quoi ?
Ou inégales en quoi ? C'est là un point qui ne doit pas
nous échapper, car il soulève un problème et nécessite
des recherches théoriques sur la politique. On pourrait
peut-être soutenir, en effet, que les fonctions publiques devraient être inégalement distribuées entre les
citoyens en tenant compte de leur supériorité en
une excellence quelconque, même si pour tout le 25
reste il n'y eût entre eux aucune différence et qu'ils
fussent tous en fait exactement semblables : car
à des hommes différents[1] appartiennent des droits
et des mérites différents. Cependant si cela est
vrai, ceux à qui une belle prestance, une haute taille
ou n'importe quel avantage[2] confère la supériorité
sur les autres, prétendront à une certaine prépondérance dans la répartition des droits politiques.
L'erreur ici ne saute-t-elle pas aux yeux ? Elle appa- 30
raît clairement quand on considère les autres sciences

---

d'inégalité constitue un titre à participer au pouvoir politique ?
(ποίων δ' ἰσότης καὶ ποίων ἀνισότης, l. 21). Il ne saurait s'agir
(l. 23-26) de *n'importe quelle qualité* (κατὰ παντὸς ἀγαθοῦ, l. 24)
conférant une supériorité quelconque (par exemple la force physique
ou la grosseur du corps, comme chez les Ethiopiens suivant Hérod.,
III, 20 ; cf. aussi les critiques de Solon, rapportées par Diod., IX,
2, 5, et les vers de Xénophane, fgmt 2, *in fine*, Diels ; comparer aussi
Lois, V, 744 b), mais de qualités en rapport avec la fin qu'on se propose,
en l'espèce le bien de la communauté politique. Nulle qualité, au
surplus, ne doit être un titre exclusif au gouvernement de la cité,
même la vertu (alors qu'elle est pour Platon, *Lois*, VI, 757 c, l'unique
base de l'État idéal) : la naissance, la richesse, la liberté peuvent
légitimement prétendre jouer un rôle dans l'État, car ces divers
éléments entrent concurremment dans sa composition (ἀλλ' ἐξ ὧν
πόλις συνέστηκεν, 1283 a 14). Cf. Ps.-Thomas, 442, p. 156 : *...qui*
aequaliter attingunt ad hujusmodi dignitatem in ordine ad finem,
aequaliter debent recipere. Quid autem est illud bonum respectu cujus
vel quorum est aequalitas vel inaequalitas vel non debet esse immanifestum
[= ποίων δ' ἰσότης ἐστι καὶ ποίων ἀνισότης, δεῖ μὴ λανθάνειν].
Voir le bon exposé de Newman, I, 259-260. Voir aussi *infra*, V, 1,
1301 a 25 et ss., et les notes.

1. L. 26, ou sous-entendrait avantageusement ὧδε avant διαφέ-
ρουσι (H. Rackham). D'autre part, comme διαφέρειν a le sens de
superare, aussi bien que celui de *differre*, on peut comprendre que des
hommes supérieurs ont des droits différents et des mérites différents
de ceux des autres hommes.

2. D'ordre physique, sans réelle importance.

et potentialités[1]. Quand, en effet, plusieurs joueurs de
flûte sont également versés dans leur art, il n'y a
aucune raison de donner les meilleures flûtes à ceux
qui sont de meilleure naissance, car ils ne joueront
pas mieux de la flûte pour autant : mais c'est à celui
qui, dans son jeu[2], se montre supérieur aux autres
qu'il convient de réserver la supériorité dans la
qualité des instruments. Si ce que nous disons n'est
35 pas encore suffisamment clair, cela le deviendra au
fur et à mesure que nous avancerons. Supposons,
en effet, un homme supérieur à ses rivaux dans l'art
de jouer de la flûte[3], mais laissant fort à désirer sous
le rapport de la naissance ou de la beauté, alors,
même en admettant que ces dernières qualités (je
veux dire la naissance et la beauté) soient l'une ou
l'autre un plus grand bien que l'art de jouer de la
flûte, et qu'elles surpassent même l'art de jouer de la
40 flûte dans une plus forte proportion que notre joueur
de flûte ne surpasse les autres dans son art, cependant
c'est lui qui doit se voir attribuer les meilleures flûtes,
ou alors il faut admettre que la supériorité de la
1283 a richesse et de la naissance contribuent à la perfection
du jeu de l'artiste, contribution qui en fait est inexistante. En outre, d'après ce même raisonnement du
moins[4], n'importe quel bien serait commensurable[5]
avec n'importe quel autre. Car si le fait d'être d'une
taille donnée est un motif de supériorité[6], la taille
5 en général entrera aussi en compétition avec la
richesse et la qualité d'homme libre. Il en résulte que

---

1. Même sens, pour δύναμις, que l. 16 ci-dessus.

2. L. 33, κατὰ τὸ ἔργον, *en considération de l'œuvre à réaliser, du
travail à accomplir.* Même sens, 1283 a 1, pour εἰς τὸ ἔργον.

3. Et non plus, comme dans le premier exemple de la l. 31, plusieurs joueurs de flûte de talent égal.

4. Celui des l. 1282 *b* 23 et ss.

5. Pour le sens précis de συμβλητός (et son opposé ἀσύμβλητος),
terme souvent employé par Ar. dans l'étude des unités numériques,
on se reportera aux livres M et N de la *Métaphysique* (voir aussi la
note de notre commentaire, II, 546, sous I, 4, 1055 *a* 7).

6. Pour postuler le pouvoir politique plus que telle quantité de
richesse ou telle illustration de naissance. — Le texte est controversé.
Nous conservons, l. 4, μᾶλλον, et adoptons l'interprétation de
H. Rackham.

si tel homme l'emporte par la taille plus que tel autre
ne l'emporte en vertu, même si d'une façon générale
la vertu confère une supériorité plus grande que la
taille[1], toutes choses seront commensurables entre
elles : car si telle quantité déterminée est meilleure
que telle autre quantité, il est clair que telle autre
lui sera égale. Mais puisque toute commensura-
bilité de ce genre est impossible, il est évident
que, dans le domaine politique aussi[2], c'est avec   10
raison qu'on ne dispute pas les postes officiels en
vertu de n'importe quelle inégalité (si certaines
personnes sont lentes à la course, et d'autres rapides,
il n'y a aucune raison pour que ces dernières obtiennent un plus grand pouvoir politique au détriment
des précédentes, mais c'est seulement dans les compétitions sportives que leur supériorité recevra sa
récompense) ; mais ce doit être en s'appuyant uniquement sur la possession des qualités entrant à
titre d'éléments dans la composition d'un État[3]   15
qu'on doit prétendre au pouvoir. Aussi est-il normal
que les gens bien nés, les hommes libres et les riches
fassent valoir leurs droits aux honneurs, puisque
un État doit comprendre à la fois des hommes libres
et des contribuables (un État ne saurait être composé
entièrement d'indigents, pas plus que d'esclaves).
Mais si ces avantages[4] sont indispensables, il est
clair que la vertu de justice et la valeur militaire le
sont aussi[5], car sans elles une cité ne peut être admi-   20

1. Pour cette incidente, nous suivons strictement le texte de
IMMISCH (d'après BERNAYS) et lisons : <εἰ> καὶ πλεῖον ὑπερέχει
ὅλως ἀρετὴ μεγέθους (et non ἀρετῆς μέγεθος, ce qui renverse les
termes, tout en laissant subsister le raisonnement). — L. 5 et 7,
ὅλως a le sens de *indépendamment de sa quantité, quelle que soit sa quantité*. — L. 8, avec SUSEMIHL et NEWMAN, III, 230, nous plaçons
μέγεθος entre crochets (ἀγαθόν, que propose NEWMAN, donnerait un
bien meilleur sens).

2. Comme dans les autres sciences et potentialités visées 1282 b 30.

3. Telles que ἐλευθερία, εὐγενεία et πλοῦτος, qui (l. 14 : ἐξ ὧν πόλις
συνέστηκεν) sont les éléments essentiels de toute cité : cf. *infra*,
IV, 4, 1296 b 17.

4. La richesse et la naissance.

5. Cf. IV, 4, 1291 a 19-33.

nistrée : il y a toutefois cette différence que sans les premiers un État ne peut même pas exister, et sans les secondes se trouver bien administré.

13

<*Titres respectifs de la richesse, de la naissance et du nombre à gouverner l'État. — L'ostracisme.*>

Si on a a en vue la seule existence de l'État, il semblerait que toutes ces prétentions rivales[1], ou du moins quelques-unes d'entre elles, soient fondées ; si cependant on veut assurer à l'État une vie vraiment
25 bonne, c'est la culture de l'esprit et la vertu dont les prétentions seraient les plus justifiées, ainsi que nous l'avons dit plus haut[2]. D'un autre côté, puisque ceux qui ne sont égaux qu'en une seule chose ne doivent pas posséder l'égalité en toutes choses, ni ceux qui sont inégaux sur un seul point posséder l'inégalité sur tous les points[3], il s'ensuit nécessairement que toutes les constitutions qui donnent satisfaction à des exigences de cette nature sont des déviations des formes normales[4]. Or nous avons indiqué antérieurement[5] que si tous les hommes ont
30 des prétentions qui sont justes en un certain sens, tous en revanche n'en ont pas qui soient justes d'une façon absolue. Le riche fait valoir qu'il est détenteur d'une plus vaste portion du territoire, territoire qui est quelque chose de commun[6], et qu'en outre

---

1. Reposant sur la richesse, la naissance, le nombre.

2. 9, 1281 *a* 4.

3. 9, 1280 *a* 21 et ss., et les notes. — L. 27, πάντων ἴσον ἔχειν : *avoir une part égale à celle de leurs concitoyens, en toutes choses.*

4. Car elles ne réalisent pas la justice ἁπλῶς.

5. 9, 1280 *a* 9 et ss.

6. Ce qui rend la réclamation de son détenteur justifiée, car la richesse (la richesse foncière, en l'espèce) est, nous l'avons vu (12, 1283 *a* 15 et ss.), l'un des *éléments qui entrent dans la formation de l'État* (ἐξ ὧν πόλις συνέστηκεν). Cf. Sylv. Maurus, 584[1] : *quia cum* [divites] *plus regionis possideant, regio autem sit quodammodo communis, plus conferunt in commune.*

il inspire généralement plus de confiance dans les transactions commerciales. L'homme libre et l'homme de bonne naissance élèvent de leur côté une réclamation, comme étant de condition voisine l'un de l'autre (car l'homme bien né est citoyen plus qualifié que l'homme de naissance vulgaire, et la noblesse 35 d'origine est partout en honneur dans son propre pays[1] ; une autre raison, c'est qu'il y a des chances pour que les enfants nés de parents meilleurs que les autres soient eux-mêmes meilleurs, la noblesse étant une vertu de la race)[2]. Pareillement dès lors, dirons-nous, c'est à bon droit que la vertu élève aussi des prétentions, car la vertu de justice est, selon nous[3], une vertu qui favorise les rapports sociaux et qui entraîne nécessairement toutes les autres[4]. Mais en outre, la majorité à son tour peut 40 prétendre justement s'imposer à la minorité, puisqu'elle est plus forte, plus riche et meilleure, quand on la prend collectivement et qu'on la compare à la minorité. Posons alors une question : en supposant que tous ceux que nous venons de passer en revue soient rassemblés en une seule et même cité, contenant **1283 b** par exemple, à la fois les gens de bien, les riches et les nobles, avec, en plus, la masse des citoyens du commun, est-ce qu'il y aura lieu, ou non, à incertitude pour déterminer auxquels d'entre eux le pouvoir doit être confié ? A la vérité, chacune des constitutions dont nous avons parlé a soustrait à toute discussion la question de décider à qui la direction des affaires 5 doit être remise (car c'est précisément par leurs classes dirigeantes que ces divers régimes se différencient entre eux : ainsi, dans l'un le pouvoir est exercé par les riches, dans l'autre par les gens de valeur, et ainsi de suite pour chacune des autres formes de gouvernement) ; nous n'en devons pas moins examiner, dans l'hypothèse où ces diverses classes sont

---

1. 1, 6, 1255 *a* 32 et ss., et les notes.
2. Cf. *Rhétor.*, II, 15, 1390 *b* 22.
3. I, 2, 1253 *a* 37.
4. Cf. *Eth. Nicom.*, V, 3, 1129 *b* 27 (p. 219, avec la note de notre trad.) et *Fragmt* 86, V. ROSE, p. 88-89 (éd. de 1886).

présentes en même temps dans l'État[1], comment décider entre elles.

Supposons donc[2] que les gens vertueux soient
10 en nombre extrêmement restreint : de quelle façon doit-on résoudre la question ? Ne devons-nous pas considérer leur petit nombre par rapport à la tâche à laquelle ils sont appelés[3], et voir seulement s'ils sont capables d'administrer la cité, ou suffisamment nombreux pour constituer un État à eux seuls ? Mais on peut soulever une objection à l'encontre de tous ceux qui se disputent les dignités d'ordre
15 politique. On pensera, en effet, que ceux qui récla-

---

1. Comme cela se produit en réalité. — L. 9, ταῦθ' = οἴ τ' ἀγαθοὶ καὶ οἱ πλούσιοι καὶ εὐγενεῖς, ἐπὶ δὲ πλῆθος, de 1283 b 1-3.

2. Sur le passage qui suit et l'argumentation générale d'AR., cf. Thurot, p. 47 à 51. La transposition qu'il propose n'est pas nécessaire, et le sens de l'ensemble du texte est suffisamment clair (en ce sens, Newman, III, 237).

3. En d'autres termes, examiner si, indépendamment de toute considération de nombre, ils ont en fait la capacité suffisante pour gouverner l'État. La forme interrogative équivaut, en raison de l'emploi de la particule ἤ (l. 11), à une réponse affirmative atténuée (L'interrogation ἤ a la plupart du temps une signification précise dans la terminologie aristotélicienne : *ne faut-il pas dire plutôt que, n'est-ce pas plutôt que*, ou autres expressions équivalentes. Cette particule marque, soit une *objection*, comme *Métaph.*, Z, 4, 1029 b 29, soit une *réponse*, comme dans le présent passage, soit enfin une *correction*, comme *Métaph.*, H, 2, 1043 a 9 ; cf. *Ind. arist.*, 312 a 56 et ss.). Seulement, il *existe une difficulté* d'ordre général (ἔστι δὲ ἀπορία τις, l. 13), à laquelle n'échappe pas lui-même le gouvernement des hommes vertueux (ταὐτὸ δὲ τοῦτο, l. 20), et qui s'oppose aux prétentions de chacun des divers groupes sociaux à assumer à lui seul la direction des affaires publiques (les *riches*, διὰ τὸν πλοῦτον, l. 15 ; les *nobles*, οἱ κατὰ γένος, l. 16 ; la *multitude*, τὸ πλῆθος, l. 24 ; les gens vertueux, περὶ τὰς ἀριστοκρατίας ἐπὶ τῆς ἀρετῆς, l. 21), car le raisonnement sur lequel s'appuient leurs prétentions respectives (κατὰ τὸ αὐτὸ δίκαιον τοῦτον, l. 17), à savoir qu'ils sont plus riches ou plus nobles ou plus vertueux ou plus forts que les autres, peut se retourner contre eux et assurer la prépondérance absolue d'un seul individu, ou d'une oligarchie restreinte, qui serait plus riche ou plus noble ou plus vertueux ou plus fort que ses pairs. La conclusion d'AR. (πάντα δὴ τοῦτ', l. 27) est que la direction des affaires publiques ne doit pas être l'apanage exclusif d'une caste ou d'un groupe social déterminé, si méritant soit-il, mais que tous les citoyens doivent participer au gouvernement : les divers intérêts seront ainsi représentés.

ment le pouvoir en raison de leur richesse parlent
en cela contre toute justice, et il en est encore de
même pour ceux qui mettent leur race en avant,
car il est clair que si, à son tour, un seul et unique
individu est plus riche que tous les autres réunis,
il faudra évidemment, en vertu du même principe
de justice, que cet unique individu possède l'autorité
sur tous. On en dira autant de l'homme qui, par
l'illustration de sa naissance, l'emporte sur ses
concurrents qui font état de leur condition d'hommes
libres. Et cette même difficulté se produira aussi   20
probablement dans les gouvernements aristocratiques basés sur la vertu : si, en effet, il existe un seul
et unique citoyen qui soit meilleur que les autres
faisant partie du corps politique, quelque bons qu'ils
puissent être, c'est lui aussi qui devra détenir l'autorité suprême, d'après le même principe de justice.
Par conséquent, si la multitude, elle aussi, doit
vraiment être la puissance souveraine pour la raison
qu'elle est plus forte que le petit nombre, alors,
si un unique individu, ou un nombre d'individus   25
dépassant l'unité sans toutefois atteindre la majorité,
est ou sont plus forts que tous les autres réunis,
on devra lui confier, ou leur confier, le pouvoir, de
préférence à la multitude.

Toutes ces considérations semblent dès lors
apporter la preuve de l'insuffisance de chacune des
normes à l'aide desquels les hommes revendiquent
pour eux-mêmes le droit de commander et de
maintenir les autres dans l'obéissance à leurs volontés.
Car sûrement, même à ceux qui prétendent être   30
à la tête du gouvernement en raison de leur vertu,
et pareillement à ceux qui invoquent à cet effet leur
richesse, les masses seraient en mesure de répliquer
par un raisonnement qui n'est pas sans justesse :
rien n'empêche, pourraient-elles dire, que parfois
la multitude ne soit meilleure[1] que le petit nombre
et plus riche que lui, dès qu'on la prend non pas dans
chaque individu séparément, mais collectivement.
De là découle aussi la possibilité de prévenir de cette   35

---

1. C'est-à-dire, ne possède les vertus civiques à un plus haut degré.

façon[1] l'objection qu'on cherche parfois à opposer : certains, en effet, se demandent si le législateur, dans son désir d'établir les lois les plus justes possible[2], doit légiférer dans l'intérêt de l'élite ou dans celui du plus grand nombre, quand vient à se produire le cas dont nous venons de parler[3]. En 40 réalité, ce qui est *droit*[4] doit être pris au sens d'*égal*, et ce qui est droit au sens d'égal a rapport à l'avantage de la cité tout entière et au bien commun des citoyens : or un citoyen est, d'une façon générale, celui qui participe tour à tour au droit de gouverner **1284 a** et à celui d'être gouverné. Il est différent suivant chaque forme de gouvernement, mais dans l'État idéal, est citoyen celui qui a la capacité et la volonté réfléchie d'obéir et de commander en vue d'une vie conforme à la vertu[5].

Si cependant[6] il y a un unique individu, ou un groupe d'individus (dépassant l'unité mais insuffisant pour remplir complètement une cité), qui se diffé-5 rencient par une vertu transcendante, au point que

---

1. C'est-à-dire en reconnaissant à la fois la légitimité des préten-tions de l'élite et de la multitude.

2. Ar. répond ainsi à la question posée, 11, 1282 *b* 6.

3. A savoir, quand la multitude prise en masse est meilleure (a plus de vertu civique) que le petit nombre : dans ce cas-là, l'élite doit partager le pouvoir avec les gens du commun, et la constitution devra être mixte. L'hypothèse inverse est examinée *infra*, 1284 *a* 3 (εἰ δέ τίς ἐστιν εἷς). — Avec Newman, III, 239, et B. Jowett, nous supprimons la parenthèse des l. 36-39, qui paraît bien inutile, et considérons le texte comme continu.

4. Ou juste (Cf. sur les rapports du juste et de l'égal, *supra*, 9, 1280 *a* 11, et la note avec les références). — Ar. répond que le légis-lateur ne doit avoir en vue ni l'intérêt exclusif de l'élite, ni l'intérêt exclusif des masses. Le concept de justice est ici synonyme d'égalité, et le législateur, conformément à l'idéal aristotélicien d'un gouver-nement mixte où toutes les classes et tous les intérêts seraient sauve-gardés et représentés, doit s'attacher à l'utilité générale. — L. 40, ἴσως ne peut vraiment pas être rendu par *forte* ou *fortasse*, comme le font les anciennes traductions latines, Lambin notamment.

5. A la vertu morale. — On comparera tout ce passage avec 4, 1277 *a* 25 et ss. Voir aussi *infra*, VII, 1, 1323 *a* 14 et ss. C'est seule-ment dans l'État idéal que vertu civique et vertu morale se confondent (Cf. à ce propos, notre note sous 1276 *b* 38).

6. Hypothèse opposée à l'hypothèse précédente (indiquée par ὅταν συμβαίνῃ τὸ λεχθέν, l. 39).

la vertu de tous les autres réunis, ou leur capacité politique, ne souffre aucune comparaison, soit avec la vertu ou la capacité des hommes exceptionnels dont nous parlons s'ils dépassent l'unité, soit, s'il n'y en a qu'un, avec la vertu ou la capacité de cet unique individu, alors, on ne peut plus traiter ces êtres exceptionnels comme une simple fraction de l'État[1] : car ce serait commettre envers eux une injustice que de les y admettre sur un pied d'égalité, eux qui dépassent tellement le niveau commun en vertu et en capacité politique ! Un tel être, en 10 effet, sera naturellement comme un dieu parmi des hommes. D'où l'on voit que la législation aussi doit seulement concerner ceux qui sont égaux à la fois par la naissance et la capacité, mais que pour les « surhommes » dont il s'agit il n'y a pas de loi : ils sont eux-mêmes une loi[2]. Et effectivement on serait ridicule d'essayer de légiférer à leur sujet, car ils répliqueraient sans doute par les paroles qu'Antisthène prête aux lions[3], quand les lièvres 15 s'adressant à l'assemblée des animaux réclament l'égalité pour tous. C'est pourquoi encore, si les États soumis à un régime démocratique ont institué l'ostracisme, c'est pour une raison de cette nature[4]. Ces États, en effet, ont la réputation de rechercher l'égalité par-dessus tout ; en conséquence, les citoyens soupçonnés de posséder une influence excessive par 20 leur richesse, le grand nombre de leurs amis ou quelque autre forme de puissance politique, étaient frappés d'ostracisme et bannis de la cité pendant une

1. Ni admettre, par suite, que les différents groupes sociaux puissent partager le pouvoir avec eux.

2. Même formule *infra*, 17, 1288 *a* 2. — Ar. a sans doute dans l'esprit les considérations de Platon (notamment *Polit.*, 292 *d* et ss., et *Lois*, IX, 875 *c d*) sur l'illégalité idéale s'exprimant dans un chef placé au-dessus des lois, lesquelles n'apparaissent nécessaires que comme une adaptation au possible.

3. « Où sont vos griffes et vos dents ? » Cf. la fable 241 d'Esope.

4. C'est-à-dire par méfiance de la supériorité de certains hommes.—
Sur l'ostracisme, dont Ar. parle aussi *Const. ath.*, XXII, cf. Newman, III, 244-245 ; J. Carcopino, *Histoire de l'ostracisme athénien*, Paris, 1909 (*Biblioth. de la Fac. des Lettres de l'Univ. de Paris*, XXV), et G. Glotz, *la Cité grecque*, p. 198-204.

période déterminée. La Fable nous raconte aussi
que les Argonautes[1] abandonnèrent Hercule pour
un motif analogue : le navire Argo refusa de le porter
25 avec les autres passagers à cause de son excessive
pesanteur. Aussi ne faut-il pas croire que les
contempteurs de la tyrannie, qui blâment le conseil
donné par PÉRIANDRE à THRASYBULE[2], aient
entièrement raison dans leur critique (on dit que
PÉRIANDRE ne répondit rien au héraut envoyé pour
lui demander conseil, mais que, coupant les épis
30 qui dépassaient les autres, il nivela le champ où il se
trouvait ; et par suite, bien que le héraut ignorât la
cause de ce geste, il rapporta l'incident à THRASYBULE,
qui comprit qu'il lui fallait exterminer les citoyens
qui s'élevaient au-dessus du niveau commun) :
c'est là, en effet, une pratique qui n'est pas seulement
utile aux tyrans, et ce ne sont pas seulement les
tyrans qui l'emploient, mais on s'en sert tout aussi
35 bien et dans les oligarchies et dans les démocraties,
car l'ostracisme possède, d'une certaine façon[3],
la même efficacité, par l'abaissement et l'exil des
citoyens qui s'élèvent au-dessus des autres. Le même
traitement est aussi appliqué aux cités et aux
nations[4] par ceux qui les tiennent en leur pouvoir :
ainsi se sont conduits les Athéniens avec les habitants
40 de Samos, de Chio et de Lesbos (car ils n'eurent pas
plus tôt affermi leur domination qu'ils abaissèrent
ces peuples, au mépris des traités)[5] ; et le roi de Perse,

1. Cf. APOLLODORE, *Biblioth.*, I, 9, 19 (éd. R. Hercher, 1874). —
La déesse Minerve avait présidé à la construction du navire Argo.
Le mât fut fait d'un chêne de la forêt de Dodone, ce qui amena à dire
que le navire Argo rendait des oracles, et à lui donner l'épithète de
disert et de *sacré.*

2. Cf. *infra*, V, 10, 1311 a 20. — L'anecdote est tirée d'HÉRODOTE
(V, 92), qui raconte l'histoire beaucoup plus longuement, et attribue
à Thrasybule le rôle donné par AR. à Périandre. Sur les raisons de
cette interversion, cf. NEWMAN, III, 247.

3. Et non κυρίως.

4. Sur le sens de ἔθνος, l. 38, cf. I, 2, 1252 b 20.

5. Sur les tendances impérialistes d'Athènes, qui traitait durement
ses alliés, et sur sa conduite au cours des guerres du vᵉ siècle, cf. aussi
(avec une note légèrement divergente) *Const. ath.*, XXIV, 2. Voir
aussi NEWMAN, III, 248-249.

à plusieurs reprises, a pratiqué des coupes sombres
chez les Mèdes, les Babyloniens et les autres nations **1284 b**
à l'esprit exalté par le souvenir de leur ancienne
puissance.

Le problème de l'ostracisme se pose, d'une façon
générale, dans le cas de toutes les constitutions,
même des constitutions correctes : si les constitutions
perverties pratiquent, en effet, cette politique en
ayant seulement égard à leur intérêt particulier,
celles qui ont en vue l'intérêt commun n'agissent
cependant pas d'une autre manière. On peut encore   5
étendre cette remarque aux autres arts et aux autres
sciences[1] : un peintre ne laisserait pas l'animal qu'il
veut représenter, avec un pied qui dépasserait la
juste proportion, ce pied fût-il d'une beauté
supérieure ; pas davantage un constructeur de navires   10
ne ferait une poupe, ou tout autre partie du vaisseau,
d'une grandeur disproportionnée, ni un maître de
chœur n'admettrait parmi ses chanteurs celui dont
la voix surpasserait en force et en beauté tout le
reste du chœur. Il résulte de ce que nous avons dit
que l'emploi de ce procédé éliminatoire n'empêche
nullement les monarques d'entretenir la meilleure
entente avec les cités qu'ils régissent[2], s'ils y ont
recours quand leur pouvoir personnel sert utilement
l'intérêt de leurs cités. C'est pourquoi, appliqué à   15
des supériorités reconnues[3], l'argument en faveur
de l'ostracisme n'est pas sans recevoir quelque justification d'ordre politique. Assurément, il est préférable
que le législateur, dès le début, constitue son État de
façon à n'avoir pas besoin d'une pareille médication ;
mais le meilleur des pis aller[4], si cette éventualité

---

1. Cf. *infra*, V, 3, 1302 *b* 34 ; *et aliis*.

2. Nous acceptons pour ce passage l'interprétation des plus
récents commentateurs (NEWMAN, B. JOWETT, H. RACKHAM).
THUROT, 52, a une explication différente.

3. Supériorités de richesses, de vertu, etc...

4. L'expression δεύτερος πλοῦς, l. 19, est un proverbe grec
(Cf. LEUTSCH et SCHNEIDEWIN, *Paroem. gr.*, I, 359) qui signifie
« adopter un pis aller », comme, sur les bateaux, on se sert des avirons
quand le vent vient à tomber. Voir aussi *Phédon*, 99 *d*, et la note de
L. ROBIN, dans son *Introd.* au dialogue, p. XLVIII, note 2.

se présente, c'est encore d'essayer de redresser la
constitution par quelque moyen rectificatif de ce
20 genre. Ce n'est cependant pas ce qui s'est passé en
fait dans les cités : elles n'ont nullement eu égard
à ce qui était avantageux pour leur propre
constitution, mais elles ont mis l'ostracisme au
service des factions[1]. A la vérité, dans les constitutions
perverties, il est manifeste qu'à leur point de vue
spécial, pareille mesure est avantageuse et juste,
mais sans doute est-il évident aussi qu'elle n'est pas
25 juste au sens absolu[2]. Mais dans le cas de la constitution idéale, son emploi soulève un grave problème,
non pas quand il s'agit de l'appliquer à une
supériorité excessive dans le domaine de qualités
telles que force politique, richesse ou amis en grand
nombre, mais quand un citoyen est arrivé à se
distinguer exceptionnellement par sa vertu : que doit-
on faire alors ? On ne saurait certes prétendre qu'il
faille bannir et exiler un homme de sa valeur[3] ;
30 d'un autre côté, on ne peut tout de même pas penser
à assujettir un tel être à la règle commune[4] : c'est,
à peu près, comme si on avait la prétention de
commander à Zeus, en partageant avec lui le

---

1. Sur l'épuration dans la cité platonicienne, cf. *Polit.*, 293 *d ;
Lois*, V, 735 *d ; et aliis.* — Tout au long des vᵉ et ivᵉ siècles, les cités
grecques ont subi de cruels « nettoyages par le vide » ; cf. les remarques
de A. Diès, *Introd.* à la *République*, p. lxxxviii. Ajoutons que ces
pratiques subsistent de notre temps.

2. Car l'ostracisme est alors employé, non pas dans l'intérêt
général, mais dans l'intérêt exclusif des dirigeants (ce qui caractérise,
on le sait, les παρεκβάσεις).

3. Ar. a peut-être dans l'esprit les récriminations d'Héraclite
(fgmt 121 Diels) sur l'injuste expulsion d'Hermodore par la démocratique Éphèse. Voir aussi Diog. L., IX, 2, et Cicéron, *Tuscul.*,
V, 36.

4. Sur les difficultés de ce passage, l. 30 (ἀλλὰ μὴν, κ.τ.λ.), cf.
Newman, III, 253-254. Le sens de μερίζοντες τὰς ἀρχάς, l. 31,
mots qui se rattachent à ce qui précède immédiatement, est délicat
à déterminer. Nous pensons qu'Ar. veut dire que ce serait traiter
Zeus sur un pied d'égalité (Cf. 1284 *a* 9 : ἀξιούμενοι τῶν ἴσων), et
partager avec lui les divers domaines où s'exerce son autorité
souveraine. Lambin traduit correctement : *si imperia partientes se,*
et Sylv. Maurus, 587², comprend : *sicut si cives vellent partiri imperium cum Jove et vellent illum aliquando imperare, aliquando parere.*

gouvernement du monde ! Reste donc, et cette solution semble dans la nature des choses, que tous les
hommes obéissent de bonne grâce à un tel homme,
de sorte que ceux qui lui ressemblent soient à jamais
rois dans leurs cités[1].

14

<La royauté et ses diverses formes.>

Sans doute est-il bon, après les discussions 35
précédentes, de passer à l'examen de la royauté,
laquelle, rappelons-le, est l'une des constitutions
correctes[2]. Nous devons examiner si, appelé à être
bien administré, un État ou un territoire[3] a intérêt
à vivre sous l'autorité d'un roi, ou si, au contraire,
quelque autre forme de gouvernement lui convient
davantage ; si, enfin, le régime monarchique est 40
favorable à certains États, et défavorable à d'autres.
Mais il faut d'abord déterminer si ce régime est d'une
seule espèce, ou s'il comprend plusieurs variétés.

Il est, en tout cas, facile de reconnaître que la **1285** *a*
royauté renferme plusieurs espèces, et que la façon
dont s'y exerce l'autorité n'est pas unique pour tous
les régimes monarchiques.

Dans la constitution spartiate, en effet, la royauté
est, pense-t-on[4], celle qui répond le mieux à l'idée

---

1. Eux-mêmes, et aussi leurs familles (*infra*, 17, 1288 *a* 15). —
Sur la forme βασιλέας, au lieu de βασιλεῖς, l. 33, cf. *Ind. arist.*,
135 *a* 21 et ss.

2. Et non une παρέκβασις, comme la tyrannie. — La définition
générale de la *monarchie*, ou gouvernement d'un seul, est donnée
Rhetor., I, 8, 1365 *b* 37. Dans la monarchie un seul homme est
ἁπάντων κύριος. Elle a deux formes : celle qui est *soumise à un
certain ordre* (κατὰ τάξιν τινα) est la royauté, et celle qui est ἀόριστος,
la tyrannie. La seule βασιλεία est étudiée ici, et nous emploierons
souvent l'expression « régime monarchique », qui, dans notre langue,
ne prête à aucune équivoque.

3. Occupé par un ἔθνος, et ne formant pas une cité.

4. PLATON, par exemple (*Lois*, III, 691 *d* et ss.) — Sur la constitution de Lacédémone, cf. *supra*, II, 9.

de la royauté conforme aux lois[1], et le pouvoir royal
n'est pas maître absolu en toutes choses, sauf quand
5 le roi part en expédition hors du territoire, et alors
il est le chef suprême de tout ce qui a trait à la guerre.
En outre, les affaires religieuses ont été attribuées
aux rois en exercice. Cette forme de royauté est
ainsi comme une sorte d'office de stratège, muni
de pleins pouvoirs, et perpétuel : car le roi ne possède
pas le droit de vie et de mort, sauf dans une occasion
déterminée[2] (comme aux temps anciens, dans les
expéditions militaires. il avait le droit de punir
10 toute offense de sa main[3], ainsi qu'on le voit dans
HOMÈRE : Agamemnon supportait d'être vilipendé
dans les Assemblées, mais en cours d'expédition il
avait même le droit de vie et de mort. En tout cas
il dit :

L'homme que j'aperçois loin du combat,
... sera bien assuré de ne pas échapper aux chiens et
aux oiseaux de proie,
Car sa mort est en mon pouvoir[4]).

Voilà donc une première forme de royauté : une
15 charge de stratège conférée à vie. Et certaines de ces
royautés sont confinées dans une famille[5], et les
autres électives.

En dehors de cette première forme de monarchie,
il en existe une autre : telles sont, par exemple,
les royautés qu'on rencontre chez certains peuples

1. Ce qui, selon XÉNOPHON (*Memor.*, IV, 6, 12), est de l'essence
même de la royauté.

2. L. 9, les mots ἔν τινι ἐλάσει sont mal assurés. NEWMAN, III,
261, sur la foi de plusieurs manuscrits, lit ἐν τινι βασιλείᾳ. BERNAYS
et SUSEMIHL, suivis par B. JOWETT, suppriment le nom pour laisser
seulement τινι. H. RACKHAM propose ἔν τινι καιρῷ (ou ἀνάγκῃ),
lecture qui nous paraît rendre le plus exactement la pensée d'AR.
Tous les sens proposés sont d'ailleurs voisins.

3. L. 10, ἐν χειρὸς νόμῳ (cf. HÉROD., VIII, 89 : ἐς χειρῶν νόμον
ἀπικέσθαι, *en venir à la loi de la force, en venir aux mains*) est le
manuum jus, le droit de faire justice immédiatement en vertu de la
loi du plus fort : *by right of force*, traduit B. JOWETT. Cf. LAMBIN :
lege ea quae est in manibus et armis posita.

4. *Il.*, II, 391-393, mais les derniers mots ne figurent pas dans
notre Homère. Vers déjà cités *Eth. Nicom.*, III, 11, 1116 *a* 33-35.

5. Autrement dit, héréditaires.

barbares. Toutes confèrent à leur titulaire un pouvoir
sensiblement le même que dans les tyrannies, mais
elles sont à la fois conformes aux lois[1] et héréditaires :
car du fait que les barbares sont par le caractère 20
naturellement plus portés à la servitude que les
Hellènes, et les Asiatiques que les Européens, ils
supportent le pouvoir despotique sans élever aucune
plainte. De telles royautés sont assurément de type
tyrannique pour la raison que nous venons de donner,
mais elles sont à l'abri des bouleversements[2] parce
qu'elles sont héréditaires et reposent sur une base
légale. La garde dont le souverain s'entoure est
également celle d'un roi et non d'un tyran, pour
la même raison[3] : car ce sont les citoyens en armes 25
qui assurent la protection des rois, tandis que les
tyrans font appel à des étrangers[4]. Les rois en
question, en effet, règnent en vertu de la loi et sur
des peuples pleinement consentants, et les tyrans sur
des sujets contraints et forcés : aussi les premiers
ont-ils leur garde recrutée parmi les citoyens, tandis
que les autres ont la leur dressée contre leurs propres
citoyens.

Voilà donc deux formes de monarchie. Une autre
forme est celle qui existait chez les anciens Hellènes, 30
la monarchie de ceux qu'on appelle *Aïsymnètes*[5].
Cette forme de monarchie est, pour le dire en un
mot, une tyrannie élective, et elle diffère de la
monarchie barbare, non pas en ce qu'elle n'a pas
de base légale, mais seulement en ce qu'elle n'est
pas héréditaire. Certains monarques de ce type
recevaient leur pouvoir à vie, d'autres seulement
pour une période déterminée ou pour des tâches
définies : ainsi, les habitants de Mytilène élurent 35

1. *Reges barbarorum obtinent potestatem despoticam ex lege et
consuetudine* (SYLV. MAURUS, 589[1]), ce qui les différencient des tyrans.
2. A la différence des tyrannies.
3. Son caractère légitime et héréditaire.
4. Cf. *infra*, 15, 1286 *b* 27 et ss. ; V, 10, 1311 *a* 7.
5. Les αἰσυμνῆται, législateurs choisis par tous les partis pour
terminer les discordes civiles, recevaient des pouvoirs dictatoriaux
et étaient irresponsables. Les plus connus sont ZALEUCUS de Locres,
DRACON et SOLON. Cf. la dissertation de NEWMAN, III, 267-270,
et G. GLOTZ, *la Cité gr.*, 105-106.

autrefois Pittacos pour résister aux exilés qui
avaient mis à leur tête Antiménide et le poète Alcée.
Alcée lui-même atteste, dans une de ses chansons
de table[1], qu'ils élurent Pittacos pour tyran : il
adresse effectivement des reproches au peuple parce
que :

> L'homme de basse naissance, Pittacos, de la
> débonnaire et infortunée cité

1285 b   Ils l'ont établi tyran, lui prodiguant leurs louanges
d'une seule voix.

Ces monarchies, certes, aujourd'hui et dans le
passé, par leur pouvoir despotique sont de type
tyrannique, mais par leur caractère électif et leur
autorité pleinement acceptée, de type monarchique.

Il existe une quatrième espèce de monarchie
royale : ce sont les monarchies des temps héroïques,
5 qui régnaient sur des peuples consentants, en même
temps qu'elles étaient héréditaires et selon la loi :
car, en raison du fait que les premiers de la lignée
s'étaient montrés des bienfaiteurs du peuple[2] dans
le domaine des arts ou de la guerre, ou encore parce
qu'ils le rassemblèrent en une cité ou lui procurèrent
un territoire[3], ils devinrent rois du consentement de
leurs sujets, et la couronne passa à leurs successeurs
par droit héréditaire. Ils exerçaient le commandement
suprême à la guerre, et présidaient aussi à tous les
10 sacrifices qui n'étaient pas aux mains des prêtres[4],
et, outre cela, jugeaient les procès ; ils remplissaient
cette dernière fonction, les uns en prêtant serment
et les autres sans prêter serment, et le serment
consistait dans le geste de lever le sceptre en l'air[5].
Ces rois des temps primitifs exerçaient d'une façon

---

1. Fragment 37 A, T. Bergk, *Poetae lyr. gr.*, 4ᵉ éd., 1878-1882
(Voir aussi l'édition critique d'Alcée, de E. Lobel, Oxford, 1925). —
Pittacos est l'un des Sept Sages (Cf. II, 12, 1274 *b* 18 et note) ;
Antiménide et Alcée étaient frères.

2. V, 10, 1310 *b* 10.

3. Sur les services rendus par les rois dans ces différents domaines,
cf. les exemples cités par Newman, III, 272-273.

4. Cf. *infra*, VI, 8, 1322 *b* 27.

5. Cf. *Il.*, I, 234 ; VII, 412 ; X, 328. Voir G. Glotz, *Études sociales
et juridiques sur l'Antiquité grecque*, p. 110 et 142.

continue[1] leur autorité à la fois sur les affaires de
la ville, sur celles de la campagne et sur celles au delà
des frontières[2] ; mais à une époque plus récente,
plusieurs de ces attributions furent délaissées par 15
les rois eux-mêmes, et certaines autres leur furent
enlevées par leurs peuples, au point que dans beaucoup
de cités on ne laissa aux rois que les sacrifices, et
que là où le nom de royauté mérite encore d'être
pris au sérieux, les rois conservèrent seulement
le commandement dans les expéditions militaires
hors des frontières.

Telles sont donc les différentes formes de royauté, 20
au nombre de quatre : une première est celle des
temps héroïques (qui s'exerçait sur des peuples
pleinement consentants, mais dans des domaines
limités, puisque le roi était à la fois stratège et juge,
et décidait souverainement dans les choses de la
religion) ; une seconde est celle des peuples barbares
(qui est un pouvoir exercé par droit de famille, de
type despotique, conforme à la loi) ; une troisième 25
est celle qu'on désigne du nom d'*aïsymnétie* (qui est
une tyrannie élective) ; une quatrième parmi celles
que j'énumère est la royauté spartiate (laquelle est,
à proprement parler, une charge de stratège, confinée
dans une famille et perpétuelle). Ces formes diffèrent
l'une de l'autre de la manière que nous venons
d'indiquer.

Il existe enfin une cinquième forme de royauté :
c'est celle où un seul homme est maître absolu dans
tous les domaines, à la façon dont chaque nation et 30
chaque cité disposent souverainement de la chose
publique. Cette dernière forme est à mettre sur le
même rang que l'administration du père de famille :
car de même que le gouvernement domestique est
une sorte de royauté familiale, ainsi la royauté absolue
est le gouvernement domestique d'une cité, ou d'une
nation, ou d'un groupe de nations.

---

1. Et non pour un temps limité, comme ce fut le cas plus tard.
Le mot συνεχῶς, l. 14, a ici le sens de *perpetuo*.

2. Sur les difficultés de ce passage, cf. NEWMAN, III, 273-274 :
τὰ κατὰ πόλιν, l. 13, sont distincts de τὰ ἔνδημα, et plus encore de
τὰ ὑπερορία. La paraphrase de LAMBIN marque bien la distinction :
*et res urbanas, et eas quae agri finibus continebantur et eas quae extra
fines imperii... perpetuo moderabantur.*

15

<La royauté, suite. Ses avantages
et ses inconvénients.>

35 On peut dès lors ramener à deux, pour ainsi dire,
les formes de gouvernement monarchique que nous
avons à examiner, à savoir celle dont nous avons
parlé en dernier lieu, et la royauté spartiate : car
la plupart des autres tiennent le milieu entre celles-ci,
le pouvoir royal embrassant alors moins de choses
que dans la royauté absolue et plus de choses que
dans la royauté spartiate. Par conséquent, notre
examen se réduit à peu près à deux questions : l'une,
s'il est avantageux ou non pour les États qu'il y ait
un stratège perpétuel, et, dans l'affirmative, s'il
doit être pris dans une famille ou parmi tous les
1286 a citoyens à tour de rôle[1] ; une autre question, c'est
s'il est avantageux ou non qu'un seul homme ait
le pouvoir suprême en toutes choses. Or l'examen
relatif à la charge de stratège telle que nous l'avons
caractérisée, revêt un aspect plutôt légal que
constitutionnel (cette charge pouvant, en effet,
exister indifféremment sous tous les régimes), de
sorte qu'on peut le laisser de côté pour commencer[2].
5 Le mode restant du régime monarchique est, au
contraire, une véritable forme de constitution, et
par conséquent nous devons l'étudier, et parcourir
rapidement les difficultés qu'elle renferme.

Le point de départ de notre recherche est de savoir
s'il est plus avantageux d'être gouverné par l'homme
le meilleur ou par les lois les meilleures[3]. Ceux qui

1. Certains mss ont αἵρεσιν, l. 39, au lieu de μέρος (cf., en effet,
supra, 14, 1285 *a* 16). Mais l'idée est sensiblement la même : dans
les deux cas, la charge de stratège est ouverte à tous.

2. En attendant de traiter, non plus des constitutions, mais de
la législation. Mais AR. n'a nulle part tenu cette promesse (cf. aussi,
IV, 1, 1289 *a* 11 et ss.).

3. Problème déjà posé par PLATON, notamment *Polit.*, 294 *a*-
296 *a* (cf. l'*Introd.* de A. DIÈS à son édition du dialogue : tout le
titre VI, p. L à LII, le problème politique du chef et de l'illégalité

sont d'avis qu'il est avantageux de vivre sous un
régime monarchique pensent que les lois énoncent 10
seulement les généralités sans rien prescrire pour
les circonstances particulières[1]. Et ainsi dans
n'importe quel art il est insensé de s'en tenir à des
règles écrites : effectivement, en Égypte[2] les médecins
sont autorisés à modifier le traitement <que leur
imposent les prescriptions écrites>, après le
quatrième jour (et s'ils le font plus tôt, c'est à leurs
propres risques). On voit donc clairement que le
régime politique fondé sur des règles écrites et des 15
lois, n'est pas le meilleur de tous, pour la même
raison[3]. — Mais cependant il convient aussi que les
détenteurs de l'autorité aient à compter avec cette
règle générale dont nous parlons[4]. Et, d'autre part,

---

idéale), et *Lois*, IX, 874 *e*-875 *d*, sur la nécessité de la loi et le rôle
du bon tyran (p. XXXV à XXXVII de l'*Introd.* de A. Diès). Pour
l'analyse de la pensée platonicienne, dont Ar. s'inspire manifestement,
on se reportera aussi aux pages pénétrantes de Newman, I, 270 et ss.
Voir déjà *supra*, 10, 1281 *a* 33 et ss.

1. Cf. sur cette thèse familière d'Ar., II, 8, 1269 *a* 9 et ss. ; III,
11, 1282 *b* 1-6. Voir aussi *Rhétor.*, I, 13, 1374 *a* 18.

2. L. 12, il semble bien que πως soit à supprimer (Cf. Newman,
III, *Crit. notes*, p. 98). — L. 13, après κινεῖν nous sous-entendons,
avec Bonitz (*Ind. arist.*, 391 *a* 7), τοὺς γεγραμμένους λόγους.
Sylv. Maurus, 591¹, comprenait déjà le passage de cette façon :
*fatuum est in medicina medicari secundum praecepta scripta non
considerando circumstantias particulares.*

Quant au *quatrième jour* (μετὰ τὴν τετρήμερον, l. 13), c'est dans
l'ancienne médecine un jour de *crise* (κρίσις), déterminé par des
considérations mystiques ou arithmologiques (cf. les *Aphorismes*
d'Hipp., II, 24).

3. Parce que les cas particuliers ne s'adaptent pas exactement
aux prescriptions générales. La volonté d'un seul homme est donc,
pour les avocats de la monarchie, préférable au règne impersonnel
de la loi.

4. Même dans le cas du régime monarchique, répondent les
partisans de la loi, on doit appliquer des règles générales et par
conséquent édicter des lois. La loi présente l'avantage d'être à l'abri
de la passion (τὸ παθητικόν, l. 15, c'est l'ἐπιθυμία), alors que le souverain, comme tout homme, lui est inévitablement soumis. Mais comme,
d'autre part, il faut bien reconnaître que la volonté d'un seul s'adapte
mieux aux cas singuliers (ἀλλ' ἴσως, l. 20), les arguments pour et
contre se balancent, l'*optimus vir* et les *optimae leges* présentant
des avantages et des inconvénients.

l'être affranchi de tout facteur passionnel est généralement supérieur à l'être dans lequel la passion est
quelque chose d'inné ; or, tandis que ce facteur est
étranger à la loi, toute âme humaine le possède
20 inéluctablement. — Mais sans doute répliquera-t-on
qu'en compensation un seul homme décidera mieux
sur les cas particuliers.

On voit ainsi[1] qu'il est indispensable que l'homme
dont nous parlons soit celui qui fasse les lois, et qu'il
y ait des lois d'établies ; mais ces lois seront tenues en
échec toutes les fois qu'elles s'écarteront de ce qui
est juste[2], étant entendu que dans les autres cas
elles conserveront tout leur empire. Mais, d'autre
part, dans les matières où la loi est impuissante à
rien décider ou à décider comme il faut, est-ce à un
seul homme, à l'homme parfait, qu'il appartient
25 d'avoir le dernier mot, ou à tout le corps des citoyens ?
De nos jours, en effet, ce sont des citoyens réunis en
assemblée qui jugent, délibèrent et décident, et leurs
décisions ont toutes pour objet des cas particuliers.
Or, pris individuellement, n'importe quel membre
de l'assemblée est, par comparaison, probablement
d'un mérite moindre que l'homme parfait ; mais
l'État est formé d'une multiplicité d'individus[3], et,
tout comme un repas où les convives apportent leur
écot est meilleur qu'un simple repas offert par une
30 seule personne[4], pour cette raison aussi une foule est

1. Ar. propose une solution qui s'efforce de concilier les deux
opinions contraires : que l'*optimus vir*, le monarque (αὐτόν, l. 22)
établisse lui-même les lois, et qu'il soit, d'autre part, entendu, que
les lois perdront toute autorité toutes les fois qu'elles s'*écarteront*,
dans leur application aux faits singuliers, du droit et de la justice
(ἢ παρεκβαίνουσιν, l. 23), en d'autres termes toutes les fois qu'il
s'agira d'apprécier les faits et de les sanctionner en *équité* (cf. *Eth.
Nicom.*, V, 14, en entier). Mais cette possibilité de faire échec à la
loi pose un *nouveau problème* (πότερον, l. 25) : quelle autorité décidera
de ces exceptions ? Le monarque ou l'ensemble des citoyens ?

2, *A recto aberrant et deflectunt* (Lambin).

3. Et meilleurs, par leur nombre, qu'un seul. — Ar. estime donc,
en définitive, que les décisions sur les cas particuliers où la loi est
impuissante, doivent être prises plutôt par le peuple que par un
monarque. Mais cette apologie de la multitude présente un caractère
diaporématique très marqué, et n'exprime pas la pensée dernière d'Ar.

4. Cf. 10, 1281 *b* 2.

souvent meilleur juge qu'un seul homme quel qu'il
soit. Ajoutons que la multitude est moins accessible
à la corruption : de même qu'une plus grande quantité
d'eau <est moins sujette à se corrompre qu'une
petite >[1], ainsi la masse des citoyens est moins facile
à corrompre que le petit nombre[2]. Et quand l'individu
est sous l'empire de la colère ou de quelque autre
passion analogue, son jugement s'en trouve
nécessairement altéré, tandis que, dans l'autre cas,
on admettra difficilement que tous en même temps   35
se laissent entraîner à la colère et à l'erreur. Mais
supposons que la multitude soit l'ensemble des
hommes libres, n'agissant jamais contrairement à
la loi, excepté dans les cas où celle-ci comporte
nécessairement des lacunes ; et si, dès lors, cette
sage conduite[3] est difficilement concevable dans une
multitude, mais si cependant il existe en elle une
majorité de gens vertueux et de bons citoyens, alors,
demanderons-nous, qui se montrera plus incor-
ruptible ? L'homme qui gouverne seul ? Ne sera-ce
pas plutôt ceux qui, formant la majorité numérique,   40
n'en sont pas moins tous des hommes vertueux ?
N'est-il pas évident que ce sera la majorité ? —   **1286 b**
Mais, dira-t-on, elle se divisera en factions, tandis que
celui qui gouverne seul n'est pas divisé contre
lui-même. — A quoi on peut opposer sans doute
le fait qu'il existe au sein de la majorité des hommes
à l'âme vertueuse ressemblant à cet unique homme
parfait dont nous parlons[4]. Si dès lors le gouvernement

---

1. Nous complétons la comparaison d'AR. en nous inspirant de
LAMBIN : *quemadmodum uberior aqua minus facile corrumpi potest,
sic et multitudo...*

2. Même pensée *Const. ath.*, XLI. — Tout le passage est d'un
optimisme que l'expérience dément à chaque instant.

3. Cf. PS.-THOMAS, 496, p. 175 : *non est facile quod plures bene
judicent in tali casu si fuerint quicumque indifferenter; si tamen
fuerint boni viri, et cives...*

4. Et qui s'accorderont tous entre eux comme un seul, et éviteront
ainsi le péril des factions et des dissentiments (cf. l'exposé de SYLV.
MAURUS, 592[1]). — Cf. aussi *Eth. Nicom.*, VIII, 4, 1156 *b* 17 : « les
actions des gens de bien sont identiques ou semblables à celles des
autres gens de bien. »

de la majorité[1], quand elle est composée entièrement
d'hommes de bien, doit être défini une aristocratie,
5 et le gouvernement d'un seul une royauté, alors
l'aristocratie sera préférable pour les États à la
royauté, que la dignité royale s'appuie sur une force
militaire ou en soit dépourvue[2], à la condition qu'on
puisse trouver un assez grand nombre d'hommes
semblables en vertu[3].

Et telle est peut-être la raison pour laquelle
le régime de la royauté s'imposa à l'origine : c'est
parce qu'il était rare de trouver des hommes d'une
vertu transcendante, surtout à une époque où on
10 habitait de petits États. Ajoutons que c'est en
conséquence de services rendus qu'on établissait
les rois, services qui sont essentiellement l'œuvre
des hommes vertueux[4]. Mais quand vint à se révéler
un grand nombre d'individus semblables en mérite,
ils se mirent à ne plus endurer l'autorité d'un seul,
mais à chercher quelque forme de gouvernement où
tous eussent part, et à poser les bases d'une
constitution. Mais lorsque la classe dirigeante
devenant d'une moralité suspecte, se lança dans les
affaires aux dépens de l'intérêt public, ce fut là
15 vraisemblablement l'origine des oligarchies, car on
mit la richesse à l'honneur. Les gouvernements
oligarchiques se changeaient d'abord en tyrannies,
puis les tyrannies en démocraties[5] : car la classe

---

1. Cf. *Republ.*, IV, 445 *d*. — Pour tout ce développement, voir
NEWMAN, I, 272, note, et III, 285, qui attire l'attention sur sa nature
aporématique. C'est ainsi que l'explication des l. 8 et ss. sur l'origine
des différents régimes et le passage de la monarchie à l'aristocratie
et de l'aristocratie à la démocratie, est toute provisoire et faite pour
les besoins de la discussion. L'évolution des sociétés est présentée
sous un jour tout différent, VI, 13, 1297 *b* 16 et ss., où AR. soutient
que cette transformation accompagne les progrès dans l'art de la
guerre.

2. Sur la garde royale, cf. *infra*, l. 27.

3. L. 7, πλείους, *un nombre plus grand que l'unité*.

4. Lesquels étaient alors en petit nombre. Cf. *supra*, 14, 1285 *b* 6,
et *infra*, V, 10, 1310 *b* 10.

5. Cf. *Republ.*, VIII, 555 *b* et ss., où l'oligarchie se transforme
en démocratie, et la démocratie en tyrannie. AR. intervertit cet
ordre (oligarchie → tyrannie → démocratie), car pour lui la tyrannie
n'est qu'une oligarchie poussée à l'extrême, et l'une et l'autre reposent
également sur une αἰσχροκέρδεια (cf. V, 10, 1311 *a* 8).

dirigeante devenant de jour en jour moins nombreuse
par suite de son sordide amour du gain, renforçait
ainsi le rôle de la multitude, au point d'amener
celle-ci à se dresser contre elle, et de provoquer la
formation de régimes démocratiques[1]. Et maintenant   20
que les États ont pris, en fait, de l'extension, peut-
être est-il devenu plus difficile d'instaurer une forme
de gouvernement autre qu'un régime démocratique[2].

Et même si on pose en principe que la royauté
est le meilleur des gouvernements pour les États,
comment réglera-t-on la question des enfants du
prince ? Est-ce que ses descendants seront appelés
à régner[3] ? Mais s'ils se mettent à ressembler à
certains qu'on a pu voir, ce sera une calamité.
Dira-t-on que le roi, étant maître absolu, ne   25
transmettra pas dans ce cas le trône à ses enfants ?
Mais à cet égard on ne peut se défendre d'une certaine
incrédulité : c'est là une décision pénible et qui
suppose une vertu dépassant l'humaine nature. —
Il se présente aussi une autre difficulté : c'est au sujet
de la garde militaire des souverains : l'homme appelé
à régner doit-il posséder une force armée autour de
sa personne, qui le mettra en mesure de contraindre
les récalcitrants à l'obéissance ? Sinon, comment   30
lui est-il possible d'administrer son royaume ? Car
même si c'était un souverain respectueux des lois
et n'agissant jamais d'une façon arbitraire en
violation de la loi, il est cependant nécessaire qu'il
ait en mains une puissance suffisante pour assurer
le maintien des lois elles-mêmes. Peut-être, en
fin de compte, avec un roi tel que nous le décrivons,
n'est-il pas difficile de régler la question : il doit
posséder une force, mais cette force sera seulement   35
assez grande pour lui permettre d'être plus puissant
qu'un seul individu ou que plusieurs individus
ensemble, mais moins puissant que le peuple entier.
Telle était la pratique des anciens pour accorder
des gardes toutes les fois qu'ils établissaient quelqu'un
en qualité de ce qu'ils appelaient *aïsymnète* ou tyran

---

1. Cf. *supra*, 11, 1281 *b* 28.
2. Cf. IV, 6, 1293 *a* 1 ; 13, 1297 *b* 22.
3. L. 24, τὸ γένος = τὰ τέκνα (*Ind. arist.*, 150 *b* 4).

de l'État [1]; et de même pour DENYS[2] : un jour qu'il
demandait des gardes, quelqu'un lui conseilla de
40 donner le même nombre de gardes aux citoyens de
Syracuse[3].

16

<La monarchie absolue
et les objections qu'elle soulève.>

1287 a   Le cas du roi agissant en toutes choses selon sa
volonté propre[4] se présente maintenant à notre
étude, et nous devons l'examiner. En effet, la
monarchie qualifiée de *conforme à la loi* n'est pas,
ainsi que nous l'avons indiqué[5], une forme spéciale
de constitution (puisque dans toutes il peut exister
5 une charge de stratège perpétuelle, par exemple
dans un gouvernement démocratique ou aristocratique, et un grand nombre d'États confient à un
seul homme la haute main sur l'administration
civile[6] : une magistrature de ce genre se rencontre
à Épidamne[7] par exemple, ainsi qu'à Oponte[8],
mais, dans cette dernière ville, avec des pouvoirs
limités sur certains points) ; mais il s'agit à présent

1. BONITZ (*Ind. arist.*, 779 *b* 52), suivi par NEWMAN, III, 290,
considère que αἰσυμνήτην et τύραννον, l. 38-39, sont l'un et l'autre
des accusatifs de ἐκάλουν, et que τύραννον ne dépend pas de καθισ-
ταῖέν. Nous acceptons cette interprétation, qui est cependant loin
de s'imposer.

2. DENYS l'Ancien.

3. Interprétation de H. RACKHAM, qui fait dépendre avec raison
croyons-nous, Διονυσίῳ, l. 30, de συνεβούλευε, et τοῖς Συρακυσίοις
de διδόναι. Elle donne un sens plus piquant à l'anecdote. L'interprétation courante est celle des anciens commentateurs, suivis par
THUROT et B. JOWETT : *et quidam Syracusanis, ut Dionysio custodes
petenti tales custodes* [c'est-à-dire le nombre ni trop élevé, ni trop
faible, tel qu'il est déterminé l. 35-37] *darent, suadebat* (LAMBIN).

4. C'est-à-dire la monarchie absolue, la παμβασιλεία.

5. 15, 1286 *a* 2.

6. L. 6, διοίκησις s'oppose à στρατηγία (SUSEMIHL).

7. Ville d'Illyrie. — Cf. V, 1, 1301 *b* 21.

8. Capitale des Locriens.

de la monarchie dite *absolue*, qui est celle dans 10
laquelle le roi exerce une autorité universelle, en
n'obéissant qu'à sa volonté propre.

Or, certains sont d'avis qu'il est contre nature qu'un
seul homme soit le maître absolu de tous les citoyens,
là où la cité est composée d'hommes semblables entre
eux : car, disent-ils, les êtres semblables en nature
doivent, en vertu d'une nécessité elle-même naturelle,
posséder les mêmes droits et la même valeur ; ils en
tirent cette conséquence que s'il est vrai qu'une
répartition égale de nourriture et de vêtements entre
des personnes inégales est une chose nuisible aux
corps, ainsi en est-il aussi au sujet de la distribution 15
des honneurs ; et par suite il en est de même[1] quand
les personnes égales reçoivent un traitement inégal,
et ce serait là précisément la raison pour laquelle[2]
il est juste que nul ne commande plus qu'il n'obéit,
et qu'ainsi chaque citoyen soit appelé à tour de rôle
à commander et à obéir, alternance qui n'est dès
lors rien d'autre qu'une loi, puisque l'ordre est une
loi[3]. Le règne de la loi, ajoutent-ils, est donc
préférable à celui d'un seul des citoyens pris
individuellement, et, en application de cette même 20
idée, même s'il est meilleur que certains individus
aient en mains l'autorité[4], on doit seulement les

1. Et inversement. — Cette argumentation, mise par AR. dans
la bouche des adversaires de la monarchie, repose sur cette idée,
qui lui est chère à lui-même, à savoir qu'il faut traiter également
des êtres égaux, et inégalement des êtres inégaux. Au point de vue
physique (nourriture, vêtements), un traitement égal appliqué à
des hommes inégaux en force ou en taille produit de mauvais résultats ; il en est de même au point de vue moral et social, dans l'attribution des charges officielles. Inversement, traiter inégalement des
êtres supposés égaux est contraire au droit naturel, et c'est ce qui a
lieu dans l'État monarchique où un seul citoyen commande aux autres.

2. Dans l'esprit des détracteurs de la monarchie.

3. Commander et obéir *chacun son tour* (ἀνὰ μέρος, l. 17) est une
règle fixe, conforme à la nature des choses dans une société d'égaux.
Cet *ordre de succession* invariable (τάξις, l. 18) a ainsi tous les caractères
d'une loi. Le règne de la loi est donc préférable à la volonté d'un
seul individu.

4. Et non la loi seule. — Le Ps.-THOMAS, 511, p. 180, a une interprétation légèrement différente : *secundum eamdem rationem, si melius
est plures principari quam unum, illos tamen melius est principari
secundum legem quam secundum voluntates proprias.*

établir comme gardiens des lois et ministres des lois :
car s'il est nécessaire qu'il existe un certain nombre
de magistratures[1], il n'est pas juste, dit-on, de
confier le pouvoir à un seul homme, quand du
moins les citoyens sont tous semblables. Mais bien
certainement[2] toutes les choses de détail que la loi
apparaît impuissante à définir, un être humain ne
25 pourrait pas non plus les connaître. Or la loi donne
aux magistrats une formation spéciale à cet effet, et
les prépose à déterminer et administrer les matières
laissées par elle dans l'indécision, en les livrant
« à leur appréciation la plus juste »[3]. En outre, elle
leur confère le droit d'apporter toutes les rectifications
que l'expérience leur fait paraître préférables aux
dispositions qu'elle a établies elle-même[4]. Ainsi
donc, vouloir le règne de la loi, c'est, semble-t-il,
vouloir le règne exclusif de Dieu et de la raison[5] ;

1. En raison de l'insuffisance des lois pour décider dans les cas
particuliers.

2. Certains commentateurs (BERNAYS, suivi par H. RACKHAM)
voient dans cette phrase (ἀλλὰ μὴν... l. 23) une objection présentée
par les partisans du régime monarchique. Il est préférable d'accepter
l'interprétation traditionnelle (cf. Ps.-THOMAS, 512, p. 180) et de
considérer ce passage comme un nouvel argument plus pressant en
faveur de la prépondérance de la loi : la loi est toujours préférable
au meilleur des hommes, et ce qu'elle est impuissante à régler, quel
homme serait capable de le faire ? Mais la loi (ἀλλ' ἐπίτηδες, l. 25)
essaie au moins de parer à sa propre insuffisance, en *faisant l'éducation*
(παιδεύσας, l. 25) des hommes qu'elle charge expressément de la
suppléer, et qui sont ainsi imprégnés de son esprit (En ce sens,
NEWMAN, I, 273, et note ; III, 294 ; et B. JOWETT).

3. La formule similaire κατὰ γνώμαν τὴν δικαιοτάταν se rencontre
dans le serment des amphictyons de Delphes.

4. Sur cet amendement de la loi par elle-même, cf. *Lois*, VI,
772 *b* et *c*. Voir aussi Ps.-THOMAS, 512, p. 180 : *vel si lex posita non
sit bene ordinata... dimittitur principi ut illa dimissa inveniat meliorem...
et ordinet per legem.*

5. Cette alliance de mots, νοῦς-νόμος ou λόγος-νόμος (dans l'esprit
des étymologies du *Cratyle*) se retrouve dans PLATON (cf. notamment
Lois, I, 644 *d*, *e*, et 645 *a* ; IV, 713 *e*-714 *a*) : l'idéal du gouvernement
consiste à donner à ce qu'il y a d'immortel en nous, à l'intelligence
la plus affranchie de toute passion, la direction de nos foyers et de
nos cités, la loi n'étant rien d'autre qu'une décision de la *raison pure*
(νοῦς). Voir aussi le célèbre passage de l'*Eth. Nicom.*, X, 7, 1177 *b* 27
et ss. (p. 512 et ss. de notre édition).

vouloir, au contraire, le règne d'un homme, c'est
vouloir en même temps celui d'une bête sauvage, 30
car l'appétit irrationnel a bien ce caractère bestial,
et la passion fausse l'esprit des dirigeants, fussent-ils
les plus vertueux des hommes. De là vient que la
loi est une raison libre de désir. Mais est trompeuse,
semble-t-il, l'analogie qu'on établit avec les arts[1],
et d'après laquelle il est dangereux de se soigner en
s'asservissant à des règles écrites, et préférable
d'avoir recours aux hommes de l'art : ceux-ci, en 35
effet[2], ne font rien de contraire à la droite règle
par raison d'amitié, mais ils touchent leurs honoraires
après avoir rendu leurs malades à la santé[3], tandis
que ceux qui sont dans les fonctions politiques ont
coutume d'agir souvent par malveillance ou faveur[4],
puisque, même quand un malade soupçonne son
médecin de s'entendre avec ses ennemis pour le
supprimer par amour du gain, il chercherait plutôt 40
dans ce cas à suivre le traitement prescrit par les
textes écrits. Mais à coup sûr[5] les médecins eux-
mêmes, quand ils sont malades, introduisent auprès
d'eux d'autres médecins, et les pédotribes, quand **1287** *b*
ils s'entraînent, d'autres pédotribes, dans l'idée qu'ils
sont incapables de porter sur eux-mêmes un jugement
vrai, parce qu'ils sont juges de leurs propres intérêts
et en même temps influencés par leurs sentiments.

---

1. Analogie indiquée par Ar. lui-même, *supra*, 15, 1286 *a* 11.

2. Cette phrase explique pourquoi l'analogie est trompeuse.

3. Et ainsi il est préférable d'avoir recours à eux plutôt qu'à
des règles écrites. — Sur ce παράδειγμα τῶν τεχνῶν, cf. aussi *Polit.*,
298 *a* (avec la note de A. Diès, dans son édition) et 300 *a*.

4. Ce qui fait que, dans leur cas, il vaut mieux se référer à des
textes. Cette préférence pour les γράμματα s'étend à l'art médical,
quand la passion s'introduit accidentellement dans l'esprit du médecin,
ce qui assimile ce dernier à l'homme politique et rend nécessaire le
recours à des règles écrites.

5. La présence d'un élément passionnel dans le jugement est
tellement à redouter que même les médecins se défient d'eux-mêmes
quand ils sont malades, et préfèrent appeler des confrères dont la
sérénité n'est pas troublée par des sentiments émotionnels. La loi
a cet avantage, elle aussi, d'être un produit de l'intelligence pure,
sans partialité aucune, et c'est pourquoi on doit la préférer à l'appréciation individuelle.

On voit ainsi¹ que rechercher ce qui est juste c'est rechercher le moyen terme², car la loi est le moyen terme. De plus, les lois qui dérivent de la coutume
5 ont plus d'autorité et ont trait à des matières plus importantes que les lois écrites, de sorte que si un homme est un chef politique plus sûr que les lois écrites, du moins ne l'est-il pas plus que les lois dérivant de la coutume³.

Mais il n'est certainement pas aisé non plus, pour celui qui est seul à gouverner, d'avoir l'œil sur une multitude d'affaires ; il faudra donc que les magistrats institués par lui soient en grand nombre, et, dans ces
10 conditions, quelle importance y a-t-il que cette multiplicité de magistrats soit créée immédiatement dès le début ou que le chef unique les établisse de la façon indiquée⁴ ? — En outre, comme nous l'avons dit aussi plus haut⁵, s'il est vrai que l'homme de vertu éprouvée a droit de commander parce qu'il est meilleur, deux hommes bons sont cependant meilleurs qu'un seul. C'est ce que veulent dire l'expression :

*Quand deux vont de compagnie*⁶,

et la prière d'Agamemnon :

1. Que les partisans de la suprématie de la loi écrite ont raison et que...

2. Ou *neutre*, ou *impartial*. Cf. *Eth. Nicom.*, V, 7, 1132 *a* 22, où Aʀ. définit le bon juge comme un *moyen*, un *médiateur*, un arbitre impartial qui se tient à égale distance des deux parties. Or un bon juge, ajoute Aʀ., est la justice en personne, et par suite la justice et la loi sont un *medium* (Voir aussi *infra*, IV, 12, 1297 *a* 6). — On sait l'importance de la μεσότης dans la doctrine aristotélicienne de la moralité : cf. notamment *Eth. Nicom.*, II, 5, 1106 *a* 26 et ss. Le rôle de la médiété déborde même les cadres de l'éthique et de la politique (voir L. Rᴏʙɪɴ, *Aristote*, p. 232, note, et notre propre note de la trad. de l'*Eth. Nicom.*, p. 103).

3. Les arguments en faveur de la prépondérance de la loi écrite, sont encore plus puissants quand il s'agit des lois *coutumières* ou *non écrites* (οἱ κατὰ τὰ ἔθη, l. 6 = οἱ ἄγραφοι : cf. la division platonicienne indiquée par Dɪᴏɢ. L., III, 86).

4. C'est-à-dire parce qu'il en a besoin. Cet argument, qui revient à dire que la monarchie n'est en fait qu'une aristocratie ou une république, sera repris *infra*, l. 15. — Sur εὐθύς, l. 10, cf. I, 8, 1256 *b* 8, note.

5. 13, 1283 *b* 21 et 1284 *b* 32.

6. *Il.*, X, 224. — Même citation *Eth. Nicom.*, VIII, 1, 1155 *a* 15.

Puissé-je posséder dix conseillers pareils[1] !

   — Et même de nos jours[2], les magistrats, par 15
exemple les juges, décident souverainement dans
certaines affaires où la loi est impuissante à apporter
une solution, car, dans les matières du moins où elle
le peut, nul ne met en doute que, dans ces cas-là,
la loi ne saurait que commander et décider de la
façon la plus parfaite. Mais puisque certaines choses
peuvent être comprises dans les termes de la loi
et que d'autres ne le peuvent pas, ce sont ces dernières 20
qui sont à l'origine du problème et qui font rechercher
s'il est préférable que ce soit la loi la meilleure ou
l'homme le meilleur qui gouverne, puisque régler
par une loi des matières qui prêtent à délibération
est une impossibilité. Aussi ne va-t-on pas jusqu'à
nier la nécessité de laisser à l'homme le soin de
décider en des matières de ce genre, mais on voudrait
que ce fût le rôle non d'un seul homme, mais de
plusieurs. Car chaque magistrat pris individuellement 25
juge bien quand il a reçu une formation suffisante
de la loi[3], et il paraîtrait sans doute surprenant qu'une
personne, quand elle juge, vît mieux avec deux yeux
ou entendît mieux avec deux oreilles ou agît mieux[4]
avec deux mains et deux pieds, qu'une pluralité
d'individus avec de multiples organes, puisque enfin
nous voyons les monarques se donner à eux-mêmes
des yeux, des oreilles, des mains et des pieds en grand 30
nombre, en associant à leur pouvoir ceux qui sont
amis de leur gouvernement et de leurs personnes[5].
Assurément si ces agents ne sont pas des amis, ils
n'agiront pas selon la volonté du monarque ; mais
s'ils sont amis du maître et de son gouvernement,
et s'il est vrai que l'ami est égal et semblable à son

---

   1. Pareils à Nestor : *Il.*, II, 372.

   2. Ar. reprend ici l'argument des l. 8-11 (δεήσει... τοῦτον τὸν
τρόπον) en faveur de la pluralité des magistrats pour interpréter la loi.

   3. Cf. *supra*, 1287 *a* 25.

   4. L. 28, nous n'hésitons pas à adopter la lecture πράττοι, au lieu
de πράττων.

   5. L. 31, nous acceptons la correction de αὐτοῖς en αὑτοῖς, proposée
par B. Jowet.

   Pour la fin du ch., cf. Thurot, 53-54. — Sur l'égalité dans l'amitié
(l. 33), voir *Eth. Nicom.*, VIII, 8, 9 et 10.

ami, il en résulte que le monarque, en pensant que ses amis doivent gouverner, pense que ceux qui sont égaux et semblables doivent tous pareillement gouverner[1].

35 Telles sont donc à peu près les discussions qui surgissent au sujet de la royauté.

17

<Hypothèse où la monarchie absolue s'impose. >

Mais peut-être tous ces arguments sont-ils pertinents dans certains cas, et non dans d'autres[2]. Tel genre d'hommes, en effet, requiert naturellement un gouvernement despotique[3], tel autre un gouvernement monarchique, tel autre encore un gouvernement libre, chacun de ces régimes étant juste et expédient pour le peuple en question. En revanche, un peuple n'est jamais naturellement destiné à un gouvernement 40 tyrannique ni à aucune des autres formes constituant des déviations, lesquelles se produisent toutes contrairement à la nature. Mais, d'après ce que nous avons dit du moins, il est manifeste que, dans des **1288 a** sociétés formées d'individus semblables et égaux, il n'est jamais ni profitable, ni juste, qu'un seul homme ait la suprématie sur tous[4] : ni quand les

---

1. La monarchie n'est donc qu'une aristocratie.

2. AR. a établi qu'il n'est ni juste, ni profitable qu'un seul homme impose sa volonté à une société d'égaux. Mais cette vérité ne souffre-t-elle pas des exceptions ?

3. Celui exercé par le maître sur ses esclaves. La phrase ἔστι γάρ τι... συμφέρον est mal établie. Avec H. RACKHAM, nous mettons une virgule après πολιτικόν, l. 39, et ajoutons, après συμφέρον, les mots (qui ne sont d'ailleurs pas strictement indispensables) ἄλλο ἄλλοις. Nous nous inspirons au surplus de l'excellente traduction de LAMBIN : *est enim aliquod genus hominum ad imperium herile ferendum aptum natura, aliud ad regium, aliudque ad civilem societatem.* — L. 38, πολιτικόν est l'adjectif de πολιτεία, qu'on peut traduire par *gouvernement libre.* Sur le sens de ce terme, cf. *supra*, I, 1, 1252 a 15, *et aliis.*

4. L. 2, πάντων est masculin et non neutre (cf. l. 3, ἀγαθῶν).

lois font défaut et que c'est lui qui en tient lieu, ni
quand il y a des lois[1], ni quand un maître bon règne
sur des gens de bien, ni quand un maître pervers
règne sur des sujets pervers, ni même quand le
maître est d'une vertu supérieure à ses sujets, sauf,
dans ce dernier cas, quand cette supériorité se
produit d'une certaine façon[2]. Mais de quelle façon 5
s'agit-il ? C'est ce que nous devons dire, bien qu'en
un sens nous l'ayons déjà précédemment indiqué[3].

Mais tout d'abord[4], il convient de déterminer ce
qui dispose un peuple soit à un gouvernement
monarchique, soit à un gouvernement aristocratique,
soit enfin à un gouvernement libre.

Est destiné à être gouverné par un roi le peuple
caractérisé par une aptitude naturelle à produire
une race digne, par sa vertu éminente, d'être à la
tête de l'ordre politique[5] ; est adapté à un régime
aristocratique[6] un peuple qui produit naturellement
une quantité de citoyens capables d'être gouvernés 10
comme des hommes libres par ceux que leur vertu
rend aptes à diriger le gouvernement de la cité ;
est appelé enfin à vivre sous un régime de liberté,
un peuple au sein duquel surgit naturellement une
multitude au tempérament de soldat, capable d'être
gouvernée et de gouverner tour à tour, sous une loi
qui répartit les postes officiels entre les citoyens aisés[7],
d'après le mérite.

Quand donc il est arrivé, soit à une famille entière, 15
soit même à quelque citoyen isolé, de devenir

1. Cf. 15, 1286 *a* 21 et ss.

2. Autrement dit, atteint un certain degré d'intensité, déterminé
l. 17, *infra*.

3. 13, 1284 *a* 3.

4. Sur l'authenticité et la position des l. 6-15 (πρῶτον... ἀρχάς),
cf. NEWMAN, I, app. D, p. 573, et III, 303-304, dont les conclusions
conservatrices s'opposent à celles de SUSEMIHL.

5. Et non pas seulement des opérations militaires.

6. Les l. 10-13 sont difficiles et apparaissent corrompues (cf. l'app.
crit. de l'éd. IMMISCH). Nous acceptons, à la suite de H. BACKHAM,
le texte intégral, sans tenir compte des crochets de l'éd. IMMISCH.

7. Sur le sens précis de εὐπόροις, l. 15 (qu'il faut maintenir contre
ἀπόροις), cf. *supra*, 7, 1279 *b* 9, note. — L'ensemble du texte n'est
pas sûr.

tellement supérieur aux autres en vertu, que sa
vertu excède celle de tous les autres réunis, alors il
est juste que cette famille possède la dignité royale et
reçoive le pouvoir suprême sur toutes choses, ou
que cet unique citoyen devienne roi. En effet, comme
nous l'avons dit plus haut[1], c'est là une solution
qui n'est pas seulement conforme au principe de
20 justice[2] habituellement mis en avant par les
fondateurs de constitutions aussi bien aristocratiques
qu'oligarchiques et même démocratiques (car leurs
prétentions au pouvoir reposent entièrement sur
l'existence d'une supériorité, quoique cette supériorité
ne soit pas toujours la même), elle est encore en
conformité avec ce que nous avons souligné
antérieurement[3] : car il serait assurément choquant
soit de mettre à mort, soit d'exiler, soit de frapper
25 d'ostracisme un homme de pareil mérite, et on ne
peut pas non plus prétendre le faire passer au rang
de gouverné quand son tour est venu. La partie,
en effet, par nature ne dépasse pas le tout, et celui
qui possède une aussi grande supériorité est en fait
dans la position du tout[4]. Il ne reste donc qu'une
solution : c'est d'obéir à un tel homme et de lui
confier le pouvoir suprême, non pas à son tour mais
d'une façon définitive.
30   Terminons-en de cette manière avec les questions
que soulève la royauté : ses variétés, si elle est ou
non profitable aux États, et pour quels États et à
quelles conditions.

---

1. 13, 1283 *b* 20, 1284 *a* 3-17, 1284 *b* 25.

2. Reposant sur l'idée de supériorité (cf. 13, 1283 *b* 17).

3. 13, 1284 *b* 28, indication qui est reprise dans les lignes qui
suivent.

4. Il est dans la relation du tout à la partie, puisqu'il est plus
vertueux que tous les autres ensemble. Cette comparaison est évidemment un peu forcée.

18

<Récapitulation.>

Et puisque, selon nous, les constitutions correctes sont au nombre de trois, et que, de toute nécessité, la meilleure d'entre elles est celle où l'administration est entre les mains des hommes les plus vertueux (et telle est celle dans laquelle il arrive qu'un seul individu, ou une famille entière, ou une pluralité 35 d'hommes, surpasse tous les autres ensemble en vertu, ces derniers étant capables d'obéir et les premiers de gouverner en vue de réaliser la vie la plus désirable) ; et puisque, d'autre part, dans la première partie de cette discussion[1], il a été prouvé que la vertu d'un homme et celle d'un citoyen de la cité idéale sont nécessairement identiques : dans ces conditions, il est manifeste que c'est de la même façon et par les 40 mêmes moyens qu'à la fois un homme devient vraiment vertueux et que pourrait être instauré un État soumis à un régime aristocratique ou monarchique. Par conséquent, l'éducation et les habitudes qui rendent un homme vertueux seront sensiblement **1288 b** les mêmes que celles qui le rendent apte au rôle de roi ou de citoyen[2].

Après avoir traité en détail ces divers points relatifs à la constitution, nous devons dès lors essayer de traiter de la constitution idéale, dire de quelle façon elle se forme naturellement et comment elle s'établit. [Il est donc indispensable pour celui qui 5 se propose de procéder à l'examen approprié de cette question...][3].

1. Ch. 4 et 5, *supra.*
2. Ar. annonce ainsi les développements des l. VII et VIII.
3. Cette dernière phrase reproduit à peu près l'exorde du livre VII, que plusieurs éditeurs placent pour cette raison la à suite du livre III.

LIVRE IV

1

*<Les différents problèmes relatifs aux constitutions,
que la science politique doit résoudre. >*

Dans tous les arts et les sciences qui ne se réduisent 10
pas à une connaissance fragmentaire, mais qui
embrassent complètement la totalité des choses
rentrant dans l'unité d'un genre déterminé[1], c'est
d'un seul art ou d'une seule science que relève l'étude
de ce qui appartient proprement à chaque genre :
par exemple, l'art de la gymnastique considère quelle
sorte d'exercice est profitable pour telle ou telle sorte
de corps, quelle sorte d'exercice est la meilleure en
soi (car à l'homme le plus heureusement doué par
la nature et disposant de plus de moyens on doit
nécessairement appliquer la forme d'exercice la
plus parfaite), et aussi quelle sorte d'exercice, la 15
même pour tous, est adaptée à la majorité des gens
(car c'est là également l'œuvre de la gymnastique),
et de plus, dans le cas où quelqu'un désire seulement
acquérir un état corporel ou un savoir ne convenant
pas aux luttes des jeux publics, c'est néanmoins

---

1. L. 11, κατὰ μόριον, et, l. 12, τελείαις, sont en opposition ;
l. 12, τὸ ἁρμόττον = τὸ οἰκεῖον (*Ind. arist.*, 106 *a* 40).

Aʀ. a rappelé, à différentes reprises, que pour chaque genre il
n'y a qu'une seule science (cf. *Anal. post.*, I, 28, 87 *a* 37 ; *Métaph.*,
B, 2, 997 *a* 21 ; Γ, 2, 1003 *b* 19, etc.). C'est là un des principes de sa
méthodologie. La maxime suivant laquelle *la science des contraires
est une et la même* (*Anal. pr.*, I, 1, 24 *a* 21 ; 36, 48 *b* 25 ; *Top.*, I, 14,
115 *b* 5 ; VIII, 1, 155 *b* 31 ; *Métaph.*, Γ, 2, 1004 *a* 9, etc.) est une
conséquence dérivée du principe précédent, puisque les contraires
tombent sous le même genre.

la tâche du pédotribe et du maître de gymnastique[1]
de lui procurer au moins ce degré de capacité. Et
20 nous voyons qu'il en va de même dans l'art médical,
dans l'art de construire des navires ou de faire des
vêtements, et dans tous les autres arts[2].

Par conséquent, il est clair qu'en matière de
constitution aussi, il appartient à la même science
d'étudier quelle est la forme idéale et quel caractère
elle présentera pour être la plus conforme à nos vœux
si aucune circonstance extérieure n'y met obstacle,
quelle est aussi celle qui s'adapte aux différents

1. Les l. 18-19 (μηθὲν... δύναμιν) sont corrompues, et leur sens
incertain. Cf. Thurot, 54-55, et Newman, IV, p. 87 (crit. notes).
Avec Thurot nous lisons τῆς μὴ ἱκνουμένης [= προσηκούσης, Ind.
arist., 341 b 56] et donnons à ces mots pour complément τῶν περὶ
τὴν ἀγωνίαν. Le sens général du passage est ainsi le suivant : si on
ne désire qu'un entraînement ou une connaissance théorique de la
gymnastique (cet enseignement étant surtout l'œuvre du παιδοτρίβης),
insuffisante pour participer aux jeux, c'est *cette capacité réduite*
(ταύτην τὴν δύναμιν) que le maître devra faire acquérir. — Sur la
distinction de la γυμναστική et de la παιδοτριβική, cf. *infra*, VIII,
3, 1338 b 7, note.

2. L'art (ou la science) de la gymnastique, qu'Ar. prend pour
exemple, embrasse donc quatre problèmes :

a. Quelle est la meilleure *exercitatio* en soi (l. 13-15 : τίς ἀρίστη
... ἁρμόττειν).

b. Quelle est l'*exercitatio* la mieux adaptée à un corps déterminé,
qui n'est pas dans une condition *optima* (l. 13 : οἷον ἄσκησις... συμφέρει).

c. Quelle est l'*exercitatio* de ceux qui, selon l'exposé de Sylv.
Maurus, 599[2], *non volunt acquirere perfectam ad ludos gymnasticos
habitudinem, sed solum volunt acquirere habitudinem inferiorem*
(l. 16-19 : ἔτι δ' ἐάν τις ... δύναμιν).

d. Enfin quelle est l'*exercitatio* qui convient le mieux à la majorité
des hommes (l. 15-16 : καὶ τίς ... ἐστίν).

Ar. (l. 21 et ss.) va ensuite appliquer cet exemple de l'ἄσκησις,
avec ses différentes divisions, aux problèmes que la science politique
est appelée à résoudre. Le schéma est celui-ci :

a. Quelle est la meilleure constitution en soi (l. 22-24 : τὴν ἀρίστην ...
τῶν ἐκτός, l. 25-26 : τὴν κρατίστην τε ἁπλῶς, et l. 31 : τὴν ἀρίστην
πολιτεύεσθαι πολιτείαν).

b. Quelle est la meilleure constitution, compte tenu des circonstances (l. 24 : τίς τίσιν ἁρμόττουσα, l. 26 : τὴν ἐκ τῶν ὑποκειμένων
ἀρίστην, et l. 32 : τὴν ἐνδεχομένην ἐκ τῶν ὑπαρχόντων).

c. Quelle est la constitution de type inférieur que des États peu
ambitieux désirent se donner (l. 28-33 : ἔτι δε τρίτην ... φαυλοτέραν).

d. Quelle est la constitution qui convient le mieux à la plupart
des États (l. 33 : περὶ πάντα ...).

peuples et à quels peuples (car beaucoup d'entre
eux sont sans doute incapables d'atteindre à la forme 25
idéale, de sorte que la constitution la meilleure en
soi aussi bien que celle qui est la plus parfaite eu
égard aux circonstances de fait, ne doivent ni l'une
ni l'autre échapper à l'attention du bon législateur
et du véritable homme d'État)[1] ; la même science
étudiera encore une troisième forme de constitution
dépendant d'une position de base[2] (car elle doit
être aussi en mesure de considérer à la fois comment
la constitution donnée peut originairement se
former, et de quelle façon, une fois formée, elle peut
se conserver le plus longtemps possible : j'envisage, 30
par exemple, le cas[3] où il est arrivé à un État
déterminé de n'être pas gouverné selon la constitution
idéale, et d'être même dépourvu des moyens
nécessaires à cet effet, et de ne pas posséder non plus
la constitution rendue possible par les circonstances
de fait[4], mais une constitution de qualité inférieure).

En dehors de tout cela, il faut connaître encore
la forme de constitution qui s'adapte le mieux à tous
les États en général[5], puisque la plupart des auteurs

---

1. Homme d'État ou théoricien de la science politique.

2. L. 28, après ὑποθέσεως on peut sous-entendre πολιτείαν
θεωρῆσαι τῆς αὐτῆς ἐστὶν ἐπιστήμης. Sur ὑπόθεσις, cf. *supra*, II, 2,
1261 *a* 16 ; II, 9, 1269 *a* 34 ; III, 5, 1278 *a* 5.

La paraphrase de LAMBIN exprime bien la pensée d'AR. : *quae sit
ex conditione atque (ut ita dicam) suppositione, h. e. quae cuilibet fini
proposito sit consentanea*. La constitution en question répond à une
situation posée d'abord, une donnée qu'elle devra respecter et dont
elle devra tirer le meilleur parti. Ce sera, par exemple, une forme qui
ne sera ni la constitution idéale, ni même la meilleure qu'on puisse
atteindre, mais une forme inférieure, analogue à l'ἄσκησις de ceux
qui n'ont pas l'ambition de figurer aux compétitions officielles et
qui n'aboutit qu'à une ἕξις ἐξ ὑποθέσεως (l. 16-19, *supra*) : cf. NEWMAN
IV, 137.

3. Sur les difficultés de cette phrase embrouillée, cf. NEWMAN,
IV, 138. — L. 32, ἀχορήγητον : comme pour une chorégie, celui qui
n'aurait pas les moyens d'en faire les frais. Métaphore qu'on retrouve
à plusieurs reprises chez AR. (cf. une intéressante note de J. BURNET,
dans son *Eth. Nicom.*, p. 44, sous I, 9, 1099 *a* 33).

4. L. 32, τὴν ἐνδεχομένην ἐκ τῶν ὑπαρχόντων = τὴν ἐκ τῶν
ὑποκειμένων ἀρίστην, l. 26.

5. Quatrième forme de constitution (répondant à la 4ᵉ forme
d'ἄσκησις : cf. *supra*, note sous l. 21). — L. 35, nous lisons ὡς, au
lieu de ὥστε.

35 qui ont exposé leurs vues sur l'administration des
cités, même si par ailleurs ils s'expriment avec
justesse, n'en font pas moins fausse route dans le
domaine de la pratique. On doit, en effet, considérer
non seulement la constitution idéale mais encore
celle qui est simplement possible[1], et pareillement
aussi celle qui est plus facile et plus communément
réalisable par tous les États. Mais, en fait, certains
auteurs font porter leur recherche seulement sur
celle qui en est la forme extrême[2] et qui a besoin de
tout un cortège de biens extérieurs pour se réaliser ;
40 d'autres auteurs, au contraire, traitent plutôt d'une
certaine forme générale de constitution, et, tout en
rejetant les constitutions actuellement existantes,
font grand éloge de celle de Sparte ou de quelque
1289 a autre. Mais ce qu'il faut, c'est introduire un ordre
d'une nature telle que des hommes, partant de leurs
constitutions existantes, soient amenés sans peine
à l'idée d'un changement et à la possibilité de le
réaliser[3], attendu que redresser une constitution
n'est pas un moindre travail que d'en construire une
sur des bases nouvelles, tout comme rapprendre
est aussi difficile qu'apprendre une première fois[4].
5 C'est pourquoi, outre les tâches que nous avons
mentionnées, l'homme d'État doit être capable
d'apporter son aide aux constitutions existantes[5],
ainsi que nous l'avons dit plus haut[6]. Or cela est
pour lui impossible, s'il ignore le nombre des espèces
de constitutions. En réalité, certains pensent[7] qu'il

---

1. L. 38, τὴν δυνατήν est la constitution *possible eu égard aux circonstances;* elle est déjà visée l. 24, 26 et 32.

2. C'est-à-d. la constitution idéale. Cf. Ps.-Thomas, 533, p. 190 : *...solum de optima politia determinaverunt, quae multis indiget ad quam pauci perlingere possunt.* Ar. a en vue la *République* de Platon.

3. Il est bien inutile de remplacer, l. 3, κινεῖν (*i. e. mutando efficere),* par κοινωνεῖν.

4. Nous pensons que le verbe μεταμανθάνειν, l. 4, a le sens, non pas de *dediscere (désapprendre, oublier),* comme le croit Lambin, suivi par Thurot, et, ce qui est plus surprenant, par B. Jowett *(unlearn),* mais de *apprendre à nouveau,* sur nouveaux frais.

5. En vue de les redresser (ἐπανορθῶσαι, l. 3 : *mederi et opitulari,* Lambin).

6. 1288 b 29.

7. Notamment Platon. Cf. V, 12, 1316 b 25-27.

n'existe qu'une sorte de démocratie et une sorte
d'oligarchie, mais ce n'est pas exact. Par conséquent,
on ne doit pas perdre de vue les diverses variétés de
chaque constitution[1], leur nombre, et de combien de 10
façons ces variétés sont composées. A l'aide de cette
même connaissance approfondie[2], on pourra discerner
aussi les lois[3] qui sont les meilleures et celles qui
s'adaptent à chaque forme de constitution : car les
lois doivent toujours se régler, et se règlent en fait,
sur les constitutions, et non les constitutions sur
les lois[4]. Une constitution est, en effet[5], dans les 15
États, un ordre des magistratures fixant leur mode
de distribution et déterminant quel est le pouvoir
suprême de l'État[6], et quelle est la fin de chaque
communauté[7]. Mais de simples lois sont distinctes
des dispositions constitutionnelles, et sont les règles
d'après lesquelles les magistrats doivent gouverner
et assurer la garde de ces dispositions contre ceux
qui les transgressent. On voit donc qu'il est indis- 20
pensable de bien posséder les diverses variétés de
chaque forme de constitution ainsi que le nombre
de ces variétés, même en vue de l'établissement des
lois[8] : il n'est pas possible, en effet, que les mêmes lois
soient bonnes pour toutes les oligarchies ni pour toutes
les démocraties, s'il est vrai qu'il existe plusieurs
espèces de chacun de ces régimes, et non pas uniquement une seule démocratie ou une seule oligarchie. 25

1. Ou peut-être : les différences qui séparent les diverses
constitutions.

2. L. 12, φρόνησις a le sens de ἐπιστήμη ou γνῶσις (*Ind. arist.*,
831 *b* 8-9).

3. Distinction de la νομοθεσία et de la πολιτεία. C'est la distinction actuelle entre les *lois* proprement dites et les *lois constitutionnelles*.

4. Idée déjà exprimée, III, 11, 1282 *b* 8 et ss. (Voir la note).

5. AR. donne ici la raison pour laquelle les lois doivent s'adapter
à la constitution, et non inversement. Sur la πολιτεία décrite comme
une τάξις, cf. III, 6, 1278 *b* 10 et ss.

6. Le « souverain » (τὸ κύριον, l. 17) : cf. le passage 1278 *b* 10
et ss., cité à la note précédente.

7. La fin de chaque famille et de chaque village. Mais peut-être
faudrait-il lire plutôt, avec les mss, ἑκάστοις, l. 17, au lieu de ἑκάστης,
et comprendre, avec la *Vetus transl.*, *et quid quod finis est communionis
singulis* (cf. NEWMAN, IV, 87).

8. Puisque la νομοθεσία dépend de la πολιτεία.

2

<Résumé et plan de travail.>

Dans notre première enquête[1] sur les constitutions, nous avons divisé les constitutions correctes en trois, royauté, aristocratie et république[2], et leurs déviations en trois également, tyrannie, oligarchie et démocratie, qui sont respectivement des perversions de la royauté, de l'aristocratie et de la république. Nous avons parlé
30 du régime aristocratique et du régime monarchique[3] (car étudier la constitution idéale revient à traiter des deux formes de gouvernement ainsi désignées, puisque chacune d'elles tend à être fondée sur une vertu accompagnée d'un cortège de moyens suffisants)[4]. De plus, nous avons déterminé antérieurement en quoi aristocratie et monarchie diffèrent l'une de l'autre, et quand on doit adopter un régime
35 monarchique[5]. Il reste à décrire le régime désigné par le nom commun à tous les régimes[6], ainsi que les autres constitutions[7], oligarchie, démocratie et tyrannie.

On voit aussi, dans ces conditions, laquelle de ces déviations est la pire, et laquelle vient en second dans l'ordre du pire. Nécessairement, en effet[8], la déviation

1. III, 7. Cf. *Eth. Nicom.*, VIII, 10. — Sur le sens de μέθοδος, cf. III, 8, 1279 *b* 15, note.

2. Nous rappelons que πολιτεία, prise au sens restreint, signifie *gouvernement constitutionnel, république modérée, régime soumis aux lois* (cf. I, 1252 *a* 15 ; III, 6, 1278 *b* 10 ; 7, 1279 *a* 39).

3. III, 14-18.

4. La meilleure constitution s'identifie avec la monarchie et l'aristocratie, qui l'une et l'autre reposent sur la vertu d'un ou de plusieurs hommes. En traitant de ces régimes AR. a donc traité en même temps de la constitution idéale.

5. Pour ces deux problèmes, cf. III, 7, 1279 *a* 32-37 ; 15, 1286 *b* 3-5 ; 13, 1284 *a* 3-*b* 34.

6. Le terme πολιτεία, qui signifie *constitution, régime politique* en général, et aussi *république* proprement dite, *gouvernement constitutionnel*.

7. Les παρεκβάσεις, qui vont faire l'objet de l'exposé qui suit.

8. Sur les difficultés des l. 39-1289 *b* 5 (ἀνάγκη ... δημοκρατίαν), cf. THUROT, 55-56. Nous conservons le texte de IMMISCH.

de la forme qui est première et la plus divine doit 40
être la pire de toutes[1] : or la royauté doit de toute
nécessité ou bien se résigner à n'avoir de la royauté
que le nom sans en être réellement une, ou bien
s'appuyer sur une supériorité écrasante de celui qui **1289** *b*
occupe le trône ; il en résulte que la tyrannie, qui est
le plus mauvais des gouvernements, est la forme la
plus éloignée d'une constitution régulière[2], et qu'en
seconde ligne vient se placer l'oligarchie (car l'aristocratie est à une grande distance de cette dernière
constitution)[3], tandis que la démocratie est la forme
la plus supportable des trois[4].

Déjà assurément un de nos devanciers[5] a aussi 5
exposé ces distinctions, mais en se plaçant à un point
de vue différent du nôtre. A son jugement, en effet,
toutes les constitutions peuvent être excellentes
(il y a, par exemple, une forme d'oligarchie fort
estimable[6], et il en est de même pour les autres
régimes), et alors c'est la démocratie qui vient au
dernier rang ; mais toutes aussi peuvent être déré-
glées, et dans ce cas c'est la démocratie qui est la
meilleure. Pour nous, au contraire, nous soutenons
que les constitutions déviées sont vicieuses du tout 10
au tout, et qu'on a tort de parler d'une oligarchie
meilleure qu'une autre : en fait, elle est seulement
moins mauvaise.

Mais la question d'une distinction de cette nature[7]
doit pour le moment être laissée de côté. Ce que nous

---

1. *Corruptio optimi pessima.* Même idée Xénoph., *Memor.*, IV, 1, 3
2. La πολιτεία proprement dite.
3. L'oligarchie, tout en ne valant pas cher et étant très différente
de l'aristocratie (laquelle dans la hiérarchie des constitutions droites
vient après la monarchie), est cependant nettement supérieure à la
tyrannie. Cf. l'exposé du Ps.-Thomas, 539, p. 191.
4. *Eth. Nicom.*, VIII, 12, 1160 *b* 19.
5. Platon, dans *Polit.*, 302 *e*-303 *e*. — Selon Pl., l'oligarchie et
la démocratie sont bonnes ou mauvaises selon qu'elles *gouvernent
conformément aux lois ou contrairement aux lois* (κατὰ νόμους ἄρχειν
καὶ παρανόμως, 302 *e*), la légalité et l'illégalité étant pour chacune
un principe de dichotomie. Ar. estime, au contraire, que oligarchie
et démocratie sont des régimes intrinsèquement mauvais.
6. C'est alors l'aristocratie (*Polit.*, 301 *a*).
7. L'ordre, par rang de mérite, des constitutions perverties.

avons à faire, c'est d'abord de déterminer combien
il y a de variétés de constitutions, puisqu'il existe
plusieurs espèces de démocraties aussi bien que
d'oligarchies[1] ; ensuite nous verrons quelle forme
15 de gouvernement est la plus générale, et quelle est
la plus souhaitable après la constitution idéale[2],
et, en outre, si par hasard il existe une forme de
gouvernement de caractère aristocratique et bien
constituée et en même temps adaptée à la plupart
des États[3], il faut savoir quelle elle est ; ensuite,
nous étudierons aussi laquelle des autres formes[4]
est souhaitable et pour quels peuples[5] (peut-être,
en effet, pour certains peuples une démocratie s'impo-
se-t-elle plus qu'une oligarchie, tandis que pour
certains autres une oligarchie est préférable à une
20 démocratie) ; après quoi, nous verrons de quelle
façon doit procéder celui qui désire instaurer ces
diverses constitutions[6], je veux dire chaque espèce
de démocratie et aussi d'oligarchie ; et finalement[7],
après avoir, dans la mesure du possible, fait une
mention concise de toutes ces questions, nous tente-
rons d'exposer en détail quels sont les modes de
destruction et les modes de conservation des constitutions, à la fois des constitutions en général et de
25 chaque constitution prise à part[8], et d'indiquer à
quelles causes on peut le plus naturellement attribuer
ces vicissitudes.

---

1. Ch. 3 à 10.

2. Ch. 11.

3. Il est inutile de mettre une négation après ἀλλά, l. 16 (ou, avec
Susemihl, de mettre ἧττον avant ἁρμόττουσα) : la pensée est
suffisamment claire.

4. Autres que celles dont nous venons de parler.

5. Ch. 12.

6. VI, 1-7.

7. V. — Toutes ces références (qui ne vont pas sans soulever des
difficultés) sont celles de B. Jowett.

8. Cf. Lambin : ... *persequi et quae res sint rei publicae administrandae formis letales ac pestiferae, et quae salutares tum communiter
tum separatim singulis.*

3

<Classification, et principaux types de constitution.>

La raison[1] pour laquelle il existe plusieurs sortes de constitutions est que toute cité renferme une pluralité d'éléments. En premier lieu, nous voyons que tous les États sont composés de familles, ensuite que dans cette multitude de citoyens, à son tour, il y a nécessairement les riches et les pauvres ainsi 30 que les gens de condition moyenne, et qu'en outre les riches et les pauvres forment des classes dont la première est armée et la seconde sans armes. Nous voyons encore une partie du peuple proprement dit adonnée aux travaux agricoles, une autre au commerce, une autre enfin aux métiers manuels. Entre les notables eux-mêmes il existe des différences d'après la richesse et l'étendue des biens, comme par exemple en ce qui touche à l'élevage des chevaux (car 35 il n'est pas facile de s'y livrer si l'on n'est riche ; et c'est pourquoi, aux temps anciens, dans toutes les cités dont la force résidait dans la cavalerie, des oligarchies s'étaient établies, et on y utilisait des chevaux pour faire la guerre aux peuples voisins : telle était la pratique des citoyens d'Érétrie et de Chalcis[2], ainsi que des habitants de Magnésie près du Méandre, et de bien d'autres peuples asiatiques). 40 A ces différences tenant à la richesse ajoutons celles qui sont dues à la naissance et au mérite, ou à tout autre élément discriminatif de ce genre que, dans nos **1290** *a* discussions sur le gouvernement aristocratique[3],

---

1. Susemihl met entre crochets comme interpolés, tout le chapitre 3 et une partie du chapitre 4 jusqu'à 1291 *b* 13. Mais la composition décousue de cette partie de la *Politique* et les hésitations d'Ar. en ce qui concerne la classification des régimes politiques ne sauraient justifier à ce point les sévérités de la critique. Sur les questions d'intégrité du texte des ch. 3 et 4, voir la dissertation de Newman, I, *Appendix* A, p. 565-569.

2. Villes d'Eubée.

3. Référence incertaine. Probablement, III, 12, 1283 *a* 14 et ss. (Cf. Newman, II, p. xxv).

nous avons reconnu comme pouvant constituer une
partie de la société politique : c'est alors que nous
avons déterminé combien d'éléments entrent nécessairement dans la composition de tout État. Parfois,
en effet, ces diverses parties participent toutes à la
vie publique, mais quelquefois aussi c'est le privilège
d'un petit nombre d'entre elles, plus ou moins élevé.
5   On voit clairement, par suite, qu'il doit exister
nécessairement plusieurs types de société politique
différant spécifiquement les uns des autres, puisque
les parties dont nos sociétés sont composées diffèrent
aussi spécifiquement entre elles. Une constitution
est, en effet, l'ordre des magistratures, lesquelles[1]
sont distribuées entre tous les citoyens, soit d'après
la puissance politique de ceux qui ont participation
au pouvoir, soit d'après une certaine égalité commune
10   à tous : j'entends, par exemple, dans le premier cas,
la puissance des pauvres ou celle des riches, et dans
le second, quelque puissance commune aux uns et
aux autres[2]. Il s'ensuit nécessairement qu'il y a
autant de constitutions qu'il y a de façons de régler
l'ordre des magistratures selon les supériorités et
les différences des parties de l'État.
On estime d'ordinaire qu'il existe deux types

1. L. 8, nous acceptons la correction de Richards et de
H. Rackham, et lisons ταύτας au lieu de ταύτην.

2. Les mots ἢ κοινήν τιν' ἀμφοῖν, l. 10, sont considérés par
Ramus comme une interpolation, et mis entre crochets dans l'édition
Immisch. Nous pensons qu'ils doivent être conservés comme
nécessaires au sens.

La phrase tout entière est difficile. La signification générale
paraît être celle-ci. Une πολιτεία est essentiellement une ᵗάξις des
postes de commande (même définition, III, 6, 1278 b 10, réaffirmée
supra, 1, 1289 a 15), lesquels sont distribués selon l'importance
politique des citoyens ayant accès à la vie publique (l. 8, κατὰ τὴν
δύναμιν = ex vi et potentia, Lambin), à savoir les riches dans les
oligarchies, et les pauvres dans les démocraties, ou suivant quelque
principe d'égalité subsistant entre riches et pauvres, qui participent
alors, dans une mesure variable, aux avantages du pouvoir. Ces
différentes répartitions des magistratures dépendent naturellement
des divers régimes politiques et de la prépondérance exclusive ou
mitigée de telle ou telle classe sociale.

L. 10, avec τῶν ἀπόρων ἢ τῶν εὐπόρων, il faut suppléer τὴν δύναμιν.
Avec ἢ κοινήν τιν' ἀμφοῖν, on doit suppléer aussi δύναμιν.

principaux de constitution : de même que, pour les
vents, on admet seulement les vents du nord et les
vents du midi, les autres étant considérés comme des
déviations des précédents[1], ainsi on ramène les divers 15
gouvernements à deux formes, gouvernement populaire et oligarchie. Pour l'aristocratie, en effet, on la
regarde comme une espèce de l'oligarchie, attendu
qu'elle est une oligarchie particulière, et le régime
appelé république modérée est ramené à une démocratie, exactement comme, dans le cas des vents,
nous faisons du Zéphir une espèce du vent du nord,
et de l'Eurus une espèce du vent du midi. Il en est
pareillement des modes musicaux[2], à ce qu'assurent 20
certains auteurs : là encore on n'admet que deux
espèces, le Dorien et le Phrygien, et tous les autres
accords musicaux sont appelés, les uns doriens et les
autres phrygiens[3]. Il est sûr que c'est surtout de
cette façon-là qu'on comprend habituellement ce
qui a trait aux constitutions. Mais il est plus conforme
à la vérité et plus indiqué d'adopter notre propre
classification : étant donné qu'il existe <dans le
domaine musical et dans le domaine politique>
deux formes, ou même une seule[4], bien organisées, 25
on dira que les autres sont seulement des déviations
soit du mode musical résultant d'un heureux mélange
de sons, soit de la constitution idéale, les constitutions
plus tendues et plus oppressives étant de type oligarchique, et celles qui sont relâchées et sans vigueur,
de type populaire[5].

1. Cf. *Meteor.*, II, 6, tout entier, et notamment 364 *a* 19 et ss
(p. 137 à 147 de notre trad., en se reportant à la rose des vents
reproduite, p. 138, d'après ALEXANDRE, *in Meteorol.*, éd. Hayduck,
p. 109). Le Zéphyr est le vent d'ouest. L'Eurus est, non pas le vent
d'est (lequel est l'Apeliote), mais plutôt le vent d'est-sud-est, avec
lequel il se confond d'ailleurs pratiquement.

2. Cf. sur les modes musicaux, I, 5, 1254 *a* 33, note. Les modes
musicaux sont au nombre de huit, qu'on ramène ainsi à deux.

3. *Ut ex his conflatas et temperatas* (LAMBIN).

4. La constitution idéale, à laquelle pense AR., peut être considérée
soit en elle-même, soit sous ses deux formes de monarchie et
d'aristocratie (cf. *supra*, 2, 1289 *a* 31-33, et la note).

5. Les l. 22-29 ((μάλιστα ... δημοτικάς) sont difficiles, parce qu'AR.
y mêle inextricablement musique et politique, entre lesquelles il
établit un parallèle. Nous pensons, contrairement à IMMISCH (suivi

4

<*Analyse et définition de la démocratie
et de l'oligarchie. La démocratie et ses espèces.*>

30   On ne doit pas poser en principe, comme certains
auteurs ont coutume de le faire de nos jours[1], qu'il
y a démocratie tout simplement quand la souveraineté réside dans le nombre (car même dans les oligarchies et partout, c'est la majorité qui gouverne)[2],
ni qu'il y a oligarchie quand l'autorité suprême de
l'État est aux mains d'un petit nombre d'hommes.
Supposons, en effet, que sur une population totale
de treize cents individus, il y en ait un millier qui
35 soient riches et qui refusent de partager le pouvoir

par H. RACKHAM), qu'il faut conserver ἁρμονίας, l. 26, autrement
la phrase devient inintelligible, surtout *in fine*, où les constitutions
tendues sont comparées, dans l'esprit d'AR., aux harmonies phry-
giennes, et les constitutions *relâchées* aux harmonies lydiennes (cf.
infra, VIII, 5, 1340 *b* 1 et ss.). La traduction de LAMBIN, dont nous
nous sommes inspiré, nous paraît exprimer exactement la pensée
d'AR. : ... *dicere... aut duas aut unam esse rei publicae administrandae
formam recte institutam* [voir notre note, l. 25, *supra*, sur *aut duas aut
unam*], *unamque harmoniam rectam et perfectam* [mots ajoutés au
texte d'AR., mais nécessaires au sens ; dans notre trad., les mots
entre crochets, l. 24, en sont l'équivalent], *ceteras esse a rectis
aberrationes... has quidem ab harmonia bene temperata, illas vero ab
optima rei publicae administrandae forma, oligarchicas eas quae sunt
contentiores... populares eas quae sunt remissiores...*
    L. 24, enfin, ὡς ἡμεῖς διείλομεν renvoie à *supra*, 2, 1289 *a* 31-33,
40 et ss.
    Sur la pensée exprimée dans les dernières lignes, cf. *infra*, VI, 2,
1317 *b* 12, et note.
    1. PLATON, *Polit.*, 291 *d*, définit la démocratie le gouvernement
du grand nombre. — L. 31, ἁπλῶς οὕτως, *par une formule aussi
simple que.*
    2. Il faut comprendre : la majorité *de ceux qui participent au
pouvoir*. La règle de la majorité s'applique, en effet, dans tous les
régimes, même quand c'est un collège restreint qui gouverne. Cf.
infra, 8, 1294 *a* 11 et ss.
    Pour toute cette analyse, se reporter aux considérations sembla-
bles, III, 8, 1279 *b* 20 et ss.

avec les trois cents autres, qui sont pauvres tout en
étant libres et par ailleurs les égaux des riches :
personne ne soutiendra que ce peuple possède des
institutions démocratiques. Et dans le même ordre
d'idées, si les pauvres étaient en petit nombre, mais
plus puissants que les riches, qui sont cependant
plus nombreux, personne ne saurait non plus qualifier
du nom d'oligarchie un tel régime, où les citoyens
restants, tout riches qu'ils soient, n'auraient aucune
part aux honneurs publics. Ce qu'il faut donc dire 40
plutôt, c'est qu'il y a régime populaire quand les
hommes libres ont la direction des affaires, et oligar- **1290 b**
chie quand ce sont les riches, mais que c'est par pur
accident que les premiers sont en grand nombre
et les autres en petit nombre, et effectivement il
existe beaucoup d'hommes libres et peu de riches.
S'il en était autrement, un peuple qui distribuerait
les places d'après la haute taille comme c'est le cas
en Éthiopie selon certains auteurs[1], ou encore d'après 5
la beauté, serait une oligarchie, puisque le nombre
des gens remarquables par leur beauté ou leur stature
est très petit. Cependant richesse et naissance libre[2]
ne suffisent pas à elles seules pour définir les constitutions dont nous parlons ; mais puisque le régime
populaire et l'oligarchie renferment l'un et l'autre
plusieurs éléments composants[3], nous devons ajouter
cette nouvelle précision que dans le cas où les hommes
libres en petit nombre commandent une majorité 10
d'hommes qui ne sont pas de naissance libre, ce
n'est pas là non plus un État populaire : c'est ce qui
s'est passé notamment à Apollonie, sur le golfe

---

1. Hérod., III, 20 (cf. *supra*, III, 12, 1282 *b* 27). Par conséquent ce
n'est pas la domination du petit nombre qui caractérise l'oligarchie.

2. L. 7, τούτοις, à savoir πλούτῳ καὶ ἐλευθερίᾳ.

3. Étant donné la pluralité des *éléments* (μόρια) dont se composent
la démocratie et l'oligarchie (pour la démocratie : la naissance libre,
le grand nombre, la pauvreté ; pour l'oligarchie : la noblesse, le petit
nombre, la richesse), ces deux régimes ne peuvent exister que si tous
leurs éléments sont présents dans le personnel dirigeant. En d'autres
termes, on devra aboutir à une définition *composite* de la démocratie
et de l'oligarchie, qui tiendra compte de tous les éléments (ce sera
la définition des l. 17-20, *infra*), et on ne se contentera pas d'expliciter
simplement (ἁπλῶς οὕτως, l. 31, *supra*) l'un d'entre eux.

Ionien, et à Théra (car dans ces deux cités, les honneurs publics étaient réservés à ceux que leur naissance illustre mettait à part des autres et qui descendaient des fondateurs de la colonie, rares privilégiés au sein de la masse)[1] : pas davantage, si les riches ont le pouvoir en raison de leur supériorité numé-
15 rique[2], ce ne sera là une démocratie, comme on l'a vu jadis à Colophon (où la majorité de la population possédait des biens immenses avant que n'éclatât la guerre contre les Lydiens)[3]. Mais il y a démocratie quand les hommes de naissance libre et pauvres, étant en majorité, sont à la tête des affaires publiques, et oligarchie quand les gens riches et d'une naissance au-dessus du commun, étant en petit nombre,
20 gouvernent[4].

Nous avons donc établi qu'il existe plusieurs formes de gouvernement et indiqué la cause de cette diversité ; disons à présent que ces différentes espèces de constitution sont plus nombreuses que celles dont nous avons parlé[5], et précisons leur nature et pourquoi il en est ainsi, en prenant pour point de départ le principe que nous avons posé antérieurement[6], puisque nous sommes d'accord pour admettre que toute cité renferme non pas un seul élément, mais
25 plusieurs. Prenons une comparaison[7] : si nous entre-

---

1. *Cum hi essent pauci, alii multi* (LAMBIN). — Apollonie, à l'embouchure de l'Aoüs, était un centre commercial important. Théra est l'une des Sporades.

2. Et non à cause de leur richesse. — L. 15, peut-être faut-il remplacer δῆμος par ὀλιγαρχία, qui donnerait un sens plus rationnel (NEWMAN, IV, 89 et 161).

3. Colophon est une cité ionienne de l'Asie mineure. Sur la corruption de ses habitants, cf. XÉNOPHANE, fgmt 3 DIELS.

4. *Democratia est cum liberi ac inopes, plures existentes, gubernant. Oligarchia est cum nobiles atque opulenti, pauciores existentes, gubernant* (SYLV. MAURUS, 604[2]). En somme, trois éléments pour chacun des *status*.

5. A savoir, la démocratie et l'oligarchie (cf. 3, 1290 *a* 13).

6. 3, 1289 *b* 27 et ss. : pluralité des μέρη dont la cité est constituée.

7. A l'inverse de la méthode inductive qu'il emploie généralement dans ses traités biologiques, et notamment dans l'*Historia animalium*, AR. détermine ici les linéaments d'une classification des espèces animales obtenue au moyen de la déduction. A cet effet, il part des *organes essentiels* (ὅπερ ἀναγκαῖον, l. 26), dont les multiples *combi-*

prenions de classer les différentes espèces d'animaux,
nous commencerions par déterminer les parties que
doit nécessairement posséder tout animal (par exemple, à la fois certains organes sensoriels et les appareils
destinés à digérer et à recevoir la nourriture, tels que
la bouche et l'estomac, en y ajoutant l'appareil
locomoteur des différentes espèces), et si dès lors
ces parties nécessaires étaient seules à exister, mais
qu'elles présentassent entre elles des variétés (je
veux dire, par exemple, plusieurs genres déterminés 30
de bouche, d'estomac et d'organes sensoriels, ainsi
que d'organes locomoteurs), le nombre des combinaisons possibles de ces différences produira nécessairement une multiplicité d'espèces animales (car
il n'est pas possible pour la même espèce animale de
posséder plusieurs sortes de bouches, ni pareillement
d'oreilles), de sorte que, une fois épuisées toutes les
combinaisons possibles de ces différences, on obtien- 35
dra des espèces différentes d'animaux, et il y aura
autant d'espèces animales qu'il existe de combinaisons des organes nécessaires. Eh bien ! il en est de
même[1] pour les différentes sortes de constitution
que nous avons décrites. En effet, les États aussi,
comme nous l'avons répété souvent[2], ne sont pas

naisons (ὁ τῆς συζεύξεως ... ἀριθμός, l. 32 ; οἱ ἐνδεχόμενοι
συνδυασμοί, l. 35) aboutissent à la constitution des différentes
espèces, faisant ainsi appel, semble-t-il, à un principe qui pourrait
s'énoncer : « Quand les individus composant un groupe ont toutes
leurs parties semblables, le groupe constitue une espèce » (d'après
W. Ogle, cité par Newman, IV, 163). — Pour le détail des organes
énumérés l. 27 et ss., on se reportera aux indications de l'*Hist. anim.*,
et spécialement I, 2, 488 *b* 29 et ss. (I, p. 71 de notre traduction de ce
traité).

Ajoutons que les l. 25 et ss. sont utilisées par W. Jaeger (*Aristotle*,
2ᵉ éd. anglaise, p. 270) pour tenter de résoudre le difficile problème de
la composition et de la chronologie des divers livres de la *Politique*.

A la protase ὥσπερ οὖν, l. 25, répond l'apodose τὸν αὐτὸν δὲ
τρόπον, l. 37 (Thurot, p. 57).

1. Il y a autant de différentes espèces de constitutions qu'il y a
de combinaisons possibles de leurs éléments constituants.

2. II, 2, 1261 *a* 22 ; III, 4, 1277 *a* 5 ; 12, 1283 *a* 14 ; IV, 3, 1289
b 27 ; 4, 1290 *b* 23 (Références de B. Jowett). — Dans l'énumération
des métiers qui suit, Ar. se montre pénétré de l'importance de la
différenciation économique et de la nécessité de la division du travail.

composés d'une seule partie, mais de plusieurs.
Une de ces parties est l'ensemble de ceux qui s'occu-
40 pent des subsistances, les laboureurs comme on les
1291 a appelle ; une seconde, c'est la classe dite artisanale
(c'est celle qui pratique les arts sans lesquels une
cité ne peut vivre ; et parmi ces arts, il y a ceux dont
la possession est indispensable, tandis que les autres
servent à rendre la vie confortable ou heureuse) ;
une troisième classe est celle des commerçants (et
par classe commerçante, j'entends celle qui se livre
5 aux opérations de vente et d'achat, qu'il s'agisse
du commerce de gros ou du commerce de détail)[1] ;
une quatrième est la classe des *thètes*[2], et la cinquième
classe est celle qui doit assurer la défense du pays et
qui est non moins indispensable que les précédentes
si on ne veut pas devenir esclave des agresseurs :
car n'est-il pas de toute impossibilité d'appeler
dignement du nom d'État, l'État qui est par nature
l'esclave des autres ? Car l'État se suffit à soi-même,
et ce qui est esclave est toujours dans la dépendance
10 d'autrui. C'est ce qui fait que, dans la *République*[3],
ce sujet a été traité avec élégance certes, mais d'une
manière inadéquate. Socrate, en effet, y déclare qu'une
cité est composée de quatre sortes d'hommes absolument indispensables, et qui sont, selon lui, un
tisserand, un laboureur, un cordonnier et un maçon ;
il ajoute encore à cette liste[4] qu'il estime insuffisante,
15 un forgeron et ceux qui s'adonnent à l'élevage des
bestiaux nécessaires à la vie, et en outre un commerçant de gros et un commerçant de détail. Et tous ces
éléments réunis complètent la *cité première :* comme si
un État était toujours constitué dans le but d'assurer
les besoins essentiels et non pas plutôt en vue du

PLATON, au surplus, dans la *République* et les *Lois,* lui avait ouvert
la voie. Cependant, sur le nombre des professions et des fonctions
essentielles, Ar. manifeste une certaine indécision, et la présente
liste ne concorde pas avec celles qui seront établies au livre VII
(8, 1328 *b* 5-22 ; 9, 1329 *a* 35-39).

1. Sur l'ἐμπορία et la καπηλεία et leurs différences, cf. I, 9,
1257 *a* 19 ; 11, 1258 *b* 22, notes.

2. Les *thètes* sont les *hommes de peine,* les *ouvriers* (cf. I, 11, 1258
b 27, note).

3. II, 369 *b* à 371 *e.*

4. II, 370 *d.*

bien[1], et avait un égal besoin de cordonniers et de laboureurs ! En revanche, il n'accorde pas à la classe combattante de place dans sa cité, avant que, le territoire ayant pris de l'extension et touchant aux terres des voisins, un conflit vienne à se déclarer[2]. Cependant, même parmi ces citoyens de la cité première, qu'ils soient quatre ou du nombre qu'on voudra, il faut nécessairement quelqu'un pour rendre la justice et juger conformément au droit. Si donc on peut regarder l'âme comme étant plus véritablement une partie de l'être vivant que ne l'est le corps, de même aussi doit-on considérer les parties qui dans les États correspondent à l'âme[3], comme étant plus réellement des parties que celles qui tendent à la satisfaction des besoins nécessaires à la vie, et je range parmi ces parties essentielles la classe militaire, la classe qui a part à l'administration de la justice[4], sans oublier la classe qui délibère[5] sur les intérêts de l'État, la délibération n'étant rien d'autre qu'une fonction de l'intelligence politique[6]. Que ces diverses fonctions échoient séparément à certaines classes de citoyens ou qu'elles soient aux mains des mêmes, cela importe peu pour notre raisonnement : il arrive souvent, en effet, que le métier de soldat

---

1. PLATON fonde ainsi la société élémentaire (ce qu'il appelle la *cité première*) sur les besoins matériels. Dans les *Lois*, III, 676 *a* et ss., il insiste plutôt sur l'instinct social. AR., au contraire, bien qu'il soit parfois de l'avis de PLATON (comme I, 2, 1252 *b* 29), fonde la société sur l'*honnête*, le *bien* (τὸ κάλον) : le progrès est manifeste.

L. 19, ἴσον τε δεομένην : AR. semble vouloir dire que Socrate, porte-parole de PLATON, a tort de mettre sur le même pied cordonniers et laboureurs. L'interprétation de THUROT, 57-58, n'est pas à retenir.

2. Alors que c'est dès le début, au moment de la formation de la *cité première*, que la classe des guerriers est nécessaire.

3. L. 25, τὰ τοιαῦτα, c'est-à-dire les parties πρὸς πολιτικὸν βίον et non πρὸς ἀναγκαίαν χρῆσιν.

4. Les juges de profession, *justiciae judicialis particeps* (LAMBIN).

5. Les membres des Assemblées délibérantes.

6. Toutes parties et fonctions correspondant à l'âme de la l. 24, *supra*. — Sur la σύνεσις, l. 28, cf. *Eth. Nicom.*, VI, 11, 1142 *b* 34 et ss. (p. 302 et notes de notre éd.). Il semble bien, suivant la remarque de NEWMAN, IV, 168, que σύνεσις πολιτική ait ici le sens de *prudence politique* (φρόνησις). Pour une description de la φρόνησις, cf. *Eth. Nicom.*, VI, 5, 1140 *a* 25.

et celui de laboureur soient réunis sur les mêmes
têtes[1]. Par conséquent, si les plus hautes comme les
plus basses classes[2] doivent être également posées
comme des parties de l'État, il est manifeste que
celle des hoplites tout au moins est une partie essentielle de l'État.

Une septième classe de citoyens[3] est celle qui sert
l'État par sa fortune, c'est la classe dite des riches.
Une huitième est la classe des magistrats[4], autrement
35 dit de ceux qui assurent les services publics, puisque
sans gouvernants un État ne peut exister. Il
faut donc nécessairement qu'il y ait certains hommes
capables de remplir les fonctions publiques et de
rendre ce genre de services à l'État, soit d'une façon
ininterrompue, soit à tour de rôle[5]. Restent les classes
qu'en fait nous avons précisément distinguées il y a
un moment, à savoir la classe délibérative et celle
qui juge les questions de droit soulevées par les
40 contestants. Si donc il est de l'intérêt des États que
ces dernières fonctions soient assurées, et assurées
d'une manière satisfaisante et juste, il est nécessaire
1291 b aussi qu'il existe certains individus ayant en partage
les qualités de l'homme d'État[6]. Assurément, en ce
qui touche les autres capacités[7], beaucoup de gens
croient qu'elles sont susceptibles d'être réunies dans

---

1. Ce qui n'empêche pas soldats et laboureurs de constituer des
parties distinctes de l'État.

2. L. 31, ταῦτα καὶ ἐκεῖνα, à savoir les quatre premières classes,
d'une part, et celles des guerriers et des juges, d'autre part, qui
composent respectivement le corps et l'âme de la cité.

3. La *sixième* classe, qu'AR. passe sous silence, est sans doute celle
des juges.

4. Sur les *démiurges* (τὸ δημιουργικόν), et leur rôle dans plusieurs
cités, cf. G. GLOTZ, *la Cité gr.*, 104-105.

5. Cf. III, 6, 1279 a 10 et ss.
Sur les λειτουργίαι, l. 34, 35, 37 et 38, cf. *supra*, II, 10, 1272 a 19,
note.

6. Les diverses interprétations de cette dernière phrase (ἀναγκαῖον
καί ..., l. 1291 b 1) sont énumérées dans NEWMAN, IV, 169. Avec
SUSEMIHL, nous prenons τῶν πολιτικῶν au masculin. Mais le neutre,
que préfèrent SEPULVEDA, LAMBIN, H. RACKHAM, etc., donne aussi
un sens satisfaisant : *ea virtute quae ad res civiles pertinet* (LAMBIN).

7. L. 2, τὰς ἄλλας δυνάμεις, l. 2, c'est-à-dire *autres* que la richesse
et la pauvreté, visées l. 7.

les mêmes mains : ainsi, les mêmes personnes peuvent
être les soldats qui assurent la défense du pays en
même temps que laboureurs ou artisans, ou encore
les membres du Conseil peuvent être aussi juges ;
et tout le monde prétend posséder la vertu politique[1]   5
et s'estime capable de remplir la plupart des fonctions
publiques. Mais, en revanche[2], il est impossible aux
mêmes individus d'être à la fois pauvres et riches :
c'est ce qui explique que ces dernières classes, je
veux dire les riches et les pauvres, passent[3] pour
être par excellence parties d'un État. De plus, comme
il arrive la plupart du temps que les riches sont en
petit nombre et les pauvres en grand nombre, ces
deux parties de l'État sont parmi toutes les autres
dans un antagonisme déclaré. La conséquence encore,
c'est que la prédominance de l'une ou de l'autre   10
de ces deux classes sert à déterminer la nature des
constitutions, et que, pour l'opinion commune, il
n'existe que deux formes de gouvernement, démocratie et oligarchie[4].

Nous avons indiqué antérieurement[5] qu'il existe
plusieurs sortes de constitutions, et à quelles causes
est due cette variété ; montrons à présent qu'il   15
existe aussi plusieurs espèces tant de démocraties
que d'oligarchies. C'est d'ailleurs là une chose qui
résulte manifestement des considérations qui précédent[6]. On distingue, en effet, plusieurs classes, aussi
bien dans le peuple proprement dit qu'au sein de ceux
que nous appelons des notables : par exemple, dans

1. Avec B. Jowett, nous comprenons qu'il s'agit de l'ἀρετὴ
πολιτική, l. 5 *(political ability)*.

2. L. 7, ἀλλά répond à μὲν οὖν, l. 2. — La classe des riches et celle
des pauvres ne peuvent pas se confondre, comme il arrive pour
les autres classes de l'État. Elles apparaissent dès lors comme les
classes les plus tranchées de toutes et les plus importantes, et c'est
la prédominance de l'une ou de l'autre qui donne à l'État sa forme.

3. Dans l'*opinion commune* (δοκεῖ, l. 8), qui n'est pas celle d'Ar.,
aux yeux de qui les classes *principales* de l'État (μάλιστα) sont les
classes délibérative et judiciaire, et nullement les riches et les pauvres.

4. *Quare manifestum est quod politiae quae determinantur secundum
excessus istarum partium erunt duo politiae maxime contrariae et
diversae* (Ps.-Thomas, 570, p. 199).

5. III, 6.

6. Sur la pluralité des classes.

le peuple une première espèce est la classe des laboureurs, une autre est la classe des gens de métiers,
une autre celle des commerçants qui se livrent à des
20 opérations de vente et d'achat, une autre la classe des
gens de mer avec ses subdivisions, selon qu'ils
appartiennent à la marine de guerre, à la marine
marchande, à la batellerie[1] ou à la pêche (en beaucoup
d'endroits chacune de ces classes de marins est
extrêmement nombreuse : pêcheurs à Tarente et à
Byzance, marins de commerce à Égine et à Chio,
25 bateliers à Ténédos). A ces classes il convient d'ajouter celle des journaliers[2] et la masse de ceux qui
possèdent de trop faibles ressources pour pouvoir
se livrer au loisir, ainsi que ceux dont les parents
n'étant pas tous deux citoyens ne sont pas de la
classe libre[3], et éventuellement toute autre classe
populaire de cette nature. Les notables, de leur
côté, se classent d'après des considérations de fortune,
de noblesse, de mérite, d'éducation et autres avantages
reposant sur des distinctions analogues[4].
30   Ceci posé[5], la première espèce de démocratie est

---

1. *Portitores et trajectores* (LAMBIN).

2. L. 25, τὸ χερνητικόν est syn. de τὸ θητικόν, et désigne la
plus basse subdivision des travailleurs manuels.

3. Cf. *supra*, III, 5, 1278 *a* 25 et ss., où AR. signale la rigueur ou
le libéralisme dont font preuve certaines cités dans l'octroi des droits
politiques. Voir aussi *Const. ath.*, XIII.

4. La *Vetus translatio* semble sous-entendre ὅμοια avant λεγόμενα
l. 30 : *et iis similia dicta secundum eamdem differentiam.* En tout cas,
c'est l'interprétation fidèle.

5. Après avoir distingué les diverses classes qui composent le
δῆμος, AR. va étudier les différentes sortes de démocratie, conformément à sa promesse de la l. 15.

Les chapitres 4, 5 et 6 mentionnent plusieurs espèces de démocratie
et d'oligarchie, qui ne se recoupent pas exactement (Voir THUROT,
58 à 60). Voici un tableau indiquant les concordances et les divergences
des diverses classifications.

I. DÉMOCRATIE

Ch. 4	Ch. 6
1. Démocratie reposant sur l'éga-lité absolue des riches et des pauvres (1291 *b* 30-39).	
2. Démocratie censitaire à cens modique (1291 *b* 39-41).	1. Démocratie censitaire à cens modique et gouvernement des classes moyennes. Règne de la loi (1292 *b* 25-33).

celle qui répond le plus strictement à l'idée d'égalité. La loi, en effet, dans cette sorte de démocratie, appelle égalité l'état de choses dans lequel les pauvres ont

3. Démocratie ouverte à tous les citoyens « de naissance irréprochable » et règne de la loi (1292 *a* 1-2).	2. Démocratie ouverte à tous les citoyens « de naissance irréprochable » et règne de la loi (1292 *b* 33-39).
4. Démocratie ouverte à tous les citoyens indistinctement, et règne de la loi (1292 *a* 2-4).	3. Démocratie ouverte à tous les citoyens indistinctement, et règne de la loi (1292 *b* 39-41).
5. Démocratie extrême où les masses règnent et non plus la loi (1292 *a* 4-37).	4. Démocratie extrême, où les masses règnent et non plus la loi (1292 *b* 41-1293 *a* 10).

II. OLIGARCHIE

Ch. 5	Ch. 6
1. Oligarchie à cens élevé (1292 *a* 39-41).	1. Riches relativement nombreux et de fortune moyenne, et règne des lois (1293 *a* 12-20).
2. Cens élevé et recrutement par cooptation (1292 *a* 41-1292 *b* 4).	2. Riches en plus petit nombre et grosses fortunes. Les citoyens des autres classes appelés au gouvernement mais par le choix des oligarques. Règne de la loi « dirigée » (1293 *a* 21-26).
3. Hérédité des charges (1292 *b* 4-5).	3. Riches très peu nombreux et très fortunés, qui occupent seuls les emplois et les transmettent à leurs enfants (1293 *a* 26-30).
4. Hérédité. Règne de la minorité dirigeante et non de la loi (1292 *b* 5-10).	4. Quelques riches et fortunes immenses. La loi ne règne plus mais les hommes (1293 *a* 30-34).

La conciliation de ces deux classifications des formes de la démocratie et de l'oligarchie (rappelons qu'il s'agit de παρεχϐάσεις) n'est pas aisée. On remarquera :

1º Que la 1ʳᵉ espèce de démocratie du ch. 4 n'est pas reprise au ch. 6 (il est vrai qu'elle se distingue difficilement des 4ᵉ et 5ᵉ formes du ch. 4) ;

2º Que la 1ʳᵉ espèce d'oligarchie du ch. 6 n'est pas très différente de la démocratie censitaire (nº 2 du ch. 4, et 1 du ch. 6).

Ces classifications, toute rationnelles qu'elles soient, s'inspirent cependant d'exemples empruntés aux cités de la Grèce.

autant de droits que les riches[1], et où ni les uns ni
les autres n'ont la conduite exclusive des affaires,
mais où les deux classes sont placées l'une et l'autre
sur le même plan. Car si la liberté, au jugement de
35 certains[2], se rencontre principalement au sein d'une
démocratie, et s'il en est de même pour l'égalité,
liberté et égalité ne se réaliseront pleinement que si
tous les citoyens, sans exception, participent pareillement et sans restrictions au gouvernement. Et
puisque le petit peuple est en majorité, et que ce qui
paraît bon à la majorité a force de loi, ce gouvernement
est nécessairement une démocratie. Voilà donc une
première forme de démocratie. — Il y en a une autre[3] :
c'est celle où l'attribution des magistratures est
soumise à des conditions de cens, ce cens étant
40 toutefois peu élevé ; il est d'ailleurs indispensable
que celui qui acquiert le cens exigé ait la faculté
de participer au pouvoir[4], et que celui qui le perd
cesse par là même d'y avoir accès. — Une autre
1292 a forme de démocratie, c'est celle dans laquelle tous les
citoyens dont la naissance est irréprochable[5] ont
part à la direction des affaires, mais sous le règne de

1. Texte incertain. Sur les l. 39 et ss., cf. Thurot, 58-60. Nous
conservons la leçon ὑπερέχειν, l. 32, de Susemihl-Immisch, acceptée
par H. Rackham, bien que ἄρχειν donne aussi un sens satisfaisant. —
D'autre part, l. 31, le terme ἴσον, étant donné le contexte et la
proximité de κατὰ τὸ ἴσον, doit être rendu par *aequale*, et non par
justum (B. Jowett : *the law says that it is just*).

L. 32, l'expression μηδὲν μᾶλλον ἤ a le sens de *autant que*, et
équivaut pratiquement à μηδὲν ἧττον ἤ (Cf. L. M. de Rijk, dans
Mnemosyne, 1950, p. 314 et ss.)

2. Cf. *Republ.*, VIII, 562 *b*. C'était d'ailleurs l'opinion courante
(par exemple, Eurip., *Ion*, 671-672). Sur l'égalité, voir Hérod.,
III, 80, et son éloge de l'*isonomie* (égalité des lois ou des droits).

3. Nous conservons ἄλλο δέ, l. 39, que l'éd. Immisch met entre
crochets.

4. Après μετέχειν et μὴ μετέχειν, l. 41, il faut sous-entendre τῶν
ἀρχῶν. — Le cens étant peu élevé, on a toujours affaire à une
démocratie.

5. L. 2, ἀνυπεύθυνοι, *sc.* κατὰ τὸ γένος (cf. *infra*, 6, 1292 *b* 35,
où l'expression apparaît complète). La trad. de Lambin *(qui modo
ab omni obligatione liberi ac soluti sunt)* est donc à abandonner. On
se reportera aux distinctions d'Ar., III, 5, 1278 *a* 27 et ss. sur
l'admission des νόθοι.

la loi. — Une autre forme encore de démocratie est celle où la participation aux fonctions publiques est reconnue à tous, à la seule condition d'être citoyen, mais où c'est la loi qui gouverne. — Dans une autre forme de démocratie, toutes les autres conditions restent les mêmes que dans la précédente, mais le pouvoir suprême appartient aux masses et non à la loi, et cela a lieu quand ce sont les décrets qui décident souverainement et non la loi[1]. Pareil état de choses est dû aux démagogues[2] : car dans les gouvernements démocratiques où la loi est respectée, il n'apparaît pas de démagogues, mais ce sont les classes supérieures des citoyens qui occupent les premières places ; en revanche, là où les lois ne règnent pas, c'est alors que surgissent des démagogues. Le peuple se transforme, en effet, en un monarque dont l'unité est composée d'une multitude d'individus, puisque les masses détiennent le pouvoir suprême non en tant qu'individus, mais prises dans leur totalité (De quelle espèce de gouvernement Homère parle-t-il quand il dit :

Ce n'est pas une bonne chose qu'un gouvernement de plusieurs ?[3]

Est-ce celui que nous venons de décrire, ou celui où existe pluralité de chefs exerçant le pouvoir individuellement ? La réponse est douteuse). Quoi-

---

1. L'opinion publique à Athènes était nettement favorable à la démocratie intégrale, et voulait que l'Assemblée du peuple eût tout pouvoir et se mît au-dessus des lois (cf. Xénoph., *Hell.*, I, 7, 12). — Sur ψήφισμα, l. 6 : à la différence de la *loi* proprement dite (νόμος), le *décret* (ψήφισμα) porte sur les cas particuliers et possède seulement une valeur temporaire (cf. *Eth. Nicom.*, V, 10, 1134 *b* 23). Mais la distinction était souvent délicate à établir. Pour toutes ces questions de droit public, on se reportera à G. Glotz, *la Cité gr.*, 192-194.

2. Ar. parle à plusieurs reprises des *démagogues* : voir la liste des passages de la *Polit.*, dans l'*Ind. arist.*, 174 *a* 35-43.

3. *Il.*, II, 204, vers cité aussi *Métaph.*, Λ, 10, 1076 *a* 4, passage dans lequel Ar. critique les vues de Speusippe, qui supprimait la continuité de la réalité ontologique. — Ar. se demande incidemment si Homère vise le cas où, comme dans la démagogie, il n'y a qu'un chef collectif, la multitude, ou le cas où plusieurs chefs commandent *ut singuli*.

15 qu'il en soit, un peuple de ce genre, en monarque
qu'il est, veut porter le sceptre du fait qu'il n'est
plus sous l'empire de la loi, et devient un despote,
de sorte que les flatteurs sont à l'honneur et que
cette sorte de démocratie est aux autres démocraties
ce que la tyrannie est aux autres formes de monarchie. Et c'est pourquoi l'esprit des deux régimes est
le même : l'un comme l'autre exercent un pouvoir
despotique sur les classes supérieures, et les *décrets*
de l'un répondent aux *ukases* de l'autre. Enfin le
20 démagogue et le courtisan sont de même nature ou
de nature analogue : l'un et l'autre ont la plus grande
influence auprès de leurs maîtres respectifs, le
courtisan auprès du tyran et le démagogue auprès
de la démocratie que nous décrivons. Ce sont ces
gens-là qui sont cause que l'autorité suprême appartient aux décrets et non aux lois, du fait qu'ils en
réfèrent au peuple en toutes matières[1] : car leur
25 propre élévation ne s'explique que grâce à la puissance
absolue du peuple en toutes choses, tandis qu'eux-
mêmes disposent de l'opinion du peuple, puisque
la multitude leur obéit. En outre, ceux qui portent
des accusations contre les magistrats prétendent que
c'est au peuple qu'il appartient d'en juger, et ce
dernier répond avec empressement à cette invitation,
ce qui entraîne la ruine de toute autorité. Et c'est
30 une critique qui peut sembler justifiée que de soutenir[2]
qu'une pareille démocratie n'a rien d'une constitution,
car là où les lois n'ont aucune autorité il n'y a pas
de constitution du tout : il est essentiel, en effet,
que la souveraineté de la loi s'étende à toutes choses,
et que les magistrats statuent seulement sur les
cas particuliers[3], et c'est à cela qu'on reconnaît une

---

1. Même en celles qui ne devraient pas lui être soumises. Ar.
signale ici un des maux trop réels de toute démocratie : l'Assemblée
tend à absorber tous les pouvoirs.

2. Notamment avec Platon, qui, dans la *Republ.* (VIII, 557 *c*
et ss.) et les *Lois* (IV, 712 *e*), formule de vives critiques contre la
démocratie, qu'il appelle un *bazar formé de toutes les constitutions*
(παντοπώλιον πολιτειῶν, 557 *d*).

3. L. 33, l'addition proposée par Richards (τῶν καθόλου πάντων,
au lieu de τῶν πάντων) exprime bien la pensée d'Ar., mais semble
inutile en raison de la précision donnée l. 36-37.

véritable constitution. Par conséquent, si vraiment
la démocratie est l'une des formes de gouvernement,
il est manifeste qu'une organisation de ce genre dans 35
laquelle tout est réglé à coup de décrets n'est pas
même une démocratie à proprement parler, puisqu'un
décret ne peut jamais avoir une portée générale[1].

Telle est donc la façon dont on doit déterminer
les diverses espèces de la démocratie.

5

<Les espèces de l'oligarchie. >

Passons à l'oligarchie[2].

Une première espèce est celle où l'accès des fonctions publiques est soumis au paiement d'un cens 40
tellement élevé que les pauvres, qui sont la majorité,
n'ont aucune part au pouvoir ; toutefois, celui qui
acquiert le cens exigé a la possibilité de participer
au gouvernement. Une autre espèce, c'est quand un
cens considérable est demandé pour l'attribution 1292 b
des emplois publics et que les magistrats en charge
choisissent eux-mêmes les titulaires des postes devenus
vacants[3]. (Si ce choix se porte sur tous les censitaires
indifféremment, c'est là, semble-t-il bien, une institution de type plutôt aristocratique ; si, au contraire,
le choix est limité à une catégorie déterminée de ces
censitaires, la constitution est plutôt oligarchique)[4].
Une autre espèce d'oligarchie, c'est quand un fils
succède à son père dans sa charge. Une quatrième 5
espèce est quand l'hérédité dont il vient d'être question continue à être respectée, et qu'en même temps
ce n'est pas la loi qui règne mais ceux qui détiennent

---

1. Cf. *Eth. Nicom.*, V, 14, 1137 *b* 27 ; *Const. ath.*, XLI.

2. Sur les différentes formes d'oligarchie et les États de la Grèce
où elles étaient en vigueur, cf. G. GLOTZ, *la Cité gr.*, p. 79 et ss.

3. Autrement dit, le choix a lieu par cooptation (cf. *Ind. arist.*,
238 *b* 10 : *cooptant eos magistratus qui desunt*). NEWMAN, IV, 183,
propose une autre interprétation.

4. Cf. *infra*, 15, 1300 *b* 1 et ss.

le pouvoir. Parmi les diverses formes d'oligarchie, cette dernière correspond à la tyrannie dans les monarchies et à la forme de démocratie que nous avons étudiée en dernier lieu, dans les démocraties ; et dès lors cette sorte d'oligarchie reçoit le nom de
10 régime d'autorité personnelle[1].

Telles sont donc toutes les différentes espèces d'oligarchie et de démocratie. Mais on ne doit pas perdre de vue que dans beaucoup d'endroits[2] il en est résulté ceci : bien que la constitution telle qu'elle est réglée par la loi n'ait rien de démocratique, cependant, par l'effet de la coutume et des habitudes de vie, elle est appliquée dans un esprit démocratique,
15 et il en est de même, à leur tour, dans d'autres États où la constitution légale étant plutôt démocratique, le genre de vie et les mœurs impriment aux institutions une tendance oligarchique. Ce phénomène s'observe principalement après les changements de constitution[3] : on ne passe pas d'un seul coup de l'une à l'autre, mais on se contente au début des légers avantages remportés sur le parti adverse,
20 de sorte que les lois demeurent ce qu'elles étaient auparavant, mais que le pouvoir tombe aux mains de ceux qui ont provoqué le changement de régime.

---

1. Ou *oligarchie renforcée*, analogue à la *royauté absolue d'un seul* (δυναστεία, *potentatus*), comme dans les monarchies orientales. — Sur ἀντίστροφος, l. 7, cf. *infra*, 6, 1293 *a* 34, note, et sur δυναστεία, l. 10, voir II, 10, 1272 *b* 3, note.

2. Cf. V, 1, 1301 *b* 10.

3. Changement de l'oligarchie en la démocratie, ou inversement. — Les dernières lignes du chapitre contiennent une vue profonde et très moderne sur la vanité des révolutions, qui conservent plus qu'elles ne détruisent, mais qui ont pour résultat infaillible de porter au pouvoir un personnel nouveau, généralement incompétent et avide, qui ne tarde pas à faire regretter l'ancien. Les révolutions qui ont ravagé notre pays depuis plus d'un siècle et demi pourraient servir d'illustration à cette vérité.

6

*<Raisons de la diversité des démocraties
et des oligarchies.>*

Qu'ainsi donc ce soient là toutes les espèces de démocratie et d'oligarchie, nos considérations précédentes[1] le montrent clairement. Il faut nécessairement, en effet, ou bien que toutes les parties dont le peuple est composé et que nous avons notées[2] prennent part à l'action gouvernementale, ou bien que les unes y participent à l'exclusion des autres. Quand donc la classe des laboureurs et de ceux qui 25 possèdent une fortune modique[3] est à la tête des affaires publiques, celles-ci sont conduites conformément aux lois : car les citoyens, tout en ayant la possibilité de gagner leur vie par leur travail, n'ont cependant pas les moyens de rester inactifs, de sorte qu'après avoir établi solidement la loi ils ne se rendent aux Assemblées que dans les cas de nécessité. Et il est permis aux membres des autres classes de participer au pouvoir quand ils ont acquis le cens déterminé par les lois, ce qui fait que tous ceux qui 30 l'ont effectivement atteint ont la possibilité d'avoir part au gouvernement[4] : car interdire totalement l'accès aux fonctions publiques à une classe entière est caractéristique d'un régime oligarchique. Seule-

1. .4, 1291 *b* 17 et ss. (ou peut-être, 3, 1289 *b* 32 et ss.).

2. 4, 1291 *b* 17 et ss.

3. La classe des *paysans-propriétaires* (τὸ γεωργικόν, l. 25) n'est qu'une subdivision de la *classe moyenne* (τὸ κεκτημένον μετρίαν οὐσίαν).

4. Sur ce point encore, c'est la loi, et non le caprice et l'arbitraire, qui règle les conditions d'accès à la vie publique.

Les l. 30-33 sont très difficiles. Le texte demeure incertain et présente sans doute des lacunes. RASSOW et SUSEMIHL y ont apporté des modifications profondes et des additions qui ne sont pas toutes indispensables. Faute de mieux, nous acceptons le texte d'IMMISCH, sauf que, l. 32, nous supprimons le second ἐξεῖναι, qui paraît faire double emploi avec ἀδύνατον qui suit. Cf. THUROT, 60-61 ; NEWMAN IV, 92-93 et 186-187, dont la leçon diffère de la nôtre.

ment, en fait, il est impossible aux intéressés de se
procurer les loisirs indispensables[1], s'ils n'ont pas
de revenus personnels. Voilà donc une première
espèce de démocratie, pour les causes indiquées.
— Une autre espèce est basée sur la distinction qui
35 vient immédiatement après[2] : il est possible pour tous
les citoyens d'une naissance irréprochable d'avoir
aussi accès au gouvernement, mais cependant ils
n'y participent en fait que s'ils peuvent en trouver
le loisir, et c'est pourquoi, dans la démocratie de ce
genre, les lois gardent l'autorité suprême, faute pour
les citoyens de posséder un revenu suffisant. — Une
troisième espèce est quand l'accès du pouvoir est
ouvert à tous les hommes libres, lesquels cependant,
40 pour la raison déjà donnée[3], n'y participent pas en
fait, de sorte que, dans cette forme de démocratie
également, la loi est forcément souveraine. — Une
quatrième espèce de démocratie est celle qui est née
1293 a chronologiquement la dernière de toutes dans les

---

1. Pour assister aux Assemblées ou remplir les fonctions publiques. — Après avoir souligné que l'interdiction *absolue* (ὅλως, l. 31)
de participer à la vie publique quand on n'appartient pas à la classe
qui détient le pouvoir est le fait d'un régime oligarchique, Ar. ajoute
que, dans la forme de république censitaire qu'il étudie, les citoyens
qui répondent aux conditions de cens sont pratiquement dans l'impossibilité d'exercer leurs droits, faute de temps, à moins qu'ils ne possèdent des *revenus personnels* provenant d'autres sources que leur
travail (μὴ προσόδων οὐσῶν, l. 33), revenu qui peut être, par exemple,
comme on le verra plus loin, un μισθός plus ou moins élevé, payé par
l'État, pour accroître, dans les démocraties extrémistes, la participation populaire. Aux yeux d'Ar., cette impuissance, pour une
grande partie des citoyens, à remplir leurs devoirs civiques, présente
cet avantage de réduire le rôle des Assemblées, et d'assurer à la loi
une prépondérance de fait, puisque la loi ne souffre pas de l'envahis-
sement des décrets qui caractérise la démagogie. Il y revient l. 38 et
40.

2. Sur les difficultés des l. 34 et ss., cf. Thurot, 61-62. La *distinction qui vient après la précédente* (il faut lire, l. 35, διαίρεσιν, et non
αἵρεσιν : *Ind. arist.*, 18 *b* 52) dans l'ordre déjà indiqué 4, 1292 *a* 2,
est celle relative à la naissance (sur le sens de ἀνυπευθύνοις κατὰ
τὸ γένος, voir *supra*, 4, 1292 *a* 2 et note). — L. 35, καὶ πᾶσιν, il
faut insister sur καί : à ceux qui sont de naissance libre aussi bien
qu'à ceux qui répondent aux conditions du cens.

3. Le manque de temps disponible.

États[1], car, du fait que les États ont pris une grande extension par rapport à ce qu'ils étaient à l'origine et qu'ils jouissent actuellement de revenus abondants, tous les citoyens participent à la conduite des affaires en raison de la supériorité numérique de la multitude, et tous y prennent une part effective et exercent leur activité de citoyens par la possibilité 5 de se ménager des loisirs, même les pauvres, qui reçoivent un salaire à cet effet. Ajoutons que la multitude ainsi favorisée est de toutes les classes celle qui dispose de plus de loisirs, car elle n'est pas embarrassée par le soin de ses propres affaires, alors que pour les riches c'est là un obstacle qui les empêche souvent de prendre part aux travaux de l'Assemblée ou des tribunaux. De là vient que c'est la masse des indigents qui gouverne l'État, et non plus les lois. 10

Voilà donc, en nombre et en nature, les diverses espèces de la démocratie que ces causes engendrent nécessairement.

Passons aux espèces de l'oligarchie. Quand la majorité des citoyens possède une certaine fortune, mais relativement modeste et sans rien d'excessif, nous avons là une première forme de l'oligarchie : car tout homme acquérant le minimum de propriété requise se voit accorder le droit de participer aux affaires publiques, et du fait de la quantité consi- 15 dérable d'individus qui ont part au gouvernement il s'ensuit nécessairement que la souveraineté réside non dans les hommes mais dans la loi[2] (car dans la mesure où ils s'éloignent davantage de la monarchie[3],

1 . Cf. V, 5, 1305 a 29, où la démocratie intégrale décrite ici par Ar., est qualifiée de νεωτάτη par opposition à ἡ πατρία. — Les États *se sont agrandis considérablement* (τὸ μείζους γεγονέναι πόλυ, l. 2) à la fois en territoire et en population, ce qui a entraîné une augmentation de leurs ressources, alimentées par des impôts et des taxes payés par un nombre croissant de citoyens. Cet accroissement de ressources permet à l'État (et Ar. pense certainement à Athènes) d'indemniser les citoyens pauvres et de leur verser un μισθός pour siéger aux assemblées ou dans les tribunaux populaires.

2. Suivant le mécanisme déjà décrit l. 1292 b 28 et ss.

3. A ὅσω γὰρ ἂν πλεῖον, l. 17, devrait correspondre grammaticalement τοσούτω μᾶλλον ἀνάγκη, mais, par une négligence qui ne doit pas surprendre de la part d'Ar., c'est ἀνάγκη τὸν νόμον ἀξιοῦν,

et comme leur fortune n'est ni assez importante pour
leur permettre de vivre sans rien faire en négligeant
leurs intérêts, ni assez faible pour se faire nourrir
aux frais de l'État, ils sont dans la nécessité de
20 consentir à ce que la loi gouverne et ne pas prétendre
à gouverner eux-mêmes). — Supposons maintenant
que les détenteurs de la fortune soient en plus petit
nombre que dans le cas précédent, mais avec une
fortune plus considérable : c'est alors qu'apparaît
une seconde forme de l'oligarchie. En effet, plus
les hommes se sentent forts et plus leur appétit de
domination est grand : de là vient qu'ils choisissent
eux-mêmes parmi les autres classes ceux qui doivent
entrer à la direction des affaires, mais, comme ils ne
25 sont pas encore assez puissants pour régner sans loi,
ils établissent la loi en conséquence[1]. — Intensifions
encore le système, en diminuant le nombre des
possédants et en augmentant le montant de leur
fortune : on obtient la troisième étape de l'oligarchie,
dans laquelle la minorité dirigeante occupe par elle-
même les emplois et où la loi prescrit qu'à la mort
des titulaires ce sont les enfants qui leur succèdent. —
30 Et quand, enfin, la minorité atteint une puissance
démesurée par l'immensité des fortunes et l'étendue
de la clientèle, cette sorte de domination personnelle
ressemble fort à une monarchie, et ce sont les hommes
qui sont souverains au lieu de la loi : et c'est la

---

1. 20, qui constitue en fait le second terme (Cf. NEWMAN, IV, 190). —
Les citoyens de cette sorte d'oligarchie, dit AR., ne pouvant songer
à accepter l'autorité d'un seul, sont bien obligés de s'en remettre à
celle de la loi, puisqu'ils n'ont pas le temps de gouverner eux-mêmes.
On remarquera que cette première forme d'oligarchie diffère pratiquement peu de la démocratie censitaire étudiée *supra*, l. 1292 *b* 25
et ss.

L. 20, nous admettons, avec NEWMAN, IV, 190, que le datif
αὐτοῖς ne peut dépendre de ἄρχειν. Mais, contrairement à ce que
pense le savant commentateur, rien ne s'oppose à ce qu'il soit rattaché
à ἀνάγκη : *necesse est eis* (LAMBIN).

1. C'est-à-dire, les autorisant régulièrement à procéder par cooptation.

quatrième forme de l'oligarchie, correspondant à la dernière espèce de la démocratie[1].

7

<*L'aristocratie.*>

Il existe encore deux formes de gouvernement en 35 dehors de la démocratie et de l'oligarchie : l'une d'elles est universellement reconnue et a été mise au nombre des quatre espèces de constitutions (et on entend par ces quatre espèces : monarchie, oligarchie, démocratie, et, en quatrième lieu, celle qu'on nomme aristocratie)[2]. Mais il y en a aussi une cinquième, laquelle est désignée par le nom qui est commun à toutes (on l'appelle *république*)[3] : seulement, 40 comme on la rencontre rarement, elle échappe à l'attention de ceux qui entreprennent d'énumérer les différentes espèces de constitutions, et ces auteurs (Platon, par exemple) n'en reconnaissent que **1293** *b* quatre dans leurs traités de politique[4]. Certes le

1. *Haec quarta species in genere oligarchiae eumdem locum obtinet ac* τὸ τελευταῖον εἶδος *in genere democratiae,* ἀντίστροφον *fere i. q.* ἀνάλογον (*Ind. arist.* 67 *a* 15-18).

2. Ar. rappelle ici la classification courante et traditionnelle (λέγουσι, l. 36 et 37). Cf. *Rhetor.*, I, 8, 1365 *b* 21 et ss., où Ar. reprend et caractérise brièvement la même division quadripartite.

3. La πολιτεία, rappelons-le, est le *gouvernement constitutionnel*, la *république tempérée*, où le pouvoir est entre les mains de la classe moyenne. Cf. I, 1, 1252 *a* 15, note ; III, 6, 1278 *b* 10 ; 7, 1279 *a* 39, etc. Sur le terme πολιτεία, désignant à la fois toute constitution en général, et république modérée, cf. *supra*, 2, 1289 *a* 35.

4. L. 1293 *b* 1, nous suivons la collation d'Immisch, d'après Spengel, et isolons ὥσπερ Πλάτων, par une parenthèse, du reste de la phrase. Mais la lecture traditionnelle, adoptée par Bekker et suivie par Newman, joint ὥσπερ Π. à ce qui suit. Le sens en est légèrement modifié, et on peut admettre qu'Ar. a en vue les livres VIII et IX de la *République* (*Ind. arist.*, 598 *a* 42). — Signalons, enfin, que H. Rackham rend ἐν ταῖς πολιτείαις par *in the list of constitutions*, ce qui est défendable.

nom d'aristocratie s'applique à bon droit à la constitution que nous avons décrite dans la première partie de ce travail[1] (car la constitution où les citoyens sont les meilleurs en vertu[2] d'une manière absolue, et non pas simplement bons par rapport à certaines conditions données, est la seule qui puisse être à bon
5 droit appelée une aristocratie : c'est, en effet, la seule forme de gouvernement où homme vertueux et bon citoyen se confondent absolument, tandis que dans les autres les bons citoyens sont seulement bons par rapport à leurs propres constitutions). — Néanmoins[3] il existe aussi certains États qui diffèrent à la fois des États pourvus d'institutions oligarchiques et de ce qu'on appelle la république[4] : car dans ces États les magistrats sont choisis non pas
10 seulement d'après la fortune, mais encore d'après le mérite ; cette forme de constitution diffère à la fois des deux autres dont nous venons de parler[5], et on la qualifie d'aristocratique. Car même dans les États dont les institutions se soucient peu de vertu[6], on trouve cependant certains hommes qui jouissent de l'estime générale et ont la réputation d'être des gens de bien. Là donc où la constitution prend en considération richesse et vertu aussi bien qu'élément

1. III, 7, 1279 a 34 et ss. ; 15, 1286 b 3 et ss. Voir aussi VII, 9, 1328 b 37. Mais ces références sont discutées (Cf. NEWMAN, IV, 93).

2. Et non pas en simple habileté politique, ou en capacité de servir la constitution sous laquelle ils vivent. — Sur la question de l'identité de l'honnête homme et du bon citoyen, et sur les difficultés que soulève la position d'AR., cf. III, ch. 4 et 5, et les notes (notamment sous 4, 1276 b 38) et le commentaire de NEWMAN, III, 158. — L. 4, l'expression πρὸς ὑπόθεσίν τινα s'oppose à ἁπλῶς, et sa signification est précisée l. 7, πρὸς τὴν πολιτείαν τὴν αὐτῶν. Cf. II, 2, 1261 a 16, et Ind. arist., 797 a 52-53.

3. Seconde espèce d'aristocratie (qui est déjà assez éloignée de l'aristocratie proprement dite).

4. Les l. 7-14 sont difficiles, mais les modifications proposées par THUROT, 62-63, ne sont pas indispensables pour obtenir un sens acceptable. Nous suivons la lecture de IMMISCH, et supprimons, l. 8, les mots καὶ καλοῦνται ἀριστοκρατίαι.

5. L'oligarchie et la république tempérée.

6. Et qui n'ont aucun penchant à l'aristocratie. Ces États n'en font pas moins fréquemment appel à des hommes honnêtes pour remplir les postes officiels.

populaire, comme c'est le cas à Carthage[1], cette 15
constitution est d'essence aristocratique, et il en est
de même dans les États où la constitution, comme
celle de Lacédémone[2], n'a en vue que deux de ces
facteurs seulement, à savoir vertu et élément populaire, et où il y a combinaison de ces deux facteurs,
démocratie et vertu.

Voilà donc deux espèces d'aristocratie en dehors
de la première, qui est la constitution idéale[3], et il
y en a une troisième, à savoir toutes ces constitutions 20
qui ont une tendance plus prononcée à l'oligarchie
que la forme désignée du nom de république.

8

<La république tempérée.>

Il nous reste à parler à la fois de ce qu'on désigne
du nom de république, ainsi que de la tyrannie.
Bien que ni la république[4], ni les diverses formes
d'aristocratie dont nous avons parlé il y a un instant,
ne soient réellement des déviations, nous avons
adopté cet ordre[5] parce que, à la vérité, toutes ces 25

1. Cf. II, 11, 1273 a 21-30. — La constitution où la *loi du nombre*
(δῆμος) n'est pas prise seule en considération, mais où une place est
faite à la vertu et à la richesse, est de type aristocratique (sans être
toutefois une aristocratie au sens propre).

2. Cf. II, 9.

3. La constitution idéale se confond avec l'aristocratie proprement
dite, étudiée 1293 a 35-1293 b 7. Les deux espèces dégradées d'aristocratie sont étudiées 1293 b 7-14, et 14-18.

Le régime aristocratique, s'il repose en principe sur la seule vertu
des citoyens, n'en admet pas moins en pratique des formes mitigées,
et AR. n'hésite pas à appeler de ce nom toutes les constitutions qui
ne font pas exclusivement appel à la loi du nombre.

4. L. 24, ταύτην = πολιτείαν.

5. Et avons placé république et aristocraties au rang des παρεκβάσεις. — Sur le début de ce chapitre (l. 22-27), cf. les intéressantes
remarques de Thurot, 63-64, qui propose une interprétation différente. Intercalant ἡ δημοκρατία καὶ ὀλιγαρχία après μετὰ τούτων,
l. 26, il obtient le sens suivant : si nous avons placé ici (avec les
mauvais gouvernements) la πολιτεία, quoiqu'elle ne soit pas une
déviation non plus que les aristocraties dont nous venons de parler,

constitutions s'écartent notablement de la constitution correcte par excellence, et par suite sont
comptées avec les déviations, et les véritables déviations sont des déviations de celles que nous étudions[1],
ainsi que nous l'avons indiqué dans nos discussions
du début[2]. Et que ce soit seulement en dernier lieu
que nous fassions mention de la tyrannie, c'est là
une chose normale, car de toutes les formes de gouvernement elle est celle qui présente le moins le caractère
d'une constitution[3], alors que notre investigation
roule sur les constitutions.

30   Ayant ainsi expliqué la raison pour laquelle nous
avons adopté ce mode de classement, nous devons
à présent faire connaître nos vues sur la république[4].
Sa nature propre[5], en effet, apparaîtra plus clairement,
maintenant que les éléments caractéristiques de
l'oligarchie et de la démocratie ont été déterminés,
puisque la république est, pour le dire en un mot,
un mélange d'oligarchie et de démocratie. Mais on
a pris l'habitude[6] d'appeler de ce nom les formes de
35   gouvernement à tendance démocratique, et d'autre
part d'appeler aristocraties les régimes qui penchent
plutôt vers l'oligarchie, du fait que éducation et

---

c'est que d'abord tous les gouvernements sont en réalité des déviations
de la constitution idéale, et qu'ensuite on a coutume de compter
avec la république et l'aristocratie, la démocratie et l'oligarchie qui
en sont des déviations.

1. L'oligarchie et la démocratie sont respectivement des déviations
des formes de l'aristocratie, objet du chapitre précédent, et de la
république tempérée.

2. III, 7, 1279 *b* 4 et ss., et IV, 2, 1289 *a* 26.

3. Cf. 2, 1289 *a* 39.

4. Sur le sens de δεικτέον, l. 31, cf. *Ind. arist.*, 167 *b* 20-27 :
δεικνύναι ... *demonstrandi, exponendi, explicandi vim habet...etiam
sine objecto* (περί τινος).

5. Voir sur δύναμις prise en ce sens, I, 4, 1254 *a* 14, note.

6. L. 34-42 (Εἰώθασι ... μᾶλλον), Ar. expose le *sentiment populaire*
(εἰώθασι, l. 34 ; δοκοῦσιν, l. 38 ; φασιν, l. 42), dont il fera la critique,
l. 42 et ss. : il n'admet pas, en effet, avec l'opinion vulgaire, que
l'aristocratie ou la république modérée soient une simple μίξις
d'oligarchie et de démocratie, avec prédominance dans un cas du
facteur oligarchique et dans l'autre du facteur démocratique.

naissance[1] accompagnent plus ordinairement la richesse, et aussi parce qu'on estime couramment que les riches détiennent déjà les avantages pour la possession desquels les injustices se commettent ; grâce à tout cela, on appelle les riches des gens honnêtes et d'une vertu notoire. Puis donc que 40 l'aristocratie a tendance[2] à attribuer la prédominance aux meilleurs d'entre les citoyens, on dit généralement aussi que les oligarchies se recrutent de préférence parmi les éléments les plus foncièrement vertueux[3].

Mais il apparaît de toute impossibilité que l'État, quand il est aux mains non pas des meilleurs mais des 1294 a pires, soit bien gouverné, et pareillement, quand il n'est pas bien gouverné, qu'il soit aux mains des meilleurs. Or un bon gouvernement ne consiste pas dans le fait de posséder de bonnes lois auxquelles on n'obéit pas. Aussi doit-on donner à la notion de « bon gouvernement » un double sens : c'est, d'une part, l'obéissance aux lois en vigueur, et, de l'autre, 5 l'excellence des lois en vigueur observées par les citoyens[4] (car on peut aussi obéir à de mauvaises lois). Et cette obéissance aux bonnes lois peut être de deux sortes : on obéit soit aux meilleures lois

---

1. Qui sont des marques d'aristocratie — Le peuple confond aisément hommes riches et hommes vertueux : d'abord richesse, bonne éducation et naissance distinguée *vont* souvent *de pair* (ἀκολουθεῖν, l. 37), et ensuite les riches ayant déjà tout ce qu'il leur faut échappent à la tentation de commettre l'injustice.

2. Sur βούλεται, l. 40, cf. II, 6, 1265 *b* 27, note.

3. Et on confond pratiquement aristocratie et oligarchie (vertu et richesse), de sorte qu'une république à tendance oligarchique est, pour le commun des hommes, une aristocratie.

Dans les l. qui suivent, Ar. va critiquer cette vue sommaire, et rappeler les principes du gouvernement des meilleurs, qui repose à la fois sur de bonnes lois et sur l'obéissance à ces lois.

4. Ces deux critères se complètent pour donner de l'εὐνομία *(le bon ordre dans l'État, la bonne administration, le bon gouvernement)* la définition suivante : l'obéissance à de bonnes lois (Cf. la définition attribuée à PLATON, 413 *e*, par DIOGÈNE L., III, 103 : πειθαρχία νόμων σπουδαίων, mais on sait que les Ὅροι de PL. ne sont pas authentiques : cf. la notice de J. SOUILHÉ, dans l'édition G. Budé, tome XIII-3, p. 153-158).

possibles pour des circonstances données, soit à
celles qui sont absolument les meilleures. Ajoutons[1]
que l'aristocratie semble bien consister surtout
10 dans la distribution des honneurs selon la vertu,
car aristocratie se définit par vertu, comme oligarchie
par richesse, et régime populaire par liberté (alors
que le principe d'après lequel l'opinion de la majorité
est souveraine se rencontre sous tous les régimes[2] :
et, en effet, aussi bien dans une oligarchie que dans
une aristocratie ou dans une démocratie, tout ce
que décide la majorité de ceux qui ont part au
gouvernement a force de loi). Dans la plupart des
15 États, assurément, la forme du gouvernement républicain proprement dit est exagérément vantée[3],
car le mélange qu'il constitue ne vise que les riches
et les pauvres, en d'autres termes richesse et liberté,
et on peut dire qu'aux yeux de la grande majorité
des hommes la richesse tient lieu d'honnêteté. Mais

---

1. Pour compléter nos critiques et définir la véritable aristocratie. — On remarquera que, à partir de la l. 42, le terme δοκεῖ
(l. 42 et l. 10) change de sens : il n'exprime plus l'opinion commune,
mais la pensée même d'AR. sous la forme adoucie qui lui est habituelle.

L. 10, τιμάς, les *honneurs officiels*, est syn. de ἄρχας, les *charges
publiques*.

2. Et ne peut donc être le caractère propre à la démocratie.
Nous avons déjà rencontré cette réflexion 4, 1290 *a* 31-32.

3. Les l. 15-16 (ἐν μὲν οὖν ... καλλωπίζεται) sont probablement
mutilées et incomplètes. La lecture traditionnelle καλεῖται, l. 15,
conservée par tous les éditeurs, à l'exception de IMMISCH, donne
un sens difficile. L'interprétation de THUROT (qui accepte aussi
καλεῖται), 65, suivie en partie par H. RACKHAM, est plus séduisante,
mais oblige à compléter le sens d'une façon arbitraire. La leçon de
IMMISCH (καλλωπίζεται au lieu de καλεῖται) est également audacieuse (son rapprochement avec VII, 11, 1330 *b* 34, dans l'apparat
critique, n'a pas de signification intrinsèque), mais elle a le mérite
de supprimer toute difficulté d'exégèse. AR., en tout cas, veut dire
que la république modérée, qui est, nous le savons (1293 *b* 34), une
μίξις d'oligarchie et de démocratie, est loin d'opérer la fusion de
tous les éléments sociaux, mais se contente d'assurer dans l'État
la coexistence des riches et des pauvres (qui en sont, aux yeux du
vulgaire, les classes principales : cf. *supra*, 4, 1291 *b* 11), la richesse
au surplus tenant, la plupart du temps, dans l'opinion, la place de
la vertu (Cf. 1293 *b* 39, ci-dessus).

comme il existe[1] trois titres sur lesquels on s'appuie
pour réclamer une égale participation au pouvoir :
liberté, richesse et vertu (car le quatrième, appelé 20
noblesse de naissance, accompagne les deux derniers,
la noblesse n'étant qu'une richesse ou une vertu
d'ancienne date)[2], il est manifeste que le mélange
des deux premiers éléments, à savoir des riches et
des pauvres[3], doit recevoir le nom de république, et
le mélange des trois facteurs le nom d'aristocratie
à un plus juste titre que toute autre variété d'aristocratie (à l'exception de la forme authentique et
première)[4].

Ainsi donc, nous avons établi l'existence d'autres 25
espèces de constitutions en dehors de la monarchie,
de la démocratie et de l'oligarchie, indiqué leur
nature, et en quoi les diverses sortes d'aristocratie
diffèrent entre elles, et les formes de la république,
de l'aristocratie ; et à cet égard il est manifeste
qu'aristocratie et république ne sont pas fort
éloignées l'une de l'autre[5].

1. Cf. III, 13.

2. La noblesse est une *virtus generis* (Cf. III, 13, 1283 *a* 37).

3. Ou, si l'on préfère, μίξις de la liberté (ou de la loi du nombre)
et de la richesse.

4. Dans l'esprit d'AR., la πολιτεία proprement dite est donc un
mélange de liberté et de richesse, où les riches et les pauvres doivent
avoir une participation égale au pouvoir. Quant à l'aristocratie
(en dehors de sa *forme idéale*, τὴν ἀληθινὴν καὶ πρώτην, l. 24, où ce
sont strictement les meilleurs qui gouvernent), elle repose sur un
mélange de liberté, de richesse et de vertu véritable, et de toutes les
formes secondaires de l'aristocratie c'est elle qu'il faut préférer
(Cf. II, 6, 1266 *a* 4, où AR. déclare qu'une constitution est d'autant
meilleure qu'elle intègre des éléments sociaux plus nombreux ;
III, 13, 1283 *a* 26 et ss.).

5. Beaucoup de soi-disant aristocraties sont des républiques
tempérées. Cf. *infra*, 9, 1294 *b* 10, et la note.

9

<La république tempérée. Analyse et formation.>

30   De quelle façon se forme, à côté de la démocratie
et de l'oligarchie, ce qu'on appelle république
constitutionnelle, et comment on doit l'établir,
c'est ce que nous avons à indiquer à la suite des
considérations précédentes. Et en même temps
on verra clairement aussi par quels caractères on
définit la démocratie et l'oligarchie : il faut, en effet,
bien saisir d'abord ce qui distingue ces deux régimes
l'un de l'autre[1], et ensuite faire une synthèse des
deux, en empruntant un élément à chacun,comme
35   pour une *tessère*[2]. Or il y a trois normes[3] qui déterminent cette composition ou mélange. Selon un
premier mode, on doit emprunter à la fois les dispositions légales de chacune des deux constitutions[4],

1. L. 34, διαίρεσις est syn. de διαφορά (*Ind. arist.*, 180 *b* 40).

2. Le terme grec σύμβολον exprime l'idée de *facteurs complé-
mentaires*, qu'on *rapproche l'un de l'autre* (σύν, βολή). Essentiellement,
il s'agit d'une tablette ou d'un jeton (λίσπαι, comme dans le *Banquet*,
193 *a*) que l'on coupait en deux et que chacun des deux hôtes gardait
comme *signe de reconnaissance (tessera)*. AR. fait un usage assez
fréquent, en physique notamment, de cette notion de complémen-
tarité, et c'est par elle qu'il explique la génération des éléments :
ainsi le chaud de l'air peut, avec le sec, constituer le feu, et le chaud
du feu peut, avec l'humide, constituer l'air : le chaud de l'air et le
chaud du feu sont des σύμβολα (Voir sur ce point, et sur le σύμβολον
en général, une note intéressante de H. JOACHIM, *de Gener. et Corr.*,
p. 220-221). L'*Ind. arist.*, 715 *b* 1-8, donne de ce terme une traduction
manifestement trop large *(pars)*.

L. 34 et 35, la construction est difficile. Il faut joindre ἐκ τούτων
(= l'oligarchie et la démocratie) à συνθετέον, les mots intermédiaires
ἀφ' ἑκατέρας ὥσπερ σύμβολον λαμβάνοντας ayant une valeur explicative.

3. Ou, si l'on préfère, trois façons, trois modes d'après lesquels... —
L. 35, ὅρος : cf. *supra*, III, 9, 1280 *a* 7, note, et la trad. de LAMBIN :
sunt autem tres compositionis et permixtionis termini.

4. Cf. la *Vetus transl.* : *aut enim utrumque sumendum quae utrique
lege statuunt*, et le comm. de Ps.-THOMAS, 615, p. 215 : *sumenda sunt
ea quae utraque ordinant, saltem secundum partem, non secundum
totum et simpliciter.*

en ce qui concerne, par exemple, l'administration
de la justice : d'une part, en effet, dans les oligarchies[1], on inflige une amende aux riches qui refusent
de siéger dans les tribunaux, mais on n'accorde aux
pauvres aucun salaire pour remplir cet office ; d'autre
part, dans les démocraties, les pauvres reçoivent un
salaire, mais les riches ne sont frappés d'aucune   40
amende ; eh bien ! en conjuguant ces deux façons
de procéder[2], on obtient une position moyenne et
commune entre elles, laquelle est par suite caractéristique d'une république, puisque c'est un mélange   **1294** *b*
d'éléments empruntés aux deux constitutions. —
Voilà donc un premier mode de combinaison des
deux éléments. Un autre mode, c'est de prendre la
moyenne entre les réglementations de chacune des
deux constitutions : par exemple, les démocraties
ne font dépendre l'assistance aux Assemblées d'aucune condition de cens, ou alors c'est un cens
extrêmement réduit, alors que dans les oligarchies
le cens est très élevé : on ne prendra comme terme
commun ni l'une ni l'autre de ces règles, mais bien la   5
moyenne entre les deux cens exigés dans chaque
cas[3]. — Un troisième mode est une combinaison des
règles imposées par les deux gouvernements : certains
éléments sont empruntés à la législation oligarchique
et certains autres à la législation démocratique. Je
prends un exemple : on admet généralement que la
désignation aux magistratures par voie de tirage
au sort est de nature démocratique, et la désignation
par l'élection, de nature oligarchique[4] ; est encore
démocratique l'absence de toute condition de cens,
et oligarchique la fixation d'un cens ; sera, par suite,   10

1. Aristocraties de type modéré, qui n'excluent pas complètement
les pauvres.

2. C'est-à-dire, en accordant une *indemnité* (μισθός) aux indigents
présents aux Assemblées, et en frappant d'une amende les riches
absents. (Cf. *infra*, 13, 1297 *a* 38).

3. *Neutrum istorum est commune, sed sunt diversa et separata.
Si vero accipiatur medium, in hoc consistit ratio politiae, quod scilicet
accipiatur princeps secundum medium honorabilitatem* (Ps.-Thomas,
616, p. 215).

4. Sur le tirage au sort des magistrats, notamment pour la nomination des archontes athéniens, cf. G. Glotz, *la Cité gr.*, p. 244 et ss.

de caractère aristocratique ou républicain[1], le fait
d'emprunter à chacun des régimes précédents l'un
de ses éléments, à l'oligarchie l'élection aux magistratures et à la démocratie l'absence de toute condition de cens. C'est de cette façon-là que s'opérera le
mélange.

15 Le critère du parfait mélange de démocratie et
d'oligarchie réside dans la possibilité de dire indifféremment de la même constitution qu'elle est une
démocratie ou une oligarchie : il est clair, en effet,
que tenir ce langage, c'est avoir le sentiment qu'il en
est ainsi parce que le mélange est parfait, et c'est
assurément le cas avec la forme qui tient le milieu
entre les deux constitutions extrêmes dont chacune
se manifeste en elle[2]. C'est ce qui se passe dans la
constitution spartiate.[3] On s'efforce souvent de la
20 décrire comme étant une démocratie parce que son
organisation contient une foule d'éléments démocratiques : par exemple, en premier lieu, la façon
d'élever les enfants[4] (les enfants des riches sont
traités exactement à cet égard comme ceux des
pauvres), dont l'éducation est alignée sur celle que
les enfants des pauvres seraient aussi susceptibles
de recevoir ; même égalité de traitement à l'âge
25 suivant, et aussi quand ils sont devenus des hommes
(car rien ne distingue extérieurement le riche du
pauvre[5] ; ainsi encore, la nourriture est la même pour
tous dans les repas publics[6], et les riches portent des

---

1. Ar. associe souvent, comme ne comportant entre elles que des
différences peu sensibles, les diverses formes d'aristocratie de type
mitigé et la république tempérée. Cf notamment *supra*, 8, 1294 a
27-29, et III, 11, 1273 a 4.

2. Tout μέσον est κριτικόν, et le siège des extrêmes (cf. *de An.*,
II, 11, 424 a 6)

3. Cf. II, 9, et *Lois*, IV, 712 d e.

4. Selon Ar. (voir aussi *infra*, VII, 17), l'éducation (παιδεία au
sens large) se divise en trois périodes : la τεκνοποιία (cf. II, 6,
1265 a 39, note) concerne les soins à donner à la mère et à l'enfant
jusqu'à la naissance ; puis vient la τροφή, de la naissance à l'âge de
sept ans ; et enfin la παιδεία proprement dite, qui se termine à 21 ans.
Mais la terminologie d'Ar. est parfois flottante : il lui arrive (comme
dans le présent passage) d'appeler τροφή la παιδεία au sens large.

5. Cf. Thucyd., I, 6.

6. Sur les *syssities*, voir plus haut, II, 5, 1264 a 1, note.

vêtements tels qu'un pauvre quelconque serait aussi
en mesure de fournir). C'est enfin une démocratie[1],
parce que des deux plus importantes magistratures,
l'une est soumise à l'élection du peuple et l'autre
lui est accessible (puisque les gérontes sont choisis 30
par lui et qu'il a part à l'Éphorat). Mais, d'un autre
côté, la constitution spartiate est qualifiée d'oligarchie parce qu'elle renferme un grand nombre d'éléments oligarchiques : par exemple, toutes les fonctions
sont attribuées par l'élection et aucune par le sort,
le pouvoir de condamner à la peine de mort ou à
l'exil est réservé à un nombre restreint de magistrats[2],
et on pourrait citer bien d'autres particularités
analogues. Mais dans la république où le mélange s'est
harmonieusement effectué, les deux facteurs doivent 35
à la fois apparaître tous deux présents et n'apparaître
présents ni l'un ni l'autre[3] ; il faut aussi que l'État
assure sa conservation par lui-même, à l'exclusion
d'une aide venant de l'extérieur : et *par lui-même*
ne signifie pas que son maintien doive dépendre du
bon vouloir d'une simple majorité (car même une
mauvaise constitution peut présenter ce caractère),
mais qu'aucune des parties de l'État, quelle qu'elle
soit, ne saurait même avoir le désir de changer de
constitution[4].

La façon dont il convient de fonder une république 40
tempérée, et pareillement aussi les régimes qualifiés
d'aristocratiques[5], voilà donc ce que nous venons
d'indiquer.

---

1. L. 29, il faut sous-entendre δημοκρατίαν εἶναι λέγουσιν,
et l. 31, εἶναι λέγουσι.

2. A la *Gérousia*, et non, comme dans les démocraties, à l'Assemblée du peuple.

3. *Utrumque videri inesse et neutrum* (LAMBIN). Dans un mélange
parfait, les constituants y sont à la fois tous deux présents et tous
deux absents (Voir les développements de Ps.-THOMAS, 620, p. 216).

4. Avec la plupart des éditeurs, et à la suite de THUROT, 66,
dont nous adoptons l'interprétation, nous supprimons le second
ἔξωθεν, l. 37.

5. Lesquels, nous le savons, se distinguent à peine de la πολιτεία.

10

<De la tyrannie. >

1295 *a*   Il nous restait à traiter de la tyrannie, non pas
que nous ayons beaucoup de choses à dire à son sujet,
mais afin qu'elle reçoive dans notre enquête sa
juste part, puisque nous la reconnaissons aussi comme
une forme de gouvernement. Nous avons, il est vrai,
défini la nature de la royauté dans la première partie
de notre traité[1], où nous faisions porter notre examen
5 sur la royauté au sens le plus répandu du terme, pour
savoir si elle est utile ou inutile aux États, et aussi
quel homme on doit investir de cette dignité, d'où
le tirer, et par quel procédé[2] ; et dans les pages où
nous examinions la question de la royauté[3], nous
avons distingué d'une part, deux espèces de tyrannie,
parce que leur nature recouvre en quelque façon

---

1. III, 14-17. — Dans tout cet exposé, Ar., se conformant en
cela à la nature même des choses (cf. *infra*, l. 9-11), et sans doute
aussi au langage courant, a tendance à traiter de la même manière
royauté et tyrannie, qui sont l'une et l'autre des μοναρχίαι, surtout
quand le roi règne sans contrôle. Aux yeux d'Ar., toutes les formes
de royauté sont plus ou moins mélangées de tyrannie et sont des
corruptions de la royauté patriarcale des temps héroïques.

2. Ar. s'exprime avec concision, et nous avons dû développer
πόθεν et πῶς, l. 7. Pour πόθεν : *tiré de quel milieu?* Ar. répond (cf.
VII, 10, 1310 *b* 10) que le roi doit être pris ἐκ τῶν ἐπιεικῶν. Pour
πῶς : *est-ce par élection ou par hérédité?*

3. III, 14, 1285 *a* 16-*b* 3, mais les deux textes ne se recouvrent pas
entièrement (Cf. Thurot, 66-68). Quoiqu'il en soit, ces « deux
espèces de tyrannie », ainsi qu'Ar. va l'expliquer dans la parenthèse
des l. 11-14, sont, à la fois, les royautés barbares et les *aisymnètes*
(voir, sur la nature de ces derniers, notre note sous 1285 *a* 31). Ces
deux « monarchies » sont des tyrannies en raison du *pouvoir sans
limites* qu'elles confèrent à leurs titulaires (αὐτοκράτορας, l. 12),
mais se rattachent à la notion de royauté, en ce qu'elles sont *légitimes,
légales, conformes à la coutume* (κατὰ νόμον, l. 10), puisque ces monarques sont élus régulièrement, en vertu d'un *usage* ou d'une *loi* (νόμος
ayant ces deux sens à la fois).

L. 8, à μέν répond δέ, l. 17.

la notion de royauté[1], du fait que ces deux formes de   10
l'autorité reposent l'une et l'autre sur une base
légale (car chez certains peuples barbares on élit
des monarques absolus, comme autrefois chez les
anciens Hellènes certains hommes, qu'on appelait
aïsymnètes, devenaient monarques de cette manière)[2] ;
mais ces deux formes de tyrannie présentent entre
elles des différences ; et elles sont, avons-nous dit[3],
d'un côté, de type royal par leur légalité et par le   15
consentement des sujets du monarque, et, d'un autre
côté, de type tyrannique par le caractère despotique
et arbitraire de l'autorité. — Il y a, d'autre part,
une troisième espèce de tyrannie, qui passe pour
être la tyrannie dans sa forme extrême, et qui correspond à la royauté absolue[4]. D'une tyrannie de cette
sorte[5] relève nécessairement le gouvernement où
un seul homme exerce un pouvoir irresponsable
sur tous les citoyens indifféremment, qu'ils soient   20
égaux ou supérieurs, et n'a en vue que son propre
intérêt et non celui de ses sujets. Aussi un pareil
pouvoir est-il de pure violence, car aucun homme
libre ne supporte sans protester une autorité de ce
genre.

Telles sont donc les diverses espèces de tyrannie
et leur nombre, pour les raisons que nous avons
données.

---

1. Sur le sens de δύναμις, l. 9, voir *supra*, 8, 1293 *b* 34, note. —
Sur ἐπαλλάττειν, cf. I, 6, 1255 *a* 13, note.

2. τὸν τρόπον τοῦτον, à savoir par élection, procédé parfaitement
légal.

3. III, 14, 1285 *b* 2. — L'imparfait de εἶναι (ἦσαν, l. 15) a le
sens de « disions-nous ». — Après διαφοράς, l. 15, il faut mettre au
moins un point en haut.

4. Dont elle est une παρέκβασις. La royauté *absolue* ou *universelle*
(παμβασιλεία) a été étudiée, III, 16 et 17.

5. Cf. *Rhetor.*, I, 8, 1365 *b* 37, qui fait les distinctions requises :
« La monarchie est, comme l'indique son nom, celle où un seul homme
est maître souverain de toutes choses. Elle a deux formes : celle qui
est soumise à un certain ordre [κατὰ τάξιν a le même sens que κατὰ
νόμον] est la royauté ; celle dont le pouvoir ne connaît pas de limites
est la tyrannie » (trad. M. Dufour).

11

<Le gouvernement de la classe moyenne.>

25   Mais quelle est la meilleure constitution, et quel est le meilleur genre de vie[1] pour la plupart des États et pour la grande majorité des hommes, quand on ne prend comme terme de comparaison[2], ni une vertu dépassant les forces du commun des hommes, ni une éducation nécessitant des dispositions naturelles accompagnées d'un cortège de moyens dus à une heureuse fortune, ni une constitution répondant pleinement à nos vœux, mais bien un mode d'existence dont l'accès soit ouvert à la grande majorité des 30 hommes, et une constitution à laquelle la plupart des cités puissent participer ? Car, en ce qui concerne ces constitutions appelées aristocraties, dont nous parlions il n'y a qu'un moment[3], tantôt elles tombent par trop en dehors des possibilités du plus grand

1. Sur les l. 25-34 (τίς ... λεκτέον), voir THUROT, 68-69, qui propose avec raison un point d'interrogation après μετασχεῖν, l. 31, et qui suppose, mais sans doute à tort, une lacune après ce dernier mot (Cf. NEWMAN, IV, 208).

L'objet d'AR., dans le présent chapitre, est d'établir que le μέσος βίος et la μέση πολιτεία sont ce qu'il y a de meilleur, et, pour le montrer, il fait appel à la notion de *médiété* (μεσότης). On observera, à ce propos, avec NEWMAN, IV, 209, que si ἡ διὰ τῶν μέσων πολιτεία n'est pas identique à ἡ μέση πολιτεία (un gouvernement où domine la classe moyenne n'est pas forcément exercé *par* celle-ci), en fait, dans la pensée d'AR., les deux locutions sont souvent équivalentes (mais voir *infra*, 1295 b 24).

2. RICHARDS a proposé de lire, l. 27, συντείνουσι, au lieu de συγκρίνουσι, ce qui allégerait le sens et permettrait de comprendre : *si on ne tend pas à une vertu surhumaine.* Mais de toute façon la pensée d'AR. est claire : il ne faut pas viser trop haut, mais tenir compte de la faiblesse humaine et des possibilités.

L. 29, il faut sous-ent. πρός avant βίον τε.

3. 7, 1287 b 7-21. Cf. aussi, 8, 1293 b 36-1294 a 25. — Ces constitutions ne répondent pas à la solution du problème, car elles sont en fait inaccessibles aux États ou se confondent avec la πολιτεία proprement dite (cf. 8, 1294 a 27-29), dont nous n'avons pas à nous occuper pour le moment.

nombre des États, et tantôt elles sont voisines de ce qu'on appelle une république modérée (aussi doit-on parler de ces deux formes[1] comme n'en faisant qu'une). Et dès lors le jugement à porter sur tous ces problèmes dépend des mêmes principes[2]. Si, en effet, 35 ce que nous avons dit dans l'*Éthique*[3] est bien exact, à savoir que la vie heureuse est celle qui se poursuit conformément à la vertu, et cela sans entraves[4], et que la vertu est une médiété, il s'ensuit nécessairement que la vie qui se tient dans la juste moyenne est la meilleure, je veux dire une moyenne que chaque individu soit en mesure d'atteindre[5]. Et ces mêmes principes de détermination[6] doivent nécessairement aussi s'appliquer à l'excellence ou à la perversité d'un État et d'une constitution, la constitution étant en quelque manière la vie de l'État.   40

Ceci posé, dans tous les États sans exception, il **1295** *b* existe trois classes de citoyens : l'une est composée des gens très riches, l'autre des gens très pauvres, et la troisième tient le milieu entre les précédentes. Puis donc qu'on admet couramment que le mesuré et le juste milieu est ce qu'il y a de mieux[7], il est 5 manifeste aussi que la possession en quantité modérée des dons de la fortune[8] est la meilleure de toutes les façons de posséder : c'est alors, en effet, qu'on peut le plus facilement obéir à la raison, tandis qu'un

---

1. L. 34, ἀμφοῖν embrasse les diverses espèces d'aristocratie et la πολιτεία. L'interprétation de Thurot, 69, est forcée.

2. En d'autres termes, la solution des problèmes du meilleur état de vie et de la meilleure constitution repose dans les deux cas sur la notion de μεσότης.

Sur le terme στοιχεῖον (l. 35), cf. I, 9, 1257 *b* 23, note.

3. *Passim*, et notamment I, 11, 1101 *a* 14, et VII, 14, 1153 *b* 9 et ss. — Sur la vertu considérée comme une médiété, cf. *Eth. Nic.*, II, 5, 1106 *a* 26 et ss. (p. 103 et notes de notre trad.).

Pour les l. 37-39, cf. Thurot, 70-71.

4. L. 37, ἀνεμπόδιστον qualifie βίον, et non pas ἀρετήν comme l'indique la *Vetus translatio*, suivie par Lambin *(quae virtuti congruit non impeditae)*.

5. Le moyen étant relatif à chacun *(Eth. Nicom.*, II, 5, 1106 *a* 32 et ss.).

6. La μεσότης.

7. Le μηδὲν ἄγαν de Théognis est un lieu commun.

8. La santé et les biens extérieurs.

excès de beauté, de force, de noblesse de race ou de
richesse, ou, au contraire, de pauvreté, de faiblesse
ou de bassesse de condition, rend difficile la soumis-
sion à la raison[1] : dans le premier cas, les hommes
deviennent plus aisément d'une violence démesurée
et capables des plus grands forfaits[2], et, dans le
second, d'une malignité et d'une perversité qui
10 s'exerce davantage dans les petites choses, et les
injustices découlant de cette situation sont commises
les unes par démesure et les autres par malignité.
De plus, les gens de condition moyenne sont les
moins enclins à se dérober aux emplois publics ou à
les solliciter avec trop d'ardeur[3], deux tendances
également préjudiciables aux cités. Outre cela, ceux
qui ont en excès les dons de la fortune, force, richesse,
15 amis et autres avantages de ce genre, ne veulent ni
ne savent obéir à l'autorité (et c'est là un mal contracté dès le début, à la maison paternelle, quand
ils sont encore enfants : la mollesse où ils ont grandi
ne leur a pas fait prendre, même à l'école, l'habitude
d'obéir), tandis que ceux qui sont démunis à l'extrême
de ces avantages sont dans un état d'abjection trop
marqué. Le résultat, c'est que ces derniers ne savent
pas commander, mais savent seulement obéir à une
autorité qui les traite en esclaves, et que les premiers,
20 en revanche, ne savent obéir à aucune autorité,
et savent seulement gouverner en maîtres despo-
tiques[4]. On obtient ainsi un État de maîtres et
d'esclaves[5] mais non d'hommes libres, les uns pleins
de mépris et les autres d'envie : or rien n'est plus

---

1. Cf. PLATON, *Républ.*, IV, 421 *d* et ss., et ARISTOPH., *Plutus*,
510-516.

2. Sur les caractères des riches, cf. le développement de *Rhétor.*,
II, 16, 1390 *b* 32-1391 *a* 19. — Sur la notion de ὕβρις (ὑβρισταί,
l. 9, *petulantes et contumeliosi*, LAMBIN), essentielle dans l'éthique
des grecs, cf. *Rhétor.*, II, 2, 1378 *b* 23-29 : c'est la *démesure*.

3. Nous lisons, avec IMMISCH, l. 12, φυγαρχοῦσιν καὶ σπουδαρ-
χοῦσι, mais ces mots sont mal attestés, et les variantes sont nombreuses : cf. la note de H. RACKHAM, p. 328.

4. *Illi nulli quidem imperio parere didicerunt, sed ita imperare
sciunt quomodo domini servis imperant* (LAMBIN).

5. Qui n'est pas une véritable πόλις. Idée déjà exprimée, III,
6, 1279 *a* 21, et d'origine platonicienne (*Lois*, IV, 712 *e*-713 *a*).

éloigné de l'amitié, ainsi que d'une communauté
politique, car la communauté est d'essence affective[1],
puisque, même en voyage, les hommes désirent
n'avoir rien de commun avec leurs ennemis. En tout
cas, un État veut[2] être composé le plus possible 25
d'individus égaux et semblables, ce qui se rencontre
surtout dans la classe moyenne. Il suit nécessairement que le mieux gouverné de tous est cet État
qui est composé des éléments dont, selon nous,
l'État est naturellement constitué[3]. Ce sont aussi
les citoyens de la classe moyenne qui, dans les États,
jouissent de la sécurité personnelle la plus grande :
ils ne convoitent pas, comme les pauvres, le bien 30
des autres, et les autres ne convoitent pas non plus
le leur, comme les pauvres convoitent le bien des
riches ; et du fait que personne ne cherche à les
inquiéter et qu'ils ne cherchent à inquiéter personne,
leur vie se passe à l'abri de tout risque. Aussi la
prière de PHOCYLIDE était-elle pleine de sens[4] :

En beaucoup de choses, c'est dans une honnête
moyenne que réside ce qu'il y a de meilleur ;
Mon désir est d'occuper une position moyenne dans
la cité.

On voit donc également[5] que la communauté 35
politique la meilleure est celle où le pouvoir est aux
mains de la classe moyenne, et que la possibilité d'être
bien gouverné appartient à ces sortes d'États dans
lesquels la classe moyenne est nombreuse, et plus

1. Sur la nature de la φιλία, lien social par excellence, cf. *supra*,
III, 9, 1280 *b* 34 et ss., avec les notes.

2. Sur le sens particulièrement fort de βούλεται, l. 25, cf. NEWMAN,
IV, 214. Voir aussi l'interprétation de Ps.-THOMAS, 633, p. 222 :
civitas debet et vult esse ex aequalibus maxime.

3. C'est-à-dire les riches, les pauvres et les gens de la classe
moyenne (l. 1-3, ci-dessus). Nous adoptons la leçon de IMMISCH
(qui est celle de LAMBIN), ταύτην τὴν πόλιν ἣ συνέστη.

4. Fgmt 12 (TH. BERGK, *Poetae lyr. gr.*, 4ᵉ éd.). — PHOCYLIDE
est un poète milésien du VIᵉ siècle.

5. Cf. *supra*, 1295 *a* 25. — AR. fait ici un pas en avant. La meilleure
forme de gouvernement est non seulement celle où il est tenu compte
au maximum des besoins et des exigences de la classe moyenne,
mais encore où c'est la classe moyenne elle-même (ou ses représentants) qui exercent le pouvoir (διὰ τῶν μέσων, l. 35).

forte, de préférence, que les deux autres réunies,
ou tout au moins que l'une d'entre elles, car par
l'addition de son propre poids elle fait pencher la
balance[1] et empêche les extrêmes opposés d'arriver
au pouvoir. Aussi le plus grand bonheur qui puisse
40 arriver à un État, c'est que les citoyens à la tête des
affaires aient une fortune moyenne et suffisante pour
1296 *a* vivre, attendu que là où les uns possèdent d'immenses
richesses et les autres rien, on tombe dans une
démocratie extrême ou une oligarchie sans frein ;
même une tyrannie peut avoir pour cause l'un ou
l'autre des deux extrêmes, car une tyrannie peut
naître de la démocratie la plus exubérante aussi bien
que d'une oligarchie[2], alors que pour les constitutions
de forme moyenne et de celles qui s'en rapprochent[3],
5 cela a lieu beaucoup moins fréquemment. La raison
de cette différence sera indiquée ultérieurement,
quand nous parlerons des révolutions politiques[4].
Mais que la constitution de type moyen soit la
meilleure, c'est une chose manifeste, car seule elle
est à l'abri des factions : là où la classe moyenne est
nombreuse[5], c'est là aussi qu'il naît le moins de
factions et de dissensions parmi les citoyens. Et si
les grands États sont moins exposés aux factions,
c'est pour la même raison, à savoir que la classe
10 moyenne y est nombreuse ; dans les petits États,
au contraire, il est facile de diviser la totalité des
citoyens en deux classes, de façon à ne rien laisser
au milieu, et à peu près tous les habitants sont ou
riches ou pauvres. Ajoutons que les démocraties
sont mieux protégées à cet égard que les oligarchies,
et aussi plus durables, grâce aux classes moyennes
(qui sont plus nombreuses et ont une plus grande

---

1. Suivant qu'elle se joint aux riches ou aux pauvres pour faire
échec à l'une ou l'autre classe. Cf. les développements de Ps.-Thomas,
636, p. 222, et la trad. de Lambin : *accressens enim aliquid momenti
affert inclinationemque quamdam facit.*

2. Dans la démocratie extrême, comme dans l'oligarchie, le
pouvoir réside en un petit nombre de mains, soit les oligarques,
soit, dans la démocratie, les démagogues.

3. Les oligarchies modérées ou les démocraties modérées.

4. V, 8, 1308 *a* 18-24 (passage essentiel).

5. Cf. *Lois*, V, 744 *d*.

part aux honneurs dans les démocraties que dans les 15
oligarchies), car lorsque, en l'absence de classe
moyenne, les pauvres sont en nombre excessif, les
affaires prennent une mauvaise tournure, et l'État
ne tarde pas à périr. — On doit aussi regarder comme
significatif ce fait que les meilleurs législateurs ont
été pris parmi les citoyens de la classe moyenne :
SOLON en faisait partie (ses vers en témoignent)[1],
ainsi que LYCURGUE (qui n'était pas roi)[2], CHARONDAS, 20
et pour ainsi dire la plupart des autres.

Ces considérations font apparaître clairement aussi
la raison pour laquelle les constitutions de la majeure
partie des États sont soit démocratiques soit oligarchiques[3] : c'est parce que la classe moyenne étant
souvent peu nombreuse dans ces États[4], toujours,
quel que soit celui des deux partis qui l'emporte,
que ce soient les détenteurs de la richesse ou le menu
peuple, ceux qui dépassent le niveau moyen[5] condui- 25
sent l'État selon leurs vues propres, de sorte qu'il
devient ou une démocratie ou une oligarchie. Outre
cela, en raison des dissensions et des luttes qui opposent l'un à l'autre l'élément populaire et la classe
riche, quel que soit des deux partis celui à qui
il arrive de triompher de son adversaire, il n'établit
pas un gouvernement fondé sur le bien commun et
l'égalité, mais il se taille la part du lion dans l'organisation politique[6], comme s'il s'agissait d'un prix 30
attaché à la victoire, et réalise, dans un cas, une
démocratie, et, dans l'autre, une oligarchie. De plus[7],

---

1. Fgmt 15 de SOLON (cf. *Const. athen.*, V).

2. Ainsi qu'on l'a prétendu (voir la note de NEWMAN, IV, 218-219).

3. Et que les gouvernements de juste milieu sont si rares. — AR.
donne successivement trois raisons de ce fait (23-27, 27-32, 32-36).

4. C'est-à-dire dans « la plupart des États » visés l. 22.

5. Ceux qui s'élèvent au pouvoir, et qui proviennent soit de la
classe riche, soit de la classe pauvre. — L. 25, τὸ μέσον ne signifie
pas, croyons-nous, *la classe moyenne*, mais *le niveau général moyen*.
Cf. Ps.-THOMAS, 640, p. 223, qui comprend avec raison, *quicumque
excellunt alios*.

6. *Exsuperantiam prioris reipublicae administrationis* (LAMBIN).

7. Troisième et dernière raison, d'ordre historique cette fois,
qui explique la rareté relative du gouvernement des classes moyennes.
AR. a en vue les Athéniens et les Lacédémoniens (ἑκάτεροι, l. 33),
qui ont exercé à tour de rôle l'hégémonie sur les cités grecques,
et qui y ont installé des constitutions modelées sur les leurs.

les peuples qui, dans le passé, se sont disputés l'hégémonie en Grèce, tournant l'un comme l'autre leurs
regards vers les institutions sous lesquelles ils vivaient
eux-mêmes[1], établissaient dans les autres États
soit des démocraties soit des oligarchies, sans consi-
35 dérer l'intérêt des cités, mais ne pensant, qu'à leur
propre avantage. Il en résulte, pour toutes ces raisons,
que le gouvernement du juste milieu se réalise,
sinon jamais, du moins rarement, et seulement dans
un petit nombre d'États. Un seul homme, en effet,
un seul, parmi tous ceux qui ont été autrefois à la
tête des affaires[2], fut amené à accorder aux États
40 cette forme d'organisation, mais maintenant c'est
devenu dans les États une habitude invétérée de
1296 b n'avoir même pas le désir de l'égalité, mais de
chercher uniquement soit à s'assurer la domination,
soit, en cas de défaite, à se résigner au joug[3].

1. Et qui leur servaient de modèles.

2. Conformément aux indications de la l. 33, *supra*, il faut
comprendre qu'il s'agit, non pas des affaires intérieures d'une cité
(comme semble le supposer l'*Ind. arist.*, 313 *b* 11-13), mais des
affaires de la Grèce entière, et de l'hégémonie exercée successivement
par Athènes et par Sparte. Mais à quel *homme* (εἷς ἀνὴρ ... μόνος)
Ar. fait-il ici allusion ? On a proposé divers noms, et on hésite
notamment entre Solon et Théramène (B. Jowett, Newman, I,
470, et IV, 220-221, ainsi que H. Rackham, sont en faveur de ce
dernier). M. Defourny a discuté les diverses hypothèses (toutefois
il est muet sur Théramène), et pense que ὁ ἀνήρ désigne Philippe
de Macédoine. Il appuie son opinion sur les clauses du traité fédéral,
conclu à Corinthe en 338, entre Philippe et les représentants des
villes grecques. Mais cette identification, que son auteur considère
comme certaine, se heurte, selon nous, à une grave objection. Il
n'est pas contestable, en effet, que le présent texte doit s'interpréter
à la lumière de ce qu'Ar. a dit plus haut, l. 33, au sujet de l'hégémonie
disputée par des peuples dont Ar. ne donne pas le nom, mais qui
ne peuvent être que deux, en raison de l'emploi du terme ἑκάτεροι
(l. 33), indicatif d'une dualité. Ces deux peuples étant de toute
évidence les Athéniens et les Spartiates, on doit éliminer d'emblée
Thèbes, Syracuse et la Macédoine, avec Philippe. En définitive, c'est
le nom de Théramène qui paraît devoir rallier les suffrages. Son rôle
politique modérateur et de « juste milieu », qui l'opposa aux Trente,
a été favorablement apprécié par Ar. dans sa *Constit. athen.*
(XXVIII, XXXII, XXXIII, XXXIV, XXXVI).

3. *Aut victi aequo animo onus imperii subeant ac perferant*
(Lambin). — Sur les progrès, à l'époque classique, de l'idée
monarchique, cf. G. Glotz, *la Cité gr.*, p. 452 et ss.

Ainsi donc, ces considérations montrent avec évidence quelle est la meilleure constitution[1], et pour quelles raison elle l'est. Et parmi les autres constitutions (puisque, selon nous, il y a plusieurs espèces de démocratie et plusieurs espèces d'oligarchie), il n'est pas difficile de voir quelle espèce doit occuper le premier rang, quelle autre le second, et ainsi de suite dans leur ordre de perfection et d'imperfection, une fois déterminé quelle est la meilleure[2]. Car à chaque étape, il faut nécessairement admettre que la constitution qui se rapproche le plus de celle-ci est elle-même supérieure aux autres, et que celle qui est la plus éloignée de la constitution du juste milieu est elle-même pire, à moins que notre jugement ne soit relatif à certaines conditions déterminées[3]. Je dis *relatif à certaines conditions déterminées:* rien n'empêche, en effet, que souvent, bien qu'une autre forme de constitution soit préférable, certains peuples ne trouvent plus avantageux d'adopter un régime différent.

12

<La constitution adaptée au caractère national.>

Quelle constitution, et de quelle sorte, est avantageuse ? Pour quel peuple, et pour quelle sorte de peuple, l'est-elle ? C'est là une question à approfondir à la suite de ce que nous avons dit précédemment[4]. Nous devons dès lors commencer par adopter[5] un

1. Non pas en elle-même, mais en tant qu'applicable à la plupart des États, autrement dit la μέση πολιτεία (voir début du chapitre).

2. Le gouvernement des classes moyennes servant ainsi de critère ou de repère pour classer les formes secondaires de constitution, dans la mesure où ces démocraties et ces oligarchies tempérées s'en rapprochent ou s'en éloignent.

3. Sur la locution πρὸς ὑπόθεσιν, cf. *supra*, 7, 1293 *b* 3 et ss., et note avec les références.

4. Problème de la relativité des constitutions déjà annoncé, 1, 1289 *b* 24, et surtout, 2, 1289 *b* 17.

5. L. 24, ληπτέον a le sens de ὑποθετέον : il s'agit d'un principe de bon sens qu'on pose sans démonstration (cf. *Ind. arist.*, 422 *b* 11), et suivant lequel le législateur doit s'appliquer à mettre la puissance, soit numérique, soit qualitative, de son côté.

15 principe général, identique pour toutes les variétés
de constitution : c'est que la fraction de l'État qui
souhaite le maintien de la constitution doit être plus
forte que celle qui n'en veut pas. Or tout État est
composé à la fois de deux facteurs, l'un qualitatif
et l'autre quantitatif. Par *qualité* j'entends liberté,
richesse, éducation, noblesse de race, et par *quantité*
la supériorité numérique de la population envisagée.
Et il peut se faire que le facteur qualitatif dans
20 l'État appartienne à l'une des parties dont l'État est
composé, et le facteur quantitatif à une autre partie :
par exemple, les gens de basse extraction peuvent
être plus nombreux que les gens bien nés, ou les
pauvres que les riches, sans toutefois que leur supériorité quantitative soit aussi grande que leur insuffisance qualitative. Aussi ces deux facteurs doivent-ils
être jugés en comparaison l'un de l'autre[1].

Ceci posé, là où la multitude des pauvres l'emporte
25 selon la proportion ci-dessus indiquée[2], là aussi il y a
tout naturellement démocratie[3], et chaque forme de
démocratie sera fonction de la classe du peuple
qui possède en chaque cas la supériorité numérique :
par exemple, si la classe des laboureurs l'emporte
numériquement, on aura la première espèce de
démocratie, et si c'est la classe des artisans et salariés,
30 la dernière espèce, et il en sera de même pour les
autres formes intermédiaires[4]. Là, au contraire, où
la classe des riches et notables l'emporte plus en

---

1. La puissance d'une *classe* (μέρος) se mesure non seulement
d'après le nombre de ses membres, mais aussi d'après la valeur
sociale de ces derniers (richesse, naissance, capacité technique, etc.).
C'est un « compte à faire » dans chaque cas.

2. C'est-à-dire dans une proportion telle que se trouve contre-
balancée leur infériorité en qualité.

3. Il s'agit d'une loi véritable, conforme à la *nature* même des
choses (πέφυκεν, l. 26) : une population pauvre mais nombreuse
donne naturellement naissance à l'une des formes de la démocratie,
et il en est de même pour les diverses variétés de l'oligarchie.

4. Cf. les ch. 4 et 6, qui ont défini les différentes variétés de
démocratie, et notre tableau sous 4, 1291 *b* 30. La *dernière* forme
(τὴν τελευταίαν, l. 30), c'est-à-dire à la fois la plus récente et la
pire de toutes, caractérise la démagogie, où le corps électoral reçoit
une extension illimitée : elle a été étudiée 6, 1292 *b* 41-1293 *a* 10
(τέταρτον δὲ εἶδος ...).

qualité qu'elle n'est inférieure en quantité, là aussi
naîtra une oligarchie, et, de la même façon que tout
à l'heure, chaque forme de l'oligarchie sera fonction
de la sorte de supériorité qualitative de la population
oligarchique.

Le législateur doit toujours dans sa constitution
réserver en outre une place à la classe moyenne[1] :   35
s'il établit une législation oligarchique, il cherchera
à obtenir la collaboration de la classe moyenne, et
de même s'il établit une législation démocratique,
il devra l'attirer par ses lois. Et là où la masse des
citoyens de condition moyenne surpasse soit les
deux autres classes réunies ou même seulement l'une
d'elles, là peut être enfin assurée la stabilité d'un
gouvernement, car il n'y a pas à redouter que les   40
riches se mettent jamais d'accord avec les pauvres   **1297** *a*
sur le dos de la classe moyenne : jamais l'une de ces
deux classes ne consentira à se soumettre à l'autre,
et si elles cherchent une forme de gouvernement plus
favorable à leurs intérêts communs, elles n'en trou-
veront aucun autre que le gouvernement de la classe
moyenne[2], puisque les riches et les pauvres ne
pourraient jamais se résigner à gouverner à tour de
rôle[3], en raison de leur méfiance réciproque : partout   5
c'est l'arbitre qui inspire le plus de confiance, et est
arbitre celui qui occupe la position moyenne[4].

---

1. L. 35, προσλαμβάνειν : le législateur doit *adjoindre* la classe
moyenne à la classe qu'il veut favoriser (les riches ou les pauvres,
suivant le cas) et la faire participer aux avantages du pouvoir.
    Sur les modifications et les transpositions proposées par
BUECHELER et SUSEMIHL (les l. 34 et ss. devant être reportées au
ch. 9, l. 1294 *b* 4), cf. les observations de NEWMAN, IV, 223-224, qui
juge à bon droit ces changements inutiles.

2. LAMBIN, approuvé par NEWMAN, IV, 225, intercale κοινοτέραν
avant ταύτης, l. 3 *(nullam aliam reperiet hac communiorem)*. Mais
cette addition n'est pas indispensable au sens.

3. Seule base d'accord possible, si la solution de la classe moyenne
est écartée. — Sur le fait de pouvoir gouverner et d'être gouverné
ἐν μέρει, cf. notamment I, 1, 1252 *a* 15 ; III, 6, 1279 *a* 10 ; etc.

4. Et ainsi la classe moyenne conciliera les classes extrêmes
(cf. *de An.*, II, 11, 424 *a* 6, sur le μέσον κριτικόν). Même idée, *Eth.
Nicom.*, V, 7, 1132 *a* 23 : un bon juge est un *moyen*, un *médiateur*,
un *arbitre* impartial à égale distance des deux parties. Mais un
arbitre n'est pas un juge : sur ce dernier point, cf. II, 8, 1268 *b* 6,
note.

Mais la stabilité de l'État est d'autant mieux assurée
que le mélange des éléments composant la constitution
a été plus soigneusement effectué[1] ; et beaucoup même
de ceux qui désirent créer des formes de gouvernement aristocratique[2] commettent une grave erreur,
non seulement en faisant la part trop large aux riches,
10 mais encore en rusant avec le peuple : il vient un
temps en effet, où inévitablement les privilèges
illusoires[3] entraînent un mal bien réel, car les usur-
pations des riches sont plus meurtrières aux constitutions que celles du peuple.

13

<*Expédients employés pour conserver
les différentes constitutions.*>

Les artifices employés dans les républiques[4] pour
15 en imposer au peuple sont au nombre de cinq : ils

1. Et où l'importance de la classe moyenne a été reconnue. —
Ps.-Thomas, 649, p. 227, fait, avec raison semble-t-il, de cette
dernière phrase une conséquence de celle qui précède : *ex quo
manifestum est quod respublica quanto magis mixta est, accedens ad
aequalitatem et indifferentiam, tanto magis mansiva est.* Si cette
interprétation est exacte, il faudrait alors lire, l. 6, *quanto enim*,
et non *quanto autem* (ou *et*), etc.
     Pour la pensée exprimée, on se reportera, V, 7, 1307 *a* 5 et ss.
     2. Et non seulement ceux qui fondent des États oligarchiques.
Nous savons déjà que toutes ces variétés ne sont séparées que par
des nuances. — L. 7, après μονιμωτέρα nous mettons un point en
haut, et non un point.
     3. Les privilèges, qui en fait n'ont rien d'assuré, accordés aux
riches pour consolider leur prédominance, *entraînent* (συμβῆναι,
l. 11) des révoltes, qui, elles, sont un *mal pour de bon* (ἀληθὲς κακόν) ;
les *immoderatae atque injustae opes* (πλεονεξίαι) accordées à une
minorité de riches sont plus fatales aux institutions que les avantages
moins importants (parce qu'ils se répartissent sur un grand nombre
de têtes) consentis au peuple. — Dans le chapitre suivant, Ar.
étudiera les σοφίσματα employés pour tromper le peuple.
     4. A la fin du ch. précédent, Ar. a déconseillé aux États de
se jouer des droits du peuple (ἐν τῷ παρακρούεσθαι, l. 10) et de faire
aux riches la part trop belle. Il revient ici sur le même sujet, et ses

ont trait à l'Assemblée[1], aux magistratures, aux
tribunaux, au droit de porter les armes et aux exercices du gymnase.

En ce qui concerne l'Assemblée : il est permis
à tous d'assister aux Assemblées, mais on inflige
une amende aux riches quand ils n'y viennent pas,
que cette amende les frappe exclusivement ou beaucoup plus lourdement que les autres. — En ce qui
concerne les magistratures : ceux qui possèdent le
cens exigé n'ont pas la possibilité de les refuser sous   20
serment[2], alors que les pauvres ont cette possibilité. —
En ce qui concerne les tribunaux[3], les riches sont
frappés d'une amende s'ils ne siègent pas, tandis que
pour les pauvres il n'y a aucune pénalité, ou, comme
dans la législation de CHARONDAS[4], l'amende est
très élevée pour les premiers et modique pour les
autres. — En certains endroits, il est permis à tous
ceux qui se sont faits inscrire sur les registres publics[5]
d'assister aux Assemblées et de siéger dans les tribu-   25
naux, mais si, après leur inscription, ils n'assistent
ni ne siègent, de lourdes amendes leur sont infligées,
de façon que l'amende les incite à éviter de se faire

conseils s'adressent non seulement aux régimes oligarchiques (l. 35,
infra), qui ont intérêt à ne pas s'aliéner l'esprit des classes populaires,
mais même aux républiques modérées, dont la tendance plus ou
moins avouée est de remettre le pouvoir aux classes cultivées et
d'accorder au peuple des satisfactions apparentes. Ces *sophismata*,
auxquels AR. s'attaque, sont vieux comme le monde (cf. l'exemple
cité dans les *Lois*, VI, 764 *a*), et on aurait tort de penser qu'ils ont
disparu des modernes États démocratiques, dans lesquels, après
de solennelles déclarations de principe, on élude, par de savantes
dispositions des lois électorales et par le jeu des invalidations, le
droit pour le peuple d'élire les représentants de son choix, de façon
à maintenir au pouvoir l'oligarchie régnante et sa clientèle. Il est
entendu que si la souveraineté réside dans le peuple, c'est à la
condition qu'il ne puisse jamais l'exercer.

1. Cf. II, 6, 1266 *a* 9.

2. Ce qui suppose que les fonctions publiques ne sont pas rétri-
buées, ou le sont faiblement.

3. Cf. *infra*, 14, 1298 *b* 16 et ss.

4. Sur CHARONDAS, voir I, 2, 1252 *b* 14, et II, 12, 1274 *a* 23.

5. Tels, à Athènes, les πίνακες ἐκκλησιαστικοί, listes de ceux
qui avaient leur entrée à l'Assemblée du peuple, sous la surveillance
des ληξίαρχοι.

inscrire, et que faute d'inscription ils ne puissent ni
siéger dans les tribunaux ni prendre part aux Assemblées. — La loi procède de la même façon pour la
possession des armes et les exercices du gymnase[1] :
30 les pauvres sont autorisés à ne pas posséder des
armes, alors que les riches sont sujets à une amende
s'ils n'en possèdent pas, et si les pauvres s'abstiennent
des exercices du gymnase, ils ne sont frappés d'aucune amende, tandis que les riches s'exposent à en
payer une, de façon que les riches prennent part à
ces exercices pour éviter l'amende et que les pauvres,
n'ayant rien à craindre à cet égard, n'y participent
pas.
35 Tels sont les moyens détournés, de nature oligarchique, dont les lois font usage ; les démocraties
usent d'artifices inverses relativement à ces matières[2] :
par exemple, on alloue un salaire aux pauvres
qui assistent aux Assemblées et siègent dans les
tribunaux, et on n'inflige aucune amende aux riches
pour leur abstention. — On voit donc clairement
que si l'on veut obtenir un juste mélange[3], il faut
rapprocher les unes des autres les dispositions figu-
rant dans chacune de ces deux formes de constitution,
40 en allouant un salaire aux pauvres et en infligeant
une amende aux riches : de cette façon, tous sans
exception pourront prendre part aux Assemblées et
aux tribunaux[4], tandis qu'autrement le gouvernement tombe aux mains d'une seule des deux classes.
1297 *b* D'autre part, il est bon assurément que le corps des
citoyens[5] soit composé uniquement de ceux qui
portent les armes ; mais, en ce qui concerne la quotité
du cens à exiger[6], il n'est pas possible de la déterminer
d'une manière absolue et d'indiquer le montant du
revenu à posséder, mais on doit seulement envisager

---

1. II, 5, 1264 *a* 20.
2. De façon à conserver le pouvoir à la multitude.
3. Cf. *supra*, 9, 1294 *a* 40, où les mêmes idées sont exprimées.
La πολιτεία proprement dite doit emprunter à l'oligarchie et à la
démocratie les meilleures de leurs dispositions.
4. L. 41, ἂν κοινωνοῖεν, c'est-à-dire, τοῦ ἐκκλησιάζειν καὶ δικάζειν.
5. Sur le sens de πολιτεία (l. 1297 *b* 1 et 12), cf. *Ind. arist.*, 612 *b*
10 : *universitas civium*.
6. Pour avoir le droit de porter les armes.

un chiffre maximum tel que son application aura
pour effet de rendre ceux qui participent à la vie
politique plus nombreux que ceux qui n'y ont pas 5
accès, et on fixera le taux ainsi calculé[1]. Les pauvres,
en effet[2], même s'ils n'ont aucune part aux honneurs
publics, ne demandent qu'à se tenir tranquilles, à
la condition qu'on ne leur fasse pas violence et qu'on
ne touche pas à ce qu'ils possèdent (mais cette modération n'est pas chose aisée, car il n'arrive pas toujours que les hommes qui ont part au pouvoir soient
des gens compétents). Et le peuple, en temps de 10
guerre, montre habituellement une certaine réticence
si on ne lui donne pas de quoi vivre et si on le laisse
sans ressources, tandis que si on lui procure des
moyens de subsister, il consent volontiers à combattre. — Dans certains États, l'universalité des citoyens
comprend non seulement ceux qui servent actuellement dans le corps des hoplites, mais encore ceux
qui en ont fait partie[3] : ainsi, chez les Malies[4],
l'ensemble des citoyens était composé de ces deux
groupes[5], alors que les magistrats étaient choisis 15

---

1. Les l. 2-6 (τοῦ δὲ τιμήματος ... τάττειν) sont difficiles, et le sens
gagnerait si on remplaçait, l. 4, ποῖον par πόσον (comme l'a proposé
LINDAU, *Aristoteles' Lehrvorträge über die Staatskunst*, Oelsii, 1843).
D'autre part, on doit sous-entendre, l. 3, δεῖν avec ὑπάρχειν, et
l. 6, δεῖ avec τάττειν. Mais, dans l'ensemble, la signification est
claire, et elle est bien indiquée par SYLV. MAURUS, 623[2] : *potest haec
regula universalis afferri, ut constituatur maximus census ita tamen
ut plures sint qui secundum talem censum possent esse participes
reipublicae quam qui a republica excluduntur*, et ce, ajouterons-nous,
conformément au principe posé 12, 1296 *b* 15.

2. Sous-entendre : ce taux, si élevé soit-il, ne soulèvera aucune
protestation de la part des pauvres, qui ne demandent, etc.

3. Ce qui offre l'avantage d'augmenter le nombre des citoyens
sans toucher à l'organisation fondamentale de la cité, qui n'admettait
aux droits de citoyenneté que ceux qui défendaient le pays au péril
de leur vie. Cette idée, toute naturelle au surplus, est approuvée
implicitement par AR., l. 16 et ss., quand il cite l'exemple des Grecs. —
On sait que les hoplites constituaient la grosse infanterie, pesamment
armée, ouverte à la plupart des citoyens.

4. Habitants de la Malide, au sud de la Thessalie, sur le golfe
Maliaque, qui la sépare des Thermopyles.

5. Avec NEWMAN, IV, 232, nous pensons que ἐκ τούτων, l. 15,
désigne à la fois ceux qui sont actuellement sous les armes et ceux
qui l'ont été.

parmi les citoyens actuellement sous les armes. Et
la plus ancienne république qui, chez les Grecs,
succéda à la royauté, était composée des combattants,
et même, dans sa forme originelle, des cavaliers (car
la force et la supériorité à la guerre résidaient alors
dans la cavalerie ; en effet, en l'absence d'ordre
de bataille[1] l'infanterie est inutile, et comme les
20 connaissances pratiques et les règles tactiques relatives à des matières de ce genre faisaient défaut
chez les anciens, la force des armées consistait dans
leur cavalerie) ; mais les États prenant de l'extension
et l'infanterie ayant gagné en puissance combative[2],
un plus grand nombre d'hommes avaient part à la
vie publique. C'est la raison pour laquelle les gouvernements que nous appelons aujourd'hui des républiques proprement dites s'appelaient antérieurement
25 des démocraties[3] ; et les constitutions des temps
anciens étaient tout naturellement de type oligarchique et royal, car, en raison de la faible densité de
la population, les États ne possédaient pas une classe
moyenne nombreuse[4], de sorte que celle-ci, à cause
de sa faiblesse numérique et conformément aussi à
l'organisation de l'État[5], supportait plus aisément
sa position subalterne.

1. La σύνταξις est l'armée rangée en bataille, et l'*ordre de bataille*
est celui de la phalange, où chaque hoplite est encadré et soutenu
par les autres fantassins et leur emprunte une partie de sa propre
force. Il est clair que sans cette σύνταξις l'hoplite pris individuellement est impuissant, en raison de son armement trop lourd, et
incapable de repousser une attaque. La *tactique* (τάξεις, l. 21) est
précisément l'art, inconnu au début, de disposer les troupes sur
le terrain. — L. 20, τῶν τοιούτων, c'est-à-dire l'art de disposer
les troupes, de former la phalange. Même l., sur le sens de ἐμπειρία,
cf. *supra*, III, 11, 1282 a 1, note.

2. Grâce à la σύνταξις et à la phalange.

3. Cet afflux de soldats, apporté par la constitution d'une
puissante infanterie, augmentait considérablement le nombre des
citoyens, et l'État prenait une forme plus démocratique que dans
la période précédente où les cavaliers, peu nombreux et recrutés
au sein de la classe riche, formaient seuls le corps politique.

4. L. 27, εἶχον a pour sujet sous-entendu αἱ πόλεις.

5. Sur les mots ὀλίγοι τε ὄντες τὸ πλῆθος καὶ κατὰ τὴν συνταξιν
(l. 27-28), cf. NEWMAN, IV, 234. Nous ne pensons pas qu'il soit
possible de joindre ὀλίγοι à κατὰ τὴν σύν., ainsi que le propose

Nous avons ainsi expliqué pour quelle cause les constitutions revêtent des formes multiples[1], et pourquoi en dehors de celles qui sont désignées par un nom[2] il en existe d'autres (car la démocratie 30 n'est pas numériquement une, et on peut en dire autant des autres constitutions) ; nous avons indiqué aussi quelles sont les différences entre elles, et la raison de ces différences[3], et, outre cela, quelle est la meilleure des constitutions[4] généralement parlant, et quelle est, des autres constitutions, celle dont la nature s'adapte au caractère de tel peuple et duquel[5].

14

<La partie délibérative de l'État.>

A présent[6], tant d'une façon générale que pour 35 chaque constitution séparément, parlons des matières qui viennent naturellement à la suite, en prenant le point de départ qui leur est approprié.

Toutes les constitutions comportent trois parties[7], au sujet desquelles le législateur sérieux a le devoir d'étudier ce qui est avantageux pour chaque constitution. Quand ces parties sont en bon état, la constitution est nécessairement elle-même en bon état, et les constitutions diffèrent les unes des autres 40

NEWMAN, et nous traduisons, avec LAMBIN, *cum et numero pauc[']
essent et ordinis descriptione* (cf. aussi H. RACKHAM : *because o[r]
their small numbers as well as in conformity with the structure of the
state*). Bien entendu, le terme σύνταξις (κατὰ τὴν σύνταξιν, l. 28)
a un sens tout différent de la σύνταξις de la l. 19 qui précède (ces
deux sens du mot ne sont pas indiqués dans l'*Ind. arist.*, sub V°).

1. 3, 1289 *b* 27 à 4, 1291 *b* 13.

2. A savoir la monarchie, la démocratie et l'oligarchie. — Renvoi
, 1291 *b* 15-8, 1294 *a* 25.

3. 6, 1293 *a* 10 et ss. (cf. aussi III, 6, 1278 *b* 8).

4. 11.

5. 12 (cf. VI, 1, 1317 *a* 10 et ss.).

6. Sur le sens de πάλιν, l. 35, cf. *Ind. arist.*, 559 *b* 13 : *omnino
progressum in narrando... significat.*

7. Ou trois *facteurs*, trois *pouvoirs*, trois *fonctions*.

d'après la façon différente dont chacune de ces
parties est organisée. De ces trois parties, une première
est celle qui délibère sur les affaires communes ;
1298 *a* une seconde est celle qui a rapport aux magistratures
(c'est-à-dire quelles magistratures il doit y avoir,
à quelles matières doit s'étendre leur autorité, et
quel doit être leur mode de recrutement), et une
troisième est la partie qui rend la justice[1].

La partie délibérative décide souverainement de
la guerre et de la paix, des alliances et de leur rupture ;
5 elle fait les lois, rend des sentences de mort, d'exil et
de confiscation, s'occupe du choix des magistrats et
de la reddition de leurs comptes. Et alors, nécessairement : ou bien toutes les décisions sont déférées
à la totalité des citoyens ; ou bien toutes à certains
d'entre eux (par exemple à une seule autorité[2]
ou à plusieurs) ; ou bien les unes sont attribuées à
certaines autorités et les autres à d'autres ; ou enfin
certaines d'entre elles à tous les citoyens, et certaines
10 autres à certains seulement. — Le fait que tous les

1. L'existence de trois pouvoirs dans l'État (tout au moins,
en dépit de la généralité des termes employés l. 1297 *b* 37, dans
un État constitutionnel, qui n'est ni tyrannie ni démagogie pure),
reconnue si expressément par AR., ne répond pas exactement à
l'idée que, depuis MONTESQUIEU, les sociétés modernes se font de
la séparation des pouvoirs. Ainsi, *la partie délibérante* (τὸ βουλευό-
μενον) ne saurait être assimilée au pouvoir législatif, car les attributions de l'ἐκκλησία débordent largement celles de nos Parlements,
et s'étendent non seulement à la formation des lois, mais à toutes
les questions administratives, politiques et même judiciaires (cf.
l. 5 et ss.). D'autre part, à l'époque classique, les cités grecques, en
raison de leur faible étendue et du nombre restreint des citoyens
ayant accès à l'Assemblée (où d'ailleurs ce n'était en fait qu'une
fraction du peuple qui se présentait), pouvaient pratiquer ce que
nous appelons la *démocratie directe* et ignoraient le gouvernement
représentatif, tel que nous le connaissons, et dans lequel des députés
élus concourent à l'élaboration des lois. Il est donc vain, et même
dangereux, de vouloir établir une correspondance rigoureuse entre
les institutions des Grecs et les nôtres.

2. Soit un collège de magistrats, soit même un magistrat seul.
Cette autorité absolue, conférée à une seule magistrature, est bien
près de dégénérer en tyrannie. Un gouvernement de ce genre
existait, d'après CICÉRON (*de Republ.*, I, 27), à Marseille.

citoyens décident sur toutes choses[1] caractérise certes
un État populaire : c'est une égalité de ce genre[2]
que le commun du peuple recherche. mais il y a
plusieurs façons d'assurer à tous ce pouvoir de
décision. Un premier mode, c'est que les citoyens
servent par roulement et non tous en un seul corps
(comme dans la constitution de Télècle le Milésien[3] ; et dans d'autres constitutions aussi, les collèges
de magistrats se réunissent et délibèrent, mais tous
les citoyens y entrent comme magistrats à tour de   15
rôle sur la désignation des tribus et des plus minimes
fractions de l'État[4], et s'y succèdent jusqu'à ce
qu'on ait passé par la totalité des citoyens), et
l'Assemblée générale se réunit seulement pour élaborer
des lois et examiner les questions d'ordre constitutionnel, ainsi que pour entendre les mesures édictées
par les magistrats[5]. — Selon un autre mode, tous
les citoyens se réunissent en un seul corps, mais
seulement en vue de l'élection des magistrats ou   20
de l'élaboration des lois, ou pour décider de la guerre
et de la paix, ou pour les redditions de compte,
toutes les autres matières étant renvoyées à la
délibération des magistrats spécialisés dans chacune
d'elles, et qui sont recrutés parmi tous les citoyens
sans exception, soit par élection soit par tirage au
sort[6]. — Un autre mode encore, c'est quand les
citoyens se réunissent pour l'élection des magistrats
et les redditions de compte, ainsi que pour délibérer   25
sur une guerre ou une alliance, tout le reste étant
remis au soin des magistrats qui sont, en aussi grand

1. Et fassent ainsi partie de l'Assemblée.
2. Brutalement mathématique.
3. Personnage inconnu par ailleurs.
4. C'est-à-dire les familles.
5. Dans ce premier mode, le pouvoir délibératif appartient,
pour la plupart des questions, à des commissions où tous les citoyens
sont appelés à siéger à tour de rôle ; seules certaines matières, particulièrement importantes, sont réservées à l'Assemblée plénière.
6. Le second mode est, dans une certaine mesure, l'inverse du
précédent. L'Assemblée générale délibère sur un nombre considérable
de matières, et des magistrats élus ou tirés au sort décident sur des
sujets qui requièrent des connaissances spécialisées.

nombre qu'il est possible[1], choisis par l'élection,
et tel est le cas pour toutes les magistratures dont
l'exercice exige des connaissances spéciales. — Un
quatrième mode, c'est lorsque tous les citoyens se
réunissent en un seul corps pour délibérer sur toutes
30 choses, et que les magistrats ne décident sur rien
mais instruisent seulement les affaires : c'est là
précisément le mode suivant lequel la démocratie
dans sa dernière forme fonctionne de nos jours,
forme qui correspond, répétons-le[2], à une oligarchie
fondée sur le pouvoir personnel aussi bien qu'à une
monarchie de type tyrannique.

Voilà donc tous les modes de délibération de
caractère démocratique. D'un autre côté, le fait que
certains citoyens seulement délibèrent en toutes
matières est d'essence oligarchique. Mais ici encore
35 l'exercice de ce pouvoir revêt plusieurs formes. —
Quand, en effet, les membres de l'Assemblée délibérative sont élus sur la base d'un cens relativement
modique et qu'ils sont aussi relativement nombreux
grâce à la modicité du cens, et quand ils n'apportent
aucun changement en des matières où la loi le défend
mais se soumettent à la loi, et qu'enfin il est permis
à tout citoyen atteignant le cens exigé d'avoir accès
à l'Assemblée[3], une constitution de ce genre est
assurément une oligarchie, mais à tendance répu-
40 blicaine[4], à cause de la modération qu'elle garde. —
Mais quand tous les citoyens[5] ne participent pas
1298 b aux délibérations, mais seulement des citoyens

---

1. C'est-à-dire dans la mesure compatible avec les exigences
d'une démocratie, où le tirage au sort est le procédé favori de désignation des magistrats. — Le système de ce troisième mode est ainsi
le suivant : l'Assemblée plénière connaît de toutes les matières
importantes, et celles dont elle ne s'occupe pas sont attribuées en
principe à des magistrats tirés au sort, et, exceptionnellement,
dans les matières délicates, à des magistrats désignés par élection.

2. 4, 1292 a 17-21 ; 5, 1292 b 7-10 ; 6, 1293 a 32.

3. L. 39, il faut sous-entendre τοῦ βουλεύεσθαι après μετέχειν
(ou, si l'on veut, avec LAMBIN, τῆς πολιτείας : ad rem publicam
accedere).

4. πολιτεία au sens strict, la constitution par excellence (cf.
aussi 4, 1291 b 39 et ss.).

5. Répondant par ailleurs aux conditions de cens.

préalablement choisis, qui gouvernent toutefois,
comme dans le mode précédent, en se conformant
à la loi, c'est là un régime oligarchique[1]. — Quand,
d'autre part, ceux qui ont le pouvoir de délibérer
sont élus par cooptation, et qu'un fils succède à son
père, et qu'en outre ils sont maîtres absolus même
des lois, cette organisation est nécessairement
oligarchique[2]. — Et quand certaines personnes ont   5
la décision suprême en certaines matières[3] (par
exemple, quand ce sont tous les citoyens qui
prononcent sur la paix et la guerre ainsi que sur
les redditions de compte, mais que tout le reste est
abandonné à la décision des magistrats, lesquels
sont désignés par élection), la constitution est une
aristocratie. — Et si certaines matières sont aux
mains de magistrats désignés par l'élection, et
certaines autres, de magistrats tirés au sort, ces
derniers étant tirés au sort soit purement et
simplement[4], soit sur une liste de candidats préalablement élus, ou si un collège commun comprend des
magistrats élus et des magistrats tirés au sort,
certains de ces procédés relèvent d'une constitution   10
aristocratique, et certains autres d'une république
proprement dite[5].

1. Plus que le précédent.

2. C'est même une oligarchie renforcée, à forme extrême.

3. Mode intermédiaire d'oligarchie entre la solution démocratique
(tous s'occupant de tout) et la solution oligarchique proprement
dite (quelques-uns décidant de tout) : un pareil mode peut être
qualifié d'aristocratie. On sait, d'autre part (*supra*, 8, 1294 *a* 27),
que les formes mixtes de l'aristocratie diffèrent peu de la république
constitutionnelle. — Le texte des l. 5-8 est difficile, mais le sens
général est clair. L. 5, nous conservons τινές, avec la plupart des
éditeurs modernes, et l. 6, supprimons la virgule avant πάντες. —
L. 7, les mots ἢ κληρωτοί doivent disparaître, ou tout au moins,
comme le veulent NEWMAN et H. RACKHAM, doit-on mettre une
négation et lire μὴ κληρωτοί, la désignation des magistrats par
tirage au sort étant de nature démocratique.

4. L. 9, ἁπλῶς, c'est-à-dire *sans condition* préalable, le tirage au
sort s'effectuant entre tous les citoyens (censitaires), ἐκ πάντων.

5. Par exemple, le triage des magistrats, même tirés au sort,
sur une liste de πρόκριτοι, est une mesure aristocratique (une
démocratie exigerait un tirage au sort ἐκ πάντων). En revanche,
la coexistence de magistrats élus et de magistrats tirés au sort est
propre à une πολιτεία par son caractère mixte.

Nous avons donc distingué les différentes formes du pouvoir délibératif correspondant aux formes de constitutions, et le gouvernement de chaque État est régi d'après la distinction que nous avons indiquée[1]. Mais il est de l'intérêt d'une démocratie, prise au sens qui paraît le mieux caractériser de nos jours une démocratie (je veux dire cette forme de
15 démocratie dans laquelle le peuple est maître absolu même des lois), d'adopter, en vue d'obtenir un meilleur rendement de la fonction délibérative, la pratique des oligarchies pour leurs tribunaux[2] (car on y inflige une amende aux citoyens qu'on désire voir siéger comme juges, pour les obliger à remplir leur office, tandis que dans les États démocratiques on alloue à cet effet un salaire aux pauvres) : cette pratique pourrait être aussi employée par les démocraties pour leurs Assemblées (car les délibéra-
20 tions seront mieux conduites si tous les citoyens délibèrent en commun, le peuple avec les notables, et ceux-ci avec le peuple). Il n'est pas non plus sans intérêt que ceux qui délibèrent soient désignés par l'élection ou par le sort en nombre égal pris au sein des différentes sections[3] ; et si aussi le commun du peuple l'emporte de beaucoup numériquement sur ceux qui sont versés dans l'art de gouverner[4], il est bon, soit de ne pas allouer un salaire à tous les hommes
25 du peuple mais de proportionner le nombre des bénéficiaires au nombre des notables, soit d'exclure

---

1. Cf. B. Jowett : *according to one or other of the principles which have been laid down.*

Dans les l. qui suivent, Ar. va donner de sages conseils aux démocraties extrêmes (visées l. 13-15), puis aux oligarchies (l. 26 et ss.). — Cf. sur la dernière forme de démocratie, 6, 1292 *b* 41 et ss.

2. Cf. *supra*, 9, 1294 *a* 37 et ss. — Ar. a le souci de ne pas rompre l'unité de l'État et d'éviter la lutte des riches et des pauvres. L'Assemblée gagnera en efficacité si les riches et les classes cultivées n'en sont pas exclus. A cet effet, on infligera une amende aux riches qui n'y assistent pas, et on donnera une indemnité aux pauvres qui y viennent

3. Les tribus et autres cadres de la cité.

4. Ar. entend ici, semble-t-il, les γνώριμοι dont il a été et sera question, et qui sont effectivement plus qualifiés pour traiter des questions politiques.

par voie de tirage au sort ceux qui sont en surnombre.

D'autre part, dans les oligarchies, on a avantage[1], ou bien à s'adjoindre par cooptation quelques citoyens pris dans la multitude, ou bien à instituer un corps de magistrats comme il en existe dans certaines républiques sous le nom de *conseillers préparateurs* et de *gardiens des lois*[2], l'Assemblée du peuple ne traitant alors que les matières qui auront fait l'objet de délibérations préalables de la part de ces magistrats 30 (car de cette façon le peuple aura part à la fonction délibérative, et sera totalement impuissant pour détruire les bases de la constitution). Une autre mesure est encore possible : ou bien le peuple sanctionne par son vote les propositions qui lui sont déférées ou tout au moins ne décide rien qui y soit contraire, ou bien on accorde à tous voix consultative mais on réserve la décision aux magistrats. Et, en fait, on doit faire dans les oligarchies le contraire de ce qui a lieu dans les républiques : il faut donner 35 aux masses le pouvoir de voter sans appel le rejet d'une mesure[3], mais non de voter sans appel son adoption, la mesure proposée devant alors retourner pour confirmation devant les magistrats. C'est là, en effet, une marche inverse de celle des républiques proprement dites, où le petit nombre[4] décide souverainement par son vote le rejet d'une mesure, mais ne peut rien pour son adoption, le renvoi à 40 l'Assemblée du peuple étant alors toujours de droit.

1. L. 27, avant ἢ προσαιρεῖσθαι, on doit sous-entendre συμφέρει. — Ar. conseille ici aux oligarchies d'associer le plus possible le peuple aux affaires, en appelant certains citoyens pris dans son sein aux délibérations.

2. Sur les *probuli* et les *nomophylaques*, cf. G. Glotz, *la Cité gr.*, p. 101-103. Ce corps de magistrats a un caractère essentiellement oligarchique.

3. La guerre, par exemple (voir les indications de Cicéron, *Republ.*, II, 22, sur les pouvoirs du Sénat dans les premiers temps de la République : les décisions des Comices étaient toujours soumises à sa ratification).

4. L. 39, οἱ ὀλίγοι désigne *les magistrats*, et, l. 40, τοὺς πλείστους, l'*Assemblée du peuple*. — L'interprétation des anciens commentateurs. (Cf. Ps.-Th., 681, p. 233), adoptée par Lambin, et d'après laquelle l. 35 et ss., les verbes ἀποψηφίζεσθαι et καταψηφίζεσθαι auraient le sens d'*absolvere* et de *condemnare*, est à rejeter.

1299 a   En ce qui concerne la partie délibérante, c'est-à-dire
le suprême pouvoir de la constitution, telle est donc
la façon dont nous l'avons déterminée.

15

<*Le pouvoir exécutif.*>

Se rattache immédiatement à ce qui précède, la
division des magistratures. Cette partie de la
constitution, en effet, admet aussi une foule de
variétés. Quel doit être le nombre des magistratures,
5 à quels objets s'étend leur autorité[1], quelle sera
la durée de chaque magistrature (certains peuples
fixent à leurs magistratures une durée de six mois,
d'autres une durée moindre, d'autres une année,
d'autres un temps plus considérable)[2] ? Les
magistratures doivent-elles être conférées à vie ou
pour une longue période, ou, si on ne veut ni l'un
ni l'autre, les mêmes titulaires occuperont-ils leurs
postes plusieurs fois, ou si, au contraire, le même
magistrat n'y sera pas appelé deux fois, mais une
10 fois seulement ? De plus, en ce qui concerne la
désignation des magistrats, de quelle classe doivent-ils
provenir, par qui seront-ils choisis et de quelle façon ?
Sur tous ces points nous devons être en mesure de
déterminer de combien de manières il est possible
de procéder, et ensuite d'adapter aux diverses sortes
de constitution, les diverses sortes de magistratures
qui leur conviennent[3]. — Mais ce n'est pas non plus
chose aisée de déterminer à quelles espèces de
fonctions on doit réserver le nom de magistratures :
15 la communauté politique, en effet, a besoin de
préposés si nombreux qu'il ne faut pas reconnaître

---

1. Cf. 14, 1298 *a* 1 et ss.

2. En général, les démocraties antiques étaient hostiles aux
fonctions publiques conférées pour une longue durée et les soumet-
taient à des renouvellements fréquents.

3. *Deinde videre quales magistratus qualibus rei publicae adminis-*
trandae formis sint utiles, et singulos ad singulas accommodare(LAMBIN)
— La correction proposée par H. RACKHAM (l. 14, ποῖοι au lieu de
ποῖαι) allégerait certainement le sens.

à tous la qualité de magistrats, qu'ils soient désignés
par élection ou par tirage au sort : tel est le cas, en
premier lieu, des prêtres (dont la fonction doit être
mise tout à fait en dehors des magistratures politiques) ; chorèges et hérauts ne sont pas davantage
des magistrats, ni même les ambassadeurs, qui
sont désignés par élection. Et, parmi les fonctions
administratives, les unes sont de caractère politique[1] 20
et s'étendent, soit à la totalité des citoyens pour
une activité déterminée, comme par exemple un
stratège qui a autorité sur eux pendant leur service
militaire, soit à une fraction des citoyens, comme
par exemple le préposé à la surveillance des femmes
ou à l'éducation des enfants ; d'autres fonctions ont,
au contraire, un caractère économique (fréquemment
on élit des commissaires aux distributions de blé) ;
il y a enfin les offices subalternes que le peuple,
s'il est riche, fait remplir par des esclaves[2]. Mais,
pour le dire d'un mot, le nom de magistratures doit 25
être principalement affecté à tous ces offices auxquels
a été confié le pouvoir de délibérer sur des matières
déterminées, accompagné d'un pouvoir de décider
et de donner des ordres, et spécialement ce dernier
pouvoir, car donner des ordres caractérise davantage
l'autorité de magistrat. Mais ce problème[3] n'a,
pour ainsi dire, aucune importance pour la pratique
(puisque aucune solution n'est encore venue trancher
un débat qui porte seulement sur la signification

---

1. Et sont seules véritablement des magistratures. Les *épimélètes*
proprement dits remplissaient des fonctions purement administratives (par exemple, les administrateurs des arsenaux) ; c'étaient,
pour employer la terminologie moderne, des fonctionnaires *de gestion*,
par opposition aux fonctionnaires *d'autorité*, qui seuls avaient la
qualité de magistrats, avec des prérogatives d'ordre gouvernemental
ou politique.

2. Sur le rôle et l'importance des ὑπηρέται et notamment des
esclaves publics (δημόσιοι), cf. G. GLOTZ, *la Cité gr.*, p. 259-260.

3. Le problème de la distinction entre le véritable magistrat et
le simple préposé.

du mot)[1], bien qu'il puisse donner lieu par ailleurs
30 à une certaine recherche purement spéculative[2].

En revanche, quelles magistratures en espèces et en
nombre sont nécessaires si l'on veut qu'il existe un
État, et quelles sortes de magistratures qui, tout en
n'étant pas nécessaires, sont cependant utiles en vue
du bon fonctionnement de ses institutions[3], ce sont
là des questions autrement importantes[4] qu'on peut
se poser pour toute constitution en général, mais
surtout en ce qui regarde les petites cités. Assurément,
en effet, dans les États étendus, il y a à la fois
35 possibilité et obligation qu'une seule magistrature
soit affectée à une seule tâche (puisque, en raison
du grand nombre des citoyens, une foule d'entre eux
peuvent se diriger vers les carrières officielles, de
sorte que certains postes ne sont occupés une seconde
fois par le même titulaire qu'après un long intervalle,
et que les autres ne le sont qu'une seule fois[5] ; et
chaque tâche se trouve mieux remplie quand on
s'occupe attentivement d'une seule chose que si
1299 b on s'intéresse à plusieurs)[6] ; mais dans les petits
États, c'est une nécessité de grouper plusieurs
fonctions publiques en un petit nombre de mains
(car, en raison de la faible densité de la population,
il est difficile qu'il y ait beaucoup de citoyens dans
les services publics : où en trouverait-on d'autres
pour prendre leur suite ?). Seulement, les petits
5 États ont parfois besoin des mêmes magistratures

---

1. Si la question avait présenté un intérêt pratique réel, elle
aurait été depuis longtemps résolue en un sens ou en un autre.

2. Car, dit Ps.-Thomas, 685, p. 236, *consideratio de distinctione
vocabulorum est negotium intellectuale.*

Sur le sens de πραγματεία, l. 30, cf. *Ind. arist.*, 629 b 36 : *praecipue
usurpatur de disputationibus et quaestionibus philosophicis.* Le verbe
πραγματεύεσθαι, *s'occuper de, traiter de*, est pratiquement syn. de
θεωρεῖν, σκοπεῖν.

3. L. 32, πρὸς σπουδαίαν πολιτείαν, *en vue de la bonne marche
de l'État*, s'oppose à εἰ ἔσται πόλις (condition nécessaire à l'*existence
même de l'État*).

4. Que le problème précédent, qui n'avait pas d'intérêt pratique.

5. Cf. III, 1, 1275 a 25 et ss., et note.

6. Les verbes μονοπραγματεῖν et πολυπραγματεῖν, l. 39 et 1299 b
1, ne se rencontrent nulle part ailleurs.

et des mêmes lois organiques que les grands, avec
cette différence que les grands font souvent appel
aux services des mêmes citoyens, tandis que dans
les petits États cet appel n'a lieu qu'à de longs
intervalles[1] ; et c'est pourquoi rien n'empêche ces
derniers de confier le soin de plusieurs services
publics à la même personne en même temps (ces
multiples activités ne se faisant pas mutuellement
obstacle), et pour parer à la pénurie de candidats il
leur est nécessaire de rendre les emplois publics
analogues à ces instruments formés d'une lanterne
au bout d'une lance[2]. Si donc nous sommes en 10
mesure d'indiquer le nombre des magistratures que
toute cité doit nécessairement posséder, et le nombre
de celles qui, tout en n'étant pas indispensables,
sont cependant bonnes à posséder, on pourra plus
facilement, ces divers points une fois connus, dégager
quelles sortes de magistratures sont aptes à être
réunies en une seule.

Il convient aussi de ne pas perdre de vue quelles
matières on doit confier aux soins de plusieurs
magistratures réparties sur un territoire donné, et
quelles matières doivent être, pour l'ensemble du 15
territoire, réunies sous l'autorité d'une seule[3] : par
exemple, le bon ordre sera-t-il assuré par un inspecteur
des marchés dans l'Agora et par un autre magistrat
dans les autres endroits, ou bien sera-ce partout le
même ? Et est-ce qu'on doit diviser les magistratures
d'après leur objet ou d'après les personnes ? Je veux

---

1. Sur ce texte, cf. Thurot, 73-74. Les grands États mettent les
mêmes personnes plus souvent à contribution à cause de la permanence de leurs besoins, qui ne supportent pas d'interruption. Dans
les petits États, au contraire, les magistratures peuvent n'avoir
qu'une existence intermittente, ce qui rend réalisable (διόπερ,
l. 7) le cumul des emplois.
L. 6, nous maintenons τῶν avant αὐτῶν.

2. Instrument utilisé par les soldats en campagne, et qui servait
à plusieurs fins (Cf. une comparaison analogue, I, 2, 1252 b 1).

3. Comme le remarque Thurot, 74 (à qui on est redevable de
l'heureuse modification, l. 14-15, qui a substitué ποίων ... πολλά à
ποῖα ... πολλῶν), « il s'agit de savoir si *un* service public sera confié
à *plusieurs* magistratures locales ou à une *seule* magistrature centrale ».

dire, par exemple : y aura-t-il un seul magistrat
chargé du bon ordre en général, ou bien en faut-il
un autre pour les enfants et un autre encore pour
20 les femmes ? En outre, en prenant les différentes
constitutions, est-ce que les magistratures[1] différeront
en nature pour chacune d'elles, ou n'y aura-t-il
aucune différence ? Par exemple, dans une démocratie, une oligarchie, une aristocratie et une
monarchie, est-ce que le pouvoir sera aux mains des
mêmes magistrats, quoiqu'ils ne soient pas recrutés
au sein de classes de citoyens égales ni même
similaires mais de classes qui sont différentes dans
des constitutions différentes (ainsi, dans les
25 aristocraties ils proviennent des classes cultivées,
dans les oligarchies de la classe riche, et dans les
démocraties de la classe des hommes libres)[2], ou bien
admettra-t-on que, d'une part, certaines magistratures se trouvent différentes selon les différences
mêmes des constitutions, mais que cependant il
existe des endroits où il y a avantage à ce que les
magistratures soient identiques même là où les
constitutions sont différentes[3] (car dans telle localité
il est opportun que les mêmes magistrats aient une
sphère d'action étendue, et dans telle autre, une

---

1. Sur le sens de γένος dans l'expression τὸ τῶν ἀρχῶν γένος,
l. 21, qui revient pratiquement à αἱ ἀρχαί, cf. *Ind. arist.*, 152 a 35 :
interdum γένος *prope ad paraphrasin delitescit.* (Même signification,
dans certains cas, pour φύσις : cf. *Ind. arist.*, 838 a 8).

2. Sylv. Maurus, 630 [1], place bien la question sur son terrain :
*utrum in democratia, oligarchia... iidem formaliter sint magistratus
ac solum materialiter differant per hoc quod non assumantur ex iisdem
neque ex aequalibus, sed in aristocratia...*

3. Le texte des l. 27-29 (ἢ τυγχάνουσι ... διαφέρουσαι) est très
incertain, et il existe plusieurs variantes (Cf. Thurot, 75, Newman,
IV, *Crit. notes*, p. 100-101, ainsi que l'apparat crit. de Immisch,
dont nous suivons les indications). Nous lisons en conséquence,
ἢ τυγχάνουσι μέν τινες διαφέρουσαι καὶ κατ' αὐτὰς τὰς διαφορὰς τῶν
ἀρχῶν, et nous construisons τινες avec τῶν ἀρχῶν et comprenons
κατ' αὐτὰς τὰς διαφορὰς τῶν πολιτειῶν. Cette construction (peut-être
un peu forcée) donne un sens acceptable : il y aura des magistrats
qui sont différents suivant les différentes constitutions, mais il
pourra y avoir intérêt, en dépit des différences de constitution, à
ce que des États possèdent des magistrats de même nature, quitte
pour ces derniers à détenir des pouvoirs plus ou moins étendus.

sphère d'action restreinte) ? — Cependant il peut 30
exister aussi certaines magistratures particulières
à des formes spéciales de gouvernement, par exemple
l'office des conseillers préparateurs[1]. Cet office n'a
rien de démocratique, bien qu'un Conseil soit de
nature populaire[2], car il faut bien qu'il y ait quelque
corps du genre de ce dernier qui aura le soin de
préparer les délibérations du peuple, pour lui éviter
d'être distrait de ses occupations[3]; mais si les
membres qui composent cette commission préparatoire sont en petit nombre, on est en pleine oligarchie,
et comme c'est une nécessité que les conseillers 35
préparateurs soient peu nombreux, il en résulte
qu'ils constituent bien un élément oligarchique. Mais
là où ces deux institutions[4] existent concurremment,
les conseillers préparateurs se posent en rivaux des
bouleutes, le *bouleute* étant de nature démocratique,
et le conseiller préparateur de nature oligarchique.
Et même la puissance du Conseil[5] est abolie quand
les démocraties en arrivent à cette forme où le
peuple en personne, réuni dans ses Assemblées, 1300 a
traite de toutes les affaires ; et ce fait se produit
habituellement quand un salaire élevé est alloué

1. Sur les *probuli*, qui préparent le travail de la *Boulè*, cf. *supra*,
14, 1298 *b* 27, et note.

2. Comme à Athènes, depuis la réforme de CLISTHÈNE. La pensée
d'AR. est claire. La *Boulè* est un organe de caractère démocratique,
puisqu'elle est destinée à préparer les délibérations de l'Assemblée
du peuple. Mais si cette *Boulè* est elle-même contrôlée dans son
ordre du jour et ses travaux par une commission préparatoire de
probuli, surtout si cette commission est peu nombreuse, le pouvoir
de l'Assemblée s'en trouve fortement réduit. — L. 32, τι τοιοῦτον =
ἡ βουλή.

3. *Ut ei liceat esse in suis negotiis occupato* (LAMBIN).

4. Les *probuli* et les *bouleutes*: c'était le cas à Corinthe, à Corcyre
et à Erétrie. Partout où une Assemblée peu nombreuse contrôle
et surveille une assemblée plus nombreuse (l. 37, καθεστᾶσιν ἐπὶ
τοῖς βουλευταῖς = *praeconsultatores consultatoribus opponuntur
atque ideo imponuntur*, LAMBIN), il y a oligarchie, ou tout au moins
tendance prononcée à l'oligarchie.

5. Tout en étant une institution démocratique, la *Boulè* n'échappe
pas aux coups que lui porte la démocratie extrême, où le régime de
l'Assemblée unique et omnipotente fait disparaître tout pouvoir
modérateur.

à ceux qui assistent aux Assemblées, car dans leur désœuvrement ils tiennent de fréquentes réunions, en même temps qu'ils tranchent eux-mêmes sur toutes choses sans exception. — Enfin, un préposé à la surveillance des enfants ou des femmes, ainsi que, 5 éventuellement, tout autre magistrat exerçant un pouvoir de surveillance analogue, présente un caractère aristocratique, et non démocratique (car comment pourrait-on interdire de sortir aux épouses des indigents ?)[1] ni non plus oligarchique (car les femmes de ceux qui sont membres d'une oligarchie vivent dans la mollesse)[2].

Mais arrêtons là pour le moment ces considérations : c'est la question de la nomination aux magistratures que nous devons essayer de traiter en détail, à partir 10 du début. Les diverses variétés[3] dépendent de trois

---

1. Cf. *infra*, VI, 8, 1323 *a* 5. Les épouses des pauvres gens sont bien obligées de quitter le gynécée (où les bonnes mœurs exigeraient qu'elles fussent confinées) pour les soins du ménage.

2. Et il n'est pas question pour elles d'obéir à la loi et à la morale. Sur la vie de mollesse et d'oisiveté menée par les classes dirigeantes dans une oligarchie, voir le tableau peu flatté de la *Republ.*, VIII, 550 *c* et ss., et 556 *b*.

3. Dans la façon de désigner les magistrats.

Les diverses καταστάσεις des fonctionnaires publics font l'objet des l. 1300 *a* 10 à 1300 *b* 5 (εἰσὶ δ' ... ἀριστοκρατικόν), qui soulèvent des difficultés considérables en raison de l'état incertain du texte. Principalement à partir de 1300 *a* 23, ce développement a subi, suivant la fantaisie des éditeurs et des commentateurs (cf. par exemple THUROT, 75-80), de telles corrections et de tels remaniements qu'il est à peu près indifférent d'opter pour une leçon ou pour une autre. On trouvera dans l'apparat critique de l'édition IMMISCH, qui sert de base à notre travail, les principales variantes auxquelles l'exposé d'AR. a donné lieu. En ce qui nous concerne, nous avons préféré adopter la reconstitution d'IMMISCH, qui en vaut certainement une autre et donne un sens suivi. Nous précisons toutefois les points ci-après : l. 1300 *a* 24, nous supprimons ἤ mis entre crochets ; l. 26, nous admettons un texte sans lacune et effaçons en conséquence les deux étoiles indiquant une interruption ; l. 30, avec HAYDUCK, nous ne tenons pas compte de ἐκ πάντων ; l. 32, nous supprimons les deux étoiles ; l. 33, nous effaçons γίνεσθαι placé entre crochets ; l. 36, nous supprimons encore les étoiles ; enfin, les l. 40, 41 et 1300 *b* 1 jusqu'à τὸ δὲ τινάς supportent selon nous une lecture continue entraînant le maintien de tous les mots qu'IMMISCH a mis entre crochets.

facteurs déterminants dont les combinaisons doivent
donner tous les modes. Le premier de ces trois
facteurs répond à la question : quels sont ceux qui
nomment aux magistratures ? Le second : qui
peut être élu ? Et le dernier : quel est le mode de
recrutement ? Chacun de ces trois termes à son
tour admet trois différenciations : ou bien tous les
citoyens sont électeurs, ou bien quelques-uns ; et, 15
ou bien tous les citoyens sont éligibles ou bien
quelques-uns, déterminés, par exemple, soit par

Cette question du texte une fois réglée tant bien que mal, il reste
à rétablir la marche des idées. Le raisonnement est plus compliqué
que difficile. En bon logicien, et aussi en bon élève de PLATON,
AR. multiplie les dichotomies et les combinaisons, dont il tire des
résultats quasi mécaniques. Pour simplifier l'exposé et éviter des
redites, nous aurons recours à une symbolisation déjà utilisée par
B. JOWETT dans sa traduction d'Oxford (dont le texte de base est
d'ailleurs différent du nôtre).

L. 10, AR. commence par dire que les *variétés* (αἱ διαφοραί)
dans la façon de *nommer aux magistratures* (κατάστασεις, l. 9)
dépendent de *trois facteurs déterminants* (ἐν τρισὶν ὅροις, l. 11), qui
sont : les *électeurs* (οἱ καθιστάντες), les *éligibles* (ἐκ τίνων) et le
mode de nomination (τίνα τρόπον, c'est-à-dire par élection ou par
tirage au sort). Chacun de ces trois termes admet trois différenciations,
ce qui devrait théoriquement donner $3 \times 3 \times 3 = 27$ combinaisons.

I. En ce qui concerne les *électeurs*, appelons A le cas où *tous les
citoyens* sont électeurs (πάντες οἱ πολῖται, l. 15), B le cas où *quelques-
uns* sont électeurs (τινές) et A' B' la combinaison indiquée l. 20,
dans laquelle *certaines magistratures* (τὰς μέν) sont à la nomination
de *quelques électeurs* (B'), et *certaines autres* (τὰς δέ) à la nomination
de *tous* (A').

II. Passons aux *éligibles*. Appelons 1 le cas où *tous* les citoyens
sont éligibles (ἐκ πάντων, l. 16), 2 le cas où *certains* seulement le
sont (ἐκ τινῶν), et 1' 2' la combinaison indiquée l. 21, dans laquelle
certaines magistratures sont recrutées parmi *tous* les citoyens (τὰς
μὲν ἐκ πάντων, 1'), et *certaines autres* parmi *certains* seulement
(τὰς δ' ἐκ τινῶν, 2').

III. En ce qui concerne enfin les *modes* de nomination, ils sont
au nombre de deux (l. 19) : l'*élection* (αἵρεσις) que nous désignerons
par *a*, et le *tirage au sort* (κλῆρος), par *b*. Nous désignerons par
a' b' la combinaison de la l. 21, dans laquelle *certaines magistratures*
sont à l'*élection* (τὰς μὲν αἱρέσει, *a'*) et *certaines autres* réservées au
tirage au sort (τὰς δὲ κλήρῳ, *b'*).

AR. ajoute, l. 22, que chaque variété de ces trois termes admet
à son tour 4 modes, détaillés dans les l. 23-30, ce qui donne en tout
12 modes. Prenons, en effet, le premier ὅρος, à savoir l'électorat.
On obtient les 3 variétés suivantes avec chacune 4 modes :

le cens, soit par la naissance, soit par la vertu[1],
soit par quelque autre spécification de ce genre
(comme à Mégare, où le choix s'exerçait parmi
ceux qui étaient revenus ensemble d'exil et avaient
combattu ensemble contre la classe populaire)[2],
et cela soit par élection, soit par tirage au sort.
A leur tour ces modes peuvent se combiner deux
20 à deux : je veux dire que certaines magistratures
sont à la nomination de quelques électeurs seulement
et certaines autres à la nomination de tous les
citoyens, et, d'autre part, que certaines magistratures
sont recrutées parmi tous, et d'autres parmi des
personnes déterminées, et qu'enfin pour certaines
magistratures on procède par élection, et pour
d'autres par tirage au sort. Et chaque variété de ces
trois termes admettra quatre modes : ou bien tous
choisissent parmi tous par élection, ou bien tous
choisissent parmi tous par tirage au sort[3] (et *parmi
tous* a deux sens : ou bien successivement par
25 sections, par exemple par tribus ou par dèmes ou
par phratries, jusqu'à ce qu'on ait passé par tous
les citoyens[4], ou bien toujours en prenant la totalité
des citoyens), ou encore partie d'une façon et partie

A 1 *a*	B 1 *a*		A' B' 1 *a*
A 1 *b*	B 1 *b*	συνδυασμός	A' B' 1 *b*
A 2 *a*	B 2 *a*		A' B' 2 *a*
A 2 *b*	B 2 *b*		A' B' 2 *b*

Il est précisé, l. 30, que le nombre 12 s'obtient en négligeant 2 sur
3 des συνδυασμοί. Ces modes négligés sont :

A' 1' *a*	A' 2' *a*
A' 1' *b*	A' 2' *b*
B' 1' *a*	B' 2' *a*
B' 1' *b*	B' 2' *b*

1. Cf. respectivement II, 10, 1272 *a* 33 et ss., et II, 9, 1270 *b*
23 et ss.

2. Sur l'évènement historique auquel fait allusion Ar., et qui
demeure incertain, cf. Newman, IV, 264-265.

3. Cette dernière distinction n'a guère de raison d'être qu'une
raison de symétrie : qu'importe, en cas de tirage au sort, que tous les
citoyens ou quelques-uns soient électeurs ? Le résultat n'en sera pas
changé.

4. Cf. *supra*, 14, 1298 *a* 17, où la formule est la même. — Sur
ἀνὰ μέρος, l. 24, cf. *infra*, V, 8, 1308 *b* 25, note.

d'une autre[1]. Poursuivons. Si ce sont seulement
quelques électeurs qui nomment les magistrats,
ils les prennent ou parmi tous par élection ou parmi
tous par tirage au sort, ou parmi certains par élection
ou parmi certains par tirage au sort, ou partie d'une
façon et partie d'une autre, c'est-à-dire partie par
élection et partie par tirage au sort. Par conséquent 30
les modes obtenus sont au nombre de douze, non
comprises deux des combinaisons. — Or de ces
divers modes de nomination, deux sont de caractère
populaire, c'est-à-dire quand tous choisissent parmi
tous, soit par élection soit par tirage au sort, soit
par ces deux procédés, à savoir pour certains de ces
offices par tirage au sort et pour certains autres par
élection. Mais quand tous ne sont pas appelés à choisir
en même temps, mais qu'ils choisissent parmi la
totalité des citoyens ou parmi certains seulement, 35
soit par tirage au sort, soit par élection, soit de ces
deux façons, et que certains offices sont recrutés
parmi tous les citoyens et les autres parmi certains
seulement, par l'un et l'autre de ces deux procédés
(et *par l'un et l'autre* je veux dire certains emplois
par tirage au sort, et certains autres par élection),
on a alors affaire à des nominations de type
constitutionnel[2]. Et si certains électeurs seulement
désignent les magistrats en les prenant parmi tous
les citoyens soit par élection, soit par tirage au sort,
soit par les deux procédés réunis (certains postes
par tirage au sort, et certains autres par élection),
c'est là quelque chose d'oligarchique, et le caractère 40
oligarchique est encore accentué si on adopte les
deux procédés à la fois. Mais recruter certains
magistrats parmi tous, et certains autres parmi
certains seulement, est caractéristique d'un type
républicain à tendance aristocratique, ou encore
pourvoir certains postes par élection et les autres **1300 b**
par tirage au sort. Que certains électeurs seulement
choisissent parmi quelques éligibles a un caractère
oligarchique, même si certains choisissent parmi

---

1. C'est-à-d. : certaines magistratures sont recrutées par élection,
et certaines autres par le sort.
2. A égale distance de la démocratie et de l'oligarchie.

certains par tirage au sort (quoique ce dernier
procédé n'ait pas pareillement cours)[1], ou que
quelques-uns choisissent parmi quelques-uns par
les deux procédés. Et quand certains seulement
choisissent parmi la totalité des citoyens, et qu'alors
tous choisissent par élection parmi certains seulement,
c'est là quelque chose d'aristocratique[2].

5   Tel est donc le nombre des modes de nomination
aux magistratures, et c'est ainsi qu'ils se divisent
selon les diverses constitutions ; quant à savoir
quelle magistrature est avantageuse à tel peuple
déterminé et de quelle façon les nominations doivent
s'effectuer, c'est une chose qui s'éclaircira dans le
même temps où nous déterminerons la nature des
pouvoirs des différentes magistratures[3]. J'appelle
pouvoir d'une magistrature, par exemple l'autorité
qui s'exerce en matière de revenus publics[4], ou de
10   défense du territoire : car sont d'une espèce toute
différente le pouvoir dévolu par exemple à une charge
de stratège et celui conféré à une charge de contrôleur
des conventions passées à l'Agora[5].

---

1. Parenthèse difficile, dont plusieurs variantes, ou même la
suppression pure et simple (LAMBIN), ont été proposées. L'interprétation donnée par IMMISCH, dans son apparat critique, nous
semble pouvoir être retenue : *licet (sortitio) usu tamen non veniat
pari ratione, i. e. tam frequentare quam electio.*

2. Cette dernière hypothèse est la suivante : un premier vote,
auquel prennent part seulement certains électeurs, désigne au sein
de la totalité des citoyens un nombre limité de candidats, sur lesquels
ensuite (τότε) se portera le choix définitif de tous les citoyens.
Malgré la participation du corps électoral tout entier, pareille sélection est évidemment de nature aristocratique.

3. Rien, dans la *Politique*, ne se rapporte à cette question.

4. Par exemple, la charge des dix ἀποδέκται et des divers ταμίαι
à Athènes. Quant à la défense du pays, elle relève de la charge de
stratège.

5. La charge des dix agoranomes, qui était de faible importance
comparée à celle de stratège.

16

<Les magistrats de l'ordre judiciaire.>

Des trois éléments composant une constitution, il reste à parler de l'élément judiciaire ; et nous devons considérer aussi les différents modes de ces institutions d'après la même position de base que précédemment[1]. Or il existe une différence entre les tribunaux, et qui dépend de trois facteurs déterminants : parmi quels 15 citoyens les juges sont-ils choisis, quelles causes leur sont soumises et quel est leur mode de nomination[2]. Par l'expression *parmi quels citoyens*, j'entends si les juges sont pris parmi tous les citoyens ou parmi certains seulement ; par *quelles causes leur sont soumises*, j'entends combien d'espèces de tribunaux il y a ; et par *leur mode de nomination*, si les juges sont désignés par tirage au sort ou par élection.

Commençons donc par distinguer combien il existe d'espèces de tribunaux[3]. Leur nombre est de huit : l'un, pour la reddition des comptes[4] ; un autre, pour les cas où l'on fait subir à l'intérêt public un 20 dommage quelconque[5] ; un autre s'occupe de tout ce qui a rapport à la constitution[6] ; un quatrième est pour entendre des magistrats en conflit avec des particuliers sur des questions de pénalités[7] ; un

1. Et effectivement Ar. emploiera les mêmes distinctions et les mêmes divisions que dans le précédent chapitre. — Sur ὑπόθεσις, l. 14, cf. *supra*, 7, 1293 *b* 3 et les renvois.

2. *Ex quibus, de quibus, quomodo* (LAMBIN).

3. Tableau théorique, où Ar. s'inspire des institutions judiciaires de son temps. On comparera utilement tout le passage avec les indications données dans la *Const. athen.*

4. Sur les dix *logistes* et les dix *euthynes*, chargés de la révision et du redressement des comptes des fonctionnaires sortant de charge, cf. *Const. ath.*, XLVIII, et G. GLOTZ, *la Cité gr.*, 266-268.

5. Par exemple, refus de service militaire, appropriation d'un bien de l'État, etc. Cf. *Rhetor.*, I, 13, 1373 *b* 20.

6. Toute tentative dirigée contre l'État ou contre le régime.

7. Cf. *infra*, V, 4, 1304 *a* 13. Voir aussi *Lois*, XII, 957 *a*. — Les divers magistrats d'ordre gouvernemental et politique infligeaient des amendes parfois abusives.

cinquième a rapport aux contrats de droit privé
présentant de l'importance ; et en outre il y a le
tribunal qui connaît des meurtres et le tribunal pour
25 les étrangers (il y a plusieurs espèces de tribunaux pour
meurtres, que les juges soient les mêmes ou qu'on ait
affaire à des juges différents[1] : les tribunaux pour les
meurtres commis avec préméditation, pour les
meurtres involontaires, pour tous les cas où le crime
est avoué mais où le débat roule sur la justice de l'acte
accompli[2] ; un quatrième, pour les accusations
d'homicide portées contre des inculpés exilés à la
suite d'un meurtre, au moment de leur retour, tel
qu'est, dit-on, à Athènes, le tribunal de Phréattys[3],
bien que des cas de ce genre se produisent rarement
30 en tout temps, même dans les grands États ; quant
aux tribunaux pour étrangers, l'un connaît des
instances d'étrangers à étrangers, et l'autre des
instances d'étrangers à citoyens). De plus, en dehors
de ces tribunaux, il en existe pour juger en matière
de contrats de minime importance, portant sur des
sommes d'une drachme jusqu'à cinq drachmes ou
un peu au-dessus[4] : car il faut bien que, même dans
ces petites instances, une décision intervienne, mais
elles ne tombent pas sous une juridiction composée
de juges nombreux.
35   Mais laissons de côté ces tribunaux ainsi que les

---

1. En d'autres termes : les différentes espèces de meurtres peuvent
être jugées soit par un même tribunal, soit par différents tribunaux.

2. L'accusé prétendant faire valoir des justifications. Cf. *Const.
ath.*, LVII ; *Eth. Nicom.*, V, 10, 1135 *b* 27 et ss. (p. 255-256 de
notre trad., avec la note 3 de la p. 255). Voir aussi Ps.-Thomas,
706, p. 243 : *...judicativa homicidii perpetrati et confessi allegatur
tamen quod juste factum est, et super hoc est altercatio utrum juste vel
injuste factum est.*

3. Ou de Phréatos. Cf. *Const. ath.*, LVII, et Démosth., *contra
Arist.*, 77. Ar. suppose le cas d'un homme, déjà exilé pour un meurtre
pouvant donner lieu à composition (meurtre accidentel), accusé d'un
nouveau meurtre, volontaire cette fois. Phréattys était une langue
de terre fermant le port de Zéa. L'accusé, n'ayant pas le droit de
mettre le pied sur le sol de l'Attique, présentait sa défense du haut
d'un vaisseau aux juges siégeant sur la terre ferme. (Cf. G. Glotz,
la Cité gr., p. 275).

4. Comme à Athènes le tribunal des Quarante qui jugeait jusqu'à
dix drachmes (*Const. athen.*, LIII).

tribunaux pour meurtres et pour étrangers, et parlons des juridictions de nature politique, dont l'organisation défectueuse est à l'origine des dissensions et des bouleversements dans les constitutions. Et alors, nécessairement : ou bien tous les citoyens sont juges dans toutes les causes que nous avons distinguées, et sont désignés par élection ou par tirage au sort ; ou bien tous sont juges dans toutes les 40 causes et sont désignés partie par tirage au sort et partie par élection ; ou bien tous sont juges |dans certaines causes seulement, les mêmes pour les deux sortes de juges, lesquels sont les uns désignés par le sort, et les autres par élection[1]. Ces modes de

---

1. Dans les l. 39-1301 *a* 5, Ar. envisage successivement : quatre τρόποι de nomination de juges *pris dans l'ensemble du peuple* (ἐκ πάντων), énumérés l. 39-1301 *a* 1 (ἤτοι πάντας … αἱρετούς), et quatre τρόποι de nomination de juges *pris dans une partie des citoyens* seulement, c'est-à-dire en fait parmi les riches ou les notables (κατὰ μέρος, ἐκ τινῶν, l. 1301 *a* 2), modes énumérés l. 2-5 (πάλιν γάρ … αἱρετῶν). Ces deux groupes de τρόποι, ainsi qu'Ar. l'indique à deux reprises (l. 1 : τοσοῦτοι.., et l. 6 : οἱ τρόποι <ἀντίστροφοι>), se correspondent exactement. On a, en effet :

A. Juges désignés ἐκ πάντων.	B. Juges désignés ἐκ τινῶν.
1° *Tous* les citoyens sont appelés à juger περὶ πάντων, et sont nommés par *élection*.	1° *Certains* citoyens sont appelés à juger περὶ πάντων, et sont nommés par *élection*.
2° *Tous* les citoyens sont appelés à juger περὶ πάντων, et sont nommés par *tirage au sort*.	2. *Certains* citoyens sont appelés à juger περὶ πάντων, et sont nommés par *tirage au sort*.
3° *Tous* les citoyens sont appelés à juger περὶ πάντων, et sont nommés *partie* par *élection* et *partie* par *tirage au sort*.	3. *Certains* citoyens sont appelés à juger περὶ πάντων, et sont nommés *partie* par *élection* et *partie* par *tirage au sort*.
4° *Tous* les citoyens sont appelés à juger περὶ ἐνίων seulement, et ces « affaires déterminées » peuvent venir *indifféremment* (τῶν αὐτῶν, l. 41 : sur le sens de cette expression, cf. NEWMAN, IV, 273) devant des juges désignés par *élection* ou des juges tirés au *sort*. — L. 41, nous sous-entendons πάντας devant περὶ ἐνίων.	4° *Certains* citoyens sont appelés à juger περὶ ἐνίων seulement, et ces affaires peuvent venir *indifféremment* (περὶ τῶν αὐτῶν, l. 5 = τῶν αὐτῶν de la l. 41 *supra*) devant des juges désignés par *élection* ou des juges *tirés au sort*.

1301 a nomination des juges[1] sont donc au nombre de quatre, et les autres modes où on choisit les juges parmi certaines catégories de citoyens sont en nombre égal. Ici encore, en effet, ceux qui sont appelés à juger dans toutes les affaires peuvent être pris parmi certains citoyens par voie d'élection ; ou ils peuvent être pris parmi certains citoyens par tirage au sort et juger aussi en toutes matières ; ou ils peuvent être choisis partie par tirage au sort et partie par élection ; ou enfin certains tribunaux, pour juger les mêmes causes, peuvent être composés de membres dont les uns sont désignés par le sort et les autres
5 par élection. Ces derniers modes, donc, ainsi que nous l'avons dit, répondent à ceux qui ont été précédemment mentionnés[2].

Ajoutons qu'un même tribunal admet des combinaisons. Je veux dire, par exemple, que certains tribunaux peuvent être composés de juges recrutés dans le peuple tout entier, d'autres de juges recrutés parmi certains citoyens seulement, d'autres enfin de juges recrutés de ces deux façons à la fois : ainsi, par exemple, si du même tribunal certains membres sont pris parmi tous les citoyens et les autres parmi certains citoyens seulement, et cela soit par tirage au sort, soit par élection, soit par ces deux procédés en même temps.

10 Nous avons ainsi indiqué tous les modes possibles de composition des tribunaux. De ces divers tribunaux, les premiers ont un caractère démocratique : ce sont ceux dans lesquels les juges sont pris parmi tous les citoyens et connaissent de toutes les causes ; les seconds sont oligarchiques : ce sont ceux dans lesquels les juges sont pris parmi certains citoyens seulement pour juger en toutes matières ; les troisièmes sont aristocratiques et républicains[3] : ce sont ceux qui sont recrutés partie dans le peuple
15 tout entier, partie parmi certains citoyens.

1. Des juges nommés ἐκ πάντων.

2. L. 6, après τρόποι les éditeurs indiquent une lacune. On peut, avec NEWMAN, IV, 273, B. JOWETT et H. RACKHAM, sous-entendre ἀντίστροφοι. Les mots ὥσπερ ἐλέχθησαν renvoient à l. 1301 a 1. Le parallélisme est complet.

3. Sur la parenté du régime aristocratique et du régime constitutionnel proprement dit, cf. supra, 11, 1295 a 33 et ss.

LIVRE V

1

*<Causes principales des bouleversements
et des changements dans les États.>*

Presque tous les sujets que nous nous étions
proposé de traiter ont été discutés. Mais quelles
sont les causes des changements dans les constitu- 20
tions, ainsi que leur nombre et leur nature ; quels sont
les genres de destruction pour chaque constitution,
et de quelles formes à quelles formes les changements
s'opèrent-ils le plus habituellement ; en outre, quels
sont les moyens de préservation valables pour toutes
les constitutions en général ou pour chacune d'elles
en particulier ; enfin, par quels procédés chaque
constitution peut-elle le mieux assurer sa conservation : voilà ce qu'il nous reste à examiner à la suite
de notre précédent exposé[1].

Nous devons d'abord accepter pour point de départ 25
ce fait que l'existence d'un grand nombre de
constitutions dans le passé est due à un accord
unanime des intéressés sur la justice, c'est-à-dire
l'égalité proportionnelle, mais que la réalisation
de cette égalité s'est soldée par un échec, comme
nous l'avons d'ailleurs expliqué précédemment[2].

1. Programme du livre V (ou VIII, pour certains éditeurs),
consacré aux révolutions politiques et à leurs causes en général. —
Sur ce programme on consultera Newman, I, p. 521 et ss., et ses
prolégomènes au livre V, au tome IV, p. 275 et ss.
2. III, 9, 1280 *a* 7 et ss., 12, 1282 *b* 18-30, textes auxquels il est
indispensable de se reporter.
L'*égalité de proportion*, ou géométrique (τὸ κατ᾽ ἀναλογίαν ἴσον,
l. 27, dite aussi τὸ τῷ λόγῳ, l. 1301 *b* 31), est la même que l'*égalité selon
le mérite* (κατ᾽ ἀξίαν, l. 1301 *b* 30 et 31), et s'oppose à l'*égalité numé-*

La démocratie, en effet, est née de cette idée que ceux
qui sont égaux sous un rapport quelconque sont
égaux sous tous les rapports (ainsi, parce qu'ils
30 sont tous pareillement des hommes libres, les hommes
estiment qu'ils sont égaux en tout) ; de son côté,
l'oligarchie repose sur la notion que ceux qui sont
inégaux en un seul point sont inégaux en tout (ainsi,
étant inégaux sous le rapport de la fortune, ils
supposent qu'ils sont en toutes choses inégaux) :
et alors, les premiers, sous prétexte qu'ils sont
égaux, ont la prétention de participer à toutes choses
sur un pied d'égalité, et les seconds, persuadés qu'ils
sont inégaux, cherchent à obtenir plus que leur part,
35 car avoir plus que les autres est une forme d'inégalité.
Toutes ces constitutions renferment donc quelque
chose de juste, mais absolument parlant elles sont
défectueuses ; et pour cette raison, quand sa
participation aux affaires publiques ne répond pas
à la conception qu'il a pu s'en faire, l'un ou l'autre
des deux partis, suivant le cas, excite des discordes[1].
Et alors que les hommes qui l'emportent en vertu

rique ou *arithmétique* (τὸ ἴσον κατ' ἀριθμόν ou ἀριθμῷ, 1301 *b* 30),
qui est l'égalité brutale, reposant sur le nombre, caractéristique des
régimes démocratiques. Cette distinction des deux sortes d'égalité,
qui sera précisée plus loin, 1301 *b* 29-35, se trouve déjà dans les *Lois*,
VI, 757 *b*. La notion de justice ou d'égalité κατ' ἀξίαν joue un grand
rôle dans l'*Éthique* : cf. notamment *Eth. Nicom.*, V, 6, 1131 *a* 8 et ss.
(p. 226 et ss. de notre édition), et *Eth. Eud.*, VII, 9, 1241 *b* 32-41.

Mais comment Ar. peut-il dire que les partisans de la démocratie
et ceux de l'oligarchie (πάντων ὁμολογούντων, l. 26) s'accordent
à reconnaître que τὸ δίκαιον réside dans l'égalité κατ' ἀναλογίαν ?
C'est que les uns comme les autres veulent réaliser le juste *au sens
absolu* (ἁπλῶς) et que le juste absolu est celui où l'on tient compte du
mérite. (Voir *infra*, 1301 *b* 35-36).

L. 27, καί a le sens explétif. L'*Ind. arist.*, 512 *a* 34, met ce mot
entre crochets, et un certain nombre de commentateurs, parmi
lesquels SPENGEL et SUSEMIHL, proposent de le remplacer par εἶναι,
ce qui n'est pas indispensable, mais améliore le sens.

1. Sur le sens de στάσις et de στασιάζειν, qui reviennent continuellement, cf. NEWMAN, IV, 294, dont la définition est peut-être
trop étroite. En fait, la différence est peu sensible entre στάσις,
μάχη et πόλεμος. (Voir par exemple, *Lois*, I, 629 *d*). La στάσις est la
discorde entre citoyens, la division en *factions* rivales, la *sédition*,
et même la *guerre civile* et la *révolution*.

auraient plus que tous les autres de justes motifs
pour se soulever, ce sont eux qui, au contraire,   40
sont le moins portés à le faire : seuls, en effet, ils
peuvent avec le plus de raison être estimés   **1301** *b*
absolument inégaux[1]. Il y a aussi des hommes qui,
étant supérieurs par la naissance, prétendent pour
eux-mêmes à des droits inégaux, en raison de cette
inégalité : car sont de race noble dans l'opinion
courante ceux qui ont derrière eux des ancêtres
vertueux et riches[2].

Tels sont donc, pour le dire d'un mot, le point de   5
départ et la source des discordes civiles, d'où
procèdent les luttes intestines (c'est ce qui explique
que les changements aussi[3] se produisent de deux
manières : tantôt on s'en prend à la constitution,
de façon à changer celle qui est établie en une autre :
par exemple, on veut passer d'une démocratie en
une oligarchie, ou d'une oligarchie en une démocratie,
ou de ces dernières en une république ou en une
aristocratie, ou de celles-ci en les précédentes ;
tantôt les auteurs de révolutions ne s'en prennent   10
pas à la constitution en vigueur et préfèrent conserver
la forme de gouvernement établie, par exemple
l'oligarchie ou la monarchie, ils veulent seulement
qu'elle tombe entre leurs mains. En outre, le
changement peut se faire sur une question de plus
ou de moins : par exemple, s'il s'agit de changer une
oligarchie existante en un gouvernement plus oligarchique ou moins oligarchique, ou une démocratie
existante en un gouvernement plus démocratique[4]   15
ou moins démocratique, et pareillement en ce qui
concerne les autres constitutions, soit pour resserrer

---

1. Ou, si l'on veut, « hors de pair », et devant bénéficier dans tous
les cas d'un traitement privilégié. (Cf. les textes déjà cités, III, 9,
1281 *a* 4, en y ajoutant 13, 1283 *a* 24, où des idées analogues sont
exprimées).

2. Ce qui, dans la pensée d'AR., hostile à la noblesse héréditaire,
ne leur confère aucun droit. (Cf. III, 13, 1283 *a* 37, et IV, 8, 1294 *a* 21).

3. Comme les στάσεις qui les préparent.

4. Telle la réforme de CLISTHÈNE. — Toute cette longue parenthèse, l. 6-26, qui interrompt l'exposé, est des plus claires, et les
divisions sont nettement marquées. Le développement reprend l. 26.

leurs rouages, soit pour les relâcher[1]. Ou encore,
on veut changer une partie déterminée de la
constitution, par exemple créer ou supprimer une
certaine magistrature, comme à Sparte, au dire de
20 certains, LYSANDRE tenta d'abolir la royauté, et
le roi PAUSANIAS, l'Éphorat[2]. A Épidamne également
la constitution subit une modification partielle[3],
puisque les phylarques y furent remplacés par un
Conseil, et il est même encore maintenant obligatoire
pour les magistrats[4] faisant partie de la classe
dirigeante de se rendre à l'Héliée quand on met aux
25 voix la désignation à quelque magistrature ; et de
caractère oligarchique était aussi la présence d'un
seul et unique magistrat suprême dans cette
constitution)[5]. Partout, en effet, c'est l'inégalité
qui engendre les dissensions, mais une inégalité dans
laquelle les inégaux ne reçoivent pas une part
proportionnelle (ainsi une royauté à vie est une

---

1. L. 17, les verbes ἐπιτείνειν et ἀνιέναι appartiennent au
vocabulaire musical : ἐπιτείνειν, c'est *tendre* la corde d'une lyre,
la hausser, et ἐπίτασις, *intensio*, est l'échelle ascendante du *grave*
(βαρὺ) à l'*aigu* (ὀξύ) ; au contraire ἀνιέναι, c'est *détendre* la corde,
la baisser, et ἄνεσις, *remissio*, est l'échelle descendante de l'aigu
au grave ; ἐπίτασις et ἄνεσις sont les espèces de ἀπότασις, *extensio*,
registre, étendue de l'échelle vocale.

2. Sur PAUSANIAS, roi de Sparte, cf. aussi *infra*, VII, 14, 1333 *b* 32.

3. Dans un sens démocratique, car le comité oligarchique des
phylarques fit place à une Assemblée nombreuse, la *Boulè*. — Les
l. 21-26 sont consacrées à la constitution d'Épidamne (ville d'Illyrie).

4. Et non pour les autres membres, ce qui est encore une survivance
oligarchique qui s'est prolongée *jusqu'à nos jours* (ἔτι, l. 24). — Les
l. 23-25 sont difficiles, et, selon NEWMAN, IV, 288, ce serait
GOETTLING (dont l'édition, publiée à Iéna, est de 1824) qui en aurait
donné le premier une version valable. Mais déjà LAMBIN avait
parfaitement compris le passage : *jam vero in maximum illum et
frequentissimum judicum consessum quem Heliaeam Athenienses
nominant, necesse est etiam nunc magistratus ex eis qui in rei publicae
administratione versantur pervenire, cum aliquis judex* [plutôt *magistratus*] *in demortui locum suffragio sufficiendus est.* — On sait que
l'*Héliée* (ἡλιαία, l. 23) était le nom de l'édifice où siégeait à Athènes
le tribunal des *Héliastes*, organe par excellence de la souveraineté
populaire et qui comprenait jusqu'à 6.000 juges. Il existait à Épidamne un organisme analogue. (Cf. II, 12, 1273 *b* 41, note).

5. Cf. III, 10, 1281 *a* 32 et ss.

inégalité si elle est établie parmi des égaux)[1], car,
d'une manière générale, c'est la recherche de l'égalité
qui suscite les séditions.

Mais l'égalité est de deux espèces : l'égalité
purement numérique, et l'égalité d'après le mérite[2].
J'entends par *numériquement égal* ce qui est identique 30
et égal en nombre et en grandeur, et par *égal selon
le mérite* ce qui est égal par la proportion. Par
exemple, la quantité dont trois dépasse deux est
numériquement égale à la quantité dont deux
dépasse un, tandis que la quantité dont quatre
dépasse deux est proportionnellement égale à la
quantité dont deux dépasse un, puisque deux et un
sont des parties égales de quatre et de deux, à savoir
leurs moitiés respectives. Mais tout en s'accordant 35
sur cette idée que le juste au sens absolu est celui
où on tient compte du mérite, les hommes cessent
de s'entendre, comme nous l'avons dit plus haut[3],
en ce que les uns pensent que, s'ils sont égaux en
quelque point, ils sont égaux totalement, et que les
autres, au contraire, croient que s'ils sont inégaux
en quelque point, ils sont inégaux en tout. De là
vient qu'il existe deux principales formes de gouvernement, gouvernement populaire et oligarchie[4] : car 40

---

1. Ar. veut dire, dans ce difficile passage. (Cf. *supra*, III, 9,
1280 *a* 12 ; *Eth. Nicom.*, V, 10, 1134 *b* 3 ; voir aussi *Lois*, VI, 757 *a*),
que l'inégalité ne donne naissance à des discordes civiles que si la
classe privilégiée (les inégaux) ne reçoit pas les avantages propor-
tionnels auxquels elle prétend : ainsi une monarchie à vie (telle que
la monarchie de Sparte dont il est parlé *supra*, 1. 20, et que Lysandre
voulut abolir) n'est une source d'agitation (*inequale et iniquum*,
explique Lambin) que si elle existe au sein d'une société d'égaux ;
si elle existe dans une société hiérarchisée dont elle est le couronnement et qui conserve par ailleurs ses privilèges, elle est paisiblement
acceptée. — L. 27, au lieu de οὖ μὴ τοῖς ἀνίσοις que nous conservons,
on peut lire, si l'on veut, avec Newman, IV, 289 (qui met un point
en haut après στάσις), οὖ μὴν εἰ τοῖς ἀνίσοις. Le sens n'est pas
modifié.

2. Ou proportionnelle (*supra*, 1, 1301 *a* 28, note).

3. 1301 *a* 29 ; cf. aussi *Eth. Nicom.*, V, 6, 1131 *a* 25. — L. 37 et 38,
οἱ μέν et οἱ δέ désignent respectivement les partisans de la démocratie et les partisans de l'oligarchie.

4. Sous-entendre : lesquels, l'un comme l'autre, n'ont de force
que par le nombre de leurs partisans. Or, etc... (Newman, IV, 291).

noblesse de naissance et vertu ne se rencontrent
qu'en un petit nombre d'hommes, tandis que les
caractères[1] qui fondent les deux régimes en question

1302 a résident en un bien plus grand nombre d'individus.
Nulle part, en effet, on ne trouverait cent hommes
de bonne naissance ou de vertu éprouvée, alors que
partout il y a des hommes riches[2] en abondance.
Cependant, qu'un État soit organisé, d'une manière
absolue et totale, en s'appuyant exclusivement sur
l'une ou sur l'autre de ces deux sortes d'égalités,
c'est là un grave danger, et les faits le montrent
clairement : aucune des constitutions fondées sur
de telles bases[3] n'est assurée de durer. Et la raison

5 de cette instabilité est que, si l'on part d'une erreur
première et initiale il est impossible de ne pas
finalement aller au devant de quelque conséquence
désastreuse[4]. Aussi est-il bon[5] de faire appel, partie
à l'égalité numérique, et partie à l'égalité d'après
le mérite. Mais néanmoins la démocratie est un régime
mieux assis et moins sujet aux dissensions que
l'oligarchie. En effet, les oligarchies sont exposées

10 à un double danger, la lutte des oligarques entre
eux et en plus la lutte des oligarques contre le peuple,
tandis que dans les démocraties la lutte contre le
parti oligarchique existe seule, et aucune dissension
valant la peine d'être mentionnée ne surgit entre
les différentes fractions du peuple lui-même[6].
Ajoutons[7] que le gouvernement des classes moyennes
est plus rapproché du peuple que du petit nombre
des privilégiés, et c'est lui qui est précisément le

15 plus stable de toutes les espèces de régime indiquées[8].

1. A savoir la richesse et la pauvreté.

2. Et aussi des hommes pauvres, mais cela va de soi, et Ar. néglige
de le dire. Quelques éditeurs ajoutent cependant $<$καὶ ἄποροι$>$.

3. C'est-à-dire : sur une seule des deux espèces d'égalité.

4. Lieu commun, que l'on rencontre dans un grand nombre d'auteurs grecs (Cf. les citations de Newman, IV, 292).

5. Pour un même État.

6. Vue optimiste, que l'histoire des démocraties ne confirme pas.

7. Cf. IV, 11, 1296 a 13 et ss.

8. C'est-à-dire, d'après l'interprétation traditionnelle remontant
à Sepulveda, des *depravatae respublicae, seu quae ab optimo statu
reipublicae deflexerunt.* Cf. *Rhetor.*, I, 4, 1360 a 23 et ss.

2

<*État d'esprit qui crée les troubles.*
Objet et causes des troubles.>

Et puisque nous sommes en train de considérer
à la suite de quelles circonstances naissent les luttes
civiles et les changements dans les constitutions,
nous devons d'abord connaître d'une façon générale
les origines et les causes de ces dissensions[1]. Ces causes
sont, pour le dire brièvement, au nombre de trois,
qu'il nous faut en premier lieu déterminer sommairement chacune en elle-même[2] : nous devons en effet   20
bien saisir quelle disposition des esprits donne
naissance aux querelles civiles, ainsi que les objets
qu'elles se proposent, et en troisième lieu quelles
sont les causes des troubles politiques et des luttes
entre citoyens[3].

La cause universelle et la plus importante qui
crée chez les citoyens une disposition en quelque
manière favorable au changement, doit maintenant
être établie : c'est celle dont il nous est déjà arrivé
de parler[4]. D'une part, ceux qui aspirent à l'égalité
suscitent des révoltes s'ils estiment être défavorisés,   25
alors qu'ils sont les égaux de ceux qui possèdent
des avantages excessifs, et, d'autre part, ceux qui
désirent l'inégalité et la supériorité se révoltent aussi,
s'ils supposent qu'en dépit de leur inégalité ils n'ont
pas une part plus forte que les autres, mais une part
égale ou même moindre (et ces prétentions[5] des deux

1. Causes applicables indifféremment à toutes les constitutions.
2. ...*tres quae primum rudi quadam descriptione per se sunt expli-
candae* (LAMBIN).
3. Ce sont les *causes particulières* qui déterminent l'état d'esprit
favorable aux bouleversements, les choses qui éveillent dans les
hommes le désir d'égalité ou de supériorité en matière d'intérêt ou
d'honneurs, etc. (Cf. NEWMAN, I, 523). — Ces trois « causes » vont
être examinées successivement l. 20-31, 31-34, 34-1302 *b* 5. Les
causes particulières de la dernière classe seront étudiées en outre
au ch. 3.
4. 1, 1301 *a* 33 et ss., et 1301 *b* 35 et ss.
5. L. 23, τούτων, c'est-à-dire l'égalité et l'inégalité.

côtés peuvent être justifiées comme elles peuvent
aussi être injustifiées) : dans les deux cas, en effet,
les hommes s'insurgent : s'ils sont inférieurs, c'est
30 pour obtenir l'égalité, et s'ils sont égaux, pour
acquérir la supériorité. — Voilà donc indiqué l'état
d'esprit qui est à l'origine des luttes civiles.

Quant aux objets que se proposent les séditions,
ce sont l'appât du gain et le désir des honneurs,
ainsi que leurs contraires[1], et, en effet, c'est aussi
pour éviter une privation d'honneurs ou une perte
d'argent, soit à eux-mêmes, soit à leurs amis, que
les intéressés provoquent des troubles dans les
États.

Voyons enfin les causes et origines des agitations
35 politiques d'où naissent à la fois cet état d'esprit
dont nous avons parlé et les aspirations que nous
avons signalées : à un certain point de vue, elles sont
en fait au nombre de sept, mais, à un autre point
de vue, elles sont plus nombreuses. Deux d'entre elles
sont identiques à celles que nous avons signalées
plus haut[2], tout en n'agissant pas de la même
manière, car si c'est toujours par appât du gain et
par désir des honneurs que les hommes se dressent

---

1. C'est-à-dire, ainsi qu'AR. l'explique dans les l. suivantes, la
crainte de perdre de l'argent et la crainte du déshonneur (ou, ce qui
revient au même, la crainte d'être exclu des charges et fonctions
publiques).

2. L. 32 : l'amour du gain et des honneurs. — Il s'agissait alors
d'établir les causes génératrices de cette disposition générale des
esprits favorables aux luttes civiles. A présent, ce sont des causes
plus spéciales qu'étudie AR. Le désir du gain et celui des honneurs
jouent toujours leur rôle, mais *non de la même manière* (οὐχ ὡσαύτως,
l. 38) : il ne s'agit pas tant de réclamer des avantages pour soi-même
que de les faire supprimer aux autres, et c'est le *spectacle de ces
privilèges, qu'ils soient ou non justifiés* (ὁρῶντες τοὺς μὲν δικαίως τοὺς
δ' ἀδίκως, l. 1302 b 1), qui est le principal moteur des bouleversements
politiques. La distinction de ces deux sens de *gain* et d'*honneur*
est bien marquée par Ps.-THOMAS, 730 (avant-dernier §), p. 252.
Voir aussi les explications de NEWMAN, IV, 295.

En ce qui regarde le nombre de causes, si aux deux causes d'abord
indiquées (l'amour du gain et le désir des honneurs) on ajoute les
cinq autres mentionnées l. 1302 b 2-3, on obtient effectivement
sept causes. Mais si on y ajoute encore les causes supplémentaires
des l. 3-4, le chiffre définitif est de onze.

les uns contre les autres, ce n'est plus en vue
d'acquérir pour eux-mêmes ces avantages, comme
nous l'avons dit ci-dessus[1], mais parce qu'ils voient   40
d'autres hommes, tantôt à bon droit et tantôt   **1302 b**
injustement, détenir de ces biens une part privilégiée.
A ces causes il faut ajouter encore la démesure, la
crainte, l'excès de supériorité, le mépris, l'accroissement de pouvoir hors de toute proportion[2]. Enfin,
comme causes d'une autre sorte, citons la brigue
électorale, l'incurie[3], l'inattention à de petits changements et la disparité[4].

3

*<Examen détaillé des causes
des mouvements révolutionnaires.>*

Parmi ces diverses causes, on aperçoit suffisamment   5
quelle influence peuvent avoir la démesure et l'appât
du gain, et comment ce sont là des motifs de troubles.
Quand, en effet, les magistrats en fonctions font
preuve de démesure et d'avidité insatiable, les
citoyens se soulèvent les uns contre les autres et aussi
contre les constitutions qui autorisent de telles
licences[5] ; et l'avidité des dirigeants se satisfait
tantôt au détriment des fortunes privées, tantôt aux
dépens des biens de la communauté.

---

1. L. 32.
2. Toutes causes provenant de la faute de ceux qui détiennent
le pouvoir, et qui en abusent d'une façon ou d'une autre.
3. Sur ὀλιγωρία, *dédain*, l. 4, et sa différence avec καταφρόνησις,
mépris, l. 3, l'une de ses espèces, cf. *Rhetor.*, II, 2, 1378 *b* 10 : « ce
qui, *à notre sentiment*, ne vaut rien, on le *méprise*, ce qui, *en réalité*,
ne vaut rien, on le *dédaigne* ».
4. Toute hétérogénéité dans le peuple ou dans l'État, tenant à
une différence de mœurs par trop grande, ou même à une simple
différence de position géographique (voir notamment *infra*, 5, 1313 *a*
25 et ss.). — Ar. reviendra sur ces causes dans le ch. suivant.
Cf. Newman, I, 523-524.
5. *Quae hanc licentiam praebent et permittunt* (Lambin).

10   On se rend aussi clairement compte quelle influence
exerce le désir des honneurs, et comment il est cause
de sédition : les citoyens qui sont écartés des dignités
et qui voient d'autres hommes en être comblés
s'insurgent contre une répartition qui s'effectue d'une
façon injuste quand le mérite des individus est
étranger aux distinctions ou aux exclusions dont ils
sont l'objet, alors que la justice demande qu'on
tienne compte de la valeur.

      Une trop grande puissance est encore une cause
de troubles, quand quelque magistrat (soit un seul
15 homme, soit tout un collège) dispose d'un pouvoir
trop considérable pour l'État ou l'autorité gouvernementale, car des situations de ce genre aboutissent
d'ordinaire à une monarchie[1] ou à un régime d'autorité
personnelle. Aussi dans certains endroits a-t-on
coutume de recourir à l'ostracisme[2], par exemple à
Argos et à Athènes ; cependant, il est préférable de
se précautionner dès le début contre la présence dans
l'État de magistrats disposant de pouvoirs aussi
20 excessifs, au lieu de leur laisser les mains libres et
d'y remédier après coup.

      La crainte aussi provoque des séditions à la fois
de la part de ceux qui ont des torts à se reprocher
et qui ont peur de recevoir un châtiment[3], et de
la part de ceux qui, en prévision d'injustices dont
ils seraient victimes, veulent prendre les devants sans
attendre qu'elles soient commises : ainsi, à Rhodes,
les notables se liguèrent contre le peuple à cause
des poursuites qui leur étaient intentées[4].

25   Le mépris est encore une cause de dissensions et
de soulèvements : c'est le cas, à la fois dans les
oligarchies, quand ceux qui ne participent pas aux
affaires publiques sont en majorité (car ils se croient

---

1. L. 17, μοναρχία = τυραννίς.

2. Cf. *supra*, III, 13, 1284 *a* 17 et ss., la longue dissertation sur
l'ostracisme.

3. La conjuration de Catilina pourrait servir à illustrer cette
vérité.

4. En 390. — Cf. *infra*, l. 32 et ss., et 5, 1304 *b* 27 : il est possible
que ces trois textes se rapportent à la même ligue des γνώριμοι
contre le peuple.

alors les plus forts)[1], et dans les démocraties, quand
les riches se mettent à mépriser le désordre et
l'anarchie, comme, par exemple, à Thèbes, après la
bataille des Œnophytes[2], où une mauvaise administration conduisit la démocratie à sa ruine, à 30
Mégare, où la démocratie périt à la suite d'une
défaite causée par le désordre et l'anarchie[3], à
Syracuse, avant la tyrannie de GÉLON[4], et à Rhodes
avant l'insurrection[5].

Des révolutions politiques sont dues aussi à un
accroissement disproportionné de quelque partie
de l'État. De même, en effet, qu'un corps vivant est
composé de parties, et que sa croissance doit 35
s'effectuer uniformément dans toutes[6], afin que
l'harmonie de l'ensemble soit préservée, autrement
il est voué à la destruction (quand, par exemple,
le pied est long de quatre coudées et le reste du corps
de deux empans ; parfois même il pourrait y avoir
changement de forme en celle d'un autre animal,
si cette croissance disproportionnée s'effectuait non
seulement en quantité, mais encore en qualité)[7],
ainsi également un État est composé de parties dont 40
souvent quelqu'une prend un accroissement insoup- **1303** a

1. Et méprisent les γνώριμοι moins nombreux et qui ne sont
pas en mesure de leur résister.

2. Où Athènes fut victorieuse en 456. — Les Œnophytes sont
en Béotie, près de Tanagra, sur la rive gauche de l'Asope. Sur la
difficulté de situer historiquement cet événement, cf. NEWMAN,
IV, 300.

L. 30, nous préférons, avec NEWMAN et H. RACKHAM, lire
πολιτευομένων (au lieu de πολιτευομένοις).

3. Cf. IV, 15, 1300 a 18.

4. En 454, date à laquelle Gélon, vainqueur des Carthaginois,
s'empara du pouvoir, qu'il conserva sept ans.

5. Cf. supra, 1. 23, et note.

6. L. 35, ἀνάλογον : toutes les parties, au cours de la croissance,
doivent conserver leurs proportions mutuelles. Cf. de Gen. et Corr.,
I, 5, 321 b 28 et ss.

7. Par exemple, si le pied, par un durcissement ou une siccité
pathologique, devenait sabot : c'est là une transformation qui
affecte la qualité. Il en est de même dans certaines maladies pour
l'ensemble du corps (éléphantiasis, léontiasis caractéristique de
la lèpre). — Le pied mesurait 0 m. 29, et le spithame, ou empan,
trois quarts de pied, soit 0 m. 22.

çonné, comme par exemple le nombre des pauvres
dans les démocraties et les républiques[1]. Ajoutons
que cette disproportion est aussi parfois la
conséquence d'événements accidentels[2] : ainsi, à
Tarente, à la suite d'une défaite où un grand nombre
de notables périrent de la main des Iapyges[3] (c'était
5 peu de temps après les guerres Médiques), une
démocratie s'installa à la place d'une république
modérée ; de même à Argos, où les citoyens, après que
l'armée eut été taillée en pièces, le septième jour du
mois[4], par le spartiate CLÉOMÈNE, se virent dans
la nécessité d'admettre parmi eux un certain nombre
de leurs *périèques ;* de même enfin à Athènes, quand
à la suite de désastres continentaux, les notables
devinrent moins nombreux, car, au temps de la
10 guerre contre Sparte, les soldats étaient pris sur
la liste des citoyens[5]. Cette cause de sédition a lieu
aussi dans les démocraties, mais sur une plus petite
échelle, car lorsque les riches deviennent plus
nombreux ou que leurs fortunes s'accroissent, il y a
changement en oligarchies ou en régimes autoritaires[6].

Il se produit aussi des changements dans les
constitutions, sans accompagnement de troubles,
par le seul fait des brigues électorales, comme à
15 Héréa[7] (où l'élection des magistrats fit place[8] au
tirage au sort, pour ce motif que les électeurs ne
choisissaient que les intrigants), ou par incurie,

---

1. Mais non dans les autres régimes, où les pauvres ne sont pas
une partie de l'État (voir aussi IV, 11, 1296 *a* 16).

2. Et non pas le résultat d'un accroissement lent et insensible.

3. En 473. — On sait que Tarente est une ville de la Grande-Grèce,
en Apulie (ou Iapygie).

4. Jour consacré à Apollon. — L. 6, après τῇ ·ἑϐδόμῃ, il faut
sous-entendre ἡμέρᾳ (plutôt que φυλῇ, comme le veut H. RACKHAM).
— Sur les περίοικοι, l. 8, et leur condition juridique, cf. II, 9,
1269 *a* 36, note.

5. Et n'étaient pas des mercenaires. — La « guerre contre Sparte »,
ou guerre du Péloponnèse (431-404) se termina par la ruine
d'Athènes.

6. Sur δυναστεία, cf. II, 10, 1272 *b* 3, note.

7. En Arcadie, sur l'Alphée.

8. A la suite, sans doute, de protestations pacifiques de l'opinion
alarmée. — Il n'est pas sûr que le tirage au sort soit supérieur à
l'élection.

quand on permet l'accès des postes de commande
aux ennemis du régime, par exemple à Oréos[1],
où l'oligarchie fut renversée quand HÉRACLÉODORE,
devenu l'un des principaux chefs, installa à la place
d'une oligarchie une république, ou plutôt une
démocratie.

Le changement de régime peut encore s'effectuer 20
par étapes insensibles[2]. J'entends par *insensible*,
que souvent un changement considérable survenu
dans les institutions[3] passe inaperçu, quand on ne
remarque pas les légères altérations dont il est le
résultat : ainsi, à Ambracie, le cens exigé pour l'accès
aux magistratures, qui au début était modique,
se réduisit finalement à rien, comme si entre le peu
et le rien la différence était nulle ou négligeable.

Une autre cause de trouble est l'absence de 25
communauté de race[4], tant que l'accord des esprits
n'a pas été réalisé : de même, en effet, qu'une foule
rassemblée au hasard ne constitue pas un État[5], de
même un État ne se forme pas non plus en n'importe
quel laps de temps. C'est pourquoi[6] les cités qui ont

1. Au nord de l'Eubée. Cet événement se produisit en 377. —
Oréos est appelée aussi Hestiaea *infra*, 4, 1303 *b* 33.

2. Textuellement : par le *peu d'importance* de la différence entre
une chose et une autre (*propter parum quod pro nihilo reputatur*,
Sylv. Maurus, 641[2]). Le sens de l'expression παρὰ μικρόν (qui
se retrouve *de Soph. el.*, 7, 169 *b* 11, et *Phys.*, II, 5, 197 *a* 30) est
suffisamment expliqué l. 24 : c'est le *peu s'en faut*, que Waitz définit
(*Org.*, II, 542) : *nos falli [Ar.] dicit, si discrimine quod nobis levius
videbatur inducimur.*

3. L. 22, τῶν νομίνων désigne l'ensemble des lois écrites aussi
bien que des lois non écrites. En traduisant par « les institutions »
(comme H. Rackham), nous croyons rendre fidèlement la pensée
de l'auteur. — Ambracie, ville d'Épire, sur l'Arathos.

4. C'est l'ἀνομοιότης de 2, 1302 *b* 5, qui se manifeste soit dans
la diversité des races en présence (l. 25-1303 *b* 3), soit dans la différence
des positions géographiques (1303 *b* 7-17).

5. Idée exprimée plusieurs fois par Ar. La société politique doit
être formée d'éléments dissemblables (II, 2, 1261 *a* 22), mais qui
ne le soient pas trop (IV, 11, 1295 *b* 21). Ar. ajoute ici qu'un État
ne se fait pas non plus en un jour (ἐν τῷ τυχόντι χρόνῳ, l. 27) :
la *conspiration des volontés* (συμπνεύσῃ, l. 26) demande du temps
et de la peine (cf. *Lois*, IV, 708 *d*).

6. C'est-à-dire, à cause de cette ἀνομοιότης de race. — L. 28,
Ar. distingue soigneusement les σύνοικοι et les ἔποικοι (*cohabitatores*
et *supervenientes*, traduit heureusement la *Vetus translatio*), qui

jusqu'ici admis des étrangers dans leurs colonies,
soit au moment de la fondation soit après coup, ont
été pour la plupart déchirées par des factions :
par exemple, les Achéens fondèrent Sybaris[1] de
concert avec les Trézéniens, puis les Achéens devenus
30 plus nombreux chassèrent les Trézéniens (d'où la
souillure qui en rejaillit sur les Sybarites) ; et à
Thurium[2], les Sybarites à leur tour ne s'entendirent
pas avec ceux qui avaient fondé la colonie en même
temps qu'eux (car prétendant obtenir une part
plus considérable du territoire sous prétexte qu'il
leur appartenait, ils en furent expulsés) ; à Byzance,
les nouveaux colons, pris en flagrant délit de
conspiration, en furent chassés par les armes[3] ;
les citoyens d'Antissa, après avoir donné asile aux
35 exilés de Chio, les expulsèrent à main armée ; les
habitants de Zancle[4], ayant reçu des Samiens sous
leur toit, furent chassés par ces derniers de leur
propre ville ; le peuple d'Apollonie[5], sur le Pont-
Euxin, après avoir introduit de nouveaux colons,
fut en proie aux dissensions ; les Syracusains, après
le départ de leurs tyrans[6], ayant accordé les droits
1303 b de citoyen aux étrangers et même |aux mercenaires,
se divisèrent en factions et en vinrent aux mains ;
enfin, les citoyens d'Amphipolis[7], ayant accueilli
des colons venus de Chalcis, furent en grande
majorité expulsés par ces derniers.

sont les uns et les autres des étrangers, dont les premiers participent
à la fondation même de la colonie, tandis que les seconds n'y viennent
que plus tard.

1. En 720. Sybaris, colonie achéenne de la Grande-Grèce, sur
le golfe de Tarente, fut détruite en 510 (en punition du *crime*, τὸ
ἄγος, l. 30, d'avoir chassé les Trézéniens).

2. Ville voisine de Sybaris (cf. Diodore, XII, 11, 1).

3. Événement inconnu. De même pour Antissa (ville de Lesbos).

4. Ancien nom de Messine. Hérodote (VI, 22 et 23) raconte
cette histoire en détail, et la trahison dont les Zancléens furent
victimes de la part d'un certain Hippocrate, tyran de Géla.

5. Ville de Thrace et colonie de Milet.

6. Hiéron, puis Thrasybule, qui tomba en 467.

7. Cf. 6, 1306 a 2. Amphipolis, en Macédoine, sur le Strymon,
colonie athénienne fondée en 437.

[Dans les oligarchies[1], c'est la masse des citoyens qui se soulèvent, comme étant victimes d'une injustice du fait que leur part n'est pas égale à celles des autres, dont ils sont pourtant les égaux, ainsi que nous l'avons indiqué plus haut[2], et dans les démocraties, 5 au contraire, ce sont les notables qui se révoltent, parce que leur part est seulement égale à celles des autres, alors qu'ils ne sont pas leurs égaux.]

Parfois, enfin, les États sont sujets à des querelles intestines même pour des raisons de position géographique[3], quand le territoire n'est pas naturellement approprié à l'existence d'un État unifié : par exemple, à Clazomène[4], les citoyens établis à Chytrum sont en conflit avec ceux qui habitent l'île ; et le peuple de Colophon s'entend mal avec le peuple de Notium[5] ; 10 à Athènes également, la population manque d'homogénéité, et les habitants du Pirée ont l'esprit plus démocratique que les citadins. En effet, de même qu'à la guerre la traversée d'un ruisseau, si petit soit-il, rompt l'unité de la phalange, ainsi il est naturel que n'importe quel sujet de désaccord[6] soit pour la cité une cause de désunion. Et ce qui divise sans doute le plus profondément, c'est la 15 vertu et le vice ; puis en second lieu viennent la richesse et la pauvreté, et ainsi de suite pour les autres différences, tantôt plus tantôt moins, et l'une d'elles est celle dont nous venons de parler[7].

1. Les l. 3-7, qui ne sont peut-être pas à leur place, répètent ce qu'Ar. a dit antérieurement, et doivent être considérées tout au moins comme une parenthèse, après laquelle le développement reprend à στασιάζουσι (NEWMAN, IV, 316, voudrait transposer ces lignes, 1, 1301 *a* 39, après στασιάζουσιν).

2. 1, 1301 *a* 33.

3. Cf. *supra*, 1303 *a* 25, note.

4. Clazomène, près de Smyrne, en Ionie, était, comme beaucoup de cités, édifiée partie sur le continent (le *Chytrum* : l. 9, il faut lire Χύτρῳ, plutôt que Χύτῳ) et partie dans une île.

5. Port de Colophon, ville d'Ionie.

6. Si faible soit-il.

7. La différence de position géographique, qui vient ainsi seulement en troisième ligne.

4

<Petites causes, grands changements.>

Ainsi donc, dans les révolutions, les intérêts en
jeu ne sont pas de faible importance mais les causes
dont elles proviennent sont minimes[1], alors que le
conflit porte sur des choses considérables. Et même
les discordes sans gravité acquièrent une virulence
extrême quand elles se produisent dans le cercle de
ceux qui sont à la tête des affaires, comme ce fut le
20 cas par exemple à Syracuse, à une époque reculée.
Sa constitution, en effet, fut changée à la suite d'une
querelle qui éclata entre deux jeunes gens appartenant aux milieux gouvernementaux, au sujet d'une
intrigue amoureuse[2] : l'un d'eux étant en voyage,
l'autre, bien qu'il fût son camarade, séduisit l'adoles-
cent qu'il aimait ; le premier, courroucé contre lui,
se vengea en incitant la femme de son ami à être à
lui ; à la suite de quoi, ils entraînèrent dans leur
25 querelle leurs collègues du gouvernement, et divisèrent
le peuple entier en deux camps rivaux. Ceci montre
qu'il est bon d'être en garde contre les dissensions
de ce genre dès qu'elles commencent à se former, et
qu'il faut étouffer dans l'œuf les factions des chefs et
des puissants : car c'est au point de départ que réside
la faute, et, suivant le dicton, *le commencement est*
30 *la moitié du tout*[3], de sorte que la faute commise à ce

1. Comme l'ἀνομοιότης διὰ τοὺς τόπους dont il a été question
à la fin du ch. 4. — Les oppositions du texte sont bien indiquées
par le commentaire de Ps.-Thomas, 745, p. 257 : *seditiones non
fiunt de parvis sed de magnis; fiunt autem ex parvis, quia incipiunt
ex parvis*.

2. Peu avant la tyrannie de Gélon en 485. — Plutarque (*Reip.
ger. praec.*, 32) raconte une histoire semblable.

3. Cf. Hésiode, *Trav. et J.*, 40 ; Platon, *Republ.*, II, 377 *a* ;
Crat., 436 *d* ; *Lois*, VI, 753 *a*. Ce proverbe, qui figure au recueil de
E. L. A. Leutsch et F. C. Scheidewin (*Parœmiogr. gr.*, I, 213)
est encore cité, ou appliqué, par Ar., *de Soph. el.*, 34, 183 *b* 22 ;
de Cœlo, I, 5, 271 *b* 7 et ss ; *Problem.*, I, 12, 892 *a* 29 ; *Eth. Nicom.*,
I, 7, 1098 *b* 8. — Les développements de Ps.-Thomas, 746, p. 257,

moment-là, même peu importante, est dans une
même proportion par rapport aux fautes commises
dans les autres parties[1]. — Et, d'une manière générale
les dissensions des classes supérieures entraînent la
participation de la cité tout entière, comme cela se
produisit à Hestiaea[2], après les guerres Médiques,
quand deux frères se prirent de querelle au sujet du
partage d'une succession : le plus pauvre des deux,   35
sous prétexte que l'autre refusait de représenter la
fortune de leur père et le trésor découvert par celui-ci,
fit entrer dans ses intérêts les masses populaires,
tandis que l'autre, possesseur d'une grande fortune,
était soutenu par les riches. — A Delphes[3], également,
un différend survenu à l'occasion d'un mariage fut
le point de départ de tous les troubles subséquents :
le fiancé, ayant interprété comme un présage funeste   **1304 a**
quelque rencontre fortuite, alors qu'il allait chercher
sa fiancée, s'en alla finalement sans vouloir la prendre ; les parents, se jugeant insultés, glissèrent parmi
les offrandes du jeune homme, au cours d'un sacrifice,
des objets sacrés, et ensuite le mirent à mort[4] comme
voleur sacrilège. — A Mytilène, aussi, une sédition
qui éclata au sujet d'héritières[5] marqua le début d'une
foule de maux ainsi que de la guerre contre les Athé-   5
niens, au cours de laquelle PACHÈS s'empara de
Mytilène : TIMOPHANE, un riche citoyen, avait laissé

sont intéressants. Rappelons à ce propos que le traité de St THOMAS
de Ente et Essentia débute par une formule analogue : *parvus error
in principio magnus est in fine*, inspirée d'AR.

1. La faute commise *in initio* est d'une importance égale à
l'*initium* lui-même par rapport au tout : elle vaut donc la moitié
des fautes totales, ou, si l'on préfère, elle est aussi importante à
elle seule que toutes les autres fautes réunies.

2. Ou Oreus (cf. *supra*, 3, 1303 *a* 18, note). Cet événement eut
lieu entre 479 et 446.

3. D'après PLUTARQUE (*Reipubl. ger. praec.*, 32), le nom du
fiancé était Orsilaus (ou Orgilaus), et celui du père de la jeune fille,
Cratès.

4. Sans jugement, nous apprend PLUT., en raison de la gravité
du délit et de sa flagrance.

5. Sur ἐπίκληρος, *épiclère*, *héritière*, cf. II, 9, 1270 *a* 23. —
L'expédition d'Athènes contre Lesbos, au cours de la guerre du
Péloponnèse, est racontée par THUCYDIDE, III, 1-30. Pachès est
le général athénien qui s'empara de Mytilène en 427.

deux filles ; un autre citoyen, DEXANDRE, ayant vu
sa demande repoussée et n'ayant pu les obtenir
pour ses propres fils, donna le signal de la révolte,
en même temps qu'il excitait la colère des Athéniens,
10 dont il était proxène dans cette ville. — De même,
chez les Phocidiens, c'est à l'occasion d'une héritière
qu'une querelle surgit, mettant aux prises MNASÉAS,
le père de MNASON, et EUTHYCRATE, le père d'ONO-
MARQUE ; cette dissension fut, pour les Phocidiens,
le début de la guerre Sacrée[1]. — A Épidamne[2],
le changement survenu dans la constitution eut aussi
pour origine des difficultés d'ordre matrimonial :
un citoyen avait promis sa fille en mariage ; le père
15 du fiancé, devenu magistrat, infligea une amende
au père de la fille ; l'autre, s'estimant offensé, forma
un parti de tous ceux qui étaient privés des droits
de citoyen.

Il y a aussi des transformations en oligarchie,
en régime populaire et en république proprement
dite, qui ont pour origine la grande réputation ou
l'accroissement de pouvoir soit d'une magistrature,
soit d'une fraction de l'État : par exemple, la répu-
20 tation acquise par l'Aréopage pendant les guerres
Médiques parut avoir tendu à l'excès les ressorts de
l'État[3], et, par réaction, la plèbe qui servait sur les
vaisseaux, devenue le principal artisan de la victoire
de Salamine[4] (et, par celle-ci, de l'hégémonie que
valait à Athènes sa puissance sur mer), renforça la
25 démocratie. A Argos, les classes supérieures, s'étant
acquises une grande réputation à la bataille de
Mantinée[5], livrée aux Lacédémoniens, tentèrent de
renverser la démocratie. — A Syracuse, le peuple,
devenu l'auteur de la victoire remportée dans la
guerre contre. Athènes[6], changea la république en
démocratie. — A Chalcis, le peuple, avec l'aide des

1. Première guerre Sacrée, de 356 à 353, date à laquelle les
Phocidiens furent battus par Philippe de Macédoine.
2. Cf. *supra*, 1, 1301 *b* 21, passage qui fait peut-être allusion
au même événement.
3. Et s'engager ainsi dans la voie de l'oligarchie.
4. En 480.
5. En 362.
6. En 413.

notables, renversa le tyran Phoxus[1], et s'empara 30
immédiatement du pouvoir. — Ambracie[2], à son
tour, connut la même situation : le peuple se joignit
aux adversaires du tyran Périandre pour le chasser,
et changea la constitution dans un sens favorable à
ses propres intérêts. — Et en général, dès lors, on ne
doit pas perdre de vue que ceux qui sont devenus
pour un État des artisans de sa puissance, qu'il
s'agisse de simples particuliers, de magistratures,
de tribus, ou, d'une manière générale, d'une fraction 35
de l'État ou d'un groupe quelconque, tous sont à
l'origine de mouvements séditieux : en effet, ou bien
ce sont ces citoyens qui, jaloux de les voir comblés
d'honneurs prennent l'initiative de la révolte, ou
bien ce sont ces serviteurs de l'État qui, en raison de
leur supériorité, refusent de rester dans le rang.

Les institutions sont encore sujettes à des agitations quand des fractions de l'État, qu'on oppose
d'ordinaire l'une à l'autre, sont entre elles à égalité,
les riches et le peuple par exemple, et qu'une classe **1304 b**
intermédiaire est, soit inexistante, soit réduite à un
très petit nombre : si, en effet, l'une ou l'autre des
deux parties prend nettement le dessus, la partie
restante ne veut pas courir le risque d'un conflit
avec un adversaire manifestement plus fort[3] (c'est
ce qui explique aussi que les hommes qui n'ont qu'une
supériorité morale ne provoquent pour ainsi dire
jamais de troubles : ils ne forment qu'un petit groupe 5
en face d'une majorité imposante)[4]. — Voilà donc,
d'une manière générale, et pour toutes les constitutions, de quelle façon se présentent les origines et
les causes des séditions et des changements.

Les bouleversements qui surviennent dans les
institutions se font tantôt par violence, tantôt par
ruse. La violence est imposée soit immédiatement,
dès le début, soit ultérieurement, de même qu'effecti-

---

1. Inconnu. — Chalcis, ville d'Eubée.
2. Ville d'Épire, déjà mentionnée, 3, 1303 *a* 23. Voir *infra*, 10,
1311 *a* 39, sur cette révolution survenue en 580.
3. La partie la plus forte ne rencontre ainsi aucun obstacle à
son désir de changement.
4. Cf. *supra*, 1, 1301 *a* 39.

10 vement la ruse aussi s'emploie des deux façons :
tantôt, en effet, après avoir trompé le peuple au
début on change la constitution du plein consentement de ce dernier, mais après, dans une seconde
période, on conserve le pouvoir par la force malgré
la volonté du peuple (ce fut le cas au temps des
Quatre-Cents[1], qui racontèrent faussement au peuple
que le Grand Roi fournirait des fonds pour la guerre
contre Lacédémone, et après ce mensonge essayèrent
15 de se maintenir au pouvoir) ; tantôt la persuasion
est employée à la fois au début, et postérieurement
d'une façon répétée, et on arrive ainsi à gouverner
les hommes de leur plein consentement.

Ainsi donc, pour le dire en un mot, c'est en vertu
des causes que nous avons indiquées[2] que se produisent
les bouleversements qui affectent toutes les constitutions.

5

<Des révolutions dans les démocraties.>

Et maintenant, prenant séparément les constitutions espèce par espèce, nous devons, à partir des
causes que nous avons posées, considérer ce qui se
passe[3].

1. En 411. Cf. *Const. athen.*, XXIX à XXXIV, et Thucydide,
VIII, 54-97.

2. 2, 1302 *a* 17.

3. Passage difficile. — Jusqu'à présent on n'a considéré que
les causes *générales* de changement, communes à toutes les constitutions. Il s'agit maintenant, en *divisant en leurs espèces* les
constitutions prises *in globo* (l. 19, μερίζοντας, s.-ent. τὰς πολιτείας)
et en prenant *pour point de départ* les causes générales précédemment
déterminées (ἐκ τούτων), de considérer *ce qui se passe* alors pour
chaque espèce de constitution (τὰ συμβαίνοντα, *eventa*. Cf. *Ind.
arist.*, 713 *a* 19 : τὰ συμβ. *saepe significat rerum quae fiunt et eveniunt
evidentiam*). Le Ps.-Thomas, 763, p. 260, a bien compris la pensée
d'Ar. : *postquam determinatum est de causis et principiis seditionis
et transmutationis rerumpublicarum in universali, considerandum
est in speciali quae sunt accidentia secundum quae fit transmutatio
et seditio secundum unamquamque speciem reipublicae pertinentes.*

Dans les démocraties, les changements ont princi- 20
palement pour cause l'effronterie des démagogues[1].
En effet, tantôt c'est par des dénonciations calomnieuses contre les gens fortunés pris individuellement
qu'ils poussent ces derniers à se coaliser (le danger
commun unit jusqu'aux pires ennemis)[2], tantôt
c'est en dressant contre les riches, pris en tant que
classe, la masse entière du peuple[3]. Et on peut
constater par une foule d'exemples que les choses 25
se passent bien de cette façon. Ainsi, à Cos[4], la
démocratie fut renversée à l'apparition de démagogues sans scrupules (car les notables firent cause
commune). — De même à Rhodes, où les démagogues
allouaient un salaire à la multitude et[5] empêchaient

1. Le terme δημαγωγός est pris, au cours de ce même chapitre,
tantôt en son sens étymologique de *conducteur du peuple, chef du
parti populaire*, tantôt et surtout au sens péjoratif de *démagogue*
proprement dit, dont tous les auteurs déplorent les *excès* (ἀσέλγεια,
l. 21), et dont le type à Athènes a été Cléon, souvent mis en scène
par Aristophane.

AR. a signalé d'autres causes de révolution dans les démocraties,
par exemple, 3, 1302 *b* 15, 1302 *b* 27, 1303 *a* 10, 16. PLATON en
indique aussi plusieurs et notamment l'excès de liberté (*Republ.*,
VIII, 562 *b*).

2. Même remarque, *Rhetor.*, I, 6, 1362 *b* 36.

3. Cf. *infra*, 10, 1311 *a* 15 et ss., et VI, 5, 1320 *a* 4. — Les démagogues s'attaquent donc aux riches de deux façons : contre tel ou
tel riche pris *en particulier* (ἰδίᾳ, l. 22), au moyen de dénonciations
calomnieuses, pour pouvoir *confisquer* ses biens (δημεύειν, *publicare*,
nous dirions aujourd'hui *nationaliser*), ou contre la *classe entière*
des riches (κοινῇ, l. 24) : dans les deux cas, ils réussissent à *coaliser
les intérêts* les plus divergents (συστρέφουσιν, συνάγει, l. 23), ce
qui ne manque pas d'entraîner la chute de la démocratie. — Sur
les excès des démagogues et des sycophantes, les auteurs anciens
sont tous d'accord : cf., par exemple, *Republ.*, VIII, 565 *b*, *c*;
ISOCRATE, *Antidosis*, 318 (éd. annotée de A. CARTALIER, Paris,
1862), etc. On se reportera, pour une vue rapide de la question, à
G. GLOTZ, *la Cité gr.*, 267-270, et à la dissertation de J. O. LOFBERG,
Sycophancy in Athens, Chicago, 1917.

4. Cos, dans la mer Égée, l'une des Sporades. — L'événement
dont parle AR. a eu lieu à une date inconnue, peut-être en 357 (DIOD.,
XVI, 7, 3).

5. En contre-partie, car les deux opérations sont solidaires :
d'une part, le gouvernement démocratique verse aux indigents
un μισθός pour assister à l'Assemblée ou siéger dans les tribunaux,

de verser aux triérarques les sommes qui leur étaient
dues ; ceux-ci, en raison des procès dirigés contre
30 eux, se virent forcés de faire bloc et de renverser le
régime populaire. — Et aussi à Héraclée[1], le peuple
vit son pouvoir détruit, immédiatement après la
fondation de la colonie, par la faute des démagogues,
car les notables, injustement traités par eux, quittè-
rent la ville ; mais ensuite les bannis y étant revenus
en masse renversèrent le gouvernement du peuple. —
C'est encore d'une manière sensiblement la même que
35 la démocratie fut abolie à Mégare[2] : les démagogues
expulsèrent un grand nombre de notables de façon
à pouvoir confisquer leurs biens[3], jusqu'au moment
où les exilés devenus nombreux, et étant rentrés
dans la ville les armes à la main, remportèrent la
victoire sur le peuple et établirent l'oligarchie. — La
1305 a même chose arriva à Cumes avec la démocratie que
Thrasymaque renversa[4]. — Et dans les autres États
on peut constater que les changements présentent
à peu près les mêmes caractères. Tantôt, en effet,
afin de se concilier la faveur populaire, les démagogues multiplient les vexations envers les notables,
soit en procédant au partage de leurs propriétés, soit
5 en les faisant consacrer leurs revenus à s'acquitter
des charges qui leur sont imposées, et ils obligent
ainsi les intéressés à se coaliser ; tantôt ils lancent des

et d'autre part, pour se procurer des fonds, il néglige de payer aux
triérarques les sommes qu'ils ont avancées pour la flotte (et les
triérarques sont naturellement des γνώριμοι). Ces derniers, accablés
de procès par les entrepreneurs qui ont travaillé sous leur direction
et n'arrivent pas à se faire payer, se voient réduits à renverser la
démocratie, après s'être *coalisés* (συστάντες, l. 30) avec les
mécontents. — Sur les affaires de Rhodes, cf. aussi *supra*, 3, 1302
b 23 et la note.

1. Sans doute Héraclée sur le Pont-Euxin (*Ind. arist.*, 319 *b* 39),
colonie de Mégare, dont il est question *infra*, l. 35, fondée au
vɪᵉ siècle.

2. Cf. IV, 15, 1300 *a* 17, et V, 3, 1302 *b* 31.

3. Sur la δήμευσις, voir *supra* la note sous 1304 *b* 24. C'est une
nationalisation, qui permet (comme dans les démocraties actuelles)
de faire des libéralités au peuple, notamment par l'emploi du μισθός.
Cf. 8, 1309 *a* 14.

4. Événement inconnu par ailleurs. Cumes est peut-être la même
ville que celle dont il est parlé II, 8, 1269 *a* 1 (voir la note).

accusations calomnieuses contre les riches de façon
à avoir la possibilité de confisquer leurs biens[1].

Aux temps anciens, quand le même homme devenait à la fois chef du parti populaire et stratège, les
démocraties se changeaient en tyrannies[2], car on peut
dire que la plupart des tyrans de jadis sont sortis des
chefs populaires. Et la raison pour laquelle il en était
ainsi autrefois et qu'il n'en est plus de même à   10
présent, c'est qu'à cette époque les démagogues étaient
issus des milieux militaires (car les hommes n'étaient
pas encore habiles dans l'art de la parole), tandis que
de nos jours, avec les progrès de la rhétorique, ceux
qui sont capables de parler en public embrassent
la carrière de démagogue, mais leur inexpérience
des choses de la guerre les empêche de fomenter
des séditions, et à cet égard les exceptions sont
localisées et peu nombreuses[3]. Et si des tyrannies
naissaient plus communément dans les premiers   15
temps de nos jours, c'est pour cette raison encore
que les principales magistratures étaient entre les
mains de certains citoyens[4] : ainsi, à Milet, une
tyrannie[5] sortit des fonctions de prytane (car le
prytane était maître absolu d'affaires nombreuses
et importantes). De plus, du fait qu'à cette époque les
cités[6] n'avaient pas pris une grande extension et que
le peuple habitait à la campagne, absorbé dans les

1. Sur les *liturgies* imposées aux riches, cf. II, 10, 1272 *a* 19,
note. — L. 5, on doit sous-entendre ἀναλίσκειν avant τὰς προσόδους
(*Ind. arist.*, 465 *b* 61-466 *a* 1).

2. Cf. *Const. ath.*, XXII, où Ar. donne l'exemple de Pisistrate.
Cf. aussi *infra*, 10, 1310 *b* 14, et *Republ.*, VIII, 565 *d*. — On notera
que, dans les l. qui suivent, le terme *démagogue* ne revêt (ou à peine)
aucun caractère péjoratif.

3. *Nisi sicubi leviter quidpiam tale tentatum est* (LAMBIN). BONITZ
(*Ind. arist.*, 143 *a* 44) propose pour βραχύ τι le sens temporel *(per
breve tempus?)*, que NEWMAN, IV, 340, rejette à bon droit.

4. Et souvent pour une longue durée, ce qui n'est pas compatible
avec des institutions démocratiques (cf. *infra*, 8, 1308 *a* 20, et 10,
1310 *b* 20).

5. Celle de Thrasybule peut-être, en 612 (HÉROD., I, 20).

6. L. 19, πόλεις a ici, ainsi que l'indique le contexte, le sens
de *villes*, et non d'*États :* cf. NEWMAN, IV, 341. — Le peuple des
campagnes, éloigné de la ville, ne pouvait, en raison de ses occupations, jouer aucun rôle politique.

20 travaux des champs, les chefs du peuple, une fois
devenus habiles dans l'art de la guerre, aspiraient
d'ordinaire à la tyrannie. Et tous agissaient ainsi[1]
une fois qu'ils avaient acquis la confiance du peuple[2],
confiance qui reposait sur leur animosité à l'égard
des riches : par exemple, à Athènes, PISISTRATE
devint tyran après avoir pris la tête d'une faction
contre les habitants de la plaine[3], et, à Mégare,
THÉAGÈNE, après avoir égorgé les troupeaux des
25 riches surpris en train de paître le long du fleuve[4] ;
DENYS, enfin, en portant des accusations contre
DAPHNEUS et les gens riches, fut jugé digne de la
tyrannie[5], parce que son inimitié envers eux le fit
accepter de confiance comme tout dévoué à la cause
populaire.

Des changements ont lieu aussi pour passer de la
démocratie traditionnelle à la démocratie sous sa
forme la plus récente[6] : car là où les magistratures
sont soumises à l'élection mais sans condition de
30 cens et où le choix dépend du peuple, les candidats
ambitieux se conduisent en démagogues et en arrivent
au point de rendre le peuple maître de tout, même des
lois. Un remède pour parer à cette éventualité, ou

---

1. Devenaient tyrans.

2. Cf. 10, 1310 *b* 14.

3. La *Constit. ath.*, XIII, indique qu'il existait trois partis :
les gens de la côte (les *Paraliens*), les gens de la plaine, dont il est
ici question, et les gens de la montagne (les *Diacriens*). Voir aussi
HÉROD., I, 59.

4. L'exploit de Théagène n'est pas autrement connu. — Les
κτήνη des riches paissaient sur le terrain *d'autrui :* tel semble être
le sens de ἐπινέμειν, l. 26 (cf. *Lois*, VIII, 843 *d*, où la sanction de
ce délit rural est du ressort des ἀγρονόμοι).

5. Il s'agit de Denys l'Ancien, tyran de Syracuse de 405 à 368,
dont il a déjà été parlé I, 11, 1259 *a* 29. Daphneos était un général
syracusain qui défendit Agrigente contre les Carthaginois (cf.
DIODORE, XIII, 86-92).

6. Qui est la pure démagogie (cf. IV, 6, 1292 *b* 41 et *passim*).
Dès que dans une démocratie, même tempérée et sage (δ. πατρία,
l. 29), on abandonne les magistrats à l'élection populaire sans
restriction, on s'expose à la surenchère électorale et à un accroissement dangereux des droits du peuple (voir sur ce texte les remarques
de THUROT, 81-82, et de NEWMAN, IV, 343-344).

du moins pour en réduire le champ d'action[1], c'est
de confier aux tribus la nomination des magistrats,
et non au peuple tout entier.

Ainsi donc, dans les démocraties, presque tous les
changements se produisent en vertu des causes dont 35
nous parlons.

6

<Des révolutions dans les oligarchies.>

Les changements se produisent dans les oligarchies
de deux façons principales et des plus apparentes.
En premier lieu[2], c'est quand la classe dirigeante
opprime le peuple, car alors il suffit du premier venu
pour se mettre à la tête des révoltés, surtout quand
ce chef se trouve venir des rangs de l'oligarchie 40
elle-même, comme à Naxos Lygdamis[3], qui devint
par la suite tyran des Naxiens. Quand aux dissensions[4] provenant de citoyens n'appartenant pas à **1305 b**

1. *Remedium autem hujus incommodi aut ne accidat aut ut minus
accidat* (Lambin).

La nomination des magistrats par les tribus, recommandée
par Ar., tout en conservant à l'État son caractère démocratique,
constituait un obstacle à la brigue et à la corruption. Elle peut,
dans ce cadre, revêtir diverses modalités : chaque tribu élit ses
propres magistrats, ou, à tour de rôle, elle élit l'ensemble des
magistrats, ou encore telle tribu désigne tel magistrat et telle autre
tel autre magistrat, ou enfin les magistrats forment des collèges
dont les membres sont élus par les diverses tribus. Sur les élections
par tribus à Athènes, cf. G. Glotz, *la Cité gr.*, 252-253.

2. A ἕνα μέν, l. 38, répond κινοῦνται δέ, l. 1305 *b* 22.

3. Sur Lygdamis, cf. *Const. ath.*, XV ; *Econom.*, II, 2, 1346,
b 7-12 (p. 35-36 de notre trad.) ; *Arist. fragm.*, 558, p. 343 Rose
[= Ath., VIII, 348 *a-c*, qui contient un passage de la *Const. des
Naxiens*] ; Hérod., I, 61, 64. — Naxos est la principale île des
Cyclades, et Lygdamis, qui avait aidé Pisistrate à s'emparer du
pouvoir à Athènes, obtint lui-même la tyrannie avec le secours
de ce dernier.

4. L. 1305 *b* 1, le sens de ἐξ ἄλλων est contesté. Nous adoptons
le sens traditionnel (*illi divites qui non sunt in principatu*,
Ps.-Thomas, 779, p. 264) accepté par Newman, IV, 346-347, et
par B. Jowett *(outside the gouverning class)*.

la classe qui détient le pouvoir, elles peuvent naître
aussi de différentes manières. Parfois[1], quand les
honneurs sont réservés à un très petit nombre de
privilégiés, le renversement des institutions peut
provenir des riches eux-mêmes à qui tout accès aux
fonctions publiques est refusé, comme cela est arrivé
à Marseille, à Istros, à Héraclée, et dans d'autres
5 États[2] : ceux qui n'avaient aucune part au gouvernement entretenaient de l'agitation jusqu'au
moment où l'on associa aux chefs de famille les frères
aînés pour commencer, et plus tard, à leur tour, les
puînés (car en quelques endroits un père et un fils
ne sont pas admis en même temps à remplir des
fonctions officielles, ni, en d'autres endroits, un frère
plus âgé et un plus jeune)[3]. A Marseille[4], l'oligarchie
10 tendit vers le type d'une république proprement
dite, mais à Istros[5] elle sombra dans une démocratie,
et à Héraclée[6] elle s'élargit pour passer d'un petit
nombre de dirigeants à six cents. A Cnide[7] également,
l'oligarchie subit une profonde transformation, quand
les notables entrèrent en lutte les uns contre les
autres pour ce motif qu'un petit nombre d'entre eux
seulement avaient accès au pouvoir et qu'on suivait
la règle dont nous avons parlé[8], d'après laquelle si
un père faisait partie du gouvernement son fils ne
15 pouvait pas y siéger, et s'il y avait plusieurs frères,
l'aîné seul y était admis : au fort de leur querelle,

---

1. A ὅτε μέν, l. 2, ne répond aucun δέ, mais il est sous-entendu
que, ὅτε δέ, la révolte part du δῆμος lui-même, et non' plus d'un
groupe de privilégiés mécontents.

2. Avec des différences qui sont précisées *infra*, l. 10 et ss.

3. La réforme indiquée, conçue dans un sens libéral, consista
donc à *adjoindre* (μετέλαβον, l. 6) aux chefs des familles nobles,
qui seuls détenaient le pouvoir, d'abord le fils aîné, et ensuite les
puînés, de façon à faire prévaloir les intérêts particuliers des branches
collatérales. L'oligarchie devenait ainsi πολιτικωτέρα (l. 10), et
les cadres rigides du γένος étaient brisés au profit des individus.

4. Sur le gouvernement des *timouques* à Marseille, cf. G. GLOTZ,
la Cité gr., 84-85. — Voir aussi *infra*, VI, 7, 1321 *a* 30 et ss.

5. Ville à l'embouchure de l'Ister (Danube).

6. Héraclée sur le Pont (cf. 5, 1304 *b* 31, note).

7. En Carie. Cf. aussi *infra*, 1306 *b* 5, mais il semble que les
deux passages ne font pas allusion aux mêmes événements.

8. L. 8-10.

en effet, le peuple, saisissant l'occasion et ayant pris un chef dans les rangs des notables[1], fondit sur eux et les écrasa, car la désunion est toujours une source d'affaiblissement. A Erythrées[2], sous l'oligarchie des Basilides, dans les temps anciens, en dépit de la bonne administration de ceux qui étaient à la tête des affaires, le peuple cependant, mécontent d'être sous l'autorité d'une poignée de privilégiés, remplaça la constitution.

D'autre part[3], les agitations des oligarchies peuvent être causées par des membres de l'oligarchie eux-mêmes, quand, dans leur désir de l'emporter sur leurs rivaux, ils se livrent à des manœuvres démagogiques (la démagogie dont nous parlons est de deux sortes[4] : l'une s'exerce dans le cercle restreint de la classe dirigeante elle-même, car un démagogue peut surgir au sein des privilégiés, si peu nombreux soient-ils : par exemple, à l'époque des Trente, à Athènes, le parti de CHARICLÈS[5] s'imposa en flattant bassement les Trente, et, sous les Quatre-Cents[6], le parti de PHRYNICOS s'y prit de la même façon ; dans la seconde forme de démagogie, les membres de l'oligarchie adressent leurs flagorneries à la populace : ainsi à Larissa, où les *Gardiens des citoyens*[7] s'efforçaient de

---

1. Le terme προστάτης *(dux)* désigne habituellement un *chef de parti populaire* (πρ. τοῦ δήμου). Le προστάτης τῶν μετοίκων (III, 1, 1275 *a* 13) a un rôle tout différent.

2. Ville d'Ionie, près de Smyrne. — Les *Basilides*, comme leur nom l'indique, étaient de race royale (comme les Eupatrides à Athènes).

3. Autre groupe de causes, provenant des oligarques eux-mêmes. — L. 23, on a proposé de lire διὰ φιλονεικίαν (BONITZ), au lieu de διὰ φιλονικίαν, mais la *Const. athen.*, XIII, emploie la même expression (διὰ τὴν πρὸς ἀλλήλους φιλονικίαν). Voir une difficulté analogue *infra*, 1306 *b* 1.

Longue parenthèse, l. 23-39, après laquelle le développement reprend.

4. Cf. 8, 1308 *a* 17.

5. Amiral athénien, l'un des Trente, qui figure dans la liste donnée par XÉNOPH., *Hellen.*, II, 3, 2 (cf. aussi THUCYD., VII, 20).

6. Cf. 4, 1304 *b* 12, et la note avec les références. Phrynicos, général athénien, servit les Quatre-Cents avec zèle et périt assassiné (cf. THUCYD., VIII, 68, 90 et 92).

7. Nom que portaient les magistrats de Larissa, ville de Thessalie.

gagner la faveur de la foule, parce que leur élection
30 dépendait d'elle, et c'est là le sort de toutes les oligarchies dans lesquelles les magistrats ne sont pas
élus par la classe à laquelle ils appartiennent, mais
où l'accès aux fonctions publiques, tout en étant
réservé à ceux qui acquittent un cens élevé ou font
partie de cercles politiques amis[1], est soumis à
l'élection des citoyens ayant le droit de porter les
armes, autrement dit du peuple, comme ce fut le cas
à Abydos[2] ; c'est ce qui a lieu encore là où les tribunaux sont composés de membres n'appartenant pas
à la classe de ceux qui sont éligibles aux fonctions
gouvernementales, — car les membres de l'oligarchie
35 flagornant le peuple pour obtenir des jugements
favorables, altèrent gravement la constitution, ce
qui s'est précisément produit à Héraclée sur le
Pont[3]. — Il y a encore le cas où des tentatives sont
faites pour concentrer l'oligarchie régnante sur un
plus petit nombre de têtes, car ceux qui cherchent
l'égalité[4] sont alors obligés d'appeler le peuple à leur
aide). Il se produit encore de grands changements
dans l'oligarchie, quand certains de ses membres ont
40 dissipé leurs biens dans une vie de désordre, car les
gens de cette espèce sont eux aussi partisans des
innovations, et aspirent soit à jouer eux-mêmes le
rôle de tyran, soit à le confier à quelque autre (comme
1306 *a* à Syracuse, où Hipparinos désigna Denys[5] ; ou
encore, comme à Amphipolis[6], où un nommé Cléo-
time introduisit les nouveaux colons venant de

---

1. Sur les ἑταιρείαι, cf. II, 11, 1272 *b* 34, note.
2. Ville voisine de Lampsaque, sur l'Hellespont, en face de
la Chersonèse de Thrace (cf. aussi *Econom.*, II, 2, 1349 *a* 3-9, p. 46
de notre édition).
3. Cf. 5, 1304 *b* 31, note.
4. C'est-à-dire : ceux des membres de l'oligarchie qui veulent
que tous les privilégiés soient égaux *(divites qui expelluntur a prin-*
cipatu, videntes se contemni, volentes magis aequale et proportionale
quam quod aliis sint subjecti, convocant populum in auxilium)
(Ps.-Thomas, 783, p. 265).
5. Hipparinos, d'abord stratège en même temps que Denys
l'Ancien, s'effaça devant ce dernier pour lui assurer la tyrannie,
et lui donna en mariage sa fille Aristomachè.
6. Sur cet événement, cf. 3, 1303 *b* 2, et note.

Chalcis, et, après leur arrivée, les mit aux prises avec les riches ; ou enfin, comme à Égine, où l'homme qui poursuivit des négociations avec CHARÈS[1] tenta, pour une raison analogue, de changer la forme de l'État). Ainsi donc, tantôt <un parti formé au sein de la classe dirigeante>[2] tente de susciter d'emblée quelque mouvement insurrectionnel, tantôt il fait main basse sur le trésor public, ce qui déclenche contre le gouvernement en exercice des révoltes de la part soit des auteurs du pillage eux-mêmes, soit des autres citoyens qui luttent contre leurs déprédations[3], comme cela est arrivé à Apollonie sur le Pont. — En revanche, une oligarchie dont les membres s'entendent bien n'est pas facilement renversée par des attaques menées de l'intérieur : une preuve de ce fait, c'est la constitution en vigueur à Pharsale[4], où la classe dirigeante, en dépit de sa faiblesse numérique, exerce une autorité incontestée sur un grand nombre de sujets[5] en raison de la bonne intelligence qui règne entre ses propres membres.

Les oligarchies sont aussi renversées quand au sein de l'oligarchie se crée une autre oligarchie, c'est-à-dire quand, malgré la faiblesse numérique de la classe au pouvoir prise en sa totalité, ses membres, si peu nombreux soient-ils, n'ont cependant pas tous accès aux postes principaux de l'État : c'est ce qui s'est passé jadis à Elis[6], où le gouvernement était aux mains d'un sénat restreint qui

---

1. Charès, à la tête des mercenaires athéniens, assiégeait alors Égine (en 367). Un riche citoyen de cette ville, qui avait dissipé sa fortune (διὰ τοιαύτην αἰτίαν, l. 6), entra en pourparlers avec lui (τὴν πρᾶξιν ... πράξας, l. 4) pour livrer la ville et s'emparer ensuite du pouvoir. Cet événement n'est pas connu autrement.

2. Nous avons ajouté les mots entre crochets.

3. Si les pillards rencontrent de la résistance de la part du gouvernement, ce sont eux qui déclenchent les troubles pour échapper au châtiment qui les attend (Cf. 3, 1302 b 21 et ss.) ; si le gouvernement est d'accord avec eux, ce sont alors les bons citoyens opposés au pillage qui se révoltent.

4. En Thessalie.

5. En y comprenant les habitants des cités qui dépendaient de Pharsale (Cf. XÉNOPH., Hellen., VI, 1, 8).

6. Cette révolution aurait eu pour auteur un certain Phormion, qui vivait à une époque inconnue (PLUT., Resp. ger. praec., 10).

n'accueillait dans son sein qu'un nombre extrêmement réduit de citoyens, parce que les gérontes, qui
ne dépassaient pas quatre-vingt-dix, étaient nommés
à vie et choisis exclusivement dans l'intérêt de
certaines familles[1], suivant des modalités analogues
à celles de Lacédémone pour l'élection de ses
gérontes.

   Une révolution peut survenir dans les oligarchies,
20 en temps de guerre comme en temps de paix : en
temps de guerre, parce que leur manque de confiance
envers le peuple oblige les dirigeants à faire appel à
des mercenaires (car le chef aux mains duquel ces
troupes sont confiées devient souvent lui-même tyran,
comme Timophane à Corinthe[2] ; et s'il y a pluralité
de chefs, ils se ménagent pour eux tous un pouvoir
25 collectif absolu) ; et quand, dans la crainte de cette
éventualité, ils accordent à la multitude une participation aux affaires publiques, <le régime s'effon-
dre> à cause de la nécessité où ils se trouvent
d'utiliser les services du peuple. D'autre part, en
temps de paix, en raison de la méfiance réciproque
des dirigeants et du peuple, les premiers confient leur
protection aux mains de mercenaires et d'un magistrat
qui sert de médiateur[3] et qui parfois devient maître
des deux factions rivales, comme cela se produisit à
30 Larissa[4], au temps de la domination des Aleuades
sous Simon, et à Abydos, au temps des hétairies,
dont l'une était celle d'Iphiade[5]. — Des dissensions

---

   1. Sur la δυναστεία, cf. II, 10, 1272 b 3.
   2. Alors en guerre avec Argos (en 350). Timophane fut tué ensuite
par son frère Timoléon, qui voulait rendre la liberté à sa patrie
(Cf. Plut., *Dion*, 53 ; *Timol.*, 4). — L. 26, nous avons ajouté les
mots entre crochets.
   3. Cf. IV, 12, 1297 a 4, et note ; *Eth. Nicom.*, V, 7, 1132 a 22.
   4. Cf. *supra*, 1305 b 9. — La dynastie des Aleuades descendait
d'Aleuas, noble thessalien, dont la famille régna de nombreuses
années, jusqu'au jour où elle fut dépossédée par Philippe de Macédoine. Cette dynastie était représentée à cette époque par Simon,
qui est sans doute le μέσιδιος, l. 28.
   5. Autrement dit, Iphiade était patronné par son « club ».
Plusieurs personnages ont porté ce nom. Il s'agit probablement de
celui qui est mentionné par Démosthène (*contra Aristocr.*, 176-177,
éd. Baiter-Sauppe, *Orat. att.*).

naissent aussi, au sein même de l'oligarchie, quand
un parti est repoussé avec dédain par un autre[1]
et qu'il est victime de la faction adverse, à propos
de mariages ou de procès : des exemples de ces
querelles nées pour un motif d'ordre matrimonial
ont été cités plus haut[2], et on peut y ajouter celui
de l'oligarchie des cavaliers à Érétrie[3], qui fut ren- 35
versée par DIAGORAS, lequel avait été victime d'une
injustice à propos d'un mariage ; et, d'autre part[4],
c'est à la suite d'une décision judiciaire rendue au
sujet d'une accusation d'adultère, que des troubles
éclatèrent à Héraclée, et il en fut de même à Thèbes :
dans ces deux cités, si le châtiment était juste en soi,
il fut appliqué cependant dans un esprit de parti[5],
à Héraclée contre EVÉTION, et à Thèbes contre **1306** *b*
ARCHIAS (car leurs ennemis s'acharnèrent contre eux
au point de les attacher au poteau d'infamie sur
l'Agora). — Et beaucoup d'oligarchies ont été aussi
renversées à cause de leur despotisme excessif, par
certains de ceux qui appartenaient aux milieux
gouvernementaux, et qui supportaient impatiemment
l'oppression : ainsi tomba l'oligarchie à Cnide[6] et 5
à Chio.

---

1. *Alii ab aliis contumeliose tractentur et vexentur* (LAMBIN).

2. 4, 1303 *b* 37 à 1304 *a* 17.

3. Ville d'Eubée. — La chute de l'oligarchie, dont Diagoras
était membre, eut lieu avant les guerres Médiques. Sur l'oligarchie
des ἱππεῖς, cf. IV, 3, 1289 *b* 36.

4. L. 37, δέ répond à μέν, l. 34. Après les querelles se rattachant
aux affaires de mariages, viennent celles qui prennent leur source
dans des procès.

L. 38, le terme μοιχεία embrasse tous les cas de commerce illégitime, et non seulement les faits d'adultère proprement dits.

5. C'est-à-dire avec exagération (certains manuscrits portent
στρατιωτικῶς, *en soldat, brutalement*), car la peine du carcan présentait un caractère infamant et était réservée aux voleurs. — Evétion
est inconnu (peut-être faut-il lire Εὐρυτίωνος, avec BEKKER) ;
Archias était un polémarque thébain, cité dans les *Hellen.*, V, 4, 2
et ss. ; VII, 3, 7.

L. 1306 *b* 1, avec la plupart des éditeurs, nous lisons ἐφιλονεί-
κησαν, au lieu de ἐφιλονίκησαν, que conserve IMMISCH, et qui nous
semble mal attesté. De même la correction proposée par LIDDELL
et SCOTT, αὐτοῖς (et non αὐτούς), nous semble indispensable.

6. Cf. *supra*, 1305 *b* 13.

Des changements se produisent encore d'une façon
accidentelle, à la fois dans ce qu'on appelle république
proprement dite et dans les oligarchies, où un cens
est exigé pour avoir accès au Conseil, aux tribunaux
et aux autres magistratures. Souvent, en effet, le
cens a été fixé au début d'après les circonstances du
10 moment, de façon à assurer la participation aux
affaires, soit, dans l'oligarchie, à un petit groupe
de privilégiés, soit, dans la république modérée, à la
classe moyenne ; mais, survient-il une période de
prospérité due à la paix ou à quelque autre heureuse
chance, il arrive que les mêmes propriétés deviennent
aptes à supporter un cens plusieurs fois supérieur à
ce qu'il était, ce qui entraîne l'accessibilité de tous les
citoyens à tous les emplois publics[1] : tantôt le change-
15 ment se fait graduellement et peu à peu et passe
inaperçu, mais parfois aussi il se produit plus rapidement.

Telles sont donc les causes qui entraînent pour les
oligarchies des changements et des querelles intestines (et, d'une façon générale, les démocraties comme
les oligarchies cèdent parfois la place non pas aux
constitutions qui leur sont opposées, mais à celles
qui rentrent dans le même genre qu'elles : par exemple, on passe de démocraties ou d'oligarchies réglées
20 par des lois à leurs formes extrêmes affranchies de
tout contrôle, ou de ces dernières aux précédentes)[2].

7

<Des révolutions dans les aristocraties.>

Dans les aristocraties, les dissensions surgissent,
les unes[3] parce qu'un petit nombre de privilégiés

---

1. En raison de l'accroissement de valeur des propriétés, l'impôt
frappe un plus grand nombre d'entre elles, et le minimum censitaire
exigé pour l'accès aux magistratures est atteint par une toute une
catégorie supplémentaire de citoyens, sinon par tous. — Sur le
terme πολλαπλάσιον, l. 12, cf. *infra*, 8, 1308 *b* 2, note.

2. AR. ne donne nulle part d'indications sur cette dernière sorte
de changement.

3. A αἱ μέν, l. 22, répond λύονται δέ, l. 1307 *a* 5.

seulement ont part aux honneurs publics (ce qui,
avons-nous dit[1], est aussi la cause des bouleversements qui ont lieu dans les oligarchies, car l'aristocratie est en un sens une oligarchie[2], puisque dans
ces deux régimes à la fois le gouvernement est aux 25
mains d'un petit nombre, bien que ce ne soit pas pour
la même raison ; et de là vient[3] qu'aux yeux du
vulgaire tout au moins, l'aristocratie est une oligarchie). Et les troubles dus à cette cause se produisent
surtout, et cela inévitablement, quand dans la
classe populaire une foule de gens ont l'esprit surexcité
à la pensée qu'ils valent autant que leurs maîtres,
comme on l'a vu à Lacédémone pour ceux qu'on
appelle des *Parthéniens*[4] (puisqu'ils descendaient des 30
Égaux), dont la conspiration fut découverte et
qu'on envoya à Tarente fonder une colonie ; des
troubles ont encore lieu quand certains hommes, en
dépit de leur supériorité, et ne le cédant à personne

1. 6, 1305 *b* 2.

2. Cf. *infra*, 1307 *a* 34 et ss. — L. 26, οὐ μέντοι διὰ ταὐτὸν
ὀλίγοι : dans l'aristocratie, les chefs sont en petit nombre, parce que
les gens vertueux sont rares, et dans l'oligarchie, c'est parce que les
riches aussi sont rares.

3. L. 26, nous lisons διὰ ταῦτα (et non ταύτά). Le petit nombre
des dirigeants, dans les deux régimes, fait qu'aristocratie et oligarchie
sont souvent confondues.

4. A Sparte, où les catégories sociales étaient multiples et bien
tranchées, seuls ceux qu'on appelait les Ὅμοιοι étaient des citoyens
parfaits, et possédant le droit de cité dans son intégrité. Ces *Égaux*,
peu nombreux, étaient nés de père et de mère spartiates et devaient
être propriétaires d'un lot de terre suffisant pour prendre part aux
syssities. Cette égalité entre Ὅμοιοι était d'ailleurs en partie illu-
soire ; outre la formation de *latifundia*, qui réduisait le chiffre des
propriétaires, quelques familles influentes (les καλλοὶ κἀγαθοί ou
πρῶτοι ἄνδρες) se réservaient les hauts emplois. Les *Parthéniens*
étaient des *capitis deminuti* (ὑπομείονες), mais leur origine est
incertaine. La parenthèse de la l. 30 (ἐκ τῶν ὁμοίων γὰρ ἦσαν), qui a
pour objet d'expliquer la prétention des Parthéniens à valoir autant
que les autres (l. 28), semble indiquer qu'il s'agit d'enfants nés hors
mariage et fruits d'unions illégitimes entre Égaux et jeunes filles
(d'où leur nom). Mais, plus probablement, les Parthéniens étaient les
descendants des jeunes spartiates qui, pendant la première guerre de
Messénie, avaient été autorisés, pour maintenir le chiffre de la population, à entretenir des relations irrégulières avec des jeunes filles. —
La fondation de Tarente (cf. 3, 1303 *a* 5, note) est de 708.

sous le rapport de la vertu, sont traités d'une façon
avilissante par certains personnages d'un rang plus
élevé (ainsi LYSANDRE par les rois)[1] ; ou quand un
homme de caractère énergique se voit refuser toute
participation aux honneurs, comme CINADON[2], qui,
35 sous le règne d'AGÉSILAS, organisa une révolte contre
les Spartiates ; ou encore lorsque <au sein même de
la classe supérieure> les uns sont trop pauvres et les
autres trop riches[3] (cause qui joue principalement en
temps de guerre, et qui s'est rencontrée aussi à
Lacédémone durant la guerre de Messénie, comme on
peut d'ailleurs s'en rendre compte par le poème de
TYRTÉE[4] intitulé *Eunomie;* car certains citoyens
1307 a victimes de la guerre réclamaient un nouveau partage
du sol) ; ou, enfin, quand un citoyen ayant atteint
une position élevée, mais capable de la rendre encore
plus haute, fomente des troubles en vue d'exercer
seul le pouvoir, comme à Lacédémone semble l'avoir
fait PAUSANIAS[5], qui avait commandé l'armée pendant les guerres Médiques, ou comme HANNON[6]
à Carthage.
5   Mais la cause principale de ruine pour les républi-

---

1. Par le roi Pausanias (cf. XÉNOPH., *Hellen.*, II, 4, 29) et plus
tard par le roi Agésilas, en Ionie.

2. XÉNOPH., *Hellen.*, III, 3, 4 à 11, a raconté la conjuration de
Cinadon (en 398), lequel n'était pas de la classe des Égaux, et voulut
fédérer Perièques, Néodamodes et Hilotes pour renverser l'aristocratie. Le complot fut découvert à temps. — Sur les révolutions de
Sparte, qui échouèrent pour la plupart, on lira les pages toujours si
vivantes de *la Cité antique,* p. 415 et ss. (l. IV, ch. 13).

3. Cf. IV, 11. 1296 *a* 1. — L. 36, nous avons ajouté les mots entre
crochets.

4. Poète athénien du VIIᵉ siècle, qui composa des élégies guerrières
pendant la seconde guerre de Messénie. Il ne subsiste de son œuvre
que de rares fragments (Cf. *Anthologia lyrica* de E. DIEHL, Leipzig,
1922-1925).

5. Cf. THUCYD., I, 95, 128 et ss. — Pausanias fut accusé de
médisme (μηδισμός), c'est-à-d. d'avoir entretenu, ou voulu entretenir,
de bonnes relations avec le roi de Perse ; mais on craignait surtout
(sans en être sûr, d'où la formule prudente d'AR.) qu'il ne voulût
se débarrasser des éphores et faire alliance avec le peuple. (Cf. II, 9,
1270 *b* 15).

6. Voir JUSTIN, XX, 5, et XXI, 4. Cet Hannon est celui qui fit
la guerre en Sicile contre Denys l'Ancien, en 400.

ques proprement dites aussi bien que pour les aristocraties, c'est la violation du droit dans la constitution
elle-même, cause qui consiste, dans le cas de la
république, en un mélange défectueux de démocratie
et d'oligarchie, et, dans le cas de l'aristocratie, en un
mauvais mélange à la fois des deux éléments précédents et de la vertu[1], mais surtout des deux premiers
(et j'entends par *les deux premiers* l'élément populaire   10
et l'élément oligarchique). C'est, en effet, le mélange
de ces deux éléments que s'efforcent de réaliser les
républiques aussi bien que la plupart des régimes
qualifiés d'aristocratiques : car la différence entre les
aristocraties et les régimes dits républicains réside
dans le mode de combinaison de ces deux facteurs,
et c'est à cause de lui que les aristocraties sont moins
stables et que les républiques le sont davantage :
les constitutions, en effet, qui penchent plutôt   15
dans le sens de l'oligarchie on les appelle des aristocraties, et celles qui penchent plutôt du côté de la
multitude, des républiques proprement dites[2] ; et
c'est précisément la raison pour laquelle les constitutions de cette dernière sorte sont plus assurées de
durer que les autres, puisque le groupe social le plus
nombreux est aussi le plus fort et que les hommes
éprouvent une satisfaction plus grande quand ils
sont égaux[3], tandis que ceux qui sont comblés de

1. Sur les éléments constitutifs de la république (démocratie+
oligarchie), cf. IV, 8, 1293 *b* 30, et de l'aristocratie (démocratie+
oligarchie+valeur morale), 1294 *a* 20.

2. Cf. IV, 8, 1293 *b* 34 et ss. — Ar. traite ici en même temps des
aristocraties et des républiques constitutionnelles : dans les unes et
les autres, le pouvoir est concentré en un certain nombre de mains
qui de toute façon n'est pas très considérable, et toute la différence
résidera précisément dans une *tendance* soit vers le gouvernement
du petit nombre soit vers le gouvernement populaire.

3. Deux raisons pour lesquelles les républiques sont ἀσφαλέστεραι
que les régimes aristocratiques : d'abord elles ont pour elles l'avantage
du nombre, puisque le gouvernement est aux mains de la classe
moyenne, plus nombreuse qu'une poignée de privilégiés ; ensuite
le principe d'égalité sur lequel elles reposent répond au désir naturel
des citoyens, qui n'éprouvent aucune tentation de changer de gouvernement (Cf. Lambin : *et homines, cum aequales partes obtinent,
aequiore animo sunt magisque praesenti rei publicae statu contenti*).
Au contraire, dans le système aristocratique, qui repose en fin de

richesses, si la constitution leur donne la prédomi-
20 nance, ne cherchent qu'à se montrer démesurés et
insatiables. Et, en général, quel que soit celui des
deux côtés vers lequel incline la constitution, c'est
dans cette direction que s'effectue le changement,
l'une ou l'autre des deux classes au pouvoir accen-
tuant ses propres caractères[1], la république se
changeant par exemple en gouvernement populaire,
et une aristocratie en une oligarchie. Ou encore les
constitutions peuvent se transformer en leurs contraires, par exemple l'aristocratie en démocratie
(car, dans l'idée qu'elle est opprimée, la classe plus
25 pauvre entraîne la constitution dans un sens opposé),
et les républiques en oligarchies (car la seule chose qui
assure la stabilité est l'égalité selon le mérite, et pour
tout homme la possession de ce qui lui appartient)[2].
Le changement dont nous parlons[3] s'est produit à

compte sur la richesse, les privilégiés cherchent toujours à abuser du
pouvoir que la constitution leur concède, et provoquent ainsi des
révoltes populaires qui finissent par emporter le régime.

1. *Omnino in utramque partem* (côté populaire ou côté aristocratique) *rei publicae administrandae ratio inclinarit, in eam traducitur,
utraque id quod proprie suum est amplificante atque augente* (LAMBIN).
Ainsi, conformément à la doctrine exposée *Eth. Nicom.*, VIII, 12,
1160 *b* 10 et ss., les constitutions penchent et se transforment dans
leurs παρεκβάσεις. Mais AR. ajoute immédiatement (l. 23) qu'elles
peuvent aussi se transformer dans leurs formes contraires et passer
par exemple de l'aristocratie à la démocratie.

L. 21, on peut remplacer ταῦτα par τοῦτο. Même l., ἑκατέρων
désigne chacune des deux classes favorisées (les riches ou les pauvres,
suivant le dosage de l'élément oligarchique et de l'élément démocratique), laquelle appuie du côté qui va davantage dans le sens de ses
intérêts particuliers (τὸ σφέτερον, l. 22), pour obtenir un changement
conforme à ses vœux.

2. Deux droits élémentaires, qui ne sont pas toujours assurés en
régime démocratique, et qui font désirer à la classe moyenne (laquelle
est à la tête des affaires dans les πολιτεῖαι) un pouvoir plus autori-
taire. *Si igitur in republica ... plus attribuatur pauperibus quam
divitibus, et divitibus non attribuatur secundum suam dignitatem,
insurgunt divites ... et transmutant in statu paucorum* [= εἰς ὀλιγαρ-
χίαν] (Ps.-TH., 800, p. 270).

3. En l'espèce, le changement du régime aristocratique en régime
démocratique. Sur Thurium, cf. *supra*, 3, 1303 *a* 31, note. L'événement
dont il est ici question est sans doute postérieur à la défaite des
Athéniens à Syracuse, en 413.

Thurium : du fait que le cens exigé pour l'accès aux fonctions publiques était trop élevé, la constitution subit une modification dans le sens d'un abaissement du montant du cens et d'une augmentation du nombre des magistratures[1] ; et du fait que les notables s'étaient approprié la totalité du sol contrairement à la loi (car la constitution était de tendance oligarchique, de sorte qu'ils pouvaient s'enrichir démesurément)[2], <une révolte éclata.> Et le peuple, qui s'était entraîné pendant la guerre, devint plus fort que les soldats des garnisons[3], jusqu'à ce qu'enfin ceux qui possédaient une étendue de terre dépassant la limite légale l'abandonnèrent de leur plein gré[4].

En outre, du simple fait que toutes les constitutions aristocratiques sont de nature oligarchique, il est plus facile pour les classes supérieures d'acquérir des fortunes excessives[5], comme par exemple à Lacédémone où les biens sont en voie de passer aux mains d'un petit nombre ; et les notables ont une plus grande possibilité de faire ce qui leur plaît et de contracter mariage avec qui ils veulent : c'est même un mariage de ce genre qui causa la ruine de la cité des Locriens, à la suite de l'union contractée

30

35

1. Deux mesures essentiellement démocratiques. — L. 29, μετέβη a pour sujet sous-ent. πολιτεία.

2. Après πλεονεκτεῖν, l. 31, il y a vraisemblablement une lacune. On peut supposer le mot ἐστασίαζον, ou une expression équivalente. (Cf. NEWMAN, IV, *Crit. notes*, p. 112 ; voir aussi sur ce texte, THUROT, 83).

Il semble, à l'examen de ce passage, que la révolution démocratique survenue à Thurium se soit déroulée en deux phases (marquées par διὰ μέν, l. 27, et διὰ δέ, l. 29) : d'abord une modification des conditions de cens et une augmentation du nombre des emplois publics ; puis un abandon des terres illégalement acquises, de telle sorte que la révolution politique a été suivie d'une révolution sociale.

3. Recrutés dans la classe possédante et à son service.

4. Le texte d'IMMISCH, l. 33, ἕως ἀφεῖσαν τῆς χώρας ὅσοι πλείω εἶχον ἑκόντες (au lieu de la leçon courante ... ὅσοι πλείω ἦσαν ἔχοντες) donne un très bon sens, que nous n'hésitons pas à adopter.

5. Les aristocraties réservant les fonctions publiques à un petit nombre de privilégiés (en quoi elles sont des oligarchies), ces derniers ont toute facilité pour s'enrichir. Sur l'exemple de Lacédémone qui suit, cf. II, 9, 1270 *a* 7 et ss. (et notamment en ce qui concerne les mariages sources d'enrichissement, 1270 *a* 26).

avec Denys[1], mariage qui n'aurait pas eu lieu dans
une démocratie ni dans une aristocratie à éléments
40 soigneusement dosés[2].

    D'autre part, les aristocraties sont éminemment
sujettes à des changements insensibles, par une série
1307 b de relâchements graduels, ainsi que nous l'avons
antérieurement indiqué d'une manière générale pour
toutes les constitutions[3], quand nous disions que
même une cause insignifiante peut être à l'origine
des bouleversements. Une fois, en effet, qu'on a
abandonné quelqu'un des points de la constitution,
il est plus aisé par la suite de faire accepter un autre
5 changement un peu plus important, jusqu'à ce
qu'enfin on ait ébranlé l'ordre politique tout entier.
C'est ce qui s'est passé par exemple pour la constitution de Thurium[4]. Il existait, en effet, une loi
selon laquelle on ne pouvait être réélu stratège qu'a-
près un intervalle de cinq ans ; or, certains jeunes
officiers, militaires accomplis et bien vus des troupes
de la garnison, du reste pleins de mépris pour les
10 hommes en place, et pensant qu'ils arriveraient
facilement à leur but[5], entreprirent pour commencer
d'abroger la loi en question, de façon à permettre
aux mêmes citoyens de demeurer stratèges sans
interruption ; ils voyaient d'ailleurs que le peuple les
éliraient eux-mêmes avec empressement. Les magistrats, préposés à la garde des lois[6] et qu'on appelait

---

1. Cf. Diod., XIV, 44. Denys l'Ancien épousa le même jour, en
397, Aristomachè, sœur de Dion (laquelle fut la mère d'Hipparinos),
et la locrienne Doris, mère de Denys le Jeune. Locres eut plus tard à
souffrir de la tyrannie du second Denys.

2. Dans beaucoup de cités grecques les mariages entre citoyens
de villes différentes étaient interdits. Les enfants nés de ces mariages
étaient privés des droits de citoyen. — L. 39, ὅ, quoique au neutre,
se rapporte à τῆς πρὸς Διονύσιον κηδείας (pour d'autres exemples,
cf. Newman, IV, 375).

3. 2, 1302 b 4 ; 3, 1303 a 20-25 ; 4, 1303 b 17.

4. Cf. 1307 a 27, supra.

5. Sur ce passage (νομίζοντες ῥᾳδίως κατασχήσειν, l. 10), cf.
Ind. arist., 377 a 9 : fore ut obtinerent, perficerent id quod susceperant
(Lambin traduit de la même façon : putantes fore ut quod habebant
in animo facile obtinerent).

6. L. 13, ἐπὶ τούτῳ, c'est-à-d. à la garde de la constitution et des
lois.

conseillers, bien qu'ils fussent au premier abord
portés à les contrecarrer, finirent par s'incliner, dans
la pensée qu'après avoir changé cette seule loi, les   15
intéressés respecteraient le reste de la constitution ;
mais quand plus tard ils voulurent s'opposer à
d'autres changements, il n'était plus en leur pouvoir
de le faire, et l'appareil de l'État passa tout entier
sous l'autorité personnelle de ceux qui avaient tenté
ces innovations.

Toutes les constitutions, enfin, sont anéanties
tantôt par des causes intimes, mais tantôt aussi par
des causes venues du dehors[1], quand notamment il   20
existe un système opposé de gouvernement, soit dans
le voisinage, soit au loin, et ayant la force en mains.
C'est ce qui est arrivé aux temps d'Athènes et de
Lacédémone[2] : les Athéniens renversaient partout
les oligarchies, et les Spartiates les démocraties.

Nous avons donc établi approximativement les
causes d'où naissent dans les États les révolutions
et les dissensions.   25

8

<Des moyens d'assurer la protection
des constitutions.>

Nous avons ensuite à traiter de la préservation
des constitutions, envisagées tant en général que
dans chacune de leurs formes prises séparément[3].

---

1. Cf. *infra*, 10, 1312 *a* 40 et ss.

2. Voir IV, 11, 1296 *a* 34. « Athènes et Sparte ont à tour de rôle
exercé l'hégémonie et employé leur puissance à installer chez les
tributaires des gouvernements à leur image et à leur dévotion. Par
là ces deux cités ont prouvé leur inaptitude à diriger l'alliance hellénique ». (M. DEFOURNY, *Études sur la Pol.*, p. 529 et 530).

3. Et ce sera l'objet de tout le restant du livre V. — Le présent
chapitre se divise en deux parties : la première (1307 *b* 30-1308 *b* 10)
étudie les moyens de préservation de l'oligarchie et de l'aristocratie ;
la seconde (à partir de 1308 *b* 10, jusqu'à la fin du ch. 9, 1310 *a* 38)
propose des remèdes applicables à toutes les constitutions.

« Il est surprenant de constater, dit justement T. A. SINCLAIR

Tout d'abord il est clair que si nous connaissons les causes par lesquelles les constitutions périssent, nous connaissons également les causes par lesquelles elles se conservent ; car les contraires produisent les contraires, et *destruction* est contraire à *préservation*[1].

30 Dans les constitutions dont les éléments sont sagement combinés, s'il faut veiller avec soin à ce que les citoyens ne commettent aucune violation de la loi, ce sont surtout les légères infractions auxquelles on doit prendre garde : car le mépris des lois s'insinue sans attirer l'attention[2], de la même façon qu'une dépense insignifiante, souvent renouvelée, entraîne la ruine des fortunes. La dépense nous échappe en effet parce qu'elle n'a pas lieu en une seule fois :

35 l'esprit est trompé par des menues infractions de ce genre, comme il l'est dans l'argument sophistique : *Si chaque partie est petite, toutes le sont aussi*[3]. Or

---

(*Hist. de la pensée polit. grecque*, trad. fr., Paris, 1953, p. 241), combien le lien est lâche avec le sujet de la meilleure constitution pratique. Aristote semble presque indifférent à la qualité du régime dont la stabilité doit être assurée. Sa propre constitution politique de la classe moyenne y reçoit une mention honorable, mais non un traitement de faveur, et même les tyrans peuvent y apprendre comment maintenir leur position, grâce à des méthodes dignes de Machiavel ».

1. *Una ratio est contrariorum* (Cf. *de Gen. et Corr.*, II, 10, 331 *a* 31, et *b* 9 ; *Meteor.*, IV, 6, 383 *a* 8, et *b* 16 ; *Problem.*, III, 16, 873 *a* 26 ; voir aussi *Eth. Nicom.*, V, 1, 1129 *a* 13-15, p. 214 et note de notre trad.). L'idée est celle-ci : la cause opposée à celle qui produit la φθορά sera cause de la σωτηρία. *Si habemus quae sunt principia transmutationis et corruptionis, rerum publicarum habemus quae sunt principia salvationis, quoniam contraria* (Ps.-Thomas, 808, p. 274).

2. Cf. déjà 6, 1306 *b* 14. — La remarque d'Ar. sur la παρανομία se retrouve textuellement dans *Rep.*, IV, 424 *d*, passage qu'Ar. avait certainement sous les yeux : seulement Platon avait en vue l'éducation et non la constitution.

L. 31, παρανομῶσι a pour sujet sous-entendu οἱ πολῖται.

3. C'est le *sorite* (σωρός, *tas*) : combien faut-il de grains pour faire un tas de blé ? (Voir Cic., *de Divin.*, II, 11 ; *Acad.*, II, 19). — Comme l'explique Ar. dans les l. qui suivent, l'équivoque sophistique réside dans le mot πάντα : il est vrai que chacune des parties composant le tout, *prise individuellement* (premier sens de πάντα), est petite, mais il est faux que leur *ensemble* (second sens de πάντα) soit petit, car il peut se faire, par la « vertu du groupement », qu'un tout ait des propriétés différentes de celles de chaque partie (Bon exposé dans

cette proposition est vraie en un sens, mais non en
un autre, car le tout, le total, n'est pas petit, il est
seulement composé de parties petites. — On doit
donc se mettre en garde tout d'abord contre ce
commencement de changement, et en second lieu 40
ne pas ajouter foi aux arguments imaginés en vue
de tromper le peuple, car ils sont réfutés par les faits **1308 a**
(de quelles sortes de sophismes d'ordre politique nous
parlons ici, nous l'avons indiqué précédemment)[1].

En outre, nous observerons que la persistance de
certains gouvernements aristocratiques ou même
oligarchiques[2], s'explique, non pas par la stabilité
inhérente à ces constitutions, mais parce que ceux
qui sont à la tête de l'État traitent avec ménagement 5
tant les classes exclues de la vie politique que la
classe gouvernementale[3], d'une part en évitant
d'opprimer les individus qui ne participent pas au
pouvoir, en ouvrant même à ceux d'entre eux qui sont
aptes au commandement l'accès des fonctions publiques, et en ne molestant pas les ambitieux dans leur
désir des honneurs ni la multitude dans son amour du
gain, et, d'autre part, pour ce qui les concerne eux-
mêmes et[4] tous ceux qui participent à la direction
des affaires, en se traitant réciproquement dans un 10
esprit démocratique. Cette égalité, en effet, que les
hommes animés de l'esprit démocratique cherchent
à établir pour la multitude, si on l'applique à ses

Ps.-Thomas, 809, p. 274). Les schèmes dialectiques sur la *somme*
et le *total*, créés par l'Éléatisme, se sont transmis, par Platon
(*Parm.*, 145-147 ; *Théét.*, 204-205) et Ar. (*Top.*, VI, 13, 150 *a* 15-21 ;
Metaph., Δ, 26, 1023 *b* 26 et ss.), jusqu'aux sceptiques. (Voir, par
ex., Sextus, *adv. Math.*, IX, 331-358 ; *Hyp.pyrrh.*, III, 98-101).

1. IV, 13, 1297 *a* 13-38. — L. 40, σοφίσματος χάριν, *gratia sophis-
matis, hoc est ut (adulatores multitudinis) decipiant* (Ps.-Thomas,
810, p. 275).

2. Les oligarchies étant, de leur nature, plus instables que les
aristocraties. — Il est difficile de déterminer à quels États Ar. se
réfère dans ce passage. Voir les explications de Newman, IV, 382-383.

3. L. 6, πολιτεία et πολίτευμα ont des sens très voisins.

4. L. 10, καί est explétif. — L. 11, δημοτικῶς, c'est-à-dire *sur
un pied de stricte égalité*. La solidarité et la bonne entente doivent
être complètes entre les membres de la classe dirigeante. Cf. ch. 6,
supra, et *Rhétor. à Alex.*, II, 1424 *a* 39 et ss.

pairs[1] elle n'est pas seulement juste, mais elle est
encore profitable. C'est pourquoi, dans le cas où le
gouvernement est réservé à une classe relativement
nombreuse[2], il est bon que les lois renferment un
grand nombre de dispositions de caractère démocratique : telle est, par exemple, la limitation à une
durée de six mois de l'exercice des magistratures,
15 pour permettre à tous les Égaux de participer au
pouvoir, car les Égaux sont alors comme une sorte
de peuple (et c'est ce qui explique que, même au sein
de ce corps politique restreint, des démagogues surgissent souvent, comme nous l'avons dit plus haut)[3],
et ensuite[4] les oligarchies et les aristocraties versent
moins facilement en des régimes d'autorité personnelle[5] (car il n'est pas aussi aisé de porter atteinte
20 à la chose publique quand on détient le pouvoir pour
peu de temps que si on le conserve pendant une
longue durée, puisque c'est cette dernière circonstance qui dans les oligarchies et les démocraties
donne naissance à des tyrannies : ou bien, en effet,
ce sont les principaux citoyens qui, dans chacun de
ces deux genres d'États, aspirent à une tyrannie,
à savoir, dans les démocraties les démagogues, et
dans les oligarchies les membres des familles puissantes, ou bien ce sont ceux qui sont en possession
des plus hautes magistratures quand ils les exercent
pendant longtemps)[6].

Les constitutions se conservent non seulement par
25 l'éloignement des facteurs de dissolution, mais

1. Entre Égaux, entre Pairs (on donnait le nom d'Ὅμοιοι aux
privilégiés qui, dans les États oligarchiques, comme à Lacédémone,
participaient au gouvernement ; cf. *supra*, 7, 1306 *b* 30, note).

2. Et quand, par suite, il n'est pas possible que tous les Ὅμοιοι
fassent ensemble partie du gouvernement.

3. 6, 1305 *b* 23.

4. Autre avantage d'appliquer des mesures démocratiques et
d'esprit égalitaire aux rapports des Ὅμοιοι entre eux.

5. Et arbitraire, dépourvue de toute garantie constitutionnelle.
Sur la δυναστεία, cf. *supra*, II, 10, 1272 *b* 3, note.

L. 19, κακουργῆσαι a un sens large, que LAMBIN exprime par cette
périphrase : *summae rei detrimentum aliquod importare factisque
aut consiliis improbis nocere.*

6. Cf. 5, 1305 *a* 7.

parfois encore par leur proximité même, car sous
l'empire de la crainte les responsables affermissent
leur emprise sur les rouages de l'État. Par conséquent,
ceux qui ont le souci de la constitution ont le devoir
d'entretenir des sujets d'inquiétude, pour que les
citoyens, pareils à des sentinelles de nuit, se tiennent
sur leurs gardes et ne se relâchent pas de leur vigilance
en faveur de la constitution ; et, à cet effet, ils présen- 30
teront comme imminents les dangers éloignés[1]. Leur
devoir est aussi d'essayer, au moyen notamment d'une
législation appropriée[2], de prévenir les rivalités et
les dissensions des notables, et, enfin, de retenir ceux
qui sont restés en dehors de la querelle avant qu'ils
ne s'y soient engagés eux aussi : car la connaissance
du mal à ses débuts n'est pas à la portée du premier
venu, mais demande un véritable homme d'État.

Voyons maintenant le changement qui survient 35
à partir d'une oligarchie ou d'une république constitutionnelle en raison du cens. Dans cette hypothèse,
quand, le taux du cens[3] demeurant invariable, l'argent
devient abondant, il est utile d'examiner le total
du revenu national par comparaison avec celui des
années écoulées, annuellement dans les États où le 40
cens est fixé chaque année, et, dans les États plus
étendus, tous les trois ans ou tous les cinq ans ; si **1308 b**
le total de l'année en cours est un multiple ou un
sous-multiple[4] du total précédent, pris à l'époque

1. *Quod longe prope facere.* Cf. Ps.-Thomas, 813, p. 275 : *praefingere
quod illud quod longe est sit prope.* C'est bien là ce qu'AR. appelait
plus haut (1307 b 40), σοφίσματος χάριν πρὸς τὸ πλῆθος.

2. Parmi d'autres mesures (interventions officieuses, action
personnelle des magistrats, etc.).

3. On doit ajuster le cens exigé par la loi pour jouir des droits de
citoyen, à la richesse générale de la nation telle qu'elle est révélée
au moment de l'estimation des fortunes (en revenu ou en capital).
Cette révision du cens doit être faite soit tous les ans, soit au moins
tous les trois ou cinq ans. De cette façon le nombre des citoyens
demeurera invariable, la constitution ne sera pas ébranlée par l'arrivée
de nouveaux électeurs (en cas de prospérité générale) ou par la
raréfaction des citoyens (en cas de dépression économique), et l'État
ne sera pas soumis aux fluctuations des fortunes. (Cf. *supra*, 6, 1306 b
6-16).

4. Sur les notions mathématiques de πολλαπλάσιον *(multiplex)*
et de son corrélatif πολλοστημόριον *(submultiplex)*, qui appartiennent

où le taux du cens exigé par la constitution fut établi,
il est bon qu'une loi intervienne en vue d'un relèvement ou d'un abaissement du cens : si le nouveau
total marque un excédent sur l'ancien, on relèvera
5 le cens proportionnellement au nombre de fois que
cet excédent l'emporte, et s'il marque un chiffre
inférieur, on abaissera d'autant le cens et on le fixera
à un taux moins élevé. En effet, dans les oligarchies
et les républiques où l'on ne procède pas à cette
révision[1], dans un premier cas, on aboutit à remplacer
un gouvernement constitutionnel par une oligarchie,
et une oligarchie par un régime absolu, et, dans
le cas opposé, on passe d'un gouvernement constitutionnel à une démocratie, et d'une oligarchie à un
gouvernement constitutionnel ou à une démocratie.
10 Une règle commune[2] à la fois à une démocratie, une
oligarchie [et une monarchie] et à toute constitution,
c'est de ne permettre à aucun citoyen un accroissement de puissance par trop disproportionné, mais de
s'appliquer à conférer des honneurs médiocres pour

à la catégorie de la *relation* (πρός τι), cf. *Metaph.*, Δ, 15, 1020 *b* 28
(tome I, p. 294, note 2, de notre édition), et les savantes explications
de BONITZ, *in Metaph.*, 260.

1. Les l. 6-10 sont difficiles et incertaines. Nous suivons dans son
intégralité la leçon d'IMMISCH, et (contrairement à B. JOWETT et à
NEWMAN, IV, 390) mettons une virgule après ποιούντων. Nous
plaçons, d'autre part, en opposition οὕτως μέν, l. 7, et ἐκείνως δέ,
l. 9. Le texte doit dès lors être compris de la façon suivante : *dans
un cas* (οὕτως μέν), c'est-à-dire dans l'hypothèse où la richesse
nationale a diminué, la πολιτεία (ἔνθα μέν, l. 8, = ταῖς πολιτείαις,
l. 7) dégénère en oligarchie (puisque le taux du cens demeurant le
même, le nombre des censitaires diminue), et l'oligarchie (l. 8, ἔνθα
δέ = ταῖς ὀλιγαρχίαις, l. 6) se resserre encore davantage, pour la
même raison, et finit par tomber aux mains d'un petit clan exerçant
une autorité sans contrôle (une δυναστεία). *Dans le cas opposé*
(ἐκείνως δέ), c'est-à-dire dans l'hypothèse où la richesse nationale
s'est accrue, le cens restant le même, la πολιτεία s'élargit considérablement (puisque le nombre des censitaires augmente) pour devenir
une pure démocratie, et l'oligarchie s'étend aussi et devient une
πολιτεία, ou même une démocratie, suivant l'ampleur de l'accroissement du revenu national.

2. Deuxième partie, intéressant toutes les constitutions. (Cf.
supra, note sous 1307 *b* 27). — L. 11, καὶ ἐν μοναρχίᾳ est mis entre
crochets par la plupart des éditeurs modernes, peut-être à tort.
De toute façon, le sens demeure le même.

une longue durée plutôt que des honneurs considérables pour peu de temps (car les hommes sont
sujets à la corruption, et peu d'entre eux supportent
la prospérité) ; mais si cette règle n'est pas appliquée, 15
que du moins on se garde de reprendre en bloc les
honneurs qu'on a accumulés sur une seule tête, mais
qu'on le fasse progressivement[1]. Le mieux, c'est
encore de s'efforcer, par voie de réglementation légale[2],
de faire en sorte que nul parmi les citoyens ne s'élève
trop au-dessus des autres en puissance, soit par le
nombre des amis, soit par l'étendue des richesses,
ou sinon, de les éloigner par des voyages à l'étranger[3].
Et puisque l'amour des innovations a aussi pour 20
cause les habitudes de la vie privée[4], il est bon de
créer quelque magistrature qui aura l'œil sur ceux
dont la façon de vivre n'est pas sans péril pour la
constitution, pour la démocratie dans une démocratie, pour l'oligarchie dans une oligarchie, et ainsi
de suite pour chacune des autres formes de constitution.

La prospérité qui n'intéresse qu'à tour de rôle les
différentes parties de l'État doit aussi exciter notre
vigilance, pour les mêmes raisons[5] : le remède à cette 25
situation, c'est de toujours confier la gestion des
affaires et les fonctions publiques aux mains des

1. Cf. *infra*, 11, 1315 *a* 12.
2. Qui a l'avantage de prévenir le mal et de le couper dans sa
racine (Cf. 3, 1302 *b* 19, et surtout III, 13, 1284 *b* 17). Pour la question
de l'ostracisme, sur laquelle revient ici Ar., on se reportera à III,
13, 1284 *b* 3-34.
3. *Eos peregrinari jusso e civitate summovere* (Lambin), en leur
confiant par exemple des missions au dehors et en les retenant au
loin. (Voir Newman, IV, 391-392).
4. Ar. pense peut-être à Alcibiade. — La surveillance de la vie
privée des citoyens était chose courante dans un grand nombre
de cités : tel paraît avoir été le rôle des Éphores à Sparte et de
l'Aréopage à Athènes. Diog. Laërce rapporte une loi de Solon,
qui punissait d'ἀτιμία ceux qui avaient dissipé leur patrimoine
(I, 55).
5. Pour les bouleversements qui en résultent. L. 25, ἀνὰ μέρος
s'oppose à πάντες ἅμα (*Ind. arist.*, 41 *b* 28), et signifie *singly and by
turns, not simultaneously* (Newman, I, 535). Cf. Cicéron, *de Off.*,
I, 25, 85 : *ut (qui reipublicae praefuturi sunt) totum corpus reipublicae
curent, ne, dum partem aliquam tuentur, reliquas deserant.*

parties qui s'opposent l'une à l'autre (j'entends
l'opposition qui sépare les gens cultivés et la masse
du peuple, ou les pauvres et les riches), et d'essayer
soit de fusionner la masse des pauvres et celle des
riches[1], soit d'accroître l'importance de la classe
30 moyenne (accroissement qui a pour effet de mettre
fin aux séditions dues à l'inégalité).

Mais voici un point capital : sous n'importe quel
régime, les lois et les autres institutions doivent être
ordonnées de telle façon que les fonctions publiques
ne puissent jamais être une source de profits. C'est
là un danger qui doit attirer particulièrement l'attention dans les oligarchies. La masse du peuple, en
effet, n'est pas à ce point mécontente d'être exclue
de l'exercice du pouvoir (elle est même satisfaite
35 qu'on lui laisse du loisir pour s'occuper de ses affaires
personnelles), ce qui l'irrite c'est de penser que ses
magistrats mettent le trésor public au pillage, et
alors deux choses à la fois excitent sa mauvaise
humeur : son exclusion des honneurs et son exclusion
des profits. Et la seule façon aussi[2] dont il soit possible
de faire coexister démocratie et aristocratie, ne peut
consister que dans l'interdiction dont nous parlons[3] ;
40 il sera alors possible, pour les notables aussi bien que
1309 a pour les gens du peuple, de voir les uns et les autres
la réalisation de leurs désirs : d'une part, accessibilité
de tous aux emplois publics, ce qui est une règle
démocratique, et d'autre part présence des notables
au sein du gouvernement, ce qui est une mesure
aristocratique. Mais ce résultat ne sera atteint que
s'il est impossible de tirer profit des fonctions publiques : car alors les pauvres ne voudront pas les
5 exercer parce qu'ils n'ont aucun avantage matériel à
en attendre mais qu'ils préfèrent s'adonner à leurs
affaires privées ; en revanche, les gens aisés seront
aptes à les remplir parce qu'ils n'ont nullement besoin

---

1. Par des mariages, par exemple (II, 7, 1266 *b* 2), ou par l'accès
de tous à l'Assemblée. La seconde solution (τὸ μέσον αὔξειν) a
évidemment la préférence d'Ar., toujours favorable à la classe
moyenne.

2. En dehors de l'avantage d'assurer la stabilité de la constitution.

3. C'est-à-d. de s'enrichir par l'exercice d'une fonction publique.

des biens du public en sus des leurs. La conséquence
sera ainsi que les pauvres deviendront riches parce
qu'ils consacreront tout leur temps à leur travail,
et que d'autre part, les notables ne seront pas gouvernés par l'« homme de la rue ». — Pour éviter la
dilapidation des deniers publics, nous poserons en 10
règle que la transmission des sommes d'argent[1]
se fera en présence de tous les citoyens, et qu'il sera
déposé des duplicata des listes de comptes dans les
différentes phratries, compagnies et tribus[2]. Et
des honneurs seront décernés par la loi aux magistrats
ayant la réputation flatteuse d'exercer leurs fonctions
d'une manière désintéressée. — Il convient aussi,
dans les démocraties, d'épargner les riches, en s'abste- 15
nant de procéder au partage non seulement de leurs
propriétés mais même de leurs revenus[3], comme
cela se pratique dans quelques États sous une forme
déguisée[4] ; et il est préférable aussi d'empêcher les
citoyens riches, même s'ils l'acceptent volontiers,
d'organiser les *liturgies*[5] dispendieuses et sans utilité,
telles que chorégies, courses aux flambeaux et toutes
autres superfluités de même genre. — D'autre part,
dans une oligarchie on prendra un grand intérêt 20
au sort des indigents et on leur réservera les emplois
lucratifs ; et si quelqu'un de la classe riche commet
envers eux quelque outrage, il sera puni plus sévèrement que si l'outrage s'était adressé à un membre

1. L. 11, τῶν χρημάτων : ce sont les *sommes d'argent* que détiennent
les trésoriers de l'État et qu'ils *transmettent* (παράδοσις) à leurs
successeurs quand leurs fonctions arrivent à expiration. Ce sens de
χρήματα (sur la signification générale du terme, cf. I, 9, 1257 *b* 7,
note) est attesté par l'énumération des différentes richesses composant
le trésor d'Athéna, dans *Constit. athen.*, XLVII, 1 (τὰς Νίκας καὶ τὸν
ἄλλον κόσμον καὶ τὰ χρήματα).

2. De telle sorte que tous les citoyens puissent vérifier les
comptes. — L. 12, le λόχος était à Sparte une *compagnie* de deux
cents soldats et correspondait à une division administrative.

3. En d'autres termes, il ne faut pas égaliser les propriétés, ni
même les revenus (Cf. Ps.-Thomas, 826, p. 278).

4. A Rhodes, par exemple (5, 1304 *b* 27 et ss.).

5. Cf. II, 10, 1272 *a* 19, note.

de sa propre classe[1]. On aura soin, en outre, que les
héritages ne se transmettent pas par donation, mais
selon la descendance[2], et que la même personne ne
25 recueille pas plus d'un seul héritage : de cette façon
les fortunes seront mieux égalisées et un plus grand
nombre de citoyens pauvres pourront parvenir à
l'aisance.

Il est bon aussi que, à la fois dans une démocratie
et dans une oligarchie, on accorde à ceux qui ont une
part moindre que les autres dans le gouvernement
(les riches dans une démocratie, et les pauvres dans
une oligarchie), l'égalité ou même un droit de préfé-

---

1. L. 23, ἢ ἂν σφῶν αὐτῶν = ἢ ἄν τις ὑβρίσῃ τῶν εὐπόρων εἴς τινα
σφῶν αὐτῶν. C'est le sens le plus naturel, déjà adopté par la *Vetus
transl.* (*si quis opulentorum ... majores increpationes esse quam si
sibiipsis.* Cf. Ps.-Thomas, 827, p. 278), et accepté généralement
par les commentateurs modernes (Newman, IV, 400). Il est difficile
d'admettre, avec Sepulveda et Lambin, que σφῶν αὐτῶν se rapporte
aux pauvres (*Si quis e numero locupletium ... graviores ... paenae
... quam si quis ex egentibus alterum egentem contumelia afficiat.*
Lambin). Même idée *Rhétor. à Alex.*, II, 1424 b 3 et ss.

2. Première et principale mesure destinée à éviter, dans l'intérêt
même du système oligarchique, une concentration excessive des
fortunes dans les mêmes mains (Cf. II, 9, 1270 a 18). Ar., aux yeux
de qui la famille est la « cellule sociale », se montre ici d'accord avec
Platon pour condamner dans la transmission successorale l'esprit
individualiste, et interdire les libéralités entre vifs ou testamentaires,
faites à des *extranei* déjà riches, au détriment de la *parenté par le
sang* (κατὰ γένος, l. 24). Le passage des *Lois*, XI, 922 b à 923 c,
est significatif, mais si Platon est hostile à la succession testamentaire et veut favoriser la succession *ab intestat*, c'est surtout pour des
raisons d'ordre moral et pour prévenir le danger de manœuvres
destinées à circonvenir la volonté d'un moribond (Sur la réforme
platonicienne, cf. L. Gernet, *Introd.* aux *Lois*, I, p. cli à clxi).
Ar. se tient plutôt sur le terrain de la science politique, et ses recommandations dépassent le cadre des institutions oligarchiques, seules
expressément visées (ἐν δ' ὀλιγαρχίᾳ, l. 20), et revêtent une portée
plus générale, valable pour tous les régimes.

Sur la signification juridique de δόσις (κατὰ δόσιν, l. 24), qui
englobe toute *libéralité* en général, *donation entre vifs* ou *legs* (Cf.
Liddell et Scott, Vᵒ δόσις), nous renvoyons à une note de notre
Eth. Nicom., p. 170 (sous IV, 1, 1119 b 25), mais il semble bien que
dans le présent passage, δόσις ne se distingue pas de δωρέα et ne soit
pas prise en un sens rigoureux.

rence pour tout le reste[1], ne réservant que les magis-   30
tratures principales de l'État, ces derniers postes
devant demeurer aux mains des seuls membres de la
classe au pouvoir[2] ou de la grande majorité d'entre
eux.

9

*<Qualités de l'homme d'État,
et protection des constitutions. >*

Il y a trois qualités que doivent posséder ceux qui
sont appelés à exercer les principales fonctions de
l'État : la première, c'est la loyauté envers la constitution établie ; ensuite, une éminente capacité pour   35
les affaires qu'on administre ; et en troisième lieu,
une vertu et une justice[3] appropriées, dans chaque
forme de constitution, à la constitution en vigueur
(car si ce qui est juste n'est pas identique sous toutes
les constitutions, il faut nécessairement aussi que
la vertu de justice comporte des différences)[4]. —
Mais une difficulté se présente : quand toutes ces
qualités ne se rencontrent pas réunies dans la même
personne, comment le choix doit-il s'exercer ? Voici,   40
par exemple, un homme doué de talents militaires,   **1309** *b*
mais sans valeur morale et hostile à la constitution ;
en voici un autre, juste et loyal <mais sans talents
militaires >[5] : comment faut-il faire le choix ?

1. Postes de simple administration, par exemple, ou les honneurs
les émoluments...

2. L. 31, τοῖς ἐκ τῆς πολιτείας, *iis qui rempublicam administrant*
(LAMBIN).

3. Il faut entendre par ἀρετή (l. 36), la *valeur morale et intellectuelle*. La δικαιοσύνη est la *vertu de justice*, consistant dans l'*habitus*
d'accomplir des actions justes. (Cf. les analyses de l'*Eth. Nicom.*,
au livre V, spécialement 1, 1129 *a* 9 et ss., p. 213 et notes de notre
édition).

4. Il s'agit, bien entendu, de la justice *secundum quid*, relative
à telle forme de constitution, et non de la justice *simpliciter :* cf.
III, 4, 1276 *b* 30, et surtout 9, 1289 *a* 19, et la note.

5. Lacune probable après φίλος, l. 2, et qu'on peut compléter
par μὴ στρατηγικὸς δέ.

Il semble bien qu'on doive avoir égard à deux considérations : quelle est la qualité, qui, chez tous les
hommes, est plus communément répandue, et quelle
est la qualité qui l'est moins[1]. C'est pourquoi, dans
le choix d'un stratège, on aura plutôt égard à l'expé-
5 rience qu'à la valeur morale (car les hommes ont plus
rarement en partage l'aptitude à commander une
armée, alors que l'honnêteté est plus répandue) ;
en revanche, pour une charge de gardien[2] ou de
trésorier, on suivra la règle opposée (ces fonctions
requérant plus de vertu que la plupart des hommes
n'en possèdent, tandis que le savoir exigé est une
chose commune à tous).

Une question pourrait cependant se poser : si
capacité et loyauté envers la constitution se trouvent
10 réunies, qu'est-il besoin de la vertu, puisque ces deux
qualités suffiront à elles seules pour servir utilement
l'État ? Ne peut-on pas répondre[3] qu'il peut se faire
que ceux qui possèdent ces deux qualités soient
cependant impuissants à dominer leurs passions[4] ;
par conséquent, de même qu'ils négligent parfois
leurs propres intérêts, dont ils ont cependant la
pleine intelligence, et en dépit de l'amour qu'ils ont
pour eux-mêmes, ainsi rien n'empêche qu'ils ne montrent pareille négligence à l'égard des affaires publiques.

D'une façon générale, toutes les dispositions conte-
15 nues dans les lois et que nous indiquons comme
étant utiles aux diverses constitutions, sont toutes,
sans exception, des mesures qui assurent la préservation de celles-ci, et le principe élémentaire, d'importance capitale, que nous avons répété bien des fois[5],
c'est de veiller à ce que la masse des citoyens favo-

---

1. On préférera donc, parmi les trois qualités, celle qui est la
plus rare.

2. Gardien, non au sens militaire, mais au sens d'intendant ou de
trésorier, comme les mots qui suivent le précisent.

3. Sur la particule interrogative ἤ, l. 11, cf. III, 13, 1283 *b* 11,
note.

4. Sur l'ἀκρασία, cf. I, 13, 1259 *b* 25, note.

5. II, 9, 1270 *b* 21 ; IV, 9, 1294 *b* 37, et surtout, 12, 1296 *b* 15 et ss.
Voir aussi *infra*, VI, 5, 1320 *a* 14.

rables à la constitution l'emporte[1] sur celle des
citoyens qui lui sont hostiles.

Et, en plus de toutes ces recommandations, on
ne doit pas passer sous silence une chose qui, de nos
jours, est perdue de vue par les constitutions dégénérées, à savoir le juste milieu[2] : car beaucoup de
pratiques d'apparence démocratique sont la ruine 20
des démocraties, et beaucoup de pratiques qui
passent pour oligarchiques, la ruine des oligarchies.
Mais ceux qui s'imaginent que la forme pervertie de
leur constitution est la seule bonne, tirent à l'excès
les choses à eux : ils ne savent pas qu'il en est à cet
égard comme d'un nez qui, tout dévié qu'il soit de
la forme droite, la plus belle de toutes, pour devenir
un nez aquilin ou camus, n'en demeure pas moins
beau et agréable à regarder ; toutefois, si on accentue 25
la déviation à un point excessif, d'abord on sacrifiera
l'équilibre du visage, et finalement la déformation
sera telle qu'il n'y aura même plus apparence de nez,
à cause de l'excès ou de l'insuffisance des deux
qualités opposés[3] ; et on peut en dire autant pour les
autres parties du corps. Eh bien ! c'est ce qui se
passe également dans l'autre cas, celui des consti- 30
tutions[4]. Il peut se faire, en effet, qu'une oligarchie
ou une démocratie soit de nature à se faire supporter,
bien qu'elle soit fort éloignée de la constitution
idéale ; mais si on imprime une trop forte tension
à l'un ou l'autre de ces deux régimes, en premier lieu
on rendra la constitution pire qu'elle n'était, et en
fin de compte il n'y aura plus de constitution du tout.
C'est pourquoi le législateur et l'homme d'État 35
ne doivent pas ignorer quelles sont, parmi les insti-

---

1. Par le nombre, mais en tenant compte également de la qualité.
(Cf. IV, 12, 1296 b 15, précité, et Xénoph., Hellen., II, 3, 19, où
Théramène exprime la même idée). — L. 17, πλῆθος est syn. de
μέρος.

2. La μετριότης, la mesure, la modération : cf., sur ce point,
Lois, III, 693 e et 701 e. La comparaison avec le nez se trouve aussi
Rhetor., I, 4, 1360 a 21-30.

3. A savoir l'aquinilité et la camosité. Cf. B. Jowett : on account
of some excess in one direction or defect in the other.

4. Sur le sens de ἄλλας, l. 31, cf. Newman, IV, 407. Voir aussi
Thurot, 84, qui lit περὶ τἆλλα καὶ τὰς πολιτείας.

tutions de caractère populaire, celles qui préservent
la démocratie et celles qui la détruisent, et quelles
sont, parmi les institutions oligarchiques, celles qui
préservent l'oligarchie ou la détruisent. Aucune de
ces deux constitutions ne peut, en effet, exister et
subsister sans une classe riche et une classe populaire, mais à partir du moment où l'égalité des fortu-
40 nes a été réalisée, la constitution édifiée sur cette
base est nécessairement toute différente, de sorte
1310 a qu'en détruisant l'une ou l'autre des deux classes
au moyen d'une législation poussant à l'excès l'application des principes, c'est la constitution même que
l'on détruit.

Une autre erreur[1] se commet à la fois dans les
démocraties et dans les oligarchies. Dans les démocraties, elle est le fait des démagogues, partout où
la multitude est au-dessus même des lois[2] : car ils
5 coupent toujours l'État en deux en s'attaquant à
la classe riche, alors qu'ils devraient, au contraire,
toujours sembler parler en faveur des riches[3]. Et,
d'autre part, dans les oligarchies, les oligarques
devraient prétendre favoriser les intérêts du peuple ;
et ils devraient bien aussi adopter pour les serments
qu'ils prêtent, une formule exactement opposée à
celle dont ils se servent de nos jours. Voici, en effet,
le serment qu'ils prêtent aujourd'hui dans certaines
cités[4] : *Et je serai malintentionné envers le peuple,
et je lui ferai dans le Conseil tout le mal dont je suis*
10 *capable.* Ils devraient, au contraire[5], concevoir et
feindre des sentiments tout opposés, en déclarant
dans leurs serments : *Je ne commettrai pas d'injustice
envers le peuple.*

---

1. Erreur de tactique. Dans tous les régimes, il faut éviter de
couper l'État en deux partis irréconciliables, par des déclarations
imprudentes.- C'est se créer inutilement des adversaires qui
n'attendent qu'une occasion pour prendre leur revanche.

2. C'est la démagogie, forme extrême de la démocratie (cf. 5,
1305 *a* 31 et ss., avec les notes et les renvois).

3. Comme l'avait fait SOLON à Athènes, lequel πρὸς ἑκατέρου
ὑπὲρ ἑκατέρων μάχεται καὶ διαμφισβητεῖ (*Const. athen.*, V, 2).

4. Sur l'exaspération des luttes sociales aux v*e* et iv*e* siècles*
cf. G. GLOTZ, *op. cit.*, 374, et du même auteur, *Études sociales et
jur. ...*, p. 117.

5. Dans leur propre intérêt.

Mais le plus puissant de tous les moyens que nous
avons indiqués pour assurer la durée de la constitution,
et qui est de nos jours totalement négligé[1], c'est un
système d'éducation adapté à la forme des gouvernements[2]. Rien ne sert, en effet, de posséder les
meilleures lois, même ratifiées par le corps entier des 15
citoyens, si ces derniers ne sont pas soumis à des
habitudes et à une éducation entrant dans l'esprit
de la constitution, lesquelles seront démocratiques
si les lois sont démocratiques, ou oligarchiques
si les lois sont oligarchiques : car si un individu
peut être incapable de se maîtriser, il en est de même
pour un État[3]. Mais avoir reçu une éducation
conforme à la constitution, ce n'est pas accomplir 20
des actions auxquelles se plaisent les membres d'une
oligarchie ou les partisans d'une démocratie, mais
bien des actions qui rendront capables les intéressés,
les uns de gouverner selon les principes oligarchiques,

---

1. Même reproche, *Eth. Nicom.*, X, 10, 1180 *a* 25.

2. L'idée suivant laquelle l'éducation est affaire d'État et que
le système d'éducation doit correspondre au régime politique,
n'appartient pas en propre à AR. Déjà dans la *République* (V, 457 *c-d*,
460 *b-d*, 461 *d*, etc.) et dans les *Lois* (VII, 793 *d* et ss. : cf. l'*Introd.*
de A. Diès, p. LIII à LXVI), PLATON, désirant assurer l'unité de son
État, avait établi une réglementation minutieuse, qui éliminait
tout facteur individualiste, prescrivait l'obligation scolaire et posait
le principe de l'école unique et publique (804 *c*), ouverte aux enfants
des deux sexes. AR., moins radical et rejetant toute inspiration
communiste, n'en retient pas moins les principales articulations
de la pédagogie platonicienne : éducation publique, commune et
adaptée à la forme du gouvernement. Pour lui comme pour PLATON,
mais avec un sens des réalités et des possibilités plus aigu, la
pédagogie est une dépendance de la politique : l'individu appartient
à l'État comme la partie au tout, et puisque l'État a une fin unique,
l'éducation sera commune et en rapports avec le régime politique.
C'est la *meilleure façon* (μέγιστον, l. 12) de faire contracter aux
citoyens des habitudes adaptées aux lois de la cité et d'assurer
ainsi la stabilité des institutions.

AR. consacrera les 5 derniers chapitres du livre VII, et le l. VIII
en entier (inachevé) à ses idées sur l'éducation. Le meilleur exposé
critique de la pédagogie aristotélicienne, et le plus complet, est
celui de M. DEFOURNY, dans ses *Études sur la Politique*, p. 159 à 361.

3. Qui sait ce qui lui convient, mais qui, par *faiblesse* (ἀκρατεία)
est, comme le vicieux, incapable de l'exécuter (La comparaison
se rencontre déjà *Eth. Nicom.*, VII, 11, 1152 *a* 20-25).

les autres de vivre en démocratie[1]. Mais en fait,
dans les oligarchies, tandis que les fils des gens au
pouvoir vivent dans la mollesse, les enfants des
pauvres s'endurcissent dans les exercices du gymnase
et les travaux pénibles, de sorte qu'ils sont à la fois
25 plus désireux d'innovations et plus capables de les
réaliser[2]. D'autre part, dans les démocraties qui ont
la réputation d'être du type démocratique le plus
pur, c'est un état de choses absolument contraire à
l'intérêt de l'État qui s'est établi, et dont la cause
réside dans une définition erronée de la liberté (car
deux choses paraissent bien caractériser la démocratie, la souveraineté du nombre et la liberté)[3] :
30 dans l'opinion des démocrates, en effet, la justice
est une égalité et l'égalité n'est rien d'autre que la
volonté souveraine de la multitude, et, d'autre
part, la liberté[4] consiste à faire tout ce qu'on veut.
Par suite, dans les démocraties de ce genre, chacun
vit comme il l'entend, et, suivant le mot d'EURIPIDE[5],
va où son désir le conduit. Mais c'est là une attitude
condamnable, car il ne faut pas croire que vivre
conformément à la constitution soit pour l'homme
35 un esclavage, c'est en réalité son salut[6].

Telles sont donc les causes de changement et de
ruine des constitutions, et les moyens d'en assurer
la conservation et la permanence : il ne s'agit d'ailleurs
là que de considérations générales.

---

1. *Illi oligarchiam obtinere, hi in democratia vivere* (LAMBIN). —
L. 22, δημοκρατεῖσθαι a toujours le sens passif.

2. Cf. *Republ.*, VIII, 556 *b-d.*

3. A l'exemple de H. RACKHAM, nous mettons cette phrase entre
parenthèses.

4. Nous laissons de côté, l. 31, καὶ ἴσον, que certains éditeurs
(dont IMMISCH) mettent entre crochets.

5. Fgmt 891, NAUCK (2ᵉ éd.). Il faut sous-entendre τυγχάνει
après χρῄζων. LAMBIN traduit : *quo libido trahit.* Même idée *Eth.
Nicom.*, X, 10, 1180 *a* 27.

6. Cf. *Rhetor.*, I, 4, 1360 *a* 19. Voir aussi *Lois*, IV, 715 *d.*

10

<Causes de destruction et de préservation
des gouvernements monarchiques et des tyrannies. >

Il reste à traiter aussi de la monarchie[1], à la fois
de ses causes de destruction et de ses moyens naturels
de préservation. Ce qui se passe pour les royautés 40
et les tyrannies est, à peu de chose près, ce que nous
avons déjà signalé pour les républiques proprement **1310 b**
dites. La royauté, en effet, est à mettre au rang de
l'aristocratie[2], et la tyrannie est un composé
d'oligarchie et de démocratie dans leurs formes
les plus extrêmes ; pour cette raison dès lors, la
tyrannie est aussi pour les sujets le plus néfaste des 5
régimes, en ce qu'elle est une combinaison de deux
éléments nocifs et qu'elle admet les perversions
et les erreurs provenant des deux constitutions à la
fois.

Ces deux formes de monarchie ont leur origine
dans des sources directement opposées. La royauté,
en effet, a été instituée en vue de protéger les élites
contre le peuple[3], et un roi est choisi au sein de ces 10
élites, soit en raison du caractère éminent de sa
vertu ou des actes qu'elle lui fait accomplir[4], soit
pour l'excellence de sa famille ayant fait preuve de
qualités analogues ; le tyran, au contraire, sort du
peuple et de la multitude pour les protéger contre
les notables, de façon que le peuple ne souffre aucune
oppression de leur part. Les faits illustrent avec
évidence ce dernier point : on peut dire que la grande

1. Cf. III, 14, 1284 b 37, note. Rappelons qu'Ar. prend le terme
μοναρχία en son sens étymologique de *gouvernement d'un seul*,
comprenant la βασιλεία et la τυραννίς.

2. En ce que l'une et l'autre reposent sur le mérite et la vertu
(cf. IV, 2, 1289 a 30). — L. 4, τῆς ὑστάτης qualifie à la fois ὀλιγαρχίας
et δημοκρατίας.

3. L. 9, il faut sans doute lire ἐπί au lieu de ἀπό (cf. NEWMAN,
IV, 415).

4. En d'autres termes, de ses bienfaits.

15 majorité des tyrans sont issus en quelque sorte de
démagogues qui ont gagné la confiance du peuple
en décriant les notables[1]. Parmi les tyrannies, en
effet, les unes se sont établies de la façon que nous
venons de dire, au moment où les cités avaient déjà
pris de l'extension[2] ; d'autres, à une époque plus
reculée, eurent pour origine les rois qui s'écartaient
des coutumes de leurs ancêtres et aspiraient à un
pouvoir plus absolu ; d'autres encore naquirent au
20 sein de la classe qui occupait par voie d'élection les
charges principales de l'État (car aux temps anciens
les peuples conféraient les fonctions de *démiurges*[3]
ou de délégués sacrés, pour des périodes de longue
durée) ; d'autres tyrannies enfin provinrent de la
coutume des oligarchies de choisir un homme ayant
à lui seul l'autorité suprême sur les magistratures
les plus importantes[4]. Toutes ces façons de procéder
rendaient aisé aux ambitieux, si seulement ils en
25 avaient le désir, l'accomplissement de leurs desseins,
parce que, déjà dans la place, ils détenaient la
puissance attachée, suivant le cas, soit à la dignité
royale, soit à la charge élevée dont ils étaient investis :
ainsi, PHIDON[5] à Argos et plusieurs autres s'établirent
tyrans, de rois qu'ils étaient auparavant, tandis que
les tyrans de l'Ionie[6], ainsi que PHALARIS[7], occupaient
d'abord les postes les plus importants de l'État ;
et PANAETIUS[8] à Leontium, CYPSELOS[9] à Corinthe,

1. Cf. *supra*, 5, 1305 *a* 8 ; *Republ.*, VIII, 565 *d*.

2. Cf. *supra*, 5, 1305 *a* 19, et la note.

3. Nom porté par les magistrats de certaines cités (cf. G. GLOTZ,
la Cité gr., p. 104-105). Les *démiurges* sont ici les magistrats d'ordre
civil par opposition aux θεωροί, *députés* ayant un caractère religieux
qui représentaient les cités aux fêtes et aux jeux panhelléniques.

4. Ce tyran en puissance « coiffait » les magistrats les plus élevés,
ou cumulait plusieurs fonctions (comme, par exemple, à Carthage :
II, 11, 1273 *b* 8).

5. En 750. — Ce personnage est distinct du tyran de Corinthe
dont il a été question II, 6, 1265 *b* 12.

6. Par exemple Thrasybule, à Milet (en 612) : cf. III, 13, 1284 *a* 27,
et *infra*, 1311 *a* 20.

7. Le tyran d'Agrigente célèbre par son taureau d'airain (565-549).

8. Leontium est une ville de Sicile.

9. Sur Cypselos, tyran de Corinthe vers le milieu du VIIe siècle,
et père de Périandre, cf. *Econom.*, II, 2, 1346 *a* 32-1346 *b* 6, et HÉROD.,
I, 14, 20 ; V, 92.

Pisistrate[1] à Athènes, Denys à Syracuse, et 30
d'autres, furent de la même façon originairement des
démagogues.

Ainsi donc, comme nous l'avons dit[2], la royauté
est à mettre au rang de l'aristocratie, car elle est
basée sur le mérite[3], qu'il s'agisse de la valeur
personnelle d'un individu ou de celle de sa famille,
ou sur les services rendus, ou sur tous ces titres
à la fois, en y joignant la puissance de faire le bien[4].
Car tous ceux qui ont rendu, ou étaient susceptibles
de rendre, des services à leurs cités ou à leurs nations[5] 35
ont obtenu la dignité royale : les uns, comme
Codrus[6], ont préservé leur peuple de l'esclavage
qui suit toujours une guerre malheureuse, les autres,
comme Cyrus[7], l'ont délivré de la servitude, ou
ont fondé une ville, ou ont été des *rassembleurs de
terre*[8], comme les rois de Sparte, de Macédoine ou
des Molosses. — Et le roi a toujours tendance à être 40
un protecteur, de façon à empêcher à la fois les
détenteurs de la richesse d'être victimes d'aucune **1311** *a*
mesure injuste, et le peuple de subir aucune vexation.
La tyrannie, au contraire, comme nous l'avons
répété maintes fois[9], ne porte aucune attention à

1. Sur Pisistrate et Denys l'Ancien, cf. 5, 1305 *a* 23 et ss.

2. L. 2 ci-dessus.

3. Cf. III, 5, 1278 *a* 18.

4. Sur le sens de δύναμιν, l. 34, cf. *Rhetor.*, I, 5, 1361 *a* 27 : ... τιμᾶται
καὶ ὁ δυνάμενος εὐεργετεῖν.

5. Cf. I, 2, 1252 *b* 20, note.

6. Dernier roi d'Athènes (xie siècle), qui sacrifia sa vie pour
sauver son peuple de l'invasion dorienne.

7. Cf. Hérod., III, 82, où Cyrus parle de lui-même, quand il
vante le régime monarchique. Il libéra les Perses de la domination
des Mèdes en 559.

8. On sait que le nom de *Rassembleur de la terre russe* fut donné
à Ivan le Terrible (xvie siècle). Ar. exprime ici la même idée. Cf.,
sur ce passage, la paraphrase de Lambin : *aut urbe condita, aut
propagatis imperii finibus agrisque latis ac longinquis sive provinciis
bello partis.* — En ce qui concerne les exemples qui suivent, on
se rappellera que Sparte domina un moment tout le Péloponnèse ;
pour la Macédoine, cf. Hérod., III, 138 *in fine;* enfin les Molosses,
peuple de l'Épire, eurent pour roi Néoptolème (ou Pyrrhus), fils
d'Achille.

9. III, 7, 1279 *b* 6 ; IV, 10, 1295 *a* 17 et ss.

l'intérêt public à moins que ce ne soit pour en tirer un avantage personnel. Le tyran, d'autre part, ne vise qu'au plaisir, tandis que le roi vise à ce qui 5 est noble. De là vient que jusque dans leurs désirs insatiables d'amasser[1], ce sont les richesses qui attirent plutôt le tyran, et les honneurs le roi. Enfin la garde d'un roi est composée de citoyens, et celle d'un tyran de mercenaires étrangers[2].

Que la tyrannie possède à la fois les vices de la démocratie et ceux de l'oligarchie, c'est une chose manifeste : de l'oligarchie, d'une part, elle tient que 10 la seule fin c'est la richesse[3] (car c'est nécessairement par l'argent seul que le tyran peut à la fois maintenir sa garde et continuer sa vie de jouissance) et que le peuple ne mérite aucune confiance[4] (sentiment qui explique les mesures prises contre le bas peuple, désarmement, vexations, expulsion de la cité, dispersion[5], toutes précautions communes à la fois 15 à l'oligarchie et à la tyrannie) ; d'autre part, à la démocratie la tyrannie emprunte la guerre aux notables et leur anéantissement, opéré soit en secret soit ouvertement, ou leur bannissement, à titre de rivaux en l'art de gouverner et comme faisant obstacle à la marche du régime. C'est effectivement au sein des classes supérieures qu'en fait les complots aussi[6] se trament, certains notables voulant que le gouvernement soit entre leurs mains, et les autres refusant d'être asservis. De là également le conseil 20 de PÉRIANDRE à THRASYBULE de couper les épis qui dépassaient, signifiant par là qu'il est toujours bon de supprimer les citoyens qui s'élèvent au-dessus des autres[7].

1. Un πλεονέκτημα (l. 5) est un acte de πλεονεξία (sur le sens de ce terme, cf. II, 7, 1266 *b* 37, note).

2. Cf. III, 14, 1285 *a* 24.

3. Même idée *Eth. Nicom.*, VIII, 12, 1160 *b* 15 : περὶ πλείστου ποιούμενοι τὸ πλουτεῖν.

4. *Supra*, 6, 1306 *a* 21.

5. Pour la remise des armes, cf. l'exemple de Pisistrate à Athènes (*Const. ath.*, XV) ; le bannissement du peuple hors la cité et sa dispersion fut réalisé par les Trente : XÉNOPH., *Hellen.*, II, 4, 1 ; voir aussi *Rhetor. à Alex.*, II, 1424 *b* 7.

6. Aussi bien que la résistance passive à l'oppression.

7. Même exemple, III, 13, 1284 *a* 26 (avec la note).

Ainsi donc, comme nous l'avons, croyons-nous,
établi[1], on doit estimer que les causes de changements
qui surviennent dans les républiques constitutionnelles
aussi bien que dans les monarchies sont les mêmes :
dans beaucoup de cas les sujets se rebellent contre
leurs souverains, aussi bien pour se délivrer de   25
l'oppression que par crainte et par mépris. Et parmi
les formes que revêt l'oppression, la plus répandue est
celle qui se traduit par la démesure et parfois aussi
par la confiscation des biens des particuliers.

Les fins poursuivies par les rebelles dans le cas
des tyrannies et des royautés sont les mêmes que
dans les républiques : car les monarques possèdent
de grandes richesses et de grands honneurs, qui
éveillent toujours la cupidité. Les attaques sont   30
dirigées tantôt contre la personne physique de ceux
qui détiennent le pouvoir, tantôt contre leur régime[2].
Celles qui sont provoquées par la démesure
s'adressent à la personne physique ; et comme il
existe de nombreuses variétés de démesure[3], chacune
d'elles devient une cause d'irritation, et quand
les hommes sont sous l'empire de la colère, on peut
dire que la plupart du temps leur révolte a pour   35
but la vengeance et non la suprématie. Par exemple,
la révolte contre les PISISTRATIDES[4] eut pour cause

1. 1310 a 40. — Les causes de bouleversement déjà énumérées
et étudiées 2, 1302 a 34 et tout au long du ch. 3, sont ici reprises et
illustrées d'exemples historiques. Seule l'ὑπεροχή, l'une de ces
causes, est renvoyée à 11, 1315 a 8 et ss.

2. L. 32, ἐπὶ τὴν ἀρχήν = ἐπὶ τὴν τῆς ἀρχῆς διαφθόραν.

3. Cf. infra, 11, 1314 a 14. — Chaque sorte d'ὕβρις est susceptible
d'engendrer la colère, et la révolte prend alors un caractère passionnel
qui donne plus d'importance à la vengeance qu'à l'ambition, et c'est
pourquoi l'attaque se porte sur la personne physique (ἐπὶ τὸ σῶμα,
l. 31 et 33) et non sur les institutions (ἐπὶ τὴν ἀρχήν, l. 32). Cf. Ps.-
THOMAS, 855, p. 286 : irati autem fere moventur propter punitionem
personalem magis quam propter depositionem a principatu.

4. Sur les circonstances du meurtre d'Hipparque, l'un des fils
de Pisistrate, en 534, cf. Const. athen., XVIII. Voir aussi HÉROD.,
V, 55, et VI, 123, et THUCYD., I, 20, et (récit très détaillé) VI, 54-59.
On se reportera aussi au dialogue pseudo-platonicien Hipparque
(avec la notice de J. SOUILHÉ, dans son éd. des Dialogues suspects,
Paris, 1930, p. 47-51). — AR. et les deux historiens sont d'accord
pour s'opposer à la tradition démocratique, qui voit dans les deux

l'outrage qu'ils firent subir à la sœur d'HARMODIUS
et leur insolence envers HARMODIUS lui-même (car
HARMODIUS fut poussé à la révolte pour venger sa
sœur, et ARISTOGITON pour défendre HARMODIUS).
Un complot fut tramé aussi contre PÉRIANDRE[1],
40 tyran d'Ambracie, parce que, en buvant en compagnie
de l'un de ses mignons, il lui demanda s'il portait
1311 b déjà dans son sein un enfant né de ses œuvres. Et
la révolte de PAUSANIAS contre PHILIPPE[2] est due
au fait que ce dernier l'avait abandonné aux
assiduités outrageantes d'ATTALE et de ses amis ;
DERDAS se souleva contre AMYNTAS le Petit[3], parce
que celui-ci s'était vanté d'avoir eu sa fleur[4] ; et
5 l'eunuque qui conspira contre EVAGORAS de Chypre[5]
et l'assassina, s'estimait offensé de ce que sa femme
eût été enlevée par le fils du prince. — Un grand
nombre de soulèvements ont eu aussi pour origine

conjurés des libérateurs d'Athènes. En réalité Harm. et Aristog.
étaient poussés par des motifs personnels de vengeance. La sœur
d'Harm., *canéphore* aux Panathénées, fut renvoyée brutalement
de la fête, et Harm. lui-même traité d'*efféminé* (μαλακός) par
Thettalos, le plus jeune des fils de Pisistrate.

L. 37, ἐπηρεάσαι. La définition de ὁ ἐπηρεασμός (plus souvent
ἐπήρεια), *vexatio, illusio, insolentia* (LAMBIN force la note en
interprétant *stuprum inferre*), est donnée *Rhetor.*, II, 2, 1378 *b* 17.

1. Cf. 4, 1304 *a* 31, et note.

2. Cette référence est-il au meurtre de Philippe de Macédoine, père
d'Alexandre, par le jeune noble Pausanias, en 336, est importante
pour la chronologie de la *Politique :* cf. W. JAEGER, *Aristotle* (2ᵉ éd.
angl. de ROBINSON), p. 266, note 2.

3. L'identification de ces personnages est incertaine (cf. NEWMAN,
IV, 428). Peut-être Amyntas est-il l'un des rois de Macédoine, mais
il est douteux qu'il s'agisse du père de Philippe. D'autre part,
XÉNOPH., dans ses *Hellen.*, V, 2, 38, et 3, 1, parle d'un certain Derdas,
prince d'Elimée (au sud-ouest de la Macédoine), en 382, qui pourrait
être le nôtre.

4. L. 4, et plus bas l. 18, ἡλικία a le sens de *flos juventutis* (*Ind.
arist.*, 317 *a* 36).

5. Sur ce roi, cf. XÉNOPH., *Hellen.*, II, 1, 29 ; IV, 8, 24 ; V, 1, 10.
Il résulte d'un récit de THÉOPOMPE de Chios (dans *Fragm. Hist. gr.*,
de C. et TH. MULLER, I, 295, fgmt 111) que l'eunuque se nommait
Thrasydaeus, et voulut venger son maître Nicocréon obligé de
s'exiler, en tuant Evag. en même temps que le fils de ce dernier,
Pnytagoras, qui venaient courtiser une fille de Nicocréon. — L. 5,
τὴν γυναῖκα : les eunuques étaient souvent mariés.

d'indignes attentats commis par certains monarques
sur la personne de leurs sujets. Tel fut le soulèvement
de CRATAEUS contre ARCHÉLAÜS[1] : toujours il avait
supporté impatiemment leur intimité, de sorte qu'il
lui suffit du plus léger prétexte ; ou peut-être fût-ce
parce que le prince ne lui donna pas l'une de ses filles
en mariage malgré sa promesse, mais que, à un
moment où il se trouvait vivement pressé au cours
d'une guerre contre IRRHAS et ARRHABAEUS[2], il
donna l'aînée au roi d'Élimée et la cadette à son
propre fils AMYNTAS, dans la pensée que de cette
façon ce dernier éviterait tout sujet de désaccord
avec son autre fils, né de CLÉOPATRE ; toujours
est-il que l'inimitié de CRATAEUS avait pour cause
profonde le dégoût que lui inspiraient les assiduités
du roi. HELLANOCRATE de Larissa se joignit à la
rebellion pour le même motif : comme, en effet,
ARCHÉLAÜS abusait de sa jeunesse et refusait, en
dépit de ses promesses, de le ramener dans sa patrie[3],
il pensa que l'intimité née entre lui et le roi avait pour
cause un dessein de l'outrager et non un amour
passionné. PYTHON[4] aussi, et HÉRACLIDE, tous deux
d'Aenos, firent périr COTYS pour venger leur père,
et ADAMAS, de son côté, abandonna le parti de
COTYS parce que, étant enfant, il avait subi la
castration du fait de ce dernier, et se vengea ainsi
de l'insulte qu'il avait reçue.

Beaucoup de citoyens également[5], irrités des

1. Roi de Macédoine, de 413 à 399. Il avait accueilli Euripide
exilé, en 408.

2. Rois des Lyncestes. La Lyncestis est située entre la Paeonie,
au nord de la Macédoine, et Elimée au sud. L'alliance des Elimiotes
était évidemment utile à Archélaüs.

3. A Larissa, d'où son père sans doute avait été exilé. Hellan.
n'est pas autrement connu.

4. Le nom est mal attesté. Peut-être faut-il lire *Parrhon*, ou
Pyrrhon (Dans un passage controversé — et à bon droit —
DIOG. LAERCE, IX, 65, attribue au fondateur du scepticisme le
meurtre de Cotys). En tout cas, Python et Héraclide d'Aenos (ville
de Thrace) figurent au nombre des disciples de Platon dans DIOG.,
III, 46. Cotys était un roi thrace, qui est cité dans *Econom.*, II, 2,
1351 *a* 17-32, et Adamas (l. 23) un homme de son entourage, qui
avait été rendu eunuque.

5. L. 23, nous lisons, avec les mss, πολλοί, au lieu de πολλούς.

mauvais traitements corporels et des coups qu'ils
25 recevaient comme autant d'insultes, ont fait périr,
ou tenté de le faire, jusqu'à des personnages officiels
et des membres de dynasties royales. Ainsi à Mytilène,
les PENTHILIDES[1] parcouraient le pays en frappant
le peuple à coups de matraque : MÉGACLÈS, avec ses
amis, se souleva contre eux et les mit à mort ; et
ultérieurement SMERDIS[2], qui avait été victime de
mauvais traitements et arraché à l'affection de son
30 épouse, tua pour cette raison PENTHILUS. Et de
même DECAMNICHUS devint chef de la révolte qui
éclata contre ARCHÉLAÜS[3], et fut le premier à exciter
l'ardeur des assaillants ; et la cause de sa colère,
c'est que le roi l'avait livré à EURIPIDE pour être
battu de verges, le poète ayant été vexé d'un propos
tenu par DECAMNICHUS sur son haleine fétide. Et bien
d'autres chefs d'État aussi, pour des motifs analogues,
35 ont été assassinés ou en butte à des conspirations.

De semblables effets sont aussi provoqués par
la crainte, car c'était l'une des causes que nous
avons mentionnées[4], et qui joue aussi bien dans les
monarchies que dans les républiques tempérées.
Ainsi, ARTABAN conspira contre XERCÈS[5], parce qu'il
redoutait d'être accusé au sujet de DARIUS, qu'il
avait fait pendre malgré la volonté de XERCÈS,
40 mais il avait pensé que ce dernier oublierait ce qu'il
avait dit au cours du souper et lui pardonnerait.

Les soulèvements ont également pour cause le
1312 a mépris, comme dans le cas de SARDANAPALE[6], que

---

1. Dynastie qui régnait à Mytilène (Lesbos) et prétendait
descendre de Penthilus, fils d'Oreste. — L. 27, lire περιιόντας, avec
quelques mss.

2. Nom mal attesté : certains lisent *Smerdès* ou *Smerdiis*. En tout
cas, ce personnage n'a rien de commun avec le second fils de Cyrus,
égorgé par son frère Cambyse.

3. Révolte dont il a été question *supra*, l. 8. Decamn. est inconnu.

4. *Supra*, 1311 a 25, et 2, 1302 b 21. — Sur le texte, cf. les
remarques de THUROT, p. 85.

5. Et le tua en 465, pour s'emparer du trône. Mais il fut lui-même
mis à mort par Artaxercès Ier. Le récit d'AR. est en fait difficile à
concilier avec les indications d'autres historiens, DIODORE par
exemple (XI, 69). Artaban était l'un des généraux de Xercès.

6. Dernier roi d'Assyrie, qui aurait régné de 837 à 817, et qui
aurait été tué par Arbace, l'un de ses généraux.

son meurtrier aperçut en train de filer de la laine
avec ses femmes (si ce que rapporte la légende est
exact ; mais si le fait n'est pas vrai de ce prince, il
pourrait du moins l'être de quelque autre), et Dion
se révolta contre Denys le Jeune[1] par mépris, en
voyant à la fois les citoyens partager ses propres   5
sentiments et le roi lui-même toujours ivre. —
Parfois même, ce sont les amis du tyran qui se
soulèvent contre lui, poussés par le mépris : ils le
méprisent pour la confiance qu'il leur témoigne,
dans l'idée qu'ils échapperont aux conséquences de
leur acte[2]. Et ceux qui se croient assez forts pour
s'emparer du pouvoir sont poussés à la révolte, en un
certain sens par le mépris : convaincus de leur
puissance et dédaignant le danger en raison de la force   10
dont ils disposent, ils se lancent à l'assaut sans
hésitation. C'est de cette façon que les généraux se
révoltent contre leurs monarques : par exemple,
Cyrus s'attaqua à Astyage[3], par mépris à la fois
de sa manière de vivre et de sa puissance, parce que
cette puissance était en baisse et que, d'autre part,
le prince vivait dans la sensualité ; ainsi encore
Seuthès de Thrace agit de même à l'égard
d'Amadocus dont il était l'un des généraux[4].

D'autres se révoltent pour plusieurs de ces motifs   15
à la fois, par exemple par mépris et par amour du

---

1. Tyran de Syracuse, fils de Denys l'Ancien, succéda à son
père de 367 à 356, puis de 346 à 343. Ses démêlés avec Dion et avec
Platon sont célèbres (voir *infra*, 1312 *b* 16) : on se reportera à la
Lettre VII de Pl., dont l'authenticité est aujourd'hui admise, ainsi
qu'à l'intéressante *notice* de J. Souilhé, dans son édition des *Lettres*,
p. xxxiii à xxxvii.

2. Par leur situation et l'amitié du prince : *credentes quod obli-
viscantur injuriae illatae propter amicitiam. Nimia enim familiaritas
parit contemptum* (Ps.-Thomas, 872, p. 288). Remarques analogues
Rhetor., I, 12, 1372 *a* 5-20.

3. Dernier roi des Mèdes et grand'père maternel de Cyrus, qui
le détrôna en 549. Cf. Hérod., I, 46, 74, 75, 107 à 130.

4. Entre 390 et 386. Seuth. et Amod. furent l'un et l'autre rois
de Thrace et s'allièrent à Athènes. Xénoph., dans les *Hellen.*, parle
à plusieurs reprises de Seuth., et notamment IV, 8, 26, où Mèdocos,
roi des Odryses, pourrait bien être notre Amadocus (certains éditeurs,
notamment E. C. Marchant, *Xenoph. opera*, Oxford, 1909, tome Ier,
remplacent la leçon ordinaire Μήδοκος par 'Αμήδοκος).

profit, comme MITHRIDATE[1] dans sa lutte contre
ARIOBARZANE. Mais ce sont les hommes d'une nature
audacieuse et occupant une haute fonction militaire
auprès des monarques qui se montrent, pour cette
raison, les plus entreprenants : car le courage joint
à la puissance devient de l'audace, et ils poussent
leurs attaques dans l'idée que le double avantage
20 dont ils disposent[2] leur vaudra une victoire aisée.

Mais avec ceux qui se lancent dans ces entreprises
par ambition, ce dernier motif opère dans des
conditions toutes différentes de celles que nous
avons indiquées précédemment. Certains, en effet,
s'efforcent de renverser les tyrans parce qu'ils voient
pour eux-mêmes de grands profits et de grands
honneurs à recueillir, mais ce n'est pas ce motif
qui incite, dans chaque cas, les rebelles par ambition
25 à courir le risque de l'aventure : à côté de ceux qui
agissent pour les raisons ci-dessus désignées[3], il en
est d'autres qui se comportent comme ils l'eussent
fait dans quelque autre action sortant de l'ordinaire,
destinée à procurer à leur auteur renommée et
célébrité dans le monde, et c'est ce même esprit qui
guide leurs entreprises antimonarchiques et les fait
souhaiter d'acquérir, non un royaume, mais de
30 la gloire. Il n'en est pas moins vrai que le nombre
est infime de ceux qui se lancent dans l'aventure
pour ce dernier motif, car on doit être résolu à
abandonner tout souci de son propre salut si l'acte
qu'on médite n'est pas appelé à aboutir. La manière
de voir de DION doit toujours être présente à la
pensée des intéressés, bien qu'elle n'entre pas
facilement dans l'esprit de beaucoup : DION, en effet,

---

1. Probablement Mithridate II, qui succéda à son père
Ariobarzane, satrape du Pont, en 336 (cf. XÉNOPH., *Cyr.*, VIII,
8, 4).

2. Leur courage et leur haute fonction.

3. Pour le profit et pour les honneurs. — L'*ambition* (φιλοτιμία)
agit donc de deux façons : il y a d'abord l'ambition vulgaire, le désir
des honneurs et de l'argent (ἔνιοι, l. 22, et ἐκεῖνοι, l. 26) ; puis
une ambition plus haute, celle de la *gloire* (ἀλλὰ δόξαν, l. 30) d'avoir
délivré son pays de la tyrannie (οὗτοι, l. 26). Cf. les claires
explications de SYLV. MAURUS, 664[2].

L. 24, avec certains manuscrits, nous lisons αὐτοῖς, et non αὑτοῖς.

fît campagne contre Denys, accompagné seulement 35
d'un petit groupe, déclarant qu'à son sentiment,
quel que fût le lieu jusqu'où il pourrait s'avancer,
il retirerait une satisfaction suffisante de l'expédition
à laquelle il prenait part, et si, par exemple, ayant
à peine débarqué il lui arrivait d'y trouver au même
instant sa fin, cette mort serait pour lui la bienvenue.

Une tyrannie peut aussi s'écrouler d'une façon
qui se retrouve également dans chacune des autres 40
formes de constitution, je veux dire par l'action
d'une cause venant du dehors[1], s'il existe quelque
État plus puissant régi par une constitution de type **1312 b**
opposé (car le désir de détruire le voisin existera
évidemment dans cet État, à cause de la contrariété
des buts qu'ils se proposent respectivement ; et les
hommes, dès qu'ils en ont le pouvoir, n'ont de cesse
d'exécuter ce qu'ils désirent)[2] : or les constitutions
contraires à la tyrannie sont, d'une part, la démocratie, qui s'oppose à la tyrannie comme, suivant
Hésiode[3], *un potier à un potier* (et effectivement 5
la démocratie, dans sa forme dernière, est une
tyrannie)[4], et, d'autre part, la royauté et l'aristocratie,
en raison de la structure contraire de leur constitution
(c'est ce qui explique que les Lacédémoniens
renversèrent la plupart des tyrannies, et que les
Syracusains en firent autant à l'époque où ils étaient
sagement gouvernés)[5]. — Une façon encore dont

1. Cf. 7, 1307 b 20.
2. Cf. *Rhetor.*, II, 19, 1393 a 1 : « Ce dont l'on a tout ensemble
pouvoir et vouloir sera » (trad. M. Dufour).
3. *Trav. et J.*, 25, vers cité aussi *Eth. Nicom.*, VIII, 2, 1155 b 1 :
« Le potier en veut au potier, le charpentier au charpentier ».
4. Cf. IV, 4, 1292 a 17 et ss.
5. *Supra*, 7, 1307 b 23. — Ainsi, la démocratie extrémiste, d'une
part, et la royauté et l'aristocratie, d'autre part, sont également
opposées à la tyrannie, mais non de la même manière. La démocratie
lui est hostile *per accidens*, parce qu'elle ressemble plutôt à la
tyrannie, et qu'il existe entre elles une sorte de concurrence jalouse,
comme dans le cas du potier qui déteste un autre potier parce que
celui-ci lui enlève des clients. Mais la royauté et l'aristocratie sont
hostiles à la tyrannie *per se*, en ce que leurs principes et leurs fins
sont diamétralement opposés, les deux premières ayant pour objet
le bien commun, tandis que la tyrannie ne vise que l'avantage propre
du tyran (cf. Ps.-Thomas, 876, p. 290).

les tyrannies périssent, c'est par l'action d'une cause
interne, quand ceux qui se partagent le pouvoir
sont divisés en factions rivales, comme la tyrannie
10 exercée par la famille de GÉLON, et récemment celle
de la famille de DENYS. Pour celle de GÉLON[1], voici :
THRASYBULE, frère de HIÉRON, flattait bassement
le fils de GÉLON et le poussait à une vie de plaisirs
pour exercer seul le pouvoir ; les parents du fils
organisèrent un corps de confédérés, non pas pour
renverser complètement la tyrannie mais seulement
THRASYBULE. Mais leurs alliés, dans la pensée que
15 c'était pour eux une occasion favorable, les chassèrent
tous sans exception. Quant à DENYS, DION qui était
son parent par alliance[2] et avait mis le peuple de
son côté, fit campagne contre lui et le chassa, mais
il périt lui-même après.

Il y a deux principales causes qui poussent les
hommes à se soulever contre les tyrans, la haine et
le mépris. La première de ces causes, la haine,
20 s'attache toujours aux tyrans[3], mais c'est le mépris
dont ils sont l'objet qui en bien des cas provoque
leur chute. Une preuve de cette observation, c'est
que la plupart des tyrans dont le pouvoir a été le
fruit de la conquête l'ont conservé aussi jusqu'au
bout, tandis que ceux qui l'ont reçu en héritage[4]

1. Sur Gélon, cf. *supra*, 3, 1302 *b* 32, et 4, 1304 *a* 27, et *infra*, 12,
1315 *b* 35. — Gélon, maître de la cavalerie du tyran de Géla,
Hippocrate, prit le pouvoir à la mort de celui-ci. Il s'empara de
Syracuse, qu'il rendit, selon HÉROD., VII, 156, très prospère. En 480,
il défit les Carthaginois à Himéra. Hiéron, son frère, lui succéda en
478, mais, d'après le récit d'AR., il semble bien que le fils de Gélon
(dont le nom ne nous est pas parvenu) restait nominalement tyran.
La démocratie remplaça la dynastie de Gélon en 465 (Thrasybule
dont il est ici question, ne doit pas être confondu avec son homonyme
milésien de III, 13, 1284 *a* 27-32, et *supra*, 1311 *a* 20).

2. Dion était beau-frère de Denys l'Ancien, qui avait épousé sa
sœur Aristomachè. Denys le Jeune, visé dans notre texte, qui succéda
à son père en 368, avait pour mère une autre épouse de Denys, la
locrienne Doris (cf. *supra*, 7, 1307 *a* 38-40, et note sous 39). Dion,
d'autre part, épousa la demi-sœur de Denys le Jeune, appelée Arétè :
c'est dans cette mesure qu'il était κηδεστής (l. 16) du tyran. Il réussit
à chasser Denys en 356, mais fut tué en 354.

3. *Republ.*, VIII, 567.

4. *Lois*, III, 695 *a* et ss.

l'ont tous perdu pour ainsi dire aussitôt : vivant
en effet dans les jouissances, ils deviennent facilement
méprisables et offrent en même temps à leurs
ennemis de multiples occasions de les attaquer. 25
On doit aussi inclure la colère dans la haine, dont
elle est l'un des éléments[1], car, en un certain sens,
elle est la cause des mêmes actions. Souvent même
elle est plus agissante que la haine : sous son influence
l'attaque se fait plus véhémente, parce que la passion
ne calcule pas[2] (et c'est surtout l'outrage qui fait
les hommes s'abandonner à leurs emportements :
telle fut la cause qui amena la chute de la tyrannie 30
des PISISTRATIDES[3] et de beaucoup d'autres), mais
la haine calcule davantage[4], car la colère s'accompagne
d'une souffrance qui rend tout calcul difficile, alors
que la haine n'est accompagnée d'aucune souffrance[5].

Pour le dire sommairement, toutes les causes que
nous avons indiquées[6] comme entraînant la ruine
à la fois de l'oligarchie sous sa forme pure et extrême 35
et de la démocratie dans sa dernière forme, ces
causes-là doivent aussi, toutes autant qu'elles sont,
être appliquées à la tyrannie, puisque les deux
régimes sus-visés ne sont en fait que des tyrannies
divisées entre plusieurs têtes[7]. La royauté, d'autre
part, est le régime le moins fréquemment renversé
par des causes venant du dehors, et c'est pourquoi
sa durée est si longue : c'est de l'intérieur que
viennent la plupart du temps les causes de destruction.
Elle périt de deux manières, l'une par les dissensions 40

1. Cf. *Rhetor.*, II, 4, 1382 *a* 2 : la colère est un des facteurs de
la haine.

2. Cf. *Arist. Fragm.*, de V. ROSE (éd. de 1886), p. 416, fgmt 661.

3. *Supra*, 1311 *a* 36.

4. L. 32, avec la plupart des commentateurs, nous sous-entendons
χρῆται λογισμῷ après μῖσος.

5. Cf. *Rhetor.*, II, 4, 1382 *a* 12.

6. 3, 1302 *b* 21-33, et 5, 1304 *b* 20 à 6, 1306 *b* 21. — L'oppression
des pauvres qui caractérise l'oligarchie intempérante, ou celle des
riches dans la démocratie extrémiste, entraîne également la ruine
des tyrannies, lesquelles s'attaquent aussi bien aux uns qu'aux
autres.

7. Cf. IV, 4, 1292 *a* 15 et 6, 1293 *a* 30.

1313 *a* de ceux qui ont part à l'autorité royale[1], et l'autre quand les rois tentent d'administrer leurs États d'une façon qui se rapproche par trop de la tyrannie, et qu'ils prétendent décider souverainement d'un trop grand nombre d'affaires et en marge de la loi. Il ne se crée plus guère de royautés à notre époque, ou, s'il en naît encore, ce sont plutôt des monarchies, je veux dire des tyrannies[2], pour cette raison que
5 le pouvoir royal repose sur le libre consentement des sujets et qu'il est maître absolu dans toutes les affaires importantes, alors que de nos jours les hommes de mérite égal sont nombreux[3] et que personne ne possède une supériorité suffisamment adéquate à la grandeur et à la dignité royales[4] ; et c'est ce qui fait que les hommes n'endurent pas volontiers pareil régime, et si quelqu'un s'est emparé du pouvoir par fraude ou par violence, ce n'est là dès lors aux yeux
10 de tous qu'une tyrannie. — Dans les royautés héréditaires, nous devons aussi poser comme une cause de destruction, en dehors de celles dont nous avons déjà parlé, le facile mépris dans lequel tombent beaucoup de souverains, et, oubliant qu'ils sont revêtus non d'un pouvoir tyrannique mais d'une dignité royale, la démesure dont ils font preuve[5]. Leur perte devient alors chose aisée, car un roi cessera d'être roi dès que ses sujets ne voudront plus
15 de lui, tandis qu'un tyran demeurera tyran même contre la volonté de son peuple.

La ruine des monarchies[6] provient donc des causes que nous venons d'indiquer, et d'autres de même nature.

1. Et participent aux avantages du pouvoir, comme les membres de la famille royale. Les exemples de cette cause de ruine sont nombreux dans l'histoire ancienne ou moderne.

2. L. 4, καί semble avoir un sens limitatif. La leçon de Spengel, adoptée par H. Rackham (γίγνωται μοναρχίαι, τυραννίδες μᾶλλον, au lieu de la vulgate γίγνωνται, μοναρχίαι καὶ τυρ. μᾶλλον), est séduisante.

3. Cf. III, 15, 1286 *b* 11.

4. *Antecellens ut imperii magnitudini et dignitati sit par et aequalis* (Lambin).

5. Se traduisant par des actes arbitraires dignes d'un tyran et inadmissibles pour la dignité royale.

6. Des régimes personnels, monarchie proprement dite et tyrannie.

11

*<Modes de préservation de la royauté
et de la tyrannie, suite.>*

D'autre part, il est clair que les monarchies,
pour le dire en un mot, se conservent par les causes
opposées aux causes de destruction. Or, en prenant
l'une après l'autre les différentes sortes de monarchies[1], on préserve les royautés en les ramenant à plus
de mesure[2]. Moins, en effet, les rois possèdent   20
d'attributions, plus longtemps ils garderont nécessairement le pouvoir dans son entier : car eux-mêmes
prennent un caractère moins despotique, et leur
genre de vie tend à les rendre des égaux de leurs
sujets, lesquels, de leur côté, se montrent moins
envieux de leurs maîtres[3]. Et c'est cette limitation
qui explique la longue durée de la royauté chez les
Molosses[4] ; et la royauté des Lacédémoniens a duré
parce que dès l'origine l'autorité fut répartie sur   25
deux têtes et qu'ensuite THÉOPOMPE en limita les
pouvoirs de diverses manières et notamment par
l'institution, au-dessus d'elle, de l'Ephorat[5] : enlevant

1. La monarchie proprement dite (ou royauté) et la tyrannie.
La royauté fait l'objet des l. 19-33 ; tout le reste du ch. est consacré
à la tyrannie.
2. Même conseil donné aux rois de limiter leur pouvoir et de
l'exercer d'une façon modérée, dans *Lois*, III, 690 *d e*, et surtout
691 *d*. Cf. aussi *Fragmt* 658 (éd. V. ROSE, 1886, p. 414-415). — La
μετριότης qui, en diététique, est un dogme de l'École hippocratique,
a de nombreuses résonnances dans toute l'œuvre d'AR., et trouve
l'une de ses principales applications en politique (voir J. VAN DER
MEULEN, *Aristoteles. Die Mitte in seinen Denken*, Meisenheim, 1951).
3. Cf. XÉNOPH., *Lac.*, XV, 8.
4. Sur les Molosses, voir *supra*, 10, 1310 *b* 38, note *in fine*.
5. Cf. *Lois*, III, 691 *d* et ss., où PLATON attribue à Lycurgue,
et non à Théopompe, l'institution des Éphores. Mais le τρίτος σωτήρ
de 692 *a* pourrait bien être Théopompe, qui vécut à la fin du
VIIIe siècle, et qui est sans doute identique au vainqueur d'Aristodème
dans la première guerre de Messénie. Sur la constitution de
Lacédémone, savant mélange de monarchie et de démocratie (cf.
supra, II, 9, en entier, où les critiques ne manquent pas), on lira
l'*Introd.* de A. DIÈS à son édition des *Lois*, I, p. XXIV-XXVI.

ainsi à la royauté une partie de sa puissance, il prolongea sa durée, de sorte qu'en un certain sens il ne l'amoindrit pas, mais la rendit au contraire plus
30 grande. C'est précisément ce qu'il répondit, dit-on, à sa femme, qui lui demandait s'il ne rougissait pas de transmettre à ses fils un pouvoir royal moindre que celui qu'il avait hérité de son père : « Non certes, aurait-il répliqué, car je le leur transmets beaucoup plus durable »[1].

Passons aux tyrannies. On les préserve de deux façons, diamétralement opposées[2]. L'une d'elles est
35 la manière traditionnelle, et d'après laquelle la grande majorité des tyrans administrent leur État. La plupart des mesures de sûreté dont nous parlons ont été, dit-on, l'œuvre de PÉRIANDRE[3] de Corinthe, et beaucoup de moyens analogues peuvent aussi avoir été empruntés à l'empire des Perses[4]. Il y a les procédés que nous avons mentionnés antérieurement, destinés à assurer dans la mesure du possible la
40 conservation de la tyrannie : nivellement des élites et anéantissement des esprits supérieurs ; il faut y ajouter l'interdiction des repas en commun[5], des

---

1. Anecdote racontée aussi par PLUT., *Lyc.*, VII.

2. La première méthode, la plus courante, est exposée l. 35-1314 *a* 30 : c'est la méthode brutale, opérant *per intensionem*, destinée à étouffer par l'oppression toute velléité de résistance. La seconde méthode (1314 *a* 31, *ad finem*) est plus adroite ; elle agit *per remissionem* (nous empruntons ces expressions au Ps.-THOMAS, 906, p. 299), et, par une modération tout au moins apparente, le tyran essaie de se faire pardonner et d'administrer en tenant compte de l'intérêt général.

3. Sur ce personnage (qu'il ne faut pas confondre avec son homonyme, tyran d'Ambracie, 10, 1311 *a* 39), cf. *supra*, 10, 1311 *a* 20, et III, 13, 1284 *a* 26.

4. Par exemple, la destruction systématique des élites (III, 13, 1284 *a* 41).

5. Les *syssities* désignent ici sans doute, non seulement les repas publics, mais encore les réunions et les banquets privés. — Sur les *hétairies*, cf. II, 11, 1272 *b* 34, note. Il est clair qu'un tyran ne peut tolérer la présence de « corps intermédiaires » qui, par leurs privilèges et leurs traditions, sont un obstacle à la toute-puissance du maître sur la poussière des individus. — Quant à la *haute culture* (παιδεία), elle est l'ennemie née du conformisme, sous tous les régimes (nous en savons quelque chose).

hétairies, de la culture intellectuelle et toutes autres **1313** *b*
choses de cette nature ; mais on se tient en garde
contre tout ce qui engendre habituellement deux
sentiments, noblesse d'âme et confiance, et on
n'autorise la formation ni de cercles littéraires ni
d'autres réunions d'études[1], et on emploie tous les
moyens pour empêcher le plus possible tous les
citoyens de se connaître les uns les autres (car les 5
relations entretiennent la confiance réciproque).
En outre, on oblige ceux qui résident dans la cité à
vivre constamment sous le regard du maître et à
passer leur temps aux portes de son palais[2] (car ainsi
aucune de leurs actions ne saurait passer inaperçue,
et ils prendront l'habitude de l'avilissement, soumis
qu'ils sont à une perpétuelle sujétion), et on y joindra
toutes les autres pratiques tyranniques de même
sorte, de type perse ou barbare[3] (qui toutes ont les 10
mêmes effets). Un tyran tâchera aussi de ne pas rester
sans informations sur ce que chacun de ses sujets
se trouve dire ou faire, mais il emploiera des
observateurs, tels qu'à Syracuse les *espionnes femelles*
comme on les appelle, et les *écouteurs*, que Hiéron[4]
envoyait partout où se tenait quelque réunion ou
assemblée (car on s'exprime avec moins de franchise 15
quand on redoute la présence d'oreilles indiscrètes,
et même si on parle librement, un secret est moins
bien gardé). On poussera encore les citoyens à se

1. Selon Newman, IV, 452, une σχολή (μήτε σχολάς, l. 3) serait
une sorte de cercle, consacré, sous la direction d'un maître (un
scholarque), à l'étude de la philosophie ou de la rhétorique :
l'Académie et le Lycée rentrent dans cette définition, et ne peuvent
subsister que sous un régime de liberté. Les ἄλλοι σύλλογοι
σχολαστικοί (l. 3) seraient des groupements spécialisés plutôt
dans l'enseignement et la pratique de la gymnastique et de la palestre.

2. Tout au moins les grands. Les souverains absolus ont toujours
eu tendance à attirer et à garder à leur cour les hauts personnages
dont l'activité incontrôlée aurait pu présenter des dangers pour leurs
personnes ou pour leurs États. (Qu'on se rappelle le mot de
Louis XIV : « c'est un homme que je ne vois jamais ».)

3. Par exemple l'*adoration* (προσκύνησις) de la personne du roi
ou du tyran, très répandue en Orient.

4. Sur Hiéron de Syracuse, cf. *supra*, 10, 1312 *b* 11. Il régna
de 478 à 467.

brouiller entre eux, on suscitera des querelles entre
amis, entre le peuple et les notables, et on dressera
les riches les uns contre les autres. Appauvrir les
sujets est encore un procédé qui relève de la tyrannie,
et qui permet au tyran d'entretenir sa| garde[1] et
20 enlève aux citoyens, absorbés par leur travail
journalier, tout loisir pour conspirer. Citons en
exemples de cet appauvrissement voulu : les
pyramides d'Égypte[2], les offrandes votives des
CYPSÉLIDES[3], la construction de l'Olympieion par
les PISISTRATIDES[4], et parmi les ouvrages d'art de
Samos ceux de POLYCRATE[5] (tous travaux qui
25 tendent au même effet : occuper les sujets et les
appauvrir). Le tyran peut encore lever des taxes,
comme à Syracuse (où en cinq ans, sous le règne de
DENYS[6], la totalité des biens des particuliers tomba
dans le trésor public). Le tyran suscite aussi des
guerres, en vue dès lors de donner de l'occupation
à ses sujets et en même temps de leur faire sentir

1. Les mots ὅπως ἥ τε φυλακὴ τρέφηται, l. 19, sont d'une
interprétation délicate : cf. THUROT, 86, et NEWMAN, IV, 456-457.
Avec IMMISCH, nous adoptons la lecture ἥ τε (au lieu de μήτε),
qui remonte à VICTORIUS, et qui donne un sens acceptable. Les
difficultés soulevées à cet égard par THUROT et NEWMAN sont
imaginaires. AR. veut dire que le tyran appauvrit ses sujets en
leur imposant de lourdes contributions destinées à solder sa garde
de mercenaires. Tout le passage s'inspire visiblement de *Republ.*,
VIII, 567 *a-e*.

2. Cf. HÉROD., II, 124 à 127.

3. Les descendants de Cypsélos à Corinthe. Sur Cyps., cf. *supra*,
10, 1310 *b* 29, note avec les références. PLATON fait dans le *Phèdre*
(236 *b*) une rapide allusion aux offrandes des Cypsélides à Delphes
et à Olympie.

4. Cf. 10, 1311 *a* 36, et 1312 *b* 21. La construction du temple
de Zeus olympien à Athènes fut commencée par Pisistrate et resta
inachevée.

5. LAMBIN traduit trop largement : *et opera Samia a Polycrate
facta*. L. 24, τῶν περὶ Σάμον est un génitif partitif, et on doit
supprimer la virgule avant ἔργα. Le sens est dès lors celui qu'indique
NEWMAN, IV, 458 : *and among the works at Samos those of Polycrates*.
Les travaux en question sont décrits par HÉROD., III, 60, qui ne
parle pas de POLYC. — Le tyran de Samos fut mis en croix par Darius
en 522.

6. Denys l'Ancien. — L. 26, nous conservons τῶν τελῶν, mis
entre crochets.

constamment le besoin d'un chef[1]. Et tandis que
la royauté met son salut dans ses amis, le propre   30
d'un tyran est au contraire de se défier extrêmement
de ses amis, dans la pensée que si tout le monde
a la volonté de le renverser, ceux-là surtout en ont
la possibilité.

Ajoutons que les vices afférant à la démocratie
sous sa forme extrême[2] se retrouvent tous dans la
tyrannie : à la fois autorité absolue des femmes à la
maison afin qu'elles divulguent ce qui peut nuire
à leurs maris, et relâchement de la discipline parmi
les esclaves pour la même raison[3] : les esclaves et   35
les femmes, en effet, ne complotent pas contre les
tyrans, et même[4], coulant des jours heureux sous
la tyrannie, les uns comme les autres sont forcément
bien disposés pour elle, ainsi d'ailleurs que pour
la démocratie : car le peuple aussi souhaite être le
seul chef[5]. De là vient que le flatteur également[6]
est tenu en haute estime sous les deux régimes à la
fois : dans les démocraties, c'est le démagogue qui
remplit ce rôle (car le démagogue est un courtisan   40
du peuple), et dans les tyrannies, ce sont ceux qui
vivent dans une avilissante familiarité avec le maître,
ce qui n'est qu'une flatterie en action. C'est encore   **1314 a**
cet amour de la flatterie qui donne à la tyrannie
un vif attrait pour le vice[7], car les tyrans se plaisent
à être flagornés, alors que nul homme de caractère
indépendant ne saurait leur faire ce plaisir : les gens
de bien aiment, ou du moins ne flattent pas. Les
méchants sont utiles aussi[8] pour les basses besognes :

---

1. Cf. *Republ.*, VIII, 566 *e* et 567 *a*. PL. et AR. pensent l'un et
l'autre à Denys.

2. Voir aussi VI, 4, 1319 *b* 27.

3. C'est-à-dire pour qu'ils dénoncent aussi leurs maîtres. Cf.
Republ., VIII, 563 *b*, et Ps.-Xénoph., *Rep. ath.*, I, 10 : « Quant aux
esclaves et aux métèques, nulle part leur licence ne va si loin qu'à
Athènes ».

4. L. 35-37 : οὔτε ... τε, *non solum... sed etiam.*

5. Et devenir un monarque à plusieurs têtes (cf. IV, 4, 1292 *a* 15).

6. Comme les esclaves et les femmes (IV, 4, 1292 *a* 20).

7. Cf. *Eth. Nicom.*, IX, 3, 1165 *b* 15 ; Théophr., *Caract.*, XXIX,
in fine.

8. En plus de leur facilité à la flatterie.

5 *un clou est poussé par un clou*[1], comme dit le proverbe.
Et n'aimer personne de respectable ou d'indépendant
est la marque d'un tyran, car le tyran prétend être
seul à posséder ces deux qualités, et l'homme qui
les revendique de son côté et se comporte en citoyen
libre, attente à la supériorité du tyran et à son pouvoir
absolu, et il en est haï comme ruinant son autorité.
10 Admettre à sa table et dans son intimité quotidienne
des étrangers de préférence à des concitoyens, c'est
encore là un des caractères du tyran : il sent bien que
ses concitoyens sont des ennemis, et que les étrangers
au contraire ne lui font aucune opposition[2].

Ce sont là, avec d'autres du même genre, les
caractéristiques du tyran, et les artifices dont il use
pour préserver son pouvoir : il n'est pas de perversité
dont il n'use. Et il est possible, en quelque sorte,
d'inclure tous les procédés que nous avons énumérés
sous trois chefs principaux. La tyrannie, en effet,
15 a en vue trois objectifs : le premier, c'est d'avilir
l'âme de ses sujets (car un homme pusillanime ne
saurait conspirer contre personne) ; le second, c'est
de semer entre eux la défiance (car une tyrannie
n'est renversée que du jour où certains citoyens se
montrent une confiance mutuelle ; et c'est pourquoi
les tyrans font la guerre aux honnêtes gens : ils sentent
que ceux-ci sont un danger pour leur pouvoir, non
20 seulement par leur refus de se soumettre à un
gouvernement bon pour des esclaves, mais encore
parce qu'ils pratiquent la loyauté et entre eux et
envers les autres, et ne se dénoncent pas entre eux
ni ne dénoncent les autres) ; le troisième objectif
enfin de la tyrannie, c'est de mettre les sujets dans
l'impuissance de s'occuper des affaires publiques[3]

---

1. Cf. E. L. A. Leutsch et F. C. Schn., *Parœm. gr.*, Γ, 253, et
II, 116. Le proverbe complet est ἥλῳ ἧλος ἐκκρούεται *(clavus clavo
pellitur)* : c'est notre *un clou chasse l'autre*. L'application qu'en fait
Ar. est facile : le mal est commis par les méchants *(improbi ad res
improbas sunt utiles*, Lambin).

2. *Illi vero certare de principatu nihil putent ad se pertinere*
(Lambin).

3. L. 23, ἀδυναμία τῶν πραγμάτων, *i. e.* τοῦ πράττειν τὰ πολιτικά
(*Ind. arist.*, 10 *b* 5). M. Defourny, p. 523, note, comprend (mais
à tort), *ruiner les affaires des citoyens.*

(car personne ne tente l'impossible, et par suite
n'essayera non plus de renverser une tyrannie s'il
n'en a pas en lui la possibilité). — Voilà donc[1] les 25
buts déterminés auxquels se ramènent les intentions
des tyrans, et qui sont en fait au nombre de trois,
car toutes les précautions prises par les tyrans peuvent
être rangées sous ces idées de base : les unes ont pour
but de semer la défiance entre les citoyens, d'autres
de les maintenir dans l'impuissance, d'autres enfin
d'avilir les âmes.

Telle est donc la première méthode par laquelle
on réalise la sécurité des tyrannies[2]. Il en existe 30
une autre, qui prend soin d'employer des moyens
presque diamétralement opposés à ceux que nous
avons déjà décrits. On peut comprendre sa nature

---

1. Cette récapitulation des l. 25-29, a été considérée par certains
éditeurs (notamment Schn.) comme une interpolation. Rien n'est
moins sûr. On admet généralement aujourd'hui son authenticité.

2. Cf. la note *supra*, 1313 *a* 35. — La méthode *per remissionem*,
qui est celle du « despotisme éclairé », a été souvent employée avec
succès par des tyrans pour rendre leur autorité supportable. Avec
une liberté d'esprit voisine du machiavélisme, Ar., à la suite de
Xénophon et de Platon lui-même, ne ménage pas à un régime
intrinsèquement mauvais les conseils de modération et de prudence.
Il insiste à plusieurs reprises sur l'importance du *faux semblant*
et de l'*apparence* (φαίνεσθαι revient à chaque instant). Que le tyran
ne tienne compte que de son avantage propre, soit, puisque c'est
l'essence de toute tyrannie. Mais, dans l'intérêt même du régime,
il devra prendre le *masque du roi* et en soutenir le rôle (τὰ δὲ δοκεῖν
ὑποκρινόμενον τὸν βασιλικὸν καλῶς, l. 39), en donnant l'impression
à ses sujets qu'il se préoccupe de leur assurer un bon gouvernement
et se comporte en administrateur intègre. Mais il prendra bien garde
de ne rien aliéner de son pouvoir et d'être toujours en mesure
d'imposer son autorité aux récalcitrants (l. 35-37) ; il restera le
maître absolu de l'État (κύριος ὤν , 1314 *b* 8). En somme, tout
comme Machiavel, Ar. pense qu'il n'est pas nécessaire au prince
d'être vertueux, mais qu'il lui est utile de le paraître. Seulement,
à la différence du politique florentin, ce réalisme n'implique aucune
concession sur les principes, et la tyrannie demeure une παρέκβασις,
condamnable en soi. Si on a pu reprocher à Machiavel d'avoir substitué
la notion de *fait* à celle de *droit*, et d'avoir tiré d'une telle substitution
toutes les incalculables conséquences qui en découlent, pareille
critique ne saurait atteindre un théoricien politique comme Ar.,
qui ne sacrifie nullement la *thèse* à l'*hypothèse*, et tâche seulement de
tirer le meilleur parti d'une situation donnée.

en s'aidant des causes qui amènent la chute des
royaumes. De même, en effet, qu'un premier mode
de destruction de la royauté réside dans le fait
d'accentuer dans un sens trop tyrannique l'autorité
royale, ainsi un moyen pour un tyran d'assurer
35 sa sécurité sera de rendre son autorité plus semblable
à celle d'un roi, en ayant grand soin toutefois de
réserver une seule chose, son pouvoir, de façon à
imposer son gouvernement non seulement à ceux
qui l'acceptent, mais encore à ceux qui ne l'acceptent
pas : car céder sur ce point, c'est renoncer du même
coup à sa position de tyran. Mais s'il doit conserver
sa puissance comme une base indiscutée, pour tout
le reste le tyran agira, ou semblera agir, en jouant
40 avec adresse le rôle d'un roi. Tout d'abord il fera
semblant de veiller[1] avec sollicitude sur le trésor
1314 *b* public, s'abstenant de le gaspiller en des générosités
de nature à mécontenter les masses, ce qui arrive
quand on s'empare avec âpreté du produit de leur
travail et de leurs fatigues pour le jeter à pleines
mains[2] à des courtisanes, des étrangers et des
artistes ; et avec cela[3], il rendra compte de ses
5 recettes et de ses dépenses, suivant la pratique déjà
adoptée par certains tyrans (car en agissant de cette
façon, on paraîtra à tous administrer en bon père
de famille et non en tyran[4] ; on ne doit d'ailleurs
pas craindre d'être jamais à court d'argent quand
on est maître absolu de l'État ; bien au contraire,
pour les tyrans qui s'éloignent de chez eux[5], cette
politique est de toute façon plus indiquée que de
10 laisser leurs richesses accumulées[6] ; le danger, en
effet, est moindre de voir les gardiens du Trésor

---

1. L. 40, nous maintenons τοῦ δοκεῖν, et, l. 1314 *b* 1, mettons εἰς
devant δωρέας.

2. L. 3, λαμβάνουσιν γλίσχρως s'oppose à διδῶσι ἀφθόνως (*Ind.
arist.*, 156 *b* 37).

3. L. 1314 *b* 1 et 3, μήτε ... τε, *non seulement ... mais encore* (Cf.
supra, 1313 *b* 35-37, note).

4. Qui ne rend compte à personne (Cf. IV, 10, 1295 *a* 20).

5. Pour une expédition militaire, par exemple.

6. Richesses qui sont le produit de confiscations ou d'impôts
excessifs. Une saine gestion financière rendra inutile la constitution
de réserves de ce genre, qui sont des tentations permanentes.

s'attaquer aux institutions, les tyrans en voyage
devant redouter davantage les dits gardiens[1] que
les citoyens, puisque ces derniers les accompagnent
dans leurs voyages tandis que les autres demeurent
à leur poste). En second lieu, le tyran doit procéder
au recouvrement des contributions et des cotisations[2]
en les affectant ostensiblement aux besoins de son   15
administration, et, le cas échéant, pour faire face
à des nécessités militaires, et, d'une manière générale,
il se posera lui-même en gardien et en trésorier
fidèle, comme s'il s'agissait de fonds appartenant,
non à lui, mais au public. Et il se montrera d'un abord
sans rudesse, mais plein de dignité, et de plus son
attitude inspirera à ceux qui le rencontreront moins
la crainte que le respect, sentiment qui n'est
cependant pas facile à obtenir s'il est lui-même   20
un être profondément méprisable : aussi doit-il,
même s'il prend assez peu souci des autres vertus,
cultiver du moins la valeur militaire et se donner
à lui-même une grande réputation dans ce domaine[3].
De plus, non seulement il devra passer aux yeux du
public comme s'abstenant lui-même de toute action
outrageante envers aucun de ses sujets, garçon ou
fille, mais encore il ne tolérera pas qu'aucune des
personnes de son entourage se comporte différemment,   25
et il exigera que les femmes de sa maison observent
pareille retenue envers les autres femmes, se
souvenant que même des insolences féminines ont
entraîné la perte de nombre de tyrannies.

En ce qui concerne les plaisirs des sens, il doit
faire exactement l'opposé de ce que de notre temps
nous voyons faire à certains tyrans[4] (car non
seulement dès le point du jour ils commencent
à se livrer à leurs désordres et continuent sans
désemparer plusieurs jours de suite, mais encore ils   30
veulent que le public soit au courant de leurs
débauches pour lui faire admirer leur bonheur et

---

1. Ou, avec B. JOWETT, *the garnison who remain in the city.*
2. Sur les *liturgies,* cf. II, 10, 1272 *a* 19.
3. Les tyrans étaient souvent d'habiles hommes de guerre (Cf.
Lois, VIII, 831 *e* et ss.).
4. AR. pense sans doute à Denys le Jeune (*supra,* 10, 1312 *a* 5).

leur félicité !), et tout particulièrement observer
une juste mesure dans de tels divertissements, et,
s'il en est incapable, d'éviter tout au moins d'en
faire parade aux yeux des autres (car ce n'est pas
l'homme sobre qui est exposé aux attaques et au
35 mépris, mais l'homme adonné à l'ivrognerie, et ce
n'est pas non plus l'homme qui veille mais celui qui
dort). Et il devra faire aussi le contraire[1] de presque
tout ce que nous avons indiqué plus haut[2], car il
lui faut disposer et embellir sa ville comme s'il
était un administrateur et non un tyran[3]. — En
outre, il doit toujours faire montre d'un zèle
extraordinaire pour honorer les dieux[4] (car le peuple
40 redoute moins de subir quelque illégalité de la
part d'hommes de cette sorte, s'il pense que son
1315 a maître est rempli de la crainte des dieux et se soucie
de les honorer, et il est moins porté à conspirer contre
lui, dans la pensée que le prince a aussi les dieux
pour alliés), mais il doit paraître religieux sans folle
exagération. — Le tyran ne ménagera pas non plus
les récompenses à ceux qui deviennent méritants
en quelque matière, au point de leur faire croire qu'ils
5 ne recevraient jamais plus d'honneurs de la part
d'un gouvernement composé de citoyens n'obéissant
qu'à leurs propres lois ; et il aura soin d'assurer en
personne la distribution des récompenses en question,
mais il laissera à d'autres, magistrats et tribunaux,
la corvée d'infliger les châtiments[5].

Une mesure de précaution commune à toute forme
de monarchie[6] consiste à ne jamais porter à un rang
éminent un individu pris isolément, mais, si on le fait,
on étendra cette faveur à plusieurs en même temps
(car ils se surveilleront mutuellement) ; et si, en
10 fin de compte, l'élévation d'un seul à·une charge
importante est inévitable, on se gardera du moins
de choisir un homme de caractère résolu (car un

---

1. L. 36, τοὐναντίον τε ποιητέον répond à τοὐναντίον ποιεῖν, l. 28.
2. 1313 a 35 à 1314 a 29.
3. Qui ne songerait qu'à l'appauvrir.
4. Sur la politique religieuse des tyrans, cf. les précisions de
G. Glotz, la Cité gr., p. 131-132.
5. Cf. VI, 8, 1322 a 8.
6. Supra, 8, 1308 b 10 et ss.

caractère de cette trempe se lance à corps perdu
dans toute espèce d'entreprises) ; d'autre part, si
on juge à propos de dépouiller quelqu'un de sa
puissance[1], qu'on le fasse progressivement et qu'on
ne lui ôte pas tout son pouvoir d'un coup.

De plus, le tyran s'abstiendra de toutes sortes
d'actions outrageantes et par-dessus tout des deux
que voici : les châtiments corporels[2] et les offenses   15
à la pudeur du jeune âge. Cette mise en garde
s'observera surtout dans ses rapports avec les
citoyens sensibles aux honneurs : si, en effet, les
êtres cupides supportent avec peine toute atteinte
à leurs richesses, les hommes noblement ambitieux
ainsi que les hommes de bien ressentent profondément
toute blessure faite à leur honneur. C'est pourquoi
le tyran ou bien ne doit pas se livrer à de telles   20
pratiques, ou tout au moins devra se donner
l'apparence d'infliger les châtiments comme le ferait
un père et non avec une dédaigneuse indifférence[3].
Que, d'autre part, ses relations intimes avec la
jeunesse soient dictées par des raisons d'ordre
sentimental et non par l'idée que tout lui est permis,
et qu'enfin, d'une manière générale[4], il rachète tout
ce qui semble perte de considération par des honneurs
accrus.

Parmi ceux qui attentent à la vie même du tyran,
les plus à craindre et qui exigent de sa part les plus   25
minutieuses précautions sont ceux qui, de propos
délibéré, font le sacrifice de leur vie s'ils ont pu
perpétrer leur forfait. Aussi un tyran doit-il se garder
avec le plus grand soin de ceux qui croient avoir subi
une offense, soit dans leur propre personne soit dans
celle des êtres qui se trouvent confiés à leur solllici-
tude : car les hommes dont les tentatives sont dictées

---

1. Cf. *supra*, 8, 1308 *b* 15.

2. L. 15, nous maintenons χολάσεως, mis entre crochets par
Immisch et d'autres éditeurs.

3. Par « sport » et sans y attacher d'importance (*per parvipen-
sionem*, traduit la *Vetus transl.*).

4. C'est-à-dire dans tous les cas où le tyran a causé un tort immé-
rité (châtiments, intimité suspecte, etc.) : *si alicui fierent aliquae
inhonorationes hujusmodi, debet posmodum ei exhibere majores honores
ad mitigationem eorum* (Ps.-Thomas, 922, p. 302).

par la passion n'épargnent même pas leur propre
30 vie, comme l'a dit aussi HÉRACLITE[1], quand il
déclare qu'*il est pénible de combattre contre son cœur,
parce qu'on achète ses désirs au prix de son âme.*

Et puisque les États sont composés de deux
classes, celle des pauvres et celle des riches, il
importe avant tout que les uns et les autres croient[2]
que leur salut dépend du gouvernement qui les régit,
et que c'est grâce à ce dernier que chacune des deux
classes est préservée de toute oppression de la part
35 de l'autre[3] ; et quelle que soit celle de ces deux classes
qui l'emporte en puissance, le tyran l'attachera à
son pouvoir par les liens les plus étroits, et ainsi,
une fois cette garantie donnée à ses intérêts, il ne
se trouve dans la nécessité ni d'affranchir des
esclaves[4], ni d'enlever leurs armes aux citoyens :
l'une ou l'autre des deux classes s'ajoutant à la
puissance qu'il a déjà, suffira pour le rendre plus fort
que ses assaillants.

40 Mais il est superflu de traiter séparément chacune
des matières de ce genre. Le but que doit s'assigner
un tyran apparaît avec évidence : il doit faire figure
1315 b pour ses sujets, non pas d'un maître tyrannique,
mais d'un administrateur et d'un roi ; montrer
qu'il ne s'approprie pas le bien d'autrui, mais qu'il
en est le fidèle gérant, et qu'il recherche dans son
genre de vie la modération en toutes choses et
l'absence de tout excès. Enfin, il fera des notables
sa compagnie ordinaire, mais se conciliera le faveur
des masses[5]. Ces moyens, en effet, auront nécessaire-

---

1. Fragmt 85 DIELS (= 105 BYW.). La maxime complète
d'HÉRACL. est : θυμῷ μάχεσθαι χαλεπόν · ὃ γὰρ ἂν θέλῃ ψυχῆς ὠνεῖται
(Cf. W. J. VERDENIUS, *A psych. statement of Heracl.*, dans *Mnémosyne*,
1942, p. 115-121). Quand un violent désir s'empare de notre cœur,
celui-ci le poursuit au prix de la vie.

2. Par l'adresse du tyran.

3. Ce qui caractérise le gouvernement royal (Cf. 10, 1310 b 40).

4. Pour augmenter le nombre de ses gardes (Cf. *Republ.*, VIII,
567 e).

5. Il n'admettra pas les gens du peuple dans son intimité mais leur
assurera toutes sortes d'avantages matériels par une politique
« sociale » hardie (Cf. la conduite de Pisistrate dans *Const. athen.*,
XVI).

ment ce résultat que, non seulement le gouvernement 5
du tyran sera plus honorable et plus enviable (du
fait qu'il exercera son autorité sur des citoyens plus
distingués et non sur des êtres avilis, et que le tyran
lui-même ne sera pas continuellement objet de haine
et d'effroi), mais encore le régime sera assuré d'une
plus longue durée, et, en outre, le tyran montrera
dans son caractère d'heureuses dispositions à la
vertu, ou du moins il aura une demi-vertu, et ne sera
pas pervers mais seulement à demi pervers. 10

12

<De la courte durée des tyrannies.
Examen critique de la République *de* Platon. >

Cependant oligarchie et tyrannie ont une durée
plus brève que n'importe quelles autres constitutions[1].
La tyrannie qui a vécu le plus longtemps, en effet,
est celle de Orthagoras et de ses descendants
à Sicyone[2], où elle s'est maintenue un siècle : la
raison en est qu'ils traitaient leurs sujets avec
mesure et qu'en beaucoup de matières ils se mon- 15
traient les serviteurs des lois ; de plus, les talents
militaires de Clisthène n'étaient pas pour le rendre
méprisable[3], et en de multiples domaines ces tyrans
se conciliaient la faveur du peuple par leurs attentions.

1. Certains interprètes (Susemihl, Newman, IV, 477) mettent
entre crochets, comme suspectes, les l. 11-39 (καίτοι ... παντελῶς),
pour la raison qu'une mention de l'oligarchie n'est pas ici à sa place,
puisque cette partie du livre V est consacrée aux formes de la μοναρχία, et qu'au surplus les l. qui suivent parlent exclusivement de la
tyrannie. Les exigences de la critique sont excessives. On se rappellera
qu'Ar. prend souvent de grandes libertés avec l'ordre logique, et
que ses exposés sont loin d'être systématiques.

2. Ville du Péloponnèse, non loin de Corinthe. — La dynastie
des Orthagorides dura de 670 à 572 environ, près de cent ans. Sur
Clisthène, petit-fils d'Orthagoras et aïeul du réformateur athénien,
cf. *infra*, 1316 *a* 31, et Hérod., VI, 67, 126 et 131.

3. Sur l'importance des talents militaires, cf. *supra*, 11, 1314 *b* 22
et ss.

En tout cas, on raconte que CLISTHÈNE couronna
le juge qui lui avait refusé la victoire aux Jeux,
et certains assurent que la statue placée dans l'Agora
20 est celle du juge qui rendit la sentence. (On dit aussi
que PISISTRATE supporta d'être un jour cité en justice
devant l'Aréopage.)[1]

La tyrannie qui vient au second rang pour sa durée
est celle des CYPSELIDES à Corinthe[2], car elle se
prolongea soixante-treize ans et six mois : CYPSELUS
25 fut tyran trente ans, PÉRIANDRE quarante ans et
demi, et PSAMMÉTICHUS, fils de GORGOS, trois ans.
Les causes de la longue durée de cette tyrannie
sont aussi les mêmes : CYPSELUS était un chef du
parti populaire qui passa tout le temps de son règne
sans avoir de gardes, et PÉRIANDRE, tout véritable
tyran qu'il fût devenu, n'en était pas moins un homme
de guerre accompli.

La troisième tyrannie pour la durée est celle des
30 PISISTRATIDES à Athènes. Mais elle subit des
interruptions : deux fois PISISTRATE prit le chemin
de l'exil au cours de sa tyrannie, de sorte que sur
une période de trente-trois ans il ne régna que
dix-sept ans[3] ; et comme ses fils régnèrent dix-huit
ans, cela fait un total de trente-cinq ans.

Parmi les autres tyrannies, enfin, on peut citer
celle de HIÉRON et de GÉLON à Syracuse[4]. Mais
35 même celle-ci ne dura pas de longues années et ne
dépassa pas en tout dix-huit ans : GÉLON, en effet,
après avoir conservé le pouvoir pendant sept ans,
mourut dans la huitième année, HIÉRON régna
dix ans, et THRASYBULE fut chassé le onzième mois. —
Et la plupart des tyrannies n'ont jamais eu qu'une
durée extrêmement brève.

---

1. Pour meurtre, mais son accusateur se déroba (Cf. *Const.
athen.*, XVI).

2. Cf. 11, 1313 *b* 22 (avec note et référence). Sur CYPS., 10, 1310 *b*
29 ; sur PERIANDRE, 11, 1313 *a* 37. On ne sait rien de PSAMMÉTICHUS,
fils de Gorgos (ou Gordias, ὁ Γορδίου, d'après certains mss.).

3. Sur la durée de la tyrannie des Pisistratides, voir aussi *Const.
athen.*, XVII et XIX (Cf. NEWMAN, IV, 479-480).

4. Pour HIÉRON, voir en dernier lieu, 11, 1313 *b* 14, note et références, et pour GÉLON et THRASYBULE, 10, 1312 *b* 10, note et référ. —
L. 38, il n'est pas nécessaire de supposer une lacune après ἐξέπεσεν.

Telles sont donc, pour les républiques proprement **40** dites et pour les monarchies, à la fois les causes qui les détruisent et celles qui en revanche les préservent, et nous avons à peu près épuisé notre sujet.

Dans la *République*[1], la question des révolutions **1316 a**

1. Au début du VIIIe livre de la *République*, PLATON, par la bouche de Socrate, reconnaît que la constitution idéale et première, tout en ne portant dans son sein aucun germe de corruption, n'est cependant pas exempte de dégradation et de déchéance : d'une part, sa nature composée la rend sujette à dissolution, et, d'autre part, sitôt engagée dans le devenir elle est soumise, comme toutes choses, à ses lois. Mais comment calculer le moment où la cité parfaite s'altère pour se transformer en une timocratie (laquelle à son tour se changera en oligarchie, puis en démocratie, pour finir en tyrannie, point final et dernière étape de la déchéance) ? « Tout changement de constitution, répond PL. (545 *d ;* cf. *Lois*, III, 683 *e*), vient de la partie qui gouverne, quand la division se met entre ses membres » ; et la discorde se glissera ainsi, dans la cité idéale, entre magistrats et entre gardiens. A ce point de son exposé, PLATON, nouvel Homère, invoque les Muses pour qu'elles nous content les origines de cette lente dissolution et nous en fixent le moment critique. Ce moment sera déterminé par un mystérieux calcul, d'une extrême complexité, destiné à faire connaître aux chefs de la cité le *Nombre nuptial*, qui préside aux bonnes et aux mauvaises naissances et à leur périodicité, et qui n'est autre que celui de la *Grande Année*, car le déclin et la prospérité des États sont liés aux mouvements des astres. Si les gardiens ignorent ou méconnaissent ce nombre, ils feront des mariages à contre-temps, et de ces unions mal assorties naîtront des enfants indignes, qui, succédant à leurs pères, négligeront leur office, et laisseront se mêler l'argent et l'airain à l'or. La guerre et la haine en sortiront, et la situation ne fera que s'aggraver au fur et à mesure que de nouvelles générations viendront à l'existence (546 *d* et *e*).

La formule du *Nombre nuptial* est donnée 546 *b* et *c*, et AR., dans le passage qui nous occupe, ne la reproduit que partiellement et très abrégée. Elle pose à la *base* la ratio 4 : 3 (ἐπίτριτος πυθμήν, c'est-à-d. la relation élémentaire de 4 à 3) : ces deux nombres, *accouplés à* 5 (πεμπάδι συζυγείς), produisent le triangle type, ayant pour côtés 3 et 4, et pour hypothénuse 5. Cette figure devient un *solide* (στερεός), c'est-à-dire un cube, quand la première multiplication $3 \times 4 \times 5$ est à son tour *multipliée 3 fois*, autrement dit portée à la 4e puissance, 4 étant pour les pythagoriciens et les platoniciens le nombre du solide (τρὶς αὐξηθείς, dit PL., mots qu'AR. omet, leur substituant pour explication, λέγων ὅταν ὁ τοῦ διαγράμματος [= *du triangle élémentaire*] ἀριθμὸς τούτου γένηται στερεός (I. 7-8). Le nombre ainsi obtenu (que PL. n'indique d'ailleurs pas) est le nombre nuptial $(3 \times 4 \times 5)^4 = 12.960.000$, ou 36.000 années solaires,

est discutée par Socrate ; toutefois son exposé n'est pas exact. En effet, à sa constitution idéale, qui est aussi première[1], il n'assigne aucune cause

qui est celui de la Grande Année cosmique et qui est probablement en rapport avec la précession des équinoxes (*Timée*, 39 *d ;* J. ADAM, *the Republic*, Cambridge, 1902, II, p. 302). Ce nombre *fournit* (= *se déduit en) deux harmonies* (δύο ἀρμονίας παρέχεται, l. 6), c'est-à-d. deux rangements ordonnés, l'une, l'harmonie carrée, répondant à l'équation x² × 100² = 12.960.000, et l'autre, l'harmonie promèque ou rectangulaire, ayant pour formule (27 × 100) (48 × 100) = 12.960.000. Or D'ARCY THOMPSON a montré (en 1935) que le nombre des minutes contenu dans 25 ans est précisément 12.960.000 (25 ans × 360 jours × 24 heures × 60 minutes). PL. voudrait donc dire tout simplement que l'homme doit se marier à 25 ans (Cf. *Republ.*, V, 460 *e* et ss.). « Pour franchir le passage indémontrable de la constitution parfaite aux constitutions dégénérées, Platon avait besoin d'un mythe. Le nombre mystérieux lui tient lieu de mythe » (A. DIÈS, qui fait d'ailleurs au mode de calcul de D'ARCY TH. de sérieuses objections, les Grecs ignorant les minutes).

Dans ces spéculations sur le *Nombre nuptial* on retrouve la déduction géométrique des éléments à partir des triangles constitutifs (les solides élémentaires, tétraèdre, octaèdre, icosaèdre et cube, étant construits à l'aide de ces triangles : cf. *Timée*, 53 *c* à 56 *c*, et la critique d'AR., *de Coelo*, III, 7, 306 *a* 1 à 8, 307 *b* 24, p. 146-155 de notre édition) : la figure cubique notamment, visée par AR., l. 8, est formée de quatre triangles rectangles isocèles (*Timée*, 55 *b-c*).

La littérature consacrée à la question du *Nombre nuptial* est considérable. Tous les commentateurs de la *République* se sont attaqués au problème, avec plus ou moins de succès, depuis PROCLUS (*in Rempubl.*, éd. W. KROLL, Leipzig, 1901) jusqu'à J. ADAM et G. KAFKA. Dans un mémoire définitif, intitulé *le Nombre de Platon, Essai d'exégèse et d'histoire*, Paris, 1936, A. DIÈS a discuté les différentes solutions présentées au cours des siècles et proposé sa propre conclusion. C'est à ce travail que nous nous sommes constamment référé. La traduction du texte de la *République* (546 *d* et *e*) à utiliser désormais est celle de la Collection Budé (tome VII - 2ᵉ partie des *Œuvres complètes* de PL., Paris, 1934, trad. et note du passage par A. DIÈS).

1. C'est-à-d. la plus importante (Cf. IV, 7, 1293 *b* 19, et *aliis*). — L. 5, ἐν τινι περιόδῳ, *dans une certaine période déterminée*, à l'expiration de laquelle les choses recommencent, et ainsi de suite indéfiniment (le *Retour éternel*, voir *infra*, l. 28, note). — L. 5, τοῦ διαγράμματος ... τούτου, *le triangle élémentaire :* voir la note précédente.

« Ce texte d'AR. engendrera presque autant de doutes et de discussions que le texte de Platon lui-même » (A. DIÈS). AR. reproche en somme à PL. de se contenter d'une explication trop générale, commune *à toutes les constitutions, et même à tout devenir* (ἢ τῶν ἄλλων πασῶν καὶ τῶν γιγνομένων πάντων, l. 13), alors que chaque espèce

spéciale de changement. Car la cause qu'il invoque
est que rien ne demeure mais que tout se transforme
à l'intérieur d'un certain cycle de durée, et que le 5
principe de ces changements réside dans ces nombres
dont la base épitrite conjuguée avec le nombre cinq
fournit deux harmonies, ceci devant s'entendre
quand le nombre de la figure ainsi obtenue devient
un solide, époque où la nature engendrerait des
hommes vils et qu'aucune éducation ne peut
dompter. Cette dernière affirmation, certes, n'est
sans doute pas en elle-même dénuée de vérité (car
il peut se faire qu'il existe certains individus inaptes 10
à recevoir une éducation et à devenir des hommes
vertueux), mais pourquoi pareil changement serait-il
propre à la constitution que Socrate nous affirme
la meilleure, plutôt qu'à toutes les autres et à
l'ensemble même du devenir ? Et est-ce, en fin de
compte, par l'effet du temps (lequel, d'après sa
propre déclaration, est la cause du changement en
toutes choses) que même les choses qui n'ont pas 15
commencé à exister ensemble, changent ensemble ?
Par exemple, si une chose est venue à l'existence
le jour qui précède la fin du cycle[1], elle change donc
en même temps que celles qui sont nées avant elle ?
Ajoutons à cela : pour quelle raison cette constitution
idéale se transforme-t-elle en celle de Sparte[2] ?

de constitution, et par conséquent la constitution idéale elle-même,
exige une cause de changement spéciale. — On sait qu'Ar. s'est
toujours élevé contre les explications qui ne sont pas propres à la
chose et ne s'appuient pas sur les principes de la chose elle-même.
Il a souvent reproché aux platoniciens, notamment dans sa critique
de la théorie des Idées, de faire appel à des procédés d'ordre logique
et trop général (de raisonner λογικῶς ou διαλεκτικῶς), qui ne sont
pas appropriés aux sujets traités : cf. notre comm. de la *Métaphysique*, I, p. 357, note 3, sous Z, 4, 1029 *b* 13, avec les références,
surtout Waitz, *Organon*, II, 353.

Les critiques d'Ar. contre la *Républ.* se poursuivront jusqu'à la
fin du chapitre.

1. L. 16, τῆς τροπῆς a le même sens que ἐν τινι περιόδῳ, l. 5,
ci-dessus. C'est la μεγίστη καὶ τελευτάτη τροπή du *Polit.*, 270 c.

2. Selon Pl., la constitution idéale, par l'effet de son évolution
intérieure sous l'action du temps, se transforme en une *timocratie*
(ou gouvernement de l'honneur) dont la Crète et Sparte sont les
modèles et qui est la première étape de la dégénérescence (Cf. *Republ.*,
VIII, 544 c, 547 d à 548 d).

Car toutes les constitutions se transforment plus
souvent en leur forme opposée qu'en celle qui leur
20 est apparentée[1]. La même remarque s'applique
aussi aux autres changements. Socrate dit que de la
constitution spartiate il y a changement en
l'oligarchie, et de celle-ci en démocratie, et de la
démocratie en tyrannie[2]. Pourtant le changement
en sens inverse a lieu aussi : par exemple, on passe
d'une démocratie à une oligarchie, et cela plus
aisément qu'à une monarchie[3]. — De plus, en ce qui
25 touche la tyrannie, Socrate ne nous dit, ni si elle sera
sujette à des changements, ni si elle n'y sera pas
sujette, ni, si elle y est sujette[4], pour quelle raison et
en quelle espèce de constitution son changement
s'effectuera. La cause de son silence, c'est qu'il
n'aurait pas facilement trouvé de réponse, car c'est
là le domaine de l'indéterminé. D'après lui, en effet,
la tyrannie doit se transformer en la constitution
première et idéale[5], puisque c'est de cette façon
qu'on obtiendra un processus continu et circulaire.
30 Mais, en fait, une tyrannie se change en une tyrannie,
comme la constitution de Sicyone passa de la tyrannie
de MYRON en celle de CLISTHÈNE[6], ou en une oligarchie, comme la tyrannie d'ANTILÉON à Chalcis, ou
en une démocratie, comme celle de GÉLON[7] à Syracuse,

---

1. *Supra*, 7, 1307 *a* 20 ; 10, 1312 *b* 4 et ss.

2. *Republ.*, VIII, 550 *c* et ss. (oligarchie) ; 555 *b* et ss. (démocratie) ;
562 *a* et ss. (tyrannie).

3. Prise au sens de gouvernement d'un seul. — Cf. 5, 1304 *b* 20
et ss.

4. L. 26, nous conservons οὔτ' εἰ ἔσται, ajouté par CASAUBON,
et que l'éd. IMMISCH place entre crochets.

5. Ce qui est une absurdité. — Sur la révolution circulaire, cf.
Republ., VIII, 546 *a* (passage immédiatement antérieur à celui du
Nombre nuptial). L'idée du Retour éternel des choses et de la Grande
Année cosmique (les deux notions sont logiquement liées) est essentiel-
lement grecque, et remonte au moins à Pythagore et à Héraclite.
(Cf. J. BURNET, *l'Aurore de la phil. gr.*, trad. fr., p. 178-180, et les
notes ; voir aussi DUHEM, *le Syst. du monde*, I, 65). Nietzsche l'a
empruntée aux Grecs.

6. Sur CLISTHÈNE, cf. *supra*, 1315 *b* 16 et ss. Il avait hérité la
tyrannie de son frère Myron (sans doute le petit-fils du Myron
d'HÉROD., VI, 126). — L. 32, Antiléon est inconnu.

7. Sur GÉLON, voir *supra*, 1315 *b* 34, note.

ou en une aristocratie, comme celle de CHARILAÜS[1]
à Lacédémone, et comme à Carthage[2]. Il y a aussi
changement d'oligarchie en tyrannie[3], comme en 35
Sicile où on peut dire que c'est le cas pour la plupart
des anciennes oligarchies : à Leontium, l'oligarchie
fit place à la tyrannie de PANAETIUS[4], à Géla à celle
de CLÉANDRE[5], à Rhégium à celle d'ANAXILAUS[6],
et dans beaucoup d'autres cités il en fut ainsi. —
Il est absurde également de penser[7] que les États se
transforment en oligarchie uniquement parce que
les hommes au pouvoir sont avides de richesses et ne 40
cherchent qu'à amasser de l'argent, et non parce que **1316 b**
les citoyens très supérieurs aux autres par leurs
fortunes estiment injuste que ceux qui ne possèdent
rien participent aux affaires de l'État sur un pied
d'égalité avec ceux qui possèdent ; j'ajoute que,
dans nombre d'oligarchies, il n'est pas possible pour
les magistrats de se livrer à une activité mercantile
mais qu'il y a des lois pour s'y opposer, alors qu'à
Carthage, gouvernée selon les principes démocra- 5
tiques[8], les magistrats s'adonnent à des trafics de ce
genre, et pourtant aucune révolution n'y a encore
éclaté. — Il est absurde aussi de prétendre que
l'État oligarchique est en réalité deux États, celui
des riches et celui des pauvres[9] ; en quoi, en effet,
cette constitution est-elle à cet égard dans une
condition plus particulière que la constitution

1. Ce CHARILAUS est peut-être le même que Charillus dont il a été
question, II, 10, 1271 *b* 25.

2. Certains critiques pensent que καὶ ἐν Καρχηδόνι, l. 34, est
interpolé. Nous le conservons, mais peut-être faut-il lire Χαλκηδόνι
(en Bithynie).

3. Contrairement à ce que prétend PL., pour qui la tyrannie
succède à une démocratie.

4. Cf. 10, 1310 *b* 29.

5. Sur Cléandre, voir HÉROD., VII, 154 et 155.

6. Cf. HÉROD., VI, 23 ; VII, 165.

7. Avec PLATON, *Republ.*, VIII, 550 *d* et ss.

8. L. 5, δημοκρατουμένη est peut-être une erreur de copiste, car à
Carthage régnait une aristocratie mercantile, et non une démocratie.
(Cf. II, 11, en entier, et IV, 7, 1293 *b* 14). NEWMAN, IV, 486-487,
propose (avec hésitation) de lire τιμοκρατουμένη, et d'autres (SCHN.,
SUSEM.) ἀριστοκρατουμένη.

9. *Republ.*, VIII, 551 *d.*

spartiate ou n'importe quelle autre, dans laquelle
tous les citoyens ne possèdent pas des fortunes égales
10 ou ne sont pas tous pareillement vertueux ? — Et,
d'autre part[1], alors que personne n'est devenu plus
pauvre qu'auparavant, il n'y a pas moins changement
d'oligarchie en démocratie, si les indigents sont
devenus plus nombreux, ou changement de démocratie en oligarchie, si la classe riche est plus puissante
que la multitude et que cette dernière se désintéresse
des affaires de l'État, alors que les riches y appliquent
toute leur attention. Et, bien qu'il existe de multiples
causes par lesquelles les changements[2] se produisent,
15 Socrate n'en mentionne qu'une seule, à savoir l'appauvrissement des citoyens, qui mènent une vie déréglée
et se ruinent à payer des intérêts usuraires[3], comme si,
au départ, tous les hommes ou la grande majorité
d'entre eux étaient riches ! Or c'est là une erreur :
sans doute, certains des dirigeants, quand ils ont
perdu leur fortune, se montrent partisans des innovations[4], mais si la ruine atteint les autres couches de
la population, rien de fâcheux n'arrive, et même
20 s'il y a alors transformation de l'État, ce n'est pas
plus en une démocratie qu'en une toute autre forme
de gouvernement. Et si les citoyens sont écartés des
honneurs, aussi bien que s'ils sont victimes de l'oppression ou de la démesure, c'est encore là une cause de
rébellion et de changement dans les constitutions,
quand bien même ils n'auraient pas dissipé leurs
biens[5]... parce qu'il est loisible aux citoyens de faire

---

1. *Republ.*, VIII, 552 *a* et ss., et 555 *b* et ss.

2. Sous-entendre : des oligarchies. Cf. *Republ.*, VIII, 555 *d*.

3. L. 15, ὅτι ἀσωτευόμενοι κατατοκιζόμενοι : *quia dum profuse
ac luxuriose vivunt dumque aere alieno obruuntur et fenore trucidantur*,
dit Lambin, qui insère ainsi, peut-être à bon droit, καί entre les deux
participes.

4. Cf. *Const. athen.*, XIII.

5. Cf. VIII, 555 *c*. — Après οὐσίαν, l. 23, il y a vraisemblablement
une lacune, car les lignes qui suivent ont rapport à la démocratie
et à la liberté excessive qu'elle laisse aux citoyens. (Cf. *Republ.*,
VIII, 557 *b*; voir aussi *infra*, VI, 2, 1317 *b* 11, où la liberté de vivre
à sa guise est présentée comme l'un des deux caractères du régime
démocratique, l'autre étant le droit de commander et d'être commandé

tout ce qui leur plaît, ce qui a pour cause, selon Socrate, l'excès de liberté. — Enfin, bien qu'il existe plusieurs sortes d'oligarchies et de démocraties[1], Socrate parle de leurs changements comme si chacune d'elles ne comportait qu'une seule forme. ²⁵

---

tour à tour (1317 *b* 2). THUROT, 86-87, et H. RACKHAM, p. 482, note, admettent cette lacune. NEWMAN, IV, 488, et B. JOWETT sont d'un avis contraire.

1. Cf. IV, 1, 1289 *a* 8 et ss. — Le chapitre se terminant *ex abrupto*, certains critiques (SCHN., SUSEM.) pensent que la partie finale fait défaut.

LIVRE VI

1

*<Les régimes hybrides, et les diverses
espèces de la démocratie.>*

Nous avons étudié précédemment le nombre et
la nature tant des différentes variétés du pouvoir
délibératif et souverain de l'État que des diverses
organisations des fonctions publiques et des tribunaux,
et indiqué quelle variété est adaptée à telle forme de
gouvernement[1] ; nous avons traité aussi à la fois de
la destruction et de la conservation des constitutions,
et montré à partir de quels genres d'événements ces 35
phénomènes se produisent et pour quelles causes[2].
Et puisque c'est un fait qu'il existe plusieurs espèces
de démocraties et qu'il en est de même pour les autres
formes de gouvernement, il ne sera pas inutile d'examiner[3] en même temps ce qui peut rester à dire à leur
sujet, et aussi d'assigner à chacune de ces formes le
mode d'organisation qui lui est approprié et qui lui
est avantageux. De plus, nous devons encore considérer[4] les combinaisons de tous les modes d'organisation des divers pouvoirs de l'État dont nous avons 40

---

1. IV, 14-16.
2. V. — L. 35, ἐκ ποίων est, selon nous, neutre, et non masculin,
comme le pense H. RACKHAM *(from what sort of people)*. Cf. LAMBIN :
*ex qualibus rebus oriantur [interitus et salus] et propter quas causas
eveniant.*
3. Cf. *infra*, 4, 1318 *b* 6 à 1319 *a* 6.
4. L. 40, συναγωγή (τὰς συναγωγάς) est synon. de συνδυασμός
(*Ind. arist.*, 721 *b* 45).

1317 a parlé[1], car ces modes, assemblés deux par deux, font
que les constitutions se recouvrent partiellement
les unes les autres, de sorte que des aristocraties
prennent une teinte oligarchique et que des républiques constitutionnelles inclinent à la démocratie[2].
Je veux parler de ces combinaisons qu'il est indispensable d'examiner, mais que nous n'avons pas
jusqu'à présent étudiées : par exemple, quand le
5 corps délibératif et le procédé d'élection des magistrats ont été organisés sur une base oligarchique[3],
alors que les tribunaux le sont sur une base aristocratique, ou encore quand les tribunaux et le corps
délibératif ont reçu une structure oligarchique alors
que le procédé de désignation des magistrats est de
caractère aristocratique, ou quand de quelque autre
manière les divers rouages de la constitution ne
s'ajustent pas tous convenablement[4].

Nous avons indiqué antérieurement[5] quelle espèce
10 de démocratie est adaptée à telle sorte de cité, et
pareillement quelle espèce d'oligarchie à telle sorte
de peuple, et aussi, pour les constitutions restantes,
laquelle d'entre elles est avantageuse à telle collectivité déterminée. Néanmoins, nous devons non
seulement montrer clairement quelle espèce de ces
diverses constitutions est la meilleure pour les États,
mais encore étudier brièvement de quelle façon on

---

1. Les pouvoirs délibératif, exécutif et judiciaire (cf. IV, 14,
1297 b 41), lesquels peuvent former différentes combinaisons, d'où
résultent les constitutions hybrides, dont les caractères sont empruntés
à des constitutions diverses et même opposées (1317 a 2 : aristocraties
oligarchiques, et républiques démocratiques. Sur ἐπαλλάττειν,
l. 2, cf. I, 6, 1255 a 13, note). Mais Ar. n'a pas rempli son programme,
et n'a pas étudié ces formes hybrides, qui devaient être fréquentes
en Grèce.

2. Cf. IV, 8, 1293 b 34 et ss.

3. Sur l'organisation oligarchique du pouvoir délibérant, cf. IV,
14, 1298 a 34 et ss. ; du mode d'élection, IV, 15, 1300 b 1 et ss. Sur
l'organisation aristocratique des tribunaux, IV, 16, 1301 a 13 ;
du mode d'élection, IV, 8, 1294 a 9, et aliis.

4. En somme quand il y a un déséquilibre dans l'organisation
de l'État, tel rouage étant aristocratique, et tel autre oligarchique. —
Ces différentes questions n'ont pas été étudiées par Ar.

5. IV, 12, 1296 b 13 à 1297 a 13.

doit établir ces meilleures formes de constitution 15
ainsi que les autres formes[1].

Et d'abord, parlons de la démocratie : car ce sera
en même temps apporter quelque lumière[2] sur la
constitution qui lui est opposée, c'est-à-dire celle
qui est désignée parfois du nom d'oligarchie[3]. En
vue de cette enquête, nous devons embrasser par la
pensée toutes les caractéristiques des démocraties
et qui, de l'avis général, en sont l'accompagnement
obligé, puisque ce sont ces caractéristiques qui,
diversement combinées, donnent en fait naissance 20
aux diverses espèces de démocratie, et qui font qu'il
existe plus d'une forme de démocratie et que ces
formes sont différentes entre elles. Il y a deux causes,
en effet, à l'origine de cette pluralité des démocraties :
d'abord, celle que nous avons signalée précédemment[4],
à savoir la diversité de la classe populaire[5] (car il y a
le peuple des agriculteurs, celui des artisans et celui 25
des ouvriers, et quand le premier vient s'ajouter au
second, et à son tour le troisième aux deux autres,
la démocratie accuse alors une différenciation qui
ne consiste pas seulement en ce qu'elle devient
meilleure ou pire, mais encore en ce que sa nature
même est changée). Une seconde cause est celle qui

---

1. Cf. IV, 2, 1289 *b* 20. — Ces diverses sous-variétés de constitution
sont donc l'objet général de l'étude d'Ar. En fait, il traitera seulement
des différentes variétés de la démocratie et de l'oligarchie.

2. L. 17, avec φανερόν il faut sous-entendre ἔσται.

3. Mais à tort, car l'aristocratie est aussi le règne du petit nombre :
ce qui caractérise essentiellement l'oligarchie, c'est d'être le gouvernement des riches (Cf. V, 7, 1306 *b* 25).

4. IV, 4, 1291 *b* 17-28 ; 1292 *b* 25 et ss. ; 12, 1296 *b* 26-31.

5. *Populorum diversitas et dissimilitudo* (LAMBIN). — L. 25, sur
les *thètes (ouvriers, hommes de peine, journaliers)*, cf. I, 11, 1258 *b*
27, note. — Même l., τὸ δὲ βάναυσον καὶ θητικόν semblerait indiquer
que les artisans et les ouvriers ne font qu'une seule classe, mais ce
qui suit (καὶ τοῦ τρίτου, qui se rapporte seulement à la classe des
ouvriers) montre qu'il s'agit de deux classes séparées, et nous avons
traduit en conséquence.

Dans tout ce passage, Ar. attire l'attention sur ce fait que l'introduction dans une démocratie d'un facteur nouveau et d'une classe
nouvelle entraîne pour elle une *différence de nature* (τῶ μὴ τὴν αὐτήν,
. 28) et non seulement de *qualité* (τῶ βελτίω καὶ χείρω ϳίνεσθαι) :
cf. IV, 12, 1296 *b* 26-31, texte qui éclaire le présent développement.

fait l'objet de notre présent examen : car les caracté-
30 ristiques qui accompagnent toujours les démocraties
et qui semblent être appropriées à cette forme de
constitution[1] font, par leurs combinaisons variées,
les démocraties différentes : une forme de démocratie
sera accompagnée d'un plus petit nombre de ces
caractères, une autre d'un plus grand nombre, une
autre enfin les réunira tous[2]. Et il est utile de connaître chacun d'eux, en vue soit d'instaurer toute
nouvelle forme de démocratie qu'on peut, le cas
échéant, souhaiter, soit de redresser celles qui existent
35 déjà[3]. En effet, les auteurs de constitution cherchent
à réunir tous les caractères sans exception qui sont
appropriés à la position prise pour base[4], mais en
cela ils commettent une erreur, ainsi que nous l'avons
montré précédemment[5] dans les pages que nous avons
consacrées à la destruction et à la préservation des
constitutions. — Et maintenant établissons ce que
requièrent les démocraties[6], leur comportement et les
fins où elles tendent.

1. Ces δημοτικά seront énumérés et étudiés au chapitre suivant.
2. On obtiendra ainsi tous les degrés entre la démocratie la plus
voisine de l'oligarchie (en ce qu'elle rejette un grand nombre de
δημοτικά) et la démocratie pure, qui les accepte tous.
3. IV, 1, 1289 *a* 1.
4. Leur *idée directrice* d'établir soit une démocratie, soit une
oligarchie.
5. V, 9, 1309 *b* 13-1310 *a* 36. — Certains δημοτικά sont fatals aux
démocraties, car la démocratie pure finit en tyrannie. Il en est de
même dans le cas des oligarchies. Tous les régimes, s'ils veulent
durer, ont intérêt à ne pas pousser jusqu'au bout les conséquences
et les applications de leurs principes.
6. Sur τὰ ἀξιώματα *(postulata)*, l. 39, cf. *Ind. arist.*, 70 *a* 46-48 :
quae requiruntur in democratia (Voir le début du ch. suivant). —
Sur ἤθη *(façons habituelles de se comporter)* et ὧν ἐφίενται *(les fins)*,
cf. *Rhetor.*, I, 8, 1366 *a* 2-8, et surtout *infra*, VIII, 1, 1337 *a* 14-17.

2

<La démocratie et les institutions qui la caractérisent.>

Le principe fondamental sur lequel repose la 40
constitution démocratique est la liberté (c'est là
une assertion courante[1], impliquant que c'est sous
cette seule constitution que les hommes ont la
liberté en partage, ce qui est, dit-on, le but visé par 1317 b
toute démocratie). Mais un premier aspect de la
liberté, c'est de gouverner et d'être gouverné à tour
de rôle : car la justice, selon la conception démocratique, réside dans l'égalité numérique et non dans
l'égalité d'après le mérite[2], et, cette notion du juste
une fois posée, la multitude est nécessairement
souveraine, et tout ce qu'a décidé la majorité est 5
une fin[3], et c'est en cela que consiste le juste, chaque
citoyen, dit-on, devant avoir une part égale : ce qui
entraîne cette conséquence que, dans les démocraties,

---

1. Qui est celle des avocats de la démocratie, et non celle d'Ar.,
lequel n'admet pas la notion de liberté sous ses deux faces, telle
qu'elle est présentée ici. Pour les vues personnelles d'Ar. sur la liberté,
on se reportera principalement à I, 4, 1254 a 14 ; III, 4, 1277 b 3 ;
VIII, 2, 1337 b 17 et ss. ; *Metaph.*, A, 2, 982 b 25. Selon Ar., l'homme
libre est essentiellement celui qui est à lui-même sa fin et n'est pas
la chose d'un autre. La condition d'homme libre n'entraîne donc pas
nécessairement participation au gouvernement : cette dernière
exigence se manifeste seulement dans la démocratie pure (Cf.
Newman, I, 246 ; IV, 494-495). — On comparera le présent passage
avec le tableau brossé par Platon de la démocratie et de l'homme
démocratique (*Republ.*, VIII, 557 a et ss.).

Sur les l. 4 et ss., cf. Thurot, 87-88, dont la traduction ne s'impose
pas. — L. 41, avec Lambin *(hoc enim dicere consueverunt, perinde
quasi...)* et H. Rackham, nous estimons que τοῦτο se rapporte à ce
qui précède, et non à ce qui suit (τοῦτο ... ὡς). — L. 1317 b 1, τούτου
au neutre, remplace cependant ἐλευθερίας, qui précède (Cf. sur
cette particularité grammaticale, *Ind. arist.*, 484 a 59 et ss.).

2. Cf. V, 1, 1301 a 27 et ss., avec la note.

3. Au delà de laquelle il n'y a rien, τέλος signifiant ici *operis
alicujus perfectio et absolutio (Ind. arist.*, 743 a 47 et b 6). Cf. les divers
sens de τέλειον, dans *Metaph.*, Δ, 16, 1021 b 12 à 1022 a 3.

les pauvres sont plus puissants que les riches, puisqu'ils sont plus nombreux et que la décision de la
majorité a une autorité absolue.

10   Voilà donc un premier signe distinctif de la liberté,
et que tous les partisans de la démocratie posent
comme une norme[1] de leur constitution. Un autre
signe, c'est de vivre chacun comme il veut[2], car,
dit-on, tel est l'office de la liberté, s'il est vrai que la
marque propre de l'esclave est de vivre comme il ne
veut pas. Voilà donc la seconde norme de la démocratie, d'où est venue la prétention de n'être gouverné
15   absolument par personne, ou, si ce n'est pas possible,
de gouverner et d'être gouverné chacun son tour ;
et ainsi ce second facteur apporte son appui à la
liberté fondée sur l'égalité[3].

Ces bases une fois posées, et telle étant la nature
du gouvernement démocratique[4], les marques d'une
démocratie seront du genre de celles-ci : élection aux
magistratures par tous les citoyens, qui choisissent
parmi tous les citoyens[5] ; gouvernement de tous
20   sur chacun, et de chacun, tour à tour, sur tous[6] ;
désignation par tirage au sort pour les magistratures,
soit pour toutes, soit du moins pour toutes celles qui
ne requièrent pas expérience et connaissances tech-

---

1. Sur ὅρος, l. 11 *(principe déterminatif)*, cf. III, 9, 1280 *a* 7, note.

2. Cf. V, 9, 1310 *a* 31 ; 12, 1316 *b* 23. Voir aussi IV, 3, 1290 *a* 28,
où la démocratie est présentée comme une ἀνειμένη καὶ μαλακὴ
πολιτεία.

3. Cette dernière phrase est douteuse, selon Bonitz (*Ind. arist.*,
715 *a* 2). Ar. veut dire sans doute que la notion de liberté κατὰ τὸ
ἴσον se trouve renforcée par la faculté de vivre chacun à sa guise.

4. L. 17, nous interprétons καὶ τοιαύτης οὔσης τῆς ἀρχῆς comme
la *Vetus transl.*, et comprenons *tali existente principatu*. Lambin,
et à sa suite plusieurs commentateurs (Newman, IV, 497), donne à
ἀρχή le sens de *principe, commencement: tali principio exstante* (le
« principe » de la démocratie étant la liberté sous ses deux aspects).
Les deux interprétations sont également défendables.

5. Suffrage universel et admissibilité de tous aux divers emplois
publics.

6. Cf. la célèbre formule de Rousseau : « L'aliénation totale de
chaque associé à toute la communauté » Mais ici cette absorption
de l'individu est tempérée par le système de la « rotation » des fonctions publiques entre tous les citoyens (ce qui est d'ailleurs en pratique
une maigre fiche de consolation contre l'omnipotence de l'État).

niques[1] ; absence de toute condition de cens pour les
magistratures, ou du moins fixation d'une quotité
la plus faible possible ; interdiction pour le même
individu d'occuper deux fois aucune magistrature,
ou tout au moins que ce soit un petit nombre de
fois, ou pour un petit nombre d'offices, à l'exception
des fonctions militaires[2] ; brève durée imposée aux
magistratures, soit à toutes, soit au plus grand nombre
possible ; fonctions judiciaires ouvertes à tous et 25
juges choisis parmi tous, avec compétence s'étendant
à toutes les causes, ou du moins à la majeure partie
d'entre elles et aux plus graves et aux plus importantes, telles que celles relatives aux redditions de
comptes, à la constitution[3], aux contrats de droit
privé ; souveraineté de l'Assemblée, aucune magistrature ne décidant en dernier ressort d'aucune
affaire ou seulement dans des cas extrêmement rares,
ou, alors, souveraineté d'un Conseil dans les affaires
les plus importantes[4] (de toutes les magistratures 30
un Conseil est l'organe démocratique par excellence[5]
dans les États qui n'allouent pas un salaire élevé à
tous les citoyens, car là où un pareil salaire est
institué, cette magistrature elle-même se voit enlever
son pouvoir, le peuple évoquant à lui toutes les
décisions à prendre, dès qu'il est assuré d'une large
indemnité, ainsi que nous l'avons dit antérieurement
dans les discussions précédant celle-ci)[6] ; vient ensuite

1. Le tirage au sort devant, bien entendu, être appliqué ἐκ πάντων.
Pour les exceptions admises par Ar., cf. *supra*, IV, 14, 1298 *a* 27.

2. Cf. la trad. de Lambin : *non licere eidem bis ullum gerere
magistratum, aut raro, aut paucos praeter bellicos*. La pensée d'Ar.
est exprimée d'une façon concise, mais elle est claire. L'exception
en faveur des fonctions militaires s'explique d'elle-même. La *Const.
athen.*, LXII, atteste qu'à Athènes la charge de stratège pouvait
être remplie plusieurs fois (Périclès, Phocion).

3. Pour réprimer les tentatives dirigées contre l'État ou le régime.

4. L. 30, le texte n'est pas sûr. Nous acceptons la leçon d'Immisch
(et de H. Rackham), et lisons ἢ τῶν μεγίστων βουλὴν κυρίαν.

5. IV, 15, 1299 *b* 32.

6. Renvoi à IV, 15, 1299 *b* 38. — L. 33, κρίσεις doit être pris en
un sens large, et signifie *toute décision* en matière *gouvernementale,
administrative* ou *judiciaire*. (Sur ce terme, cf. Newman, I, 230,
note 1).

35 le paiement d'un salaire pour l'accomplissement d'un
service public : l'idéal c'est de l'étendre à toutes les
branches de l'administration, Assemblée, tribunaux,
magistratures, ou si ce n'est pas possible, le conserver
pour les magistratures, les tribunaux, le Conseil,
et les Assemblées principales[1], ou pour les magistratures dont les titulaires sont astreints à faire table
commune. — De plus, puisqu'une oligarchie se
définit par des caractères tels que naissance, richesse,
éducation, les caractères qui définissent une démo-
40 cratie seront, semble-t-il, les contraires des précédents,
naissance obscure, pauvreté, vulgarité[2]. — Autre
signe encore en ce qui regarde les magistratures :
il est démocratique qu'aucune ne soit conférée à vie,
1318 a et si quelque office de ce genre a survécu à une
ancienne révolution, alors on le dépouillera de tout
pouvoir[3], et on remplacera l'élection par le tirage
au sort.

Ce sont là[4] les points communs à toutes les démocraties. Mais celle qu'on regarde comme la forme la
plus radicale de la démocratie et du régime populaire découle de cette notion de justice qu'on reconnaît unanimement comme caractérisant la démo-
5 cratie (à savoir la possession par tous, sans exception,
de l'égalité numérique) : car il y a égalité quand les
pauvres ne participent pas au pouvoir plus que les
riches, et non quand ils sont seuls à posséder l'autorité
suprême, mais l'égalité exige que tous gouvernent

---

1. Sur l'Assemblée dite κυρία, cf. *Const. athen.*, XLIII. Dans
ce même chapitre, Ar. nous indique aussi que les prytanes en fonctions
prennent leurs repas en commun dans la Rotonde *(Tholos)* et reçoivent à cet effet une indemnité en argent.

2. Caractères qui seront pris en considération pour la désignation
aux fonctions publiques. — Mais les l. 38-41 (ἔτι ἐπειδή ... βαναυσία)
paraissent suspectes à Susem. et à Newman (IV, 503-504), qui les
mettent entre crochets.

3. Cf. III, 14, 1285 *b* 11, sur les anciens rois, qui ne conservèrent que des fonctions honorifiques. Sur le tirage au sort appliqué
aux neuf archontes, et remplaçant l'élection, voir *Const. ath.*, XXII.

4. Toute la fin du ch. 2 et la totalité du ch. 3 (1318 *a* 3 à 1318 *b* 5 :
τὰ μὲν οὖν ... φροντίζουσιν) sont considérées comme inauthentiques
par certains commentateurs (Susem., H. Rackham). Newman,
IV, 504, admet au contraire que le passage entier est de la main d'Ar.

également suivant leur nombre[1] : car c'est de cette façon que les citoyens auront le sentiment que l'égalité aussi bien que la liberté sont assurées à leur constitution.   10

3

<L'égalité entre riches et pauvres dans la démocratie. >

Mais après cela[2] se pose la question de savoir comment assurer l'égalité. Devons-nous diviser la fortune de cinq cents citoyens entre mille citoyens, et donner aux mille un pouvoir égal à celui des cinq cents ? Ou bien n'est-ce pas de cette façon que nous devions admettre l'égalité reposant sur cette base, mais devons-nous conserver les caractéristiques de la division précédente, et, ensuite, après avoir prélevé   15 un nombre égal de citoyens parmi les cinq cents et parmi les mille, leur conférer l'autorité absolue pour le choix des magistrats et les tribunaux ? Est-ce alors cette forme de constitution qui est la plus juste, au sens que la démocratie donne à la justice, ou

---

1. Cf. IV, 4, 1291 *b* 30. Le chapitre suivant contiendra les restrictions que ce principe comporte, pour assurer une pleine et véritable égalité.

2. Étant donné la coexistence, dans une démocratie, de la classe riche et de la classe indigente, il s'agit d'assurer une véritable égalité politique entre leurs membres, de façon que l'une des classes ne soit pas annihilée par l'autre. On peut concevoir deux solutions :

1re solution (l. 11-13 : πότερον ... πεντακοσίοις ;). Supposons deux groupes de votants, l'un de riches, et l'autre de pauvres, 500 riches et 1000 pauvres, chaque groupe possédant *in globo* une *fortune* (τίμημα) égale, par exemple de 500.000. Si on veut donner à chaque groupe une *puissance* électorale (δύνασθαι) égale, on attribuera deux voix à chaque riche contre une à chaque pauvre.

2e solution (l. 13-17 : ἢ οὐχ ... δικαστηρίων ;). L'établissement de deux groupes de votants, celui des riches et celui des pauvres, est conservé avec les précisions déjà données (διελεῖν οὕτως, l. 14), mais au sein de chacun de ces deux groupes, on choisira un nombre *égal* de représentants qui formeront un seul corps et gouverneront l'État (L. 14, τὴν κατὰ τοῦτο ἰσότητα = *l'égalité numérique*).

n'est-ce pas plutôt celle qui repose uniquement sur la
loi du nombre[1] ? Pour les partisans de la démocratie,
en effet, la justice c'est tout ce qu'a décidé la majorité,
20 tandis que pour les partisans de l'oligarchie la justice
c'est tout ce qu'a décidé la classe la plus fortunée,
car à leur avis c'est le montant de la fortune qui doit
décider. Mais ces deux façons de voir renferment
l'une et l'autre de l'inégalité et de l'injustice. Car
si tout ce que décide le petit nombre est juste[2],
ce sera tyrannie (puisque si un seul homme possède
plus de richesses que tous les autres riches réunis,
d'après l'idée de justice telle que la conçoivent les
partisans de l'oligarchie, il sera juste que lui seul
gouverne), et, d'un autre côté, si la justice est la
25 volonté de la majorité numérique, cette majorité se
montrera oppressive et confisquera les biens de la
minorité riche, ainsi que nous l'avons dit antérieurement[3]. Quelle sorte d'égalité est donc susceptible
de réaliser l'accord des deux parties à la fois, c'est
ce que nous devons rechercher à la lumière des idées
de justice telles qu'elles sont respectivement définies
par ces deux parties[4]. Les partisans de l'un et l'autre
bord s'entendent[5], en effet, pour reconnaître que les
décisions de la majorité des citoyens doivent avoir force

---

1. Ar. se demande ensuite si cette façon (sous ses deux formes)
de réaliser l'égalité politique entre riches et pauvres (αὕτη ἡ πολιτεία,
l. 17) est bien conforme après tout à l'idéal démocratique, et s'il n'est
pas préférable, dans cette perspective, d'appliquer brutalement la loi
du nombre, sans tenir compte de la fortune des votants. Mais à cette
solution s'opposent les prétentions de l'oligarchie (= de la classe des
riches) qui veut donner le pouvoir aux plus riches. Dans les l. 21 et
ss. (ἔχει δ᾽ ἀμφότερα), Ar. critique à la fois la conception purement
démocratique du vote par tête et la conception oligarchique trop
favorable à la richesse, et il tâchera, l. 27 et ss. (τίς ἂν οὖν εἴη
ἰσότης), d'apporter une solution qui conciliera les deux tendances.

2. L. 22, εἰ μὲν γὰρ ὅ τι ἂν οἱ ὀλίγοι = si enim id justum statuen-
dum erit quodcumque paucis visum fuerit (Lambin). On peut aussi
comprendre, avec H. Rackham : if the will of the few is to prevail.

3. III, 10, 1281 a 14.

4. A savoir τὸ δίκαιον δημοτικόν et τὸ δίκαιον ὀλιγαρχικόν.

5. L. 28, nous pensons que λέγουσι a pour sujet sous-entendu
ἀμφότεροι. — Pauvres et riches sont d'accord pour accepter, dans
une démocratie, la loi de la majorité (sauf à ne plus s'entendre sur la
façon de concevoir cette majorité) : c'est là une base de conciliation.

de loi. Admettons-le donc, mais non pas cependant 30
d'une manière absolue : puisque c'est un fait qu'il
existe deux classes dont la cité est composée, les
riches et les pauvres, on peut accorder que toute
résolution prise par ces deux classes à la fois, ou par
la majorité de chacune d'elles[1], est souveraine, mais
que si les deux classes prennent des résolutions
contraires[2], c'est la décision de la majorité, c'est-à-
dire de ceux dont la fortune globale est plus grande,
qui doit prévaloir. Supposons, par exemple, dix
riches d'un côté et vingt pauvres de l'autre, et qu'une
mesure quelconque ait été approuvée par six du
groupe des riches et désapprouvée par quinze du 35
groupe des pauvres, les quatre riches restants s'étant
rallié au parti des pauvres, et les cinq pauvres restants
au parti des riches : en pareil cas, le groupe de ceux,
quels qu'ils soient, dont la fortune globale est la
plus grande, quand on additionne les fortunes de
chacun des deux groupes, emportera la décision[3].
Mais si les deux totaux tombent à égalité[4], on doit
estimer que c'est là un problème d'ordre général et
analogue[5] à celui qui se pose de nos jours quand, à
l'Assemblée ou au tribunal, le nombre de voix se 40
partage en deux fractions égales : il faut alors recourir
au tirage au sort ou à quelque autre expédient de ce **1318** *b*

---

1. Par exemple (pour prendre les chiffres de la l. 34), 6 riches sur
10, et 12 pauvres sur 20.
2. Si la majorité des riches prend telle décision, et la majorité
des pauvres telle décision opposée. — L. 33, καί a le sens explétif :
c'est ici le point capital de l'exposé, la majorité étant conçue, non
comme une simple addition des voix, mais comme une opération
complexe dont le τίμημα est l'un des facteurs.
3. Le raisonnement d'AR. est celui-ci. En posant comme plus haut
(l. 11 et ss.) que la fortune globale des citoyens riches est le double
de la fortune globale des citoyens pauvres, et qu'un riche a 2 voix
contre une, quand 6 riches et 5 pauvres votent de telle façon, et
4 riches et 15 pauvres d'une autre, la répartition entre les deux groupes est de $(6 \times 2) + 5$ à $(4 \times 2) + 15$, soit comme 17 à 23 : c'est le dernier
groupe qui doit l'emporter, comme réunissant le capital le plus considérable, malgré le nombre plus élevé des pauvres.
4. L. 39, συμπέτωσι = τύχωσι ὄντες (*Ind. arist.*, 718 *a* 34).
5. Cf. LAMBIN : *communis* (κοινήν) *et similis* (ὥσπερ) *existimanda
haec dubitatio est atque nunc* (νῦν). H. RACKHAM interprète κοινήν
comme signifiant : une impasse *commune aux deux groupes* de votants.

genre. — Mais en ce qui touche l'égal et le juste, même s'il est très difficile de découvrir la vérité à leur sujet, il est cependant plus aisé de l'atteindre que d'y amener par la persuasion ceux qui ont le pouvoir de se tailler la part du lion : car toujours ce sont les plus faibles qui recherchent l'égalité et la justice,
5 alors que la classe dominante n'en prend aucun souci.

4

<Les diverses espèces de la démocratie[1].>

Il existe quatre espèces de démocraties, dont la plus parfaite est celle qui vient en tête de liste, ainsi que nous l'avons dit dans les discussions précédant celles-ci[2] ; elle est aussi la plus ancienne de toutes, mais je l'appelle *première* en suivant la division qu'on peut donner des diverses catégories composant le commun peuple[3]. La population agricole est, en
10 effet, la plus digne d'intérêt, de sorte qu'on peut toujours établir même une démocratie[4], là où la masse des habitants vit de l'agriculture ou de l'état pastoral, car en raison de la modicité de leurs ressources, les gens de cette classe ne disposent d'aucun loisir, de sorte qu'ils prennent rarement part aux Assemblées[5]. Et, d'autre part, manquant du

1. Cf. IV, 4.

2. IV, 6, 1292 *b* 22 - 1293 *a* 11, *et aliis.*

3. Ar. veut dire que la démocratie rurale est première, en ce sens (ὥσπερ, l. 8) que la classe agricole vient en tête de la classification des différentes catégories de gens du peuple, comme étant la plus saine de toutes.

4. Qui perd tous ses inconvénients, du fait de l'excellent esprit de la masse paysanne.

5. Ce qui, dans l'esprit d'Ar., est assurément un grand bien. Tout au long du chapitre court et s'exprime cette idée que la fréquence des Assemblées populaires entrave la marche des affaires et n'est pas conciliable avec l'intérêt de l'État.

nécessaire[1], ils passent leur temps au travail et ne
convoitent pas le bien d'autrui, trouvant plus de
plaisir à travailler qu'à s'occuper de politique ou à
remplir des fonctions publiques, du moment que les   15
profits qu'on retire de ces dernières ne sont pas
élevés : c'est que la plupart des hommes sont plus
avides de gain que d'honneurs[2]. Ce qui prouve cette
dernière assertion, c'est qu'autrefois on supportait
aisément les tyrannies, comme aujourd'hui encore
on endure les oligarchies, du moment qu'elles n'em-
pêchent pas les citoyens de travailler et ne leur
enlèvent pas ce qui leur appartient, car certains
d'entre eux s'enrichissent rapidement, et les autres   20
ne sont pas dans l'indigence. En outre, comme ils
conservent la haute main dans l'élection des magistrats et les redditions de comptes, cela suffit à combler
leur besoin d'honneurs, s'ils ont quelque ambition,
puisque dans certaines démocraties, même si le
peuple n'a aucune part à la nomination des magistrats
(ceux-ci étant choisis par quelques délégués pris à
tour de rôle dans l'ensemble du peuple[3], comme à
Mantinée), le pouvoir de délibérer qui leur est   25
reconnu suffit à satisfaire les masses (et on doit
estimer que cet arrangement aussi constitue une
forme déterminée de démocratie, analogue à celle qui
existait jadis à Mantinée). C'est pourquoi il est
dès lors expédient, pour la démocratie dont nous
avons parlé plus haut[4], et c'est d'ailleurs ce qui a
lieu d'ordinaire, de laisser à tous les citoyens la
nomination aux fonctions publiques, la vérification
des comptes, et l'administration de la justice, mais
d'attribuer les emplois les plus importants à des   30
magistrats élus et recrutés parmi des personnes
payant un cens, cens d'autant plus élevé que les
postes à pourvoir sont eux-mêmes plus élevés, ou,
en l'absence de toute condition de cens, de choisir

1. Nous maintenons, l. 13, μή devant ἔχειν. Sa suppression,
demandée par THUROT, 88, n'améliore pas le sens, qui est assez
clair.

2. Cf. *Lois*, IX, 870 *a*.

3. Cf. LAMBIN : *sed aliqui ex eis omnibus vicissim lecti*. Un système
analogue de recrutement a été présenté IV, 14, 1298 *b* 15.

4. La démocratie agricole.

entre les candidats présentant des garanties de
capacité. Un gouvernement établi sur ces bases[1]
est nécessairement un bon gouvernement (car les
fonctions publiques y sont toujours aux mains des
plus qualifiés, et cela du plein consentement du
peuple et sans jalousie de sa part envers les classes
35 supérieures) ; d'autre part, cet arrangement satisfait
les gens de valeur et les notables, qui ne seront pas
gouvernés par d'autres d'un mérite inférieur au leur,
et qui gouverneront selon les règles de la justice,
parce que la vérification de leur gestion dépendra de
la décision d'autres qu'eux-mêmes. Il est bon, en
effet, d'être dans un état de dépendance et de ne pas
pouvoir faire tout ce qui plaît, car la possibilité
40 d'agir selon son caprice rend incapable de refréner
les penchants vicieux que tout homme porte en lui.
1319 a En agissant ainsi, on obtient nécessairement la
solution la plus avantageuse qui soit dans le gouvernement des États : l'autorité est aux mains des
meilleurs citoyens, impuissants à faire le mal, et le
peuple n'en sort pas diminué dans ses droits. Qu'ainsi
donc telle soit la forme la plus parfaite de la démocratie, c'est là une chose manifeste ; on voit aussi la
5 raison pour laquelle il en est ainsi : cela tient à la
qualité particulière de la classe populaire[2].

Pour faire du peuple un peuple d'agriculteurs, il
existait anciennement certaines lois, en vigueur dans
de nombreux États, d'une extrême utilité, et qui
interdisaient de posséder une étendue de terre
dépassant une mesure déterminée ; cette interdiction
était soit totale, soit limitée aux terres situées entre
10 tel point du pays et la citadelle ou la cité[3] (il y avait
encore, du moins aux temps anciens, dans beaucoup
d'États, une législation prohibant même la vente des
lots de terre originels[4] ; et il existe aussi une loi,

---

1. Sur les l. 32-36, cf. les remarques de THUROT, 89-90.

2. *Quoniam propter hôc quod populus ex quo constituitur optimus
est* (Ps.-THOMAS, 980, p. 320).

3. En d'autres termes, il est interdit de posséder une terre dépassant une superficie déterminée, trop près de la ville. (Cf. Ps.-THOMAS,
981, p. 320, où la pensée d'AR. est bien exposée).

4. Comme à Locres et à Leucade (Voir le développement de
FUSTEL DE COUL., *la Cité ant.*, p. 75).

dite d'Oxylus[1], susceptible d'entraîner un résultat
analogue, et qui défend les prêts gagés sur une
certaine portion de la terre possédée par chaque
citoyen)[2] ; mais étant donnée la situation actuelle[3],
il serait bon aussi d'opérer une réforme inspirée de
la loi des Aphytiens, qui est d'une grande utilité
pour le dessein dont nous parlons : les habitants 15
d'Aphytis, tout nombreux qu'ils soient et ne possédant
cependant qu'un territoire restreint, n'en sont pas
moins tous adonnés à l'agriculture, car les propriétés
sont évaluées pour le cens non pas en leur entier,
mais divisées par fractions tellement petites que même
les pauvres peuvent dépasser le minimum de cens
requis[4].

Après la démocratie agricole, la plus saine espèce
de démocratie[5] se rencontre là où il y a des pasteurs
et des gens qui vivent de leurs troupeaux, car leur vie 20
a beaucoup de points de ressemblance avec celle des
agriculteurs ; et, en tout ce qui a rapport aux travaux
de la guerre, ces peuples sont les mieux entraînés
par leurs habitudes d'existence, ils sont précieux
par leurs qualités physiques et aptes à la vie au grand
air. En revanche, on peut dire que toutes les autres
catégories de gens du peuple[6] composant les démocraties restantes, sont d'un niveau très inférieur à 25
celui des peuples pasteurs, car leur genre de vie est
sans noblesse[7] et la valeur morale n'a aucune place
dans les occupations auxquelles se livre la multitude,

---

1. A Elis.

2. La loi fixe une certaine superficie du domaine familial, qui ne
peut servir de gage ou d'hypothèque à une créance, et qui est insaisissable.

3. Et maintenant que le mal est fait. — Aphytis, ville de Macédoine, sur l'isthme de Pallène, près du golfe Toronaïque.

4. Les l. 17-19 sont obscures, et H. Rackham déclare qu'aucune
explication n'est satisfaisante. Ar. veut sans doute dire que le cens
exigé, calculé d'après le revenu foncier, est tellement faible, en raison
de la petitesse des lots attribués à chacun, que les pauvres ont facilement accès aux droits de citoyen.

5. Autrement dit : la seconde espèce de démocratie est celle des
peuples pasteurs.

6. Artisans, commerçants, ouvriers.

7. *Ignava et vitiosa* (Lambin).

qu'il s'agisse de la classe des artisans et de la gent
mercantile, ou de celle des ouvriers manuels ; de
plus, en raison de leurs continuelles allées et venues
dans l'Agora et la cité, tous les gens de cette classe
ont, pour ainsi dire, les plus grandes facilités pour
30 assister aux Assemblées, alors que les laboureurs,
dispersés qu'ils sont à travers la campagne, ni ne
se présentent aux Assemblées, ni ne ressentent
au même degré le besoin d'y participer. Et dans les
pays où, de fortune, la configuration du territoire
est telle que la campagne est à une distance considérable de la ville, il est aisé d'établir une démocratie
ou une république constitutionnelle de bon aloi.
35 La multitude est, en effet, obligée d'habiter au loin
à la campagne[1] ; par suite[2], même s'il existe une
population urbaine, il est bon dans les démocraties
de ne pas tenir d'Assemblées hors la présence de la
population rurale.

Nous venons ainsi d'indiquer comment on doit
établir la plus parfaite et première espèce de démocratie, et on voit par là même aussi comment établir
40 les autres : car elles ne peuvent qu'accuser des dégradations successives, et, à chaque étape, la catégorie
de gens du peuple qui est exclue sera pire que la
1319 b précédente[3]. — Quant à la dernière espèce de démo-

---

1. L. 36, ἐπὶ τῶν ἀγρῶν ποιεῖσθαι τὰς ἀποικίας = *in agris
quasi in coloniis habitare* (Lambin).

2. Étant donné que les démocraties ont un meilleur fonctionnement quand les Assemblées du peuple siègent à intervalles éloignés,
il est préférable, même quand la population urbaine serait suffisante
pour tenir des Assemblées régulières, de ne pas réunir celles-ci, si
la population rurale est empêchée d'y participer : de cette façon,
il y aura moins d'Assemblées, et l'État y gagnera. — L. 37, nous
préférons lire μὴ ποιεῖν ἐν ταῖς δημοκρατίαις ἐκκλησίας, au lieu de
μὴ ἐπιπολάζειν ἐν ταῖς δημοκρατικαῖς ἐκκλησίαις (Immisch).

3. Toutes les démocraties autres que la démocratie rurale ne
sont que des *dégradations*, des *déviations* (παρεκβαίνειν, l. 40) de
celle-ci, et à chaque nouvelle forme, la classe qui se trouve exclue
du pouvoir est toujours pire que dans la forme précédente (la démocratie des pasteurs excluant les artisans, celle des artisans excluant
les marchands, celle des marchands les ouvriers, jusqu'à ce qu'on
arrive à la démocratie extrémiste, qui n'exclut personne). Cf.
l'élégante paraphrase de Lambin : *nam proxime et similiter discedere*

cratie, du fait que la population tout entière prend
part aux affaires publiques, tout État n'est pas en
mesure d'en supporter la charge[1], et elle-même aura
de la difficulté à se maintenir si par ses lois et ses
coutumes son organisation laisse à désirer (les causes
qui entraînent la destruction de cette dernière forme
de gouvernement, ainsi que des autres formes, ont été   5
étudiées plus haut dans leur presque totalité)[2].
Afin de pouvoir instituer cette forme de démocratie
et donner au peuple la puissance, les chefs du parti
populaire agrègent d'ordinaire au corps des citoyens
le plus grand nombre possible d'individus et accordent
le droit de cité non seulement aux enfants légitimes,
mais encore aux bâtards et aux enfants dont un seul
des deux parents, le père ou la mère, est citoyen[3] :   10
car toute cette tourbe convient à merveille à une
démocratie de cette espèce. — Tels sont donc les
procédés ordinairement employés par les démagogues.
Ce qu'on devrait faire cependant, c'est de n'accepter
de nouveaux citoyens qu'autant qu'il est nécessaire
pour que la multitude surpasse en nombre les notables
et les gens de la classe moyenne, et ne pas aller au
delà : en dépassant la mesure sur ce point[4], le peuple
accroît le désordre de l'État et exaspère encore   15
davantage les classes supérieures, qui supportent
impatiemment la démocratie : ce fut précisément cette
hostilité qui fut cause de l'insurrection survenue à
Cyrène[5] ; car un mal léger passe inaperçu, mais

---

ac degredi oportet ab ea quae ordine prior est, et semper deteriorem
multitudinem secernere ac separare.

    L. 1319 *b* 1, le verbe χωρίζειν (χωρίς) signifie *separare, secernere,*
removere, et c'est en ce sens qu'on le prend d'ordinaire dans le présent
passage. Mais il peut signifier encore *locum assignare* (χῶρος), sens
admis par H. Rackham *(admit)*, et qui est peut-être plus simple et
plus naturel que le précédent.

    1. Il faut un État riche, capable de payer le μισθός (cf. IV, 6,
1291 *a* 1 et ss., et note).

    2. V, 2-7.

    3. Cf. III, 5, 1278 *a* 27 et ss., et la note.

    4. L. 14, ὑπερβάλλοντες, sous-ent. οἱ πολλοί (ou peut-être οἱ
δημαγωγοί, l. 11).

    5. En 401 (Diod., XIV, 34).

quand il devient sérieux[1], il apparaît plus facilement
aux regards.

De plus, une démocratie de cette sorte appréciera
20 l'utilité d'institutions analogues à celles dont firent
usage, à la fois CLISTHÈNE[2], à Athènes, quand il
voulut accroître la puissance de la démocratie, et,
à Cyrène, ceux qui fondèrent le gouvernement populaire : augmentation du nombre des tribus et des
phratries ; réduction des cultes privés[3] à un petit
nombre, et leur conversion en fêtes publiques ;
25 emploi de tous les moyens pour mêler le plus possible
tous les citoyens les uns avec les autres ; dissolution
des liens sociaux existant auparavant[4]. De plus,
les actes qui caractérisent la tyrannie apparaissent
tous aussi dans les régimes démocratiques[5], tels que,
par exemple, l'insubordination tolérée chez les esclaves (qui peut jusqu'à un certain point être avantageuse à la démocratie extrême)[6], chez les femmes
30 et chez les enfants, et l'indifférence pour la façon
dont chaque citoyen entend vivre. Une constitution
de cette sorte trouvera de nombreux défenseurs,
car il est plus agréable à la foule de vivre dans le
désordre que dans une sage modération.

1. En l'espèce, quand l'afflux de nouveaux éléments de population
dépasse le point critique.

2. Sur les réformes démocratiques réalisées par CLISTHÈNE en
508, cf. *Const. athen.*, XXI. Clisthène procéda à une nouvelle division
du sol et de la population de l'Attique, et remplaça les anciennes
tribus ioniennes par dix tribus nouvelles ; il créa aussi de nouveaux
citoyens (III, 2, 1275 *b* 36). Il brisa ainsi les cadres existants et
les factions régionales, unifia le pays et brassa entre eux les citoyens.
C'est à Clisthène également qu'est due l'institution de l'ostracisme.

3. Des *gentes* et des phratries.

4. Relations privées basées sur la tribu, la phratrie ou le culte
familial. — L'aboutissement de toutes ces mesures est le nivellement
par en bas et la suppression de tout particularisme.

5. Même idée V, 11, 1313 *b* 32.

6. Voir V, 11, 1313 *b* 37.

5

<Les moyens de préservation des démocraties.>

Mais la principale et unique tâche du législateur
et de ceux qui veulent édifier quelque constitution
de ce genre ne consiste pas à l'établir, mais plutôt
à assurer sa conservation[1] : car il n'est pas bien diffi-   35
cile, pour n'importe quelle forme de constitution,
de durer un, deux ou trois jours. Aussi doit-on, à
la lumière de nos considérations précédentes[2] portant
sur les causes de préservation et de destruction des
diverses constitutions, tenter d'assurer la sauvegarde
de l'État, en évitant avec soin les facteurs de destruction et en édictant des lois, écrites ou non écrites[3],   40
d'une nature telle que les moyens de préserver les
constitutions y soient contenus dans la plus large   **1320** *a*
mesure ; et on reconnaîtra comme démocratique ou
oligarchique non pas la mesure qui renforcera à son
maximum le caractère démocratique ou oligarchique
de l'État[4], mais bien celle qui assurera au régime la
durée la plus longue possible. Mais les démagogues
d'aujourd'hui, pour gagner les bonnes grâces de la
foule, procèdent à de nombreuses confiscations par   5
la voie des tribunaux[5]. C'est pourquoi ceux qui ont
souci du salut de l'État doivent faire obstacle à ces
abus, en décidant par une loi que rien de ce qui

1. Cf. *Lois*, XII, 960 *b :* « Ce qu'on a mis au jour, il faut encore
en tous les cas en assurer la complète et perpétuelle sauvegarde »
(trad. A. Diès).

2. V.

3. Les lois non écrites relevant, elles aussi, du législateur, à qui
il appartient de « donner force de loi aux coutumes nationales »
(Polit., 295 *a ;* cf. *Lois*, VII, 793 *b).* Sur les ἄγραφοι νόμοι, cf. *Rhetor.*,
I, 13, 1375 *b* 5-17. Michel d'Éphèse (*in Eth. comm.*, 611, 20,
Hayduck) entend par cette expression les *usages* et les *coutumes*
(ἄγραφοι δ' ἂν εἶεν νόμοι τὰ κοινὰ ἔθη).

4. Cf. V, 9, 1309 *b* 20.

5. Sans compter les confiscations prononcées par l'Assemblée.
La δήμευσις était à Athènes soit une peine principale, soit une
peine accessoire à l'ἀτιμία.

appartient aux personnes ayant fait l'objet de
condamnations ne sera propriété du peuple et versé
dans le trésor public, mais sera consacré aux dieux[1] :
ainsi, les délinquants ne se tiendront pas moins pour
avertis (puisqu'ils recevront leur châtiment pareil-
10 lement), et le peuple sera moins empressé à condamner les accusés, ne devant en retirer aucun profit.
De plus, il faut toujours réduire le plus possible le
nombre des actions publiques[2], et réprimer par de
lourdes pénalités ceux qui intentent des accusations
publiques[3] à tort et à travers[3] : car ce ne sont pas les
gens du peuple, mais les notables qui sont assignés
habituellement en justice, alors que, même dans la
forme de constitution dont nous parlons[4], il est bon
15 que tous les citoyens voient l'État, de préférence
d'un œil bienveillant, ou si cela n'est pas possible,
qu'ils ne regardent pas du moins comme des ennemis
ceux qui sont à sa tête.

Et puisque, dans les formes extrêmes de la démocratie, les citoyens sont en grand nombre, et qu'il
leur est difficile d'assister à l'Assemblée sans recevoir
un salaire, et que, d'autre part, l'octroi d'un salaire,
dans un État où les revenus sont en fait inexistants,
soulève l'hostilité des notables (car l'argent doit
20 nécessairement être demandé un impôt sur le
capital[5], à des confiscations ou à des tribunaux
complaisants, pratiques qui ont déjà causé la ruine
de beaucoup de démocraties) ; là donc où les revenus
de l'État sont en fait inexistants, on ne doit convoquer
que de rares Assemblées, et on composera les tribu-

---

1. Entrera par exemple dans le Trésor d'Athèna. — Sur la
distinction entre le domaine *public* et le domaine *sacré*, cf. II, 8,
1267 *b* 34.

2. Le *procès*, ou action, est *public* (ἀγων δημόσιος, δίκη δημοσία
ou γραφή) quand il intéresse l'État tout entier. Il est introduit par
l'εἰσαγγελία.

3. Dans beaucoup d'actions publiques, si le demandeur, en droit
athénien, n'obtient pas la cinquième des voix, il est condamné à
une amende de mille drachmes et perd la possibilité d'intenter à
l'avenir des poursuites du même genre.

4. L. 15, nous conservons ταύτῃ, ajouté par Immisch après καί.

5. L'εἰσφορά était un impôt progressif, rentrant dans les recettes
extraordinaires. Il reçut son organisation, à Athènes, en 378.

naux d'un grand nombre de juges[1] mais ne siégeant
que quelques jours[2] (ce dernier point entraîne pour
avantages : d'abord, que les riches ne craindront pas
la dépense, même si les citoyens aisés, à la différence 25
de ce qui a lieu pour les pauvres, ne touchent pas
d'indemnité pour juger ; ensuite, que le jugement des
procès en est nettement amélioré[3] : les citoyens
aisés, en effet, qui répugnent à demeurer plusieurs
jours de suite loin de leurs propres affaires, acceptent
volontiers de les délaisser pendant un temps très
court) ; et là où l'État dispose de revenus, il évitera
de faire ce que font de nos jours[4] les démagogues
(car ils distribuent au peuple les excédents budgé- 30
taires, et le peuple ne les a pas plutôt empochés qu'il
réclame de nouveau les mêmes largesses, car une
pareille façon de secourir les pauvres rappelle le
fameux tonneau percé)[5], mais le véritable ami du
peuple doit veiller à ce que la multitude ne soit pas
par trop indigente, car l'extrême pauvreté est une
cause de perversion pour la démocratie. Il faut donc
s'ingénier à amener une prospérité durable (puisque 35
c'est là aussi l'intérêt des riches) : des produits des
revenus publics on fera une seule masse, laquelle
devra être répartie en bloc entre les indigents[6], de

1. Comme il sied à une démocratie extrême. On sait qu'à Athènes,
les *Héliastes*, qui sont les juges par excellence et représentent la
souveraineté populaire, atteignaient le chiffre prodigieux de 6000 !

2. A la différence de ce qui se passait à Athènes, où les tribunaux
siégeaient tous les jours.

3. Par la présence des gens cultivés (comme pour les Assemblées
délibérantes, IV, 14, 1298 *b* 20).

4. « De nos jours » ou « en fait ». (Sur le sens indécis de νῦν, l. 30,
cf. Newman, IV, 532).

5. Le tonneau des Danaïdes. Voir Leutsch et Schn., *Parœm. gr.*,
II, 154.

6. Les excédents de recettes ne seront pas distribués au fur et
à mesure, comme le font les démagogues (l. 30 et ss.), mais ils
serviront à alimenter une caisse, où l'État puisera pour donner
(et non seulement prêter, semble-t-il) aux indigents, *en une seule fois*
(ἄθρόα, l. 37) un petit capital, grâce auquel ils pourront s'installer
comme petits propriétaires à la campagne. Ce « retour à la terre »,
en rendant impossibles les Assemblées fréquentes, améliorera par là
même le fonctionnement de la démocratie, le μίσθος au surplus
pouvant être conservé sans inconvénient pour permettre au peuple

préférence en donnant à chacun, s'il est possible, une
somme globale suffisante pour acquérir une petite
terre, et si cela n'est pas possible, suffisante au
moins pour servir de mise de fonds à un commerce
1320 b ou à une exploitation rurale, et, dans le cas où tous
ne peuvent pas en bénéficier, les fonds seront répartis
à tour de rôle entre tribus ou quelque autre division
administrative ; et pendant ce temps les riches
contribueront au paiement du salaire alloué aux
pauvres pour leur assistance aux Assemblées strictement indispensables, étant eux-mêmes en retour
déchargés des services publics sans utilité[1]. C'est
en s'inspirant de tels principes[2] dans la conduite de
5 leur État que les Carthaginois ont acquis l'affection
de la classe populaire, car en envoyant à tout moment
certains citoyens pris dans le peuple administrer
les villes sujettes, ils leur donnent le moyen de faire
fortune. Mais si les notables sont des hommes de
cœur et de jugement, ils peuvent en outre[3] se partager
entre eux les indigents, et, en leur fournissant une
mise de fonds, les orienter vers le travail. Il est bon
d'imiter aussi l'exemple des habitants de Tarente.
10 Ceux-ci mettent en commun avec les indigents la
jouissance de leurs propriétés, et se concilient ainsi
la bienveillance de la multitude[4] ; en outre, ils ont
divisé l'ensemble de leurs magistratures en deux
classes : les unes sont attribuées par élection, les
autres par tirage au sort : pour celles qui sont tirées
au sort, c'est afin que le peuple puisse y avoir accès,
et pour celles qui sont électives, c'est afin d'assurer

---

d'assister aux rares Assemblées qui subsisteront. — L. 39, ἐμπορία
est exceptionnellement synonyme de καπηλεία : il s'agit évidemment
du *petit commerce*.

1. Sur ces *liturgies* inutiles, cf. V, 8, 1309 *a* 17 et ss.

2. En enrichissant le peuple.

3. Pour compléter leur œuvre de relèvement des classes populaires,
les riches ne se contenteront pas de contribuer au paiement du
μίσθος (l. 3), mais ils prendront en charge un certain nombre de
citoyens pauvres et leur fourniront une mise de fonds.

4. Sur la portée de ce texte à propos de l'origine de la propriété
privée, cf. M. Defourny, *op. cit.*, p. 50-51. Sur l'*usage* en commun
(ἐπὶ τὴν χρῆσιν, l. 10) de la propriété, cf. II, 5, 1263 *a* 35.

une meilleure administration[1]. On obtiendra aussi
ce résultat en divisant les titulaires de la même
magistrature en deux groupes, les uns étant désignés   15
par le sort, et les autres par l'élection[2].
Nous venons ainsi d'indiquer de quelle façon on
doit constituer les démocraties.

6

<Organisation et préservation de l'oligarchie.>

La manière de constituer les gouvernements
oligarchiques résulte avec assez de clarté des considérations qui précèdent. C'est, en effet, *a contrario*
que nous devons raisonner[3], en comparant chaque
forme d'oligarchie à la forme de démocratie qui   20
lui est opposée. La forme d'oligarchie la mieux
équilibrée et première dans notre liste est celle qui
est voisine de ce qu'on appelle la république constitutionnelle, et pour elle on doit distinguer deux sortes
de cens, l'un plus faible et l'autre plus élevé : le
plus faible ouvrira l'accès aux fonctions publiques

---

1. *Rhetor. ad Alex.*, 2, 1424 *a* 12, donne un conseil analogue aux
démocraties, mais en précisant que l'élection sera réservée aux
magistratures les plus importantes (τὰς δὲ μεγίστας χειροτονητὰς ὑπὸ
τοῦ πλήθους). — On se rappelle que, dans le droit public de la
Grèce, le tirage au sort est essentiellement démocratique.
2. Cf. LAMBIN : *licet autem hoc facere etiam in eodem magistratu,
partitione ita facta ut alii eum sortitione obtineant, alii suffragio.* Cette
dernière phrase (ἔστι ... αἱρετούς) soulève des difficultés d'ordre
grammatical, qui n'atteignent pas le sens (cf. NEWMAN, IV, 537-538)
3. Sur les difficultés de cette phrase, cf. NEWMAN, IV, 538. A
l'exemple de LAMBIN, nous rattachons ἑκάστην ὀλιγαρχίαν, l. 19,
à ἀναλογιζόμενον qui suit, et en conséquence nous transposons
la virgule de l'éd. IMMISCH, et la plaçons après συνάγειν. La lecture
est alors celle-ci : *oportet enim ex contrariis colligere, unaquaque
oligarchia ad contrariam democratiam spectata et relata* (L.). — Le
verbe συνάγειν, l. 19, souvent lié, soit, comme dans le présent
passage, avec ἀναλογίζεσθαι, soit avec συλλογίζεσθαι, a le sens de
ratiocinando colligere, concludere, demonstrare (*Ind. arist.*, 721 *b* 12).

indispensables[1], et le plus élevé, aux postes supérieurs.
25 Le citoyen possédant le cens exigé aura le droit de
participer à la vie publique[2], et on y fera entrer, par
le jeu du cens, un nombre suffisamment grand de
gens du peuple pour qu'avec leur appoint la classe
au pouvoir l'emporte sur le nombre de ceux qui en
sont écartés[3], et les citoyens qu'on enrôlera ainsi
pour les associer au gouvernement devront toujours
être pris dans la plus saine portion du peuple.

C'est de semblable façon qu'en resserrant légèrement les principes[4], on établira la forme d'oligarchie
30 venant immédiatement après celle dont nous venons
de parler. Quant à la forme d'oligarchie correspondant
à la démocratie extrême, et qui est la plus arbitraire
et la plus tyrannique de toutes, c'est pour elle une
nécessité de multiplier les mesures de protection,
en proportion même de sa perversité. De même, en
effet[5], que des corps en bon état de santé, ou des
vaisseaux bien constitués pour la navigation, avec
35 un bon équipage, supportent de nombreuses dis-
grâces sans périr pour autant, tandis que des corps
débiles, ou des vaisseaux disloqués et montés par
de mauvais matelots sont incapables d'endurer même
de légères atteintes, ainsi en est-il pour les constitutions, où ce sont les espèces les plus imparfaites
qui exigent le plus de vigilance. Ainsi donc, si les
1321 a démocraties en général doivent leur conservation à
la loi du nombre (car le nombre est ici l'antithèse

---

1. B. Jowett précise : *for the humbler yet indispensable offices*.
Dans notre terminologie administrative, nous opposons ainsi les
fonctionnaires de *gestion* aux fonctionnaires d'*autorité*.

2. Cf. IV, 6, 1292 *b* 20. Il suffit d'acquérir le cens exigé pour
être citoyen à part entière. C'est une oligarchie libérale, qui tient
la porte ouverte à tous.

3. Cf. V, 9, 1309 *b* 16 et ss. (avec la note).

4. Sur ἐπιτείνοντας, l. 30, cf. V, 1, 1301 *b* 17, note. On *tend*,
on *resserre* légèrement les principes sur lesquels repose toute
oligarchie. Par exemple, on augmentera le taux du cens pour
diminuer le nombre des citoyens. Par des resserrements successifs,
on aboutit ainsi à la forme extrême de l'oligarchie, la pire de toutes
(l. 30 et ss.), dans laquelle un très petit nombre de privilégiés
concentrent entre leurs mains la totalité du pouvoir. Un pas encore,
et c'est la tyrannie d'un seul.

5. Cf. *Republ.*, VIII, 556 *e*.

de la justice reposant sur le mérite)[1], dans le cas de l'oligarchie il est clair que, tout au contraire, elle n'obtient sa sécurité qu'au prix d'une forte organisation.

7

<Armée et oligarchie.>

Et puisque la masse de la population se divise en quatre classes principales, celle des agriculteurs, des artisans, des commerçants et des ouvriers manuels[2], et que, d'autre part, les forces utilisées pour la guerre sont aussi de quatre espèces, cavalerie, infanterie lourde, infanterie légère et marine[3] : dans les contrées où le sol se trouve adapté à la cavalerie, les conditions naturelles favorisent l'établissement d'une oligarchie puissante (car la sécurité des habitants dépend de cette force militaire, et l'élevage des chevaux est l'apanage des gros propriétaires) ;

1. La justice κατ' ἀξίαν étant la sauvegarde des oligarchies. Sur l'importance de la *loi du nombre* en démocratie (πολυανθρωπία, 1321 *a* 21), où la citoyenneté est accordée à tout le monde, cf. *supra*, 4, 1319 *b* 6, et V, 7, 1307 *a* 16.

2. AR. ne divise pas toujours de la même façon les diverses couches du peuple : cf., par exemple, IV, 3, 1289 *b* 32, où les thètes sont passés sous silence ; VI, 4, 1319 *a* 19, où une cinquième classe, celle des pasteurs, est ajoutée aux quatre classes traditionnelles.

3. A Athènes, les ἱππεῖς appartiennent à la classe riche et constituent surtout un corps de parade. L'infanterie des ὁπλῖται est l'infanterie lourdement armée, et, dans la plupart des cités, forme l'armée proprement nationale. Les ψιλοί sont les soldats d'infanterie légère recrutés parmi les thètes. — Sur l'adaptation de l'organisation militaire (cavalerie, infanterie) aux *conditions naturelles* du terrain (εὐφυῶς ἔχει, l. 9), voir le début des *Lois*, I, 625 *d*, où le crétois Clinias explique que « la Crète, dans son ensemble, n'est pas une plaine comme la Thessalie, et c'est pourquoi ils pratiquent là-bas davantage le cheval et nous la course ; notre sol, en effet, est accidenté, au contraire du leur, et se prête mieux à l'entraînement de la course à pied » (trad. E. DES PLACES). AR. a parlé, IV, 3, 1289 *b* 35 et ss., des différentes sortes d'oligarchie correspondant aux diverses formes d'organisation militaire.

d'autre part, là où le terrain est favorable à une
infanterie lourde[1], c'est la forme suivante de l'oligarchie qui prévaudra (car le corps des hoplites est
plutôt ouvert aux riches qu'aux pauvres) ; enfin,
l'infanterie légère et la marine sont une force de
caractère entièrement démocratique, et, en fait,
il est sûr que là où il existe une nombreuse force
15 armée de ce dernier type, quand des dissensions
s'élèvent, souvent c'est la classe oligarchique qui dans
la lutte a le dessous. Pour remédier à cet inconvénient,
il est bon de s'inspirer de la pratique des généraux
expérimentés qui adjoignent à leurs forces de cavalerie
et d'infanterie lourde, la proportion qui convient
de fantassins armés à la légère[2]. Or c'est grâce à
cela[3] que, dans les discordes civiles, la masse du
peuple l'emporte sur les riches : car étant légèrement
20 armée, elle combat avec avantage contre la cavalerie
et les hoplites. Dans ces conditions, constituer cette
force militaire à l'aide d'éléments d'origine populaire,
c'est pour une oligarchie travailler contre elle-même.
Mais, étant donné que les membres de la classe
oligarchique se divisent, d'après leur âge, en citoyens
d'âge mûr et en jeunes gens, il est recommandé qu'ils
fassent instruire leurs propres fils, pendant qu'ils
sont encore jeunes, dans les épreuves sportives où
25 dominent la rapidité et la légèreté de l'équipement[4],

---

1. En Béotie, par exemple (PLUT., *Arist.*, X). La *forme suivante
de l'oligarchie* (τὴν ἐχομένην ὀλιγαρχίαν, l. 12) est une forme déjà
relâchée par rapport à la précédente, et ouverte à un plus grand
nombre de privilégiés.

2. Les ψιλοί, recrutés d'ordinaire au sein des masses populaires,
peuvent, par leur nombre et grâce à leur plus grande mobilité (ταύτῃ,
l. 19), mettre en danger l'existence du gouvernement aristocratique.
Le remède conseillé par AR. à l'oligarchie, consiste à doubler l'armée
des cavaliers et des hoplites (toujours recrutés dans la classe riche)
par une armée de ψιλοί, recrutés eux aussi dans les milieux
oligarchiques, et qui lutteront efficacement contre les ψιλοί du
peuple. L'usage des *hamippes* (ἄμιπποι, fantassins mêlés aux cavaliers) armés à la légère, était courant dans les États grecs, surtout
chez les Béotiens (voir un exemple dans THUCYD., V, 57).

3. Grâce à sa grande mobilité due à la légèreté de l'équipement.

4. Ce seront, par exemple, le lancement du javelot ou du disque,
la course, le saut, etc., qui exigent une grande souplesse et une grande
mobilité capables de faire plus tard de bons peltastes. L'oligarchie

et que ces enfants, au sortir de l'adolescence, deviennent alors eux-mêmes des soldats rompus à la pratique
de ce genre d'exercices.

L'oligarchie fera bien aussi d'accorder aux masses
la participation au gouvernement, soit, comme
nous l'avons dit plus haut[1], à ceux qui acquièrent
le cens exigé, soit, comme chez les Thébains, à ceux
qui ont cessé depuis un certain temps de se livrer
à une activité artisanale[2], soit enfin, comme à
Marseille, en opérant une sélection des gens de   30
mérite, tant parmi ceux qui appartiennent aux
milieux gouvernementaux que parmi ceux qui sont
en dehors[3]. — En outre, à l'exercice des magistratures

possédera ainsi des troupes légères, *sorties de ses rangs* (αὐτῶν, l. 24),
douées d'une grande mobilité, et capables de tenir en échec les
troupes populaires de même nature et de lutter à armes égales.

Les l. 22-26 (δεῖ δέ ... τῶν ἔργων) sont difficiles. Nous nous
inspirons (sous quelques réserves) de la traduction de LAMBIN :
*Oportet autem, cum aetas non sit simplex sed in aliquot partes divisa
aliique sint aetate grandiores alii juvenes* [division naturelle, qui,
contrairement à une autre interprétation soutenue par VICTORIUS
et acceptée par H. RACKHAM, n'est pas le fait de l'oligarchie], *patres
interdum etiamnum sunt juvenes et viribus integris* [LAMBIN rapporte
ainsi les mots ἔτι μὲν ὄντας νέους, l. 24, aux pères, et non, comme
nous le faisons, aux fils ; mais L. commet sûrement une erreur, car à
ἔτι μὲν ὄντας répond, l. 25, ἐκκριμένους δέ, qui ne peut viser que
les enfants], *filios suos* [= τοὺς αὐτῶν υἱεῖς, l. 24 : ce ne sont pas
les enfants de la classe populaire, mais les propres fils des riches]
ad leves et expeditas erudire [διδάσκεσθαι, l. 24, à la voix moyenne],
posteaquam autem hi e pueris excesserint [= quand ils sont sortis de
l'éphébie], *tum ipsos esse militarium operum et athletas* [les jeunes
gens appliquent, une fois incorporés dans l'infanterie légère, ce que
leur a enseigné leur maître de gymnastique].

1. 6, 1320 *b* 25. — Sur le sens de πολίτευμα (ἐν τῷ πολιτεύματι,
l. 30), cf. III, 6, 1278 *b* 10, note.

2. Ou commerciale, selon III, 5, 1278 *a* 25. Les βάναυσα ἔργα
sont méprisés (4, 1319 *a* 26).

3. Pensée obscure. AR. veut dire sans doute que la liste des
citoyens était revisée de temps à autre, et qu'on tenait compte du
mérite de chacun : certains membres de la classe dirigeante pouvaient
en être exclus pour indignité, et, en revanche, certains membres
de la classe populaire pouvaient y être nouvellement inscrits en
raison de leur vertu civique. Cf. LAMBIN : *judicio facto de iis qui
digni sunt, tum ex eorum numero qui in re publica administranda
versantur, tum ex eis qui a rei publicae muneribus exclusi sunt.* C'est
l'interprétation traditionnelle (VICTORIUS, PS.-THOMAS, 1017,
p. 330, et les comm. modernes avec NEWMAN, IV, 545).

les plus élevées aussi, qui doivent demeurer aux mains
des seuls membres de la classe dirigeante[1], il est bon
que des dépenses d'intérêt public soient attachées,
pour que le peuple se résigne volontiers à n'y pouvoir
accéder et n'éprouve aucun ressentiment contre ses
magistrats, en les voyant payer fort cher le droit
35 de gouverner. — Il convient encore que les magistrats,
à leur entrée en charge, offrent des sacrifices gran-
dioses ou érigent quelque édifice public, de façon
que le peuple, ayant sa place dans les banquets et
voyant la ville décorée d'offrandes votives et d'édifices, voie aussi sans déplaisir la constitution garder
sa stabilité, sans compter qu'ainsi les notables laisseront des souvenirs rappelant leurs largesses. Mais de
40 nos jours les membres des oligarchies ne suivent pas
cette ligne de conduite, mais une ligne toute opposée,
car ils recherchent le profit autant que l'honneur.
C'est pourquoi on a bien raison de dire que ces
oligarchies ne sont que des démocraties en réduction[2].

1321 b　　Nous avons ainsi déterminé suffisamment la façon
dont on doit constituer les démocraties et les oligarchies.

8

<Des différentes charges et magistratures.>

Comme une suite logique de nos précédentes considérations, nous avons à déterminer soigneusement
5 ce qui a rapport aux magistratures, leur nombre,
leur nature, leurs titulaires, ainsi que nous l'avons

---

1. Cf. V, 8, 1309 *a* 31 et ss.
2. Dans les deux cas, c'est l'amour du gain qui pousse à vouloir
exercer le pouvoir. Cette oligarchie dégénérée est une « petite
démocratie », en ce sens que les gouvernants y sont peu nombreux,
mais que l'esprit qui règne parmi eux est le même que celui qui règne
dans les démocraties.

indiqué aussi antérieurement[1]. D'une part, en effet,
sans les magistratures indispensables il est impossible
qu'un État existe, et, d'autre part, sans celles qui
ont pour objet sa bonne organisation et son ordonnance[2], il est impossible qu'il soit bien administré.
En outre, dans les petits États les magistratures
doivent forcément être en nombre restreint, et dans
les grands États en plus grand nombre, comme 10
en fait nous l'avons remarqué plus haut[3] ; il ne faut
donc pas perdre de vue quelles sortes de magistratures
il est désirable de grouper et quelles sont celles qu'on
doit tenir séparées.

   D'abord, donc, parmi les charges indispensables
il y a celle qui concerne l'Agora : pour y présider il y
aura quelque magistrature chargée à la fois de
surveiller les contrats[4] et d'assurer le bon ordre.
Car on peut dire que dans tous les États, c'est une
nécessité qu'il y ait des achats et des ventes pour 15
satisfaire aux indispensables besoins des citoyens
entre eux, et c'est là le moyen le plus à portée de
réaliser la pleine indépendance, laquelle est, de l'avis
général, le motif qui a déterminé des hommes à se
rassembler en un seul État. — Une autre charge qui
vient après celle-là et qui s'en rapproche beaucoup,
est celle qui concerne la surveillance des propriétés
publiques et des propriétés privées dans la cité même[5],
pour y faire régner le bon ordre et assurer la conservation et la réparation des édifices menaçant ruine 20
ainsi que des routes, maintenir les bornes qui séparent

   1. IV, 15, 1299 a 3 et ss. — Sur les diverses ἀρχαί, on se reportera
à M. DEFOURNY, op. cit., p. 461-463.
   L. 4, pour le sens de ἀκόλουθον, cf. supra, II, 6, 1265 a 34, note. —
L. 5, nous considérons τίνων comme un génitif masculin. On peut
aussi le prendre au neutre (quarum rerum sint, LAMBIN, suivi par
B. JOWETT : their duties).
   2. LAMBIN traduit κόσμον, l. 7 : modestiam institutionemque
civium (cf. aussi Ind. arist., 406 a 26).
   3. IV, 15, 1299 a 34-b 10.
   4. Ceux du moins qu'on passait à l'Agora (cf. IV, 15, 1300 b 11).
A Athènes il y avait 10 inspecteurs des marchés (ἀγορανόμοι) : cf.
Const. ath., LI, init.
   5. Les 10 ἀστυνόμοι, sortes de commissaires de police, exerçant
5 au Pirée et 5 à la ville (Const. ath., L).

entre elles les propriétés de façon à prévenir les
contestations, et remplir toutes autres obligations
de surveillance analogues à celles-là. On donne la
plupart du temps le nom d'*astynomie* à la magistrature que nous venons de décrire, mais elle se divise
25 en plusieurs branches, qui, dans les États à population nombreuse, sont confiées chacune à un préposé
différent, tel que *inspecteurs des fortifications*[1], *intendants du service des eaux, gardiens des ports*. — Il
existe encore un autre office, à la fois de caractère
indispensable et offrant une grande ressemblance
avec les précédents : ses attributions sont, en effet,
les mêmes, mais elles s'exercent à la campagne et
dans les régions situées en dehors de la ville : ces
magistrats sont appelés les uns *inspecteurs des campagnes*[2], les autres *inspecteurs des forêts*.
30   Les charges portant sur les matières dont nous
venons de parler sont donc au nombre de trois,
mais il y a d'autres fonctionnaires qui perçoivent
les revenus des biens de l'État, en assurent la garde
et les répartissent entre les diverses administrations :
on les appelle *receveurs* et *trésoriers*. — Une autre
magistrature est celle qui est chargée de tenir registre
à la fois des contrats privés et des décisions émanant
35 des tribunaux, et ces mêmes magistrats sont aussi
habilités à recevoir les pièces de procédure[3] et
notamment les actes introductifs d'instance. Dans
certains États, cet office aussi[4] est divisé en plusieurs
branches, mais il y a des endroits où une seule
magistrature[5] a la haute main sur toutes ces matières
à la fois. Et ces magistrats reçoivent les noms de
gardes des archives sacrées[6], *présidents, archivistes,*

---

1. Les τειχοποιοί étaient à Athènes au nombre de 10 : c'était
une magistrature extraordinaire, spécialement élue pour réparer
les remparts. D'autre part, les intendants des eaux étaient chargés
de la distribution de l'eau et du service des fontaines publiques
(*Const. Athen.*, XLIII).

2. Des campagnes non boisées.

3. Suivant NEWMAN, IV, 555, τὰς γραφὰς τῶν δικῶν englobe
les procès publics et les procès privés.

4. Comme celui des astynomes (l. 24).

5. L. 38, nous conservons οὖ, proposé par THUROT, 91.

6. La magistrature du *hieromnémon* est citée *Const. Ath.*, XXX.

et autres dénominations voisines. — Après cet 40
office et en dépendant, vient le plus indispensable,
peut-on dire, et le plus difficile de tous : c'est celui
qui a pour objet l'exécution des jugements de
condamnation, le recouvrement des sommes dues
par les individus dont les noms sont affichés d'après
leur inscription sur les registres publics[1], et enfin **1322 a**
la garde des prisonniers. C'est un poste délicat,
en raison de son caractère franchement impopulaire,
de sorte que dans les États où il est mal rétribué,
ou bien personne ne se résigne à le remplir, ou bien
ceux qui s'y résignent mettent de la mauvaise
volonté à procéder aux exécutions en se conformant
aux lois. Pourtant c'est une fonction indispensable, 5
parce que les jugements rendus sur les droits de
chacun ne servent à rien quand ils ne reçoivent pas
leur entier accomplissement[2], de sorte que si, sans
l'existence de décisions judiciaires, il ne peut y avoir
de rapports sociaux, ainsi en est-il quand ces
décisions ne sont pas suivies d'exécution. C'est
pourquoi[3] il est préférable que cet office ne soit pas
confié à un seul, mais qu'il soit réparti entre plusieurs
titulaires pris les uns dans un tribunal et les autres
dans un autre, et qu'en ce qui concerne l'affichage
des noms de ceux qui figurent sur le registre des
débiteurs publics un effort devrait être tenté pour
distribuer la tâche d'une manière semblable ; en 10
outre, certaines sentences devront être aussi exécutées
par les magistrats eux-mêmes[4], et en particulier

---

1. Sur τῶν προτιθεμένων κατὰ τὰς ἐγγραφάς, l. 42 : les noms
des débiteurs de l'État (débiteurs d'amendes, par exemple) étaient
affichés à l'Acropole, et les *magistrats chargés du recouvrement* (les
πράκτορες) saisissaient leurs biens. Le verbe προτίθεμαι (et plus
loin le substantif προθέσις, 1322 a 9) a le sens d'*exposer* ou *afficher*.

2. Quand ils ne sortent pas leur plein et entier effet. *Nisi res
judicatae ad exitum perducantur* (LAMBIN).

3. En raison de son impopularité.

4. Et non par les πράκτορες, de façon à enlever à ceux-ci un
certain nombre de πράξεις et à répartir et diluer sur plusieurs
têtes l'ἀπέχθεια que soulèvent les mesures d'exécution. On constatera
un effort en ce sens dans les recommandations qui suivent.

Les l. 10-13 (ἔτι ... τὴν πραττομένην) sont très difficiles et le texte
lui-même est incertain et a subi des remaniements. THUROT, 91,

les pénalités prononcées par les magistrats sortant de
charge seront exécutées par les magistrats nouvellement élus, et, pour les sentences émanant des juges
en exercice, le magistrat qui en assure l'exécution
devra être différent de celui qui a prononcé le jugement : par exemple ce seront des *astynomes* qui
exécuteront les jugements émanant des *agoranomes*,
et d'autres magistrats les jugements émanant des
15 *astynomes*. Les jugements, en effet, recevront une
exécution d'autant plus parfaite que l'animosité
soulevée par ceux qui y procèdent sera moins vive.
Ainsi quand les magistrats qui ont rendu la sentence
et ceux qui l'exécutent sont les mêmes, ils soulèvent
contre eux une double haine, et quand ce sont
toujours les mêmes qui procèdent à toutes les
exécutions[1], ils se rendent tout le monde hostile.

Dans beaucoup de cités, la charge de garder
les prisonniers est rattachée[2] à celle d'exécuter les
jugements, comme par exemple à Athènes, l'office
20 de ceux appelés les *Onze*. Aussi est-il préférable[3]
de séparer cette charge et de chercher quelque
expédient pour elle également. Car bien qu'elle soit
tout aussi nécessaire que celle dont nous avons
parlé[4], en fait les honnêtes gens font tout ce qu'ils

---

n'a rien pu en tirer. Nous adoptons, pour notre part, l'interprétation
de Newman, IV, 557, et ne changeons rien à la leçon d'Immisch.
L. 12, nous lisons notamment τῶν ἔνων, qui est une bonne correction
de Scaliger. Avec τὰς τῶν ἔνων, τὰς τῶν ἐνεστώτων, τὰς παρὰ τῶν
ἀγορανόμων et τὰς παρὰ τούτων, on doit suppléer πράξεις.

1. Comme, par exemple, nos huissiers. — L. 18, on peut, si l'on
veut, insérer ποιεῖ avant πολεμίους.

2. Nous conservons, l. 19, προσήρτηται, qui est une heureuse
correction d'Immisch, au lieu de διήρηται (autorisé, il est vrai, par
les manuscrits). Elle permet d'éviter de considérer l'exemple, qui
suit, des Onze d'Athènes comme interpolé. En fait, les Onze cumu-
laient les deux fonctions (exécution des jugements, surveillance
des prisons) : sur leurs attributions, cf. *Const. ath.*, LII.

3. Pour éviter l'ἀπέχθεια διπλῆ (l. 17), on séparera la charge
de la garde des prisonniers (ταύτην, l. 21), et on s'ingéniera à la rendre
moins odieuse elle aussi (τὸ σόφισμα ζητεῖν καὶ περὶ αὐτήν), en
employant le même moyen que tout à l'heure, c'est-à-dire en la
divisant. Cf. Ps.-Thomas, 1034, p. 335.

4. Celle des πράκτορες.

peuvent pour éviter de remplir ce poste[1], alors qu'il
n'est pas sans danger de le remettre aux mains
d'individus sans scrupules, qui ont eux-mêmes plus
besoin de surveillance qu'ils ne sont aptes à garder 25
les autres. C'est pourquoi il ne doit pas y avoir un
unique magistrat spécialement détaché à la surveillance des prisonniers, et le même titulaire ne doit
pas non plus occuper ce poste sans interruption, mais
ce sont des équipes successives de jeunes gens, là où
il existe une organisation d'éphèbes ou de gardes,
ainsi que de magistrats, qui seront chargées de ce soin.

Ces diverses magistratures doivent donc être
regardées comme les plus nécessaires de toutes
et comme venant en première ligne. A leur suite 30
viennent se ranger celles qui ne sont pas moins
indispensables, mais sont supérieures en dignité,
car elles requièrent beaucoup d'expérience et de
fidélité. On placera dans cette catégorie les magistratures concernant la garde de la cité et toutes celles
qui sont ordonnées aux besoins de la guerre. Et en
temps de paix comme en temps de guerre, il est
pareillement indispensable qu'il y ait des magistrats 35
commis à la garde des portes et des remparts, ainsi
qu'à l'inspection des citoyens et à leur mise en
ordre de bataille. Par suite, dans certains États,
ces différentes tâches sont remplies par un nombre
relativement élevé de magistrats, dans d'autres,
au contraire, par un nombre moindre : par exemple,
dans les petits États une seule magistrature réunira
toutes ces attributions. Et les magistrats de cette
sorte s'appellent *stratèges* ou *polémarques*[2]. En outre,
s'il existe aussi de la cavalerie, ou de l'infanterie **1322 b**

---

1. D'une façon générale, les gens de mérite recherchaient peu
les postes officiels (cf. *Const. ath.*, XXVII ; voir aussi *Republ.*, VIII,
549 c). Les démocraties modernes souffrent de la même tare.

2. Ar., dans sa *Const. ath.*, parle longuement des *stratèges* (pour
leur désignation, LXI et LXIII ; leurs attributions et leurs pouvoirs,
LXI), ainsi que des *polémarques* (III, XXII, etc.). Alors qu'à Sparte,
les six polémarques commandaient l'armée sous les ordres du roi,
à Athènes l'unique polémarque, membre du collège des neuf
Archontes, ne jouait plus qu'un rôle religieux et honorifique ; toutefois
il connaissait de toutes les affaires concernant les métèques.

légère, ou un corps d'archers, ou une marine, il arrive parfois qu'à chacune de ces armes on affecte un commandement distinct, dont les titulaires portent la désignation d'*amiral de la flotte, maître de la cavalerie*[1] et *taxiarque*, et, à leur tour, les commandements subordonnés aux précédents sont ceux des *triérarques*, des *capitaines de compagnie*
5 et des *phylarques*[2] ; et ces derniers commandements ont eux-mêmes des subdivisions au-dessous d'eux. Mais la totalité de ces officiers ne forme qu'une seule classe, celle de l'administration militaire. Voilà donc ce qu'il en est de cette magistrature.

Mais puisque certaines magistratures, sinon toutes, manient des fonds publics en quantité considérable, il est indispensable qu'il y ait une autre autorité pour recevoir les comptes et les apurer, et qui soit
10 elle-même affranchie de tout autre soin : ces magistrats sont appelés de noms divers, *redresseurs, auditeurs des comptes*[3], *vérificateurs, avocats publics*. — En dehors de toutes ces magistratures il y a celle qui exerce l'autorité la plus absolue sur toutes les affaires : c'est souvent, en effet, la même magistrature qui s'occupe de l'introduction d'une mesure et de son exécution finale[4], ou du moins préside les Assemblées du peuple dans les cités où règne la démocratie,
15 car il faut bien qu'il y ait une autorité pour convoquer le suprême pouvoir de la constitution. Les membres en sont appelés, dans certains endroits, des *commissaires préparateurs*, parce qu'ils tiennent des délibérations préliminaires, mais là où le peuple est souverain on donne plutôt à cette institution le nom

---

1. Sur l'ἵππαρχος, cf. *Const. ath.*, XLIX et LXII. — D'autre part, l'armée des hoplites est divisée à Athènes en dix τάξεις, et chaque τάξις est commandée par un ταξίαρχος ayant sous ses ordres des λοχαγοί (l. 4) qui commandent un certain nombre de λοχοί (voir *Const. ath.*, XXX et LXI).

2. Le *phylarque* commandait une φυλή de cavalerie (la cavalerie reproduisant la division par tribus) : il y en avait dix à Athènes, autant que de tribus.

3. Sur les εὔθυνοι et les λογισταί, cf. *Const. ath.*, XLVIII. Les *synégores* sont les substituts des auditeurs.

4. Ce qui lui confère une autorité sans limites.

de *Conseil*[1]. — Ce sont là, à peu de chose près, en nature et en nombre, les magistratures d'ordre politique.

Mais une autre espèce d'administration est celle qui regarde le culte des dieux[2] : prêtres et préposés pour tout ce qui intéresse les édifices sacrés, à savoir 20 conservation des constructions existantes en même temps que réparation de celles qui tombent en ruine, et pour toutes les autres choses affectées au service des dieux. En fait, cette charge est dans certains endroits confiée à une seule magistrature, par exemple dans les petits États, mais dans d'autres elle est répartie entre des magistratures multiples et séparées du sacerdoce[3] : ce sont par exemple les *inspecteurs des sacrifices*[4], les *gardiens du temple*, 25 les *trésoriers des fonds sacrés*[5]. — A la suite de ces diverses charges vient celle qui est spécialement affectée à tous les sacrifices publics que la loi n'abandonne pas aux prêtres[6] ; mais ces magistratures tiennent leur dignité du Foyer de la cité, et leurs titulaires sont appelés, suivant les lieux, *archontes, rois* ou *prytanes*[7].

1. Sur les προβουλοί, cf. *supra*, IV, 14, 1298 *b* 29, note. Voir GLOTZ, *op. cit.*, p. 225-238, sur le rôle de la βουλή. — L. 15, H. RACKHAM répète κύριον (τὸ κύριον κύριον) et traduit : *for the magistracy that convenes the sovereign assembly is bound to be the sovereign power in the state.* C'est ajouter inutilement à la pensée d'AR.

2. Même séparation signalée IV, 15, 1299 *a* 18.

3. Qui se cantonne dans les attributions proprement religieuses (les sacrifices).

4. Il existait à Athènes un collège de 10 *hiéropes*, qui surveillaient les sacrifices et s'occupaient de la partie administrative. Mais il y en avait d'autres (cf. *Const. ath.*, LIV, *in fine*).

5. *Const. ath.*, XXX et XLVII : dix trésoriers d'Athéna et dix trésoriers des autres divinités officielles.

6. Certains sacrifices n'étaient pas célébrés par les prêtres, mais par des magistrats de l'ordre civil relevant de la κοινὴ ἑστία, *Foyer commun* de la cité et qui était placé dans un édifice nommé *prytanée*. Chaque cité avait son prytanée (HÉROD., III, 57).

7. Les magistratures suprêmes conservèrent longtemps de leurs attributions primitives un caractère sacerdotal et sacré. A Athènes, le second archonte, l'*archonte-roi* (βασιλεύς), est grand pontife et gardien du culte public ; il est juge des actions d'impiété. A Mégare et à Samothrace, il avait le titre de *roi*. Ailleurs on l'appelait *prytane* (de prytanée).

30   Voilà donc les charges indispensables pour toutes
ces matières. On peut les récapituler comme suit :
celles qui sont relatives aux affaires religieuses et
aux besoins militaires ; aux recettes et aux dépenses ;
à la police du marché, de la ville, des ports et de la
campagne ; et en outre, celles qui sont relatives aux
tribunaux,   à   l'enregistrement   des   contrats,   à
35   l'exécution des jugements, à la garde des prisonniers,
au calcul et à l'examen de la gestion des fonctionnaires
et au redressement de leurs comptes ; et, finalement,
les magistratures se rapportant au corps qui délibère
sur les intérêts communs. — D'autre part, spéciales
aux États qui disposent de plus de loisirs et de plus
de prospérité, et qui en outre portent grande attention
au bon ordre, sont les magistratures chargées de
la surveillance des femmes, de la garde des lois[1],
de la protection des enfants, de la surveillance des
1323 a   gymnases[2] ; ajoutons-y l'intendance des concours
gymniques et des concours des Dionysies[3], et le cas
échéant de tous autres spectacles de ce genre[4].
Certaines de ces charges n'ont manifestement rien
de démocratique, par exemple celles qui assurent
la surveillance des femmes et des enfants[5], car les
5   pauvres sont obligés d'utiliser femmes et enfants
comme serviteurs, faute de posséder des esclaves.
    Enfin il existe trois magistratures, suivant les
directives desquelles certains États choisissent les
titulaires des plus hauts emplois[6] : ce sont les *gardiens
des lois*, les *commissaires préparateurs* et le *Conseil*.
Les gardiens des lois ont un caractère aristocratique,

---

1. Cf. Xénoph., *Œconom.*, IX, 14.

2. Magistrat qui fait respecter l'ordre dans les gymnases et surveille
les éphèbes.

3. Cf. *Const. ath.*, LVI et LVII, sur les *épimélètes* élus par le
peuple.

4. Autres que des compétitions proprement dites.

5. Cf. IV, 15, 1300 *a* 4. — L. 6, ἀκολούθοις = *pedisequiis*
(Lambin), *esclave qui accompagne* (cf. *supra*, II, 6, 1265 *a* 34, note
sur ἀκολουθεῖν).

6. *Const. ath.*, XLIV, *in fine*, nous indique que la *Boulè* émettait
un *vote préalable* (προβούλευμα) pour la nomination des stratèges,
hipparques et autres fonctionnaires militaires.

les commissaires préparateurs un caractère oligarchique, et le Conseil un caractère démocratique.

Presque toutes les magistratures ont été ainsi
étudiées, tout au moins dans les grandes lignes[1].   10

---

1. Sur ὡς ἐν τύπῳ, l. 10, cf. III, 4, 1276 *b* 19, note. — L. 9, μὲν
οὖν implique que le livre VI est incomplet.

LIVRE VII

1

<Le Souverain Bien pour les individus et les États[1].>

Quand on se dispose à procéder à une recherche bien conduite sur la constitution idéale, il faut

1. Les chapitres 1 à 3 du livre VII (livre IV dans certaines éditions, celle de NEWMAN notamment) examinent quel est le Souverain Bien pour les individus et les cités, et si ce Souverain Bien consiste dans la vie contemplative ou dans la vie active. Ces trois premiers chapitres constituent, on le verra, une sorte d'introduction à la description de l'État idéal qui remplit les chapitres 4 à 12.

On admet généralement aujourd'hui, à la suite des travaux de W. JAEGER (*Aristotle*, 2ᵉ éd. angl., par ROBINSON, p. 275 et ss.) et de A. MANSION *(la Genèse de l'œuvre d'Ar.)*, que le l. VII est de rédaction ancienne et remonte à la première époque, dite d'Assos, de l'activité philosophique d'AR., laquelle, on le sait, se caractérise par une dépendance encore très étroite de l'aristotélisme aux doctrines platoniciennes. Au moyen de l'application de son critère noologique, qui a donné de si fructueux résultats, F. NUYENS (*l'Evol. de la psych. d'Ar.*, 1939 et 1948) est arrivé sensiblement aux mêmes conclusions, et la thèse de H. von ARNIM (*Zur Entstehungsgeschichte...*, 1924), qui voit au contraire dans les l. VII et VIII la partie la plus récente de la *Politique*, a été justement rejetée.

L'antériorité du livre VII résulte avec une suffisante clarté des rapprochements qu'on a pu opérer avec certains fragments du *Protrepticus*, l'un des premiers écrits d'AR. et qui contient la forme la plus ancienne de sa philosophie politique, son *Urpolitik*. Nous aurons l'occasion de signaler ultérieurement dans nos notes quelques traits de ce parallélisme.

La dépendance du livre VII au *Protrepticus* a fait ces dernières années l'objet d'importants travaux. On trouvera une bonne mise au point, avec une abondante bibliographie, dans l'Introduction de J. AUBONNET à sa récente édition de la *Politique*, p. XVII et ss. (voir aussi notre présente Introduction).

15 nécessairement déterminer d'abord quel est le mode
de vie le plus désirable. Si ce point, en effet, est
laissé dans l'ombre, la meilleure forme de constitution
reste forcément elle aussi dans l'obscurité, puisque
enfin il est normal que ceux qui jouissent des plus
parfaites institutions politiques dans des conditions
données, mènent aussi la vie la plus parfaite à moins
de quelque circonstance inattendue[1]. C'est pourquoi
nous devons d'abord nous mettre d'accord sur le
mode de vie le plus digne d'être choisi par tous
20 les hommes pour ainsi dire, et après cela, voir si
ce mode de vie est le même pour la communauté
et pour l'individu pris isolément, ou s'il est différent.

Estimant donc avoir déjà traité, avec suffisamment
de détails, jusque dans les discussions exotériques[2],
le problème de la vie parfaite, nous devons maintenant
nous servir de ces indications antérieures. Car,
en vérité, il y a du moins une division des biens que
personne ne saurait contester : c'est celle qui les
25 répartit en trois groupes, les biens extérieurs, les
biens du corps et les biens de l'âme ; personne non

---

1. Cf. *Lois*, VIII, 828 *d :* « Pour notre cité, tout comme pour
un individu, ce qu'il lui faut c'est le bien vivre » (trad. A. Diès).
Selon Pl., la valeur morale de l'État est basée sur celle de l'individu.
Or la vie bienheureuse de l'individu est, pour Ar., la vie conforme
à la vertu : c'est sur une telle constatation qu'est fondée la constitution
idéale et non sur l'examen des constitutions existantes. L'*Eth. à
Nicom.* nous a déjà avertis que la Politique est un prolongement de
l'Ethique. Ar. estime donc que la meilleure constitution est celle
qui assure aux citoyens *la vie la plus digne d'être préférée* (αἱρετώτατος
βίος, l. 15) : s'il en était autrement, elle ne serait pas la meilleure
constitution.

L. 18, ἐκ τῶν ὑπαρχόντων désigne les *data*. La réserve d'Ar.
est d'ailleurs curieuse et difficilement conciliable avec son schéma
de la meilleure constitution.

2. Cf. III, 6, 1278 *b* 32, note. Dans le présent passage, quel que
soit le sens que l'on donne d'ordinaire à cette expression, il s'agit
sans doute, comme le veut W. Jaeger (*Aristotle*, éd. angl., p. 275
et ss.) d'une référence au *Protrepticus*. Dans les l. qui suivent, Ar.
adopte la division platonicienne des biens *(Philèbe*, 48 *e ; Lois*, V,
743 *e)* qu'il avait déjà utilisée *Eth. Nicom.*, I, 8, 1098 *b* 13, et *passim*.
Les idées exprimées dans tout le passage ont leur correspondance
dans le *Protrepticus* (fgmts 55 et 57 Rose). Voir aussi *Eth. Eud.*, II,
1, 1218 *b* 32.

plus ne doutera que toutes ces diverses sortes de biens
ne doivent appartenir à l'homme jouissant d'une
félicité parfaite[1]. Nul, en effet, ne saurait appeler
bienheureux l'homme qui ne possède pas la moindre
parcelle de courage, de tempérance, de justice ou
de prudence, mais s'effraie d'une mouche volant
autour de lui, ou qui est incapable de s'abstenir
d'aucun des pires excès si le désir brutal lui vient   30
de manger ou de boire, ou qui sacrifie pour un quart
d'obole ses plus chers amis, ou qui, pareillement
encore en ce qui concerne les qualités de l'esprit,
manque de bon sens et de loyauté comme un enfant
en bas âge ou un fou[2]. Mais si presque tout le monde
ne peut que donner son plein accord à ces assertions,
les hommes cessent de s'entendre quand il s'agit
de la quantité et de l'excellence de tel ou tel bien[3].   35
Ils croient, en effet, qu'on possède toujours suffisamment de vertu, si faible qu'en soit la mesure ;
en revanche, richesse, biens matériels, puissance,
réputation et tous les autres avantages de ce genre
sont de leur part l'objet d'une recherche excessive
qui ne connaît point de limites. — Mais nous leur
répliquerons qu'il est aisé en ces matières, et par un
appel à l'expérience, de se former une conviction[4] :
nous constatons que les vertus ne s'acquièrent ni   40
ne se conservent par le secours des biens extérieurs,
mais qu'au contraire ce sont les biens extérieurs
qui sont acquis et conservés par le secours des

---

1. Le terme μακάριος, l. 27, est pratiquement synonyme de
εὐδαίμων, mais en plus accentué. (Cf. *Eth. Nicom.*, I, 11, 1101 *a* 6-8).

2. *Eth. Nicom.*, X, 2, 1174 *a* 1.

3. *Secundum quantitatem* (la quantité, la mesure) *et excessum*
(la supériorité à accorder) *virtutis vel aliorum* (les biens extérieurs,
y compris ceux du corps) (Ps.-Thomas, 1051, p. 339). Ar. va préciser
sa pensée dans les l. qui suivent. — Sur le sens de ταῖς ὑπεροχαῖς,
l. 35, cf. Newman, III, 311, qui estime à bon droit qu'il faut comprendre *supériorité* et non *excès*.

4. Une conviction en sens opposé à celle de la plupart des hommes.
Ar. va établir que, contrairement à ce qu'on croit d'ordinaire sur les
proportions relatives de la vertu et des biens inférieurs, ce sont ces
derniers qui doivent être sévèrement limités, tandis que la vertu
peut et doit être poursuivie sans mesure. Il fera appel, d'abord à
l'expérience (ὁρῶντας, l. 40), puis au raisonnement (1323 *b* 6).

vertus[1] ; on constate encore que la vie heureuse
1323 b (qu'elle consiste pour l'homme dans le plaisir, ou
dans la vertu, ou dans les deux réunies)[2] est l'apanage
de ceux qui ont reçu une culture exceptionnelle des
dons du caractère et de l'intelligence et sont
médiocrement favorisés dans la possession des biens
extérieurs, plutôt que de ceux qui possèdent les
5 biens extérieurs au delà de leurs besoins et à qui
les autres biens font gravement défaut.

Ce n'est pas toutefois que, même en ne considérant
les choses qu'à la lumière du raisonnement, la vérité
n'apparaisse facilement[3]. Les biens extérieurs, en
effet, ont une limite, comme un instrument quelconque[4] (tout ce qui est utile ne sert que pour une
chose déterminée) : s'ils sont en excès, leurs
possesseurs en ressentent inévitablement un dommage
ou du moins n'en tirent aucun secours, alors que pour
10 tous les biens de l'âme leur utilité est d'autant plus
grande qu'ils surabondent davantage[5], si toutefois
il est permis d'appliquer à de telles réalités la
qualification d'*utile* aussi bien que celle de *noble*. —
Et, d'une manière générale, il est clair, dirons-nous,
que l'état le meilleur de chacune des choses que
l'on compare entre elles, correspond, sous le rapport
de la supériorité, à l'intervalle assigné en fait entre
15 les sujets mêmes dont nous affirmons que ces états

1. Les gens vertueux ont les moyens d'acquérir des biens matériels,
tandis que les détenteurs de biens matériels n'ont pas nécessairement
le moyen d'acquérir des vertus. La vertu est donc supérieure aux
biens matériels. Même idée dans PLATON, *Apol.*, 30 a b.

2. Cf. *Eth. Eud.*, II, 1, 1218 b 34, et plusieurs passages de *Eth.
Nicom.*, notamment I, 2, 1095 a 20 à 3, 1096 a 10. C'était déjà le
problème posé par le *Philèbe*, et par le *Protrepticus* (fgmt 57 Rose). —
L. 1323 b 1, τῷ χαίρειν = ἡδονῇ (*Ind. arist.*, 843 b 55).

3. *Verumtamen etiam iis qui hanc quaestionem ad rationem spectare
atque exigere volent, facile veritas patebit* (LAMBIN).

4. Cf. I, 8, 1256 b 35. — L. 8, nous suivons strictement la leçon
d'IMMISCH (et de H. RACKHAM), et respectons la parenthèse : (πᾶν δὲ
τὸ χρήσιμον εἴς τι), ὧν τὴν ὑπερβολήν...

5. Les biens de l'âme sont ainsi des fins et non des moyens, et
c'est pourquoi on doit les rechercher sans mesure : *in illo bono per se
et principalius consistit felicitas cujus appetitus nullum terminum
habet* (Ps.-THOMAS, 1053, p. 340).

sont des états[1] : par conséquent, s'il est vrai que
l'âme est, absolument aussi bien que par rapport
à nous[2], une chose d'un plus haut prix que ce que nous
possédons et notre corps même, il est nécessaire
aussi que les états les plus parfaits de ces réalités
soient dans une relation analogue. — Ajoutons que
c'est en vue de l'âme que ces biens inférieurs sont
naturellement désirables et doivent être préférés
par tous les hommes de sens, et ce n'est pas au
contraire en vue des dits biens que l'âme est 20
ordonnée[3].

Admettons donc, comme une chose sur laquelle
nous sommes pleinement d'accord, que la part
de bonheur qui échoit à chaque homme répond
exactement à la mesure de vertu et de prudence
qu'il possède et des actions qu'il accomplit en
conformité à ces dispositions[4] : nous invoquerons
ici Dieu lui-même en témoignage, lui dont le bonheur

---

1. La phrase (ὅλως ... πάντας, l. 13-16) est embarrassée, mais le
sens est clair, et elle est expliquée par ce qui suit immédiatement.
AR. veut dire que la disposition *optima* d'une chose (sur διάθεσις,
cf. I, 13, 1259 *b* 25, note) et la disposition *optima* d'une autre chose
sont *dans le même rapport de supériorité relative* (κατὰ τὴν ὑπεροχήν)
que les choses elles-mêmes dont elles sont les dispositions : l'état
le plus parfait de l'âme dépasse l'état le plus parfait du corps de toute
la *distance* (διάστασιν) qui sépare l'âme du corps. Ainsi la vertu,
qui est l'excellence de l'âme, est beaucoup plus précieuse et désirable
que la richesse, excellence de la possession, et la santé, excellence du
corps.

2. Distinction entre ce qui est connu (ou antérieur) ἁπλῶς (ou
φύσει) et ce qui est connu πρὸς ἡμᾶς (ἡμῖν) : cf. notamment *Anal.
post.*, I, 2, 71 *b* 34 et ss. (p. 10 de notre trad., et les références de la
note, notamment TRENDEL., *Elementa log. ar.*, p. 86-87 (§ 19) ;
voir aussi WAITZ, *Organon*, II, 307).

3. Dernier argument κατὰ τὸν λόγον : il ne faut pas subordonner
les biens de l'âme à ceux du corps : la *nature* (πέφυκεν, l. 20) et le *bon
sens* (τοὺς εὖ φρονοῦντας, l. 21) s'y opposent.

4. L'*Eth. Nicom.* (I, 6, 1098 *a* 3 et ss., p. 58 et notes de notre
trad., et *passim*) nous a enseigné que la vertu, définie comme une
ἕξις, une *disposition* permanente à agir d'une certaine façon, n'est
pas encore le Souverain Bien ou le bonheur, et on ne saurait appeler
heureux celui dont la vertu demeurerait à l'état de disposition, sans
jamais passer à l'acte. Le bonheur exige en plus l'*activité conforme à
la vertu* (ἐνέργεια κατ' ἀρετήν, autrement dit τοῦ πράττειν κατὰ
ταύτας, l. 22), activité qui au surplus s'accompagne de plaisir.

et la félicité ne dépendent d'aucun des biens
25 extérieurs, mais qui est heureux en lui-même par
lui-même et parce qu'il est d'une qualité déterminée
dans sa nature[1] ; puisque c'est aussi pour cette
raison[2] que la fortune favorable est nécessairement
différente du bonheur (les biens extérieurs à l'âme
étant dus au hasard et à la fortune, alors que nul
n'est juste ni tempérant par un effet de la fortune
ni grâce à la fortune). — Vient logiquement ensuite,
30 et faisant appel aux mêmes arguments[3], cette

---

1. Cf. *Eth. Eud.*, VII, 12, 1245 *b* 18. Rappelons aussi les analyses
célèbres de *Metaph.*, Λ, 6, 7 et 9. *Attingit* [*Deus*] *enim ad optimum
suum non propter aliquod extrinsecum sibi, sed propter seipsum :
quoniam si felicitaretur propter aliquod extrinsecum, cum felicitas
sit finis, haberet aliquem finem divisum a seipso, et esset aliquid melius
ipso.* (Ps.-Thomas, 1056, p. 340).

2. Dans les l. 26-29 (ἐπεί ... ἐστίν), Ar. justifie sa précédente
assertion, confirmée par un appel à la nature même de Dieu, souverainement heureux *per ipsum* (l. 23-26), que le bonheur n'est pas
l'œuvre des circonstances extérieures mais résulte d'un état de
perfection. Nous savons, en effet, par l'*Eth. Nicom.* (I, 9, 1099 *b* 7
et ss., et tout le ch. 10), que le bonheur est autre que l'εὐτυχία (*bona
fortuna*, fortune favorable, chance, *prospérité* matérielle : cf. *Magna
mor.*, I, 8, 1207 *a* 31-35) due à une accumulation de biens extérieurs
(Cf. *Rhétor.*, I, 5, 1361 *b* 34 et ss.), étrangère à toute moralité et
dépendant du hasard et de la *chance* (τύχη). Cette distinction entre
deux notions qui sont parfois prises l'une pour l'autre, et qui s'impose
au moraliste, est reprise ici à titre de preuve : si le bonheur dépendait
des biens extérieurs, il ne différerait pas de l'εὐτυχία.

L. 28, ταὐτόματον καὶ ἡ τύχη : l'αὐτομ. *(casus)* est la *spontanéité*,
le *hasard* en général, dont la τύχη *(fortuna)* est une espèce particulière,
la *chance*, le hasard dans le domaine de la pratique humaine. Sur
cette distinction (qui n'est d'ailleurs pas toujours respectée par Ar.),
cf. *Phys.*, II, 4, 5, 6, et notamment 196 *a* 36 (avec le comm. de
Hamelin) ; St Thomas, *in Metaph. comm.*, 2284, p. 650, et 2445,
p. 691, éd. Cathala ; G. Milhaud, *le hasard chez Ar. et chez Cournot*,
Revue de Metaph., novembre 1902, recueilli dans *Études sur Cournot*,
Paris, 1927 ; Ch. Werner, *Arist. et l'idéal. platon.*, p. 113, note ;
W. D. Ross, *Metaph.*, II, 355 ; etc...

3. Tirant la conclusion de ce qui précède (ἐχόμενον, l. 29), Ar.
passe du plan individuel au plan social. Le bonheur de l'État repose
sur les mêmes bases éthiques que le bonheur de l'individu et s'accompagne des mêmes vertus. En accord sur ce point avec Platon
(*Republ.*, IV, 435 *b* et ss., 441 *c* et ss.), Ar. établit un parallélisme
complet entre les vertus individuelles et les vertus sociales. Il n'y a

vérité que le meilleur État aussi est heureux et agit
selon le bien. Or il est impossible d'agir selon le bien
sans accomplir les actions bonnes, et il n'existe
aucune action bonne, ni d'un homme ni d'un État,
sans vertu et sagesse pratique, et le courage, la
justice et la prudence dans un État ont la même
valeur et la même nature que les mêmes vertus 35
dans l'homme individuel, à qui leur possession fait
donner le nom de juste, de prudent et de modéré.

Mais arrêtons là ces considérations préparatoires
à notre discussion : car si on ne peut s'abstenir
complètement de toucher à ces matières, il n'est
pas possible non plus de parcourir dans le détail
tous les arguments qui leur sont appropriés, car c'est
l'affaire d'une autre étude[1]. Pour l'instant, prenons 40
pour établi que la vie la meilleure, à la fois pour un
individu envisagé à part, ou collectivement pour les
États, c'est celle qui est accompagnée de vertu
quand celle-ci a un cortège de biens extérieurs en
assez grande abondance pour qu'on puisse participer **1324 a**
aux actes conformes à la vertu[2]. Quant aux
contestations que pourrait soulever cette assertion,
nous les négligerons au cours de la présente recherche,
et réserverons leur examen à plus tard, si par hasard
quelque lecteur n'est pas convaincu par nos
explications.

---

pas deux morales, l'une pour les particuliers et l'autre pour les États.
L'État n'est pas sa propre fin, et ne trouve pas sa direction et sa
règle en lui-même. Pareille conception est la condamnation implicite
de la *raison d'État*, dont les principes ont été codifiés par Machiavel
et qui sont depuis la Renaissance à la base de la politique des États
modernes.

Sur μορφή, l. 35, cf. *Ind. arist.*, 474 *a* 57 : *latiore quodam usu*
μορφή *idem ferre quod* δύναμις : les vertus de l'État et celles de
l'homme privé sont de même nature.

1. A savoir l'*Éthique* (I et X).

2. La pure vertu est insuffisante pour assurer le bonheur, il faut
qu'elle soit accompagnée de biens extérieurs en quantité suffisante :
doctrine exposée *Eth. Nicom.*, I, 9, 1099 *a* 31 et ss. ; X, 9, 1174 *a* 4
et ss. Voir aussi la critique de la conception de XÉNOCRATE qui,
par un raisonnement vicieux, identifiait vie heureuse et vie vertueuse
(*Top.*, VIII, 1, 152 *a* 7 et ss., tome II, p. 132-134 et notes de notre
trad.).

2

< Vie active ou vie contemplative.
L'appétit de domination. >

5   Mais devons-nous dire que le bonheur d'un État
est le même que celui de l'homme individuel, ou qu'il
n'est pas le même ? C'est ce qui reste à discuter.
Mais ce point également est clair, car tout le monde
s'accordera à reconnaître qu'il y a identité. Ceux qui
placent, en effet, dans la richesse la vie heureuse
pour l'individu, attribuent aussi la félicité à l'État
pris dans son entier si cet État est lui-même riche ;
10   et ceux qui prisent par-dessus tout la vie de type
tyrannique[1] diront aussi que l'État le plus heureux
est celui qui étend sa domination sur le plus grand
nombre de peuples ; si, enfin, on admet que
l'individu est heureux par sa vertu, on dira également
qu'un État plus vertueux est aussi plus heureux.

Mais il y a dès lors deux questions qui requièrent
examen : la première, c'est de savoir quel mode de
vie est plus désirable[2], la vie du citoyen engagé dans
15   les affaires publiques et y prenant une part active[3],
ou plutôt la vie que mènerait un étranger et affranchie
de tout lien de société ; vient ensuite la question de
savoir quelle constitution, quelle manière d'être
d'un État, doit être reconnue comme étant la
meilleure, soit qu'on juge désirable que tous sans
exception participent aux affaires de la cité, ou qu'on
préfère en écarter quelques individus et y admettre
la majorité seulement. Mais puisque c'est cette
20   dernière question qui est l'affaire de la pensée et de la
spéculation politiques, et non la question de savoir
ce qui est désirable pour l'individu[4], et que c'est un

1. Cf. *Lois*, X, 890 *a*.

2. Pour l'individu (*infra*, l. 20).

3. Cette première opinion est examinée *infra*, l. 38, et la seconde
est reprise l. 35.

4. Notre discussion, d'ordre essentiellement politique, a pour
objet de déterminer quel est le bien de l'État, et non celui de l'individu,
lequel n'a pour nous qu'un intérêt *secondaire* (πάρεργον, l. 22).

examen de nature politique que nous avons présentement entrepris, alors que la première question ne saurait avoir qu'un intérêt accessoire, c'est sur la question posée en dernier lieu que portera notre travail d'enquêteur.

Qu'ainsi donc la meilleure constitution soit nécessairement cette organisation sous laquelle tout homme quel qu'il soit, peut accomplir les meilleures actions et vivre dans la félicité[1], c'est là une chose manifeste. Mais une contestation s'élève, même 25 de la part de ceux qui reconnaissent que la vie accompagnée de vertu est la plus désirable de toutes[2] : est-ce la vie de citoyen et la vie tournée vers l'action qui est désirable, ou n'est-ce pas plutôt la vie affranchie de toutes les contraintes extérieures, par exemple une vie contemplative, laquelle, au dire de certains, est la seule vie philosophique ? Il n'y a guère que deux genres de vie, en effet, qui paraissent avoir fixé le choix des hommes les plus désireux de 30 se distinguer par la vertu, aussi bien ceux du passé que ceux d'à présent : je veux parler de la vie de l'homme d'État et de celle du philosophe. Et la question de savoir laquelle des deux voies est la véritable n'est pas d'une importance négligeable : car l'homme sensé du moins réglera toute son existence sur le but qui sera le meilleur, et ceci est vrai aussi bien de l'homme individuel que de la société politique. Or certains[3] estiment que si 35

1. *Optime agere et optime vivere.* — Le bonheur de l'État et celui de l'individu étant identiques (l. 7), la meilleure constitution est celle qui assure aux citoyens la meilleure vie.

2. Cf. l. 12, *supra*.

3. Comme Aristippe, le chef de l'école cyrénaïque (Xénoph., *Memor.*, II, 1, 8 à 11). Calliclès reproche pareille attitude à Socrate dans *Gorgias*, 485 c, d. Précédemment (cf. τῶν προτέρων, l. 31) Anaxagore avait exprimé une opinion analogue (Diog. L., II, 7 ; *Eth. Nicom.*, X, 9, 1079 a 13 et ss. ; *Eth. Eud.*, I, 4, 1215 b 6). — L. 37, à l'autorité qui s'exerce δεσποτικῶς, c'est-à-d. *à la façon du maître* sur l'esclave, s'oppose l'autorité s'exerçant πολιτικῶς, c'est-à-d. *sur des hommes libres* et égaux et sans aucun arbitraire, comme dans la πολιτεία proprement dite, dont nous avons précédemment étudié la structure. Cette dernière sorte d'autorité n'est pas condamnable en soi comme la précédente, mais elle est un empêchement au bonheur personnel de celui qui l'exerce.

l'autorité qui s'exerce sur autrui d'une façon
despotique s'accompagne d'une forme d'injustice
particulièrement grave, celle qui s'exerce par les voies
légales, tout en ne comportant aucune injustice,
n'en est pas moins un obstacle à la tranquillité
personnelle de son détenteur. D'autres[1] sont, en fait,
d'une opinion presque diamétralement opposée aux
déclarations précédentes : ils pensent que pour
40 un homme la seule vie est celle qui est tournée vers
l'action, la vie de citoyen, car en ce qui concerne
la pratique de chacune des vertus, les simples
particuliers ne se trouvent pas dans une position
1324 b plus favorable que ceux qui s'occupent des intérêts
publics et sont engagés dans la vie politique[2]. Voilà
donc la façon de penser de certains.

D'après d'autres, à leur tour, la forme despotique
et tyrannique de la constitution[3] est la seule qui
assure le bonheur, et effectivement, dans certains
États, la législation et le système d'éducation ont
pour fin bien arrêtée de les rendre capables d'asservir
5 les peuples voisins[4]. C'est pourquoi, alors que dans
la plupart des États la presque totalité de la législation
gît, pour ainsi dire, dans un désordre sans nom,
néanmoins, s'il est un seul point où les lois aient
toujours leur attention en éveil, c'est dans leurs visées

1. Particulièrement les sophistes et les rhéteurs (cf. *Menon*,
71 *e; Gorg.*, 500 *c*), dont l'enseignement avait pour unique objet de
préparer la jeunesse à la vie publique, c'est-à-dire à une manière de
vivre qui, dans l'opinion générale, était la seule digne d'un homme
libre (Voir, par exemple, le célèbre discours de Périclès dans Thucyd.,
II, 40).

2. Cf. Ps.-Thomas, 1066, p. 345 : *Isti* [les πολιτικοί] *enim exercent
opera fortitudinis et liberalitatis quae non multum pertinent ducentibus
vitam solitariam*. Dans le même sens, *Protrept.*, fgmt 50 Rose ; la
pensée de *Eth. Nicom.*, X, 9, 1179 *a* 6, est plus nuancée.

3. Ar. passe au problème de l'impérialisme : la fin suprême des
États consiste-t-elle dans des visées d'expansion et de domination
sur les autres États ? Il faut entendre τὸν δεσποτικὸν ... τῆς πολιτείας, l. 2 et 3, au sens de constitution tournée πρὸς τὸ κρατεῖν καὶ
δεσπόζειν τῶν πέλας.

4. L. 4, la leçon de Immisch : οὗτος καὶ τῶν νόμων καὶ τῆς παιδείας ὅρος, n'est pas sûre, et peut-être faudrait-il, avec la *Vetus
transl.*, remplacer παιδείας par πολιτείας. Nous conservons cependant le texte de Imm.

de domination : ainsi à Lacédémone et en Crète, l'éducation aussi bien que l'ensemble de la législation sont ordonnées en grande partie en vue de la guerre[1] ; et de plus, au sein de toutes les nations barbares 10 capables de s'agrandir au détriment des autres, la puissance militaire a été tenue en haute estime, comme par exemple chez les Scythes, les Perses, les Thraces et les Celtes[2]. Et en effet, dans certaines nations, il y a des lois aussi qui stimulent la valeur guerrière, comme à Carthage où, dit-on, les hommes s'honorent de porter autant de bracelets qu'ils ont de campagnes à leur actif[3] ; et il existait autrefois en Macédoine une loi d'après laquelle l'homme qui 15 n'avait jamais tué un ennemi devait porter un licol en guise de ceinturon ; et chez les Scythes, au cours d'une certaine cérémonie on faisait circuler une coupe, à laquelle celui qui n'avait pas tué un ennemi n'avait pas la permission de boire ; enfin, chez les Ibères, nation belliqueuse, on plante autour de la tombe d'un guerrier de petits obélisques[4] en nombre 20 égal aux ennemis qu'il a fait périr. Et dans d'autres nations on relève beaucoup d'autres pratiques de ce genre, ratifiées tantôt par la loi, tantôt par la coutume.

Cependant[5], quand on veut y regarder de près, il peut paraître sans doute fort extraordinaire que la fonction de l'homme d'État consiste dans la possibilité d'étudier les moyens de s'assurer la domination la plus absolue sur les peuples voisins, que ces peuples le veuillent ou ne le veuillent pas. 25 Comment pareil office peut-il être celui d'un homme

1. Cf. dans les *Lois*, I, 626 *a* et 633 *a* et ss., les exercices d'endurance en usage à Sparte (Voir aussi H. MARROU, *Hist. de l'éduc. dans l'Antique.*, p. 50 et ss.).

2. Cf. HÉROD., II, 167. — Sur ἔθνος (τοῖς ἔθνεσι, l. 10) : I, 2, 1252 *b* 20, note ; sur πλεονεξία (πλεονεκτεῖν, même l.) : II, 7, 1266 *b* 37, note. Même l. encore, ἡ τοιαύτη δύναμις = ἡ πολεμικὴ δύναμις.

3. Sur le sens précis de κρίκος *(armilla)*, l. 14, cf. NEWMAN, III, 326-327.

4. Soit une pierre taillée en pointe, soit un petit javelot (le *veruculum* de VÉGÈCE).

5. Critique de la conception impérialiste.

d'État ou d'un législateur, alors qu'il n'est même pas légitime ? Or n'a rien de légitime une autorité qui s'exerce non pas avec justice seulement, mais encore avec injustice ; et il est possible de soumettre les autres à sa domination même en dehors de tout droit[1]. — En outre, nous ne voyons non plus rien de semblable dans les autres sciences : ce n'est la
30 fonction ni du médecin ni du pilote d'user de persuasion ou de violence[2], l'un envers ses malades, l'autre envers ses passagers. Néanmoins, la plupart des hommes semblent penser que l'art de gouverner despotiquement est l'art de l'homme d'État, et cette sorte de gouvernement que chaque peuple déclare injuste et désavantageux pour lui-même, il ne rougit pas de l'exercer envers les autres, car si, dans les affaires qui les intéressent personnellement, les
35 hommes réclament une autorité respectueuse de la justice, dans leurs relations avec les autres ils n'ont aucun souci de ce qui est juste. Mais c'est là une position absurde, à moins d'admettre que c'est la nature elle-même qui distingue entre l'être destiné à subir une autorité despotique et l'être qui n'y est pas destiné[3], avec cette conséquence que, s'il en est ainsi, on ne doit pas s'efforcer de soumettre indifféremment tous les hommes à un pouvoir despotique, mais seulement ceux qui y sont naturellement prédisposés, pas plus qu'on n'a le droit de poursuivre des êtres humains à la chasse pour pourvoir à un festin ou à un sacrifice, mais seulement
40 le gibier propre à ces usages, c'est-à-dire des animaux

1. La domination forcée sur les peuples voisins n'a rien de *légitime* en soi, de conforme aux principes supérieurs du droit des gens (οὐ νόμιμον, l. 27), car l'autorité s'y exerce contrairement à toute justice, et la *force* pure (κρατεῖν, l. 28) n'a, contrairement à ce que certains ont soutenu (I, 6, 1255 *a* 18), *rien de commun avec le droit* (μὴ δικαίως).

2. Comme le fait l'État conquérant, qui assujettit contre leur gré les peuples vassaux.

3. Nous savons déjà qu'il y a des esclaves φύσει et des hommes libres φύσει (I, 6, 1255 *b* 6), et que certains hommes et certains peuples sont faits pour être gouvernés despotiquement (III, 17, 1287 *b* 37). On ajoutera le fgmt 658 Rose [= PLUT., *Moral.*, 329 *b*], dans lequel il est dit qu'Ar. conseillait à Alexandre de gouverner les grecs ἡγεμονικῶς, et les barbares δεσποτικῶς.

sauvages comestibles[1]. — J'ajoute qu'il est parfaitement possible que même une cité isolée, n'ayant de rapports qu'avec elle-même[2], connaisse le bonheur, **1325 a** c'est-à-dire soit sagement gouvernée, puisqu'il peut fort bien arriver qu'un État soit administré, en un lieu quelconque, « en vase clos »[3], et jouisse d'une bonne législation ; or dans cet État la structure de la constitution ne sera pas orientée vers la guerre ni vers l'asservissement de ses ennemis, toute idée de ce genre devant même être exclue. Il est donc évident que si tous les soins apportés à la préparation 5 de la guerre doivent être tenus pour des plus honorables[4], ils ne constituent cependant pas la fin suprême de l'activité entière de l'État, mais seulement des moyens en vue de cette fin. Et l'office du sage législateur est de considérer, pour un État, une famille de peuples ou toute autre communauté, comment sera réalisée leur participation à une vie bonne, et au bonheur qu'il leur est possible 10 d'atteindre[5]. Les lois que le législateur édictera ne

1. Seuls les animaux comestibles pouvaient servir aux sacrifices.

2. C'est la cité décrite par les *Lois*, IV, 704 c, qui n'a pas de voisins et se trouve dans un pays désert (seule une île répond à ces conditions d'isolement, telle que l'île des Phéaciens dans l'*Odyssée*, II, *initium*, située ἑκὰς ἀνδρῶν ἀλφηστάων).

3. L. 2, οἰκεῖσθαι : le verbe οἰκεῖν a ici le sens de *administrare*, et non (comme le croient la *Vetus transl.* et LAMBIN) celui de *habitare* (Cf. *Ind. arist.*, 499 a 43). — L'argument de la cité isolée de tout voisinage tend à montrer que l'impérialisme et l'appétit de domination n'est pas forcément la fin des États : cf. *Lois*, I, 625 et ss., et l'excellent commentaire du présent passage dans DEFOURNY, p. 484. Voir aussi *infra*, 3, 1325 b 23-27, sur l'activité *ad intra* des États.

4. Car ils assurent la défense du pays (Cf. Ps.-THOMAS, 1073, p. 346, dont les développements sont intéressants). Un État isolé peut être heureux indépendamment de toute idée de guerre et de domination (Cf. sur la nécessité de posséder une force militaire, II, 6, 1265 a 20 et ss., et 7, 1267 a 20).

5. L'inspiration platonicienne est évidente dans ce passage. Les *Lois* (I, 628 d e, 631 b, etc...) nous ont appris que la fin ultime de l'État, c'est le bonheur, la *vertu totale*, notion toute différente de l'idée de guerre et de conquête (πρὸς πᾶσαν ἀρετήν, 630 e). Le courage guerrier n'est, en effet, pour PL., qu'un des éléments de la vertu, et l'un des moindres puisqu'il ne vient qu'au quatrième rang. Les constitutions spartiate et crétoise ont eu le tort, aux yeux de l'Étran-

seront cependant pas toujours les mêmes[1] : et c'est
son office de voir, dans le cas où il existe des voisins[2],
à quelles sortes d'activités on doit se livrer[3] d'après
leurs différents caractères, ou comment on adoptera
les mesures qui conviennent à chacun d'eux. —
Mais la question de savoir à quelle fin doit tendre
15 la constitution idéale fera plus loin l'objet de
l'examen qui lui est dû[4].

3

< *Vie active et vie contemplative.*
Fin des considérations préliminaires.>

Nous devons maintenant nous adresser à ceux
qui reconnaissent que la vie accompagnée de vertu
est la plus désirable, mais diffèrent sur la façon de
la pratiquer, et nous nous tournerons à la fois vers
les partisans des deux opinions (certains, en effet,
désapprouvent toute participation aux fonctions
d'ordre politique, dans l'idée que la vie de l'homme
libre est en même temps une vie toute différente de
20 celle de l'homme d'État et la plus désirable de

ger athénien, d'isoler le courage et de lui subordonner tout le reste.
« Le plus grand bien, ce n'est ni la guerre, ni la révolution ... c'est
à la fois la paix et la bienveillance mutuelles ; je dirais même que
pour une cité le fait de vaincre *n'est pas, à mon sens, un idéal, mais
une nécessité* (οὐκ ἦν τῶν ἀρίστων ἀλλὰ τῶν ἀναγκαίων) ... Jamais on ne
deviendra un politique digne de ce nom, du moment qu'on aura en
vue seulement ou tout d'abord la guerre étrangère ; ni un législateur
scrupuleux, si on ne se résout pas à édicter par rapport à la paix les
lois qui concernent la guerre, plutôt qu'en fonction de la guerre celles
de la paix » (*Lois*, I, 628 *d e*, trad. E. des Places).

L. 8, γένος ἀνθρώπων = ἔθνος (les nations barbares ont été visées
supra, 1324 *b* 9). L'ἔθνος n'est pas une cité, tout en rentrant cependant dans la notion plus générale de κοινωνία.

1. Bien que le but à atteindre soit identique.
2. Cf. le passage (déjà cité) II, 6, 1265 *a* 20 et ss.
3. Activités guerrières ou pacifiques, suivant le caractère belliqueux ou tranquille des voisins.
4. 13, 1331 *b* 26 ; 14, 1333 *a* 11 et ss.

toutes[1] ; d'autres, au contraire, estiment que c'est
la vie de l'homme d'État qui est la vie idéale : car,
d'après eux, il est impossible à qui ne fait rien de bien
faire, et l'activité bonne se confond avec le bonheur)[2].
Nous répliquerons que les uns et les autres ont
également raison sur un point, et tort sur un autre. —
Les premiers sont dans la vérité en soutenant que
la vie de l'homme libre est meilleure que celle qui
exerce le pouvoir absolu du maître : car il n'y a rien   25
de respectable à employer un esclave en tant
qu'esclave, les ordres à donner au sujet des nécessités
quotidiennes n'ayant rien de commun avec la
véritable noblesse[3]. Cependant croire que toute
autorité politique est du type de celle du maître sur
l'esclave est une erreur[4], car il n'y a pas moins de
distance entre l'autorité qui s'exerce sur les hommes
libres et celle qui s'exerce sur les esclaves qu'entre
l'être naturellement libre et l'être naturellement
esclave eux-mêmes, toutes choses dont nous avons   30
suffisamment traité dans nos premières discussions[5].
Ajoutons que placer l'inactivité au-dessus de l'action
est aussi une erreur, car le bonheur est une activité,
et, de plus, les actions des hommes justes et tempé-
rants sont la parfaite réalisation d'une foule de
choses pleines de noblesse[6].

Cependant, on supposera peut-être, en s'appuyant

---

1. Sur les deux opinions examinées par Ar., cf. *supra*, 2, 1324 *a*
35 et ss. — L. 19 (et dans la suite), ὁ ἐλεύθερος signifie, non pas
comme ailleurs, l'homme de condition libre ou l'homme jouissant
de la liberté politique, mais *l'homme qui se libère volontairement
de toute activité d'ordre politique* et s'oppose ainsi au πολιτικός.
Cf. I, 3, 1253 *b* 23, note.

2. Cf. Sylv. Maurus, 701[1] : *impossibile est ut qui nihil agit bene
agat adeoque sit felix, siquidem idem est esse felicem ac bene agere.*

3. Même remarque, I, 7, 1255 *b* 33 et ss.

4. Distinction entre l'autorité politique de type *esclavagiste*
(δεσποτικῶς), et l'autorité s'exerçant sur les *hommes libres* (πολιτικῶς). — On remarquera que ὁ ἐλεύθερος (ἡ τῶν ἐλευθέρων ἀρχή,
l. 28) reprend ici son sens habituel d'homme jouissant de la liberté
civile et de la liberté politique.

5. I, 4-7.

6. Par opposition à ce qui a été dit l. 26, *supra*.

sur les analyses qui précèdent[1], que le pouvoir
35 suprême est le plus excellent de tous les biens,
puisque sa possession rendrait capable d'accomplir
le plus grand nombre possible d'actions parfaites.
Il en résulterait que l'homme apte au commandement
n'a pas le droit de laisser le pouvoir à son voisin,
mais doit plutôt le lui arracher ; à cet égard, un père
ne tiendra aucun compte de ses enfants, ni les
enfants de leur père, ni généralement un ami de son
ami, et on ne se souciera de personne en face d'un
objet si important, puisque le bien par excellence
40 est ce qu'il y a de plus désirable, et que l'action
bonne est le bien par excellence. — Ce langage
peut assurément présenter quelque vérité, à la
condition d'admettre que le plus désirable des biens
1325 *b* existants[2] sera l'apanage des hommes qui usent de
rapine et de violence. Mais sans doute est-ce là
quelque chose d'irréalisable, et la position adoptée
comme base est fausse. Les actions d'un homme
ne peuvent plus être nobles s'il n'est pas moralement
supérieur à ses subordonnés autant qu'un homme
est supérieur à une femme, un père à ses enfants
5 ou un maître à ses esclaves ; par conséquent, celui
qui transgresse <l'égalité originelle> ne saurait
jamais, après coup, accomplir rien d'assez noble
pour réparer ce qu'il a une fois perdu en s'écartant
de la vertu[3]. Car pour les individus qui sont
semblables, le bon et le juste consistent dans l'exercice
de leurs droits à tour de rôle[4], cette alternance étant
quelque chose d'égal et de semblable ; mais que des
avantages inégaux soient donnés à des égaux et des
avantages dissemblables à des semblables, cela est
contre nature, et rien de ce qui est contre nature

---

1. Et qui tendent à identifier le bonheur à une vie d'activité
vertueuse. — Aʀ. passe à l'examen de la seconde opinion indiquée
l. 21, *supra* (οἱ δὲ τοῦτον ἄριστον).

2. C'est-à-dire l'εὐπραξία.

3. Nous nous inspirons de la traduction de Lᴀᴍʙɪɴ : *itaque qui
aequalitatem ab initio migrat, nullam tantam actionem posterius recte
gesserit quantum jam a virtute deflexit ac deerravit.* Voir, pour tout
ce passage, les explications de Ps.-Tʜᴏᴍᴀs, 1079, p. 349.

4. Cf. III, 16, 1287 *a* 10 et ss. Les ὅμοιοι sont, *à tour de rôle*
(ἐν μέρει, l. 8), gouvernants et gouvernés.

n'est bon. De là vient aussi que s'il existe quelque 10
autre homme supérieur en vertu et en capacité
d'accomplir les meilleures actions[1], c'est cet autre
qu'il est noble de suivre et c'est à lui qu'il est juste
d'obéir, mais encore faut-il qu'il possède non
seulement la vertu mais encore la capacité qui le
rendra apte à l'action[2].

Mais si ces assertions sont exactes et si le bonheur
doit être conçu comme une activité bonne, la vie
active sera la meilleure de toutes, aussi bien pour
toute communauté politique en général que pour 15
l'individu. Seulement, la vie active n'implique pas
nécessairement des relations avec autrui, comme on
le croit parfois[3] ; on ne doit non plus regarder comme
ayant seules un caractère pratique ces pensées que
nous formons à l'aide de l'expérience, en vue de
diriger les événements : mais bien plutôt revêtent ce
caractère les pensées et les spéculations qui ont leur
fin en elles-mêmes et qui ont elles-mêmes pour objet, 20
car l'activité bonne est une fin et par conséquent
il existe une certaine forme d'action qui est aussi
une fin[4]. Et, même dans le cas d'activités tournées

---

1. Cf. III, 13, 1284 *b* 32 ; 17, 1288 *a* 28.

2. Sur cette aptitude à l'action, qualité requise des magistrats
supérieurs, cf. V, 9, 1309 *a* 33 et ss.

3. Cette proposition sera prouvée *infra*, l. 23. — Aʀ. revient ici
sur l'existence d'une activité *ad intra*, mentionnée déjà 2, 1325 *a* 1
et ss. C'est cette activité, nous le verrons, qui est la fin des individus
et des États, comme elle est celle de Dieu et de l'Univers (l. 28,
infra). Les États, notamment, qui pratiquent une politique d'isolement, ne sont pas forcément inactifs.

4. Le raisonnement des l. 19-23 (ἀλλὰ πολύ ... ἀρχιτέκτονας)
est celui-ci. Aʀ. admet qu'à côté de l'activité *ad extra*, reconnue de
tous, il existe une activité *ad intra* de la spéculation pure (θεωρίας,
l. 20) et des pensées (διανοήσεις), qui, tout en n'ayant pas d'autre
fin qu'elles-mêmes, sont cependant actives. Cela se comprend aisément si l'on réfléchit que l'εὐπραξία, qui est une *activité d'un certain
genre* (πραξίς τις, l. 21), a cependant sa fin en elle-même (Cf. *Phys.*,
II, 6, 197 *b* 5 : ἡ δ' εὐδαιμονία πραξίς τις · εὐπραξία γάρ). On
peut également, ajoute Aʀ., *qualifier action* (πράττειν λέγομεν,
l. 21), aussi bien que pensée, *au sens le plus plein* du terme *action*
(κυρίως), la pensée *de celui qui dirige le travail d'autrui* (ἀρχιτέκτων),
dans le cas d'activité externe, pensée qui est plus une fin en elle-même
que celle des exécutants subordonnés à l'ἀρχιτέκτων (*Eth. Nicom.*,
I, 1, 1094 *a* 14). — Cf. *supra*, 1325 *a* 21, et 1, 1323 *b* 32.

vers le dehors, nous appliquons le terme *agir*, dans le sens le plus vrai et le plus plein du mot, aux hommes qui par leurs pensées dirigent le travail de leurs subordonnés. — En outre[1], les cités repliées sur elles-mêmes et ayant fait choix d'une vie de ce genre ne sont pas non plus nécessairement inactives :
25 l'activité de l'État peut aussi avoir lieu entre ses divers secteurs, car il existe une foule de relations de ces secteurs les uns avec les autres. Ce peut d'ailleurs être pareillement le cas pour tout homme individuel quel qu'il soit : sinon, Dieu et le Monde entier, pour qui n'existe aucune activité externe qui soit en dehors de leur activité propre[2], seraient dans une condition passablement inférieure.
30 On voit ainsi clairement que la vie la plus parfaite doit nécessairement être la même, aussi bien pour chaque homme en particulier que pour les États et les hommes pris collectivement[3].

4

<Description de l'État idéal. Ses bases.
Le chiffre de la population.>

Après les observations préliminaires que nous venons de faire sur ces divers sujets, et nos études antérieures sur les autres formes de constitution[4],
35 le point de départ de ce qui nous reste à traiter c'est d'examiner d'abord quelle doit être la nature des conditions fondamentales relatives à l'État appelé

1. Activité *ad intra* des États pratiquant une politique d'isolement, et qui n'en connaissent pas moins le bonheur (*supra*, 2, 1324 *b* 41 et ss.).
2. Cf. 1, 1323 *b* 23 et ss. Sur l'activité immanente de Dieu (νόησις νοήσεως), cf. *Metaph.*, Λ, 6, 7 et 9 ; sur celle de l'Univers, qui, en raison de son unité et de son isolement, ne peut avoir d'ἐξωτερικαὶ πράξεις, cf. *de Coelo*, I, 8 et 9.
3. Les préliminaires sont terminés. Les ch. 4-12 décriront l'État idéal.
4. Sans doute le livre II (Pour H. RACKHAM, ce serait les l. IV à VI).

à une organisation selon nos vœux : car la constitution
idéale ne peut se réaliser sans tout un cortège de
moyens appropriés[1]. Aussi devons-nous préalablement
poser à la base un grand nombre de conditions
conformes en quelque sorte à ce que nous souhaitons,
sans toutefois qu'aucune d'elles soit irréalisable[2].
J'entends par exemple ce qui a rapport à la fois 40
au nombre des citoyens et au territoire. De même,
en effet[3], que les autres artisans, comme un tisserand
ou un constructeur de navires, ont besoin d'une
matière qui se prête à leur travail (car le produit **1326 a**
de leur art est nécessairement d'autant plus parfait
que cette matière aura été préparée avec plus de
soin), ainsi en est-il de l'homme d'État et du
législateur : ils doivent disposer d'une matière qui
soit convenablement appropriée à leur œuvre. Et
parmi les matériaux nécessaires à un homme d'État,
vient au premier rang le nombre des citoyens[4] : 5
quel sera précisément ce nombre, et quels caractères
déterminés doivent-ils naturellement présenter[5] ?
On se posera la même question pour le territoire :
quelles seront à la fois son étendue et sa nature
particulières ? La plupart des hommes assurément
s'imaginent[6] que l'État heureux ne peut être qu'un
grand État ; mais en admettant qu'ils soient dans
le vrai, ils ignorent totalement ce en quoi consiste 10
un grand ou un petit État. Ils jugent en effet de
la grandeur d'un État par le chiffre de ses habitants[7],
alors qu'on doit avoir égard à la puissance plutôt

---

1. Cf. IV, 1, 1288 *b* 39.

2. Une constitution imaginaire exige des ὑποθέσεις elles-mêmes
imaginaires, mais non pas rigoureusement impossibles : même
remarque II, 6, 1265 *a* 17. Cf. Ps.-Thomas, 1087, p. 352 : *oportet
multa supponi si debeat institui optima respublica quasi optantibus
illa, quamvis non obtinentibus haberi.*

3. *Lois*, IV, 709 *c* et ss.

4. L. 6, τῶν ἀνθρώπων = τῶν πολιτῶν. Il s'agit des citoyens proprement dits, et non des esclaves, des métèques ou des étrangers (Cf.
infra, l. 18).

5. Comme le remarque Newman, III, 341, τινάς, l. 6, détermine
également πόσους et ποίους, et τινά, l. 8, πόσην et ποίαν.

6. Cf. *Lois*, V, 737 *d* et 742 *d*.

7. Et non de ses citoyens.

qu'au nombre : car un État a aussi[1] une œuvre à
réaliser, de sorte que c'est l'État le plus capable
de l'accomplir qui doit être regardé comme le plus
grand, au sens où l'on peut dire qu'HIPPOCRATE[2]
15 est plus *grand*, non pas comme homme mais comme
médecin, que quelque autre qui lui est supérieur
par la taille. Cependant, en admettant même qu'on
ait raison de juger de la grandeur d'un État en ayant
égard au chiffre de sa population, on doit se garder
de le faire en prenant n'importe quelle population
(car inévitablement les cités contiennent presque
toujours des esclaves, des métèques et des étrangers
20 en grand nombre), mais on devra s'attacher uniquement à ceux qui sont une partie de la cité, et qui
entrent dans la composition d'une cité à titre
d'éléments propres. C'est la supériorité numérique
de ces éléments, en effet, qui est signe de la grandeur
d'un État, tandis qu'un État dont sortent des
artisans en grand nombre contre un petit nombre
de guerriers ne peut pas être un grand État, car il
n'y a pas identité entre grand État et État
25 populeux. — Mais, certainement, ce qui résulte
clairement aussi de l'examen des faits, c'est qu'il est
difficile et peut-être impossible pour un État dont
la population est trop nombreuse, d'être régi par de
bonnes lois. En tout cas, parmi les États ayant la
réputation d'être sagement gouvernés, nous n'en
voyons aucun se relâcher de sa vigilance en ce qui
touche le chiffre de la population. Ce point est encore
rendu évident sur la foi d'arguments théoriques.
30 La loi est, en effet, un certain ordre[3], et la bonne
législation est nécessairement un bon ordre ; or une
population qui atteint un chiffre trop élevé ne peut
pas se prêter à un ordre ; y introduire de l'ordre serait
dès lors un travail relevant d'une puissance divine,
celle-là même qui assure la cohésion des diverses

---

1. Comme un individu.

2. Il est intéressant de noter que ce passage est le seul où AR.
fasse mention du grand nom d'Hippocrate (Cf. *Ind. arist.*, 344 *a* 32),
et encore est-ce tout à fait incidemment. Pareil silence est difficilement
explicable.

3. Cf. III, 16, 1287 *a* 18 (et note), où la même proposition est
inversée : « L'ordre est une loi ».

parties de notre Univers. Et puisque le beau se
réalise habituellement dans le nombre et la grandeur[1],
il en résulte qu'un État aussi, qui combine la
grandeur avec la juste limite dont nous avons parlé,
sera nécessairement d'une beauté parfaite. Mais[2] 35
il existe en fait une certaine mesure de grandeur
pour un État, comme il y en a une aussi pour tout
le reste, animaux, plantes, instruments : aucun de
ces êtres, s'il est trop petit ou d'une grandeur
excessive, ne conservera sa capacité à remplir sa
fonction, mais tantôt il aura entièrement perdu sa
nature, et tantôt verra sa condition viciée. Par
exemple, un navire long d'un empan[3] ne sera pas 40
du tout un navire, et pas davantage s'il a deux stades,
et même s'il atteint une dimension déterminée[4] : **1326 b**
dans un cas son exiguïté et dans l'autre son excessive
grandeur, rendront sa navigation défectueuse. Pareillement aussi pour un État : si sa population est trop
faible, il ne pourra se suffire à lui-même[5] (or l'État

1. Cf. *Metaph.*, M, 3, 1078 *a* 36 ; *Eth. Nicom.*, IV, 7, 1123 *b* 6 ;
Poet., 7, 1450 *b* 34. Un bel animal ne peut être ni trop petit ni trop
grand. La beauté réside dans la grandeur (un nain ne peut être beau)
corrigée par le nombre, c'est-à-dire par le bon ordre exprimé dans
des rapports numériques (ὁ λεχθεὶς ὅρος, l. 34). — Sur les ὄργανα,
l. 37, cf. I, 8, 1256 *b* 35.

2. Indépendamment de ces considérations générales sur l'ordre
et la beauté.

3. Cf. V, 9, 1309 *b* 23. — Sur la *spithame* ou *empan*, voir V, 3,
1302 *b* 40, note. D'autre part deux *stades* équivalent à plus de 350
mètres.

4. Et réelle, intermédiaire entre les dimensions imaginaires des
l. précédentes. On aura alors affaire à un navire, mais qui naviguera
mal. Cf. Ps.-Thomas, 1095, p. 354 : *si autem habeat aliquam magnitudinem parum deficientem aut parum excedentem magnitudinem sibi
naturalem, male se habebit ad operationem ejus quae est navigatio.*

5. Sur l'αὐταρκεία, cf. I, 2, 1259 *b* 29, note. Voir aussi *Eth. Nicom.*,
IX, 10, 1170 *b* 30. — Ce passage constitue une critique de la *cité
première* (ou *cité élémentaire*, *minima civitas*) telle qu'elle est décrite
Republ., II, 369 *b*-371 *e*. Cette cité, réduite par Platon à quatre
éléments (un tisserand, un cordonnier, un laboureur et un maçon),
et qui est le germe de la cité idéale, est aux yeux d'Ar., trop petite
pour former un État viable et permettre une division du travail
suffisante. L'expression même de πρώτη πόλις sera employée *infra*,
l. 7. Déjà au IVᵉ livre de la *Polit.* (4, 1291 *a* 10 et ss.), auquel
nous renvoyons, Ar. avait opposé ses objections à la conception
platonicienne.

est un être se suffisant par soi-même), et si elle est
trop nombreuse, il se suffira assurément à lui-même
dans les besoins essentiels de la vie, mais ce sera à la
manière d'une nation et non d'une cité, car il n'est
5 pas aisé de lui donner des institutions politiques[1] :
qui, en effet, peut être stratège d'une multitude
aussi vaste ? Ou qui sera son héraut, s'il n'a la voix
de Stentor ?

Il s'ensuit qu'une *cité première* est nécessairement
celle qui est composée d'une population assez
nombreuse pour atteindre le chiffre minimum
suffisant pour mener la vie heureuse au sein de la
communauté politique[2] ; et il peut se faire aussi qu'un
État qui surpasse cette cité première par le chiffre
10 de sa population fasse un État plus grand aussi ;
seulement, comme nous l'avons dit[3], cette possibilité
d'accroissement n'est pas indéfinie. Mais quelle est
la limite à ne pas dépasser ? Il est facile de s'en rendre
compte par l'examen des faits[4]. En effet, les diverses
activités de l'État se partagent entre les gouvernants
et les gouvernés, et le gouvernant a pour office de
donner des ordres et de juger les procès. Mais pour
décider sur les questions de droit comme pour
15 distribuer les fonctions publiques d'après le mérite[5],
il est indispensable que les citoyens se connaissent

1. Ar. a déjà cité (III, 3, 1276 *a* 27) le cas de Babylone, agglomération beaucoup trop étendue pour former un État policé. Sur l'ἔθνος,
renvoyons encore à I, 2, 1252 *b* 20.

2. L. 9, le sens de κατὰ τὴν πολιτικὴν κοινωνίαν est incertain.
Nous acceptons l'interprétation de Lambin : *ad bene vivendum in
communitate civili.* Le rapprochement avec 2, 1324 *a* 15, ci-dessus,
proposé par Newman, III, 347, paraît forcé.

3. 1326 *a* 34.

4. A la différence de Platon, Ar. se refuse à donner des précisions
rigoureuses, et le chiffre de la population de sa cité idéale oscille entre
un minimum et un maximum. Assurément le minimum peut et
doit être dépassé pour que l'État soit qualifié de grand. Mais pour
que les citoyens puissent attribuer les magistratures au mérite et
juger convenablement les procès, il faut qu'ils se connaissent personnellement. C'est là une limite à l'extension indéfinie de l'État, entièrement conforme à l'esprit municipal qui caractérise la Grèce classique, et nécessaire à l'exercice du gouvernement direct par le peuple.

5. La nomination aux fonctions publiques est, spécialement dans
un État libre, le rôle des gouvernés.

entre eux et sachent ce qu'ils sont, attendu que là
où cette connaissance n'existe pas en fait, la
nomination aux magistratures et l'administration de
la justice vont nécessairement tout de travers :
car dans ces deux domaines on n'a pas le droit d'agir
à la légère, et pourtant c'est manifestement ce qui
se passe dans une société trop nombreuse. Autre 20
inconvénient : étrangers et métèques usurpent sans
peine les droits de citoyen, car il leur est facile
d'échapper à l'attention à cause de l'étendue de la
population[1]. — On voit ainsi que la limite idéale
à observer pour un État, c'est la plus grande extension
possible de la population compatible avec une
vie se suffisant à elle-même, et qui puisse être
embrassée facilement d'un seul coup d'œil.

Voilà tout ce que nous avions à dire sur la grandeur
de l'État.   25

5

<L'État idéal. Le territoire.>

Le problème du territoire appelle des remarques
à peu près semblables[2]. En ce qui concerne la nature
particulière du territoire que l'État doit posséder,
il est clair que tout le monde ne saurait que
recommander le territoire qui se suffit le mieux à
lui-même[3] (et tel est nécessairement le sol fertile
en toutes sortes de productions, car avoir de tout
et ne manquer de rien c'est se suffire par soi-même).
Son étendue et sa grandeur doivent être telles que 30
les habitants puissent mener une vie de loisirs à la

---

1. Abus fréquent à Athènes, où un étranger ou un métèque
obtenait souvent par fraude et à prix d'argent son inscription sur les
registres du dème.

2. Le parallélisme se poursuit, en effet, tout le long du chapitre,
notamment sur la notion de εὐσύνοπτος, valable aussi bien pour le
territoire que pour le chiffre de la population.

3. Cf. *Lois*, IV, 704 *c*.

fois libérale et tempérante[1]. Avons-nous raison ou avons-nous tort de poser cette limitation, c'est un point que nous devrons examiner dans la suite avec plus de précision[2], quand nous en viendrons à mentionner le problème général de la propriété et
35 de l'abondance des biens, comment et de quelle manière on doit en user. Cette recherche soulève, en effet, de multiples contestations, du fait que les hommes sont attirés vers deux excès opposés dans leur façon de vivre, les uns ayant tendance à la parcimonie et les autres à la profusion.

La configuration du territoire[3] n'est pas difficile à indiquer (bien que sur certains points il faille suivre
40 aussi l'avis des gens compétents dans l'art militaire) : le territoire doit être pour les ennemis difficile à envahir, et pour les habitants au contraire facile à
1327 a à quitter[4]. En outre, comme pour l'étendue de la population qui, disions-nous[5], doit pouvoir être embrassée d'un coup d'œil, ainsi en est-il pour le territoire, un territoire aisé à embrasser d'un coup d'œil étant un territoire facile à défendre.

Quant à l'emplacement de la ville principale[6], si l'on veut lui donner une position répondant à nos vœux, il convient de l'établir dans une situation

---

1. Voir II, 6, 1265 a 32.

2. Le reste du traité ne renferme aucune discussion de ce problème. — La question du bon usage de ce qu'on possède et des richesses (l. 34, τῆς περὶ τὴν οὐσίαν εὐπορίας est une expression emphatique qui signifie simplement *richesses*) dépend de la conception de l'existence que chacun s'est formée d'après ses penchants et ses goûts : voir les développements de Ps.-Thomas, 1103, p. 357.

3. Son caractère géographique, et non plus les qualités de son sol dont on vient de parler. — L. 39, εἶδος a ici le sens non technique de *externa figura ac species* (*Ind. arist.*, 217 b 58).

4. *Ipsis autem ad educendum exercitum facilem et expeditum* (Lambin). Cf. *infra*, 11, 1330 b 2.

5. 4, 1326 b 24.

6. L. 3, τῆς πόλεως désigne, non plus l'État ou la cité en général, mais la *ville proprement dite* (*urbs*).

Dans le ch. suivant, nous verrons sous quelles limitations Ar. se montre favorable à l'établissement de sa cité idéale à proximité de la mer. Il est sur ce point, comme sur beaucoup d'autres, infiniment plus réaliste que Platon, qui voulait fonder son État loin de la côte, au centre même des terres.

favorable aussi bien par rapport à la mer que par rapport à la terre. Une première norme est celle que [5] nous avons déjà indiquée[1] (il est indispensable, en effet, qu'en vue de leur porter secours, la ville soit en communication avec toutes les parties du territoire sans exception) ; l'autre règle, c'est que la cité offre des facilités de transport en vue d'y faire entrer les produits du sol, ainsi que les bois de construction, et, le cas échéant, les matériaux pour quelque autre sorte d'industrie[2] que la contrée se [10] trouve posséder.

6

<L'État idéal. L'accès à la mer.>

En ce qui regarde la communication avec la mer, la question de savoir si elle est profitable aux États bien gouvernés ou si elle est nuisible, soulève, en fait, de multiples controverses. On soutient, en effet, que l'introduction d'étrangers nourris sous d'autres lois est préjudiciable au bon ordre ; même crainte pour l'excès de population qui en résulte : car cet [15] afflux, qui se traduit à la faveur de la navigation maritime par les allées et venues d'une foule de trafiquants, est incompatible avec la bonne administration[3].

---

1. 1326 *b* 40.
2. Pierre, marbre, métaux.
3. Les adversaires de l'accès à la mer (φασι, l. 14), PLATON particulièrement (Cf. *Lois*, IV, 704 *a* et ss., et la notice de A. Dɪᴇ̀s, p. xxxɪɪ-xxxɪᴠ), soulèvent deux objections : 1° Risques de corruption et de dégénérescence, qui sont le lot des grands ports de mer, et qui altèrent, par l'exercice du commerce international, le caractère patriarcal et agricole de la cité idéale, telle que la conçoit PLATON (l. 13-15 : τό τε γάρ ... εὐνομίαν) ; 2° Accroissement du nombre des citoyens (τὴν πολυανθρωπίαν, l. 15), par l'adjonction d'un corps nombreux de marchands, lequel, par hypothèse, fera partie de la cité : or, nous savons déjà (4, 1326 *a* 25 et ss.) qu'un État trop peuplé ne peut être régi par de bonnes lois.

Aʀ. (l. 18 et ss. : ὅτι μὲν οὖν) n'est pas convaincu par ces raisons. Son réalisme sent la nécessité d'un emplacement voisin de la mer, tant pour des motifs d'ordre politique et stratégique (l. 21-25) que

Mais si ces fâcheuses conséquences peuvent être
évitées, il n'est pas douteux que, pour assurer la
sécurité du pays et l'abondance des produits de
première nécessité, il ne soit préférable de ménager
20 à la ville et à la contrée un accès à la mer. Et, en
effet, pour soutenir plus aisément l'offensive ennemie,
le peuple, dans l'attente de son salut, doit pouvoir
être facilement secouru sur les deux fronts à la fois,
front de terre et front de mer ; et pour infliger des
pertes aux assaillants[1], même si cela n'est pas possible
sur les deux fronts en même temps, du moins une
attaque menée sur l'un des deux seulement, sera
25 plutôt à la portée du peuple ayant accès aux deux
à la fois. En outre, c'est une nécessité pour un pays
d'importer les produits qui ne se trouvent pas sur son
sol et d'exporter le surplus de sa propre production.
Car, dans ses opérations commerciales, l'État ne doit
voir que son intérêt et jamais celui des autres
peuples ; et tandis que les particuliers qui se proposent
d'ouvrir un marché à tout le monde agissent ainsi
par appât du gain, un État, au contraire, qui n'a
30 pas à se prêter à des gains exagérés de cette espèce,
n'a pas besoin de posséder un port de commerce de
pareille importance[2]. Mais, même de nos jours,

pour la satisfaction des besoins économiques (l. 19 et l. 25-27). Il est
persuadé que les inconvénients résultant du voisinage de la mer
peuvent être réduits au minimum. D'une part, la cité devant être
un marché pour elle-même et non pour les autres, le commerce maritime sera limité aux importations et exportations indispensables,
et n'aura pas besoin d'un grand *emporium* pour s'exercer (l. 27-31).
En second lieu, rien n'empêche d'établir le port en dehors de la
ville, à une distance raisonnable (l. 32-35). On aura soin, en outre,
pour éviter l'influence démoralisante des étrangers, de réglementer
sévèrement les relations entre citoyens et trafiquants (l. 38-40).
Enfin, la trop grande abondance des citoyens n'est pas à redouter,
si on s'abstient d'accorder les droits de citoyenneté aux marchands,
le commerce maritime étant ainsi réservé aux couches inférieures
de la population, aux métèques et aux étrangers (l. 1327 *b* 7-13).

1. L'offensive, après la défensive des l. précédentes.

2. Dans ses *relations d'affaires* avec l'étranger (αὐτῇ ἐμπορικήν,
l. 27), la cité ne poursuit pas un but lucratif, et n'achète pas en vue
de revendre à ses citoyens avec bénéfice. Dans ces conditions, elle
n'a pas besoin d'un grand port maritime *(emporium)* ouvert à tous
(πᾶσιν, l. 29), mais d'un simple comptoir réservé à son approvisionnement.

nous voyons nombre de territoires et de cités pourvus
de lieux de mouillage et de ports convenablement
situés par rapport à la ville, de façon que, tout en
n'ayant pas leur siège dans la ville même[1], ces
installations n'en sont cependant pas trop éloignées
mais sont maintenues dans une étroite dépendance
par des remparts et autres travaux de défense 35
analogues : dans ces conditions, il est manifeste que
si la communication d'une ville avec un port est
susceptible d'entraîner un avantage quelconque,
cet avantage sera assuré à la cité ainsi aménagée ;
et si quelque dommage peut résulter de cet état de
choses, il est toujours facile de s'en préserver au
moyen d'une législation appropriée, qui prononcera
et déterminera quelles personnes seront ou non
autorisées à entretenir des relations entre elles[2].

Au sujet de la puissance maritime, il n'est pas 40
douteux que la possession n'en soit hautement
désirable jusqu'à un certain degré (car un État doit
se rendre redoutable non seulement à ses propres
citoyens mais encore à certains de ses voisins[3], et **1327 b**
capable aussi de les secourir aussi bien sur mer que
sur terre). Mais quand on en vient à l'importance
et à l'ampleur de cette force navale, il faut avoir
égard au mode de vie de l'État : si dans sa façon
de vivre il aspire à l'hégémonie ou à un rôle parmi
les autres États[4], il devra nécessairement posséder 5
aussi la puissance maritime proportionnée à ses
entreprises.

D'autre part, en ce qui concerne l'augmentation
du nombre des citoyens dont l'apparition serait liée
à la masse considérable de la population maritime[5],

---

1. Nous inspirant de la *Vetus transl. (ut neque occupatur ipsum municipium)*, nous lisons, l. 34, αὐτὸ νέμειν τὸ ἄστυ, au lieu de τὸ αὐτὸ νέμειν ἄστυ.

2. L. 40, πρὸς ἀλλήλους, c'est-à-dire les relations de toute espèce entre les habitants du port et les citoyens installés dans la cité. — Cf. *Lois*, XII, 952 *d* et ss., où une réglementation de ces rapports est prévue, laquelle, sans tomber dans la xénophobie, doit s'opposer aux innovations.

3. II, 6, 1265 *a* 20.

4. Rôle politique, qui n'entraîne pas forcément une hégémonie.

5. Aʀ. répond aux inconvénients allégués, l. 1327 *a* 15, au sujet de la πολυανθρωπία.

les États ne sont nullement tenus de s'incorporer
cette masse, car il n'y a aucune nécessité à ce que
les marins soient une partie de la cité. L'infanterie
10 de marine, en effet, qui a en mains le contrôle absolu
et le commandement de la marche du navire, est
formée d'hommes libres et fait partie de l'armée de
terre[1], et là où existe une forte population de
périèques et de laboureurs, il y a forcément aussi
plus de marins qu'on n'en désire[2]. Nous constatons
l'existence de cet état de choses[3], même de nos
jours, dans certaines cités, par exemple dans la
cité d'Héraclée, dont les citoyens peuvent équiper
entièrement une flotte nombreuse, tout en ne
15 possédant qu'une cité de grandeur médiocre[4] par
comparaison avec d'autres.

Au sujet du territoire de l'État, de ses ports, de
ses villes, de ses communications avec la mer et de
sa puissance navale, telles sont donc les déterminations que nous avions à apporter.

7

<L'État idéal. Le caractère national.>

Pour ce qui a trait au nombre des citoyens, nous
avons précédemment indiqué[5] quelle limite il convient

---

1. L. 9, τὸ ἐπιβατικόν désigne le corps des *combattants* (ἐπιβάται),
qui opèrent contre l'ennemi à l'abordage, et sont pris parmi les
citoyens servant dans les troupes à pied. Ils ont sous leurs ordres la
foule des *rameurs* ou *matelots* (ναῦται, ναυβάται) recrutés parmi les
habitants des dernières classes, les métèques et les étrangers (Cf.
un passage des *Helléniques*, V, 1, 11, où cette distinction est bien
marquée). — Sur les *périèques*, voir *supra*, II, 9, 1269 *a* 36, note.
   La paraphrase de Lambin est intéressante : *Nam vectores quidem,
qui naves conscendunt ut depugnent, liberi sunt et e numero peditum,
habentque in illos potestatem et in tota navigatione dominantur et
principatum tenent.*

2. Ce qui fait que les marins n'ont pas besoin d'être des citoyens.

3. A savoir le grand nombre de marins qui ne sont pas citoyens.

4. Par le chiffre de ses citoyens.

5. 4, 1326 *a* 9-*b* 24.

de lui appliquer. Disons maintenant quel doit être
le caractère naturel des citoyens. Voici à peu près 20
ce qu'on peut penser à ce sujet, en portant à la fois
ses regards sur les cités réputées de la Grèce et
sur la totalité de la terre habitée telle qu'elle est
distribuée entre les diverses nations.

Les nations situées dans les régions froides, et
particulièrement les nations européennes, sont pleines
de courage, mais manquent plutôt d'intelligence
et d'habileté technique ; c'est pourquoi, tout en 25
vivant en nations relativement libres, elles sont
incapables d'organisation politique et impuissantes
à exercer la suprématie sur leurs voisins. Au contraire,
les nations asiatiques sont intelligentes et d'esprit
inventif, mais elles n'ont aucun courage, et c'est
pourquoi elles vivent dans une sujétion et un esclavage
continuels[1]. Mais la race des Hellènes, occupant une
position géographique intermédiaire, participe de
manière semblable aux qualités des deux groupes 30
de nations précédentes, car elle est et courageuse et
intelligente[2], et c'est la raison pour laquelle elle

---

1. Cf. III, 14, 1285 a 19-22.

2. Hippocrate, dans son traité de Aere, aquis et locis (lequel, à
partir du ch. 12, est une véritable dissertation d'anthropologie et
d'ethnographie), avait déjà posé les bases d'une théorie des milieux,
et montré l'influence du climat, des conditions géographiques et
du milieu social sur le caractère des nations (pour les populations de
l'Asie, 12 [II, 52-56, Littré] ; populations du Nord, 18-20 [II, 68-74] ;
populations du Phase, au delà du Pont-Euxin, 15 [II, 60-62]). Ar.
fait son profit en les élargissant, de ces considérations du traité
hippocratique, auxquelles son auteur n'avait conféré qu'une portée
médicale.

Mais le présent passage est intéressant à un autre titre encore.
Une fois reconnue l'unité ethnologique et géographique des diverses
races qui se partagent le sol de la Grèce, il était naturel d'en déduire
la nécessité de l'unité politique. Les tendances panhelléniques, si
contrariées fussent-elles par l'esprit particulariste, n'en travaillaient
pas moins obscurément la conscience populaire, et les éloquents
appels à l'union des orateurs et des philosophes en étaient l'expression.
Tel était déjà l'enseignement de Gorgias et le thème des discours
de Lysias et surtout d'Isocrate, dont le Panégyrique d'Athènes
est un plaidoyer en faveur du ralliement des cités et de leur réconcilia-
tion pour le salut commun. A son tour, Platon, dans la République
(V, 469 b et ss.), condamne les rivalités entre États au nom de la

mène une existence libre sous d'excellentes institutions politiques, et elle est même capable de
gouverner le monde entier si elle atteint à l'unité
de constitution. Les nations grecques comparées
entre elles accusent aussi la même diversité : les
35 unes présentent une nature à une seule face, les autres
offrent un heureux mélange de ces deux capacités[1].
On voit donc clairement que le peuple appelé à se
laisser docilement guider à la vertu par le législateur
doit être d'une nature à la fois intelligente et résolue.
Car pour ce qui, au dire de certains[2], doit caractériser

communauté de sang et de race, et voudrait tourner l'ensemble des
forces grecques contre les barbares, voués par tempérament à la
servitude. AR. suit ici, dans son éloge de la *grande famille hellénique*
(τὸ τῶν Ἑλλήνων γένος, l. 29), la voie déjà tracée, et il écarte pour
cette fois les préjugés que lui dictent souvent son patriotisme de
clocher et son conservatisme politique. Reconnaître à la race grecque
la capacité de *gouverner le monde entier* (ἄρχειν πάντων, l. 32) et
spécialement les peuples d'Asie, à la condition d'*atteindre à l'unité
de constitution* (μιᾶς τυγχάνον πολιτείας, l. 32), c'est en effet accepter
le principe d'une fédération, qui réaliserait, non pas la fusion de tous
les États en un seul (la formule d'AR. n'a pas cette portée), mais une
entente à objectif limité, destinée à assurer l'hégémonie de la Grèce
sur les nations asiatiques. La convention conclue en 338, au lendemain
de la bataille de Chéronée, entre les différentes cités sous la présidence
de Philippe de Macédoine, contenait des clauses rédigées dans cet
esprit : les cités confédérées conservaient leur autonomie et
n'abandonnaient une portion de leur souveraineté que dans l'intérêt
de la lutte contre les Perses. Il est légitime de voir, dans l'attitude
d'AR., une approbation du programme de l'impérialisme macédonien
qu'Alexandre allait réaliser au delà de toutes les espérances. —
Sur ce développement de la philosophie politique d'AR. on lira les
pages pénétrantes de M. DEFOURNY, *op. cit.*, p. 496-545, qui toutefois
donne aux tendances panhelléniques du Stagirite une accentuation
peut-être exagérée.

1. Les unes n'ont que le θυμός ou la διανοία, d'autres (comme
les Athéniens, dans l'esprit d'AR.) ont les deux à la fois. Voir les
claires explications du Ps.-THOMAS, 1119, p. 362.

2. Les l. qui suivent contiennent une critique de *Republ.*, II, 375 *c*
et ss., et c'est PLATON qui est visé par τινες, l. 39.

Selon PL., l'ordre établi entre les éléments composant la cité a
ses racines dans les dispositions intimes des individus, et la justice
qui résulte chez l'individu de la symphonie des excellences fondamentales (sagesse, courage, tempérance) est aussi celle qui, dans
l'État, caractérise le mutuel et parfait accord des gouvernants et
des gouvernés (sagesse des magistrats, courage des guerriers,

les Gardiens, à savoir se montrer bienveillants envers
ceux qu'ils connaissent et impitoyables envers ceux
qu'ils ne connaissent pas, c'est en réalité le « cœur »   40
qui est à l'origine de l'affectivité, car c'est lui qui est
la faculté de l'âme par laquelle nous aimons. Une   **1328** *a*
preuve en est, c'est que le cœur s'émeut davantage
contre les amis et les intimes que contre les inconnus,
quand il se croit dédaigné par eux. Pour cette raison
ARCHILOQUE, par exemple, se plaignant de ses amis,
adresse à son cœur[1] avec à propos ces paroles :

   Car ce sont assurément tes amis qui te font suffoquer
de rage.   5

tempérance des masses). AR. reconnait la valeur de ce postulat en
le simplifiant, et sa cité idéale n'est, comme la cité platonicienne,
qu'un tableau agrandi de l'harmonie des puissances entre lesquelles
se partage l'âme individuelle. Mais, à la différence de PLATON, qui
établissait entre les diverses parties de l'État une discrimination
ayant pour conséquence de réserver aux magistrats la sagesse, aux
guerriers le courage et aux gouvernés la tempérance, AR. veut que
le juste dosage, si difficile à réaliser, de courage et d'intelligence qui
caractérise sa cité, soit aussi celui qui caractérise chaque citoyen.
Dans le présent passage, il accorde même à l'*énergie du vouloir* (θυμός)
une sorte de prééminence, et, jouant sur la pluralité de sens du terme
θυμός ou θυμοειδές (qui signifie à la fois l'*ardor animi*, l'*énergie
du vouloir*, et aussi le *cœur* pris comme siège des sentiments et des
passions), il en fait le principe des *sentiments altruistes* et désintéressés
(τὸ φιλικόν), qui sont à la base, plus encore que la διανοία, de la
communauté politique. A cet égard PLATON n'est pas, aux yeux d'AR.,
exempt de reproche. Étudiant, en effet, dans la *Republ.*, II, 375 *c*
et ss., les qualités requises pour être *gardien* de l'État (τοῖς φύλαξι,
l. 39), il est amené à soutenir (376 *a*), contrairement à sa propre
doctrine et en sacrifiant l'excellence du « caractère » et du « cœur »,
que si le chien grogne à la vue d'un inconnu et flatte un homme de
sa connaissance, c'est qu'il est *avide d'apprendre*, en d'autres termes
qu'il est *philosophe* (τὸ φιλομαθὲς καὶ φιλόσοφον ταὐτόν). C'est
ainsi la διανοία, et non plus le θυμός, qui serait le caractère essentiel
des gardiens, alors que ce qui rend l'homme φιλικός, c'est le θυμός. —
L. 40, πρὸς τοὺς ἀγνῶτας, désigne proprement les *ennemis*, avec
lesquels on est ou on peut être en guerre.
    1. Au θυμῷ et non à la διανοία. — La citation d'ARCHILOQUE
de Paros (première moitié du VIIe siècle, auteur d'iambes et d'élégies)
figure sous le n° 67 dans les fragments recueillis par TH. BERGK,
Poetae lyrici graeci, 4e éd., 1882. Le texte de ce fragment est d'ailleurs
peu sûr, et ἀπάγχεαι est la leçon de SUSEMIHL. Sur le sens, voir aussi
Rhet., II, 2, 1379 *a* 2.

Le sens de l'autorité et celui de la liberté dérivent
aussi chez tous les hommes de cette faculté[1], car le
cœur est quelque chose d'impératif et d'indomptable.
Seulement, c'est une erreur de décrire les Gardiens
comme implacables envers ceux qu'ils ne connaissent
pas[2], car il ne faut être dur avec personne, et les
hommes d'une nature magnanime ne sont pas non
10 plus cruels, sinon envers les criminels. Et la colère
qu'ils ressentent est encore plus forte contre les
personnes de leur intimité, ainsi que nous l'avons dit
ci-dessus[3], s'ils croient avoir subi une injustice de
leur part. C'est là d'ailleurs un sentiment légitime,
car ils pensent qu'en plus du tort qui leur est causé
ils sont frustrés du service dû par des personnes
sur lesquelles ils croient pouvoir compter[4]. D'où
le mot :

15 *Cruelles sont les luttes entre frères*[5],

ou encore :

*Ceux qui chérissent avec excès sont aussi ceux qui
haïssent avec excès*[6].

Au sujet de ceux qui dans notre cité jouissent des
droits de citoyen, nous avons déterminé approximativement quel doit être leur nombre et quels sont leurs
caractères naturels, et aussi quelles doivent être
l'étendue et la qualité propres de leur territoire
(*approximativement*, disons-nous, car il ne faut pas

---

1. Du θυμός. Ar. s'accorde sur ce point avec *Republ.*, II, 375 *b*.
2. C'est-à-dire les ennemis du pays : reprise de la critique de
la conception platonicienne de *Republ.*, II, 375 *c* et ss. — Sur la
μεγαλοψυχία (l. 9), cf. *Eth. Nicom.*, IV, 7 à 9 (p. 186 à 194 et notes
de notre trad.) : c'est la *dignité* de la personne, sa fierté, le juste
sentiment de son propre mérite.
3. 1328 *a* 1-3.
4. *Quos enim sibi beneficium debere existimant, ab iis se praeter
detrimentum, quod sibi infertur, etiam hoc fraudari arbitrantur*
(Lambin). Cf. *Rhetor.*, II, 8, 1386 *a* 11 : parmi les choses qui excitent
la pitié figure « le mal qui vient d'où l'on était en droit d'attendre
un bien » (trad. M. Dufour). Voir aussi, *Poet.*, 11, 1452 *a* 22-29,
la définition de la *péripétie*, dont l'un des éléments est la surprise.
5. Eurip., fgmt 975 Nauck, 4e éd.
6. D'un poète inconnu (fgmt 78 Nauck).

rechercher la même exactitude dans les discussions 20
théoriques et dans les faits donnés par la sensation)[1].

8

<L'État idéal. Les parties constitutives de l'État.>

Mais puisque, à l'exemple des autres composés
naturels, les conditions sans lesquelles le tout n'existerait pas ne sont pas forcément des parties du composé
total, il est évident qu'on ne doit pas non plus considérer comme des parties d'un État tout ce qui est
nécessaire à l'existence des cités[2], pas plus qu'on ne
le doit pour toute autre sorte d'union d'où résulte

1. Sur l'opposition entre les γνωριμώτερα κατὰ τὴν αἴσθησιν (ou
ἡμῖν) et les γν. κατὰ τὸν λόγον, sur laquelle Ar. revient fréquemment,
voir *supra*, 1, 1323 *b* 17, note, et l'énumération des *loci*, *Ind. arist.*,
20 *b* 30-39. On se reportera aussi à *Eth. Nicom.*, I, 1, 1094 *b* 11-27
(p. 36-38 de notre éd., avec les notes) ainsi qu'à *Eth. Eud.*, I, 6, 1216
b 35 et ss.
2. Cf. III, 5, 1278 *a* 2, où la même distinction apparaît déjà.
La marche générale du raisonnement d'Ar. est celle-ci (Newman,
III, 369-371). On ne doit pas confondre les *conditions nécessaires*
à l'existence d'un composé naturel quelconque (ὧν οὐκ ἄνευ, l. 23)
avec les *parties* de ce composé (μόρια, l. 22, ou μέρη) (voir sur ce
point également *Eth. Eud.*, I, 2, 1214 *b* 26). Ne sont des parties
organiques véritables que les éléments qui ont quelque chose de
commun à se partager (l. 25-27) : c'est ainsi que toutes les parties
véritables de l'animal participent plus ou moins au principe vital.
Dans une πόλις, ce quelque chose de commun sera la vie la meilleure
ou le bonheur (l. 35 et ss.), et comme le bonheur consiste dans la
vertu, ne seront des parties de l'État avec tous les attributs de la
citoyenneté que les classes ou groupes sociaux qui, possédant le
loisir, pourront cultiver en eux la vertu. Il en résulte que seront
exclus de la cité idéale les laboureurs, les ouvriers et les marchands ;
seuls auront la qualité de citoyen ceux qui composent la classe
militaire et la classe où se recrutent l'Assemblée délibérante et
les juges.
Sur la distinction entre τὰ κατὰ φύσιν συνεστῶτα, l. 22, et τὰ ἀπὸ
τέχνης συν. (les composés *artificiels*), cf. *Phys.*, II, 1, 192 *b* 8 et ss.,
et le commentaire de Hamelin, *Arist. Phys. II*, p. 33 et 34. La πόλις,
nous le savons par les analyses du livre Ier de la *Polit.*, est un composé
κατὰ φύσιν.

²⁵ quelque unité générique[1] (car il doit y avoir quelque
chose d'un, de commun et d'identique pour les
associés, qui puisse faire l'objet d'une participation
de leur part, soit égale soit inégale : ce sera, par
exemple, ou des subsistances, ou une certaine étendue
de terre, ou quelque autre chose de cette sorte).
Mais quand, de deux choses en présence, l'une est
un moyen et l'autre une fin[2], il n'y a entre elles rien
qui soit commun, si ce n'est pour l'une d'agir et pour
²⁰ l'autre de recevoir l'action : telle est, par exemple,
la relation existant entre un instrument quelconque
(ou les « fabricateurs » qui s'en servent) et l'œuvre
réalisée, car entre une maison et son constructeur
il n'y a rien qui devienne commun, mais l'art du
constructeur existe en vue de la maison. Pour cette
raison, bien que les États aient besoin du droit de
propriété pour exister, la propriété n'est nullement
une partie de l'État, en dépit du fait qu'une foule
³⁵ d'êtres animés sont compris dans la notion de pro-
priété[3]. Or l'État est une forme de communauté
d'égaux en vue de mener une vie la meilleure possible.
Et puisque ce qu'il y a de meilleur, c'est le bonheur,
que celui-ci est actualisation et usage parfait de la

---

1. Les membres d'une société naturelle comme l'État étant tous
des κοινωνοί, forment une unité spécifique (ou générique, car la
distinction entre γένος et εἶδος n'est pas toujours respectée par
Ar. : cf. *Ind. arist.*, 151 *b* 54-56), à la façon dont cheval, homme et
chien forment une unité en ce qu'ils sont tous des animaux (cf.
Metaph., Δ, 6, 1016 *a* 23 et ss., t. I, p. 263-264 de notre commentaire).

2. C'est ce qui se passe dans la cité, où les classes laborieuses
jouent le rôle de *moyen* (τούτου ἕνεχεν, l. 29) par rapport à la cité
elle-même qui est une *fin* (τὸ δ' οὖ ἕνεχεν), et n'ont avec elle rien
d'autre en commun que la relation qui unit l'*instrument* (ὀργάνῳ,
l. 31) ou *celui qui s'en sert* (τοῖς δημιουργοῖς) à l'*œuvre réalisée* (τὸ
γιγνόμενον ἔργον). L'œuvre réalisée est ici la πόλις, qui, dans le
processus de sa constitution, *subit l'action* (τῷ δὲ λαβεῖν, l. 30)
de la classe agricole et artisanale, laquelle a un rôle *actif* (τῷ μὲν
ποιῆσαι). De même la *propriété* (διὸ κτήσεως, l. 33), agit sur la πόλις
pour la constituer.

Sur τὸ οὖ ἕνεχεν, l. 29, cf. I, 2, 1252 *b* 34, note. — L. 30, le verbe
λαμβάνειν (λαβεῖν) est syn. de πάσχειν.

3. Cf. I, 4, 1253 *b* 32. Les esclaves sont des choses, des instruments
animés, et ne font ainsi pas plus partie de l'État que les propriétés
ordinaires.

vertu[1], et qu'il en résulte cette conséquence que
certains hommes peuvent y avoir part, tandis que
d'autres ne le peuvent que faiblement ou pas du tout,
il est clair que c'est cette cause qui est à l'origine   40
des diverses espèces et variétés d'États et de la
pluralité des constitutions : comme c'est, en effet,
de différentes façons et par des moyens différents
que les divers peuples cherchent à atteindre le bon-   **1328** *b*
heur, ils se créent à eux-mêmes des modes de vie
et des institutions qui varient de l'un à l'autre.

Nous devons en outre examiner combien il y a de
ces choses sans lesquelles un État ne saurait exister,
car parmi elles figureront celles que nous disons être
des parties d'un État parce que leur présence est
indispensable[2]. Il nous faut donc énumérer les services
qu'un État réclame, car c'est en partant de ces
services que nous éluciderons le problème posé[3].   5
D'abord, il doit y avoir des subsistances ; ensuite, des
arts mécaniques (puisqu'on a besoin de beaucoup
d'instruments pour vivre) ; en troisième lieu, des
armes (les membres de la communauté doivent avoir
des armes en leur possession, à la fois pour protéger
le gouvernement contre les citoyens désobéissants,
et pour s'opposer aux entreprises du dehors destinées
à leur nuire) ; en outre, une certaine provision   10
d'argent[4] pour faire face aux besoins intérieurs et
aux nécessités de la guerre ; en cinquième lieu, mais
en premier pour l'importance, le service des dieux,
autrement dit un sacerdoce ; en sixième lieu, enfin,
la fonction la plus nécessaire de toutes, un organe

---

1. *Supra*, 1, 1323 *b* 21 et ss., et la note. — L. 38, la forme féminine
τέλειος est assez fréquente chez Ar. (*Ind. arist.*, 751 *b* 56-60).

2. Texte difficile et incertain. L. 4, nous suivons strictement
Immisch et lisons ἐν τούτοις ἂν εἴη διὰ τὸ ἀναγκαῖον ὑπάρχειν, qui
est la leçon de la *Vetus tranl. (propterea quod necessarium existere)*,
et qui donne un sens acceptable. La lecture proposée par Newman
dans ses *Crit. notes* (III, 108), ἐν τούτοις ἂν εἴη <ἃ> ἀναγκ. ὑπ.,
ne s'impose pas. Nous ne comprenons pas pourquoi Newm. condamne
si sévèrement διὰ τὸ (ou διὸ τὸ, H. Rackh.), dont le sens est
cependant satisfaisant.

3. A savoir, le nombre des fonctions publiques indispensables.

4. Sur χρήματα, cf. I, 9, 1257 *b* 7, note.

qui décidera dans les questions d'intérêts et les
questions de droits entre les citoyens.

15   Tels sont donc les services que requiert tout État
en quelque sorte (car l'État n'est pas une multitude
rassemblée au hasard, mais une collectivité se suffisant à elle-même pour les besoins de la vie, disons-
nous, et s'il arrive que l'un quelconque de ces services
fasse défaut, il est impossible à cette communauté
de se suffire absolument à elle-même). C'est donc une
nécessité pour un État de posséder une organisation
20   répondant à ces divers services ; il doit donc y avoir
une classe agricole qui lui procurera la subsistance,
des artisans, la classe des guerriers, celle des riches,
ainsi que des prêtres, et enfin des juges pour décider
des questions de droits et d'intérêts.

9

<L'État idéal. Les différentes fonctions publiques.>

Ces points déterminés, il reste à examiner si tous
doivent avoir accès à tous ces divers services (car
25   il peut se faire que les mêmes individus soient tous
et à la fois laboureurs, travailleurs manuels, membres
de l'Assemblée délibérante et juges), ou si pour
chacun des services que nous avons mentionnés
nous devons prévoir l'existence d'une classe à part,
ou si enfin parmi ces fonctions les unes doivent
nécessairement être réservées en propre à certains et
les autres être communes à tous. La réponse n'est
pas identique dans toute constitution. Comme nous
l'avons dit, en effet[1], il peut se faire soit que tous
30   aient accès à toutes les fonctions, soit qu'on n'autorise pas tous à avoir accès à toutes mais que certains
seulement puissent accéder à certains postes ; et
ce sont effectivement ces différents modes de répartition qui sont aussi à l'origine de la diversité des
constitutions, car dans les démocraties il y a parti-

---

1. Dans les l. qui précèdent.

cipation de tous à toutes les fonctions, tandis que
dans les oligarchies c'est tout le contraire. Et puisqu'
il se trouve que notre examen porte sur la constitution
idéale, c'est-à-dire celle sous laquelle la cité serait   35
suprêmement heureuse, et qu'il a été établi antérieurement[1] que le bonheur ne peut exister à part de la
vertu, il résulte clairement de ces considérations que,
dans l'État le plus parfaitement gouverné et possédant
des hommes qui sont justes au sens absolu et non
relativement au principe qui sert de base à la constitution[2], les citoyens doivent mener une vie qui ne
soit ni de travailleur manuel, ni de trafiquant (une
telle vie étant sans noblesse et contraire à la vertu),   40
et que ceux qui sont appelés à être citoyens ne seront
dès lors pas davantage des laboureurs (puisqu'on a
besoin de loisir à la fois pour le développement de   **1329** *a*
la vertu et pour l'exercice d'une activité politi-
que)[3].

 Et puisqu'il existe aussi dans l'État la classe
combattante et celle qui délibère sur les matières
d'intérêt public et juge les questions de droit, et que
ces classes sont manifestement par excellence des
parties de l'État, devons-nous considérer ces deux
classes aussi comme distinctes l'une de l'autre, ou   5
bien attribuer aux mêmes personnes les fonctions
de l'une et de l'autre ? Sur ce point également la
réponse est bien claire, en ce que d'une certaine
manière ces fonctions doivent être attribuées aux
mêmes personnes, et d'une autre manière à des
personnes différentes : en tant que chacune de ces
deux fonctions relève d'une maturité différente dans

---

 1. Voir la note sous 8, 1328 *a* 38, et les *références*.
 2. Sur cette distinction entre la justice *simpliciter* et la justice
secundum quid, cf. III, 4, 1276 *b* 30 ; IV, 7, 1293 *b* 3-7 ; V, 9, 1309
a 36-39, avec les notes et les références, notamment à l'*Eth. Nicom.*,
V, 1, 1129 *a* 9 et ss. (p. 213 et notes de notre trad.).
 3. Même exclusion des travailleurs manuels, des commerçants
et des laboureurs, dans *Republ.*, II, 370 *b-d ; III, 394 e ; Lois*, VIII,
846 *a* (artisans et métiers) ; 847 *b-c* (interdiction des importations et
des exportations). — On relèvera dans notre texte la différence des
motifs qui interdisent l'accès des fonctions publiques aux ouvriers et
marchands, d'une part, et aux agriculteurs, d'autre part.

les deux cas[1], et que l'une requiert de la prudence
et l'autre de la force physique, elles doivent être
attribuées à des individus différents ; mais en tant
qu'il est impraticable de vouloir maintenir perpétuel-
10 lement dans la subordination ceux qui ont la possibilité d'employer la force et la résistance, à cet égard
les deux fonctions gagneront à être aux mains des
mêmes, car[2] ceux qui disposent souverainement des
armes sont aussi maîtres absolus de maintenir ou de
renverser les institutions. Il ne reste donc à notre
constitution qu'à remettre entre les mêmes mains les
deux fonctions, non pas cependant dans un même
temps, mais en se conformant à l'ordre de la nature
15 qui a placé la force dans les jeunes gens et la prudence
dans les personnes plus âgées : une répartition de
ce genre entre les deux groupes semble avantageux
et juste, car cette division est fondée sur le mérite
personnel[3].

En outre, il convient que les propriétés soient
concentrées entre les mains de ces deux classes[4],
car il est indispensable que les citoyens possèdent
de vastes ressources, et ceux dont nous parlons sont
des citoyens. La classe des travailleurs manuels,
20 en effet, n'a aucune participation à la vie publique,
pas plus que n'importe quel autre groupe social
étranger à la production de la vertu. Cette exclusion
résulte avec évidence du principe qui est à la base
de notre État[5], car le bonheur s'y trouve nécessai-

---

1. Dans *Rhetor.*, II, 14, 1390 *b* 9-11, le corps est dans sa *maturité*
(ἀκμή) de 30 à 35 ans, et l'esprit vers 49 ans. Pʟ. prolongeait l'ἀκμή
physique jusqu'à 55 ans *(Republ.*, V, 460 *a)* et plaçait l'ἀκμή
intellectuelle à 50 ans (VII, 540 *a*).

2. Sur les l. 11-17, cf. les remarques de Tʜᴜʀᴏᴛ, p. 94. — L. 13,
nous lisons, avec Sᴜsᴇᴍɪʜʟ et B. Jᴏᴡᴇᴛᴛ, ἀμφότερα (au lieu de
ἀμφοτέροις), ce qui améliore considérablement le sens.

3. La défense du territoire est ainsi réservée aux jeunes, la
délibération et le droit de juger aux gens plus âgés. Ce sont les mêmes
individus pris à des époques différentes de la vie. Nous verrons
plus loin qu'une nouvelle carrière leur est ouverte, celle du sacerdoce
(l. 27), quand ils prendront leur retraite.

4. L. 18, l'addition de εἶναι n'est pas strictement nécessaire
(Nᴇᴡᴍᴀɴ, III, 380).

5. *Supra*, 1328 *b* 35.

rement lié avec la vertu, et on doit qualifier d'heureux un État, en ayant égard non pas à quelqu'une de ses parties, mais à la totalité des citoyens[1]. Et il est manifeste encore que les propriétés doivent être 25 possédées par les classes en question, puisque les laboureurs ne peuvent être que des esclaves ou des périèques de race barbare[2].

De toutes les classes énumérées il reste seulement celle des prêtres, et son organisation est également facile à apercevoir. Ni laboureur, ni travailleur manuel ne doit être admis aux fonctions sacerdotales (car les convenances exigent que ce soient les citoyens qui rendent les honneurs aux dieux). Et puisque le 30 corps des citoyens se divise en deux classes, celle des soldats et celle qui délibère, et puisqu'il convient à la fois de rendre aux dieux le culte qui leur est dû et d'assurer une retraite paisible aux citoyens qui, en raison de leur âge, ont renoncé à la vie active, c'est à ces derniers que les fonctions sacerdotales doivent être confiées[3].

Nous avons ainsi indiqué[4] les éléments sans lesquels un État ne peut être constitué, et combien il y a de 35 parties dans un État (laboureurs, travailleurs manuels, et la classe ouvrière en général, sont nécessaires à l'existence des États, mais les parties proprement dites de l'État sont la classe militaire et la classe délibérante, et chacune de ces divisions est séparée des autres soit d'une façon permanente, soit à tour de rôle)[5].

1. Par conséquent, tous les citoyens de l'État idéal doivent être vertueux, et les βάναυσοι ne pouvant être vertueux ne peuvent être citoyens. Cf. II, 5, 1267 *b* 17-24, et *infra*, 13, 1332 *a* 36.

2. Cf. *infra*, 10, 1330 *a* 25-31. — L. 26, nous croyons qu'il faut supprimer ἤ.

3. Voir *Lois*, VI, 759 *d*, où l'âge de 60 ans est exigé.

On remarquera que, tout le long du chapitre, la classe délibérante et la classe chargée de juger les procès n'en forment qu'une.

4. NEWMAN (I, 571-573 ; III, 382-383) considère comme suspectes les l. 34 à 10, 1329 *b* 35. Ce long passage serait une interpolation. Mais les difficultés intrinsèques qu'il peut soulever ne nous paraissent pas suffisantes pour le retrancher de la *Politique*. L'opinion de N. semble au surplus être restée isolée.

5. *Bellici... consiliativi et sacerdotes... sunt distincti a praecedentibus [id. agricolis, artificibus et mercenariis] secundum omne tempus, a se*

10

<L'État idéal. Division en classes.
Régime des terres.>

40   A ce qu'il semble, ce n'est ni de nos jours, ni même
à une époque récente, que la philosophie politique
a reconnu que la cité doit être divisée en clans dis-
1329 *b* tincts[1] et aussi que la classe des guerriers doit être
séparée de celle des laboureurs. En Égypte[2], cet
état de choses existe même encore aujourd'hui,
ainsi qu'en Crète : on en fait remonter l'origine à la

autem invicem secundum partem temporis [= κατὰ μέρος], *ita ut
idem prius ordinetur ad bellum, deinde ad consilium et ultimo ad
sacerdotium* (Ps.-Thomas, 1142, p. 371).

1. Au début de ce chapitre, Ar., soucieux de justifier l'organisation
de sa cité idéale et de lui assurer une base réaliste et expérimentale,
fait appel à la tradition et à l'histoire. On verra, dans cette préoccupation de la recherche positive et concrète, une expression de l'attitude
constante d'Ar. en présence des problèmes politiques et sociaux.
Même dans la construction de son État imaginaire, il ne s'abandonne
pas au courant déductif (comme le sujet paraissait l'y inviter), mais
chaque étape du raisonnement est soutenue et au besoin infléchie
par des considérations tirées des faits. La méthode des théoriciens
politiques de l'école de J. J. Rousseau, qui consiste à poser des
principes abstraits et à en dérouler les conséquences sans réserver
le contact avec la réalité et la vie, est à l'antipode de la position
adoptée par Ar.

Sur γένος (κατὰ γένη, l. 41), cf. III, 9, 1280 *b* 34, note. Rappelons
que γένος désigne une association naturelle de familles qui descendent
d'un auteur commun par la ligne masculine, qui jouissent de droits
dont la transmission est héréditaire, et dont le lien est formé par le
culte des ancêtres. Dans la Grèce primitive, à Athènes notamment,
l'État se composait des seules familles nobles réparties en un certain
nombre de γένη. C'est cette division archaïque que rappelle ici Ar.
(nous avons rendu le mot γένος par *clan*, terme qui, malgré son
origine gaélique, nous semble plus approprié que *caste* ou *classe*).

2. Pour l'Égypte, voir les brèves indications d'Hérod., II, 164-165,
et le *Timée*, 24 *a* et *b*. On sait que les institutions égyptiennes ont
toujours exercé un grand attrait sur les auteurs grecs. En tout cas,
au temps d'Ar. encore, la classe des guerriers et la classe des
agriculteurs étaient en Égypte nettement séparées. — Sésostris
est le même que Ramsès II (vers 1350).

législation de Sésostris pour l'Égypte, et à celle de Minos pour la Crète. L'institution des repas en [5] commun[1] semble aussi très ancienne : ils ont été établis en Crète sous le règne de Minos, et en Italie à une époque beaucoup plus reculée encore. Selon les historiens[2], en effet, un des habitants de cette contrée, un certain Italus, devint roi d'Œnotrie, et donna son nom aux Œnotriens, qui changèrent leur nom en celui d'Italiens, et la désignation d'Italie [10] fut attribuée à toute cette péninsule européenne qui se trouve comprise entre le golfe de Scylletium et le golfe de Lametos, distants l'un de l'autre d'une demi-journée de chemin[3]. Suivant dès lors la tradition, c'est cet Italus qui fit passer les Œnotriens de la vie pastorale à la vie agricole, et qui, entre autres lois [15] qu'il leur donna, institua en premier les repas publics ; ce qui fait que même encore à notre époque, certains de ses descendants ont conservé l'usage des repas en commun et suivent plusieurs autres de ses lois. La région située en direction de la Tyrrhénie[4] était habitée par les Opiques, qui, encore de nos jours comme autrefois, sont surnommés Ausoniens ; et les habitants de la région située du côté de l'Iapygie[5] [20] et du golfe Ionien, et appelée Siritis, étaient les Chones, lesquels se rattachaient aussi par la race aux Œnotriens. Ainsi c'est de cette partie du monde que

---

1. Sur les *syssities*, cf. II, 10.

2. Probablement Antiochus de Syracuse (vers 420), dont il subsiste quelques fragments (édités en 1841 par C. Muller, dans ses *Fragmenta hist. gr.*), et qui constitue la source principale d'Ar. — Italus est le roi mythique des Œnotriens, ou, selon Thucyd., VI, 2, des Sicules. Les Œnotriens passaient pour être venus en Italie cinq cents ans avant la guerre de Troie. Sur le nom d'*Italie*, voir encore *Enéide*, I, 533, et Aulu-Gelle, XI, 1, 1.

3. Ar. désigne ici l'extrémité de la « botte » d'Italie (le Bruttium), comprise entre la pointe (détroit de Messine), d'une part, et, d'autre part, le golfe de Squillace, à l'est, et celui de Ste Euphémie (qu'Ar. nomme Lametos, du nom du fleuve qui s'y jette), à l'ouest. En fait l'Œnotrie s'étendait sensiblement plus haut que ces deux golfes.

4. C'est-à-dire au nord de l'Œnotrie, précédemment décrite. La région dont il est maintenant question comprenait le Latium, le Samnium et la Lucanie.

5. Autre région, située comme la précédente au nord de l'Œnotrie, mais dans la direction tournée à l'est. L'Iapygie est l'Apulie.

l'institution des repas publics tire son origine, tandis
que la séparation du corps des citoyens en clans est
venue d'Égypte, car le règne de Sésostris dépasse
25 de beaucoup en antiquité celui de Minos[1]. On doit,
il est vrai, peut-être penser que ces institutions,
comme beaucoup d'autres, ont été inventées un
grand nombre de fois au cours des âges, ou plutôt
un nombre infini de fois[2] : car c'est vraisemblablement
le besoin lui-même qui enseigne aux hommes les
choses qui leur sont nécessaires, et celles-ci une fois
en leur possession, il est naturel que les autres choses
qui contribuent à l'ornement de la vie et au superflu
trouvent à leur tour à se développer ; et de là nous
30 devons penser que les institutions politiques suivent
aussi la même marche. Or qu'elles remontent toutes
à une haute antiquité, c'est ce dont témoigne l'histoire
de l'Égypte, car ses habitants passent pour les plus
anciens de tous et possèdent de temps immémorial
des lois et une organisation politique[3]. Pour ces
raisons, nous devons nous servir des découvertes
suffisantes déjà faites, et ne tenter de nouvelles
recherches que dans les matières qui ont été jusqu'ici
35 laissées de côté[4].

1. Cette dernière phrase est le résumé et la conclusion de l'exposé
historique qui précède. D'une part, les *syssities* se rencontrent à la
fois en Crète, avec Minos, et en Italie, avec Italus. Mais comme
les institutions italiennes sont antérieures à celles de la Crète, c'est
à l'Italie qu'il faut faire remonter l'origine des repas publics. D'autre
part, la séparation des classes militaire et agricole existe
depuis longtemps en Égypte (Sésostris) et en Crète (Minos). Mais les
lois de Sésostris étant plus anciennes que celles de Minos, la priorité
doit être accordée à l'Égypte, qui est ainsi à l'origine de cette
séparation.

2. Idée qui revient à plusieurs reprises chez AR. Cf. *de Cœlo*, I, 3,
270 *b* 19 ; *Meteor.*, I, 1, 339 *b* 27 ; *Metaph.*, Λ, 8, 1074 *b* 10. — Les
mêmes nécessités conduisent partout aux mêmes usages, et tout,
ou presque tout, a déjà été découvert. Aussi doit-on tenir grand
compte, en politique, de l'expérience du passé.

3. Cf. notamment HÉROD., II, 2 ; PLATON, *Timée*, 22 *b* ; *Lois*,
II, 656-657 ; et aussi *Metaph.*, A, 1, 981 *b* 23 (t. I, p. 9-10, et la note,
de notre commentaire). — L. 33, nous maintenons ἀεί, bien qu'il ne
soit pas strictement indispensable au sens.

4. L. 34, nous acceptons, avec IMMISCH, l'heureuse correction
de LAMBIN, εὑρημένοις *(oportet iis quidem quae tolerabiliter inventa*

Nous avons établi antérieurement[1] que le sol doit appartenir à ceux qui portent les armes et participent à la vie publique, ainsi que la raison pour laquelle les laboureurs doivent former une classe à part de celle des précédents ; nous avons déterminé en outre quelles doivent être l'étendue et la nature du territoire. Nous devons maintenant traiter, en premier lieu[2], de la distribution des terres, ainsi que de la classe agricole, et, pour cette dernière, indiquer sa composition et ses caractères[3], étant donné que nous n'admettons pas que la propriété de la terre soit commune[4], comme l'ont déclaré certains auteurs, mais seulement que l'usage en soit rendu commun à titre amical, et que, d'autre part, nous n'admettons pas non plus qu'aucun citoyen soit privé de moyens

40

1330 a

---

et tradita sunt), au lieu de εἰρημένοις (conservé par NEWMAN, III, 389). D'autre part, l'adverbe ἱκανῶς doit déterminer εὑρημ., et non χρῆσθαι (en sens opposé, SUSEMIHL et B. JOWETT : *the best use).*

1. 9, 1329 a 17.

2. Le second point à traiter est celui de la *position* (θέσις) de la cité, objet du ch. suivant.

3. AR. répondra à cette question *infra*, 1330 a 25.

4. Au livre II, ch. 5, AR. a rejeté le communisme des biens, réclamé par la *Républ.* de PLATON. Ainsi que nous l'avons vu, il est partisan de la propriété privée, mais il ne répugne pas à l'idée d'en rendre l'usage commun (1263 a 25 et ss.), de façon à donner satisfaction aux *sentiments désintéressés* (δι' ἀρετήν) et conformément au proverbe qui veut que « entre amis tout soit en commun ». AR. reprend ici sa doctrine du livre II : la propriété, privée en droit, peut devenir commune en fait, par esprit de *solidarité* et d'*amitié* (φιλικῶς, *liberaliter et amicorum in morem*, dit LAMBIN), et pour éviter qu'aucun citoyen soit privé de sa subsistance. Il s'agit là, remarquons-le, d'une vue morale plutôt que politique et sociale, et on aurait tort d'en déduire qu'AR. est tout prêt à accepter la thèse communiste de PLATON. Seulement, la propriété n'est pas, à ses yeux, un droit absolu, comme elle l'est devenue dans le droit romain et dans notre Code civil : les riches ont des devoirs envers les indigents, et leur générosité évitera de donner aux rapports entre les classes ces caractères de haine et d'envie que nous connaissons et qui sont la plaie des sociétés modernes. La conception d'AR. apparaît profondément humaine ; elle s'apparente à la doctrine des Pères et de la théologie catholique, et elle admettrait sans doute, avec St Thomas, que dans les cas d'extrême nécessité toutes choses sont communes.

de subsistance[1]. En ce qui concerne les repas en
commun[2], tout le monde reconnaît que c'est une
institution que les États bien organisés ont intérêt
à posséder, et la raison pour laquelle nous partageons
nous aussi cette manière de voir sera indiquée plus
5 tard[3]. Mais il est essentiel que *tous* les citoyens participent à ces repas[4], et il n'est pas facile pour les
indigents de prélever sur leurs ressources personnelles
le montant de la cotisation imposée, tout en continuant de s'occuper par ailleurs de faire vivre leur
famille. Mais les dépenses relatives au culte des
dieux sont également une charge commune de l'État
tout entier. Il est par suite nécessaire que la terre
soit divisée en deux parties, dont l'une constitue
10 le domaine public et l'autre le domaine des particuliers ; et chacun de ces domaines sera à son tour
subdivisé en deux. Le domaine public comprendra
la portion affectée aux charges du culte, et l'autre
destinée aux frais des repas en commun. Le domaine
des particuliers, de son côté, comprendra deux
portions, l'une située au voisinage de la frontière,
15 et l'autre aux abords de la ville[5], de manière que
deux lots étant assignés à chaque citoyen, tous
aient des intérêts dans les deux endroits. Pareille
répartition respecte à la fois l'égalité et la justice, et
tend à réaliser une plus étroite concorde dans les
guerres contre les peuples voisins. Là où, en effet,
cette répartition de la terre n'existe pas, les uns se

---

1. Dans l'intérêt de la paix sociale.
2. Qui sont un remède à l'indigence s'ajoutant au précédent.
Les *syssities* présentent aussi l'avantage de resserrer les liens entre
tous les citoyens et de maintenir entre eux un contact nécessaire à
l'exercice du gouvernement direct, tel qu'il est pratiqué dans les
cités grecques.
3. Aʀ. n'a nulle part tenu sa promesse.
4. Et non pas seulement ceux qui, comme à Sparte (II, 9, 1271
a 28), ont les moyens d'acquitter la contribution exigée.
L'enchaînement des idées, dans les l. qui suivent, est celui-ci.
Les repas publics devant être ouverts à tous, même aux indigents,
qui en supportera les dépenses ? C'est l'État, qui a déjà à sa charge
les dépenses du culte, et qui possède un domaine public destiné à
couvrir les unes et les autres.
5. Aʀ. s'inspire ici des *Lois*, V, 745 *c* et *d*.

préoccupent peu des hostilités qui se produisent aux
confins du territoire, tandis que les autres en conçoivent des inquiétudes excessives et perdent le sens
de l'honneur. Aussi chez quelques peuples existe-t-il 20
une loi qui interdit aux citoyens habitant au voisinage
des frontières de prendre part aux délibérations
portant sur des conflits avec des peuples voisins,
dans l'idée que leur intérêt personnel les rendrait
incapables de délibérer avec sang-froid. Voilà donc
la façon dont la terre doit nécessairement être divisée,
pour les raisons que nous avons précédemment
indiquées.

Quant à ceux qui devront cultiver la terre, la 25
meilleure solution, dans l'hypothèse d'un État
répondant à nos vœux, est de faire appel à des esclaves, pris parmi des hommes qui ne seront ni tous de
même nationalité[1], ni d'un caractère résolu (car
ainsi ils fourniront un travail utile et ne présenteront
en même temps aucun danger d'innovations). Une
autre solution, qui vient en second rang, c'est de
prendre des périèques de race barbare[2] et d'un naturel
semblable aux esclaves dont nous venons de parler.
De ces laboureurs, ceux qui sont au service des 30
particuliers feront partie des biens propres des
propriétaires fonciers, et ceux qui travaillent sur le
domaine public seront la propriété de l'État[3]. Quant
à la façon d'employer des esclaves, et pourquoi il est
préférable de poser devant leurs yeux la liberté
comme récompense, nous en parlerons plus loin[4].

1. On retrouve ces mêmes précautions dans les *Lois*, VI, 777 *c* et *d*,
et dans *Econom.*, I, 5, 1344 *b* 18. — L. 26, ὁμόφυλος a le même sens
que ὁμοεθνής, employé dans les *Econom.*

2. Sur le statut des *Périèques*, cf. II, 9, 1269 *a* 35 et ss., et note.

3. *Ex his sane ii quidem qui privatos agros colent, privati et proprii
sint oportet eorum qui bona possident, ii vero qui communes et publicos,
communes et publici* (LAMBIN).

4. AR. n'a pas tenu cette promesse dans la *Polit.* Mais cf. *Econom.*,
I, 5, 1344 *b* 15 (p. 26 de notre trad., et voir aussi p. 9 de l'Introd.).

11

\<L'État idéal. Plan général de la cité.\>

Nous avons indiqué plus haut[1] que la cité doit être pareillement en communication à la fois avec l'inté-
35 rieur des terres, avec la mer et avec la totalité de son territoire, dans la mesure du possible. Quant à son emplacement, on doit lui souhaiter la chance d'être établie dans un lieu escarpé[2], en ayant égard à quatre considérations. Tout d'abord, comme une chose indispensable, voyons ce qui a rapport à la santé (car les cités ayant leur inclinaison vers l'est et vers les vents qui soufflent du Levant sont les
40 plus saines[3] ; viennent en seconde ligne celles qui sont abritées des vents du nord[4], car elles connaissent

1. 5, 1327 *a* 3-6, 1327 *a* 40.
2. Les l. 36 et 37 (αὐτῆς δέ ... κατατυγχάνειν) sont très difficiles, et même à peu près incompréhensibles. Les variantes proposées sont nombreuses. Si on accepte, avec la plupart des éditeurs, la leçon αὐτῆς πρὸς αὐτήν *(ipsius autem ad se ipsam, Vet. transl.)*, on obtient un sens embarrassé. A tout prendre, il est préférable, croyons-nous, d'adopter la correction d'Immisch (approuvée par H. Rackham), αὐτῆς δὲ προσάντη, qui se justifie par ἔγκλισιν de la l. 39, et par 12, 1331 *a* 28, 30, et *b* 12. Au reste l'intérêt que présente la position de la ville dans un lieu élevé est souligné par Platon *(Lois, VI, 778 c)* et pareillement, par Vitruve, I, 4, 1 *(locus saluberrimus excelsus)*.
   L. 37, les *quatre considérations* sont, selon Newman, III, 396, la santé, l'adaptation aux nécessités de la vie publique, l'adaptation aux besoins de la guerre, et enfin (1330 *b* 21) la beauté. H. Rackham propose (p. 586, note *a*) une autre liste : le bon air, l'approvisionnement en eau, la bonne administration et les besoins militaires. Ps.-Thomas, 1157, p. 376 et 377, a encore une autre interprétation.
3. Les vents d'est sont relativement chauds *(Meteor.,* II, 6, 364 *a* 22)*. Le traité hippocratique *de Aere, aquis et locis* étudie longuement l'influence médicale des vents (II, 80, 2-12, Littré), et Ar. s'en inspire en partie.
4. L. 41, κατὰ βορέαν, *dans la direction où souffle le vent du nord*, autrement dit à l'abri de ce vent (cf. Newman, III, 398). On ne doit pas comprendre, avec Lambin, *face au nord (eae quae ad aquilonem spectant)*, car, le Borée (ou Aquilon) étant très froid, Ar. ne pourrait pas ajouter que l'exposition donne une température plus douce.

un hiver plus doux). Et parmi les considérations
restantes, un site escarpé est favorable à la fois à
l'activité politique et aux travaux de la guerre[1]. **1330 b**
En vue des opérations militaires[2], la cité, certes,
doit offrir à ses citoyens une sortie aisée, et en même
temps être pour les adversaires d'un accès et d'un
investissement également difficiles[3] ; et elle doit
disposer avant tout d'eaux et de sources naturelles
en abondance[4] (mais si elles font défaut, on a déjà   5
trouvé le moyen d'en obtenir par la construction
de citernes vastes et profondes qui recueillent les
eaux de pluie, de façon que l'eau ne fasse jamais défaut
en temps de guerre aux citoyens coupés du reste du
pays). Mais puisque nous avons à nous préoccuper
de la santé des habitants, et que celle-ci dépend
principalement d'un emplacement judicieusement
choisi sur un terrain à la fois sain et bien exposé[5],
et en second lieu de l'utilisation d'eaux salubres, le   10
point suivant[6] mérite également notre attention
toute spéciale : c'est que les choses dont nous faisons
la plus grande et la plus fréquente consommation
sont aussi celles qui contribuent le plus à notre
santé, et l'influence des eaux et de l'air a cette nature
dont nous parlons[7]. C'est pourquoi dans les États
sagement conduits, si toutes les sources ne sont pas   15
également pures et s'il y a pénurie de sources de

1. Après ἔχει, l. 2 (conformément à la correction d'Imm., l. 36,
προσάντη, que nous avons acceptée), il faut sous-entendre ἡ προσάντης
θέσις.

2. « Qui doivent surtout attirer notre attention. »

3. Cf. 5, 1326 b 40.

4. L. 4, ναμάτων comprend les sources et les cours d'eau naturels
en général. — L. 5, οἰκεῖον s'oppose à ὀμβρίοις de la l. suivante.

5. L. 9, ἔν τε τοιούτῳ καὶ πρὸς τοιοῦτον = ut et in salubri loco
sita [urbs] sit et salubrem cœli partem spectet.

6. L. 11, τούτου, i. e. ejus quod sequitur (Imm., appar., suivi par
H. Rackham ; contra, B. Jowett et M. Defourny, 454, qui rapportent
ce terme à ce qui précède immédiatement). — Tout le passage est
inspiré d'Hippocr., de Aere, aquis et locis (II, 12, 9-13 ; 16, 7-8 ; 20,
10-26 Littré). Sur ce traité cf. L. Bourgey, Observation et expérience
chez les médecins de la coll. hippocr., Paris, 1953, passim, et notamment
205-207.

7. C'est-à-dire l'air et l'eau font partie des choses qui sont d'une
grande et fréquente consommation.

bonne qualité[1], on doit séparer les eaux servant à
l'alimentation de celles qui sont destinées à d'autres
usages.

A l'égard des lieux fortifiés, la solution à adopter
n'est pas la même dans toutes les formes de constitution : ainsi une citadelle convient à une oligarchie
ou à une monarchie, et un pays de plaine à une démo-
20 cratie ; une aristocratie ne voudra ni de l'une ni de
l'autre, mais préférera un assez grand nombre de
places fortes. D'autre part, la façon de disposer les
maisons des particuliers est, de l'avis général, plus
agréable et répond davantage aux besoins généraux
de la vie, quand les rues sont bien alignées et dans
le goût moderne qui est celui d'HIPPODAMOS[2] ;
mais pour assurer la sécurité en temps de guerre,
25 on doit préférer la méthode contraire de bâtir, usitée
dans l'ancien temps, car cet arrangement rend difficile la sortie de la ville aux troupes étrangères[3]
comme elle rend difficile aux assaillants d'y trouver
leur chemin. C'est pourquoi il est bon de combiner
ces deux façons de construire (ce qui est possible
si on dispose les maisons à la manière dont chez les
vignerons on plante les vignes, suivant l'expression,
en quinconces)[4], et d'éviter de tracer au cordeau la
30 cité tout entière, mais seulement certains secteurs
et certains quartiers : ainsi sécurité et élégance
seront harmonieusement mêlées.

Passons à la question des remparts. Ceux qui
viennent dire que les cités ayant des prétentions à
la valeur militaire n'ont pas besoin de posséder de
remparts, soutiennent une opinion surannée[5], et

---

1. L. 15, πάνθ' = τὰ νάματα, et l. 16, τοιούτων = ὑγιεινῶν.

2. Sur ce personnage, cf. II, 8, 1267 b 22 et ss.

3. Une fois qu'elles y sont entrées et veulent en sortir sous la
pression des habitants (comme les Thébains quand ils furent obligés
d'abandonner Platée en 431 : cf. THUCYD., II, 4). — Il est inutile,
comme le fait H. RACKHAM, de remplacer δυσέξοδος par δυείσοδος.

4. Ou en chicane : c'est le quincunx de VARRON (de Re rust., I,
7, 2).

5. AR. s'attaque ici à l'opinion de PLATON (Lois, VI, 778 c),
laquelle était d'ailleurs courante chez les Grecs. On connaît le mot
prêté à Agésilas disant que les remparts de Sparte consistaient dans
la valeur de ses habitants. Voir, par exemple, ESCH., les Perses, 349,
et bien d'autres auteurs.

cela, tout en constatant que les cités qui s'abandonnent à cette vanité puérile reçoivent des démentis de la part des faits[1]. Assurément, contre un ennemi de valeur égale et légèrement supérieur en nombre, il n'est pas très beau de chercher son propre salut à l'abri de murailles fortifiées. Mais il est possible aussi, et il arrive en fait, que la supériorité des assaillants devienne telle qu'il soit au-dessus des forces humaines et de l'héroïsme d'un petit nombre de résister ; si l'on veut alors que la cité survive et ne subisse ni revers ni outrage, on est bien obligé de penser que les remparts les plus solidement fortifiés constituent la protection militaire la plus sûre, surtout à notre époque où les inventions dans le domaine de la balistique et des engins de siège ont atteint une grande précision[2]. Trouver bon de ne pas élever de remparts autour des villes est aussi insensé que de vouloir ouvrir le pays à l'invasion et raser les régions montagneuses qui l'environnent ; c'est encore comme si on refusait d'entourer de murailles les maisons des particuliers dans la crainte d'inciter les habitants à la lâcheté ! Il y a encore un point qu'on ne doit pas perdre de vue : c'est que ceux dont la cité est entourée de remparts ont toujours la possibilité d'utiliser leur ville d'une double façon, soit comme ville fortifiée, soit comme ville ouverte, possibilité qui est refusée aux cités démunies de remparts. — Si ces conclusions sont fondées, il faudra non seulement élever des remparts autour des villes, mais encore prendre soin de s'assurer qu'ils sont en état à la fois d'embellir la cité et de faire face aux besoins de la guerre, notamment aux nouveaux procédés récemment découverts. De même,

35

40

1331 *a*

5

10

---

1. Allusion probable à Sparte, que le « rempart de poitrines » de ses habitants n'empêcha pas d'être envahie et vaincue à Leuctres et à Mantinée par Epaminondas, en 362.

L. 35, τοὺς ὁμοίους = *consimiles secundum virtutem* (Ps.-Thomas, 1164, p. 378).

2. L'invention des catapultes et des béliers eut lieu sous le règne de Denys l'Ancien, qui, au dire de Diodore (XIV, 42, 1), avait rassemblé les meilleurs techniciens de toutes les parties du monde. Ces inventions révolutionnèrent la poliorcétique. Philippe de Macédoine fit grand usage des machines de siège.

en effet, que les assaillants s'étudient à employer
15 tous les moyens qui leur donneront l'avantage, de
même aussi les défenseurs doivent d'abord faire usage
de tous les procédés qui ont déjà été trouvés, ensuite
en chercher et en imaginer d'autres[1], car on n'esquisse
même pas la moindre tentative d'attaquer ceux qui
sont bien préparés.

12

<L'État idéal. Organisation des syssities ;
édifices religieux et agora. >

Et puisque la multitude des citoyens doit être
20 distribuée en *syssities* distinctes, et les remparts
divisés, à intervalles convenables, par des postes de
garde et des tours, il est clair que cette double
circonstance invite à établir un certain nombre de
repas publics dans ces postes de garde[2]. Telle est
donc la façon dont ces arrangements seront effectués. — Et il est convenable que les édifices affectés
au culte divin soient placés dans un endroit approprié, endroit qui sera également celui où se tiendront
25 les plus importantes syssities groupant les magistrats : on n'exclura de cet emplacement commun que
les temples auxquels la loi, ou encore quelque oracle
émanant de la Pythie, assigne un lieu à part[3].
Répondra à ces conditions tout emplacement suffisamment en évidence, à la faveur de sa situation

1. Le verbe φιλοσοφεῖν, l. 16, est pris *latiore sensu*, et il est syn.
de ζητεῖν et σκοπεῖσθαι (*Ind. arist.*, 820 *b* 25-27).

2. La totalité des citoyens ne pouvant pratiquement être rassemblée dans une syssitie unique, la répartition se fera par catégories
spécialisées auxquelles seront affectés des locaux distincts correspondants : les citoyens sous les armes tiendront leurs banquets dans
les locaux militaires, les hauts magistrats et les prêtres dans le
voisinage des temples, et les magistrats inférieurs près de l'Agora.

3. Certains temples, comme celui d'Esculape, étaient traditionnel-
lement placés en dehors de la ville. — Sur la partie réservée aux
dieux dans la construction d'une nouvelle cité, cf. *Lois*, V, 738 *b-d*.

avantageuse¹, et dans une position plus forte que les
parties avoisinantes de la cité. — D'autre part, il ³⁰
convient que, au-dessous de cet emplacement, soit
établi un premier agora², analogue à ce qu'on désigne
sous ce nom en Thessalie par exemple, je veux dire
l'Agora appelé *Place de la Liberté*: c'est une place
d'où sera exclu tout trafic, et à laquelle n'aura accès
ni travailleur manuel, ni laboureur, ni aucun autre
individu de ce genre, s'il n'y est appelé par les magis- ³⁵
trats. On donnerait de l'agrément à la place, si par
exemple les gymnases des citoyens adultes y avaient
leur installation³, car il est bon que dans cette
institution aussi⁴ on sépare les différents âges, et que
certains magistrats se tiennent sans cesse auprès des
jeunes gens, les adultes restant, de leur côté, avec
les magistrats : la présence et la vue des magistrats⁵ ⁴⁰

1. L. 29, l'incidente πρὸς τὴν τῆς θέσεως ἀρετὴν est obscure et
mal établie. A la suite de la *Vetus translatio*, NEWMAN et B. JOWETT
lisent πρὸς τὴν τῆς ἀρετῆς θέσιν (*ad virtutis positionem*), lecture
d'ailleurs conforme aux manuscrits, et comprennent : *which gives
due elevation to virtue*, attendu que la vertu ne peut rester cachée.
Mais nous croyons préférable de suivre l'interprétation de SUSEMIHL
et H. RACKHAM, d'après LAMBIN : *est interpretandum pro positionis
virtute, i. e. eminentia in illa acclivitate*, ce qui donne un sens plus
naturel, et en conformité avec 11, 1330 a 36 (cf. notre note). — Pour
καὶ πρὸς τὰ γειτνιῶντα μέρη τῆς πόλεως ἐρυμνοτέρως [ἔχει],
l. 29, cf. LAMBIN : *et prae vicinis partibus civitatis tutus ac munitus.*
Ce lieu élevé et fortifié est une *acropole*, comme il en existait dans
les villes grecques.

2. A μέν, l. 30, répond τὴν δέ, 1331 b 1. — L. 32, la lecture de
LAMBIN (reçue par H. RACKHAM), νομίζουσι au lieu de ὀνομάζουσιν,
améliore le sens, mais n'est pas strictement indispensable.

3. Dans des constructions autour de l'Agora. Ces gymnases pour
adultes (et non pour jeunes gens) sont ainsi de plein pied avec l'Agora,
ce qui permettra aux citoyens, sans avoir à se déplacer, de continuer
leurs exercices de gymnastique. — On notera, d'une manière
générale, dans l'État idéal, la séparation rigoureuse des classes
sociales, ainsi que des différents âges. Suivant la remarque de
NEWMAN, I, 339, l'État d'AR. est semblable à son Cosmos, où chaque
élément occupe son lieu naturel.

4. Dans les *gymnasia* comme dans les *syssities.*

5. Mêlés ainsi soit aux jeunes gens, soit aux adultes. Cf. *Rhetor.*,
II, 6, 1384 a 33-36, où se trouve cité le proverbe ἐν ὀφθαλμοῖς εἶναι
αἰδώ. (*dans les yeux réside la honte*). — L. 41, αἰδώς est proprement
la *réserve*, la *prudence*, la *modestie* dans les paroles et les actes

sont le meilleur moyen d'inspirer la véritable modestie
et la crainte convenant à des hommes libres. —
1331 *b* L'agora aux marchandises, d'autre part, sera distinct
et séparé du précédent, dans une situation permettant
d'y rassembler aisément tous les produits en provenance de la mer ou en provenance du territoire. —
Et puisque la classe dirigeante de la cité se divise en
5 prêtres et magistrats[1], il est bon également que les
repas publics des prêtres se tiennent régulièrement
aux alentours des édifices sacrés. Et toutes les
magistratures auxquelles est confiée la surveillance
des contrats, des actions en justice, des citations et
autres actes administratifs de ce genre[2], en y ajoutant
les magistratures qui sont respectivement chargées
de la police des marchés et de la police de la cité
(appelée *astynomie*), doivent avoir leur siège près
10 d'un agora ou de quelque place publique où l'on se
réunit : à cet égard le voisinage de l'agora affecté
aux besoins du commerce est un emplacement tout
désigné, car nous destinons l'agora du haut à la
vie de loisirs, et l'autre aux nécessités pratiques.

L'équipement de la campagne copiera[3] l'ordre que
nous venons de décrire. Là aussi les magistrats,
appelés tantôt *inspecteurs des forêts* et tantôt *inspec-*
15 *teurs des campagnes*[4], doivent avoir leurs postes de
garde et des repas collectifs pour leur service de garde ;
et en outre des temples seront disséminés à travers
la campagne et dédiés, les uns à des dieux, les autres
à des héros.

Mais c'est perdre son temps que de s'arrêter en ce

(*verecundia*): cf. *Eth. Nicom.*, IV, 15, 1128 *b* 10-36 (p. 210-212 de
notre édition, et les notes), et *Eth. Eud.*, III, 7, 1233 *b* 16-29. —
L. 1331 *b* 1, φόβος est la *crainte révérencielle*.

1. Texte mal établi. L. 4, Newman, *Crit. n.*, III, 112, propose
προεστός au lieu de la lecture courante πλῆθος, correction admise
par Imm., et qui donne un meilleur sens. D'autre part, avec Welldon,
nous lisons sans hésiter εἰς ἱερεῖς καὶ (au lieu de εἰς) ἄρχοντας.

2. Cf. VI, 8, 1321 *b* 34.

3. A la place de μεμιμῆσθαι *(imitari)*, l. 13, qui est la lecture de
Lambin, certains mss portent νενεμῆσθαι (en ce sens B. Jowett et
H. Rackham). — Pour une organisation semblable à celle que décrit
Ar., et dont il s'est inspiré, cf. *Lois*, VIII, 848 *c* et ss.

4. Cf. VI, 8, 1321 *b* 29.

moment à des détails et des discussions de ce genre.
La difficulté en ces matières n'est pas tant de les
concevoir que de les mettre en pratique : les propos   20
qu'on tient sont une œuvre de pieux souhait, mais
leur réalisation dépend de la fortune. Aussi de plus
amples considérations de cette nature doivent-elles
être laissées de côté pour l'instant.

13

*< Le système d'éducation dans l'État idéal.
Prolégomènes. >*

Nous avons maintenant à parler de la constitution
elle-même[1], et à nous demander quels éléments, et
de quelle sorte, doivent entrer dans la composition
de l'État appelé à jouir de la félicité ainsi que d'un   25
bon gouvernement. Or il y a deux choses[2] à l'origine
de tout bien chez les hommes : l'une d'elles consiste
à poser correctement le but et la fin de nos actes, et
l'autre est la découverte des actions conduisant à
cette fin[3] (car il peut se faire que ces deux choses
ne s'accordent pas entre elles ou au contraire soient
en harmonie : parfois en effet, le but est proposé   30
avec rectitude, mais l'action exercée pour l'atteindre
accuse des défaillances ; dans d'autres cas, tous les
moyens d'atteindre la fin sont employés avec succès
mais la fin qu'on s'est proposée est mauvaise ; et

---

1. En laissant de côté des détails d'organisation comme ceux qui
ont été traités dans le chapitre précédent (cf. l. 18, *supra*).

2. L. 26, commence, avec ἐπεὶ δέ, une longue protase, à laquelle
une apodose répond seulement l. 39 (ὅτι μὲν οὖν) : nous avons dû
scinder cette phrase interminable et coupée par une parenthèse.
A partir du présent chapitre, et jusqu'à la fin du traité, Ar. va
exposer son système d'éducation. Sur ses idées pédagogiques, on
lira l'important travail de M. Defourny, *Études sur la « Politique »*,
p. 159 à 361.

3. Sur les relations des moyens à la fin dans le domaine de la
moralité, cf. *Eth. Eud.*, II, 11, 1227 b 19. Voir W. Jaeger (*Arist.*,
éd. anglaise, p. 383-385), qui a étudié la correspondance existant
entre le ch. 13 de la *Pol.* et l'*Eth. Eud.*

quelquefois, on se trompe également sur la fin
et les moyens, comme cela arrive en médecine : les
35 médecins portent parfois un jugement erroné sur la
qualité de la santé que le corps réclame, et, en même
temps, les moyens qu'ils emploient n'atteignent pas
le but final qu'ils se proposent ; or dans les arts et
les sciences, on doit avoir bien en mains[1] ces deux
choses à la fois, la fin et les moyens pratiques conduisant à la fin).

Que dans ces conditions[2], tous les hommes aspirent
à la vie heureuse et au bonheur, c'est là une chose
40 manifeste[3] ; mais si plusieurs ont la possibilité d'y
atteindre, d'autres ne l'ont pas en raison de quelque
malchance ou vice de nature[4] (car la vie heureuse
1332 a requiert un certain accompagnement de biens extérieurs, en quantité moindre pour les individus doués
de meilleures dispositions, et en quantité plus grande
pour ceux dont les dispositions sont moins bonnes),
et d'autres enfin, tout en ayant la possibilité d'être
heureux, impriment dès le début une fausse direction
à leur recherche du bonheur. Mais puisque l'objet
que nous nous proposons est de discerner la constitution idéale, que cette constitution idéale est celle
5 sous laquelle un État sera le plus parfaitement
administré, et qu'enfin le gouvernement le plus
parfait sera celui dont la constitution assure à l'État
la plus grande possibilité d'être heureux, il est clair
que nous avons le devoir de ne pas laisser dans
l'ombre la nature du bonheur[5].

---

1. Sur le sens de κρατεῖσθαι *(obtineri)*, l. 38, cf. *Ind. arist.*,
408 *a* 46, et Newman, I, 341, note. Lambin traduit : *utraque tenenda
sunt.*

2. Apodose (voir note de l. 27, *supra*).

3. Cf. *Rhetor.*, I, 5, 1360 *b* 4.

4. Défaut de *chance* (τύχη) : ceux qui, par exemple, n'ont pu recevoir une bonne éducation, ou n'ont pas de χορηγία suffisante (IV, 11,
1295 *a* 27). Vice de *nature* (φύσις) : les esclaves, lesquels sont par
nature incapable d'atteindre le bonheur (III, 9, 1280 *a* 33, et note).

5. Chose essentielle à connaître, en effet, si l'on veut parvenir à
l'édification d'une société parfaite, laquelle ne peut être que la cité
du bonheur. Au livre II (5, 1264 *b* 15), Ar. a reproché à Platon
de n'avoir assuré le bonheur d'aucune des classes de son État communiste, pas même de celle des gardiens.

Selon notre doctrine (et c'est la définition que
nous avons donnée dans l'*Ethique*[1], si les discussions
qui y sont contenues sont de quelque secours), le
bonheur est une parfaite actualisation et usage de la
vertu, et cela non pas conditionnellement, mais
absolument[2]. Par *conditionnellement*, j'entends expri- 10
mer les choses qui sont indispensables[3], et par *absolument*, ce qui est essentiellement bon. Prenons, par
exemple, le cas des actions justes : les vengeances et
les châtiments justes procèdent assurément de la
vertu, mais sont des actes indispensables et n'ont la
qualité d'actes bons que d'une façon nécessaire[4]
(puisqu'il est préférable que ni l'individu ni l'État
n'aient jamais besoin de recourir à de tels moyens de
répression), tandis que les actions faites en vue 15
des honneurs et des richesses sont au sens absolu

---

1. Référence d'ordre trop général (Cf. Newman, I, 575-576),
mais on peut renvoyer, semble-t-il, à *Eth. Nicom.*, I, 6, 1098 *a* 16,
et X, 6, 1176 *b* 4, et surtout à *Eth. Eud.*, II, 1, 1219 *b* 2. Voir aussi
supra, 8, 1328 *a* 37, où l'on retrouve la même définition du bonheur.

2. L'exercice de la vertu est *conditionnel* (ἐξ ὑποθέσεως, l. 10),
quand il est subordonné à certaines circonstances non désirables par
elles-mêmes, et qu'il se rapporte à des choses qui ne sont pas bonnes
absolument (ἁπλῶς). Il a lieu sous la pression de la *nécessité* (τὰ ἀναγκαῖα, l. 11 : cf. *Metaph.*, Δ, 5, 1015 *b* 3), et le bien réalisé n'existerait
pas sans ces circonstances. Par exemple (l. 12), punir justement une
offense privée ou publique est un acte vertueux de la part du particulier ou de l'État, mais il eût mieux valu que l'offense, dont le
châtiment tire un bien, n'eût pas eu lieu (l. 14-15) : ce n'est pas là
un bien positif, mais seulement la *réparation* d'un mal (ἀναίρεσις,
l. 17). Au contraire, le *pur* et parfait usage de la vertu (ἁπλῶς),
auquel est appelé le citoyen de l'État idéal, réalise un bien positif
et lui-même absolu : il s'agit ici d'actions qui *créent et engendrent des
biens* véritables (κατασκευαὶ γὰρ ἀγαθῶν εἰσιν καὶ γεννήσεις,
l. 18), celles, par exemple, qui tendent à obtenir des honneurs ou des
richesses.

3. A la réalisation du bien qu'on réussit à en dégager.

4. Sans lesquels le bien ne se réaliserait pas. Ils ne sont bons que
parce que nous ne pouvons pas accomplir le bien en leur absence,
mais ils ne sont pas désirables en eux-mêmes. On ne saurait donc
parler d'un bien absolument bon, mais seulement d'un bien limité
et dépandant.

Sur la différence entre τιμωρία et κόλασις, l. 12, cf. *Rhetor.*, I,
10, 1369 *b* 12-14 : « Le châtiment a pour fin le patient, et la vengeance
l'agent qui cherche sa satisfaction. » (trad. M. Dufour).

les actions nobles par excellence[1]. En effet, la première des deux catégories d'actions n'est que le rejet
de quelque mal[2], alors que les actions de la dernière
espèce, tout au contraire, sont création et génération
de biens. L'homme vraiment vertueux pourra assurément faire un noble usage, même de la pauvreté, de
20 la maladie et des autres mauvaises fortunes, mais la
béatitude n'en réside pas moins dans leurs opposés[3]
(car c'est aussi une définition en accord avec les
arguments de l'*Ethique*[4], de soutenir que l'homme
de bien a pour caractère d'être celui pour qui, en
raison de sa vertu, les choses absolument bonnes
sont bonnes ; et il est évident que l'usage qu'il fait
de ces biens doit nécessairement être, lui aussi, bon
25 et noble au sens absolu) ; et de là vient que des
hommes s'imaginent que les biens extérieurs sont
cause du bonheur[5] : c'est comme si au jeu brillant

---

1. « Sont beaux les actes dont le prix est l'honneur », dit *Rhetor.*,
I, 9, 1366 *b* 34. — L. 16, il est inutile de changer εὐπορίας (*in copiis
bonorum externorum*, LAMBIN) en προεδρίας (JACKSON) : la richesse
aussi bien que les honneurs sont des biens positifs et ἁπλῶς.

2. La leçon proposée par SCHN., ἀναίρεσις au lieu de αἵρεσις,
l. 17, et qui est acceptée par IMM. et H. RACKHAM, donne un sens très
satisfaisant, quoiqu'en dise NEWMAN, III, 426-427.

3. Cf. *Eth. Nicom.*, I, 11, 1100 *b* 22 - 1101 *a* 10. — AR. réagit dans
ce passage contre la doctrine trop absolue de PLATON, qui soutenait
l'union inséparable et nécessaire de la justice et du bonheur (*Lois*,
II, 660 *d* - 663 *b*), de sorte que le juste était heureux dans les pires
tribulations. Pour AR., le noble usage que peut faire l'homme vertueux
des maux qui sont même des maux en soi (et non seulement des
maux qui deviennent conditionnellement des biens, comme dans le
cas des châtiments précédemment envisagé) n'empêche pas que la
béatitude (τὸ μακάριον, l. 20) ne réside uniquement dans les biens
ἁπλῶς, opposés à ces maux ἁπλῶς. Le σπουδαῖος se définit, en effet,
l'homme pour qui les choses absolument bonnes sont bonnes, et non
pas l'homme pour qui les choses absolument mauvaises sont bonnes. —
Sur la distinction entre τὸ ἁπλῶς ἀγαθόν et τὸ τινὶ ἀγαθόν cf. *Top.*,
III, 1, 116 *b* 8-10.

4. *Eth. Nicom.*, III, 6, 1113 *a* 22 - 1113 *b* 1 ; IX, 9, 1170 *a* 21 ;
Eth. Eud., VII, 3, 1248 *b* 26 (Cf. W. JAEGER, *Arist.*, éd. angl., p. 284,
note 3) ; *Magn. mor.*, II, 9, 1207 *b* 31.

5. Cf. *Eth. Nicom.*, I, 9, 1099 *b* 5 et ss. — Du fait que les biens
extérieurs, tout inférieurs qu'ils soient aux biens *intrinsèques* (ἁπλῶς),
peuvent faire l'objet d'un usage vertueux par l'homme de bien (comme il fait un usage vertueux des maux véritables), on s'imagine que

et impeccable exécuté sur une lyre on assignait pour cause l'instrument plutôt que le talent de l'artiste.

Il est nécessaire, par suite, en partant des considérations précédentes, que le législateur trouve tout prêts certains biens et qu'il se procure les autres[1]. Aussi formons-nous des vœux pour que la cité soit organisée de façon à profiter heureusement de ces biens que la fortune dispense souverainement (car 30 dans ce domaine nous reconnaissons son absolu pouvoir) ; mais que la cité soit vertueuse, ce n'est plus là affaire de fortune, mais bien de science et de volonté réfléchie[2]. Cependant, une cité est vertueuse du fait que les citoyens participant à son gouvernement sont eux-mêmes vertueux ; or, dans notre État, tous les citoyens ont part au gouvernement[3]. Le point à considérer est donc celui-ci : comment un 35 homme devient-il vertueux ? Car, même s'il était possible que le corps entier des citoyens fût vertueux sans qu'aucun d'eux le fût individuellement, c'est cependant la vertu individuelle qu'il faudrait préférer,

---

ces biens extérieurs sont cause du bonheur du σπουδαῖος, alors qu'ils en sont seulement les conditions, tout comme la lyre est un simple instrument entre les mains de l'artiste.

1. Deux sortes de biens pour la cité : ceux que la fortune lui octroie, les biens extérieurs (τὰ μέν, l. 28), que le législateur n'a qu'à utiliser et qui ne demandent de sa part aucun effort ; et les biens qui, comme la vertu (τὰ δέ), exigent du travail et du soin. Aussi le législateur, doit-il *savoir* (ἐπιστήμης, l. 32) comment rendre la cité vertueuse, et *faire effort* (προαιρέσεως, l. 32) pour y parvenir.

2. Cf. III, 13, 1284 *a* 1 (sous réserve toutefois des dispositions naturelles des citoyens, φύσις, *infra*, l. 39 et ss.). — L. 32 et 38, ἀλλὰ μήν ... *ad significandum argumentationis progressum* (*Ind. arist.*, 33 *b* 30).

3. Et par conséquent tous sont vertueux. Mais AR. a professé dans d'autres endroits de sa *Polit.* une doctrine opposée, et contesté la possibilité pour tous les citoyens de l'État idéal d'accéder à la vertu. Cette contradiction pose un problème dont nous avons déjà parlé, sous III, 4, 1276 *b* 27, passage auquel nous renvoyons.

Quoi qu'il en soit, le législateur devra s'appliquer, de tout son savoir et de toute sa volonté (l. 32), à rendre chaque citoyen vertueux, et par là même toute la cité vertueuse, puisque la vertu générale est la « résultante » des vertus particulières (l. 35-38). On s'oriente ainsi vers l'éducation du citoyen sur le plan individuel, objet de ce qui suit.

puisque la vertu du corps social tout entier suit logiquement de la vertu de chaque citoyen.

Or il existe trois facteurs qui font devenir les hommes bons et pleinement vertueux, et ces trois 40 facteurs sont : nature, habitude et raison[1]. Tout d'abord, il faut, de naissance, avoir la nature d'un être humain et non de quelque autre animal ; ensuite[2], on doit avoir certaine disposition de corps et d'âme. Mais il y a plusieurs qualités qu'il n'est nullement utile d'apporter en naissant, car les habitudes acquises **1332 b** les modifient, et il y a en fait certaines qualités qui par nature sont susceptibles de se tourner indifféremment, sous l'influence des habitudes contractées, vers le meilleur ou vers le pire[3]. Or les animaux autres que l'homme sont dans leur vie guidés surtout par la nature[4], bien que quelques-uns, à un faible degré, soient aussi guidés par leurs habitudes. L'homme, au contraire, vit aussi par raison, car seul de 5 tous les animaux il possède la raison ; par conséquent, en lui doivent s'harmoniser l'un avec l'autre les trois facteurs dont nous parlons, car en fait les hommes, pour suivre leur raison, agissent en bien des cas contrairement à leurs habitudes et à leur nature, s'ils sont persuadés qu'il est meilleur de se comporter autrement.

Nous avons déterminé plus haut[5] quels caractères naturels doivent posséder ceux qui sont appelés à s'en remettre docilement aux mains du législateur.

---

1. Même division, *Eth. Nicom.*, X, 10, 1179 b 20, passage dans lequel διδαχῇ a le même sens que λόγῳ. — *Raison* (λόγος), ou, si l'on préfère, *règle de vie raisonnée*. — La nature étant donnée une fois pour toutes, avec ses dispositions innées (l. 41-42), l'éducation s'occupera des deux *facteurs restants* (τὸ λοιπὸν ἔργον, l. 1332 b 10), la formation des habitudes et le développement de la raison (ou l'établissement d'une règle de vie).

2. Au lieu de οὕτω, l. 41, qui donne un sens difficile, LAMBIN et VICTORIUS, s'appuyant sur une glose marginale, préfèrent lire εἶτα, qu'avec H. RACKHAM nous adoptons. — Même l., après ζῴων, nous mettons un point en haut.

3. *Quaedam enim sunt in utramque partem propensa natura, quae consuetudine in deterius aut in melius flectuntur* (LAMBIN).

4. Cf. *Metaph.*, A, 1, 980 a 27-980 b 27 ; *Rhetor.*, II, 12, 1389 a 35.

5. 7, 1327 b 36.

Tout le reste est dès lors affaire d'éducation, car on 10
apprend certaines choses par l'habitude et d'autres
par l'enseignement du maître.

14

<L'éducation dans l'État idéal.
L'éducation du citoyen destiné alternativement
à gouverner et à être gouverné.>

Mais puisque toute communauté politique est
composée de gouvernants et de gouvernés, la question
se pose dès lors de savoir si les gouvernants et les
gouvernés doivent être interchangeables, ou s'ils
doivent rester les mêmes toute leur vie : car il est
clair que leur éducation aussi devra répondre à cette 15
division des rôles[1]. Assurément si certains individus
différaient des autres dans la même mesure que nous
supposons les dieux et les héros différer des hommes[2]
(en possédant une grande supériorité tout d'abord
d'ordre physique, et ensuite d'ordre intellectuel)[3],
de telle sorte que la supériorité des gouvernants
fût incontestable et manifeste pour leurs sujets, il 20
serait évidemment préférable que ce fussent les
mêmes individus qui remplissent de façon permanente, les uns le rôle de gouvernants et les autres
celui de gouvernés, et cela une fois pour toutes. Mais
comme cette inégalité naturelle n'est pas facile
à rencontrer[4], et qu'il n'en est pas chez nous comme

---

1. L'éducation d'un gouvernant devant être différente de celle
d'un gouverné. (Cf. III, 4, 1277 a 16).

2. Cf. le *Polit.*, 301 *d-e*, et la note de A. Diès dans l'édition Budé,
p. 72, avec les références, notamment Xénoph., *Cyr.*, V, 1, 24. —
Ar. a déjà développé ces idées III, 13 et ss.

3. La supériorité intellectuelle étant plus difficile à discerner que
la beauté et la grandeur du corps (cf. I, 5, 1254 *b* 34 ; IV, 4, 1290 *b* 5).
— Sur εὐθὺς πρῶτον, l. 18, cf. *Ind. arist.*, 296 a 21-25.

4. *Quando autem non est hoc inventu aut paratu facile* (Lambin). —
Scylax de Caryande, géographe, vers 330 (C. Muller, *Geogr. gr.*
min., 1855, I, XXIV) : sur le périple qu'il effectua, voir Hérod..
IV, 44.

chez les habitants de l'Inde, où, selon SCYLAX, les
rois ont une supériorité nettement marquée sur leurs
25 sujets, on voit clairement[1] que, pour de multiples
raisons, tous les citoyens doivent nécessairement
avoir pareillement accès à tour de rôle aux fonctions
de gouvernants et à celles de gouvernés. L'égalité
demande, en effet, qu'on traite de la même manière
des personnes semblables, et il est malaisé pour un
régime politique de durer quand il est constitué en
violation de la justice : car alors à la masse des
30 gouvernés se joignent tous les habitants de la campagne qui veulent tenter des innovations[2], et c'est une
impossibilité pour les membres de la classe au pouvoir
d'être en nombre suffisant pour l'emporter sur tous
ces adversaires coalisés. Mais que, cependant, d'un
autre côté, les gouvernants doivent être différents
de ceux qu'ils gouvernent, cela n'est pas contestable.
Comment alors cette différence sera-t-elle assurée,
et de quelle façon les citoyens auront-ils part au
gouvernement, c'est ce que le législateur a le devoir
35 d'examiner[3]. Or, nous avons traité antérieurement
cette question[4]. La nature elle-même a fourni le
principe de la distinction en établissant au sein de la
même espèce[5] deux groupes, celui des plus jeunes
et celui des plus âgés : au premier de ces groupes
convient l'obéissance et à l'autre le commandement[6].

1. Sur les l. 25-30 (φανερόν ... τὴν χώραν), cf. THUROT, 94-97 :
les modifications qu'il propose d'apporter au texte ne sont pas indispensables. Mais TH. a raison en voyant dans l'idée de justice le pivot
du raisonnement d'AR. L'égalité entre égaux est conforme à la
justice, et un État composé d'égaux doit respecter, au moyen de
l'alternance des fonctions de commandement et de subordination,
la justice et par suite l'égalité (sur l'égalité nécessaire entre égaux,
se reporter à III, 16, 1287 *a* 12, et la note ; VII, 3, 1325 *b* ⟨7⟩). En
revanche, les difficultés soulevées par TH. au sujet de la phrase μετὰ
γάρ ..., l. 24, sont imaginaires, et le sens est clair.
2. Les paysans (esclaves ou serfs) sont suspects aux yeux d'AR.
(*supra*, 10, 1330 *a* 28, et I, 4, 1262 *b* 3).
3. *Oportet legislatorem ... considerare qualiter illos* [= *principantes
et subditos*] *esse eosdem et alteros, et qualiter sic se habentes participabunt
principatu et subjectioni* (Ps.-THOMAS, 1197, p. 387).
4. 9, 1329 *a* 2-17.
5. Au sein de l'espèce humaine.
6. Cf. I, 12, 1259 *b* 15. Conception empruntée à PLATON (*Republ.*,
III, 412 *c; Lois*, III, 690 *a*).

Et personne ne s'indigne d'être gouverné dans son jeune âge, ni ne se croit supérieur à ses chefs, surtout quand il s'attend à reprendre son écot, une fois 40 atteint l'âge requis[1].

Il faut donc affirmer qu'en un sens les gouvernants et les gouvernés sont bien les mêmes, mais qu'en un autre sens ils sont autres[2]. Et par conséquent, leur éducation doit forcément, en un sens être la même 1333 *a* et en un autre sens différente. Et, en effet[3], celui qui est appelé à bien commander doit débuter, comme on dit, par obéir[4] (mais, comme nous l'avons souligné dans la première partie de ce traité[5], un gouvernement est établi soit dans l'intérêt de celui qui gouverne soit dans l'intérêt des gouvernés : dans le premier cas, c'est ce que nous appelons le pouvoir du maître sur ses esclaves, et dans le second c'est le gouver- 5 nement sur les hommes libres[6]. Or certaines prescrip-

---

1. Le jeune homme, qui commence par obéir, a versé en quelque sorte au *fonds commun* (ἔρανος, 1. 40 : *mise, contribution, apport, écot* dans les repas faits à frais communs) ; plus tard, en commandant à son tour, il *reprendra* (ἀντιλαμβάνειν, 1. 40) ce qu'il a versé.

2. Ce sont les mêmes personnes physiques, mais prises à des âges différents. Cela entraîne, ajoute Ar., une éducation variant avec les divers âges, éducation qui est ainsi elle-même à la fois la même et différente. Voir les intéressants développements du Ps.-Thomas, 1199, p. 388.

3. L. 2, τε γάρ = *etenim* (Susem.)

4. Cf. III, 4, 1277 *b* 9.

5. III, 6, 1278 *b* 30 - 1279 *a* 8.

6. Sous-entendre ici : et c'est de cette seconde sorte de gouvernement qu'il s'agit quand nous disons que les citoyens doivent commencer par apprendre à obéir.

Certains éditeurs (Imm., H. Rackham) supposent une lacune, l. 6, après ἐλευθέρων. Ce n'est pas sûr, la liaison des idées paraissant suffisamment assurée. Après avoir rappelé la différence qui sépare l'*autorité despotique* (ἀρχὴ δεσποτική : c'est celle du maître sur ses esclaves) de l'autorité s'exerçant *sur des hommes libres* (τὴν τῶν ἐλευθέρων, l. 5), Ar. précise que cette différence ne réside pas dans la nature particulière des services imposés à la classe des gouvernés (services qui sont les mêmes sous tous les régimes), mais dans le *but*, l'intention des travaux effectués (τίνος ἔνεκα, l. 7) : un même travail, si humble soit-il, confié d'ordinaire à un esclave ou *à un serviteur* (τῶν ... διακονικῶν ἔργων, l. 7), peut aussi être demandé à un homme libre (ce sont les περὶ τἀναγκαῖα de III, 4, 1277 *a* 33) ; mais celui-ci conférera de la noblesse au travail qu'il effectue, et

tions de l'autorité diffèrent, non par la nature des tâches commandées, mais par leur fin. Aussi beaucoup des travaux qui semblent réservés aux serviteurs peuvent-ils être honorablement effectués même par de jeunes hommes libres : car en ce qui regarde leur côté honorable ou avilissant, les actions ne diffèrent 10 pas tant en elles-mêmes que par leur fin et leur but).

Mais puisque, selon nous[1], la vertu d'un citoyen et d'un magistrat est la même que celle du parfait homme de bien, et que c'est la même personne qui doit d'abord obéir et plus tard gouverner, le travail du législateur consistera à rechercher comment les citoyens deviennent des hommes de bien, et par 15 quels moyens pratiques y parvenir, et à déterminer quelle est la fin de la vie parfaite. — Or l'âme se divise en deux parties[2], dont l'une possède par soi-même la raison, tandis que l'autre n'a pas par soi-même la raison, mais est capable de lui obéir. A ces deux parties, disons-nous, se rattachent les vertus d'après lesquelles on est appelé homme de bien sous

agira dans son propre intérêt, ou (ce qui revient au même) dans l'intérêt commun. L'éducation que recevront les jeunes gens tiendra évidemment compte de ces indications.

1. Cf. III, 4, et notamment 1276 *b* 35 et ss.

Aʀ. pose ici nettement le problème de l'éducation des citoyens, qui doit être le principal souci du législateur. Dans la cité idéale, tout citoyen est appelé à passer, à partir d'un certain âge, du rang de gouverné à celui de gouvernant. D'autre part, nous savons déjà (13, 1332 *a* 33 et ss.) que la vertu d'un citoyen ou d'un dirigeant (ce qui est la même chose) ne diffère pas de la vertu du *parfait homme de bien* (τοῦ ἀρίστου ἀνδρός, 1 12). Le travail du législateur consistera donc à chercher à produire des hommes de bien et à indiquer les moyens pratiques d'y parvenir, avec une vue exacte de la fin véritable des actions humaines (cette fin, nous le verrons plus loin, étant la σχολή).

2. Le problème de l'éducation tel qu'il vient d'être posé, exige un recours à la psychologie pour déterminer la fin véritable des actions humaines, et Aʀ. rappelle ici les principales articulations de sa théorie de l'âme (tout au moins de la théorie à tendances platoniciennes qu'il professait à l'époque où il écrivait cette partie de la *Politique*). Cette théorie est exposée *Eth. Nicom.*, I, 13, 1102 *b* 28, et *supra*, mais avec moins de développements, I, 13, 1260 *a* 5 (passage auquel nous renvoyons, ainsi qu'aux notes et aux références aux textes de l'*Ethique*). Voir aussi *infra*, 15, 1334 *b* 17.

quelque aspect. Mais dans laquelle de ces deux
parties la fin de l'homme réside-t-elle de préférence ? 20
Ceux qui adoptent la division que nous proposons
n'ont aucun doute sur le sens de la réponse à apporter.
L'inférieur, en effet, existe toujours en vue du
supérieur[1], et cette remarque s'applique manifestement aussi bien dans le monde de l'art que dans
celui de la nature : or, en l'espèce, est meilleure
la partie en possession de la raison. La partie
rationnelle se divise, à son tour, en deux[2], conformément à notre façon habituelle de la diviser[3], car la
raison étant de deux espèces, l'une pratique et 25
l'autre théorétique, il en résulte que la partie
rationnelle en question doit aussi évidemment être
subdivisée de la même manière. Les activités de
l'âme feront encore de notre part l'objet d'une
division correspondante ; et les activités de la partie
de l'âme supérieure en nature devront être choisies
de préférence aux autres, par les hommes capables
de toucher soit à toutes, soit seulement à deux
d'entre elles[4], puisque toujours, pour chaque homme,

---

1. La téléologie naturelle aussi bien que la téléologie artificialiste
(l'art copie la nature) constituent, on le sait, une pièce capitale de la
physique et de la métaphysique aristotéliciennes. Aʀ. souligne
brièvement l'application universelle qu'il est légitime de tirer de ce
principe, notamment dans l'analyse de l'âme humaine.

2. Le sujet sous-entendu de διῄρηται, l. 24, est τὸ λόγον ἔχον.

3. Par exemple, de An., III, 10, 433 a 33. Mais voir surtout Eth.
Nicom., VI, 2, 1139 a 3 (p. 275 et 276, et les notes, de notre traduction).

Les divisions qui suivent se font selon la progression ci-dessous :

a. D'abord la raison (λόγος) est soit pratique, soit spéculative
(l. 25).

b. Ensuite la partie de l'âme contenant le λόγος doit se diviser
comme ce dernier et comprendre la partie rationnelle pratique et la
partie rationnelle spéculative (l. 26-27).

c. Enfin les actions (πράξεις) par lesquelles l'âme s'exerce, se
diviseront de la même manière que l'âme elle-même : il y aura les
actions de la partie n'ayant pas la raison par soi mais capable d'obéir
à la raison (l. 17-18), les actions de la partie rationnelle pratique et
celles de la partie rationnelle spéculative.

4. Aʀ. veut dire ceci. Si un homme est capable de se livrer à toutes
les activités relevant aussi bien de la partie irrationnelle que de la
partie rationnelle pratique et de la partie rationnelle théorique

la chose désirable entre toutes c'est la plus haute
30 à laquelle il lui soit donné d'atteindre[1]. — La vie
prise dans son ensemble est en outre divisée en deux
parts[2], affaires et loisir, guerre et paix ; et de même
nos actions comprennent, d'une part, celles qui se
rapportent aux choses nécessaires et utiles, et,
d'autre part, celles qui ont rapport aux choses nobles.
En ces matières, il faut nécessairement que la
préférence que nous accordons à telle partie de l'âme
sur l'autre s'étende de la même façon aux activités
35 de ces parties : la guerre doit être en vue de la paix,
les affaires en vue du loisir, les choses nécessaires et
utiles en vue des choses nobles. A chacun de ces
points, par conséquent, l'homme d'État doit être
attentif dans son œuvre de législateur, tenant compte
à la fois des parties de l'âme et de leurs actions
respectives, et s'attachant plus particulièrement
aux biens plus élevés et aux fins. Il procédera de

(πασῶν, l. 29), il devra accorder la préférence aux actions dépendant
de la partie qui est la plus haute absolument, c'est-à-dire de la partie
rationnelle spéculative. Mais s'il est incapable de s'élever plus haut
que la partie irrationnelle et la partie rationnelle pratique (τοῖν δυοῖν)
il choisira les actions relevant de cette dernière, en raison de la supériorité naturelle de celle-ci, toute relative qu'elle soit. De toute façon,
on doit toujours avoir en vue le but le plus élevé (ἀεὶ γάρ... l. 29-30).
Cf. NEWMAN, III, 441.

1. *Semper enim hoc cuique est optatissimum quod ad potiendum
est summum summoque in gradu positum* (LAMBIN).

2. Cf. *Eth. Nicom.*, X, 7, 1177 *b* 4. — La σχολή (l. 31), souvent
jointe à la διαγωγή, est distincte de l'ἀνάπαυσις : alors que cette
dernière notion se définit une *détente de l'âme* (ἄνεσις τῆς ψυχῆς,
infra, VIII, 3, 1337 *b* 42 : cf. aussi *Eth. Nicom.*, IV, 14, 1127 *b* 33;
X, 6, 1176 *b* 34), une *relâche*, un simple moyen de rendre le travail
plus productif, la σχολή ou διαγωγή est la *vie contemplative*, l'*activité
noble et désintéressée*, la *béatitude* en un mot qui caractérise le premier
Moteur et qui est une fin en soi : l'εὐδαιμονία n'est rien d'autre que
la σχολή. La σχολή, que nous traduisons, faute d'un meilleur terme,
par *loisir (otium)*, n'est donc pas la flânerie, mais c'est le fait d'avoir
du temps à soi permettant de se livrer à une activité plus haute que
la *vie des affaires* (ἀσχολία). La διαγωγή peut en somme se définir
un *loisir* occupé *agréablement* et *noblement* à la fois. St AUGUSTIN
en donne une notion exacte quand il écrit *de Civ. Dei*, XIX, 19
(tome II, p. 387-388 de l'éd. DOMBART) : *in otio non iners vacatio
delectare debet, sed aut inquisitio aut inventio veritatis, ut in ea quisque
proficiat et quod invenerit ne alteri invideat.*

même façon encore à l'égard des modes de vie et des 40
choix à réaliser entre les actions : car un homme doit
être capable de vaquer à ses affaires et d'aller à la
guerre, mais plus encore de vivre dans la paix et **1333 b**
le loisir, et il se livrera aux activités indispensables
ou utiles mais davantage à celles qui sont nobles.
Par conséquent, ce sont ces différents buts qu'il faut
avoir en vue dans l'éducation des citoyens tant qu'ils
sont encore enfants, et même aux autres âges de la
vie où le besoin d'éducation se fait encore sentir.
Mais les peuples qui, de toute la Grèce, passent de 5
nos jours pour avoir le meilleur gouvernement[1],
ainsi que les législateurs qui ont établi ces constitutions, ne donnent pas l'impression d'avoir organisé
leurs institutions en vue de la fin la plus parfaite[2],
ni édifié leurs lois et leur système d'éducation en vue
de toutes les vertus, mais ils se sont sordidement
rabattus sur les vertus qui aux yeux de tous sont 10
utiles et plus rémunératrices. Dans un ordre d'idées
à peu près semblable, certains écrivains récents[3]
ont professé la même opinion : faisant l'éloge de la
constitution de Lacédémone, ils expriment leur
admiration pour le but que s'est proposé son législateur, en ce qu'il a établi des lois tournées tout entières
vers la domination et vers la guerre. Ce sont là des
vues que la simple logique réfute sans peine et qui 15
de nos jours ont reçu également le démenti de
l'expérience. La plupart des hommes, en effet,
meurent d'envie de commander en maîtres à un
grand nombre de leurs semblables, pensant accroître
ainsi considérablement les biens qu'ils tiennent de
la fortune : c'est exactement cet état d'esprit qui
dicte à THIBRON[4] et à tous les autres auteurs traitant
de la constitution spartiate, l'admiration qu'ils
affichent pour son législateur, parce que, grâce à leur 20
entraînement au danger, les Spartiates étaient

---

1. Sparte et la Crète, dont les constitutions étaient tout entières
« centrées » sur la guerre et la conquête.
2. La σχολή et la paix. Cf. *supra*, 2, 1324 b 3 et ss.
3. PLATON notamment, dont le propre État, dans la *République*
et les *Lois*, est essentiellement guerrier.
4. Auteur inconnu.

parvenus à se créer un vaste empire. Et pourtant !
A présent que l'empire n'est plus aux mains des
Spartiates, on voit clairement qu'ils sont loin d'être
heureux et que leur législateur a fait fausse route.
N'est-il pas ridicule que, continuant à vivre sous les
lois que ce dernier a édictées et ne rencontrant
25 aucun obstacle à leur observation, ils n'en aient pas
moins perdu le bonheur de vivre[1] ? C'est se faire
en outre une conception erronée du genre d'autorité
auquel un législateur doit réserver ouvertement
son estime, car l'autorité qui s'exerce sur les hommes
libres est plus noble et va plus souvent de pair avec
la vertu que celle qui règne en despote[2]. De plus,
il ne faut pas croire que l'État soit heureux ni le
législateur digne d'éloges, pour cette raison qu'on a
30 entretenu les citoyens dans l'esprit de domination
et de conquête sur les peuples voisins[3]. Pareil esprit
est, en effet, des plus dangereux : qui ne voit que tout
citoyen en ayant la possibilité devrait alors essayer
de s'emparer du pouvoir pour soumettre sa propre
cité à son autorité[4] ? Or c'est justement là le crime
dont les Spartiates accusent leur roi PAUSANIAS,
bien qu'il fût déjà en possession d'une si haute
35 dignité. Aucun raisonnement, dès lors, aucune loi

---

1. Il y a une disparité choquante entre les lois et les résultats
qu'on retire de leur application. *Irrationabile est si leges eorum et
respublica rectae sunt quod viventes secundum eas non vivunt recte*
(Ps.-THOMAS, 1211, p. 392). — L. 25, τὸ ζῆν καλῶς = *honestae
vitae fructum* (LAMBIN).

2. L. 27, δεσποτικῶς : qui traite les autres États comme le maître
ses esclaves. — En admettant même, veut dire AR., qu'un État doive
être constitué en vue de la guerre et de la domination exercée δεσποτικῶς sur les autres États, il n'en est pas moins vrai qu'une pareille
autorité, s'exerçât-elle sur des vaincus, est de qualité inférieure
à celle qui régit des hommes libres.

3. La conquête étant la première étape de la domination. La
pensée d'AR. n'est cependant pas très nette, et on serait tenté, avec
REIZIUS, de supprimer κρατεῖν, l. 30.

4. Nous savons que, pour AR., les règles de la morale publique
ne sont pas différentes de celles de la morale privée (Cf. *supra*, 1,
1323 *b* 29 et ss., et la note).

Sur PAUSANIAS, voir V, 1, 1301 *b* 20, et 7, 1307 *a* 3, et note. En
voulant supprimer l'Éphorat, Paus. en arrivait à concentrer entre
ses mains un pouvoir dont il disposait déjà en fait.

de ce genre[1], n'est ni digne d'un homme d'État, ni utile, ni vraie. Les plus hautes valeurs morales sont les mêmes pour les particuliers et pour les collectivités[2], et ce sont ces vertus que le législateur a le devoir d'implanter dans l'âme de ses concitoyens. La pratique des exercices militaires[3] ne doit pas avoir pour objet de réduire en servitude ceux qui ne sont pas destinés à l'être ; mais c'est tout d'abord 40 afin de ne pas tomber soi-même sous l'esclavage des autres, en second lieu pour acquérir l'hégémonie dans l'intérêt des populations soumises et non 1334 a pour se conduire en maître absolu sur tout le monde, et en troisième lieu afin d'asservir ceux seulement qui méritent d'être esclaves. Le législateur a le devoir de s'appliquer de préférence à ordonner ses institutions militaires et toutes autres mesures en vue d'assurer le loisir et la paix : les faits sur ce point témoignent en faveur du raisonnement[4]. 5 Dans la grande majorité des cas, en effet, les États exclusivement militaires se conservent aussi longtemps qu'ils sont en guerre, mais s'effondrent une fois qu'ils ont conquis l'empire : ils perdent leur trempe, comme l'acier, en temps de paix[5]. Le coupable est le législateur, qui ne leur a pas donné une éducation les rendant aptes à la vie de loisir. 10

---

1. C'est-à-dire tendant à cultiver chez les citoyens l'appétit de domination.

2. Même idée *supra*, 3, 1325 *b* 30-32.

3. Ar. n'est pas un pacifiste systématique. Il admet la légitimité de la guerre dans trois cas : guerre défensive ; guerre entreprise dans l'intérêt des peuples à secourir ou à libérer (ce qu'on désigne sous le nom de principe d'intervention armée) ; guerre de conquête, enfin, sur des peuples de civilisation inférieure, dont c'est la *vocation naturelle d'être esclaves* (φύσει δοῦλοι) Sur ce passage, cf. M. Defourny, *op. cit.*, 486-489.

4. *Testimonio sunt iis quae dicimus ea fiunt* (Lambin).

5. L'auteur de la *Vetus transl.* a certainement eu sous les yeux un texte différent du nôtre, l. 8 (τὴν γὰρ βαφὴν ἀνιᾶσιν), car il traduit *rubiginem enim contrahunt*. Peut-être doit-on aussi remplacer, à l'exemple de Newman, III, 115 *(critic. notes)* ἀνιᾶσιν par ἀφιᾶσιν.

15

<L'éducation. Vertus actives et vertus intellectuelles.
Culture du corps et de l'âme.>

Étant donné que collectivités et particuliers ont
manifestement la même fin[1], et que c'est le même but
terminal qui doit nécessairement s'appliquer à la
fois au parfait homme de bien et à la parfaite
constitution, il est clair que les vertus se rapportant
au loisir doivent appartenir aux États comme aux
individus, car, ainsi que nous l'avons indiqué à
15 plusieurs reprises[2], la paix est la fin ultime de la
guerre, et le loisir, de la vie active. Mais les vertus
utiles au loisir et à l'activité contemplative[3] sont non
seulement celles qui sont pratiquées dans le loisir,
mais encore celles qui le sont dans la vie active, car
beaucoup des choses nécessaires à l'existence doivent
être en notre possession pour qu'il nous soit possible
de mener la vie de loisir. C'est pourquoi il sied que
l'État soit tempérant, courageux et capable
20 d'endurance, puisque, selon le proverbe[4], *il n'y a*
pas de vie de loisir pour des esclaves; et les peuples
qui sont incapables d'affronter virilement le danger
sont esclaves de leurs agresseurs. Ainsi donc[5] le

1. A savoir la σχολή : cf. 14, 1333 b 37, et la note. Les vertus εἰς
τὴν σχολήν, l. 14, sont les vertus purement spéculatives.

2. 14, 1333 a 35 et 1334 a 2. Voir aussi *Eth. Nicom.*, X, 7, 1177 b
5-6. — *Manifestum est quod si homo secundum ipsum vel tota civitas*
felicitetur, necessarium est praeexistere [= ὑπάρχειν, l. 14] *omnes*
virtutes quae sunt ad vacationem seu quietem (Ps.-Th., 1216, p. 394).

3. Sur l'alliance de σχολή et διαγωγή, l. 16, cf. *supra*, 14, 1333 a
31, note. — Les vertus destinées à assurer un bon usage de la σχολή
sont non seulement les vertus purement spéculatives, mais encore les
vertus pratiques (courage, endurance, tempérance), car le loisir n'est
rendu possible que si les besoins de l'existence sont d'abord satisfaits.
L'éducation des citoyens devra ainsi tendre à développer toutes les
vertus, les plus hautes et les plus terre à terre.

4. Leutsch et Schn., *Paroem. gr.*, II, 765.

5. W. Jaeger a montré (*Arist.*, éd. angl., p. 280 et 282, note 3)
la dépendance du présent passage à l'égard du fgmt 58 du *Protrepticus*
(Rose, p. 68), et son accent platonicien. — Sur le sens de φιλοσοφία,
l. 23, cf. *Ind. arist.*, 821 a 6 : *virtus intellectualis*.

courage et l'endurance sont exigés pour la vie active,
l'aptitude intellectuelle pour le loisir, et la tempérance
et la justice pour les deux moments à la fois, mais
plus spécialement en temps de paix et de loisir, car 25
la guerre oblige les hommes à être justes et tempé-
rants, tandis que la jouissance d'un sort heureux et
le loisir qui accompagne la paix tendent à accroître
leur esprit de démesure. Par suite, une forte dose de
justice et une forte dose de tempérance sont requises
de ceux qui paraissent au faîte de la prospérité et
jouissent de tout ce qui est considéré comme des
présents du ciel, tels ces hommes, s'il en existe, dont 30
parlent les poètes[1], qui vivent dans les îles des
Bienheureux : ils auront tout particulièrement besoin
de vertu intellectuelle, de tempérance et de justice,
dans la mesure où ils ont davantage de loisir au sein
de l'abondance de pareils biens. La raison pour
laquelle l'État appelé à vivre dans le bonheur et
la vertu doit participer à ces différentes vertus, est 35
aisée à apercevoir : s'il est honteux de ne pouvoir
user des biens de la vie, il l'est plus encore de ne
pouvoir en user dans le temps du loisir[2], et c'est,
tout en déployant d'excellentes qualités dans les
affaires et à la guerre, se ravaler, en temps de paix
et de loisir, au rang d'esclaves. C'est pourquoi nous
ne devons pas cultiver la vertu à la façon de la cité 40
des Lacédémoniens : la différence, en effet, qui sépare
ceux-ci des autres hommes ne consiste pas en ce **1334 b**
que les biens par excellence ne seraient pas, à leurs
yeux, les mêmes que pour le reste des hommes, mais
plutôt en ce qu'ils croient que ces biens sont produits

---

1. Cf. HÉSIODE, *Trav. et J.*, 170 ; PINDARE, *Olymp.*, II, 53, ainsi
que le fgmt 58 du *Protrept.* signalé *supra*.

2. Les différentes vertus, tant pratiques qu'intellectuelles, nous
rendent aptes à bien employer le loisir. Et s'il y a un temps où nous
devons faire un bon usage des biens de la fortune, c'est surtout au
temps du loisir : sinon, on se ravale *au niveau des esclaves* (ἀνδρα-
ποδώδεις, l. 39), lesquels, nous le savons (l. 20, *supra*), ployés qu'ils
sont sous le poids des travaux matériels, ne peuvent mener la vie de
loisir. La *conséquence* (διό, l. 40), c'est que l'État idéal doit cultiver
chez les citoyens, par une éducation multiforme, non pas une vertu
seulement (comme à Sparte la valeur militaire : cf. II, 9, 1271 *a* 41
et ss.), mais toutes les vertus, pratiques et théorétiques, à la fois.

par une vertu déterminée[1]. Mais puisqu'ils estiment
que ces biens et la jouissance qu'on en retire sont
plus grands que la jouissance qu'on retirerait des
vertus[2]... et que la vertu doit être pratiquée pour
elle-même, c'est ce qui résulte clairement des
remarques précédentes ; il nous faut dès lors
5 considérer comment et par quels moyens on y
parviendra[3].

Il se trouve que nous avons déterminé antérieurement que nature, habitude et raison sont également
requises ; et, de ces trois facteurs, nous avons défini
plus haut[4] quels caractères particuliers tenant à la
nature les citoyens doivent posséder. Mais il reste
à considérer si l'éducation par la raison doit ou non
précéder l'éducation par les habitudes : ces deux
10 facteurs, en effet, doivent réaliser entre eux la plus
parfaite harmonie, attendu qu'il peut arriver à
la fois que la raison se soit trompée dans la détermination du suprême principe fondamental[5] et que les
habitudes aient dans la conduite exercé une influence
pareillement néfaste. Ce qui, dès lors, est de toute
façon évident en premier lieu, dans le cas des hommes

---

1. La vertu guerrière, le courage. — Le *commun des hommes*
(τῶν ἄλλων, l. 41) est persuadé que les biens véritables sont les biens
extérieurs (Cf. *Eth. Nicom.*, IX, 8, 1168 *b* 17), et sur ce point les
Lacédémoniens pensent comme la masse (II, 9, 1271 *b* 6) ; ils estiment seulement que tous ces biens peuvent s'acquérir par la seule
valeur militaire.

2. L. 4, il existe une lacune que l'on a essayé de combler de différentes manières (Voir Thurot, par exemple, 97-99). Voici le texte
que propose Newman, III, 452 : νομίζουσι, τὴν πρὸς ταῦτα χρησίμην
εἶναι δοκοῦσαν ἀρετὴν ἀσκοῦσι μόνον. ὅτι μὲν οὖν ὅλην ἀσκητέον
τὴν ἀρετὴν *(ils pratiquent seulement la vertu qui leur semble être
utile à la possession de ces biens. Que cependant la vertu dans son
entier doive être pratiquée [et qu'elle le soit pour elle-même]*, etc...).

3. Nous revenons ainsi au problème de l'éducation.

4. Ch. 7, où le facteur *nature* a été étudié. Reste l'habitude et la
raison.

5. L. 11, τῆς βελτίστης ὑποθέσεως désigne la *fin ultime*, déterminable par la raison, que doit se proposer la conduite humaine :
cf. *Ind. arist.*, 796 *b* 45 et ss. : *in doctrina politica*, ὑπόθεσις *non
multum differt a notionibus* τέλους *et* ὅρου (Voir aussi II, 2, 1261 *a*
16, note).

comme dans celui des autres êtres, c'est que[1] la
génération procède d'un principe et que la fin à
laquelle conduit un principe déterminé est elle-même
relative à une autre fin, et que la raison et l'intellect   15
sont pour nous la fin de notre nature, de sorte que
c'est en vue de ces fins que la génération et l'exercice
des habitudes doivent s'ordonner. En second lieu,
de même que âme et corps sont deux entités[2], ainsi
nous voyons également qu'il existe dans l'âme deux
parties, la partie irrationnelle et la partie douée de

---

1. Les l. 13-17 (ἡ γένεσις ... μελέτην) sont très difficiles et ont
suscité plusieurs interprétations (Cf. Thurot, 99-100, et Newman,
I, 348, et III, 454-455). Voici celle que nous croyons devoir adopter.

Ar. s'est posé la question, l. 8 et 9, de savoir si l'éducation doit
commencer par l'appel à la raison ou par un dressage quasi-méca-
nique au moyen des habitudes. Il répond, l. 16, qu'il convient de
commencer par les habitudes, attendu qu'elles sont elles-mêmes
subordonnées à une fin plus haute, qui est la raison et la pensée,
dont la *culture* (ἐπιμέλεια) ne doit venir qu'ensuite. Toute *génération*,
tout *être engendré*, part *d'un principe* (ἡ γένεσις [ου τὸ γιγνόμενον]
ἀπ' ἀρχῆς ἐστι, l. 14), à savoir de l'union des parents. (Cf. le passage
des *Lois*, IV, 720 *e*, où la formule est la même, et où il est indiqué,
à propos de la réglementation des mariages, que le *point de départ*
des naissances est la célébration des unions matrimoniales : ἀρχὴ ...
τῶν γενέσεων ... ἆρ' οὐχ ἡ τῶν γάμων σύμμειξις καὶ κοινωνία;).
C'est là le premier stade du développement de l'être humain, qui
commence ainsi, dès avant la naissance, à l'union du père et de la
mère, et qui a pour fin un autre processus, qui est le développement
de la raison. Comme Ar. l'écrit dans le *de Part. anim.*, II, 1, 646 *a* 30,
« tout ce qui s'engendre naît de quelque chose et en vue de quelque
chose ; la génération se poursuit d'un principe à un principe, du
premier qui donne le branle et a déjà une nature propre jusqu'à
une forme ou à quelque autre fin semblable » (trad. P. Louis, p. 22).
Par conséquent la génération (la réglementation des unions) et
l'éducation au moyen des habitudes doivent être adaptées au développement de la raison, fin supérieure de l'homme. — On trouvera une
explication différente, qui n'est pas sans valeur, dans le Ps.-Th.,
1221, p. 398.

L. 15, νοῦς est pris au sens vulgaire de *pensée* ou d'*intelligence*
(*Ind. arist.*, 490 *b* 45 et 47).

2. Cf. I, 5, 1254 *a* 35 et ss., et la note relative à la conception
dualiste de l'âme et du corps, et aux conséquences qui en résultent
pour la chronologie de la *Politique*. On se reportera aussi à la note du
début du présent livre.

raison[1], et que les états[2] de ces parties sont aussi
20 au nombre de deux, l'un étant le désir et l'autre
l'intellect ; et de même que le corps est antérieur
à l'âme dans son développement, ainsi la partie
irrationnelle est antérieure à la partie rationnelle.
Ce qui le montre clairement aussi, c'est que la passion
et la volonté, en y ajoutant l'appétit, existent chez
les enfants aussitôt après leur naissance, tandis que
le raisonnement et l'intelligence ne surviennent
naturellement en eux qu'à mesure qu'ils avancent
25 en âge. C'est pourquoi, en premier lieu, il faut
nécessairement que le soin du corps précède celui
de l'âme ; et ensuite doit intervenir le soin du désir[3] ;
néanmoins le soin du désir doit être en vue de
l'intellect, et celui du corps en vue de l'âme.

16

*<L'éducation. Réglementation des mariages.
Soins du premier âge. Exposition des enfants.>*

Puisque, donc, le législateur, prenant les choses
à leur point de départ[4], a le devoir de considérer
30 comment assurer aux enfants qu'on élève[5] un corps

---

1. Voir les analyses de 14, 1333 *a* 16 et ss.

2. Sur ἕξις (l. 19), cf. I, 13, 1259 *b* 25. — Sur ὄρεξις, *impulsion
irraisonnée, désir*, et ses différentes espèces, ἐπιθυμία, θυμός et
βούλησις (l. 22-23), voir III, 4, 1277 *a* 7, note. — L. 20, étant donné
qu'il s'agit d'*états*, il est clair que ὄρεξις signifie, non pas la *faculté
désirante*, mais *tel ou tel désir* (ou l'ensemble des désirs) ; de son côté,
νοῦς doit s'entendre au sens de νόημα. La terminologie d'AR., si
ferme en règle générale, laisse à désirer dans le présent passage.

3. En d'autres termes, le soin (la culture) de la partie irrationnelle
doit suivre le soin du corps, mais précéder le soin de la partie rationnelle. L'éducation s'adapte ainsi aux différentes phases du développement de l'être.

4. C'est-à-d. à partir du mariage. — Même souci de réglementer
les mariages dans les *Lois*, IV, 721 *a* et ss., mais avec d'importantes
différences.

5. A l'exclusion de ceux qu'on abandonne (Cf. *infra*, 1335 *b*
19 et ss.).

en parfait état, son premier soin portera sur l'union
des sexes, pour fixer à quel âge il sied que les couples
entretiennent des rapports conjugaux, et quelles
qualités[1] seront requises de leur part. En légiférant
sur cette union, il aura égard à la fois aux personnes
elles-mêmes et à la durée de leur vie, de façon que
le déclin de l'âge arrive pour les deux époux à la
même époque convenable, et qu'il n'y ait pas défaut 35
d'harmonie entre leurs facultés génératrices, le mari
étant encore capable d'engendrer et la femme étant
impuissante, ou celle-ci ayant conservé sa capacité
et le mari l'ayant perdue (toutes causes qui amènent
conflits et divergences entre gens mariés). — Ensuite
le législateur considérera le temps auquel les enfants
succéderont à leurs parents, car il ne doit pas y
avoir écart trop grand entre l'âge des enfants et
celui des parents (les parents trop âgés ne peuvent 40
profiter des marques de reconnaissance des enfants,
ni les enfants de l'assistance de leurs parents)[2], et
les âges ne doivent pas non plus être trop rapprochés **1335 a**
(ce qui entraîne un grave inconvénient : les enfants
ressentent moins de respect pour des parents trop
jeunes qu'ils traitent en camarades du même âge[3],
et la proximité de l'âge est une source de récriminations dans l'administration domestique). — En outre,
pour en revenir au point d'où nous sommes partis[4],
on prendra des mesures pour que les qualités physi- 5
ques des enfants procréés[5] répondent au vœu du
législateur. — Presque tous ces résultats sont dès
lors obtenus en portant l'attention sur un seul point[6] :

---

1. De corps et d'esprit. La question de l'*âge* (πότε, l. 31) est
examinée l. 32-1335 *a* 35, et celle des *qualités* exigées (ποίους τινὰς
ὄντας), 1335 *b* 2-12.

2. *Nam ut parentes natu grandiores nullum beneficii sui fructum a
filiis vicissim percipere possunt, sic filii a parentibus nulla re juvari
aut sublevari possunt* (LAMBIN).

3. L. 3, contrairement à NEWMAN, III, 460, qui rapporte τοῖς
τοιούτοις aux enfants *(children of the kind we have described)*, il
nous semble plus naturel de les rapporter aux parents (Cf. LAMBIN :
nam et minor est erga tales filiorum verecundia tanquam aequales).

4. 1334 *b* 29.

5. Enfants nouveau-nés, ou même à naître.

6. A savoir, l'âge du mariage pour l'homme et la femme. — Sur la
durée de la fécondité dans l'espèce humaine, cf. *Hist. anim.*, VII,
6, 585 *b* 5 et ss (II, p. 478, de notre trad.).

puisque, en effet, la fin du temps de la procréation
a été fixée, d'une manière générale, pour l'homme
au chiffre extrême de soixante-dix ans et pour la
10 femme à cinquante, il faut que l'union des sexes
commence à un âge tel qu'elle atteigne son terme
à ces époques[1]. Et de plus, le lien contracté par des
époux trop jeunes est défavorable à la procréation[2] :
dans toutes les espèces animales, en effet, les petits
nés de jeunes sujets sont imparfaitement développés[3],
avec une tendance à engendrer des femelles, et ont
une tournure chétive, de sorte que ce même
phénomène doit nécessairement aussi avoir lieu chez
15 l'homme. En voici d'ailleurs une preuve : dans les
cités où c'est la coutume[4] de marier de bonne heure
les jeunes hommes et les jeunes filles, les gens ont
le corps imparfaitement développé et de petite taille.

1. Ar. veut dire que, l'homme cessant d'engendrer à soixante-dix
ans et la femme à cinquante (εἰς τοὺς χρόνους ... τούτους, l. 11),
il doit y avoir vingt ans d'écart entre eux le jour du mariage (τὴν
ἀρχὴν τῆς συζεύξεως, l. 10).

2. Pour tout le passage qui suit, on se reportera à *Hist. anim.*,
V, 14, 544 *b* 14-18 (I, p. 306, de notre trad.), et VII, 1, 582 *a* 16-23
(II, p. 461-462). Voir aussi les prescriptions relatives aux unions dans
la cité communiste de Platon, *Republ.*, V, 458 *d* et ss.

3. Quelle que soit d'ailleurs cette imperfection : organe absent ou
atrophié, défaut d'un ou de plusieurs sens, stérilité, faiblesse mentale,
etc. Voir l'énumération dans Newman, III, 463, avec les références.

L. 13, θηλυτόκα ne signifie pas que les petits des animaux trop
jeunes sont des femelles (comme le croit Lambin : *feminae eduntur
potius quam mares*), mais que leurs propres petits, par une déficience
fonctionnelle, engendrent plutôt des femelles. Cet effet des unions
prématurées est encore signalé *Historia anim.*, VI, 19, 573 *b* 34, et
de Gener. anim., IV, 2, 766 *b* 29-30. La production de femelles est
toujours pour Ar. un signe de dégénérescence, la femelle n'étant
qu'un mâle mutilé et infertile (ἡ γυνὴ ὥσπερ ἄρρεν ἄγονον, *de Gener.
anim.*, I, 20, 728 *a* 18), par suite de la prédominance du principe
matériel sur le principe formel dans la génération. Pour des renseignements plus complets sur la génétique d'Ar., nous renvoyons à
deux notes de notre trad. de l'*Hist. anim.*, I, 280-281, et II, 464-
465 (avec les références au *de Gener. anim.*).

Quant à la *petitesse de taille* (μικρὰ τὴν μορφήν, l. 14, et μικροὶ
τὰ σώματα, l. 17), nous savons par l'*Eth. Nicom.*, IV, 7, 1123 *b* 7-8,
qu'elle est incompatible avec la beauté.

4. L. 16, ἐπιχωριάζεται est la lecture de Bonitz (*Ind. arist.*,
283 *a* 26), au lieu de ἐπιχωριάζει, donné par les mss.

Ajoutons qu'au cours de l'accouchement, les trop
jeunes épouses souffrent davantage et meurent en
plus grand nombre. C'est pourquoi tel était, au dire
de certains, le motif véritable de la réponse donnée
par l'oracle aux habitants de Trézène : le sens en 20
était que beaucoup d'entre eux mouraient parce que
les filles se mariaient trop jeunes, et il n'était
nullement question du ramassage des fruits[1]. De
plus, la tempérance[2] est intéressée aussi à ce qu'on
donne les filles en mariage à un âge plus tardif,
car celles qui se sont livrées de bonne heure aux
plaisirs de l'amour ont, selon l'opinion commune,
un penchant excessif pour la débauche. On admet
aussi d'ordinaire que les jeunes gens voient leur
développement physique compromis quand ils 25
entretiennent des rapports sexuels au moment
où le sperme est encore en plein accroissement,
car il y a aussi pour la semence[3] une période
déterminée, passé laquelle elle n'est plus aussi
abondante. C'est pourquoi il convient de fixer le
mariage des filles vers l'âge de dix-huit ans, et celui
des hommes à trente-sept ans ou un peu moins :
c'est dans les limites de ce temps, et tandis que le 30
corps est dans toute sa vigueur, que l'union des sexes
aura lieu, et l'arrêt de la faculté procréatrice
surviendra, par une heureuse rencontre, aux mêmes

---

1. Une scolie marginale (cf. IMMISCH, p. 326) nous a conservé
la réponse bien connue de l'oracle (τὸν χρησμόν, l. 19), qui est la
suivante : μὴ τέμνε νέαν ἄλοκα (*n'ouvrez pas un nouveau sillon, ne
labourez pas une terre vierge, laissez-la en friche*, avec cette conséquence
que les fruits cesseraient d'être ramassés). C'était là une phrase à
double sens, l'ouverture d'un nouveau sillon pouvant, grâce à l'adjectif νέαν, s'appliquer à la perte de la virginité d'une fille trop jeune.

L. 20, γαμίσκεσθαι, verbe très rare, peut être pris soit au passif
(LAMBIN), soit au moyen (BAILLY, LIDDELL et SCOTT) : c'est ce dernier
sens que nous adoptons.

2. La chasteté, les bonnes mœurs. Cf. les remarques pleines de
sens de *Hist. anim.*, VII, 1, 581 *b* 12-22.

3. Comme pour le corps entier. — Les l. 25-27 (ἐὰν ἔτι ... πληθύον
ἔτι) sont difficiles et le texte n'est pas sûr. Certains mss ont σώματος,
l. 26, au lieu de σπέρματος. Nous suivons IMM. et H. RACKHAM,
dont l'interprétation est claire (Sur ce texte, cf. NEWMAN, III,
465-466).

époques pour les deux époux[1]. — En outre, les enfants
(en supposant que leur naissance ait lieu, comme
on peut raisonnablement s'y attendre, aussitôt après
le mariage), prendront la suite des parents au moment
où ils entreront dans la période de leur plein
épanouissement et à une époque où les parents sont
déjà au déclin de l'âge, allant vers le chiffre de
35 soixante-dix ans.

Nous avons ainsi traité de l'âge auquel l'union doit
se conclure. Quant à la saison de l'année favorable,
nous pouvons nous en rapporter à l'usage général,
qui a décidé à bon droit, en accord avec la pratique
actuelle, que cette cohabitation se ferait en hiver[2].
Et ce sera aux époux eux-mêmes à se pénétrer
au moment voulu, à la fois des enseignements des
40 médecins et de ceux des physiciens sur la procréation
des enfants. Les médecins, en effet, fournissent des
indications adéquates sur les moments où le corps
est favorablement disposé à la procréation[3], et les
1335 b physiciens de leur côté, traitant de la question des
vents, marquent leur préférence pour les vents du
nord sur ceux du midi.

---

1. Cf. *supra*, 1. 10 et 11, et la note. La différence d'âge des époux
se répercutera sur l'époque où *cessera leur puissance génératrice*
(τὴν παῦλαν τῆς τεκνοποιίας, 1. 31), époque qui sera la même pour
l'homme et la femme.

L. 32, τοῖς μέν se rapporte aux *enfants*, et τοῖς δέ, 1. 34, aux
parents.

L'âge du mariage, 1. 29 et 30, ne correspond pas aux indications
de *Hist. anim.*, VII, 1, 582 *a* 16-28, où Ar. déclare que c'est à vingt
et un ans que les femmes sont dans la condition la plus favorable
pour enfanter. L'hésitation est la même chez Platon : les *Lois*
(IV, 721 *a b;* VI, 772 *d*, 785 *b*) donnent pour l'homme un âge allant
de 30 à 35 ans, ou parfois de 25 à 35, et pour la femme, soit de 16
à 20 ans, soit de 18 à 20. Contradictions difficilement explicables.

2. Déjà Pythagore, d'après Diogène Laërce, VIII, 9, était
d'avis qu'il fallait s'adonner l'hiver et non l'été aux plaisirs de
l'amour. A Athènes, on se mariait surtout au mois de Gamélion
(janvier).

3. Cf. *Lois*, II, 674 *b* (usage du vin interdit la nuit où l'on pro-
crée). — Sur l'influence des vents, que Pl. avait déjà notée (*Lois*,
V, 747 *d*), cf. aussi *de Gener. anim.*, IV, 2, 766 *b* 34. La raison pour
laquelle les vents du nord sont préférables est indiquée *Probl.*, I, 24,
862 *a* 27 et ss.

Le problème[1] de savoir quelles dispositions
physiques chez les parents seront spécialement
favorables à leur progéniture, doit faire l'objet
d'un examen plus attentif dans notre discussion sur
la façon de diriger les enfants[2] : il suffit pour le
moment d'en tracer une rapide esquisse. Le régime   5
des athlètes n'est utile ni à la bonne constitution
physique convenant à un citoyen[3], ni à la santé ou
à la procréation, pas plus d'ailleurs qu'un corps
exigeant trop de soins ou trop peu propre à supporter
la fatigue : ce qu'il faut, c'est la complexion tenant
le milieu entre les deux. Le tempérament doit par
suite avoir été entraîné à la fatigue, mais entraîné
non par des travaux violents ni pour une seule forme
de travail, comme le tempérament des athlètes,   10
mais pour les activités convenant aux hommes
libres[4]. Ces qualités physiques appartiendront
pareillement aux hommes et aux femmes.

Il importe aussi que les femmes enceintes veillent
avec soin sur leur corps : elles ne s'abandonneront
pas à l'indolence[5] et auront une nourriture
substantielle. Le législateur parviendra aisément
à ce double résultat en leur prescrivant de faire chaque
jour quelque voyage pour rendre l'hommage qui leur   15

1. Annoncé au début du ch., 1334 *b* 31 (καὶ ποίους τινάς). —
Cf. *Lois*, VI, 775 *a* et ss., où il est insisté sur la sobriété des époux
et leur bon état moral.

2. Ar. n'a en fait jamais abordé ce sujet. — Sur τύπῳ, l. 5, cf. III,
4, 1276 *b* 19, note.

3. L'εὐεξία πολιτική, l. 6, est cette *disposition favorable du corps*
qui rend le *citoyen* capable de supporter les fatigues de la guerre et
de remplir d'une façon générale ses devoirs envers la cité (*ad bonam
corporis constitutionem civili societati convenientem*, Lambin). Le
régime d'entraînement *excessif* (πόνοις βιαίοις, l. 9) et *spécialisé*
(πρὸς ἕνα μόνον) des athlètes ne convient pas au citoyen. Ar. se
souvient peut-être des âpres critiques de Xénophane (fgmt 2 Diels)
contre les athlètes, qu'il jugeait inutiles à la cité. D'autre part,
Platon (*Republ.*, III, 404 *a* et ss.) avait souligné le côté somnolent
et dangereux pour la santé du régime imposé aux athlètes.

4. Cf. Lambin : *habitu igitur corporis esse oportet laboribus
perferendis durato atque assuefacto laboribus non violentis, neque ad
unum laborem exercitato... sed ad hominum liberorum actiones.*

5. L. 13, μὴ ῥᾳθυμούσας : *neque torpentes desidia* (*Vet. transl.*).
En d'autres termes, elles prendront de l'exercice.

est dû aux divinités ayant reçu en partage la fonction de présider aux naissances[1]. Cependant il est bon que leur esprit, au contraire de ce qui est exigé pour le corps, passe le temps dans un calme plus complet, car les enfants tirent manifestement tous leurs caractères de la mère, comme les productions du sol, de la terre.

Passons au problème des enfants qui, à leur naissance, doivent être ou exposés ou élevés[2] :
20 qu'une loi défende d'élever aucun enfant difforme.

---

1. Cf. *Lois*, VII, 789 *e*, passage dans lequel la promenade est exigée des femmes enceintes ; VIII, 833 *b*, où des temples servent de but à la course. — Les divinités dont il est question sont sans doute Eileithyia et Artémis (cf. *Théét.*, 149 *b*).

2. Les cités grecques ont lutté jusqu'à la fin, pour des raisons politiques et économiques, contre un accroissement excessif des naissances, qui menaçait de compromettre l'équilibre jugé nécessaire entre le chiffre de la population et le montant des fortunes. Des préoccupations de cet ordre se font jour chez PLATON et chez AR. (cf. II, 6, 1264 *a* 38 et ss.). PLATON qui, dans les *Lois* (V, 737 *e*; cf. *supra*, 1265 *a* 10), limite le nombre des citoyens à 5040, et veut éviter à tout prix une incessante redistribution des lots, en arrive à interdire en certains cas la procréation, tout en conseillant aussi, dans l'hypothèse où ce remède serait insuffisant, la fondation de colonies par les citoyens en surnombre *(Lois*, V, 740 *c-e)*. L'*expositio* et l'avortement ne sont pas expressément nommés par lui, mais il préconise, en termes voilés, l'infanticide (*Republ.*, V, 460 *b* et *c*), et sur ce point ses recommandations s'inspirent des usages de Sparte (PLUT., *Lyc.*, XVI, 1).

La position d'AR., dans le présent passage, est différente de celle de PL., et elle accuse un progrès moral certain. Tout d'abord, il ne fait aucune allusion à l'infanticide et n'admet l'exposition que pour les enfants difformes. Mais dès qu'il s'agit de limiter le nombre des enfants, comme les mœurs sont défavorables à la pratique de l'exposition (ἡ γὰρ τάξις τῶν ἐθῶν κωλύει ..., l. 22, à moins qu'il ne faille lire ἐὰν ἡ τ. τ. ἐ. κωλύῃ, ce qui restreint considérablement la portée de cette affirmation), il préfère recourir à l'avortement, et encore est-ce à condition que l'embryon soit dans cette période comprise entre la conception et l'apparition de la vie végétative, pendant laquelle il n'est qu'un assemblage de chairs indifférenciées, c'est-à-dire en fait jusqu'au quarantième jour (cf. *Hist. anim.*, VII, 3, 583 *b* 10-13).

Sur ces honteuses tares des sociétés antiques, que la déchristianisation fait en partie revivre de nos jours, on consultera le travail de G. GLOTZ, *Études sociales et jurid. sur l'Antiq. gr.*, Paris, 1906 (*L'exposition des enfants*, p. 187 à 227).

Mais dans le cas d'accroissement excessif des naissances (comme le niveau des mœurs s'oppose à l'exposition de tout nouveau-né), une limite numérique doit dès lors être fixée à la procréation, et si des couples deviennent féconds au delà de la limite légale, l'avortement sera pratiqué avant que vie et sensibilité surviennent dans l'embryon : le [25] caractère respectable ou abominable de cette pratique sera déterminé par l'absence ou la présence de la sensibilité et de la vie.

Puisque nous avons déterminé à partir de quel âge homme et femme doivent s'engager dans les liens du mariage, nous devons fixer aussi la durée pendant laquelle il est convenable qu'ils continuent de servir l'État en ce qui regarde la procréation[1]. En effet, les enfants nés de parents trop âgés[2], comme ceux nés de parents trop jeunes, viennent au monde [30] dans un état déficient de corps et d'esprit, et les enfants des vieillards proprement dits sont d'une grande débilité. Aussi la période de procréation doit-elle correspondre à la pleine vigueur de l'intelligence, et celle-ci, dans le cas de la plupart des hommes, est précisément celle qui a été indiquée par plusieurs poètes[3], qui mesurent l'âge par périodes de sept ans : elle va jusqu'aux environs de l'âge de cinquante ans. Par conséquent, quand cet âge aura [35] été dépassé de quatre ou cinq ans, on sera déchargé de l'obligation de mettre des enfants au monde, et

---

1. La procréation est un *service public* (λειτουργεῖν, l. 28) : cf. *Republ.*, V, 460 *e*.

2. Qui ont dépassé l'âge de 50 ou 55 ans. L. 31, οἱ γεγηρακότες sont probablement les hommes qui ont dépassé 60 ou 65.

3. Cf. SOLON, fgmt 19 Diels (= fgmt 27 Bergk).

Le nombre 7 et la divisibilité par 7 jouent à plusieurs reprises un rôle important dans l'œuvre d'AR., et notamment dans ses écrits biologiques (cf. *Hist. anim.*, V, 20, 553 *a* 7 ; VI, 17, 570 *a* 30, et surtout VII, 1, 581 *a* 12). On y a décelé une influence pythagoricienne, transmise elle-même par l'ancienne médecine, et, avec une netteté particulière, par Alcméon de Crotone. Tout un traité de la *Collection hippocratique*, le περὶ Ἑβδομ. *(du Septenaire)*, VIII, 634, Littré, est consacré aux effets du nombre sept.

Sur la mystique du Septenaire, on se reportera aux intéressantes indications de P. M. SCHUHL, *Essai sur la formation de la pensée gr.*, Paris, 1934, p. 308 et ss.

pendant les années de vie restant à courir, on n'aura
de rapports sexuels que pour des raisons évidentes
de santé ou pour quelque autre cause analogue[1].
Quant aux relations du mari avec une autre femme
ou de l'épouse avec un autre homme[2], qu'on regarde
en tout temps comme une action déshonorante
toute atteinte à la foi conjugale, et cela d'une manière
40 absolue et sans exception, aussi longtemps que
le mariage subsiste et qu'on est appelé mari et femme.
Et si pendant le temps où la procréation peut avoir
1336 a lieu, on constate quelque infraction ce genre,
que le coupable soit frappé d'une *atimie*[3] proportionnée à sa faute.

17

<Les diverses étapes de l'éducation
de la jeunesse dans l'État idéal.>

Les enfants une fois nés[4], on doit se mettre dans
l'esprit que le mode d'alimentation adopté revêt
une grande importance pour la vigueur du corps.
5 Or il apparaît par l'observation des autres animaux
et par l'exemple des nations étrangères qui mettent
leurs soins à développer les habitudes guerrières,
que l'alimentation riche en lait est celle qui convient
le mieux au corps des enfants, avec le moins de vin

---

1. De même la *Republ.*, V, 459 *d*-461 *d*, accorde la liberté sexuelle
aux deux sexes à partir de l'âge où l'on n'est plus tenu d'avoir des
enfants, mais à condition que les rapports demeurent inféconds.

2. Cf. *Econom.*, I, 4, 1344 *a* 13. Voir aussi *Lois*, VI, 784 *e*, et VIII,
841 *d*.

L. 39, ἁπλῶς, *sans considération de temps*, par opp. à περὶ τὸν
χρόνον τὸν τῆς τεκνοποιίας, l. 41. — L. 40, μηδαμῇ μηδαμῶς,
nullatenus nullo modo (Vet. transl.).

3. Sur la *dégradation civique* (ἀτιμία), cf. III, 1, 1275 *a* 21, note.

4. Ce chapitre reprend les termes mêmes qui ouvrent le VIIᵉ livre
des *Lois* (788 *a*), consacré à l'éducation et qu'Ar. a eu constamment
sous les yeux. — L. 3, μεγάλην εἶναι διαφοράν = μέγα διαφέρειν,
multum interesse (LAMBIN).

possible en raison des maladies dont il est la source[1].
De plus, il est recommandé de faire accomplir aux
enfants de cet âge tous les mouvements auxquels
ils peuvent se livrer. Mais afin d'éviter une torsion 10
de leurs membres délicats, on se sert encore
aujourd'hui chez certains peuples, de divers appareils
artificiels qui maintiennent le corps de ces enfants
dans une position rigide[2]. Il est également utile
d'habituer les enfants au froid dès l'âge le plus
tendre, ce qui est on ne peut plus favorable à la fois
à leur santé et à leur préparation aux travaux de
la guerre. C'est pourquoi chez beaucoup de peuples 15
barbares, c'est une coutume tantôt de plonger les
enfants à leur naissance dans une rivière bien froide,
tantôt, comme chez les Celtes, de les couvrir de
vêtements légers. Car pour toutes les habitudes
qu'il est possible de contracter, il est préférable d'y
exercer les enfants en commençant de très bonne
heure, mais on les y exercera progressivement ;
et la complexion des enfants, par sa chaleur latente, 20
se prête naturellement à être entraînée au froid.
Tels sont donc les soins et d'autres de même sorte
qu'il est bon de donner aux enfants du premier âge.

A l'âge suivant, jusqu'à la cinquième année[3],
pendant lequel il ne convient pas encore d'appliquer
l'enfant à aucune étude, ni à des travaux contraignants, pour ne pas gêner sa croissance, on doit 25
néanmoins lui laisser une liberté suffisante de
mouvement de façon à éviter la paresse des organes,
ce qu'on réalisera au moyen d'activités variées et
notamment par le jeu. Mais même les jeux ne
devront être ni indignes d'enfants libres, ni fatigants,
ni relâchés. Et la question de savoir quelles sortes 30
de récits et de fables les enfants de cet âge doivent
entendre sera du ressort des magistrats appelés

1. Le vin, surtout le vin rouge, engendre des convulsions chez
les enfants (*de Somno*, 3, 457 a 14 ; *Hist. anim.*, VII, 12, 588 a 6).

2. Il s'agit sans doute d'*attelles* ou d'*éclisses* destinées à maintenir
les bras et les jambes. PLATON (*Lois*, VII, 789 e) se contentait de
recommander l'emmaillotement.

3. Les *Lois* (VII, 793 d e) donnent l'âge de 3 à 6 ans (et non 5) :
c'est l'époque du jeu réglementé, sur lequel PL. apporte de nombreux
détails.

pédonomes[1] : car tous les amusements de ce genre
doivent préparer les voies aux occupations qui
seront plus tard les leurs, et c'est pourquoi il est bon
que les jeux des enfants soient, pour la plus grande
partie, des imitations des activités sérieuses de leur
vie à venir[2]. Les efforts de voix des enfants et leurs
35 cris plaintifs sont interdits par le législateur dans les
Lois[3], mais cette défense est injustifiée, car ces
manifestations sont utiles à la croissance, devenant
d'une certaine façon une gymnastique pour le corps :
la rétention du souffle respiratoire[4], en effet, donne
de la vigueur dans les travaux pénibles, et cela
arrive également chez les petits enfants dans leurs
efforts pour crier. Les pédonomes doivent encore
40 surveiller la façon dont les enfants passent leur temps,
et en particulier faire en sorte qu'ils fréquentent le
moins possible des esclaves, puisque à cet âge et
1336 *b* jusqu'à sept ans, ils sont forcément élevés à la
maison[5]. Il est donc vraisemblable que, même à cet
âge, ils peuvent recevoir de ce qu'ils voient et enten-

---

1. Cf. *Republ.*, II, 376 et ss., où PL. rejette les fables qui défigurent
les dieux. S'en prenant principalement à HÉSIODE et à HOMÈRE,
il critique avec âpreté les récits mythologiques. — L. 30, λόγος est
à peu près syn. de μῦθος, qui suit : *argumentum, fabula carminis
alicujus epici vel dramatici* (*Ind. arist.*, 433 *b* 15 et 19).

2. *Lois*, I, 643 *b*, et les exemples donnés.

3. VII, 791 *e* et 792 *a*. — L. 34, διατάσεις, *contentiones vocis*,
et κλαυθμούς, *ploratus* (LAMBIN).

4. Le σύμφυτον πνεῦμα (*souffle inné, congénital, vis spiritus*) est,
dans la biologie aristotélicienne, la source de la vie organique. Sa
καθέξις (*retentio* ou *suspensio*: ἐποχή, dit MICHEL d'Éphèse, *in
Parva nat. comm.*, 51, 19, WENDLAND) est génératrice de force (cf.
de Somno, 2, 456 *a* 17 ; *de Motu anim.*, 10, 703 *a* 9 ; *de Gen. anim.*, II,
4, 737 *b* 36). Un opuscule pseudo-aristotélicien, *de Spiritu* (dont
W. JAEGER a donné une bonne édition, Leipzig, 1913, et que nous
avons traduit à la suite de nos *Parva natur.*, p. 175-194) est consacré
à l'étude du πνεῦμα. Sur l'importance de cette notion en biologie,
on consultera W. JAEGER, *Das Pneuma in Lykeion*, dans *Hermes*,
XLVIII, 1913, p. 29-74, et surtout l'important appendice de
A. L. PECK, à son édition du *de Gener. anim.*, Londres et Cambridge-
Massach., 1943, p. 576-593. Les principaux textes d'AR. sur le πνεῦμα
sont réunis *Ind. arist.*, 606 *a* 40 et ss.

5. Où la présence d'esclaves souvent nombreux rend le danger
de contamination plus grand.

dent, des impressions indignes de leur condition
libre. Par conséquent, le législateur doit, plus que
toute autre chose, bannir absolument de son État
l'indécence du langage (car d'une parole honteuse 5
quelconque dite légèrement on est bien près de passer
à l'action), et en préserver surtout les jeunes, de
façon qu'ils ne répètent ni n'entendent rien de
semblable[1]. Surprend-on cependant quelqu'un en
train d'enfreindre cette interdiction par la parole
ou par la conduite ? Si c'est une personne libre
mais trop jeune encore pour avoir le privilège de
s'asseoir dans les repas en commun[2], qu'on la punisse 10
par des marques de mésestime et des châtiments
corporels ; et si elle est d'un âge plus avancé, que
la sanction consiste alors en des marques d'infamie
dégradantes pour un homme libre, parce que son
comportement a été d'un esclave. Et puisque nous
bannissons tout propos de ce genre, nous devons
bannir évidemment aussi la vue de peintures ou
de représentations déshonnêtes. Que les magistrats 15
aient donc soin de ne tolérer ni sculpture, ni tableau
représentant des actions indécentes, sinon toutefois
dans les temples d'une certaine catégorie de dieux
pour lesquels la coutume admet aussi[3] la plaisanterie
grossière ; en outre, la loi autorise les personnes d'un
âge déjà avancé à honorer ces dieux à la fois pour
eux, leurs enfants et leurs femmes[4]. Mais il ne faut

1. Mêmes recommandations *Lois*, V, 729 *b*. — L. 6, nous
remplaçons le point en haut par une virgule après la parenthèse
(σύνεγγυς).

2. C'est-à-dire avant 21 ans (cf. *infra*, l. 38).

3. L. 16, καί : *aussi bien* que des statues et peintures indécentes.
Ar. vise les mystères de Dionysos, Dèmèter et Corè et autres dieux de
ce genre. On sait que des désordres se glissaient souvent dans les
manifestations religieuses où le *phallus* était honoré. La *loi* (νόμος)
dont il est question, l. 17 et 18, est évidemment la loi non écrite.

4. La phrase πρὸς δὲ τούτοις ... τοὺς θεούς (l. 17-19) n'est pas sûre.
Le sens cependant nous semble clair. Les dieux qui supportent d'être
honorés par des plaisanteries scurriles reçoivent aussi les hommages
(le verbe τιμαλφεῖν, rare en prose, a le sens d'*honorer*) de gens
suffisamment âgés pour ne pas se scandaliser *(eos qui habent aetatem
amplius provectam, Vet. transl.)*. Nous pensons qu'il est inutile
de comprendre πρὸς δὲ τούτοις comme s'il y avait πρὸς δὲ τούτων

20 pas laisser les jeunes gens être spectateurs de iambes ou de comédies[1] avant d'avoir atteint l'âge où ils seront admis à s'asseoir aux repas en commun et à boire avec excès, et où l'éducation les aura tous immunisés contre les fâcheux effets provenant de telles représentations.

Pour le moment c'est en courant que nous avons traité ce sujet. Mais plus tard nous y reviendrons[2],
25 et il nous faudra déterminer avec plus d'exactitude et rechercher à fond si tout d'abord le législateur doit ou ne doit pas permettre aux jeunes gens d'assister à ces spectacles, et de quelle façon assurer cette interdiction[3]. Mais dans la présente occasion nous n'avons fait mention de cette question qu'autant qu'il était nécessaire. Car[4], sans doute, THÉODORE, l'acteur tragique, n'avait pas tort de dire sur un sujet analogue, qu'il n'avait jamais laissé aucun acteur se produire avant lui sur la scène, pas même

---

τοῖς ἱεροῖς, suivant une conjecture de l'apparat de l'éd. IMMISCH. Une correction plus acceptable serait de remplacer, avec SUSEMIHL, ἔτι, l. 18, par ἤδη, que le sens appelle.

1. Le mètre *iambique* ou *satyrique*, d'où, selon AR. (*Poet.*, 4, 1449 *a* 11), la comédie est sortie, servait à lancer des railleries et était souvent peu libre. On le déclamait aux fêtes de Dionysos, où figurait le *phallus*. — Sur la comédie proprement dite, cf. *Poet.*, 5. On connaît les audaces de la comédie grecque.

L. 23, au lieu de πάντας, on serait tenté de lire, avec SUSEMIHL, πάντως.

2. AR. n'a nulle part tenu sa promesse.

3. AR. s'exprime avec concision, et nous avons paraphrasé légèrement. Les mots εἴτε μὴ δεῖ, κ.τ.λ. ont le sens de νομοθετεῖν (rappelons qu'il s'agit toujours de l'État idéal) τοὺς νεωτέρους εἶναι θεατὰς ἰάμβων καὶ κωμῳδίας. — L. 26, le verbe διαπορεῖν a son sens ordinaire de *parcourir en tous sens une difficulté*, indiqué déjà dans notre note sous III, 4, 1276 *b* 36.

4. La raison pour laquelle il n'est pas nécessaire *pour le moment* (κατὰ δὲ τὸν παρόντα, l. 26) de nous arrêter à cette question, c'est que l'acteur THÉODORE (dont AR. fait encore mention, *Rhetor.*, III, 2, 1404 *b* 22) a traité un problème analogue. Les premières impressions sont toujours les plus fortes et celles que nous préférons : cette vérité s'applique non seulement aux rapports de l'acteur et de son *public* (πρὸς τὰς τῶν ἀνθρώπων ὁμιλίας, l. 31), seul point envisagé par Th., mais encore dans nos rapports avec la *réalité* en général (πρὸς τὰς τῶν πραγμάτων), et c'est pourquoi il faut protéger la jeunesse contre tout ce qui peut la dépraver (les iambes et la comédie).

un acteur de second ordre, parce que les spectateurs 30
sont toujours conquis par les paroles qu'ils entendent
les premières. Or ce même phénomène se produit
non seulement dans nos relations avec les personnes,
mais encore dans nos relations avec les choses :
toujours nous affectionnons davantage celles avec
lesquelles nous avons pris contact en premier lieu.
Aussi est-ce un devoir de rendre étrangères à l'esprit
des jeunes gens toutes les choses moralement
condamnables, et principalement celles qui impliquent
dépravation ou malignité.

Mais les cinq premières années écoulées, durant 35
les deux années suivantes jusqu'à sept ans, les
enfants doivent alors assister en spectateurs aux
enseignements[1] qu'il leur faudra s'assimiler eux-
mêmes plus tard. Et il y a deux âges selon lesquels
il est indispensable de diviser l'éducation[2] : à partir de
la septième année jusqu'à la puberté, et de nouveau
à partir de la puberté jusqu'à vingt et un ans. Car 40
les poètes[3], qui divisent les âges par périodes de sept
ans, ne parlent pas la plupart du temps à la légère,
et il est bon de suivre la division naturelle, puisque **1337 a**
tout art et toute éducation tendent à combler les
déficiences de la nature[4]. Aussi devons-nous examiner
d'abord s'il faut établir une certaine réglementation

---

1. La gymnastique principalement et la musique. Les enfants,
jusqu'à l'âge de 7 ans, regardent ce qu'ils feront eux-mêmes plus tard
(cf. *Republ.*, V, 466 *e* et 467 *a*).

2. Nous entrons dans la παιδεία proprement dite, qui fait suite
à la τροφή des premières années. — Sur l'âge critique de 21 ans, cf.
les remarques de *Hist. anim.*, VII, 1, 582 *a* 16 et ss.

La division marquée ici par la puberté est assez différente de la
pratique des États grecs, qui divisaient généralement la vie en trois
périodes : de la naissance à 6 ou 7 ans, de 7 à 18 ans, et l'éphébie de
18 à 20 ans (cf. P. GIRARD, *l'Éducation athénienne*, 2ᵉ éd., Paris, 1891).
On se reportera aussi au dialogue pseudo-platonicien *Axiochos*,
366 *d* et 367 *a*, qui contient un tableau alerte, dont quelques détails
ont été contestés, de l'éducation au ivᵉ siècle.

Cf. aussi *supra*, IV, 9, 1294 *b* 22, note.

3. Solon (cf. 16, 1335 *b* 33). — L. 1337 *a* 1, κακῶς est une correction
de M. A. MURET, au lieu de καλῶς.

4. Même idée *Phys.*, II, 8, 199 *a* 15 (cf. le comm. d'HAMELIN,
Ar. Phys. II, p. 153-154) : l'éducation, comme l'art, complète la
nature.

de l'éducation des enfants ; ensuite s'il est avantageux
d'en confier le soin à la communauté ou à l'initiative
5 privée (comme cela a lieu encore aujourd'hui dans
la plupart des cités) ; et en troisième lieu, quel plan
d'éducation adopter[1].

---

1. Trois questions. La première consiste à se demander si c'est
à l'autorité publique de *régler* (τάξιν, l. 4) la παιδεία : AR. y répond
VIII, 1, 1337 *a* 11-21. La seconde question (l'éducation doit-elle être
aux mains *de l'État*, κοινῇ, ou aux mains *des particuliers*, κατ' ἴδιον
τρόπον, du père de famille par exemple) est résolue 1337 *a* 21-33.
Enfin la troisième est traitée pendant tout le reste du VIII⁰ livre
(d'une manière d'ailleurs incomplète, puisque le livre est inachevé).

LIVRE VIII

1

<L'éducation dans l'État idéal.
Principe de l'éducation par l'État¹. >

Qu'ainsi donc le législateur doive s'occuper avant
tout de l'éducation de la jeunesse, nul ne saurait
le contester². Et effectivement les États qui se
désintéressent de ce devoir en éprouvent un grave
dommage pour leurs constitutions, puisqu'il faut
que l'éducation reçue soit adaptée à chaque forme
particulière de constitution : car chaque sorte de
constitution a ses mœurs propres qui assurent
d'ordinaire la conservation de l'État, de même 15
qu'elles président à son établissement à l'origine³ :
par exemple des mœurs démocratiques engendrent

1. Le livre VIII est, dans certaines éditions (Newman
notamment), le livre V.

2. Les l. 11-21 sont la réponse à la question posée à la fin du livre
précédent, VII, 17, 1337 *a* 3-4 (voir la note l. 7) : doit-on organiser
systématiquement l'éducation de la jeunesse ?

3. Cf. I, 13, 1260 *b* 13 et ss. ; V, 9, 1310 *a* 12-18 ; voir aussi *Eth.
Nicom.*, X, 10, 1180 *a* 24 et ss., où Ar. pose en principe l'éducation
par l'État.

Le rôle de l'État éducateur est de créer ou de renforcer les mœurs
et les habitudes conformes à l'esprit même de la constitution, et qui
puissent assurer la durée du régime politique après avoir présidé
à son établissement. Sans mœurs fortement enracinées la loi est
impuissante. Déjà dans la *République*, VIII, 544 *d*, Platon soutenait
qu'il y a nécessairement autant d'espèces de caractères d'hommes qu'il
y a de formes de gouvernement, et que ces formes ne peuvent sortir
que des mœurs.

Sur ἦθος (et ἤθη), l. 14 et 18, *caractères, mœurs, esprit, comportement
habituel*, cf. VI, 1, 1317 *a* 39, note. L. 16 et 17, devant δημοκρατικόν
et ὀλιγαρχικόν, il faut sous-entendre ἦθος.

une démocratie, et des mœurs oligarchiques une oligarchie, et une constitution est toujours d'autant meilleure qu'elle procède d'un esprit lui-même excellent. En outre, toutes les potentialités et tous les arts supposent, en vue de l'exercice de chacun
20 d'eux, une éducation préalable et des habitudes préalables, de sorte qu'il en est encore évidemment de même pour la pratique de la vertu[1].

Et puisqu'il y a une fin unique pour l'État tout entier[2], il est manifeste également que l'éducation doit nécessairement être une et identique pour tous, et que le soin de l'assurer relève de la communauté et non de l'initiative privée, contrairement à ce qui se passe à notre époque où chacun veille à l'éducation
25 de ses propres enfants en particulier et leur dispense un enseignement d'après ses idées personnelles,

---

1. L'éducation et les habitudes qu'elle fait prendre sont nécessaires non seulement pour édifier ou affermir la constitution (l. 14-18), mais aussi en vue de la pratique de la vertu, qui exige un « entraînement » préalable. Toute δύναμις, toute τέχνη (sur le sens de δύναμις, cf. II, 8, 1268 b 36, note, où il est expliqué comment une τέχνη est δύναμις), ne peut s'exercer sans une éducation appropriée, préalable à l'acte même, et il n'en est pas autrement pour l'exercice de la vertu.

2. Les l. 21-33 répondent à la seconde question posée VII, 17, 1337 a 4-5 : est-ce à l'État ou à l'initiative privée qu'on doit faire appel pour l'éducation de la jeunesse ? Ar. va donner deux raisons en faveur de l'éducation par l'État (l. 21-27 et 27-30). Ces raisons ne sont certes pas décisives, mais elles sont l'application de l'idée, développée au début de l'*Eth. Nicom.* (I, 1, 1094 b 3 et ss.), d'après laquelle l'homme est un animal πολιτικόν ; le bien de l'individu se confond avec celui de la cité, et l'individu ne s'épanouit pleinement qu'au sein de la société politique ; enfin, l'Éthique est à la Politique comme un art subordonné à l'égard d'un art architectonique. Ces idées n'étaient pas neuves, et déjà PLATON réclamait une éducation publique, commune à tous et en rapport avec le régime politique. Avec une logique rigoureuse, la *République* proscrivait tout individualisme et recommandait le communisme des femmes et des enfants. Ar., nous l'avons vu au livre II, plus réaliste que son maître et plus soucieux d'adaptation aux situations données (les *Lois*, du reste, avaient esquissé de timides réformes dans le même sens), rejette le communisme familial et entend l'unité de l'État d'une manière infiniment plus souple que PLATON : cette unité n'est pas l'uniformité et n'exclut nullement la variété des éléments composants. Il reste cependant que l'éducation publique et la même pour tous est, pour lui comme pour PLATON, le moyen le plus puissant de sauvegarder l'unité morale de la cité et le respect des institutions établies.

comme il l'entend[1]. Mais il est bon que les choses
qui intéressent la communauté tout entière fassent
aussi l'objet d'un exercice en commun. Et en même
temps, il n'est même pas exact de penser qu'un citoyen
s'appartient à lui-même : en réalité, tous appartiennent à l'État[2], car chaque citoyen est une partie
de l'État, et le soin de chaque partie est naturellement 30
orienté vers le soin du tout[3]. A cet égard les
Lacédémoniens ne sauraient mériter que des éloges,
car ils prennent le plus grand souci de l'éducation
des enfants et font de cette éducation une affaire
d'intérêt public.

2

<L'éducation dans l'État idéal.
Les études libérales et les autres.>

Qu'ainsi donc la loi ait le devoir d'établir des
règles pour l'éducation et la rendre commune[4],
cela n'est pas douteux. Mais il ne faut pas passer
sous silence quelle est la nature de l'éducation et
de quelle façon elle doit être dispensée. A l'heure 35
actuelle, en effet, on est en désaccord sur les matières
à enseigner[5] : tous les hommes n'ont pas les mêmes
opinions sur les choses que la jeunesse doit apprendre,
soit en vue de la vertu, soit en vue de la vie la plus
parfaite[6] ; et on ne se rend pas non plus clairement

1. Même idée, *Lois*, VII, 804 *c d.*
2. *Lois*, XI, 923 *a b.*
3. *Lois*, X, 903 *b.*
4. En d'autres termes, faire de l'éducation une affaire d'intérêt
public, une fonction de l'État.
5. Sur περὶ τῶν ἔργων, l. 36, cf. *Ind. arist.*, 286 *a* 34 : περὶ τῶν
ἔργων τῆς παιδείας, *i. e. de iis rebus quae doceri juvenes oporteat,*
opp. πῶς χρὴ παιδεύεσθαι (l. 34).
6. La vie la plus parfaite, c'est-à-dire la vie heureuse (qui pour
les Spartiates, par exemple, est la vie du guerrier) ne se confond pas
nécessairement avec la vertu ; mais la vertu est la condition de la vie
heureuse, et ces deux notions sont souvent jumelées (comme *Eth.
Nicom.*, X, 1, 1172 *a* 24).

compte s'il convient de viser au développement
de l'intelligence plutôt qu'à celui des qualités de
l'âme[1]. Et si nous prenons comme point de départ
de notre enquête l'éducation qui se pratique
40 journellement sous nos yeux, notre perplexité est
grande : on ne voit pas du tout si la jeunesse doit
cultiver les connaissances utiles à la vie, ou celles
qui tendent à la vertu, ou enfin les connaissances
sortant de l'ordinaire[2] (car ces trois opinions ont
toutes rallié des suffrages) ; bien plus, en ce qui
1337 b concerne les moyens conduisant à la vertu[3], il n'existe
aucun accord (car, partant d'idées différentes, tous
les hommes ne tiennent pas la même vertu en
honneur, de sorte qu'il est naturel qu'ils diffèrent
aussi sur son exercice)[4].

Certes, il n'est pas douteux que la jeunesse doive
être instruite dans ces arts utiles qui sont absolument
indispensables[5] ; mais, d'un autre côté, il est manifeste
5 que l'enseignement ne doit pas porter sur *tous*

---

1. L. 39, τὸ τῆς ψυχῆς ἦθος, *animi mores* (LAMBIN), *animi virtutes*,
est l'équivalent de τὰ ἤθη : ce sont les *dispositions de l'âme*, dont
l'ensemble constitue ce qu'on nomme le « caractère ».

2. Sur l'opposition de τὰ χρήσιμα, l. 41 (ou τὰ συμφέροντα, ou
τὰ ἀναγκαῖα, *utilia*, *necessaria*), et de τὰ περιττά, l. 42 (ou τὰ
θαυμασία, ou χαλεπά, ou δαιμόνια, *supervacanea* traduit LAMBIN,
eximia, les *disciplines supérieures* comme la philosophie), cf.
notamment *Eth. Nicom.*, VI, 7, 1141 b 5-6, et les références de l'*Ind.
arist.*, 585 a 53. — La métaphore πάντα εἴληφε ταῦτα κριτάς τινας,
l. 42 (*haec judicibus quibusdam nituntur*, dit LAMBIN), se rencontre
aussi *Metaph.*, A, 8, 989 a 6, et BONITZ l'interprète : *unius tulit
judicis suffragium* (in *Metaph. comm.*, p. 100).

3. Pour ceux qui adoptent la seconde opinion (l. 40).

4. « Ne faut-il pas, disait Socrate dans *Lachès*, 190 b, que nous
possédions avant tout la connaissance de la vertu ? Car si nous
n'avons aucune idée de ce que la vertu peut être, comment pourrions-
nous donner à personne un conseil sur le meilleur moyen de
l'acquérir ? » (A. CROISET). Or il existe, en fait, diverses opinions
sur la nature de la vertu : les Spartiates, par exemple, l'identifient
à la valeur militaire, qui n'est qu'une partie de la vertu (cf. VII, 15,
1334 a 40).

5. Ainsi les *Lois*, VII, 817 e-818 a, admettent qu'il est indispensable
de posséder des notions élémentaires d'arithmétique, de géométrie
et même d'astronomie. Mais ces sciences ne doivent pas faire l'objet
d'études trop poussées, qui sont réservées aux spécialistes.

L. 5, πάντα, *i. e.* τὰ χρήσιμα (et non τὰ ἀναγκαῖα).

les arts utiles, étant donnée la distinction établie
entre les tâches convenables pour un homme libre
et celles qui ont un caractère servile : parmi les
activités utiles de cette sorte les jeunes gens ne
participeront qu'à celles qui ne feront pas de celui
qui s'y livre un être sordide et grossier[1]. Or on doit
regarder comme sordide toute tâche, aussi bien que
tout art et toute discipline, qui a pour effet de rendre
les hommes libres impropres à l'usage et à la pratique   10
de la vertu, soit dans leur corps, soit dans leur âme,
soit dans leur intelligence. C'est pourquoi tous les
arts de ce genre qui entraînent pour le corps une
disposition vicieuse, nous les traitons de sordides,
et nous en disons autant des besognes salariées[2],
car ils privent l'esprit de tout loisir et de toute
élévation[3]. Et même dans le domaine des sciences
libérales, bien que jusqu'à un certain point il ne soit   15
pas indigne d'un homme libre de s'adonner à certaines
d'entre elles, cependant s'y livrer avec excès d'une
façon trop approfondie[4], c'est s'exposer aux conséquences dommageables dont nous venons de parler.
Il y a aussi une grande différence suivant le but qu'on
se propose dans l'action ou dans l'étude[5] : si c'est
pour soi, ou pour ses amis, ou en vue d'une excellence

1. Bon pour le travail manuel. On pourrait d'ailleurs comprendre
ces derniers mots : ... « ne feront pas de celui qui s'y livre un ouvrier
manuel ».

2. Même d'un ordre plus relevé que les travaux manuels. Ar.
pense peut-être aux Sophistes, qui vendaient leur enseignement
à haut prix, alors que lui-même estime que le professeur ne doit rien
exiger de ses |élèves (ἐπιστήμη καὶ χρήματα οὐχ ἑνὶ μετρεῖται, dit
l'*Eth. Eud.*, VII, 10, 1243 *b* 22 ; cf. aussi *Eth. Nicom.*, IX, 1, 1164 *b* 2).

3. Comme chez l'esclave, incapable de toute culture faute de
loisirs (VII, 15, 1334 *a* 20).

4. Sur πρὸς ἀκρίβειαν, l. 17, cf. Newman, III, 122 *(Crit. notes)* :
la *Vetus transl.* traduit : *ad perfectionem*, comme s'il y avait πρὸς τὸ
ἐντελές (qui est la lecture de Bekker). En tout cas, le sens est clair.
Le citoyen modèle doit avoir « des clartés de tout », mais fuir toute
spécialisation : voir, par exemple, ce qui est dit de la musique, *infra*,
6, 1340 *b* 40 et ss. Socrate ne pensait pas autrement *(Memor.*, IV,
7, tout entier, et *Lois*, VII, 810 *b)*.

5. Idée déjà développée VII, 14, 1333 *a* 6-12.

à acquérir[1], il n'y a là rien d'indigne d'un homme
20 libre ; mais si la même action est accomplie pour
d'autres personnes, on paraîtra souvent agir en
mercenaire et en esclave. Quoiqu'il en soit, les
disciplines présentement répandues, ainsi que nous
l'avons dit plus haut[2], penchent dans ces deux
directions.

3

*<L'éducation dans l'État idéal. Grammaire,
culture physique et musique.>*

Les matières enseignées d'ordinaire peuvent être
ramenées à quatre principales : grammaire[3],
gymnastique, musique, et en quatrième lieu, d'après
25 certains, dessin, la grammaire ainsi que le dessin
étant enseignés comme étant utiles aux besoins de
la vie et servant à des usages multiples, et la
gymnastique comme intensifiant le courage. —
Mais au sujet de la musique une difficulté peut dès
lors se poser. De nos jours, en effet, la plupart des
hommes s'y adonnent comme à un art d'agrément,
mais quand à l'origine on lui réserva une place dans
30 l'éducation, ce fut parce que la nature elle-même,
ainsi que nous l'avons dit bien des fois[4], demande

---

1. L. 19 : αὐτοῦ χάριν : voir *supra*, I, 4, 1254 *a* 14 ; *Metaph.*, A,
2, 982 *b* 25 (l'homme libre est celui qui est à lui-même sa fin, et n'est
pas la chose d'un autre). — φίλων[χάρ.] : cf. aussi *Lois*, XI, 919 *d e.* —
δι' ἀρετήν : cf. *infra*, 6, 1341 *b* 10. B. Jowett traduit exactement,
selon nous, *with a view to excellence* ; H. Rackham prend ἀρετή
au sens moral : *on moral grounds*.

2. 1, 1337 *a* 39. Parmi ces connaissances, les unes ont un caractère
libéral, et les autres un caractère servile. — L. 23, ἐπαμφοτερίζουσι,
in utramque partem vergunt (Lambin : *ancipites sunt et in utramque
partem valent*).

3. τὰ γράμματα comprend la lecture et l'écriture (cf. *Lois*, VII,
810 *b*) et sans doute les éléments de l'arithmétique. La grammaire
est enseignée par le *grammatiste* (γραμματιστής).

4. II, 9, 1271 *a* 41 et ss. ; VII, 14, 1333 *a* 16-1334 *b* 3.

Ar. reviendra longuement sur la musique dans les ch. 5 et suivants.

que nous soyons capables non seulement de nous livrer correctement aux travaux de la vie active, mais encore d'occuper noblement nos loisirs : car, pour le répéter une fois de plus[1], c'est là le principe de toutes nos actions. Si, en effet, travail et loisir sont l'un et l'autre indispensables, le loisir est cependant préférable à la vie active et plus réellement 35 une fin, de sorte que nous avons à rechercher à quel genre d'occupations nous devons nous livrer pendant nos loisirs. Ce n'est sûrement pas au jeu[2], car alors le jeu serait nécessairement pour nous la fin de la vie. Or si cela est inadmissible, et si les amusements doivent plutôt être pratiqués au sein des occupations sérieuses (car l'homme qui travaille a besoin du délassement[3], et le jeu est en vue du délassement, alors que la vie active s'accompagne toujours de fatigue et de tension), pour cette raison nous ne 40 laisserons les amusements s'introduire qu'en saisissant le moment opportun d'en faire usage[4], dans l'idée de les appliquer à titre de remède, car l'agitation que le jeu produit dans l'âme est une détente et, en raison du plaisir qui l'accompagne, un délassement. **1338** a Le loisir, en revanche, semble contenir en lui-même le plaisir, le bonheur et la félicité de vivre[5]. Mais ce bonheur n'appartient pas aux gens occupés, mais

1. VII, 14, 1334 a 2-10. — L. 32, αὕτη, à savoir σχολάζειν δύνασθαι καλῶς, mots qui précèdent immédiatement.

2. Cf. *Eth. Nicom.*, X, 6, 1176 b 27 et ss. (p. 507 et notes de notre trad.) ; voir aussi *Lois*, VII, 803 d e.

L. 36, il faut sous-entendre ἂν ἦν avant ἀναγκαῖον.

3. Sur ἀνάπαυσις, *repos, détente* au cours du travail (l. 38 et 39), cf. VII, 14, 1333 a 31, note.

4. C'est-à-dire pendant le travail sérieux. La παιδία (l. 41) est un remède, parce que, à la différence de la nourriture, son usage est intermittent (cf. *Econom.*, I, 5, 1344 b 10).

5. De sorte que le jeu devient pour lui inutile. — La suite des idées, l. 41-1338 a 3, est celle-ci. L'activité de jeu est un délassement dans le travail ; c'est une *sorte de remède* (φαρμακείας χάριν, l. 41), d'application intermittente, nous dirions une « soupape de sûreté ». Le *mouvement* que l'âme en reçoit (ἡ τοιαύτη κίνησις, l. 42) est pour elle une *détente* (ἄνεσις), due au plaisir dont le jeu est toujours accompagné. Le loisir, au contraire, étant un plaisir et un bonheur *par lui-même* (αὐτό, l. 2), n'a nul besoin de l'activité de jeu.

seulement à ceux qui mènent la vie de loisir[1] : car l'homme occupé travaille en vue de quelque fin, envisagée comme n'étant pas encore en sa possession, 5 alors que le bonheur est une fin, laquelle, au jugement de tous les hommes, s'accompagne toujours de plaisir et non de peine, quoique tous les hommes[2] n'aillent pas jusqu'à concevoir ce plaisir de la même façon, mais que chacun suive sa manière individuelle de sentir et son caractère propre, le plaisir de l'homme le plus parfait étant le plus parfait de tous et qui procède des sources les plus nobles. On voit ainsi 10 clairement que certaines matières doivent être apprises et entrer dans un programme d'éducation en vue de mener la vie de loisir[3], et que ces connais-

---

1. L. 3-13. Ar. poursuit son exposé. Le bonheur (τοῦτο, l. 3) que constitue le loisir en lui-même est étranger aux gens actifs. Pourquoi ? Parce que le *bonheur* est en lui-même une *fin* (εὐδαιμονία τέλος, l. 5), fin qui *s'accompagne toujours de plaisir* (μεθ' ἡδονῆς, l. 6), alors que les gens occupés travaillent en vue d'arriver au bonheur, fin qu'ils n'ont pas encore atteinte. Nous sommes ainsi en présence de deux sortes d'activités bien tranchées : l'une, le loisir, qui est en lui-même bonheur et fin, désirable par lui-même, et l'autre, la vie des affaires, qui n'est qu'un moyen pour atteindre le bonheur inséparable du loisir (*Ex alia parte qui negotiatur, negotiatur acquirendi gratia aliquid quod sibi deest, et negotiatur cum labore; felicitas autem non est cum labore, sed cum voluptate et quiete, et non est negotiatio ad acquirendum alium finem, sed est ipse finis, quem per omnes negotiationes intendimus : ergo felicitas consistit in otio*, Sylv. Maurus, 737[2]). De là découlera (ὥστε φανερὸν ὅτι, l. 9) la distinction (et c'est là où Ar. veut en venir) entre les deux genres d'études : celles qui préparent à la vie active et qui ne sont, comme celle-ci, que des moyens, et celles qui préparent à la vie de contemplation et de loisir, et qui sont, comme le loisir lui-même, des fins en elles-mêmes.

2. Réflexion incidente (l. 7-9) : tout le monde est d'accord pour admettre que le plaisir accompagne toujours le bonheur, mais les opinions ne concordent plus dès qu'il s'agit de préciser la nature de ce plaisir : chacun a sur ce point ses préférences individuelles (pour les uns c'est le plaisir des sens, pour d'autres le plaisir de l'esprit, etc.), et l'homme le plus moralement parfait choisit le plaisir qui est aussi le plus parfait.

3. L. 10, πρὸς τὴν ἐν τῇ σχολῇ διαγωγήν est mal attesté. Mais c'est sans doute la bonne leçon, qui d'ailleurs est répétée l. 21. Elle est acceptée par Imm., et elle semble plus naturelle que π.τ. ἐν τῇ διαγωγῇ σχολήν, admise par Newman, III, 514.

Sur διαγωγή, cf. *supra*, VII, 14, 1333 a 31, note.

sances et ces disciplines sont des fins en elles-mêmes,
tandis que celles qui préparent à la vie active doivent
être regardées comme de pure nécessité et comme
des moyens en vue d'autres choses. Et c'est pourquoi
nos pères ont fait une place à la musique dans
l'éducation, non pas comme une chose nécessaire
(elle ne l'est nullement), ni comme une chose utile 15
(à la façon dont la grammaire est utile pour gagner
de l'argent, pour diriger une maison, pour acquérir
des connaissances[1] et pour exercer de multiples
activités dans l'État, ou encore à la façon dont le
dessin est réputé utile pour mieux juger les œuvres
des artistes[2]), ni non plus, comme la gymnastique,
en vue de nous procurer santé et vigueur (car nous
ne voyons aucun de ces deux avantages provenir 20
de la musique) ; reste donc que la musique sert à
mener la vie de loisir, ce qui est la raison manifeste
de son introduction, car on la place au rang d'un
passe-temps qu'on estime convenir à des hommes
libres[3]. Aussi Homère a-t-il dit dans ses vers[4] :

Mais c'est lui seul qu'il convient d'inviter au festin 25
opulent.

En après avoir ainsi parlé, il décrit certains autres
personnages comme :

Invitant l'aède qui les charme tous[5].

---

1. *Infra*, l. 39.

2. *Infra*, l. 40.

3. *Quam enim liberis hominibus vitae degendae rationem convenire
putant, in hac ei locum tribuunt* (Lambin).

4. Cf. *Odys.*, XVII, 382-386, où la citation d'Ar. ne se retrouve
pas textuellement dans le vers 383, qui est le vers qui s'en rapproche
le plus. D'autre part, la scansion est fautive, et μέν devrait être
remplacé par μήν (Schn.). On a proposé d'autres modifications (cf.
l'apparat crit. de Imm., et Newman, III, 516, qui veut remplacer
dans notre texte οἶον [*seul, séparé ;* certains mss ont οἶον] par μόνον,
dont le sens est le même). « Lui seul », à savoir l'*aède*. Quoiqu'il en
soit, les cinq vers de l'*Odyssée* sont rendus de la façon suivante par
M. Dufour : « Qui donc s'avise de chercher un hôte à l'étranger,
s'il n'est de ceux qui peuvent rendre service au public, devin, médecin,
charpentier, ou aède inspiré des dieux, capable de charmer par ses
chants. Ceux-là sont des mortels qu'on invite partout sur l'immense
terre ».

5. Vers 385 du passage ci-dessus, mais cité encore inexactement.

En d'autres vers, Ulysse déclare que la meilleure manière de passer la vie, c'est, quand les hommes se livrant aux réjouissances,

Des convives, à travers la salle, prêtent l'oreille à un aède,

Assis en bon ordre[1].

30 On voit donc qu'il existe une forme d'éducation dans laquelle les parents sont tenus d'élever leurs fils, non pas comme étant utile ou nécessaire, mais comme libérale et noble. Quant à savoir si elle est d'une seule espèce ou s'il y en a plusieurs, et dans ce cas quelles elles sont et comment les dispenser, ce sont là des questions à examiner ultérieurement[2]. Mais en fait nous avons suffisamment progressé[3] 35 pour dire que même les Anciens nous apportent sur ce point leur témoignage, à en juger par les disciplines traditionnelles, car la musique rend ce fait évident[4]. Et il est clair également qu'on doit faire instruire les enfants dans certaines connaissances utiles, non seulement en raison de leur utilité, comme 40 par exemple l'étude de la grammaire, mais encore parce qu'une foule d'autres connaissances sont susceptibles d'être acquises par leur intermédiaire. Même remarque encore pour le dessin, qu'ils étudieront non pas en vue d'éviter des erreurs dans leurs emplettes personnelles et pour ne pas être trompés dans l'achat et la vente des objets courants, **1338** *b* mais plutôt peut-être parce qu'il les rend bons

---

1. *Odyssée*, IX, 5-6.

2. Promesse qu'AR. n'a remplie nulle part.

3. L. 34, la phrase νῦν δὲ τοσοῦτον ἡμῖν εἶναι πρὸ ὁδοῦ γέγονεν est délicate et a donné lieu à diverses interprétations (cf. NEWMAN, III, 517). Nous prenons le sens le plus naturel. L'expression πρὸ ὁδοῦ est employée au même sens de *progression* dans *Metaph.*, H, 4, 1044 *a* 24 (II, p. 468-469 de notre trad., avec la note et l'explication de PS.-ALEXANDRE, 556, 34-557, 1, HAYDUCK).

4. Les études que l'on continue à suivre de nos jours, et dont le programme est l'œuvre de nos pères, nous apportent la preuve que les disciplines libérales et désintéressées ont leur rôle à jouer dans l'éducation. L'opinion des anciens résulte du fait que la musique a sa place parmi ces disciplines traditionnelles. — L. 36, τὰ καταβεβλημένα, *usitatae disciplinae* (*Ind. arist.*, 369 *b* 22, qui rapproche de ἡ ἐμποδὼν παιδεία, 2, 1337 *a* 39).

observateurs de la beauté corporelle[1]. Et rechercher en tout l'utilité est ce qui convient le moins aux âmes élevées et libres[2]. Et puisqu'il est manifeste que l'éducation des habitudes doit précéder celle de la raison, et celle du corps celle de l'esprit[3], il en résulte évidemment que les enfants devront être remis entre les mains d'un maître de gymnastique et d'un pédotribe[4], car celui-ci donne une certaine qualité aux dispositions corporelles, et l'autre enseigne les exercices.

1. On doit étudier le dessin non dans un but lucratif et pour apprécier la valeur des objets, mais dans le but plus élevé d'observer la beauté des corps animés et spécialement celle du corps humain (tel est le sens de τὰ σώματα, l. 2), en d'autres termes de pratiquer la διαγωγή. — Suivant la remarque de Thurot, 101, « de tout temps les arts du dessin ont eu de l'influence sur l'industrie, comme sur l'ébénisterie, la poterie, les objets ciselés ».

L. 1338 b 1, Thurot (p. 100) veut remplacer ἤ par μᾶλλον (correction admise par H. Rackham). Mais la particule ἤ a un sens discrètement interrogatif qu'il faut conserver (sur ἤ,. cf. III, 13, 1283 b 11, note).

Sur ce passage, on verra aussi *Republ.*, VII, 525 c (la science des nombres), 526 d e (la géométrie), 529 a (l'astronomie).

2. Ar. a consacré à la μεγαλοψυχία les ch. 7 à 9 du IVe livre de l'*Eth. Nicom.* (p. 186-194 de notre trad.). Cf. sur cette notion, R. A. Gauthier, *Magnanimité, l'idéal de la grandeur dans la philosophie païenne et dans la phil. chrétienne*, Paris, 1951.

3. Cf. VII, 15, 1334 b 8-28.

4. La γυμναστική est la *gymnastique supérieure*, qui s'adresse au citoyen en vue du service militaire et des compétitions sportives par un entraînement méthodique, portant notamment sur le régime alimentaire (cf. *infra*, 4, 1338 b 41), elle cherche à développer les qualités physiques du combattant et de l'athlète. La παιδοτριβική est la *gymnastique préparatoire* du jeune âge, elle a pour objet la formation du corps, et ne confère qu'une capacité réduite, inférieure à celle des athlètes (cf. IV, 1, 1288 b 16 et ss.). Newman (I, 356-357 ; III, 519-20 ; IV, 136) renverse les rôles respectifs de ces deux disciplines, et rapporte, dans le présent texte, ἡ μέν, l. 7, à γυμναστικῇ, et ἡ δέ à παιδοτριβική. Nous pensons que c'est là une erreur, que ni le sens ni la grammaire ne justifient, et qui est contredite par un passage du *Gorgias*, 452 b et 504 a. Pratiquement, les attributions du maître de gymnastique et du pédotribe n'étaient sans doute pas toujours soigneusement délimitées, et c'est ce qui explique pourquoi Ar. conseille de remettre les enfants aux deux maîtres, dont les enseignements se compléteront.

4

<L'éducation. La gymnastique.>

A notre époque, assurément, parmi ces États qui
passent pour apporter le plus de vigilance à
10 l'éducation des enfants, les uns¹ leur font acquérir
un tempérament d'athlète, au plus grand détriment
des formes et du développement du corps ; les autres,
les Spartiates, n'ont pas commis cette erreur, mais
ils rendent les enfants d'une nature bestiale par
leurs exercices pénibles, dans la pensée que c'est
le moyen le plus sûr de leur donner du courage.
Pourtant, comme nous l'avons dit fréquemment²,
l'éducation ne doit pas viser uniquement la valeur
15 militaire, ni même en faire son objet principal.
En admettant même que cette vertu soit la fin de
toute éducation, les Lacédémoniens ne l'ont même
pas atteinte : ni, en effet, chez les animaux, ni chez
les nations barbares, nous ne voyons le courage
associé à la pire férocité, mais plutôt à des mœurs
plus pacifiques et semblables à celles du lion³. Et il
existe un grand nombre de peuplades ayant un
20 penchant naturel au meurtre et au cannibalisme,
comme les Achéens et les Hénioques des rives du
Pont⁴, et, parmi les peuples du continent, d'autres
qui leur ressemblent ou sont pires encore : or, tout
en vivant de brigandage, ces peuples n'en sont pas
moins étrangers à toute espèce de courage. En

---

1. Sans doute les Thébains et les Argiens. — Aʀ. est hostile à
la gymnastique destinée à former des athlètes professionnels et
qui a sa fin en elle-même. Ce qu'il faut, c'est un heureux équilibre
de toutes les fonctions (cf. aussi *de Gen. anim.*, IV, 3, 768 *b* 29-33).

2. II, 9, 1271 *a* 41-1271 *b* 10 ; VII, 14, 1333 *b* 5 et ss. ; 15, 1334 *a* 40
et ss. — La *valeur militaire* (ταύτην, l. 15 ; πρὸς ταύτην, l. 16) ne doit
pas être la fin de l'éducation.

3. Sur les mœurs pacifiques et la noblesse du lion, cf. *Hist. anim.*,
I, 1, 488 *b* 16 ; IX, 44, 629 *b* 8 et ss.

4. Cf. *Eth. Nicom.*, VII, 6, 1148 *b* 21. — L. 22, τῶν ἠπειρωτικῶν
ἐθνῶν désigne les peuples du continent asiatique.

outre, les Spartiates eux-mêmes, nous le savons,
aussi longtemps qu'ils furent les seuls[1] à s'adonner 25
à leurs pénibles exercices, gardèrent leur supériorité
sur les autres peuples, mais à présent ils sont loin
en arrière des autres aussi bien dans les compétitions
sportives qu'à la guerre : leur supériorité passée ne
tenait pas, en effet, à leur façon d'exercer leurs
jeunes gens, mais au seul fait qu'ils s'entraînaient
contre des adversaires qui, eux, ne s'entraînaient
pas[2]. Par conséquent, c'est l'honneur et non la
brutalité qui doit, dans l'éducation, jouer le principal 30
rôle : car ni un loup, ni tout autre animal sauvage
ne se risquerait à combattre par point d'honneur,
c'est plutôt là le fait d'un homme de cœur[3]. Mais ceux
qui laissent leurs enfants s'adonner avec excès à ces
exercices pénibles et négligent de les instruire dans
les choses qu'il faut savoir[4], travaillent en toute
vérité à faire d'eux des manouvriers ; ils forment
à l'art de gouverner, des citoyens dont l'utilité est
bornée à une seule et unique tâche, et qui, même 35
dans ce rôle, se montrent, ainsi que notre enquête
l'indique[5], inférieurs à d'autres. Et nous ne devons
pas juger les Lacédémoniens d'après leurs exploits
passés, mais d'après leurs actions présentes, car ils
rencontrent aujourd'hui des rivaux dans la culture
physique, alors qu'auparavant ils n'en avaient pas.

Ainsi donc, sur la nécessité de faire une place à
la gymnastique dans l'éducation, et sur la façon dont
on doit en user, l'accord est complet[6] (car jusqu'à
la puberté, on appliquera l'enfant à des exercices 40
plus légers, en excluant tout régime alimentaire
forcé[7] ainsi que les travaux contraignants, de façon

---

1. L. 25, αὐτοί a le sens de μόνοι.

2. L. 28, nous lisons comme s'il y avait ἀλλὰ μόνον τῷ πρὸς μὴ
ἀσκοῦντας ἀσκεῖν : cf. aussi *Ind. arist.*, 539 a 42. Des modifications
ont été proposées au texte.

3. *Eth. Nicom.*, III, 9, 1115 a 29.

4. Par exemple τὰ γράμματα. — Cf. *Lois*, I, 644 a.

5. Cf. *supra*, l. 27. — L. 35, nous croyons qu'il est préférable de
lire χείρους, au lieu de χεῖρον.

6. Sur les idées d'Ar. au sujet de la culture physique et sur les
réformes qu'il réclame, cf. M. Defourny, *op. cit.*, p. 299-303.

7. On *imposait* aux athlètes un *régime de nourriture* spécial, pour
la qualité et la quantité (ἀναγκοφαγία, cf. l. 1339 a 6, *infra*).

à n'apporter aucun obstacle à sa croissance[1]. Il
existe, en effet, une preuve frappante du danger
1339 *a* que peut présenter à cet âge un entraînement trop
sévère : dans la liste des vainqueurs aux Jeux
olympiques, on trouverait à peine deux ou trois
noms ayant obtenu un prix à la fois dans la jeunesse
et à l'âge d'homme, parce que au cours de leur
précoce entraînement les exercices de gymnastique
imposés leur ont fait perdre leur vigueur. Mais quand,
à partir de la puberté, trois ans ont été dépensés
5 aux autres études[2], c'est alors qu'il convient d'occuper
la période suivante de la vie aux exercices pénibles
et au régime alimentaire forcé. L'esprit et le corps,
en effet, ne doivent pas peiner simultanément[3],
car ces deux sortes de fatigues produisent naturellement des résultats opposés, le travail du corps étant
une entrave pour l'esprit, et le travail de l'esprit
10 pour le corps).

5

<*L'éducation. La musique.*>

Au sujet de la musique nous avons précédemment[4]
parcouru certains problèmes au cours de notre
discussion, mais il est bon de les reprendre à présent

1. Comme le remarque NEWMAN, I, 358, note 1, AR. est sur ce
point en désaccord avec PL. *(Republ.*, VII, 536 *e),* qui déclare que
« les travaux corporels pratiqués par force ne font aucun mal au
corps ».
2. Grammaire, musique et dessin. — Cf. *Lois*, VII, 809 *e* et ss.,
où se rencontre déjà le délai de trois ans : après l'âge de dix ans,
PL. veut que l'enfant consacre trois années à la grammaire, et trois
années ensuite à la musique.
3. Même idée *Republ.*, VII, 537 *b*: la fatigue et le sommeil sont
ennemis de l'étude.
4. 3, 1337 *b* 27 et ss.
Il est malheureusement resté peu de choses de la musique grecque.
Les fragments des musicographes ont été réunis par C. van JAN
(*Scriptores musici, Aristoteles, Euclides, Nicomachus, Cleonides,
Bacchius, Gaudentius, Alypius, melodiarum veterum quidquid exstat,*

et de pousser plus avant, de manière que nos
remarques servent en quelque sorte de préambule[1]
aux arguments qu'on pourrait avancer à propos de
la musique. Il n'est pas facile, en effet, de déterminer
quelle est sa nature, ni à quelle fin on doit s'y livrer, 15
si c'est à titre de jeu et de délassement, comme
le sommeil[2] ou l'ivresse (distractions qui ne sont
pas en elles-mêmes au nombre des biens véritables,
mais sont seulement agréables, et, en même temps,

Leipzig, 1895, avec un *Supplementum, melodiarum reliquiae,* 1899),
et on peut trouver dans les travaux spéciaux de F. A. GEVAERT
(*Hist. et théorie de la musique dans l'Antiquité,* Gand, 1875, 2 vol.)
des renseignements très sûrs. Les nombreuses histoires générales de
la musique sont à consulter avec plus de précaution. L'exposé de
Th. GÉROLD (*la Musique, des origines à la fin du XIVe siècle,* Paris
1936) se recommande par sa clarté et sa brièveté. D'autre part, en
ce ⌈qui concerne plus particulièrement AR., F. A. GEVAERT et
J. C. VOLLGRAFF ont donné des *Problèmes musicaux* un bon texte,
avec une traduction et un commentaire (2 vol., Gand, 1899-1902).

La doctrine d'AR. sur la musique et sa valeur pédagogique reflète
avec fidélité les idées de PLATON. La musique est, selon ce dernier
(*Republ.,* III, 398 c à 403 c), la partie maîtresse de l'éducation, et
elle joue un rôle de premier plan dans la formation du caractère du
citoyen, et par suite dans la préservation ou le perfectionnement des
institutions. Les mélodies seront donc étroitement surveillées, et la
cité socialiste devra écarter les thèmes plaintifs ou voluptueux pour
ne conserver que ceux qui incitent à la sagesse et à la bravoure, à la
fois dans les paroles, les modes et les rythmes. Toute innovation
est sévèrement condamnée (IV, 424 b-d), et on ne peut changer les
modes de la musique sans porter atteinte aux lois fondamentales de
l'État. Les *Lois* (II, 669 b à 671 a; 673 a; III, 700 a à 701 a)
renferment une critique très vive de la musique nouvelle, qui, par
un mélange trop savant des genres, des modes, des rythmes, des
paroles et des instruments, plonge dans la confusion les âmes des
auditeurs. Or la musique a un rôle social : elle sert à exprimer les
sentiments qui conviennent à une cité bien ordonnée, et doit
contribuer à former les citoyens à la discipline et à la vertu. D'où
la préférence que montre PLATON pour le mode dorien. Pour
l'enseignement musical proprement dit et la simplicité qui doit
présider aux programmes, cf. surtout *Lois,* VII, 812 b-e.

Nous aurons l'occasion, dans les pages qui suivent, de noter de
nombreuses correspondances entre la *Polit.* et les textes platoniciens.

1. L. 13, le terme ἐνδόσιμον *(aditus, Vet. tr.)* est syn. de προοίμιον
(*Ind. arist.,* 250 a 30).

2. Qualifié de *repos* par le *de Somno,* 2, 455 b 20.

font cesser le souci, suivant le mot d'EURIPIDE[1] ;
et c'est pour cette raison que les hommes mettent
la musique sur le même rang, et font le même usage
20 de toutes ces choses : sommeil, ivresse et musique,
en y ajoutant parfois aussi la danse), ou si on ne doit
pas plutôt penser que la musique conduit en quelque
façon à la vertu (en ce qu'elle est capable, tout
comme la gymnastique donne au corps telle ou telle
qualité, de rendre le caractère moral d'une certaine
disposition, en accoutumant l'homme à pouvoir
goûter des plaisirs de bon aloi), ou si enfin elle
25 n'apporte pas une certaine contribution à une vie
de loisir noblement menée et à la culture de l'esprit[2]
(c'est là une troisième explication à fournir parmi
celles que nous avons énumérées). — Qu'ainsi donc[3]
l'éducation de la jeunesse ne doive pas avoir le jeu
pour objet, cela ne fait pas de doute (car jouer n'est
pas étudier, l'étude s'accompagnant toujours d'un
effort pénible) ; il ne sied cependant pas non plus
de livrer des enfants et des sujets d'un âge aussi
30 tendre à une vie de loisir intellectuel (car ce qui est
une fin ne convient nullement à un être encore
imparfait)[4]. Mais peut-être sera-t-on d'avis que
les études sérieuses des enfants sont en vue de leur
amusement pour le temps où ils seront parvenus
à l'âge d'homme et auront atteint leur plein
développement. Mais s'il en est ainsi[5], à quoi bon
obliger les enfants à apprendre eux-mêmes, et
pourquoi, à l'exemple des rois des Perses ou des

---

1. *Bacch.*, 381 (cf. le comm. de G. DALMEYDA, Paris, 1908) :
ἀποπαῦσαι τε μερίμνας.

2. Sur ce passage, cf. THUROT, p. 101, qui estime que la musique
ne pouvant agir que sur la partie sensible de l'âme, n'a aucune
influence sur la φρόνησις, *sagesse* propre à la partie rationnelle.
Il propose, en conséquence, de remplacer, l. 26, φρόνησιν par
εὐφροσύνην. Mais cette modification doit être rejetée, car (VII, 15,
1334 *b* 14 et ss.) la vertu intellectuelle est la fin ultime de l'éducation.
Le terme φρόνησις est pris ici *latiore sensu*, comme syn. de γνῶσις
et ἐπιστήμη (cf. *Ind. arist.*, 831 *b* 4 et ss.).

3. A μὲν οὖν, l. 27, répond ἀλλὰ μήν, l. 29.

4. Cf. *Eth. Eud.*, II, 1, 1219 *b* 7.

5. Voir *supra*, 3, 1337 *b* 35 et ss., et *Eth. Nicom.*, X, 6, 1176 *b* 32
(p. 507 et note de notre édition).

Mèdes, ne participeraient-ils pas au plaisir et 35
à l'enseignement de la musique en écoutant d'autres
qui se consacrent à cert art ? Car ceux qui font
de la musique un travail et une profession doivent
nécessairement se montrer dans l'exécution bien
supérieurs à ceux qui s'y intéressent seulement
pendant le temps suffisant pour l'apprendre. Mais
si les enfants devaient peiner sur des tâches de ce
genre[1], ils devraient aussi se livrer à la pratique de 40
l'art culinaire, ce qui est une absurdité. Et la même
difficulté continue de se poser, même si on admet que
la musique est capable d'améliorer les mœurs :
pourquoi les enfants l'apprendraient-ils eux-mêmes ?
Ne peut-on pas, en écoutant jouer d'autres, se
procurer un plaisir de bon aloi et se rendre capable **1339 b**
de porter des jugements bien fondés, suivant la
pratique des Spartiates ? Ces derniers, en effet, sans
apprendre la musique, n'en sont pas moins capables
de juger correctement, dit-on, si une mélodie est
bonne ou mauvaise. Le même argument s'applique
encore si la musique doit servir à mener une vie
heureuse et noblement occupée : à quoi bon l'appren- 5
dre soi-même, au lieu de jouir de la musique pratiquée
par d'autres ? Il nous est loisible encore de considérer à cet égard l'opinion que nous nous formons au
sujet des dieux : chez les poètes, Zeus ne chante pas
et ne joue pas lui-même de la cithare. En fait, nous
parlons des musiciens de profession comme de simples
manœuvres, et la pratique de l'art musical nous
paraît indigne d'un homme qui n'aurait pas pour
excuse l'ivresse ou le désir de badiner. Mais sans 10

---

1. L. 39, τὰ τοιαῦτα, la pratique de la musique (NEWMAN, III,
530). — Ces considérations ont pour objet d'établir que la musique
n'est pas un simple amusement, même si on suppose que cet art,
péniblement acquis dans la jeunesse, servira à l'agrément de l'âge
mûr : de toute façon, des musiciens professionnels s'y montreront
toujours supérieurs aux simples amateurs, comme des cuisiniers
de profession rendent inutile l'étude de la cuisine.
    Sur πραγματεία, l. 40, cf. IV, 15, 1299 *a* 30 (et note), où ce terme
est pris en son sens philosophique. Mais il signifie aussi plus généralement, comme dans le présent passage, *rei alicujus tractatio via ac
ratione instituta* (*Ind. arist.*, 629 *b* 26).

doute est-il bon de remettre à plus tard l'examen de ces questions[1].

La première étape de notre enquête, c'est de savoir s'il faut comprendre la musique dans notre programme d'éducation, ou si on doit l'en exclure, et, des trois objets que nous avons mentionnés dans nos discussions précédentes, quel est celui qu'elle a le pouvoir de réaliser : est-elle un moyen d'éducation ou d'amusement ou d'une vie de loisir noblement occupée ?

15 On peut avec vraisemblance la ranger sous tous ces chefs à la fois, et elle semble bien participer des trois. En effet[2], l'amusement est en vue du délassement, et le délassement est nécessairement agréable (puisque c'est une sorte de cure de la souffrance causée par les travaux fatigants) ; et la vie de loisir noblement menée doit, de l'avis général, inclure non seulement le beau mais encore le plaisir (car le bonheur est un composé de ces deux facteurs réunis).

20 Or la musique, assurons-nous tous, compte parmi les choses les plus agréables, qu'elle soit simplement instrumentale, ou instrumentale avec chants (comme le dit Musée[3] :

1. Ch. 6. — La conclusion d'Ar. est donc jusqu'à présent négative, et les doutes persistent sur la place à accorder à la musique dans l'éducation. Ce problème, pense Ar., sera plus facile à résoudre quand nous aurons répondu à la question posée au début du ch. (1339 a 14) et qui va être reprise dans les l. qui suivent.

2. La suite des idées (l. 15 et ss.) est celle-ci. L'*amusement*, le *jeu* (παιδία) est *pour se délasser* (χάριν ἀναπαύσεως), et le délassement ne peut être qu'agréable, donner du plaisir, car il est un antidote à l'effort causé par le travail, et c'est un principe hippocratique que toute cure obéit à la loi des opposés (ainsi on guérit la fièvre par un remède froid : cf. *Eth. Nicom.*, II, 2, 1104 b 17). D'autre part, la noble *vie de loisir* (διαγωγή) contient toujours un élément de plaisir, puisque le bonheur qui accompagne inévitablement la διαγωγή est un mélange de vertu et de plaisir (cf. 3, 1338 a 1 et ss.). Et comme la musique est évidemment une source de plaisir (l. 20), elle convient tout à fait et au délassement et à la διαγωγή. Et par cela seul que la musique est apte à procurer de grands plaisirs elle mérite d'être enseignée à la jeunesse (l. 24). La musique est donc bien à la fois un moyen d'éducation, d'amusement et de διαγωγή (l. 14-15).

3. Musée est un poète légendaire du commencement du vie siècle, et un disciple d'Orphée, en compagnie duquel il est cité dans l'*Apol. de Socr.* (41 a). On lui attribuait une théogonie, une titanomachie,

Aux mortels la chose la plus agréable est le chant,

et c'est pourquoi on a raison de l'admettre dans les réunions de société et dans la vie de loisir à titre de facteur de réjouissance), de sorte que ce motif seul suffirait à nous faire reconnaître la nécessité d'une éducation musicale pour les jeunes gens. 25 Les plaisirs innocents, en effet, ne conviennent pas seulement à la fin ultime de la vie[1], mais encore au délassement ; et puisqu'il arrive rarement aux hommes d'être en possession de leur fin, alors que souvent au contraire ils se délassent et se livrent aux amusements non seulement en vue d'une fin ultérieure mais encore en raison du plaisir lui-même, il peut n'être pas sans utilité pour eux de se reposer 30 quelque temps dans les plaisirs qui naissent de la musique. Seulement, il est arrivé en fait[2] que les hommes font des amusements une fin en soi : c'est que, sans doute, la fin renferme aussi un certain agrément (bien que ce ne soit pas n'importe lequel)[3],

et surtout des Oracles, publiés et falsifiés, selon H. Diels, par Onomacrite. Ses poésies constituent une partie importante de la littérature religieuse des Orphiques (Sur M. et les théogonies orphiques, cf. A. Rivaud, *Hist. de la Phil.*, I, p. 28-31).

1. C'est-à-dire au bonheur.

2. Dans les l. qui suivent (l. 31-35), Ar. expose que le bonheur, fin de l'homme qui ne va jamais sans plaisir (l. 19), est souvent confondu avec les plaisirs qui en sont l'accompagnement et le moyen. Recherchant le *plaisir que donne la possession de la fin* même (ζητοῦντες δὲ ταύτην, l. 33), les hommes s'arrêtent au simple *amusement* (ἐκείνην, l. 34), qu'ils prennent *pour le plaisir contenu dans la fin* (ὡς ταύτην). Confusion d'ailleurs naturelle, ajoute Ar., car il existe *une certaine ressemblance* (ὁμοίωμα τι, l. 35) entre le plaisir que procure le jeu et la fin (le bonheur), car tous deux sont désirables en eux-mêmes et ne réclament rien au delà : on ne joue pas en vue d'obtenir autre chose *dans l'avenir*, on joue au contraire pour se délasser des peines et des travaux *passés* (οὐθενός εἰσι τῶν ἐσομένων ἀλλὰ τῶν γεγονότων, l. 36-37). Appliquant ces considérations à la musique, on dira que la musique, au lieu d'être recherchée comme un simple élément du bonheur et comme un moyen, est cherchée souvent comme étant la fin même (cf. Ps.-Thomas, 1300, p. 426).

3. Cf. *Lois*, II, 658 *d :* « la musique doit se juger d'après le plaisir, mais non pas toutefois d'après celui des premiers venus : cet art, dirons-nous, sera le plus beau qui charme les meilleurs, après une formation suffisante, et surtout celui qui plaît à un homme distingué entre tous par la vertu et l'éducation » (trad. E. des Places).

et en cherchant celui-ci ils prennent l'autre à sa
place, du fait que le plaisir possède une certaine similitude avec la fin de leur activité : car de même que la
35 fin n'est pas désirable en vue de quelque bien à venir,
les plaisirs dont nous parlons[1] ne sont pas non plus
désirables en vue de quelque bien ultérieur, mais à
cause d'événements passés tels que le travail et
l'effort pénible. Telle est donc vraisemblablement,
peut-on croire, la raison pour laquelle les hommes
cherchent à atteindre le bonheur par le moyen de ces
plaisirs. Mais en ce qui concerne la culture de la
40 musique, ce n'est pas pour cette raison seulement,
mais encore à cause de l'utilité qu'elle présente,
semble-t-il, pour notre délassement[2].

Néanmoins, nous devons examiner si, en fin de
compte, cette utilité n'est pas un simple accident et
1340 a si la musique n'est pas d'une essence trop noble[3]
pour se borner à satisfaire le besoin dont nous venons
de parler, et si nous devons non seulement prendre
notre part d'un plaisir commun à tous dont elle est la
source et qui est ressenti par tout le monde (car le
plaisir que donne la musique est un plaisir naturel,
grâce à quoi la pratique de la musique est chère à
5 tous les âges et à tous les caractères), mais encore
voir si en quelque manière elle n'étend pas son
influence jusqu'au caractère moral et à l'âme[4].
Et cette influence serait certaine si nous étions affectés

---

1. A savoir les plaisirs que donne l'amusement pris comme but
en soi (*hae tales voluptates, eas dico ex musica percipiuntur*, LAMBIN).

2. Des considérations précédentes on conclura, dit AR., que
la musique est, dans l'esprit de beaucoup de gens, et en dépit de
multiples déviations vers le pur plaisir, un moyen d'atteindre le
bonheur (δι' ἥν ... αἰτίαν, l. 38) ; mais il est bon d'ajouter aussi (ἀλλὰ
χαί, l. 41), qu'elle est utile à la récréation et au repos après le travail.

3. AR. examine ensuite (οὐ μὴν ἀλλὰ ζητητέον, l. 42) si la musique
n'a pas une mission plus noble que de donner du plaisir, et si elle
n'exerce pas une influence d'ordre moral.

L. 1340 *a* 1, on remarquera l'opposition entre συμβέβηκε et φύσις :
en elle-même (φύσις = οὐσία, cf. *Metaph.*, Δ, 4, 1014 *b* 35), la musique
a une fonction *plus élevée* (τιμιωτέρα) que celle de donner du *plaisir*
(τοῦτο), qui est purement accidentelle.

4. Mêmes idées dans *Republ.*, III, 401 *d*, sur les effets de l'éducation
par la musique.

dans nos sentiments moraux par son action : or que
nos sentiments soient ainsi modifiés, cela est prouvé
par bien des faits et notamment par les mélodies
d'Olympos[1], car, de l'avis de tous, elles rendent les
âmes enthousiastes, et l'enthousiasme est une affec- 10
tion de la partie morale de l'âme. En outre, de
simples sons imitatifs entendus[2] créent toujours des
dispositions affectives analogues, et cela indépendamment des rythmes et des mélodies mêmes.
Et puisque la musique possède cette qualité accidentelle d'être au nombre des choses agréables[3] et que
la vertu a rapport à des sentiments de joie, d'amour
et de haine conformes à la droite raison, il n'y a 15
évidemment rien qui soit plus nécessaire à apprendre
et à faire entrer dans nos habitudes que de juger
avec rectitude et de trouver notre plaisir dans des
mœurs vertueuses et de nobles actions. Et, dans les
rythmes et les mélodies, il y a des imitations qui se
rapprochent extrêmement de la nature véritable[4]
d'émotions telles que colère et douceur, courage et
modération, avec tous leurs contraires, et les autres 20
qualités morales (notre propre expérience le prouve
avec évidence, car notre âme est bouleversée quand
nous écoutons de tels accents)[5] ; et l'habitude de
ressentir de l'affliction ou de la joie à ces pures représentations de la réalité est proche de notre façon

1. Musicien phrygien du viie siècle, qu'on disait élève de Marsyas
et qui aurait inventé l'harmonie. Aristophane (*Equ.*, 9) et le Ps.-
Platon, *Minos*, 318 *b*, parlent de ses mélodies plaintives.

2. Des sons qui imitent des états de l'âme, sans même l'aide de
mélodies ou de rythmes : par exemple, un simple cri de douleur nous
incite à la pitié. — L. 13, χωρὶς τῶν ῥυθμῶν καὶ τῶν μελῶν : le
rythme est l'un des éléments de la *mélodie* (Cf. *infra*, l. 40, note).

3. Cf. *Lois*, II, 653 *a* et *b*, et 659 *c* à *e*. — Dans les l. 15 à 18, Ar.
indique que l'élément affectif de la musique, tout *accidentel* qu'il
soit (συμβέβηκεν, l. 14 ; cf. τοῦτο συμβέβηκε, *supra*, l. 1340 *a* 1,
et la note), doit être utilisé pour renforcer l'élément affectif que
contient de son côté la vertu, laquelle n'est rien d'autre qu'un sentiment de plaisir accompagné de *raison droite* (ὀρθῶς, l. 15).

4. L. 18, παρὰ τὰς ἀληθινὰς φύσεις = *proxime ad veras naturas
accedunt* (Sepulv.), interprétation plus acceptable que celle de Lambin
(*praeter veras naturas*).

5. Cf. *Rhetor.*, II, 1, 1378 *a* 20.

de sentir en présence de la vérité des choses[1] (par
25 exemple, si un homme se réjouit de contempler
l'image de telle personne uniquement en raison de la
beauté du modèle[2], il s'ensuit nécessairement que la
vue de la personne même dont il contemple l'image
sera aussi pour lui un plaisir). Or, c'est un fait que
les objets sensibles autres que ceux de l'ouïe[3], n'imitent en rien les sentiments moraux, par exemple
les objets du toucher et du goût ; les objets de la vue[4]
30 les imitent, mais faiblement (car il y a des formes
qui possèdent ce pouvoir d'imiter les émotions, mais
sur une petite échelle, et tout le monde ne participe
pas à des sensations visuelles de cette espèce[5].
Ajoutons que ces objets n'imitent pas les sentiments
moraux eux-mêmes, mais les formes et les couleurs
créées par l'artiste sont plutôt des signes de ces états
moraux, signes qui sont l'expression corporelle des
35 émotions[6]. Néanmoins, dans la mesure où il existe

1. Voir *Republ.*, III, 395 *a* - 396 *e*, où PL. critique sévèrement les
imitations jouées sur le théâtre et interdit aux Gardiens de les cultiver.

2. Et non pas de la perfection du travail de l'artiste ou de la
beauté de la matière. Cf. *de Part. anim.*, I, 5, 645 *a* 10 et ss. ; *Rhetor.*,
I, 11, 1371 *b* 6-10 ; *Poet.*, 4, 1448 *b* 8-19. — L. 27, la correction de
LAMBIN et SCALIGER, qui lisent αὐτοῦ ἐκείνου, au lieu de αὐτὴν
ἐκείνην, améliore grandement le sens.

3. Sur cette gradation toucher et goût, vue et ouïe, cf. DEFOURNY,
op. cit., 285 et ss. Les *Problem.* (XIX, 27, 919 *b* 26-37) posent la
question de savoir pourquoi les seules sensations auditives ont un
caractère moral.

4. Les peintures et les sculptures.

5. L. 31, la négation κοὐ (au lieu de καί) nous semble indispensable. — Socrate soutenait (*Memor.*, III, 10, 1 à 9) contre le peintre
Parrhasios et le sculpteur Cléiton, que leur art pouvait et devait
exprimer les sentiments moraux et les passions.

6. La phrase ταῦτ' ἐστὶν ἐπὶ τοῦ σώματος ἐν τοῖς πάθεσιν,
l. 34, est difficile, et a été interprétée de diverses façons par NEWMAN
lui-même (I, 363 ; III, 540). AR. croyons-nous, veut dire que les états
purement intérieurs de l'âme (la colère, la douleur) ne sont pas
directement accessibles et ne peuvent faire l'objet d'une reproduction
picturale ou sculpturale : l'artiste peut imiter seulement les manifestations corporelles de ces émotions telles qu'elles se traduisent
au dehors (visage diversement tourmenté de l'homme en colère et
de l'homme souffrant, etc.). Dans la musique, nous allons le voir
(l. 38), il en est tout différemment : l'imitation musicale reproduit
directement, non les signes de la passion, mais la passion elle-même,
et fait communier l'âme de l'auditeur avec l'émotion évoquée.

une différence dans la contemplation de ces signes[1],
les jeunes gens doivent contempler, non pas les œuvres
de PAUSON, mais celles de POLYGNOTE, ou de tout
autre peintre ou sculpteur, le cas échéant, qui a
représenté de nobles sentiments)[2] ; en revanche, les
mélodies renferment en elles-mêmes des imitations
des idées morales[3] (c'est là un fait évident, car, dès
l'origine, les modes musicaux[4] diffèrent essentielle-   40
ment l'un de l'autre, de sorte que les auditeurs en
sont affectés différemment et ne sont pas dans les
mêmes sentiments à l'égard de chacun d'eux : pour
certains de ces modes, c'est dans une disposition

---

1. C'est-à-dire : dans la mesure, si faible soit-elle (ἠρέμα, *supra*,
l. 30), où les statues et les peintures (τούτων, l. 36) peuvent exercer
une influence sur les mœurs, sont liées à des états moraux, et où
leur contemplation produit à cet égard des effets divers selon que l'on
contemple telle œuvre ou telle autre.

2. La *Poétique* (2, 1448 *a* 1-6) nous indique que Polygnote (appelé
6, 1450 *a* 27, ἀγαθὸς ἠθογράφος, *bon peintre de caractère*) peignait les
hommes en plus beau, et Pauson en moins beau. Ce dernier est à peu
près inconnu. Il est cité dans ARISTOPH. à plusieurs reprises (par
exemple, *Acharn.*, 854), et c'était peut-être un caricaturiste. La
Métaph., Θ, 8, 1050 *b* 20, fait à Pauson et à sa peinture (ou sa statue)
d'Hermès, une allusion demeurée obscure (Cf. II, p. 511 et note 5
de notre comm.).

3. La musique est une imitation directe des émotions de l'âme,
indépendante de l'exécutant et des paroles chantées.

4. Cf. notre note sous I, 5, 1254 *a* 33. — Dans la musique grecque
(voir F. A. GEVAERT, *Hist. et théorie de la musique dans l'Antiquité*,
Gand, 1875, I, p. 191 et ss.), le terme ἁρμονία désigne proprement
le mode musical *(consensus sonorum)*, le genre de musique caractérisé
par les intervalles entre les notes fondamentales ainsi que par la
hauteur des sons, et qui donne au morceau sa tonalité générale :
ainsi, en musique moderne, nous distinguons le mode majeur et le
mode mineur. La *mélodie* (μέλος) est composée de deux éléments,
l'ἁρμονία et le *rythme* (ῥυθμός : cf. *infra*, 1340 *b* 7), auxquels PL.,
dans sa critique de la musique nouvelle (*Republ.*, III, 398 *d* et ss. ;
voir aussi *Lois*, II, 669 *b* à 670 *e*, avec la notice de A. DIÈS, p.
LVII-LIX) ajoute, comme troisième élément, les *paroles*. Chaque
mode (et, nous le verrons, chaque rythme) a son ἦθος et fait
sur l'auditeur une *impression qui lui est particulière* (μὴ τὸν αὐτὸν
τρόπον πρὸς ἑκάστην αὐτῶν, l. 41). AR. distingue à cet égard trois
modes : le phrygien, le lydien et le dorien : ce dernier a ses
préférences, comme il avait celles de PL., c'est le mode moral et
éducatif par excellence (voir aussi *infra*, 7, 1342 *b* 12-17), et avec
GEVAERT, on peut l'assimiler à notre mode mineur.

L. 40, εὐθύς s'explique par la qualité d'*élément* de l'ἁρμονία.

1340 *b* plus triste et plus grave qu'on les écoute, le mode dit
myxolydien par exemple ; pour d'autres, au contraire,
c'est dans un état d'esprit plus amollissant, comme
pour les modes relâchés ; un autre, enfin, plonge
l'âme dans un état moyen et lui donne son maximum
de stabilité, comme, seul de tous les modes, semble
faire le mode *dorien*, tandis que le *phrygien* rend les
5 auditeurs enthousiastes. Tous ces points ont été
soigneusement traités par les auteurs qui ont étudié
à fond cette forme d'éducation[1], car ils apportent
en faveur de leurs théories l'appui des faits eux-
mêmes). Les mêmes distinctions s'appliquent encore
en ce qui concerne les rythmes[2] (certains ont un
caractère plus tranquille, et d'autres un caractère
agité, et parmi ces derniers, les uns ont dans leurs
10 mouvements plus de vulgarité, et les autres plus
de noblesse). Ces considérations montrent clairement
que la musique a le pouvoir d'exercer une certaine
influence sur le caractère moral de l'âme, et, si elle
est capable de le faire, il est évident qu'on doit diriger
les jeunes gens vers cet art et leur donner une éducation musicale. L'enseignement de la musique s'adapte
d'ailleurs parfaitement à la nature de la jeunesse :
15 les jeunes gens, en effet, en raison de leur âge, ne
supportent jamais volontiers ce qui n'a aucun
agrément, et la musique est par nature au nombre des
choses agréables en elles-mêmes[3]. Et il semble y
avoir en nous une sorte d'affinité avec les modes
musicaux et les rythmes : c'est ce qui fait qu'un grand
nombre de sages prétendent, les uns que l'âme est
une harmonie, et les autres qu'elle renferme une
harmonie[4].

---

1. Notamment PLATON (*Republ.*, III, 398 *a* et ss.).

2. Le *rythme* (l. 8-10) est formé d'une séquence de notes et de
syllabes brèves ou longues. Le rythme a aussi son ἦθος, dont AR.
parle brièvement. On peut conjecturer que le rythme d'allure calme
et tranquille comme le mode dorien, est celui qui convient particulièrement dans l'éducation. — La *Rhetor.*, III, 7, 1408 *b* 32-
1409 *a* 22, contient une classification des rythmes oratoires du point
de vue mathématique.

3. [*Res*] *quae jucunditate et voluptate conditae sunt* (LAMBIN).

4. La première thèse est celle des PYTHAGORICIENS (voir l'exposé
et la critique de l'âme-harmonie, *de An.*, I, 4, 407 *b* 27 et ss., p. 39
et ss. de notre trad.), et la seconde celle de PLATON. (Cf. *Phédon*, 93).

6

<L'éducation. La musique. Musique professionnelle.
Les instruments de musique.>

Autre question : les enfants doivent-ils ou non 20
apprendre la musique, en chantant et en jouant eux-
mêmes ? C'est un problème que nous avons posé
antérieurement[1] et que nous devons maintenant
trancher. Il n'est pas douteux qu'il existe une différence considérable dans l'acquisition de telle ou telle
disposition, selon qu'on a pris personnellement part
ou non aux actions qu'elle implique. C'est, en effet,
une chose impossible, ou du moins difficile, de devenir
bon juge des actions auxquelles on n'a pas soi-même
coopéré. Et en même temps aussi, il est bon que les 25
enfants aient quelque chose à faire, et on doit estimer
une heureuse invention la crécelle d'ARCHYTAS[2]
qu'on donne aux enfants en bas âge pour les occuper
et les empêcher de rien casser à la maison, car la
jeunesse est incapable de se tenir en repos. Une
crécelle est donc une occupation convenable pour de
tout jeunes enfants, et l'éducation est une crécelle 30
pour les enfants plus âgés. Qu'ainsi donc il faille
donner une éducation musicale d'un caractère tel
que la pratique de cet art soit familière aux enfants,
cela résulte manifestement de considérations de ce
genre.

La question de savoir ce qui convient et ce qui ne
convient pas aux différents âges n'est pas difficile
à déterminer, pas plus qu'il n'est difficile de réfuter
ceux qui prétendent que la pratique de la musique
est chose sordide[3]. Tout d'abord, en effet, puisque 35
pour porter un jugement sur tel ou tel genre d'activité

1. 5, 1339 *a* 33 - 1339 *b* 10.
2. ARCHYTAS de Tarente, philosophe, homme politique et tech-
nicien, fut le contemporain et l'ami de PLATON. Sur sa théorie de la
définition et du substrat logique, cf. *Metaph.*, H, 2, 1043 *a* 22 (II,
p. 462 et note de notre commentaire).
3. Voir *infra*, 1341 *b* 14, et *supra*, 5, 1339 *b* 8.

il faut y être versé soi-même[1], pour cette raison les
enfants, tant qu'ils sont jeunes, doivent pratiquer
eux-mêmes les activités en question, quitte à y
renoncer une fois devenus plus âgés ; ils doivent être
capables de juger de ce qui est beau et d'y trouver un
plaisir de bon aloi, grâce à l'étude à laquelle ils se
sont livrés dans leur jeunesse. D'autre part, en ce
40 qui concerne le reproche, adressé par certains à la
musique, de rendre vulgaires ceux qui la pratiquent,
il est facile d'y répondre si on examine, à la fois
jusqu'à quel point cet art doit être pratiqué par
des enfants formés par leur éducation à la vertu du
1341 a citoyen[2], quelles mélodies et quels rythmes ils
emploieront[3], et en outre quelles espèces d'instruments feront l'objet de leur étude[4], car même ce
dernier point a vraisemblablement son importance.
La solution de l'objection réside, en effet, dans la
réponse à ces diverses questions, car il peut fort bien
se faire que certaines espèces de musique[5] entraînent
5 le fâcheux résultat dont on a parlé. On voit donc
clairement que l'étude de la musique ne doit pas
être un obstacle aux activités qui interviendront
dans la suite, ni dégrader le corps et le rendre impro-
pre à l'exercice de la vie militaire et de la vie de
citoyen, qu'il s'agisse de la pratique immédiate de
ces travaux ou des études qu'on entreprendra plus
10 tard[6]. On parviendra à répondre à ces exigences à

1. Ar., tout en s'exprimant en termes généraux, a évidemment
en vue la pratique de la musique.

2. Question qui reçoit sa réponse, l. 1341 a 5-17.

3. Réponse l. 1341 a 9 et ss., et 7, 1341 b 19 et ss.

4. Réponse 1341 a 17 - 1341 b 8.

5. L. 4, τρόπους τινὰς τῆς μουσικῆς : cf. Ind. arist., 772 b 30,
où il est indiqué que τρόποι saepe idem fere significant atque εἴδη.

6. L'expression πρὸς μὲν τὰς χρήσεις ἤδη, πρὸς δὲ τὰς μαθήσεις
ὕστερον (ad exercitationes quidem jam, ad disciplinas vero posterius),
l. 8, est d'une interprétation fort difficile (Cf. Newman, III, 550).
Il est séduisant d'admettre, avec Boiesen, Thurot et Susemihl,
une transposition des termes χρήσεις et μαθήσεις et de les remplacer
l'un par l'autre. Cependant le texte traditionnel n'est pas complètement inintelligible. Suivant la remarque de l'app. crit. de l'édition
Immisch, les adverbes ἤδη et ὕστερον sont en opposition, le premier
ayant le sens de immédiat, et le second celui de plus tard (Cf. Rhetor.,
I, 12, 1372 b 14 : ... « la peine ou le châtiment doivent être immédiats,

propos de la musique, si les élèves ne consacrent pas
leurs efforts aux exercices préparant aux compétitions
entre professionnels, ni à ces performances sensa-
tionnelles et extraordinaires qui sont aujourd'hui
de mode dans les concours, et qui des concours ont
passé dans l'éducation, mais si, au contraire, ils
s'appliquent au genre de musique que nous avons
recommandé[1], et encore est-ce seulement jusqu'au
point précis où ils sont capables de trouver leur
plaisir dans de belles mélodies et de beaux rythmes
et non uniquement dans la musique banale à laquelle 15
sont sensibles même certains animaux, aussi bien
qu'une foule d'esclaves et d'enfants.

Ces considérations montrent aussi de quels instruments on doit se servir. Il ne faut introduire dans
l'éducation, ni flûtes[2], ni quelque autre instrument
à caractère professionnel, tel que cithare ou tout
autre objet de ce genre, mais on fera seulement
emploi de ces instruments qui formeront de bons
auditeurs soit pour l'enseignement musical soit même 20
pour d'autres parties de l'éducation. En outre, la
flûte n'agit pas sur les mœurs, mais elle a plutôt
un caractère orgiastique,[3] de sorte qu'on ne doit

---

le plaisir et le profit plus éloignés » [trad. M. Dufour]). D'autre part,
les χρήσεις peuvent viser les exercices militaires 'des éphèbes, et
μαθήσεις les conditions physiques requises d'un bon orateur.

1. C'est-à-dire la musique qui n'est pas celle des professionnels et
qui ne se livre pas à des performances extraordinaires. La musique
doit être étudiée seulement en vue de former le goût et d'*exercer
l'oreille* (l. 20 : ἀκροατὰς ἀγαθούς), et les études musicales ne doivent
pas être poussées au point où elles risqueraient de tourner à une
spécialisation outrée. Cf. *Lois*, VII, 812 *b-e*.

L. 13, nous supprimons la négation, que Imm. place entre crochets.

2. La flûte est un instrument destiné aux professionnels, et à
laquelle Ar., à la suite de Pl., ne ménage pas les critiques.

3. Voir aussi *infra*, 7, 1342 *b* 4. — Ar. veut dire, en d'autres termes,
que la flûte n'a aucun caractère moral, mais qu'elle est destinée à
provoquer, dans des circonstances exceptionnelles comme la célébration des Mystères, cette émotion trouble et mystique que les
fidèles, associés en *thiases*, recherchaient avec une sorte de folie.
Effectivement la flûte était l'instrument employé dans les cultes de
Cybèle et de Dionysos (Cf. *Enéide*, IX, 618, pour Cybèle, et XI,
737, pour Bacchus). La paraphrase de Lambin rend excellemment la
pensée d'Ar. : *tibia non est organum ad mores mitiores exprimendos*

l'employer que dans ces occasions où le spectacle tend
plutôt à la purgation des passions qu'à notre instruc-
tion[1]. Ajoutons que la flûte possède, en fait, un
inconvénient en complète opposition avec sa valeur
25 éducative : c'est l'impossibilité de se servir de la
parole quand on en joue[2]. Aussi est-ce à bon droit
que nos pères en ont interdit l'usage aux jeunes gens
et aux hommes libres, quoiqu'ils s'en soient servi
tout d'abord. Ayant acquis, en effet, plus de loisir
grâce à leurs richesses, et leur âme se portant plus
généreusement à la vertu, exaltés en outre par leurs
exploits avant comme après les guerres Médiques,
30 ils s'adonnaient à toutes sortes d'études sans aucun
discernement mais toujours en quête de nouvelles
connaissances[3]. C'est la raison pour laquelle ils
firent entrer l'art de la flûte dans les programmes
d'éducation. A Lacédémone, en effet, on vit un chorège
mener lui-même le chœur au son de la flûte[4], et à
Athènes l'art de la flûte se répandit à tel point que
la grande majorité des hommes libres, pour ainsi dire,
35 y étaient versés, comme on peut le constater par la
tablette qu'érigea THRASIPPE après avoir fait les
frais d'un chœur pour ECPHANTIDE[5]. Mais plus

aut inserendos aptum (ethicum Graeci appellant, nos morale dicamus),
sed potius ad animos furore quodam bacchico stimulandos accommo-
datum.

1. Elle doit donc être rejetée puisqu'elle n'a aucune valeur éducative. Cf. infra, 7, 1341 b 33 et ss., où il sera plus longuement question
de la fameuse κάθαρσις (purification, purgation). — L. 23, θεωρία,
plutôt que ἀκρόασις, parce que le joueur de flûte accompagnait son
jeu de certains mouvements corporels (infra, 1341 b 18). La flûte
crée ainsi un état passif, comme dans l'initiation aux Mystères :
cf. Arist. fragm., 15, Rose : Ar. ἀξιοῖ τοὺς τελουμένους οὐ μαθεῖν τι
δεῖν, ἀλλὰ παθεῖν καὶ διατεθῆναι.

2. Telle était aussi, selon PLUT. (Vita Alcib., 2), l'opinion d'Alcibiade.

3. Nullum dilectum adhibentes, sed aliam atque aliam insuper
indagantes (LAMBIN), ou, suivant l'interprétation de B. JOWETT,
with more zeal than discernment.

4. Contrairement à l'usage qui voulait que le chorège (le citoyen
riche, qui faisait les frais du chœur) se fît assister d'un flûtiste professionnel pour accompagner le chœur.

5. ECPHANTIDE est un poète de l'ancienne comédie. — Il faut
comprendre que le chorège Thrasippe attestait avoir joué lui-même
de la flûte pour le chœur.

tard on désapprouva l'usage de la flûte, l'expérience
en ayant révélé les dangers, quand les hommes furent
capables de mieux discerner ce qui porte et ce qui ne
porte pas à la vertu ; pour la même raison, on
condamna aussi un grand nombre d'instruments dont
on se servait jadis, tels que pectis, barbitons[1], et les 40
instruments tendant à donner du plaisir aux auditeurs
d'artistes de profession, heptagones, trigones, sambuques[2] et tous autres requérant une grande dextérité **1341** *b*
manuelle[3]. Et il y a un fondement rationnel dans la
légende rapportée par les Anciens à propos de la
flûte : on raconte qu'Athèna, après avoir inventé la
flûte, la rejeta ; un trait de cette histoire qui n'est
pas sans intérêt, c'est que la déesse aurait accompli ce geste de dépit à cause des contorsions que la 5
flûte imprime au visage ; cependant une raison plus
vraisemblable, c'est que la valeur éducative de l'art
de la flûte est de nul effet sur l'intelligence, alors que
c'est à Athèna que nous faisons remonter la science
et l'art.

Ainsi donc[4], en fait d'instrumentation et d'exécution musicale, nous rejetons l'éducation professionnelle
(et par professionnelle nous entendons celle qui est
orientée vers les compétitions, car, dans cette édu- 10
cation, l'élève ne cultive pas l'art musical en vue de
son propre perfectionnement, mais pour le plaisir des
auditeurs, et plaisir de bas étage. C'est pourquoi
nous estimons que l'exécution d'une pareille musique
est indigne de l'homme libre et qu'elle convient
plutôt à des mercenaires ; le résultat dès lors est
que les exécutants deviennent de vulgaires artisans,
puisque le but en vue duquel ils choisissent leur fin

1. Pectis et barbitons sont des lyres de grande dimension.
2. Les heptagones, trigones et sambuques sont des instruments à
cordes.
3. Au détriment de l'esprit et du caractère. Cf. *Republ.*, III,
399 *c-d*.
4. L. 9, ἐπεί a pour apodose (après la longue parenthèse des
l. 10-18) σκεπτέον δέ, mots par lesquels commence le chapitre 7, l. 19.
Mais, comme le remarque NEWMAN, III, 557, AR. a oublié entre temps
l'existence de la protase.

15 n'a rien que de vil[1]. En effet, le spectateur quand il
est grossier, déteint d'ordinaire sur le caractère
même de la musique, au point que les artistes eux-
mêmes qui s'y exercent pour lui plaire, contractent
par sa faute un certain mauvais pli, même dans leur
corps à cause des mouvements qu'il accomplit)[2].

7

< L'éducation. La musique et l'emploi des modes musicaux. >

Nous devons aussi porter quelque attention à la
fois aux modes et aux rythmes musicaux, ainsi qu'à
leur emploi dans l'éducation[3]. Faut-il se servir de
20 tous les modes et de tous les rythmes, ou convient-il
de faire une distinction ? Ensuite, à l'égard des
personnes qui s'appliquent à cultiver la musique en
vue de l'éducation, établirons-nous la même distinction, ou devrons-nous envisager quelque troisième
solution (étant donné que nous constatons que la
musique a pour facteurs le chant et le rythme, et

---

1. Cf. les considérations des *Lois*, III, 700 *a-e*, sur la musique des
ancêtres et sa décadence.

2. Sur les contorsions des flûtistes, cf. *Poet.*, 26, 1461 *b* 29 : « les
mauvais flûtistes qui se contorsionnent quand il leur faut imiter le
lancement du disque... ».

3. Réponse à la deuxième question posée, 6, 1341 *a* 1 : quelles
mélodies et quels rythmes faut-il employer dans l'éducation pour
former un bon citoyen ? Mais l'enquête d'Ar. dépasse largement
le cadre de l'éducation proprement dite.

Les l. 19-26 (σκεπτέον ... εὔρυθμον) sont difficiles, et le texte n'est
pas sûr (Cf. Newman, III, *Crit. notes*, p. 126-127). Nous suivons la
leçon d'Imm., qui donne un sens relativement satisfaisant. Ar. se
pose deux questions sur les modes musicaux et les rythmes (καὶ πρὸς
παιδείαν, l. 20, *i. e.* καὶ καθόλου [l'enquête d'Ar.]dépassant, comme
nous l'avons dit, le plan éducatif] καὶ πρὸς παιδείαν) : 1° Doit-on,
d'une manière générale, dans la cité, faire une distinction entre les
divers modes et rythmes, ou les employer tous ? 2° Les éducateurs
doivent-ils à leur tour faire ces mêmes distinctions dans leurs programmes, ou doit-on rechercher une troisième solution ?

qu'il ne faut pas oublier de marquer quelle influence
chacun d'eux exerce sur l'éducation)[1] ? Enfin doit-on 25
préférer, dans la musique, la bonne mélodie plutôt
que le bon rythme[2] ? Quoiqu'il en soit, estimant
qu'en ces matières une foule de points ont été excellemment traités par certains musiciens modernes
ainsi que par ces auteurs en provenance des milieux
philosophiques qui se trouvent posséder une vaste
expérience de l'éducation musicale[3], nous renverrons
à leurs ouvrages, pour la discussion approfondie 30
de chacun de ces points, tous ceux qui désirent obtenir
d'eux des renseignements. Mais pour le moment,
bornons-nous à des explications d'ordre général,
en indiquant seulement les grandes lignes des matières
que nous traitons[4].

Nous acceptons la division des mélodies, proposée
par certains auteurs versés dans la philosophie, en
mélodies morales, mélodies actives et mélodies provo-
quant l'enthousiasme, et, d'après eux, les modes
musicaux sont naturellement appropriés à chacune 35
de ces mélodies, un mode répondant à une sorte de

---

1. Le sens de cette parenthèse, l. 23-25 (ἐπειδὴ ... παιδείαν),
qui interrompt le développement, semble être que dans l'éducation
musicale le problème est plus complexe, et exige une solution séparée
pour chacun des éléments composants, la mélodie et le rythme.
Mais le texte de cette parenthèse soulève des doutes. Certains interprètes la considèrent comme une proposition indépendante de ce qui
précède, et remplacent ἐπειδή par ἔτι δέ (NEWMAN).

L. 24, μελοποιία, cantus modulatio, est étudiée Poet., 6, 1450 a
10, et 1450 b 16, comme l'une des parties constitutives de la tragédie.
Dans le Banquet de PL., 187 d, ce terme semble présenter la signification légèrement différente de composition lyrique (trad. L. ROBIN).

2. Aucune réponse à cette question ne figure dans ce qui nous
reste du livre VIII.

3. Notamment PLATON (Republ., III, 398 d et ss.).

4. Nunc autem generaliter rudi quadam duntaxat et adumbrata
descriptione de iis disseramus (LAMBIN). — L. 31, l'expression νομικῶς
διέλωμεν est difficile. D'une part, sur le sens de διαιρεῖν, cf. Ind.
arist., 180 a 22, 23 et 26 : ex distinguendi significatione διαιρεῖν abit
in notionem disputandi, explorandi, explicandi; d'autre part, l'adverbe
νομικῶς, d'un emploi très rare, a semble-t-il le sens de legaliter,
conforme à la loi, à la façon du législateur qui procède par voie de
dispositions générales sans entrer dans les cas particuliers.

mélodie, et un autre à une autre[1] ; mais nous disons,
de notre côté[2], que la musique doit être pratiquée
non pas en vue d'un seul avantage mais de plusieurs
(car elle a en vue l'éducation et la purgation, —
Qu'entendons-nous par la *purgation?* Pour le moment
nous prenons ce terme en son sens général[3], mais nous

1. Au début de la *Poétique*, Aʀ. classe la poésie dans les arts
d'imitation, qui traduisent les *caractères*, les *passions* et les *actions*
(ἤθη, πάθη et πράξεις, 1, 1447 *a* 28). Cette division est transportée
dans la musique (l'ἐνθουσιασμός étant un πάθος : cf. 5, 1340 *a* 11).
Les mélodies *morales* incitent à la vertu (5, 1340 *a* 36), et les mélodies
pratiques sont des facteurs d'énergie et d'action (comme le tétramètre
trochaïque, selon *Poet.*, 24, 1459 *b* 37). Chacune de ces mélodies,
ajoute Aʀ. (l. 35), a un mode musical qui lui correspond : ainsi le
mode dorien correspond à la mélodie morale, le phrygien à la mélodie
exaltée, et sans doute l'hypo-phrygien à la mélodie active.
    L. 32, ἐπεὶ δέ a pour apodose φανερὸν ὅτι, 1342 *a* 1. — L. 36,
μέρος a le sens de εἶδος.
    2. Ajoutant ainsi de notre crû à la division générale traditionnelle
des mélodies. — Pour la pensée, cf. 5, 1339 *b* 14.
    3. L. 39, ἁπλῶς (souvent syn. de ὅλως et de κυρίως) signifie
simplement, absolument, sans faire de distinction, sans addition ou
qualification (ἄνευ προσθήκης) : cf. Tʀᴇɴᴅᴇʟ., *Elementa logices* ... 53,
et *supra*, VII, 1, 1323 *b* 17, note.
    Aʀ. renvoie, l. 39, pour l'explication de la κάθαρσις, à sa *Poétique*,
mais on admet généralement que le bref passage, 6, 1449 *b* 27 et 28,
où la tragédie est caractérisée comme « opérant la purgation de
pareilles émotions » (la pitié et la crainte) n'est pas celui qui est
visé par notre texte. Dɪᴏɢᴇ̀ɴᴇ Lᴀᴇ̈ʀᴄᴇ (V, 1, 24) attribue, en effet,
deux livres à la *Poétique*, et l'ouvrage que nous possédons sous ce
titre n'est que le premier livre d'un traité plus complet dont la
seconde partie ne nous est pas parvenue : c'est dans ce second livre
qu'Aʀ. exposait, sans doute assez longuement, la nature de la κάθαρσις.
    Il n'existe pas de problème plus célèbre que celui de la véritable
signification de la κάθαρσις, et il a suscité une abondante littérature.
Outre les nombreuses histoires de la philosophie et les exposés du
système d'Aʀ., citons parmi les études récentes : H. Oᴛᴛᴇ-Kᴇɴɴᴛ,
Arist. d. Sog. tragische katharsis ?, Berlin, 1912 ; Jeanne Cʀᴏɪssᴀɴᴛ,
Aristote et les Mystères (*Biblioth. de la Faculté de philos. et des lettres
de Liège*, fasc. 51), Liège et Paris, 1932 ; P. Bᴏʏᴀɴᴄᴇ́, *le Culte des
Muses chez les philosophes grecs. Études d'histoire et de psychologie
religieuses*, Paris, 1937 ; F. W. Tʀᴇɴᴄʜ, *the place de* κάθαρσις *in
Aristotle's aesthetics*, dans *Hermathena*, Dublin, vol. LI (1938), p. 110-
134 ; L. Eɴᴛʀᴀʟɢᴏ, *la acción catartica de la tragedia o solere la rela-
ciones entre la poesia y la medicina*, Madrid, 1943 ; E. P. Pᴀᴘᴀɴᴏᴜᴛsᴏs,
la Catharsis des passions d'après Ar. (*Coll. de l'Institut français*

en reparlerons plus clairement dans notre *Poétique*, —
en troisième lieu elle sert à la vie de loisir noblement 40

d'*Athènes*, vol. 71), Athènes, 1953 ; W. J. VERDENIUS, ΚΑΘΑΡΣΙΣ
ΤΩΝ ΠΡΑΓΜΑΤΩΝ, dans *Autour d'Aristote, Mélanges Mansion*,
Louvain 1955 (nº 19, p. 367 à 374). D'autre part, on trouvera dans
l'*Introduction* à son édition de la *Poétique*, par J. HARDY (Paris,
1932), un substantiel résumé des principales interprétations proposées
depuis la Renaissance.

Du présent passage de la *Politique* (1341 *b* 32 à 1342 *a* 17), auquel
il faut ajouter les brèves indications de 6, 1341 *a* 21-25, il se dégage
une explication en quelque sorte physiologique et médicale, de la
purgation des passions. Déjà dans les *Lois*, VII, 790 *d e*, PL. avait
attiré l'attention sur les pratiques employées par les mères ou par
certaines guérisseuses pour endormir leurs enfants ou pour calmer la
frénésie des Corybantes et l'enthousiasme religieux envoyé par le
dieu : c'est par une espèce de chant berceur, accompagné de musique
et de danse, que ces femmes arrivent à assoupir les enfants ou à
assagir les mouvements violents et désordonnés. C'est là un effet
purgateur dont AR. reprend l'idée, inspiré peut-être au surplus par
le souvenir des médications magiques où danse et musique jouaient
un rôle. Les émotions de crainte et de pitié, que tout le monde a
plus ou moins besoin de ressentir (1342 *a* 5-7), peuvent, au moyen
des chants qui provoquent l'enthousiasme, être éprouvées *sans
dommage et même avec plaisir* (παρέχει χαρὰν ἀϐλαϐῆ, l. 15). C'est une
hygiène de l'âme comme la purgation est une hygiène du corps : une
faible dose d'émotion allège l'âme de son trop-plein, et l'immunise,
à la façon d'un vaccin ou d'un traitement homéopathique, contre les
graves défaillances de la vie réelle et de la passion. Les effets apaisants
des μέλη πρακτικά et des μέλη ἐνθουσιαστικά, mélodies qui sont à
exclure des programmes d'éducation en raison des passions, même
atténuées, qu'elles font naître, sont aussi ceux qu'AR. attribue,
dans sa *Poétique*, aux représentations de la tragédie, dont les ressorts
sont, là encore, la terreur et la pitié.

Cette explication de la *catharsis*, qui a prévalu, n'était pas ignorée
de nos grands écrivains du XVIIᵉ siècle. RACINE, entre autres, qui a
traduit plusieurs passages de la *Poétique*, écrivait à propos de la
tragédie (tome II de l'édition de la Pléiade des *Œuvres de Racine*,
Paris, 1952, p. 919) : « La tragédie, excitant la pitié et la terreur,
purge et tempère ces sortes de passions, c'est-à-dire qu'en émouvant
ces passions, elle leur ôte ce qu'elles ont d'excessif et de vicieux,
et les ramène à un état modéré et conforme à la raison ». Dans le
même esprit, les psychanalystes modernes entendent par *catharsis*
« l'opération psychiatrique qui consiste à rappeler à la conscience
une idée ou un souvenir dont le refoulement produit des troubles
physiques ou mentaux, et à en débarrasser ainsi le sujet. »
(A. LALANDE, *Vocab. de la Philos.*, Paris, 1932, tome III, supplé-
ment, p. 17).

menée, et enfin elle est utile à la détente et au délassement après un effort soutenu)[1] : dans ces conditions,

1342 a on voit que nous devons nous servir de tous les
modes, mais que nous ne devons pas les employer
tous de la même manière : dans l'éducation nous
utiliserons les modes aux tendances morales les plus
prononcées, et quand il s'agira d'écouter la musique
exécutée par d'autres nous pourrons admettre les
modes actifs et les modes exaltés (car l'émotion
5 qui se présente dans certaines âmes avec énergie,
se rencontre en toutes, mais avec des degrés différents
d'intensité : ainsi, la pitié et la crainte, en y ajoutant
l'exaltation divine[2], car certaines gens sont possédés
par cette forme d'agitation ; cependant, sous l'influence des mélodies sacrées, nous voyons ces mêmes
personnes, quand elles ont eu recours aux mélodies
qui transportent l'âme hors d'elle-même, remises
10 d'aplomb comme si elles avaient pris un remède et
une purgation. C'est à ce même traitement dès lors
que doivent être nécessairement soumis à la fois ceux
qui sont enclins à la pitié et ceux qui sont enclins à la
terreur, et tous les autres qui, d'une façon générale, sont
sous l'empire d'une émotion quelconque pour autant
qu'il y a en chacun d'eux tendance à de telles émotions, et pour tous il se produit une certaine purgation
et un allégement accompagné de plaisir. Or c'est de la
15 même façon aussi que les mélodies purgatrices[3]
procurent à l'homme une joie inoffensive). Aussi
est-ce par le maniement de tels modes et de telles
mélodies qu'on doit caractériser ceux qui exécutent
de la musique théâtrale dans les compétitions[4].

---

1. A la suite de E. ZELLER et NEWMAN (III, 562), nous pensons
que πρὸς ἄνεσίν τε ... l. 41, ne constitue pas une simple explication
de πρὸς διαγωγήν, qui précède, mais que la *détente* et la *pause* sont
une quatrième et dernière fin de la musique. Cf. LAMBIN : *ad aetatem
traducendam vitamque degendam, postremo ad remissionem*, etc...

2. L. 7, ἐνθουσιασμός, *mentis concitatio ex afflatu divino* (LAMBIN) :
c'est, par exemple, la frénésie des Corybantes qui sentent en eux la
présence de la divinité, que leur délire même leur garantit.

3. Aussi bien que les mélodies religieuses. — L. 15, certains commentateurs lisent τὰ πρακτικά au lieu de τὰ καθαρτικά, mais le sens
reste le même.

4. *Quapropter in talibus harmoniis talibusque modis et cantibus
certatores ii spectandi sunt qui musicam theatralem tractant* (LAMBIN).

(Et puisqu'il y a deux classes de spectateurs, l'une
comprenant les hommes libres et de bonne éducation,
et l'autre, la classe des gens grossiers, composée
d'artisans, d'ouvriers et autres individus de ce genre, 20
il faut aussi mettre à portée de pareilles gens des
compétitions et des spectacles en vue de leur délassement ; et, de même que leurs âmes sont faussées et
détournées de leur état naturel, ainsi ces modes et
ces mélodies aux sons aigus et aux colorations irrégulières[1] sont aussi des déviations ; mais chaque
catégorie de gens trouve son plaisir dans ce qui est 25
approprié à sa nature, et par suite on accordera aux
musiciens professionnels, en présence d'un auditoire
aussi vulgaire, la liberté de faire usage d'un genre de
musique d'une égale vulgarité). Mais en ce qui
regarde l'éducation, comme nous l'avons dit[2], on
doit employer parmi les mélodies celles qui ont un
caractère moral et les modes musicaux de même
nature. Or tel est précisément le mode dorien, ainsi
que nous l'avons indiqué plus haut[3]. Mais nous devons 30
aussi accepter tout autre mode pouvant nous être
recommandé par ceux qui participent à la vie philosophique et auxquels les questions d'éducation
musicale sont familières. Mais le Socrate de la *République*[4] a tort de ne laisser subsister que le mode
phrygien avec le dorien, et cela alors qu'il a rejeté
la flûte du nombre des instruments : car le mode 1342 b
phrygien exerce parmi les modes exactement la même
influence que la flûte parmi les instruments : l'un et
l'autre sont orgiastiques et passionnels[5]. La poésie

1. En musique, selon l'esthétique aristotélicienne, les sons *graves*
(τὸ βαρύ) sont supérieurs en qualité aux sons *aigus* (τὰ σύντονα
l. 24). D'autre part, la παράχρωσις (τὰ παρακεχρωσμένα, l. 24), que
nous traduisons par *colorations irrégulières*, consiste dans l'emploi
des demi-tons qui troublent l'harmonie d'une phrase.

La musique qu'on réservera à ces auditeurs grossiers sera à
l'image de leurs âmes : cette musique inférieure pourra être employée,
mais seulement à leur usage exclusif. AR. n'aurait pas compris que la
musique nègre fût goûtée par des peuples civilisés.

2. *Supra*, 1342 a 2.

3. 5, 1340 b 3.

4. III, 399 a et ss.

5. Et sont loin, par conséquent, d'exprimer le courage et la tempérance, comme le voulait PLATON.

apporte la preuve de cette similitude d'effets : tout
transport dionysiaque et toute agitation analogue[1]
5 trouvent leur expression dans la flûte plus que dans
tout autre instrument, et ces émotions reçoivent
l'accompagnement mélodique qui leur convient dans
le mode phrygien entre tous les modes. Le dithyrambe[2], par exemple, est, de l'avis de tous, un mètre
phrygien, et les connaisseurs en cette matière apportent une foule d'exemples pour le prouver, et entre
autres ce fait que PHILOXÈNE, ayant tenté de compo-
10 ser un dithyrambe, *les Mysiens*[3], dans le mode dorien,
ne pouvait y arriver, et, par la pente naturelle des
choses, retomba dans le seul mode qui convînt, le
mode phrygien. Pour en revenir au mode dorien[4],
tout le monde admet qu'il est le mode le plus grave
et qui exprime le mieux un caractère viril. De plus,
puisque nous donnons toujours notre approbation à
ce qui tient le milieu entre les extrêmes, et que nous
15 déclarons que c'est ce milieu que nous devons
poursuivre[5], et que, d'autre part, le mode dorien
occupe cette position naturelle par rapport aux
autres modes[6], il est manifeste que les mélodies
doriennes conviennent de préférence à l'éducation
des jeunes gens.

Mais il y a deux objets qu'il faut toujours avoir en
vue[7] : le possible aussi bien que le convenable. Et,

1. Quant ils sont représentés en poésie.

2. La poésie dithyrambique, dont l'objet était d'honorer Dionysos,
avait un caractère passionné et enthousiaste.

3. Texte contesté. — L. 10, avec la majorité des commentateurs,
nous retenons διθύραμβον, et remplaçons τοὺς μύθους par τοὺς
Μύσους, qui est le titre du dithyrambe (NEWMAN, III, 570-571).
PHILOXÈNE, contemporain de PLATON, vécut à la cour de Denys.
Il est cité dans *Poét.*, 2, 1448 *a* 15. Cf. aussi *Fragm. Arist.*, n° 83
(p. 87, éd. V. Rose de 1886).

4. Cf. 5, 1340 *b* 3.

5. Voir *Eth. Nicom.*, II, 5, 1106 *a* 26 à 1106 *b* 28 (p. 103-105 de
notre trad.), où AR. définit la vertu une μέσοτης, *moyen, juste milieu*
entre des extrêmes.

6. Cf. 5, 1340 *b* 3.

7. Importante correction finale d'AR. On ne doit pas considérer
seulement τὸ πρέπον dans l'éducation (comme nous l'avons fait
jusqu'ici), mais encore τὸ δυνατόν, et avoir notamment égard à l'âge
(le cadre de la παιδεία est encore ici dépassé) pour l'emploi des modes

en effet, chaque groupe d'individus doit entreprendre de préférence autant les choses qui rentrent dans ses possibilités que celles qui lui conviennent[1]. Et même en ce domaine, des déterminations selon les âges peuvent intervenir : par exemple, pour ceux dont les forces ont décliné par l'effet du temps il est difficile de chanter selon les modes aigus, mais aux personnes de cet âge la nature elle-même suggère les modes relâchés. C'est pourquoi certains experts musicaux reprochent justement à Socrate[2] d'avoir désapprouvé l'usage des modes relâchés dans l'éducation, sous prétexte que leurs caractères sont ceux de l'ivresse, non pas qu'ils produisent les effets de l'ivresse (car l'ivresse rend plutôt enclin aux fureurs dionysiaques), mais parce qu'ils sont au contraire dépourvus de toute énergie. Par conséquent[3], ne serait-ce qu'en vue de la période de vie qui doit suivre, celle où l'on commence à prendre de l'âge, il est bon que les jeunes gens s'adonnent aussi aux modes de cette dernière espèce, ainsi qu'aux mélodies du même genre. En outre, on s'attachera à tout autre mode similaire convenant à l'âge des enfants, pour la raison qu'il peut présenter à la fois des qualités d'ordre et d'éducation : tel paraît être, par-dessus tous les autres modes, le cas du mode lydien. Il est clair[4] que nous devons nous appuyer sur ces trois normes pour mener à bien l'éducation : à la fois le juste milieu, le possible et le convenable.

. . . .

Cetera desunt.

musicaux. — Il n'y a pas de raisons décisives pour rejeter, avec SUSEMIHL et NEWMAN (III, 571-572), l'authenticité des l. 17-34.

1. L. 19, nous lisons ἑκάστοις au lieu de ἑκάστους.

2. *Republ.*, III, 398 *e*.

3. Correction à ce qui a été dit de l'usage des mélodies dans l'éducation, 1342 *a* 28-29.

4. Peut-être faut-il, l. 33, soit ajouter οὖν après δῆλον (SCHN., H. RACKHAM), soit lire ᾗ δῆλον *(par où l'on voit)* avec GÖTTLING et B. JOWETT.

INDEX RERUM[1]

A

ἄγραφοι νόμοι, *lois non écrites* (VI, 5, 1319 *b* 40).

αἰδώς, *réserve, modestie* (VII, 12, 1331 *a* 41).

αἰσυμνῆται, les *aisymnètes, dictateurs* (III, 14, 1285 *a* 31).

ἀκολασία, ἀκόλαστος, *dérèglement, débauche, débauché* (I, 13, 1259 *b* 25).

ἀκολουθεῖν, *accompagner, suivre logiquement de* (II, 6, 1265 *a* 34).

ἀκρασία, ἀκρατής, *incontinence, intempérance, intempérant* (I, 13, 1259 *b* 25).

ἄλογον (τὸ), la *partie irrationnelle de* l'âme (I, 13, 1260 *a* 7).

ἀναγκοφαγία, *régime alimentaire forcé* (VIII, 4, 1338 *b* 41).

ἀνάπαυσις, *repos, détente* (VII, 14, 1333 *a* 31).

ἀνιέναι, ἄνεσις, *relâcher, relâchement*, opp. à ἐπιτείνειν, ἐπίτασις, *tendre, tension* (V, 1, 1301 *b* 17).

ἀξίωμα *postulatum* (VI, 1, 1317 *a* 39).

ἁπλῶς, *absolument*, opp. à ἡμῖν (VII, 1, 1323 *b* 17 ; VIII, 7, 1341 *b* 39).

ἀπόθεσις, *exposition* des énfants (VII, 16, 1335 *b* 20).

ἄποικοι, *colons qui viennent s'installer après la fondation de la colonie ; diffèrent des* σύνοικοι (V, 3, 1303 *a* 27).

ἀπορία, ἀπόρημα, ἀπορεῖν, *problème, difficulté, poser un problème* (III, 4, 1276 *b* 36). Voir διαπορεῖν.

ἄπορος, *pauvre, dans la gêne* (III, 7, 1279 *b* 9).

ἀπότασις, *extension* (V, 1, 1301 *b* 17).

ἀρετή, *vertu, excellence* (I, 2, 1253 *a* 34).

ἁρμονία, *mode musical* (I, 5, 1254 *a* 33 ; VIII, 5, 1340 *a* 40).

ἀτελής, *inachevé* (I, 8, 1256 *b* 21).

ἀτιμία, *atimie, dégradation civique* (III, 1, 1275 *a* 21).

αὐτάρκεια, *suffisance, autarcie* (I, 2, 1252 *b* 29).

αὐτόματον, *casus, hasard*, diff. de τύχη, *fortune, chance* (VII, 1, 1323 *b* 26).

ἀχορήγητος, *sans ressources, dépourvu des biens extérieurs* (IV, 1, 1288 *b* 30).

---

1. Ne figurent dans ce lexique que les vocables qui ont fait l'objet d'une étude spéciale dans nos notes. L'*Index aristotelicus* de H. Bᴏɴɪᴛᴢ a une tout autre portée et répond à des exigences différentes.

B

βάναυσος, *ouvrier manuel;* βαναυσία, *caractère bas et vulgaire* de l'artisan (I, 11, 1258 *b* 26).

βαρύ (τό), en musique, *le son grave* (VIII, 7, 1342 *a* 25).

βούλεσθαι, au sens de *tendre à* (II, 6, 1265 *b* 27).

βουλευτικόν (τό) *la faculté délibérative* (I, 13, 1260 *a* 7).

βούλησις, *souhait, désir volontaire* (III, 4, 1277 *a* 7).

Γ

γένος, *famille étendue* (III, 9, 1280 *b* 34 ; VII, 10, 1329 *a* 41) ; syn. de *nature* (IV, 15, 1299 *b* 21).

γράμματα (τά), *la grammaire* (VIII, 3, 1337 *b* 24).

γυμναστική, *gymnastique supérieure,* distincte de παιδοτριβική, *gymnastique préparatoire* (VIII, 3, 1338 *b* 7).

Δ

δεικνύναι, *montrer* (IV, 8, 1293 *b* 32).

δεύτερος πλοῦς, *pis aller* (III, 13, 1284 *b* 19).

δημαγωγός, *chef du peuple, démagogue* (V, 5, 1304 *b* 21).

δημεύειν, *confisquer, nationaliser* (V, 5, 1304 *b* 24 et 36).

διαγωγή, *vie de loisir, vie contemplative* (VII, 14, 1333 *a* 31).

διάθεσις (v. ἕξις).

διαιρεῖν, *diviser, disputer, expliquer* (II, 2, 1261 *a* 14 ; VIII, 7, 1341 *b* 32).

διαπορεῖν, *développer une* ἀπορία (v. ce mot) : III, 4, 1276 *b* 36.

διαρθροῦν, *articuler nettement* (II, 10, 1271 *b* 24).

διάτασις, *contentio vocis* (VII, 17, 1336 *a* 36).

δοξαστικόν (τό), *la faculté opinative* (I, 13, 1260 *a* 7).

δύναμις, *nature, caractère propre* (I, 4, 1254 *a* 14 ; II, 8, 1268 *b* 36).

δυναστεία, *tyrannie d'un petit nombre* (II, 10, 1272 *b* 3).

E

ἐγκράτεια, ἐγκρατής *force de caractère, qui se possède* (I, 13, 1259 *b* 25).

ἔθνος, *nation* (I, 2, 1252 *b* 20).

εἰσφορά, *impôt sur le capital* (VI, 5, 1320 *a* 20).

ἐλευθερία, *liberté politique* (III, 9, 1280 *a* 22) ; ἐλεύθερος, *homme libre,* soit de naissance libre, soit jouissant de la liberté, soit affranchi des soucis d'ordre politique (I, 4, 1253 *b* 23 ; VII, 3, 1325 *a* 20).

ἐμπειρία, *expérience, routine* (III, 11, 1282 *a* 1).

ἐμπορία, *le grand commerce,* maritime et international (I, 9, 1257 *a* 19 ; 11, 1258 *b* 22).

ἐνδόσιμον, *prélude, préambule* (VIII, 5, 1339 *a* 13).

ἕξις, *habitus, disposition* (I, 13, 1259 *b* 25).

ἐξωτερικοὶ λόγοι, *discours exotériques* (III, 6, 1278 *b* 32).

ἐπαλλάττειν, *se recouvrir, empiéter l'un sur l'autre* (1, 6, 1255 *a* 13).

ἐπηρεασμός, ἐπήρεια, *vexatio, illusio, insolentia* (V, 10, 1311 *a* 36).

ἐπιβατικόν (τὸ), *le corps des combattants embarqués sur un navire* (VII, 6, 1327 *b* 10).

ἐπιθυμία, *appétit irrationnel* (I, 9, 1258 *a* 1 ; III, 4, 1277 *a* 7).

ἐπίκληρος, *épiclère, héritière* (II, 9, 1270 *a* 23).

ἐπινέμειν, *paître sur le terrain d'autrui* (V, 5, 1305 *a* 26).

ἐπίσκηψις, *accusation de faux témoignage* (II, 12, 1274 *b* 7).

ἐπιστημονικόν (τὸ), *la partie scientifique de l'âme, la faculté de la connaissance* des principes (I, 13, 1260 *a* 7).

ἐπιτείνειν, ἐπίτασις (V. ἀνιέναι, ἄνεσις).

ἔρανος, *contribution, apport, écot* (VII, 14, 1332 *b* 40).

ἐργασία αὐτόφυτος, *activité productrice spontanée* (I, 8, 1256 *a* 40).

ἔργον, *œuvre, tâche* (I, 5, 1254 *a* 28).

ἑταιρεία, *hétairie, association* (II, 11, 1272 *b* 34).

εὐεξία πολιτική, *disposition favorable du corps convenant à un citoyen* (VII, 16, 1335 *b* 6).

εὐθύς, *immédiatement, sans intermédiaire* (I, 8, 1256 *b* 8).

εὔνοια, *bon vouloir, bienveillance mutuelle* (I, 6, 1255 *a* 13).

εὐνομία, *bon gouvernement* (IV, 8, 1294 *a* 6).

εὐπορεῖν, *résoudre une* ἀπορία (V. ce mot) : III, 4, 1276 *b* 36.

εὔπορος, *riche, dans l'aisance*, opp. à ἄπορος (V. ce mot).

Z

ζῆν (τὸ), *vivre;* τὸ εὖ ζῆν, *bien vivre, vivre heureux, vivre vertueusement* (1, 2, 1252 *b* 30 ; 9, 1258 *a* 1).

H

ἤ, partic. interrogative : *n'est-il pas vrai que* (III, 13, 1283 *b* 11).

ἦθος, ἤθη, *mœurs, caractère* (VI, 1, 1317 *a* 39 ; VIII, 1, 1337 *a* 15 ; 2, 1337 *a* 39).

ἡλαία, *le tribunal des Héliastes* (II, 12, 1273 *b* 41).

ἡλικία, *âge, jeunesse, fleur de l'âge* (V, 10, 1311 *b* 4).

Θ

θής, *homme de peine, ouvrier* (I, 11, 1258 *b* 27).

θρασύτης, *témérité, courage* (II, 9, 1269 *b* 35).

θυμός, *ardor animi, cœur, courage, impulsion* (III, 4, 1277 *a* 7 ; VII, 7, 1327 *b* 39).

I

ἴσον κατ' ἀναλογίαν (τὸ), *égalité de proportion*, opp. à τὸ ἴσον κατ' ἀριθμόν, *égalité numérique* (V, 1, 1301 *a* 25).

K

κάθαρσις, *purgation, purification* (VIII, 6, 1341 *a* 24 ; 7, 1341 *b* 39).
καθ' αὑτό, *attributs par soi* (I, 9, 1257 *a* 7 ; III, 6, 1278 *b* 40).
καθέξις, (en parlant du σύμφυτον πνεῦμα : voir πνεῦμα) : *retentio, suspensio* (VII, 17, 1336 *a* 38).
καλοκἀγαθία, καλοκἀγαθος, *vertu parfaite, honnête homme* (I, 13, 1259 *b* 35).
καπηλεία, ἡ καπηλική, τὸ καπηλικόν, *le petit négoce,* le *petit commerce* (I, 9, 1257 *a* 19).
καταβάλλειν, τὰ καταβεβλημένα, *usitatae disciplinae* (VIII, 3, 1338 *a* 37).
καταφρόνησις, *mépris* (V, 2, 1302 *b* 4).
κλαυθμός, *cri plaintif* (VII, 17, 1336 *a* 36).
κοινωνία, *communauté, société, association* (I, 1, 1252 *a* 1).
κρίκος, *armilla, bracelet* (VII, 2, 1324 *b* 15).
κρίσις, *décision en général* (VI, 2, 1317 *b* 35).
κτῆσις, κτῆμα, *propriété, droit de propriété, une propriété* (I, 3, 1253 *b* 23) ; κτῆμα au sens de *cheptel* (I, 11, 1258 *b* 12).
κύριος, *principal, fondamental, souverain* (I, 1, 1252 *a* 5).

Λ

λειτουργία, *liturgie, charge publique* (II, 10, 1272 *a* 19).
λογιστικόν (τὸ), *la faculté calculatrice* (I, 13, 1260 *a* 7).
λόγος, *notion, essence* (III, 4, 1276 *b* 24) ; κατὰ λόγον, *logiquement* (I, 9, 1257 *a* 31) ; τὸ λόγον ἔχον, *la partie rationnelle* de l'âme (I, 13, 1260 *a* 7) ; λόγοι ἐξωτερικοί (V. ἐξωτερικοὶ λόγοι).
λόχος, *compagnie* de 200 soldats ; *division administrative* (V, 8, 1309 *a* 12).

M

μακάριος, *bienheureux* (VII, 1, 1323 *a* 27).
μάτην, *en vain, inutilement* (I, 8, 1256 *b* 21).
μέθοδος, *recherche, enquête* (III, 8, 1279 *b* 15).
μελοποιία, *cantus modulatio* (VIII, 7, 1341 *b* 25).
μέλος *mélodie* (VIII, 5, 1340 *a* 40).
μέρος (ἀνὰ), *tour à tour* (V, 8, 1308 *b* 25).
μοιχεία, *adultère, commerce illégitime* (V, 6, 1306 *a* 37).

N

ναυκληρία, *armement de navire* (I, 11, 1158 *b* 22).
νομικῶς, *legaliter* (VIII, 7, 1341 *b* 32).
νόμοι ἄγραφοι (V. ἄγραφοι νόμοι).
νοῦς, *pensée, intelligence* au sens vulgaire (VII, 15, 1334 *b* 13).

O

οἰκεῖν, *administrare* ou *habitare* (VII, 2, 1325 *a* 2).
οἰκόπεδον, *bien de famille* (II, 6, 1265 *b* 23).
ὀλιγωρία, *dédain* (V, 2, 1302 *b* 4).
ὁμώνυμος, *homonyme, équivoque* (I, 2, 1253 *a* 23).
ὄρεξις, *désir* (III, 4, 1277 *a* 7).
ὁρισμός, *définition* (III, 4, 1276 *b* 24).
ὅρος, *définition, norme, principe déterminant* (III, 9, 1280 *a* 7).
οὗ ἕνεκα (τὸ), *cause finale* (I, 2, 1252 *b* 34).

Π

πάθος (V. ἕξις).
παιδεία, *éducation* (IV, 9, 1294 *b* 22).
παιδοτριβική : ν.oir γυμναστική, et ajouter : IV, 1, 1288 *b* 18.
πάλαι, *précédemment* (II, 4, 1262 *b* 29).
παραστάσις, *exposition de marchandises* (I, 11, 1258 *b* 22).
παράχρωσις, « *coloration* » *irrégulière* en musique (VIII, 7, 1342 *a* 25).
πέρας, *limite, borne* (I, 9, 1257 *b* 23).
περίοικοι, *périèques* (II, 9, 1269 *a* 36).
περιττά (τὰ), les *connaissances supérieures*, opp. à τὰ χρήσιμα (VIII, 2, 1337 *a* 42).
πλεονεξία, *avidité, amour exagéré* d'une chose (II, 7, 1266 *b* 37).
πνεῦμα (σύμφυτον), *souffle inné* (VII, 17, 1336 *a* 38).
ποιεῖν, au sens de *constituere* (II, 10, 1272 *a* 24).
ποίησις, *fabrication*, distinguée de πρᾶξις, *action* (I, 4, 1254 *a* 1).
ποιητὸς πολίτης, *citoyen naturalisé* (III, 1, 1275 *a* 6).
πόλις, *cité, État* (I, 1, 1252 *a* 1).
πολιτεία, *gouvernement constitutionnel, légal* (I, 1, 1252 *a* 15 ; III, 6, 1278 *b* 10 ; 7, 1279 *a* 39).
πολίτευμα, *gouvernement*, le « *souverain* » (III, 4, 1278 *b* 10).
πολλαπλάσιον, *multiplex*, et πολλοστημόριον, *submultiplex* (V, 8, 1308 *b* 2).
πραγματεία, *œuvre, question* (IV, 15, 1299 *a* 30 ; VIII, 5, 1339 *a* 39).
πρᾶξις (V. ποίησις).
προπολεμοῦν (τὸ), *la classe des combattants*, des *guerriers* (II, 6, 1264 *b* 33).
προσλαμβάνειν, *ajouter, adjoindre* (IV, 12, 1296 *b* 35).
προστάτης, *dux, chef populaire* (V, 6, 1305 *b* 17).

P

ῥυθμός, *rythme musical* (VIII, 5, 1340 *a* 40).

Σ

σοφία, *sagesse théorique* (III, 4, 1277 *a* 16).
στάσις, *sédition, bouleversement* (V, 1, 1301 *a* 39).
στοιχεῖον, *élément, principe* (I, 9, 1257 *b* 23).
συμβαίνειν (κατὰ συμβεβηκός), *arriver accidentellement*, (III, 6, 1278 *b* 40 ; V, 5, 1304 *b* 21).
συμβλητός, *commensurable* (III, 12, 1283 *a* 4).
σύμβολον, *tessère* (IV, 9, 1294 *a* 35) ; ἀπὸ συμβόλων κοινωνεῖν, *être partie à un traité de commerce* (III, 1, 1275 *a* 10).
συμμαχία, *alliance militaire* (II, 2, 1261 *a* 25).
σύμφυτον πνεῦμα (V. πνεῦμα).
συνάγειν, *colligere, concludere* (VI, 6, 1320 *b* 19).
σύνεσις, *intelligence;* σ. πολιτική, *intelligence politique* (IV, 4, 1291 *a* 28).
συνεχές (τὸ), *le continu* (I, 5, 1254 *a* 29).
σύνοικοι, *colons participant à la fondation d'une ville;* diff. de ἄποικοι (V. ce terme).
σύνταξις, *ordre de bataille* (IV, 13, 1297 *b* 19).
σύντονα (τὰ), *les sons aigus*, par opp. à τὸ βαρύ (v. ce mot).
συνώνυμος, *synonyme, univoque* (V. ὁμώνυμος).
σχολή, *loisir, vie contemplative* (VII, 14, 1333 *a* 31).
σωφροσύνη, σώφρων, *modération, tempérance, modéré* (I, 13, 1259 *b* 25).

T

τάξις, *ordo, ordinatio, arrangement* (III, 6, 1278 *b* 10).
τεκνοποιία, *procréation, éducation* de l'enfant jusqu'à la naissance (II, 6, 1265 *a* 39 ; IV, 9, 1294 *b* 22).
τέλος, *fin, operis perfectio* (VI, 2, 1317 *b* 6).
τέχνη, *art, technique* (I, 4, 1253 *b* 25 ; III, 11, 1282 *a* 1).
τόκος, *petit, progéniture; intérêt de l'argent* (I, 10, 1258 *b* 5).
τροφή, *éducation* (IV, 9, 1294 *b* 22).
τύπῳ (ἐν), *dans les grandes lignes, sommairement* (III, 4, 1276 *b* 19).
τύχη, *fortuna* (v. αὐτόματον).

Υ

ὕβρις, *violence, outrage, démesure* (IV, 11, 1295 *b* 10).
ὕλη, *matière* (1, 8, 1256 *a* 8).

ὑπογράφειν, ὑπογεγραμμένον, syn. de ἐν τύπῳ, à l'état d'ébauche (II, 5, 1263 a 31).

ὑπόθεσις, position de base (II, 2, 1261 a 16 ; 9, 1269 a 34 ; III, 5, 1278 a 5 ; IV, 7, 1293 b 3).

ὑποκείμενον, substrat, sujet (I, 8, 1256 a 8).

Φ

φιλία, amitié, sociabilité (III, 9, 1280 b 34).

φιλοσοφεῖν, au sens large, imaginer, cogitare sapienter (II, 10, 1272 a 23 ; VII, 11, 1331 a 16).

φιλοσοφία, virtus intellectualis (VII, 15, 1334 a 22).

φορτηρία, oneraria, transport par cargo (I, 11, 1258 b 22).

φρόνησις, sagesse pratique, prudence, diff. de σοφία : v. ce terme et ajouter : IV, 1, 1289 a 12 ; VIII, 5, 1339 a 26.

φύσις, nature (I, 2, 1252 b 33 ; 8, 1256 b 15 ; VIII, 5, 1340 a 1).

φωνή, son (I, 2, 1253 a 10).

X

χρήματα (τὰ), les richesses, l'argent monnayé (I, 9, 1257 b 7).

χρηματιστική, chrématistique, art d'acquérir des richesses (I, 3, 1253 b 14).

χρήσιμα (τὰ), les connaissances utiles (v. περιττά).

Ψ

ψήφισμα, décret de l'Assemblée du peuple (IV, 4, 1297 a 7).

Table des matières

Achevé d'imprimer le 19 avril 2019
sur les presses de
La Manufacture - Imprimeur – 52200 Langres
Tél. : (33) 325 845 892

N° imprimeur : 190448 - Dépôt légal : 1995
Imprimé en France